अक्षर-कथा

(मानव सभ्यता और संस्कृति की कुंजी)

अक्षर-कथा

(मानव सभ्यता और संस्कृति की कुंजी)

गुणाकर मुळे

संपादन

शांति गुणाकर मुळे

राजकमल प्रकाशन

ISBN : 978-81-267-2807-7

मूल्य : ₹ 950

पहला संस्करण : 1972 (शक 1894)
दूसरा संशोधित संस्करण : 2003 (शक 1925)
पहला राजकमल संस्करण : 2016
दूसरा संस्करण : 2019

प्रकाशक : राजकमल प्रकाशन प्रा. लि.
1-बी, नेताजी सुभाष मार्ग, दरियागंज
नई दिल्ली-110 002

शाखाएँ : अशोक राजपथ, साइंस कॉलेज के सामने, पटना-800 006
पहली मंजिल, दरबारी बिल्डिंग, महात्मा गांधी मार्ग, इलाहाबाद-211 001
36 ए, शेक्सपियर सरणी, कोलकाता-700 017

वेबसाइट : www.rajkamalprakashan.com
ई-मेल : info@rajkamalprakashan.com

मुद्रक : बी.के. ऑफसेट
नवीन शाहदरा, दिल्ली-110 032

AKSHAR-KATHA
by Gunakar Muley
Edited by Shanti Gunakar Muley

मेरे गृहत्याग से प्रौढ़ावस्था में ही जिनकी जिजीविषा
क्षीण होती गई, उन्हीं चिरनिद्रा-विलुप्त
पिता श्री गुलाबराव भिवसनजी मुळे की
पुण्यस्मृति को समर्पित

प्रथम संस्करण का प्राक्कथन

मानव के महान आविष्कारों में लिपि का स्थान सर्वोपरि है। मानव-समाज जब ताम्रयुग में पहुंचता है, प्राचीन जगत की नदीघाटी सभ्यताओं में जब नगरों की स्थापना होने लगती है, तब हम पहली बार लिपियों को जन्म लेते हुए देखते हैं। यह कोई छह हजार साल पहले की बात है। कुछ चित्र-संकेत और भाव-संकेत नवपाषाण-युग में ही अस्तित्व में आ गए होंगे।

मिस्र, मेसोपोटामिया और चीन की आरंभिक लिपियां मुख्यतः भावचित्रात्मक थीं। सिंधु सभ्यता की लिपि किस स्वरूप की है, यह अभी तक जाना नहीं गया है। ई.पू. दसवीं सदी के आसपास पहली बार वर्णमालात्मक लिपियां जन्म लेती हैं। तब से आज तक लिपियों का विशेष विकास नहीं हुआ। बहुत-सी पुरालिपियां मर गई हैं, उनका ज्ञान लुप्त हो गया था। पिछले करीब दो सौ वर्षों में संसार के अनेक पुरालिपिविदों ने पुनः उन पुरालिपियों का उद्घाटन किया है। परिणामस्वरूप हमें प्राचीन सभ्यताओं के बारे में नई-नई जानकारी मिली है।

प्रस्तुत ग्रंथ में मैंने मुख्यतः संसार की प्रमुख पुरालिपियों की जानकारी दी है। यह जानकारी विस्तृत नहीं है, पर पाठक इससे जान जाएंगे कि किस देश में कौन-सी लिपि का अस्तित्व था, उसका स्वरूप कैसा था, उसके संकेत या अक्षर कैसे थे और आधुनिक काल में उन पुरालिपियों का उद्घाटन कैसे हुआ है।

ग्रंथ के प्रथम खंड में आरंभ में लेखन के आरंभ तथा विकास-क्रम के बारे में जानकारी दी गई है। फिर विदेशों की प्रमुख पुरालिपियों की जानकारी है।

ग्रंथ के दूसरे खंड में भारतीय लिपियों की जानकारी है। आरंभ में सिंधु लिपि (अज्ञात) तथा खरोष्ठी लिपि का विवरण है। फिर ब्राह्मी लिपि के उद्भव तथा विकास के बारे में जानकारी दी गई है। अरबी लिपि को छोड़कर, भारत की सारी लिपियां ब्राह्मी से ही निर्मित हैं। इतना ही नहीं, हमारे कई पड़ोसी देशों की लिपियां भी ब्राह्मी से ही विकसित हुई हैं। इसलिए मैंने एक प्रकरण में विदेशों में भारतीय लिपियों के प्रचार-प्रसार की जानकारी दी है।

ग्रंथ के अंत में परिशिष्ट के रूप में मैंने संसार के प्रमुख भाषा-परिवारों की तालिकाएं दी हैं। ग्रंथ में दिए गए चित्र प्रमुखतः मैंने ही तैयार किए हैं, जिनमें

सूक्ष्मता का ध्यान रखा गया है। जिन अनेक ग्रंथों के पुरालेखों के आधार पर मैंने ये चित्र तैयार किए हैं, उनके लेखकों के प्रति मैं अपने आभार प्रकट करता हूं। भारतीय लेखों के चित्र तैयार करने में मुझे पंडित गौरीशंकर ओझा, डॉ. शिवराममूर्ति तथा डॉ. छाबड़ा के ग्रंथों से बड़ी सहायता मिली है।

मेरी मातृभाषा मराठी है। अतः संभव है कि मेरी हिंदी में कुछ त्रुटियां हों। इस ग्रंथ के प्रूफ मैंने ही देखे हैं। प्रूफ देखने में सहधर्मिणी शांति का भी सहयोग मिला है। फिर भी प्रूफ की कुछ अशुद्धियां रह गई हैं, जिसके लिए विज्ञ पाठक मुझे क्षमा करेंगे।

इस ग्रंथ की पांडुलिपि को प्रिंस ऑफ वेल्स म्यूजियम (मुंबई) के डायरेक्टर डॉ. मोतीचंद ने देखकर इसे प्रकाशन विभाग से प्रकाशित देखना चाहा था। फिर पांडुलिपि डॉ. कृष्णदेव (पुरातत्व विभाग) के पास भेजी गई। डॉ. कृष्णदेव ने **अक्षर-कथा** को पसंद किया, दो-तीन बहुमूल्य सुझाव दिए और इसे शीघ्र प्रकाशित देखने की इच्छा प्रकट की। इन दोनों प्रख्यात पुराविदों की इस अनुकंपा के लिए मैं उनका कृतज्ञ हूं।

—गुणाकर मुळे

नई दिल्ली
17 अगस्त, 1972

द्वितीय संस्करण

पुस्तक का प्रथम संस्करण कुछ साल के भीतर ही समाप्त हो गया था। पाठक पुस्तक की मांग कर रहे थे। प्रकाशन विभाग भी पुनर्मुद्रण के लिए राजी था। मगर मैं यह कहकर टालता रहा कि इसमें काफी संशोधन करना है, नई सामग्री और नए चित्र जोड़ने हैं।

अंततः कोई पांच साल पहले मैंने 'अक्षर-कथा' का नया संस्करण तैयार करने का निर्णय लिया और पुस्तक की एक प्रति 'नवनीत' मासिक और प्रेरा ट्रस्ट की हिंदी फीचर सेवा के भूतपूर्व संपादक भाई श्री नारायण दत्त जी के पास भेज दी—भाषा सुधारने और नए सुझाव देने के लिए। आंखों की तकलीफ के बावजूद उन्होंने पुस्तक को आद्योपांत पढ़कर, न केवल मेरे अनेकानेक शब्द व वाक्य सुधारे, बल्कि कई जगह पूरे-के-पूरे पैराग्राफ नए सिरे से लिख दिए। साथ ही, कई सारे सुझाव देकर जगह-जगह प्रश्नचिह्न भी लगाए।

भाई श्री नारायण दत्त जी द्वारा संशोधित पुस्तक की फोटो-कॉपी को देखकर मैं डर गया। लगा कि नई सामग्री जोड़कर पुस्तक की प्रेस-कॉपी तैयार करने और नए चित्र बनाने में बहुत समय लगेगा। अपने लेखन पर ही पूर्णतः आश्रित होने के कारण मुझे काम की प्राथमिकता का ख्याल रखना पड़ता है। मैंने पांडुलिपि बक्से में बंद कर दी। दो साल और गुजर गए। फिर पिछले साल प्रकाशन विभाग ने 'अक्षर-कथा' को जल्दी प्रकाशित कर देने का आश्वासन दिया, तो मैं इसकी संशोधित प्रेस-कॉपी तैयार करने में जुट गया। बहुत-से चित्र नए सिरे से तैयार किए और सौ से ऊपर नए चित्र जोड़े। साथ ही, कुछ नए अध्याय भी जोड़े; जैसे, प्राचीन तुर्की लिपि, ईस्टर द्वीप की लिपि, प्राचीन भारत में लेखन-सामग्री आदि। हां, इस नई सामग्री को श्री नारायण दत्त जी के पास भेजने और उन्हें पुनः कष्ट देने का साहस नहीं हुआ। वस्तुतः 'अक्षर-कथा' का यह संशोधित संस्करण श्री नारायण दत्त जी की प्रेरणा और सहयोग से ही संभव हुआ है।

पुस्तक का संशोधित संस्करण तैयार करने में मुझे सहधर्मिणी शांति का सहयोग मिला है। मेरे बच्चों ने स्रोत-सामग्री जुटाने और फोटो-कॉपियां कराने में मेरी मदद की।

प्रकाशन विभाग ने भी अपना वादा निभाया; पुस्तक के प्रकाशन में ज्यादा समय नहीं लगा। प्रेस ने भी अपना काम काफी चुस्ती से किया। मुझे चित्रों की सजावट की चिंता थी, परंतु प्रेस ने यह काम खूब सावधानी और मेहनत से

किया। पुस्तक के संपादक श्री प्रवीण उपाध्याय पुरालिपियों के अध्ययन में गहरी दिलचस्पी रखते हैं, इसलिए इस प्रकाशन में उनका भी भरपूर सहयोग मिला।

इस संस्करण में काफी सावधानी बरतने के बावजूद यदि प्रूफ की कुछ अशुद्धियां रह गई होंगी तो पाठक संभाल लेंगे। आशा है, पहले की तरह 'अक्षर-कथा' के इस संशोधित संस्करण का भी विद्वज्जगत में स्वागत होगा।

—गुणाकर मुळे

'अमरावती' सी-210,
पांडव नगर, दिल्ली-110092
30 जून, 2003

विषय-सूची

खंड 1 : विदेशी लिपियां

खंड 2 : भारतीय लिपियां

खंड 1

विदेशी लिपियां

1
लेखन का आरंभ

खगोलवेत्ताओं की आधुनिकतम गवेषणाओं के अनुसार अब विश्व की आयु लगभग पंद्रह अरब वर्ष मानी जाती है। हमारी इस धरती पर आज से लगभग 50 करोड़ से एक अरब वर्ष पहले साधारण 'जीवों' का आविर्भाव हुआ। विकास की प्रक्रिया के अंतर्गत लगभग 15 करोड़ वर्ष पहले पृथ्वी पर स्तनपायी पशु अस्तित्व में आए। जिसे हम 'मानव' की संज्ञा दे सकते हैं, ऐसे प्राणी का इस धरती पर विचरण पहले-पहल लगभग 6,00,000 वर्ष पहले आरंभ हुआ। यह पुरापाषाण-युग का मानव था। लगभग पांच लाख वर्ष पहले के मानव के अवशेष हमें मिले हैं। मानव का पहला और सबसे बड़ा आविष्कार था पत्थरों के हथियार बनाना। इन हथियारों ने उसके हाथों की शक्ति को कई गुना बढ़ा दिया। लगभग डेढ़ लाख वर्ष पहले 'आधुनिक मानव' (होमोसेपियंस) अस्तित्व में आया। लेकिन अब भी उसे 'जंगली' और 'असभ्य' कहा जा सकता था। लगभग 25 हजार वर्ष पहले हम 'क्रो-मेग्नॉन' मानव का अस्तित्व देखते हैं, जब वह गुफाओं में रहता था और उनकी दीवारों पर चित्र भी बनाता था। लेकिन जिसे हम 'सभ्य मानव' का नाम देते हैं, उसका विकास लगभग दस हजार वर्ष पहले ही देखने में आता है।

सभ्य मानव का सबसे बड़ा आविष्कार है लेखन-कला। आज हम अपने चहुंओर इतनी अधिक लिखित सामग्री देखते हैं कि यह सोचना भूल ही जाते हैं कि पहले-पहल आदमी ने लिखना कैसे आरंभ किया होगा और लेखन का विकास कैसे हुआ होगा। मानव के विकास में, अर्थात् मानव-सभ्यता के विकास में, वाणी के बाद लेखन का ही सबसे अधिक महत्व है। अन्य पशुओं से आदमी को इसीलिए श्रेष्ठ माना जाता है कि वह वाणी द्वारा अपने मनोभावों को व्यक्त कर सकता है। किंतु मानव का बहुमुखी विकास इस वाणी को लिपिबद्ध करने की कला के कारण ही हुआ। मुंह से बोले गए शब्द या हाव-भावों से व्यक्त किए गए विचार चिरस्थायी नहीं रहते। दो या अधिक व्यक्तियों के बीच में हुई बातचीत केवल उन्हीं व्यक्तियों तक सीमित रहती है। भाषा का आधार ध्वनि है। भाषा श्रव्य या कर्णगोचर होती है। अभी उन्नीसवीं शताब्दी के अंतिम दशकों तक बोली गई भाषा को स्थायी रूप देने के लिए उसे लिपिबद्ध करने के अलावा कोई दूसरा तरीका नहीं था। 1877 में फोनोग्राम का आविष्कार हुआ और आज तो टेपरिकॉर्डरों और कंप्यूटरों का काफी इस्तेमाल होने लगा है। किंतु प्राचीन काल के मानव को अपने विचारों को सुरक्षित रखने के लिए लिपि का आविष्कार करना पड़ा था। इसलिए हम कह सकते हैं कि लिपि ऐसे प्रतीक-चिह्नों का संयोजन है जिनके द्वारा श्रव्य भाषा को दृष्टिगोचर बनाया जाता है। सुनी या कही हुई बात केवल उसी समय और उसी स्थान पर उपयोगी होती है। किंतु लिपिबद्ध कथन या विचार दिक् और काल की सीमाओं को लांघ सकते हैं। लिपि के बारे में यही सबसे महत्वपूर्ण बात है। संसार की बहुत-सी लुप्तप्राय सभ्यताओं के बारे में आज हम इसीलिए बहुत-कुछ जानते हैं कि वे अपने बारे में बहुत-कुछ लिखा हुआ छोड़ गई हैं।

आज संसार में लगभग 400 विभिन्न लिपियों का प्रयोग होता है। इनमें से बहुतों का आरंभ एवं विकास प्राचीन काल की कुछ प्रमुख लिपियों से हुआ है। जैसे, एशिया के पश्चिमी तट पर ई.पू. दूसरी सहस्राब्दी में सेमेटिक (सामी) भाषा-परिवार के लिए एक अक्षरमालात्मक लिपि अस्तित्व में आई। 1000 ई.पू. के आसपास इस लिपि ने व्यंजनात्मक या वर्णमालात्मक रूप धारण किया। उस समय की इस लिपि को 'उत्तरी सेमेटिक', 'कनानी' या 'फिनीशियन' जैसे नाम दिए गए हैं। यूनानी लिपि स्पष्टत: फिनीशियन लिपि के आधार पर ही बनी थी। और, आज यूरोप, अमरीका और संसार के कई अन्य देशों में जिन लिपियों का चलन है वे सब इस यूनानी लिपि और इससे निर्मित लैटिन या रोमन लिपि से ही विकसित हुई हैं। दूसरी ओर यानी पूर्व की ओर, इस उत्तरी सेमेटिक लिपि ने आरमेई, खरोष्ठी, पहलवी और अरबी जैसी लिपियों को जन्म दिया। हमारे देश में लगभग छठी शताब्दी ई.पू. में अस्तित्व में आई ब्राह्मी लिपि ने भी बहुत-सी लिपियों को जन्म दिया है। भारत की सारी वर्तमान लिपियां (अरबी-फारसी लिपि को छोड़कर) ब्राह्मी से ही विकसित हुई हैं। इतना ही नहीं, तिब्बती, सिंहली तथा दक्षिण-पूर्व एशिया के देशों की बहुत-सी लिपियां ब्राह्मी से ही जनमी हैं। लिपियों के इस विकास-क्रम को पाठक आगे के पृष्ठों में पढ़ेंगे। तात्पर्य यही कि धर्म की तरह लिपियां भी देशों और जातियों की सीमाओं को लांघती चली गईं। भाषाओं की सीमाएं लांघना तो लिपियों के लिए बहुत ही सरल काम रहा है। जो लिपि आरंभ में एक सेमेटिक भाषा के लिए अस्तित्व में आई थी, उसे बाद में भारोपीय परिवार की अनेक भाषाओं के लिए अपना लिया गया। आगे के पृष्ठों में आपको इस प्रकार के दर्जनों उदाहरण मिलेंगे।

प्राचीन काल से ही लेखन-कला को पवित्र माना जाता रहा है। प्राय: सभी प्राचीन सभ्यताओं ने अपनी लिपियों के आविष्कर्ता के रूप में किसी न किसी देवता की कल्पना की है। हमारे देश में यह मान्यता थी कि लिपि के निर्माता ब्रह्मा हैं, और शायद इसीलिए हमारे देश की प्राचीन लिपि का नाम ब्राह्मी पड़ा। प्राचीन मिस्र के थोत् को लेखन का देवता माना जाता था। बेबीलोन में लेखन का देवता नेबो था। प्राचीन यहूदी परंपरा के अनुसार लिपि के जनक पैगंबर मूसा थे। इस्लाम की मान्यता है कि अल्लाह ने ही अक्षर बनाए और आदम को सौंपे। कुछ यूनानी अनुश्रुतियों में हेर्मेस को यूनानी लिपि का जनक बताया गया है। परंतु ई.पू. छठी शताब्दी का प्रसिद्ध इतिहासकार हिरोदोतस स्पष्ट शब्दों में लिखता है कि यूनानी लिपि का निर्माण फिनीशियन लिपि के आधार पर हुआ।

आज हम जानते हैं कि लिपियां मानव की ही कृतियां है; उन्हें ईश्वर या देवता ने नहीं बनाया। प्राचीन काल में किसी पुरातन और कुछ जटिल वस्तु को रहस्यमय बनाए रखने के लिए उस पर ईश्वर या किसी देवता की मुहर लगा दी जाती थी; किंतु आज हम जानते हैं कि लेखन-कला किसी 'ऊपर वाले' की देन नहीं है, बल्कि वह मानव की ही बौद्धिक कृति है।

गुफाचित्र

आज से लगभग बीस-पच्चीस हजार वर्ष पहले का मानव गुफाओं में रहता था और उसका जीवन मुख्यत: शिकार पर निर्भर था। कई प्राचीन गुफाओं में उस समय के मानव के रचे बहुत-से चित्र मिले हैं। स्पेन की प्राचीन गुफाओं से अनेक चित्र मिले हैं, किंतु अन्य देशों से भी अब गुफाचित्रों का पता चला है। सहारा की मरुभूमि की प्राचीन गुफाओं में भी गुफाचित्र पाए गए हैं। हमारे देश में भी पाषाण-युग के मानव के गुफाचित्र मौजूद हैं।

भारत में अनेक स्थानों पर गुफाओं में तथा शिलाखंडों पर अंकित चित्र मिले हैं। इन शैलचित्रों का सिलसिला बुंदेलखंड, मिर्जापुर, रायगढ़, छोटा नागपुर और आगे दक्षिण में कर्नूल तक फैला हुआ है। विद्वानों का मत है कि हमारे देश में बिल्लासुगराम (कर्नूल जिला, आंध्र प्रदेश) के

चित्र 1.1 प्रागैतिहासिक गुफाचित्र

गुफाचित्र सबसे प्राचीन गुफाचित्र हैं। 1844 में इन गुफाओं की खोज हुई थी। वैनाड (केरल) की एड़ातल गुफाओं की खोज 1901 में हुई थी। उनमें मानव और पशु आकृतियों के अतिरिक्त स्वस्तिक, चक्र, चतुष्कोण तथा तांत्रिक आकृतियां भी अंकित मिलती हैं। बिहार के सिंहभूमि जिले के घाटशिला नामक स्थान में डॉ. पंचानन मिश्र ने कुछ चित्रों की खोज की। ये चित्र काले पाषाण पर अंकित हैं। मध्य प्रदेश में कैमूर पर्वतश्रेणी में जो प्रागैतिहासिक चित्र मिले हैं, वे भी

चित्र 1.2 प्रागैतिहासिक गुफाचित्र

शिलाओं पर अंकित हैं। इन चित्रों में कुछ दृश्य शिकार के हैं। बीसवीं सदी के उत्तरार्ध में भीमबेटका (जिला रायसेन, म.प्र.) के गुफाचित्रों ने सारी दुनिया का ध्यान आकर्षित किया है।

चित्र 1.3 भीमबेटका (मध्य प्रदेश) के दो शैलचित्र

उत्तर प्रदेश के मिर्जापुर जिले के भलदरिया गांव में कृष्णमृग के शिकार का एक चित्र मिला है। सोन नदी के पास के टुप्पैचौरासी गांव में एक ऐसा गुफाचित्र प्राप्त हुआ है जिसमें एक आदमी को पत्थर के भाले से एक हिरन का शिकार करते हुए दिखाया गया है। घोड़ामांगर गांव की गुफा में भी शिकार के दृश्य का ही चित्रांकन है। इस चित्र में एक साथ कई आदमी एक सींगवाले गैंडे

पर आक्रमण कर रहे हैं। गैंडे ने उनमें से एक आदमी को अपने सींग से ऊपर उछाल दिया है और शिकारियों का सरदार पीछे से गैंडे की ओर भाला फेंक रहा है।

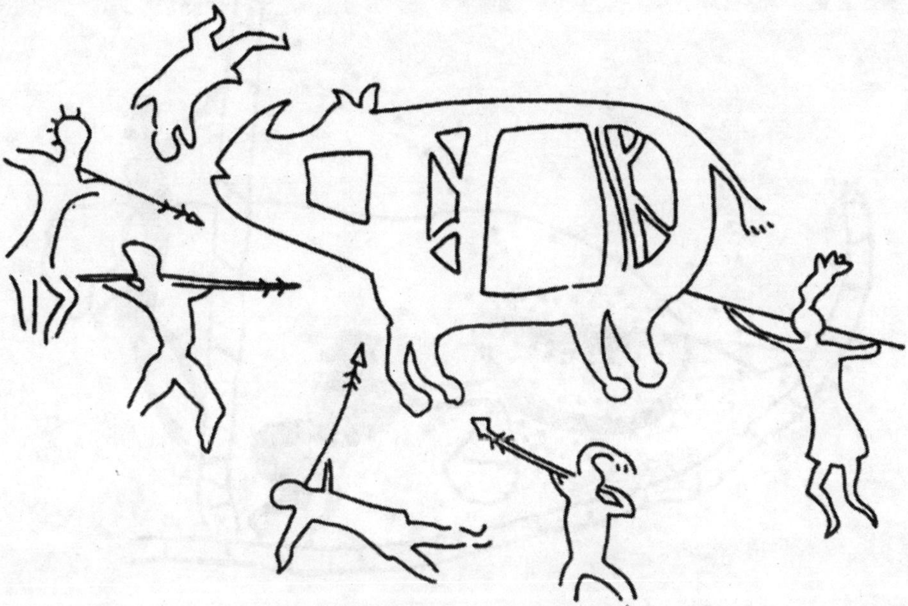

चित्र 1.4 प्रागैतिहासिक शैलचित्र (घोड़ामांगर, मिर्जापुर, उत्तर प्रदेश)

बघेलखंड (म.प्र.) की पहाड़ी गुफाओं में जो चित्र मिलते हैं उनकी चित्रकारी गेरू से ही की गई जान पड़ती है। इनमें भी शिकार के दृश्य हैं। मध्य प्रदेश में ही रायगढ़ के पास सिंघनपुर गांव में एक गुफा की दीवार पर और शिलाखंड के पृष्ठभाग पर अनेक चित्र हैं। ये लाल रंग के गेरू से बनाए गए हैं। इनमें मानव तथा पशुओं की आकृतियों के अलावा चित्रलिपि जैसे कुछ अंकन भी हैं। रायगढ़ की पर्वतश्रेणी में जोगीमार नाम की कुछ गुफाएं हैं। ऐसा लगता है कि यहां के चित्रों में मानव, पशु, मकान तथा मूर्ति आदि की आकृतियों के जरिए कोई कथा कही गई है।

प्रागैतिहासिक मानव के ये गुफाचित्र कला के सुंदर नमूने हैं, इसमें कोई संदेह नहीं। यह भी स्पष्ट है कि इनमें तत्कालीन मानव-जीवन का चित्रांकन हुआ है। कुछ विद्वान इनका संबंध जादू-टोने से जोड़ते हैं।

फ्रांस के मास द-एजिल नामक स्थान से मध्यपाषाण-युग के कुछ ऐसे पत्थर-कंकड़ मिले हैं जिन पर पैरोक्साइड से विभिन्न प्रकार की रेखाएं और आकृतियां खींची गई हैं। एजिल की नदी से प्राप्त होने के कारण इन्हें एजिली संस्कृति के कंकड़ कहा जाता है। किंतु अब भी हम ठीक-ठीक नहीं जानते कि इन कंकड़ों पर ये रेखाएं किस उद्देश्य से खींची गई थीं। प्रागैतिहासिक काल की गुफाओं तथा कब्रों से और भी अनेक प्रकार की चित्रित सामग्री मिली है। इनमें कई प्रकार के ज्यामितीय चिह्न हैं और मनुष्यों की आकृतियां भी। परंतु इनके बारे में दावे के साथ कुछ कहना संभव नहीं। इन्हें हम लिपि-संकेतों का आद्य रूप भी नहीं मान सकते। बेशक, इन चित्रांकनों द्वारा पाषाण-युग के मानव ने अपनी भावनाओं को रंगों में उतारने का प्रयत्न किया था। किंतु इन

चित्र 1.5 प्रागैतिहासिक शैलचित्र : मधु-संचय (पचमढ़ी, मध्य प्रदेश)

रेखाओं में उसके ठीक किस प्रकार के भाव छिपे हुए हैं, यह पता लगाना आज आसान नहीं है। वैसे बहुत-सी भाषाओं में 'लेखन' के लिए प्रयुक्त शब्द 'चित्रण' के ही पर्यायवाची हैं। आज भी हिंदी प्रदेश के कुम्हार कूंची या कपड़े की लीर से मिट्टी के बरतनों पर रेखाएं अंकित करने को 'लिखना' कहते हैं।

हमारी भाषाओं में किसी बात को अवश्य याद रखने के अर्थ में एक मुहावरा है—गांठ बांधना। किसी बात को याद रखने के लिए गांठ बांधने का रिवाज बहुत प्राचीन है, अक्षरों के

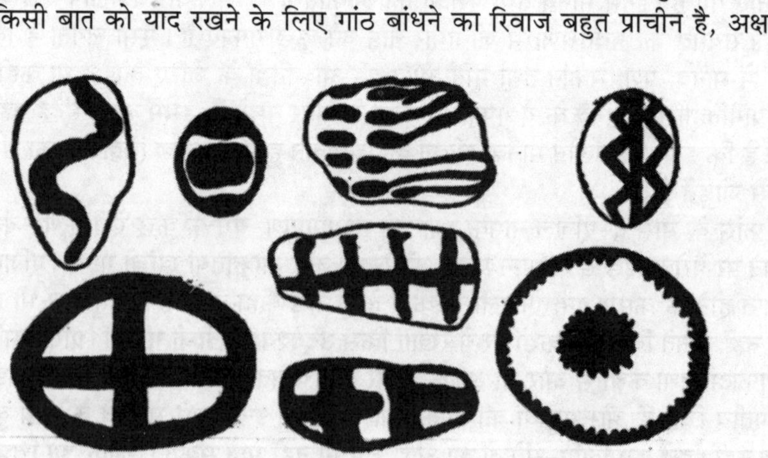

चित्र 1.6 एजिली संस्कृति के रेखांकित कंकड़

आविष्कार से भी अधिक प्राचीन। आज भी हमारे यहां अनपढ़ लोग, विशेषतः देहात में रहने वाले लोग, बहुत-सी बातें और हिसाब आदि भी किसी न किसी चीज में गांठ बांधकर ही स्मरण रखते हैं। जो लिखना-पढ़ना नहीं जानते, वे भी लकीरें खींचकर एक प्रकार का हिसाब रखते हैं। ये सब तरीके याददाश्त की मदद के लिए अपनाए जाते हैं।

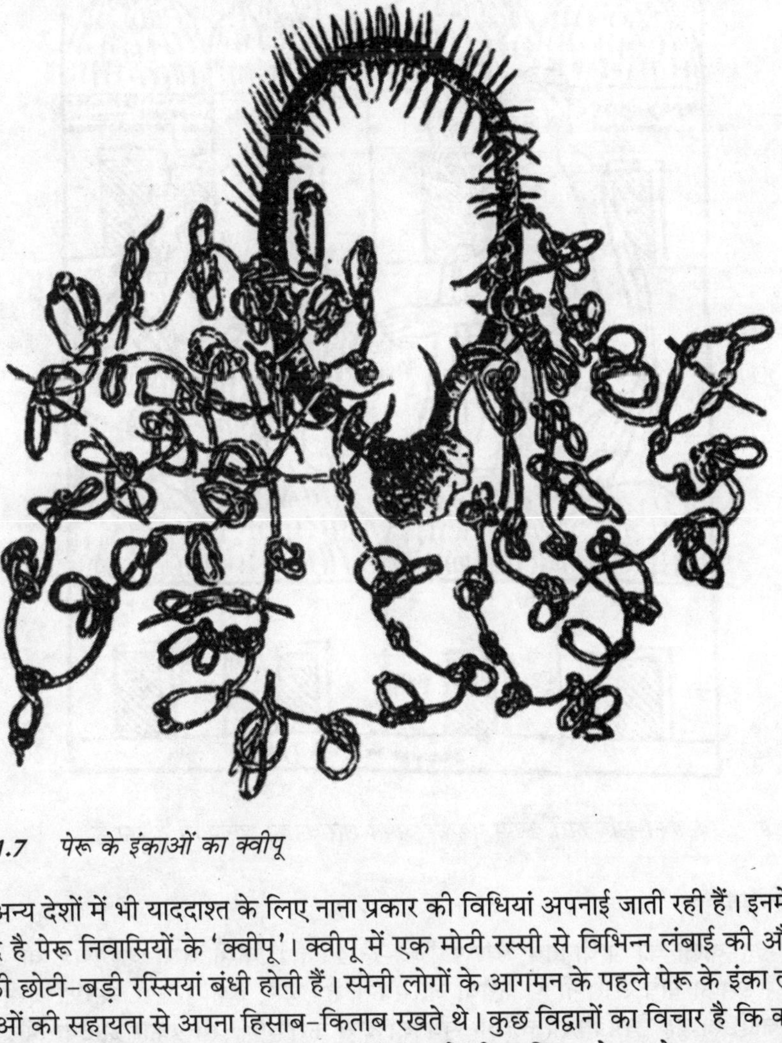

चित्र 1.7 पेरू के इंकाओं का क्वीपू

अन्य देशों में भी याददाश्त के लिए नाना प्रकार की विधियां अपनाई जाती रही हैं। इनमें सबसे प्रसिद्ध है पेरू निवासियों के 'क्वीपू'। क्वीपू में एक मोटी रस्सी से विभिन्न लंबाई की और नाना रंगों की छोटी-बड़ी रस्सियां बंधी होती हैं। स्पेनी लोगों के आगमन के पहले पेरू के इंका लोग इन क्वीपुओं की सहायता से अपना हिसाब-किताब रखते थे। कुछ विद्वानों का विचार है कि क्वीपुओं की सहायता से इंका लोग अपने इतिहास तथा पंचांग को भी सुरक्षित रखे हुए थे। याददाश्त के लिए गांठों की इस प्रकार की योजनाओं का प्रचार अन्य देशों में भी रहा है। चीनी दार्शनिक लाओ त्से (ई.पू. पांचवीं शताब्दी) का यह कथन मिलता है कि प्राचीन काल में चीन में ग्रंथि-लेखन का अस्तित्व था। हिरोदोतस के इतिहास-ग्रंथ से पता चलता है कि ईरान के हख़ामनी सम्राट दारयवुश (डेरियस) ने आयोनिया के निवासियों को चमड़े की पट्टी का एक ऐसा पंचांग भेंट किया था जिसमें साठ गांठें थीं। हमारे देश के आदिवासी संथालों में गांठें बांधकर घटनाओं को याद रखने का रिवाज आज भी जीवित है। इनमें हम लेखन-कला का आद्य रूप देख सकते हैं।

चित्र 1.8 *एक इंका अधिकारी क्वीपू पढ़कर अपने शासक को जानकारी दे रहा है*

चित्र-लेखन

लेखन-कला का प्राचीनतम स्वरूप चित्र-लेखन है। किसी वस्तु का चित्र या आकृति खींचकर उसका बोध आसानी से कराया जा सकता है। जैसे, एक वृत्त पर किरणों जैसी रेखाएं खींची जाएं, तो यह चित्र किसी को भी सूर्य का बोध कराएगा। इसी प्रकार आदमी और पशुओं के चित्र खींचे जा सकते हैं। इस तरह के चित्र आज भी हम समाचारपत्रों के विज्ञापनों में देखते हैं। इनके बारे में महत्वपूर्ण बात यह है कि इन्हें आसानी से समझा तो जा सकता है, किंतु इनमें ध्वनियां नहीं रहतीं। एक ही चित्र को अलग-अलग आदमी अपनी-अपनी भाषा में पढ़ सकते हैं।

भावचित्र-लेखन

किंतु निरे चित्रों से सभ्य मानव का काम अधिक दिनों तक नहीं चल सकता था। वृत्त पर किरणों वाली रेखाएं खींचने से 'सूर्य' का बोध सभी को हो सकता है। आगे चलकर इसी चित्र के

साथ 'ताप' और 'गरम' के भाव जोड़े गए। इस प्रकार, चित्र-लेखन से भावचित्र-लेखन अस्तित्व में आया। अब 'दो पैरों' का अर्थ केवल 'दो पैर' ही नहीं रहा, बल्कि 'चलना' भी हो गया। इस नए ढंग के लेखन को 'भावचित्रात्मक लिपि' का नाम दिया गया है। सभी प्रकार की चित्रलिपियों के बारे में—चाहे चित्र-लेखन हो या भावचित्र-लेखन—महत्वपूर्ण बात यह है कि इनमें अंकित चित्रों या प्रतीकों का ध्वनियों से किसी प्रकार का कोई संबंध नहीं होता। चित्र या भावचित्रात्मक लिपि को कोई भी व्यक्ति अपनी भाषा में 'पढ़' और समझ सकता है। ये चित्र या भावचित्र 'ध्वनियों' को अभिव्यक्त या सूचित नहीं करते; ये केवल भावों और विचारों को ही वहन करते हैं।

चित्र 1.9 डकोटा इंडियनों के सांकेतिक नाम (टोटेम)

लिपियों के आरंभ काल की कई भावचित्रात्मक लिपियों में हम प्रायः एक-से भावचित्र देखते हैं। यह स्वाभाविक भी है। जैसे, आंख से गिरती आंसुओं की बूंदें कई प्राचीन भावचित्रात्मक लिपियों में 'शोक' या 'दुःख' के भाव व्यक्त करती हैं। शुद्ध भावचित्र-लेखन के अनेक नमूने कई देशों के आदिवासियों के चित्रांकन में मिले हैं। आज के वैज्ञानिक युग में भी हम अनेक भावचित्रों का इस्तेमाल करते हैं, जैसे—सड़कों पर खड़े किए जाने वाले निशान या ट्रैफिक चिह्न अथवा विषैले रसायनों की शीशी पर खोपड़ी का चित्र आदि।

चित्र 1.10 मध्य अमरीका के ओजिबवा आदिवासियों के ये चित्र व्यक्त करते हैं—(दाईं ओर से बाईं ओर को क्रमशः) तूफान का देवता जो सारे आकाश को घेरता है, नगाड़ा, पंखों से सुशोभित नगाड़ा, द्रोणकाक, कौआ और दवाखाने में आदमी।

चित्र 1.11 सात अमरीकी इंडियन कबीलों द्वारा अमरीका की कांग्रेस को भेजी गई याचिका, जो यहां उन कबीलों के सांकेतिक चिह्नों (टोटेम) से व्यक्त की गई है। आंखों और दिलों से जोड़ी गई रेखाएं यह भाव व्यक्त करती हैं कि सातों कबीले एकमत हैं। ओश्क्बविस कबीला (जो यहां बगुले से दरशाया गया है) सबका अगुआ है। इसकी आंख से निकली हुई एक रेखा नीचे बाईं ओर एक सरोवर से जुड़ी हुई है, तो दूसरी कांग्रेस की ओर इशारा करती है। तात्पर्य यह कि ये कबीले प्रस्तुत सरोवर में मछली पकड़ने की अनुमति चाहते हैं।

आगे के पृष्ठों में हम बहुत-सी भावचित्रात्मक लिपियों की चर्चा करेंगे। मेसोपोटामिया, मिस्र, क्रीट, चीन आदि की प्राचीन लिपियां भावचित्रात्मक ही थीं। चीन की लिपि को तो आज भी हम भावचित्रात्मक ही कह सकते हैं। सिंधु लिपि के स्वरूप के बारे में अभी तक कोई ठोस जानकारी नहीं मिल पाई है। वस्तुतः प्राचीन मिस्र और मेसोपोटामिया की लिपियों को हम शुद्ध भावचित्रात्मक नहीं कह सकते। अपने आरंभिक काल में अवश्य ही ये शुद्ध रूप से भावचित्रात्मक रही होंगी। परंतु इन लिपियों के प्राचीनतम लेख आज जिस रूप में उपलब्ध हैं, उनमें हम कुछ ध्वनि-संकेतों का भी अस्तित्व देखते हैं। इसीलिए इन्हें 'संधिकालीन लिपियों' का नाम दिया गया है।

ध्वन्यात्मक लेखन

समय के साथ चित्रों या भावचित्रों का विकास होता गया। पहले तो चित्रों में या प्रतीकों में उन वस्तुओं या भावों को आसानी से पहचाना जा सकता था, किंतु धीरे-धीरे इनमें इतना अधिक परिवर्तन हो गया कि उन्हें ध्वनियों से ही पहचाना जा सकता था। इस प्रकार, भावचित्रों ने ध्वनिचित्रों का रूप धारण कर लिया। अब चिह्न या प्रतीक वस्तुओं या भावों को नहीं, बल्कि ध्वनियों को अभिव्यक्त करने लगे। इस प्रकार, भाषा और प्रतीकों के बीच सीधा संबंध स्थापित हुआ और लिपि बोली गई भाषा को व्यक्त करने लगी।

ध्वन्यात्मक-लेखन के दो प्रकार हैं—अक्षरात्मक लेखन और वर्णमालात्मक लेखन।

जब किसी भाषा में एकाक्षरी शब्दों की बहुलता हो या उसके अनेकाक्षरी शब्दों का स्वरूप सरल और नियमबद्ध हो, तब ध्वन्यात्मक लेखन अक्षरात्मक लिपि का रूप धारण करता है। अक्षरात्मक लिपियों के अनेक उदाहरण मिलते हैं। असीरी कीलाक्षर लिपि बाद में अक्षरात्मक बन गई थी। बिब्लोस, साइप्रस और क्रीट की लिपियां अक्षरात्मक ही थीं। हमारे समय में जीवित अक्षरात्मक लिपि का सबसे उत्तम नमूना हैं, भारतीय लेखन से प्रभावित तथा चीनी संकेतों से बनी जापान की दो अक्षरमालाएं—काताकाना और हिराकाना। इन सभी लिपियों के बारे में पाठक आगे के प्रकरणों में विस्तार के साथ पढ़ेंगे।

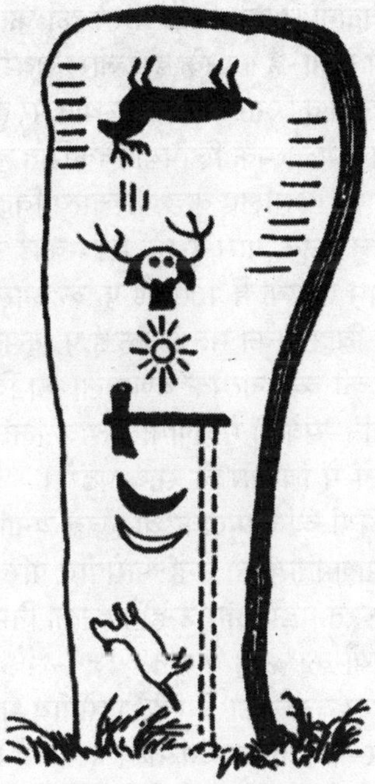

चित्र 1.12 एक इंडियन कबीले के सरदार का समाधि-स्मारक

वर्णमालात्मक लिपि

वर्णमाला लिपि के विकास की अंतिम सीढ़ी है। आज सभी विकसित देशों में वर्णमालात्मक लिपियों का ही इस्तेमाल होता है। अपवाद है तो केवल चीन की लिपि। चीन की लिपि अपने लंबे इतिहास में एक भावचित्रात्मक लिपि ही बनी रही। किंतु अब चीन का साम्यवादी शासन भी अपने देश में वर्णमालात्मक लिपि का प्रयोग चालू करने को प्रयत्नशील है। सुविकसित वर्णमालात्मक लिपि की सबसे बड़ी विशेषता यह होती है कि उसमें एक ध्वनि के लिए एक ही संकेत होता है और एक संकेत केवल एक ही ध्वनि को अभिव्यक्त करता है। संकेतों की संख्या वर्णमालात्मक लिपि में सबसे कम होती है, इसलिए इसे आसानी से कम समय में सीखा जा सकता है।

वर्णमालात्मक लिपि का आरंभ सबसे पहले कब और कहां हुआ, इस सवाल पर विद्वानों में काफी मतभेद है। ई.पू. तीसरी शताब्दी में अशोक के धर्मलेखों में जिस ब्राह्मी लिपि के हम दर्शन करते हैं, वह वर्णमालात्मक ही थी। उसमें व्यंजन-संकेतों के साथ-साथ स्वर-संकेत भी थे। अशोक से पहले के कोई ब्राह्मी लेख नहीं मिले हैं। दो-चार लेख अशोक से पहले के माने जाते हैं, किंतु उनके बारे में दावे के साथ कुछ कहना कठिन है। साहित्यिक उल्लेखों के आधार पर इतना जरूर कहा जा सकता है कि ई.पू. सातवीं-छठी शताब्दी में भी हमारे देश में ब्राह्मी लिपि अस्तित्व में थी। दूसरी ओर, 2600 से 1750 ई.पू. के बीच सिंधु लिपि का अस्तित्व रहा। किंतु अभी हमें ठीक-ठीक ज्ञात नहीं है कि सिंधु लिपि भावचित्रात्मक है या अक्षरात्मक या वर्णमालात्मक। इधर कुछ विद्वान सिंधु लिपि को ब्राह्मी के साथ जोड़ने में प्रयत्नशील हैं। परंतु जब तक सिंधु लिपि का पूर्ण रूप से उद्घाटन न हो जाए, और जब तक उसका ब्राह्मी लिपि के साथ संबंध सिद्ध न हो जाए, तब तक ब्राह्मी वर्णमाला के उद्भव और विकास के बारे में दावे के साथ कुछ भी नहीं कहा जा

सकता। वैसे, कुछ पाश्चात्य विद्वानों ने यह सिद्ध करने की कोशिश की है कि ब्राह्मी लिपि का विकास उत्तरी सेमेटिक लिपि से हुआ है। उनके इस जोर-जबरी के प्रयास के मूल में यह धारणा छिपी हुई है कि वर्णमालात्मक लिपि का आरंभ एक ही स्थान पर हुआ और उसी मूल वर्णमालात्मक लिपि से संसार की अन्य सारी वर्णमालात्मक लिपियां विकसित हुईं। यह तो स्पष्ट ही है कि यूनानी लिपि फिनीशियन लिपि से बनी थी। इसलिए कुछ पाश्चात्य विद्वान ब्राह्मी को भी यूनानी लिपि के दायरे में घसीटना चाहते हैं। परंतु उनके पास इसके लिए कोई ठोस प्रमाण नहीं है।

इतना निश्चित है कि पश्चिम एशिया में 1000 ई.पू. के आसपास कई वर्णमालात्मक लिपियां अस्तित्व में आ चुकी थीं। कुछ विद्वानों का मत है कि ई.पू. दूसरी सहस्राब्दी की सिनाई प्रायद्वीप की लिपि से ही सेमेटिक लिपि की व्यंजनात्मक वर्णमाला का विकास हुआ था। कुछ लोग आगे बढ़कर प्राचीन मिस्र के कुछ ध्वनि-संकेतों में वर्णमालात्मक लिपि का आरंभ देखते हैं। पाठक इन सब बातों के बारे में अगले पृष्ठों में विस्तार के साथ पढ़ेंगे।

सेमेटिक भाषाओं की लिपियां व्यंजनमूलक थीं। जब यूनानियों ने उत्तरी सेमेटिक लिपि के आधार पर अपनी लिपि का निर्माण किया तो उन्हें भारोपीय परिवार की अपनी भाषा की ध्वनियों के लिए स्वर-संकेतों की भी जरूरत पड़ी, और उन्होंने इनका निर्माण भी किया। सेमेटिक भाषाओं के लिए प्रयुक्त होनेवाली लिपियों का काम केवल व्यंजन-संकेतों से आसानी से चल जाता है। किंतु वर्णमाला को सर्वगुण-संपन्न बनाने का श्रेय है, भारोपीय भाषा-परिवार के लोगों को। ब्राह्मी लिपि में तो हम शुरू से ही स्वर-संकेतों का अस्तित्व देखते हैं।

आगे के पृष्ठों में पाठक सभी प्रकार की लिपियों के बारे में पढ़ेंगे। इनमें कुछ ऐसी भी लिपियां हैं जिनका ज्ञान लुप्त हो गया था। उनका पुनः उद्घाटन किस प्रकार हुआ, इसकी जानकारी भी वहां दी जाएगी।

2

प्राचीन मिस्र की लिपियां

मिस्र का इतिहास लगभग 3200 ई.पू. से आरंभ होता है, जब मेनेस नामक एक अर्ध-ऐतिहासिक पुरुष ने उत्तर तथा दक्षिण मिस्र का एकीकरण करके एक राज्य की स्थापना की। तभी से मिस्र में राजवंशीय युग का आरंभ होता है। तब से लेकर सिकंदर के आक्रमण (332 ई.पू.) तक इस भूमि पर कुल मिलाकर तीस राजवंशों ने शासन किया। वस्तुतः प्राचीन मिस्र की तिथियों के बारे में पुराविदों में काफी मतभेद है। इसलिए प्रायः राजवंशों का उल्लेख करना ही पर्याप्त समझा जाता है। मिस्र का प्रथम ऐतिहासिक राजा नारमेर था और अधिकांश पुराविद् अब मानते हैं कि मेनेस ही नारमेर था। सुविधा के लिए मिस्र के राजवंशीय काल को हम इस प्रकार से विभाजित कर सकते हैं :

पहला और दूसरा राजवंश	लगभग 3300–2780 ई.पू.
प्राचीन साम्राज्य (तीसरे से दसवें राजवंश तक)	2780–2100 ई.पू.
मध्य साम्राज्य (ग्यारहवें से तेरहवें राजवंश तक)	2100–1700 ई.पू.
हाइक्सोस काल (चौदहवें से सत्रहवें राजवंश तक)	1700–1555 ई.पू.
नूतन साम्राज्य (अठारहवें से चौबीसवें राजवंश तक)	1555–712 ई.पू.
अर्वाचीन साम्राज्य (पच्चीसवें से तीसवें राजवंश तक)	712–332 ई.पू.
सिकंदर तथा टॉलमी राजाओं का काल	332–30 ई.पू.
रोमन काल	30 ई.पू.–395 ई.
बाइजेंतीन काल	395–638 ई.

प्रथम राजवंश के समय में भी मिस्र की प्राचीन लिपि अपने शिशुकाल में नहीं थी। वस्तुतः राजवंशीय काल से भी पहले मिस्र की भाषा ने लिखित रूप धारण कर लिया था। संख्या-संकेत भी जन्म ले चुके थे। अधिकांश पुराविदों का मत है कि मिस्री लिपि का जन्म उत्तरी मिस्र में हुआ था। एबिदोस की खुदाई में राजाओं की कब्रों से ऐसे अनेक शिलाफलक प्राप्त हुए हैं जिन पर राजाओं के नाम अंकित हैं। व्यक्तिगत शिलाफलकों तथा बंद कलशों पर भी लिपि-संकेत मिलते हैं। प्रथम एवं द्वितीय राजवंशों के काल की उपलब्ध सामग्री के अध्ययन से पता चलता है कि उस समय हाइरोग्लिफिक लिपि के 203 संकेत अस्तित्व में आ चुके थे।

प्राक्-राजवंशीय काल में मिस्र की प्राचीन लिपि का स्वरूप क्या था, इसके बारे में कोई ठोस जानकारी उपलब्ध नहीं है। हम यह भी नहीं जानते कि यह लिपि कैसे अस्तित्व में आई। इतना निश्चित है कि पहले और दूसरे राजवंशों के काल की हाइरोग्लिफिक लिपि को चित्रलिपि नहीं कहा जा सकता, क्योंकि उस समय भी इसके कुछ संकेत व्यंजनों को व्यक्त करते थे। निर्धारक-संकेत भी अस्तित्व में आ चुके थे।

हाइरोग्लिफिक (यूनानी शब्द : हाइरो = पवित्र, ग्लिफिक = अंकन) लिपि प्रायः शिलाओं पर उत्कीर्ण की जाती थी, इसलिए उसके संकेतों में अधिक परिवर्तन होना संभव नहीं था। आगे चलकर

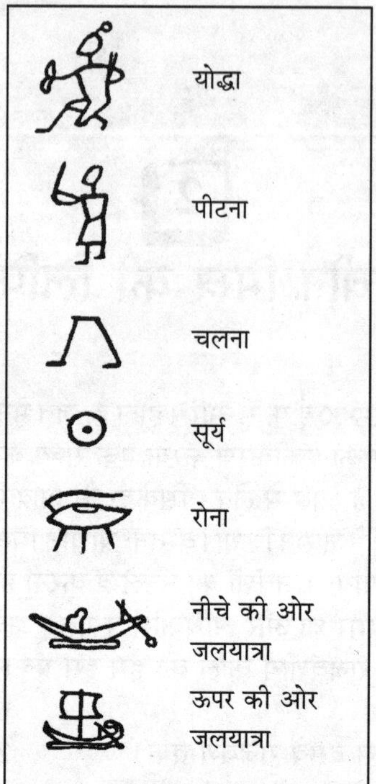

चित्र 2.1 प्राचीन मिस्र की हाइरोग्लिफिक लिपि के भावचित्र

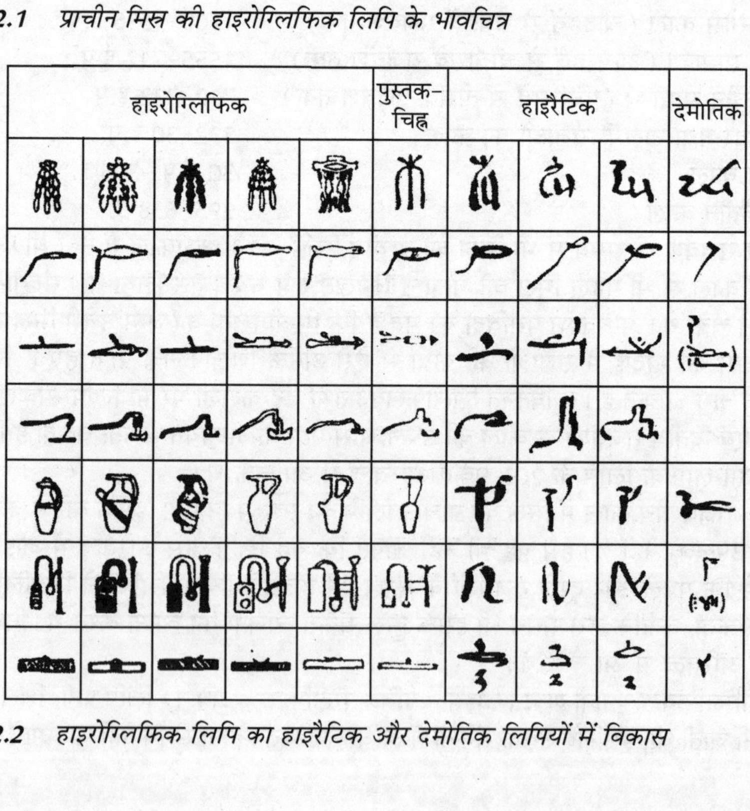

चित्र 2.2 हाइरोग्लिफिक लिपि का हाइरैटिक और देमोतिक लिपियों में विकास

इस लिपि को जब पेपीरस कागज पर लिखा जाने लगा तो इसने एक नया रूप धारण किया। कलम से पेपीरस कागज पर द्रुत गति से लिखने के फलस्वरूप हाइरोग्लिफिक लिपि से हाइरैटिक (पुरोहिती) लिपि अस्तित्व में आई। कालांतर में, 25वें राजवंश के काल में, इसे और भी अधिक द्रुत गति से लिखा जाने लगा तो देमोतिक लिपि अस्तित्व में आई। इस प्रकार, यूनानी तथा रोमन काल में मिस्त्र में एक साथ तीन लिपियों का व्यवहार होता था—मंदिरों तथा स्मारकों के पवित्र अभिलेखों के लिए हाइरोग्लिफिक का, पुरोहितों के लेखन के लिए हाइरैटिक का और दैनंदिन व्यवहार में देमोतिक का।

26वें राजवंश के फरोहा अमासिस-द्वितीय (569-525 ई.पू.) के शासनकाल में यूनानी व्यापारियों के साथ मिस्त्र में यूनानी भाषा का प्रवेश हुआ। लगभग दो शताब्दियों के बाद वहां टॉलमियों का शासन आरंभ हुआ तो यूनानी भाषा मिस्त्र की राजभाषा बन गई। मिस्त्री भाषा को यूनानी लिपि में ढालने का प्रयास हुआ। किंतु जब यह अनुभव हुआ कि यूनानी वर्णमाला मिस्त्री भाषा के लिए परिपूर्ण नहीं है, तो हाइरैटिक तथा देमोतिक लिपियों से 7 अतिरिक्त संकेत लिये गए। इस प्रकार 24 + 7 = 31 अक्षरों की एक नई वर्णमाला अस्तित्व में आई।

यूनानियों के बाद मिस्त्र में रोमन शासन का युग आया। रोमन काल में भी मिस्त्र की प्राचीन लिपियों को पढ़ सकने वाले कुछ लोग जिंदा थे, परंतु उनकी संख्या नगण्य थी। ईसा की चौथी शताब्दी के उत्तरार्ध में मिस्त्र में ईसाई लोग इतने अधिक शक्तिशाली हो गए कि उन्होंने प्राचीन मंदिरों तथा विद्यालयों को बंद कर दिया। किंतु 31 वर्णों वाली लिपि का उपयोग, उसके नए कॉप्टिक रूप में, चलता रहा। मिस्त्र के ईसाइयों को 'कॉप्ट' कहा जाता था, इसलिए उनके द्वारा प्रयुक्त भाषा तथा लिपि 'कॉप्टिक' कही जाने लगी। सातवीं शताब्दी में मिस्त्र को अरबों ने जीत लिया। कुछ ईसाई-कॉप्ट मुसलमान भी बने। कॉप्टिक भाषा का इस्तेमाल होता रहा। किंतु सोलहवीं शताब्दी के अंत में कॉप्टिक का स्थान अरबी ने ले लिया। जहां तक मिस्त्र की प्राचीन लिपियों की बात है, उनका ज्ञान ईसा की आरंभिक शताब्दियों में ही लुप्तप्राय हो गया था। सबसे अंतिम जो हाइरोग्लिफिक लेख प्राप्त होता है, वह 394 ई. में लिखा गया था।

2 जुलाई, 1798 को नेपोलियन की शक्तिशाली फ्रांसीसी सेना ने मिस्त्र की भूमि पर पैर रखे। नेपोलियन के इसी अभियान से आरंभ होती है प्राचीन मिस्त्र के अन्वेषण की कहानी।

मिस्त्र पर आक्रमण की तैयारी करते समय ही नेपोलियन ने इस अभियान से होने वाले वैज्ञानिक लाभ फ्रेंच अकादमी के विद्वान सदस्यों के सामने स्पष्ट कर दिए थे। इसीलिए वह अपनी सेना के साथ 175 विद्वानों को भी ले गया था। नेपोलियन के आदेश से उन विद्वानों ने मिस्त्र की प्राचीन सभ्यता के बारे में जितनी संभव हो सकती थी उतनी जानकारी प्राप्त की। भूगोलवेत्ताओं ने मिस्त्र की भूमि का मापन करके नक्शे तैयार किए, भूगर्भवेत्ताओं ने मिस्त्र की चट्टानों का और जीवशास्त्रियों ने नील नदी की मछलियों का अध्ययन किया, इत्यादि।

परंतु नेपोलियन के इस अभियान से जो सबसे महत्व की चीज उपलब्ध हुई, वह थी—एक अक्षरांकित प्रस्तर-खंड-शिला।

रोसेटा प्रस्तर

फ्रांसीसी सेना पराजित हो रही थी और अपनी सुरक्षा के लिए समुद्र के किनारे खंदकें खोद रही थी। नील नदी के मुहाने के पास रोसेटा नाम का एक स्थान है। इस स्थान से 4 मील दूर किला-रशीद (बाद में इसे किला-जूलियन का नाम दिया गया) के खंडहरों के पास ब्रिगेडियर-जनरल बौचार्ड ने अपने सिपाहियों को खाइयां खोदने का आदेश दिया। यकायक एक सैनिक की कुदाल एक पत्थर से टकराई और एक पुरानी दीवार से एक प्रस्तर-खंड बाहर निकाला गया।

बौचार्ड उस शिला के महत्व को फौरन समझ गया, क्योंकि उस पर अक्षर खुदे हुए थे। नेपोलियन की सेना के साथ कुछ ऐसे भी विद्वान थे जो यूनानी लिपि को पढ़ सकते थे, जो कि उस शिला पर अंकित तीन लिपियों में से एक थी। यूनानी अंश को पढ़ने पर पता चला कि उस शिला-स्मारक का निर्माण 27 मार्च, 196 ई.पू. को हुआ था।

शिला काहिरा की 'मिस्री अकादमी' को भेज दी गई, जिसकी स्थापना स्वयं नेपोलियन ने की थी, और इस भय से कि कहीं यह अमूल्य पत्थर गायब न हो जाए, इसकी कई अनुकृतियां तैयार करवाकर फ्रांस भी रवाना कर दी गईं। कुछ दिनों बाद शिला को काहिरा से अलेक्ज़ेंड्रिया लाकर फ्रांसीसी जनरल मेनौ के निवास-स्थान पर रख दिया गया।

अंत में, 1801 में फ्रांसीसी सेना को ब्रिटिश सेना के सामने पराजय स्वीकार करनी पड़ी। तीन वर्षों के अथक प्रयासों से फ्रांसीसी विद्वानों ने जितने भी मिस्री पुरावशेष एकत्र किए थे, वे सब अंत में उन्हें ब्रिटिश अधिकारियों के हवाले कर देने पड़े। ब्रिटिश जनरल लार्ड हचिंसन ने रोसेटा शिला अपने राजा जॉर्ज तृतीय को अर्पित की और जॉर्ज तृतीय ने उसे ब्रिटिश संग्रहालय को भेंट कर दिया। तब से यह अमूल्य ऐतिहासिक अवशेष ब्रिटिश संग्रहालय की संपत्ति है।

चित्र 2.3 *रोसेटा शिला और उस पर तीन लिपियों में अंकित लेख। सबसे ऊपर हाइरोग्लिफिक लिपि में, बीच में देमोतिक लिपि में और नीचे यूनानी लिपि (यूनानी भाषा) में।*

काले बेसाल्ट पत्थर की यह शिला 3 फीट 9 इंच लंबी, 2 फीट 4½ इंच चौड़ी और 11 इंच मोटी है। इसके ऊपरी सिरे के दाईं तथा बाईं ओर के किनारे और निचले ओर का दायां कोना खंडित है। इस पर जो अभिलेख उत्कीर्ण है वह दो भाषाओं तथा तीन लिपियों में है। भाषाएं हैं, मिस्री और यूनानी। ऊपर के हिस्से के लिपि-संकेत हाइरोग्लिफिक लिपि में हैं और बीच की लिपि देमोतिक है, जो हाइरैटिक से विकसित हुई है। नीचे के लेख की भाषा तथा लिपि यूनानी है। इस शिला पर हाइरोग्लिफिक लिपि की 14, देमोतिक लिपि की 32 और यूनानी लिपि की 54 पंक्तियां विद्यमान हैं। हाइरोग्लिफिक लिपि की 14 पंक्तियां यूनानी अंश की नीचे की 28 पंक्तियों के तुल्य हैं, इसलिए स्पष्ट है कि शिला के ऊपरी हिस्से में से काफी अंश गायब हैं। वह लुप्त हाइरोग्लिफिक अंश बाद में प्राप्त हो गया। क्योंकि, 1898 में नील नदी के डेल्टा-प्रदेश के दमनहूर नामक स्थान से एक और शिलाफलक मिला जिस पर इसी प्रकार का एक अभिलेख अंकित है और जिसके हाइरोग्लिफिक अंश में 31 पंक्तियां हैं। वस्तुतः मैंफिस के पुरोहितों ने यह लेख टॉलमी चतुर्थ एपिफेनस के प्रति कृतज्ञता व्यक्त करने के लिए 196 ई.पू. में अनेक स्थानों पर अंकित करवाया था।

रोसेटा शिला के लेखों का अध्ययन आरंभ हुआ। यूनानी अंश के अनुवाद अंग्रेजी, फ्रांसीसी तथा लैटिन भाषाओं में तुरंत प्रकाशित किए गए।

1814 में इंग्लैंड के टॉमस यंग ने महज शौक के लिए हाइरोग्लिफिक के अन्वेषण का कार्य हाथ में लिया। यंग (1773-1829) बचपन से ही कुशाग्र बुद्धि का था और उसने लगभग एक दर्जन भाषाओं का ज्ञान प्राप्त कर लिया था। जब वह अभी विद्यार्थी ही था उसने यह सिद्धांत प्रतिपादित किया कि 47 अक्षरों की वर्णमाला से मानव द्वारा बोली जानेवाली सभी ध्वनियों को पूर्णतः व्यक्त किया जा सकता है। विज्ञान के इतिहास में टॉमस यंग अपने प्रकाश के तरंग सिद्धांत के लिए प्रसिद्ध है।

यंग ने रोसेटा लेख की अनुकृति प्राप्त की। उसने देखा कि यूनानी अंश में कुछ शब्द पुनः-पुनः आए हैं। उसने देमोतिक अंश में से ऐसे शब्दों को चुनने का प्रयत्न किया। फिर उसने, न केवल देमोतिक में से बल्कि हाइरोग्लिफिक अंश में से भी उन शब्दों को अलग किया जो यूनानी अंश से मेल खाते थे। अपनी इस आरंभिक सफलता को उसने तुरंत प्रकाशित भी कर दिया।

यंग ने देखा कि देमोतिक पाठ के कुछ चिह्न-समूह हाइरोग्लिफिक पाठ के कुछ चिह्न-समूहों से काफी समानता रखते हैं। वह कुछ हाइरोग्लिफ-समूहों के अर्थों का अंदाज लगा सका, परंतु उन चिह्नों की ध्वनियों को वह नहीं जान पाया। उसने यह भी देखा कि हाइरोग्लिफिक अंश में एक चिह्न-समूह कई बार एक वलय के भीतर रखा गया है। वस्तुतः उससे काफी पहले गुइग्नेस और जोयोग ने अनुमान लगाया था कि वलय के भीतर अंकित चिह्न राजाओं के नामों को व्यक्त करते हैं। इस जानकारी के आधार पर यंग ने हाइरोग्लिफिक अंश को पढ़ने का प्रयत्न किया और सौभाग्य से उसे कुछ शब्दों के सही अर्थ भी मालूम हुए। अपने इन परिणामों को उसने 1818 में प्रकाशित किया। इनमें हाइरोग्लिफिक के 204 शब्द और 14 ध्वनि-संकेत दिए हुए थे। शब्दों में से केवल चौथाई ही सही थे और ध्वनि-संकेतों में से 5 पूर्णतः और 3 आधे सही थे। यंग के इस आरंभिक प्रयास में काफी त्रुटियां होते हुए भी हमें स्वीकार करना पड़ेगा कि हाइरोग्लिफिक के शुद्ध भाव-संकेतों में ध्वनि-संकेतों के अस्तित्व को खोज निकालनेवाला पहला व्यक्ति वही था।

आशा तो यह की जाती थी कि यंग अपने अन्वेषण को आगे बढ़ाएगा। परंतु उसने यह निर्देश देकर कि इसी पथ पर आगे बढ़कर हाइरोग्लिफिक को पढ़ा जा सकता है, अपना अनुसंधान स्थगित कर दिया।

शांपोल्यों

रोसेटा-शिला की खोज की थी नेपोलियन की फ्रांसीसी सेना ने, किंतु अंग्रेजों ने अपने सैनिक बल से उसे हथिया लिया था। इंग्लैंड के टॉमस यंग को मिस्र की प्राचीन लिपि के उद्घाटन में आंशिक सफलता भी मिली थी, किंतु हाइरोग्लिफिक लिपि के पूर्ण उद्घाटन का श्रेय प्राप्त है फ्रांसीसी प्रतिभा शांपोल्यों को।

जां फ्रांस्वा शांपोल्यों का जन्म 1790 में फ्रांस के एक सामान्य परिवार में हुआ था। पिता एक पुस्तकालय के प्रमुख थे और बड़े भाई पुरातत्व के जानकार। शांपोल्यों का स्वास्थ्य बचपन से ही बहुत अच्छा न था। पर पुरानी भाषाएं सीखने का उसे बड़ा शौक था। उसने न केवल यूनानी व लैटिन भाषाओं का, बल्कि कॉप्टिक भाषा का भी गहन अध्ययन किया था। मिस्री पुरातत्व में उसकी गहरी रुचि थी।

18 साल की उम्र में शांपोल्यों को पहली बार रोसेटा-शिला के लेखों की अनुकृतियां देखने का अवसर मिला। उसने उसके हाइरोग्लिफिक पाठ का अनुशीलन आरंभ कर दिया। किंतु उस समय उसे सफलता नहीं मिली।

कुछ साल बाद उसने इन लिपियों का अध्ययन फिर हाथ में लिया। इसी बीच मिस्र के फिली नामक स्थान पर बंकेस ने एक सूच्याकार-स्तंभ (ओबेलिस्क) की खोज की, जिसकी आधारशिला पर 'क्लियोपेत्रा' का नाम खुदा हुआ था। बाद में इस स्तंभ को भी इंग्लैंड पहुंचा दिया गया।

टॉमस यंग पहला व्यक्ति था जिसे इस स्तंभ पर उत्कीर्ण लेख की अनुकृति प्राप्त हुई थी, परंतु आश्चर्य की बात है कि वह इसका कुछ भी उपयोग नहीं कर सका। दूसरी ओर, शांपोल्यों अपने स्वास्थ्य की परवाह किए बिना, उसे पढ़ने का सतत प्रयत्न कर रहा था। 1821 में वह देमोतिक पाठ को हाइरैटिक में और हाइरैटिक पाठ को हाइरोग्लिफिक में रूपांतरित करने में सफल हो गया। उसकी यह सफलता कितनी बड़ी थी, इसकी कल्पना हम तभी कर सकते हैं जब नीचे की आकृति में हम देखें कि इन तीनों लिपियों में कितना अंतर है :

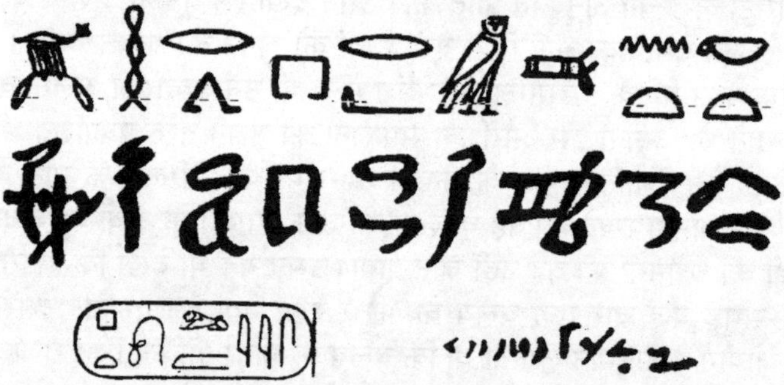

चित्र 2.4 प्राचीन मिस्र की हाइरोग्लिफिक, हाइरैटिक तथा देमोतिक लिपियों की परस्पर तुलना। ऊपर की पंक्ति हाइरोग्लिफिक में है; इसी का हाइरैटिक लिप्यंतर बीच की पंक्ति में है। नीचे की पंक्ति में बाईं ओर, वलय के भीतर, हाइरोग्लिफिक में 'टॉलमी' शब्द लिखा हुआ है और दाईं ओर भी, वलय के ही भीतर, यही नाम देमोतिक में लिखा हुआ है।

अपने 31वें जन्म-दिवस पर शांपोल्यों के दिमाग में एक विचार आया। उसने रोसेटा-शिला पर अंकित सभी हाइरोग्लिफ और यूनानी शब्दों को गिनना शुरू किया। उसने सिर्फ वही हाइरोग्लिफ चुने जो यूनानी अंश का अनुवाद हो सकते थे। अंत में उसने देखा कि 1419 हाइरोग्लिफ 486 यूनानी शब्दों के बराबर हैं। इस गणना से स्पष्ट हो गया कि हाइरोग्लिफ निरे भाव-संकेत या प्रतीक-चिह्न नहीं हो सकते; क्योंकि यदि वे केवल भाव-संकेत होते तो उनकी संख्या यहां पर इतनी अधिक न होती।

शांपोल्यों अब आसानी से देमोतिक या हाइरैटिक पाठ को हाइरोग्लिफिक में रूपांतरित करने में समर्थ था। उसने यह भी जाना कि 'टॉलमी' का नाम हाइरोग्लिफिक में भी ध्वनि-संकेतों में लिखा हुआ है। लेकिन उसने यंग की तरह उसे PTOLEMAIOS पढ़ने की कोशिश नहीं की। वह मिस्त्री भाषा के नियमों को जानता था, इसलिए उसे यह पता था कि सही नाम PTOLMIS है। एक देमोतिक पेपीरस से शांपोल्यों 'क्लियोपेत्रा' के नाम को भी जानता था। उसने इस नाम को कई बार हाइरैटिक और हाइरोग्लिफिक में रूपांतरित किया था। उसे कल्पना थी कि यदि किसी वलय में यह नाम अंकित होगा, तो किस रूप में होगा। किंतु इस तरह का अभिलेख अभी तक उसके देखने में नहीं आया था।

अंत में, जनवरी 1822 में शांपोल्यों के पास भी फिली के स्तंभ पर उत्कीर्ण लेख की लिथोग्राफिक नकल पहुंच गई।

इस प्रसंग के बारे में उसका जीवनीकार हार्टलबेन लिखता है :

''इसे देखकर उस अन्वेषक के दिमाग में मानो बिजली कौंध गई। वहां दूसरे राज-वलय में क्लियोपेत्रा का नाम था। इस नाम को वह चिह्न-प्रति चिह्न हजारों बार देमोतिक से हाइरोग्लिफिक में रूपांतरित कर चुका था, और अपनी इस खोज की प्रामाणिकता सिद्ध करने के अवसर की प्रतीक्षा आतुरता से कर रहा था।''

चित्र 2.5 *वलयों के भीतर हाइरोग्लिफिक लिपि में टॉलमी (बाएं) और क्लियोपेत्रा (दाएं) के नाम*

टॉलमी और क्लियोपेत्रा के यूनानी नामों में कई अक्षर समान हैं। अब शांपोल्यों को यह देखना था कि इनके मिस्त्री नामों में भी अक्षरों की इसी प्रकार की समानता है या नहीं। इस तुलना में कम से कम कुछ व्यंजनों को छोड़ना जरूरी था, क्योंकि टॉलमी के यूनानी नाम के दस अक्षर केवल सात हाइरोग्लिफों से ही व्यक्त किए गए थे। दूसरी ओर, क्लियोपेत्रा के वलय में से स्त्रीलिंग के द्योतक अंतिम दो चिह्नों को छोड़ दिया जाए, तो शेष रहते हैं नौ हाइरोग्लिफ। और क्लियोपेत्रा के यूनानी नाम में भी नौ ही अक्षर हैं। शांपोल्यों ने इन दो नामों के हाइरोग्लिफों की तुलना निम्न प्रकार से की :

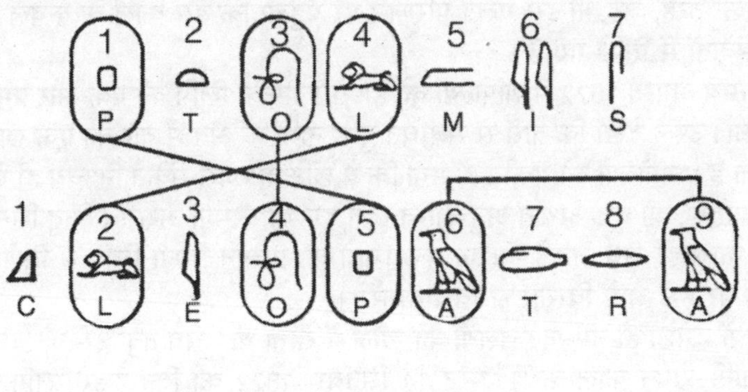

चित्र 2.6

इस आकृति को देखने से स्पष्ट हो जाता है कि 'टॉलमी' के नाम के तीन चिह्न — पहला, तीसरा और चौथा —'क्लियोपेत्रा' शब्द में क्रमशः पांचवें, चौथे और दूसरे स्थानों पर हैं। इसके अलावा, 'क्लियोपेत्रा' का पहला A (छठा चित्र) पुनः अंत में अपने सही स्थान पर (नौवां चिह्न)

अंकित है। 'टॉलमी' के T (दूसरा चिह्न) और क्लियोपेत्रा के T (सातवां चिह्न) में अंतर जरूर था (इस अंतर के बारे में आगे बताया जाएगा)।

अब इस बात में कोई संदेह नहीं रहा कि यूनानी नाम हाइरोग्लिफिक लिपि में भी ध्वनि-संकेतों से व्यक्त किए गए हैं। अब शांपोल्यों एक दर्जन हाइरोग्लिफों के ध्वनिमानों को जान गया था। इनके आधार पर वह अन्य नामों को भी पढ़ने की कोशिश कर सकता था। उसने निम्नांकित वलय के चिह्नों को पढ़ने की कोशिश की :

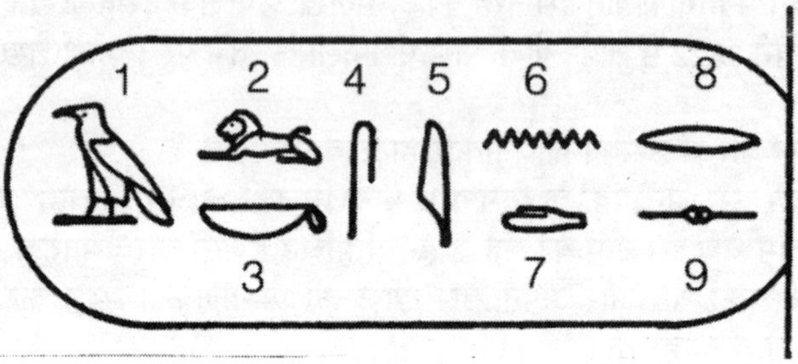

चित्र 2.7

इस वलय के नौ चिह्नों में से 1, 2, 4, 5, 7 और 8 नंबर वाले चिह्नों को वह जानता था, यथा :

1	2	3	4	5	6	7	8	9
A	L		S	E		T	R	

अक्षरों की इस योजना को पूर्ण करने के लिए यूनानी में केवल एक ही उपयुक्त नाम था : ALKSENTRS (अलेक्जेंडर, अर्थात् सिकंदर)। इस प्रकार, शांपोल्यों को और तीन संकेतों का अर्थ ज्ञात हो गया। इसके बाद तो वह कुछ ही सप्ताहों के भीतर लगभग 80 वलयों के नामों को पढ़ गया। ये सभी नाम अलेक्जेंडर के बाद के यूनानी तथा रोमन शासकों के थे। उसने इन शासकों द्वारा धारण की हुई 'औटोक्रेटर' और 'सीजर' जैसी उपाधियों का भी विश्लेषण किया। सीजर शब्द चूंकि कई प्रकार से लिखा गया था, इस कारण उसे काफी नए चिह्न मिल गए। इस प्रकार, जल्दी ही उसे 100 से अधिक हाइरोग्लिफिक संकेतों का ज्ञान हो गया।

अब तक शांपोल्यों ने जितने भी नाम पढ़े थे, वे सभी यूनानी-रोमन काल के थे। इसलिए, टॉमस यंग की तरह, वह भी इस गलत परिणाम पर पहुंचा कि इस काल के केवल विदेशी नाम ही ध्वनि-संकेतों में लिखे गए हैं।

इसी समय अगस्त 1822 में शांपोल्यों को हाइरोग्लिफिक लिपि की एक और प्रमुख विशेषता का पता चला। उसने देखा कि तारों से संबंधित कुछ नामों के अंत में तारे का एक छोटा-सा चिह्न अंकित रहता है। शांपोल्यों को यकीन हो गया कि ये छोटे तारे जैसे संकेत निश्चय ही ऐसे निर्धारक चिह्न होने चाहिए, जो मूक अर्थात् अनुच्चारित रहते हुए भी, समान अक्षरों (किंतु भिन्न उच्चारण) वाले शब्दों का सही अर्थ जताते हैं। इन मूक चिह्नों का प्राचीन मिस्री लिपि में विशेष महत्व है, इसलिए इन पर हम आगे विस्तार से विचार करेंगे।

शांपोल्यों हमेशा ही नए-नए वलयों की खोज में रहता था। अब तक उसे जो वलय मिले थे, वे सभी यूनानी-रोमन काल के थे। परंतु 14 सितंबर, 1822 का दिन हाइरोग्लिफिक लिपि के अन्वेषण के इतिहास में विशेष महत्व का है। इस दिन उसे फ्रांसीसी वास्तुविद् जॉन निकोलस हुयोत की ओर से मिस्र के प्राचीन मंदिरों पर उत्कीर्ण लेखों की अनुकृतियां मिलीं। ये अभिलेख निस्संदेह यूनानी-रोमन काल से पहले के थे और इनमें कुछ वलय भी थे। शांपोल्यों ने पहले पृष्ठ

पर एक वलय देखा। निश्चित रूप से यह किसी राजा का नाम था। परंतु यह राजा यूनानी-रोमन काल का नहीं था। उसने सबसे पहले जिस वलय का अन्वेषण आरंभ किया, उसमें ये संकेत थे→

चित्र 2.8

इनमें से अंतिम चिह्न से शांपोल्यों परिचित था, क्योंकि यहां 'टॉलमी' (टॉलमाइओस) का 'स' दो बार लिखा गया है। बीच का चिह्न अभी उसके लिए अपरिचित था। लेकिन पहला चिह्न 'सूर्य' का द्योतक था। शांपोल्यों को एकदम याद आया कि कॉप्टिक भाषा में 'सूर्य' को 'रे' या 'रा' कहते हैं। अत: यह नाम होना चाहिए 'रा- ?-स-स'। शांपोल्यों को यकायक प्राचीन मिस्र के इतिहास का एक प्रसिद्ध नाम स्मरण हो आया—रामासेस! साथ ही, रोसेटा प्रस्तर के अभिलेख के आधार पर, वह जानता था कि बीच का यह चिह्न 'जन्मदिन' अर्थवाले यूनानी शब्द से संबंधित है; इसलिए उसने इस संकेत का संबंध कॉप्टिक के 'जन्म देना' (म-स) या 'बालक' (मास) से जोड़ा। इस प्रकार उसने 'रामासेस' नाम का अर्थ प्राप्त कर लिया—'रा का जाया' या 'रा का पुत्र'।

किंतु बीच के चिह्न का उसने यह जो अर्थ लगाया था, उसे किसी दूसरे शब्द के उदाहरण से सिद्ध करना जरूरी था। शांपोल्यों ने एक अन्य वलय पर नज़र दौड़ाई, जिसमें निम्न तीन संकेत थे :

चित्र 2.9

यहां भी अंतिग अक्षर 'स' ही था। आरंभ का चिह्न 'आइसिस' नामक पक्षी का है, और यूनानी ग्रंथों के आधार पर शांपोल्यों को यह पता था कि यह चिह्न 'थोत्' देवता का भी प्रतीक है। अब तो उसे पक्का विश्वास हो गया कि बीच का यह चिह्न 'म' अक्षर का ही द्योतक है और यह 'थोत्-म-स' शब्द 18वें राजवंश के प्रसिद्ध फरोहा थतमोसिस अर्थात् 'थोत् के पुत्र' को व्यक्त करता है।

अब शांपोल्यों के दिमाग में हाइरोग्लिफिक लिपि के स्वरूप के बारे में कोई संदेह नहीं रहा। जिन ध्वनितत्वों को वह बाद के युग (यूनानी-रोमन काल) की उपज समझ बैठा था, वह तत्व प्राचीन मिस्री लिपि की एक मौलिक विशेषता थी। अब यह बात उसे स्पष्ट हो गई कि हाइरोग्लिफ न तो पूर्णत: ध्वनि-संकेत हैं और न पूर्णत: प्रतीक-संकेत ही हैं; बल्कि वह इन दोनों की संयुक्त योजना है।

उस दिन सुबह से लेकर दोपहर तक वह हुयोत द्वारा भेजी हुई कॉपी में खोया रहा। मध्याह्न के बाद वह उठा, कागज संभाले और इंस्टीट्यूट की ओर द्रुत गति से चल पड़ा, जहां उसका बड़ा भाई काम कर रहा था। पुस्तकालय का दरवाजा खोलकर उसने कागज भाई की मेज पर पटक दिए और केवल तीन शब्दों में अपनी सफलता का समाचार सुनाकर, वहीं पर बेहोश हो गिर पड़ा!

अगले पांच दिन वह बिस्तर से न उठ सका। इसके बाद कुछ स्वस्थ होने पर उसने 'ध्वनि-संकेतयुक्त हाइरोग्लिफिक वर्णमाला के विषय में श्रीमान देसिएर के नाम पत्र' शीर्षक से एक निबंध लिखा, जिसे देसिएर ने फ्रेंच अकादमी को भेज दिया। इस निबंध में शांपोल्यों ने यूनानी तथा रोमन नामों को पढ़कर उनका स्पष्टीकरण किया था और यह भी सिद्ध किया था कि प्राचीन मिस्री अभिलेखों में, भाव-संकेतों के अलावा, अक्षरात्मक चिह्न भी हैं।

शांपोल्यों की इस खोज का उस समय के यूरोप पर गहरा असर पड़ना स्वाभाविक था। फ्रांसीसी लोगों के लिए तो हाइरोग्लिफिक का अनुसंधान राष्ट्रीय गौरव की ही बात थी। जैसे ही शांपोल्यों की खोज का समाचार फैला, सारे देश में खुशी की लहर फैल गई। कुछ लोग तो शांपोल्यों की वर्णमाला का उपयोग करके प्रेम-पत्र भी लिखने लगे।

इसके बाद तुरीन में सार्डिनिया के राजा के विशाल मिस्री-संग्रह का अध्ययन करने का सुअवसर शांपोल्यों को मिला। बाद में उसे मिस्र की यात्रा करने का भी अवसर प्राप्त हुआ। उसे अपने पूर्वजों की भूमि समझते हुए उसने उसमें प्रवेश किया और उसके प्राचीन गौरव का अध्ययन

किया। वहां उसने अपने जीवन का सबसे सुखमय समय बिताया। मिस्र से लौटने पर उसे कॉलेज दे फ्रांस में मिस्री पुराशास्त्र का प्राध्यापक नियुक्त किया गया।

चित्र 2.10 जां फ्रांस्वा शांपोल्यों (1790–1832 ई.)

मिस्र में दो साल बिताकर लौटते हुए शांपोल्यों अपने साथ बहुत-सी नई सामग्री लाया था और अब उस पर काम कर रहा था। किंतु जीवन भर अनवरत परिश्रम करते रहने के कारण अब उसका स्वास्थ्य बहुत ही गिर गया था। इसके अलावा, वह क्षयरोग तथा मधुमेह से भी पीड़ित था। वह जानता था कि अब उसका अंत समय नजदीक है। ''हे भगवान! बस मुझे और दो साल दो, केवल दो साल.....'' एक दिन वह चिल्लाया। एक और अवसर पर उसके उद्‌गार थे, ''अभी नहीं; अभी तो मेरे दिमाग में बहुत कुछ भरा हुआ है।'' लेकिन अंत में 4 मार्च, 1832 को उसे मृत्यु का वरण करना ही पड़ा।

शांपोल्यों की मृत्यु के बाद उसके दो ग्रंथों को उसके बड़े भाई ने पूरा करके प्रकाशित किया। ये थे 'मिस्री व्याकरण' (पेरिस, 1836-41) और 'मिस्री शब्दकोश' (पेरिस, 1843)।

शांपोल्यों के इस आरंभिक अनुसंधान में कुछ त्रुटियां थीं। उन्हें दूर करने का श्रेय रिचार्ड लेप्सियूस को है। वे कई भाषाओं के पंडित थे और उन्होंने मिस्री पुरातत्व का गहन अध्ययन किया था। 1837 में प्रकाशित अपने एक निबंध में उन्होंने हाइरोग्लिफिक लिपि का शुद्ध स्वरूप संसार के सामने रखा।

प्राचीन मिस्र की लिपि को अब पढ़ा जा सकता था; लेकिन मिस्री भाषाशास्त्र को एक सुस्थिर वैज्ञानिक आधार प्रदान करना अभी बाकी था। अब तो यूरोप के बहुत-से विद्वान इस क्षेत्र में उतर आए। इन सब अनुसंधानों से मिस्री भाषा तथा लिपि के बारे में बहुत-सी नूतन जानकारी मिली।

प्राचीन मिस्री भाषा न केवल अरबी, हिब्रू, बेबीलोनी, आरमाइक और अन्य सेमेटिक भाषाओं से संबंधित है, बल्कि वह पूर्वी अफ्रीका की कुछ हैमेटिक भाषाओं (गल्ल, सोमाली आदि) और उत्तर अफ्रीका की बर्बर बोलियों से भी संबंधित है।

हाइरोग्लिफिक लिपि, प्रमुखत: पत्थरों पर, खड़ी या आड़ी रेखाओं में ही लिखी जाती थी—सामान्यत: दाहिनी ओर से बाईं ओर और कभी-कभी बाईं ओर से दाहिनी ओर को भी। विराम-न्हिों के लिए इस लिपि में कोई स्थान नहीं था; सभी शब्द एक-दूसरे से सटे रहते थे। किंतु इसे किस दिशा में पढ़ना आरंभ करना चाहिए, यह जानने में कोई कठिनाई नहीं थी, क्योंकि चिह्नों की दिशा स्वयं यह बतला देती है कि किस ओर से पढ़ना शुरू करना है।

जैसा कि हमने पहले देखा है, हाइरोग्लिफिक लिपि में तीन प्रकार के चिह्न हैं—भावचित्र, ध्वनिचित्र और मूक या अनुच्चारित निर्धारक-चिह्न। इनमें कुछ भावचित्र तो ऐसे हैं जो प्रत्यक्षत: किसी वस्तु के चित्र होते हैं। उन्हें अंकित करने में कलात्मकता पर जितना अधिक ध्यान मिस्र की हाइरोग्लिफिक लिपि में दिया गया है, उतना संभवत: किसी भी अन्य सभ्यता की लिपि में नहीं दिया गया। वस्तुओं को हूबहू दरशाने वाले हाइरोग्लिफों की संख्या बहुत अधिक है। इनके अलावा, ऐसे भी भावचिह्न हैं जिनकी विशेष गतिमुद्राओं को देखकर आसानी से अर्थ का अंदाजा लगाया जा सकता है। उदाहरण के लिए, नीचे की आकृतियों में डंडा उठाए हुए आदमी का अर्थ है 'पीटना', पंख फैलाए पक्षी का अर्थ है 'उड़ना', दो पैरों का अर्थ है 'चलना', इत्यादि।

पीटना *उड़ना* *खाना* *चलना*

लड़ना *खेना* *दौड़ना* *रोना*

चित्र 2.11 *हाइरोग्लिफिक लिपि के कतिपय भावचित्र*

लेकिन अमूर्त धारणाओं को व्यक्त करना और भी कठिन था। यहां भी उन्हें ऐसे चित्रों का सहारा लेना पड़ा जिनके भाव अभीष्ट धारणा को व्यक्त करते हों। जैसे, आगे की आकृति में, ऊपर की ओर मुड़े हुए दंड (फरोहा का राजदंड) का भाव है 'शासन करना'; ऊपरी मिस्र (दक्षिण मिस्र) में पाया जानेवाला कुमुदिनी-पुष्प 'दक्षिण' दिशा है; हाथ में लाठी लेकर चलनेवाला मनुष्य 'बुढ़ापे' को व्यक्त करता है; कलश से टपकनेवाले पानी का चित्र 'शीतलता' का द्योतक है; इत्यादि।

शासन करना *दक्षिण दिशा* *खोजना* *बुढ़ापा* *शीतलता*

चित्र 2.12 *अमूर्त भावनाओं को व्यक्त करने वाले हाइरोग्लिफिक भावचित्र*

ये सभी चित्र अभी चित्रात्मक लेखन की सीमा में ही हैं। अभी ये प्रतीक ही हैं। उच्चारणों से इनका कोई संबंध नहीं है। परंतु, साथ ही, प्राचीन काल में ही हाइरोग्लिफिक में ध्वनिचिह्न भी अस्तित्व में आ गए थे। हम बतला चुके हैं कि प्राचीन मिस्री में स्वर नहीं लिखे जाते थे, केवल व्यंजन ही लिखे जाते थे। इसलिए, प्राचीन मिस्री भाषा के शब्दों के व्यंजनाक्षरों को ही हम जान पाते हैं। उनके साथ कौन-से स्वर मिलते थे और उन शब्दों का उच्चारित रूप क्या होता था, यह कोई नहीं बता सकता। प्राचीन मिस्री में ऐसे अनेक शब्द थे जिनका व्यंजनक्रम तो एक-सा था, किंतु जिनके उच्चारण एवं अर्थ भिन्न-भिन्न होते थे। उदाहरण के लिए, नीचे की आकृतियों में **अ**-चिह्न 'बांसुरी' (न्-फ्-र्) के साथ-साथ 'अच्छा' शब्द को भी व्यक्त कर सकता है, क्योंकि दोनों शब्दों को लिखने के लिए व्यंजन-समूह 'न्-फ्-र्' का ही उपयोग करना पड़ता है। **ब**-चिह्न एक चिड़िया (व्-र्) के साथ-साथ 'महान' (व्-र्) को भी व्यक्त करता है (हिंदी में भी यदि केवल व्यंजनों को ही लिखा जाता, स्वर नहीं लिखे जाते, तो वर, वार, वीर, वैर आदि अनेक शब्द एक ही 'व्-र्' से लिखे जाते)।

अ ब

चित्र 2.13

आगे चलकर ऐसी स्थिति आई कि इस चित्र का मूल अर्थ गौण हो गया और जिस किसी शब्द में व्-र् व्यंजनों की जरूरत पड़ती थी, वहां यह चित्र लिखा जाने लगा। अब चिड़िया का चित्र 'व्-र्' ध्वनि का द्योतक बन गया। यहां यह चिह्न दो व्यंजनों की ध्वनि को व्यक्त करता है। हाइरोग्लिफिक में इस प्रकार के द्वि-व्यंजनात्मक ध्वनिचिह्न कुल मिलाकर लगभग 75 हैं, जिनमें से दो-तिहाई ही ज्यादातर उपयोग में लाए जाते थे। कुछ ध्वनिचिह्न तीन व्यंजनों वाले भी थे। किंतु सबसे अधिक महत्वपूर्ण थे, एक व्यंजन वाले ध्वनिचिह्न। इनकी उत्पत्ति भी एक व्यंजन वाले भावचित्रों से हुई है। इन व्यंजनों के साथ कौन-से स्वर थे, इसकी हमें जानकारी नहीं है। जैसे, प्राचीन मिस्री में दरवाजे की 'अर्गला' के लिए जो शब्द था, उसमें केवल 'स्' व्यंजन की ही ध्वनि थी (इसके साथ जो स्वर रहा होगा, उसकी आज हमें कोई जानकारी नहीं है)। आगे चलकर यह चित्र 'स् + स्वर' जैसी किसी भी ध्वनि के लिए प्रयोग में लाया जाने लगा। चूंकि, मिस्री लिपि में स्वरों के लिए कोई स्थान ही नहीं था, इसलिए कालांतर में 'अर्गला' का चित्र 'स' ध्वनि अर्थात् 'स' अक्षर के रूप में काम आने लगा। इस प्रकार मिस्री लिपि में 24 अक्षरों की एक 'वर्णमाला' अस्तित्व में आई। यह 'वर्णमाला' केवल व्यंजनों की थी।

उपर्युक्त विवेचन से स्पष्ट हो जाता है कि यदि प्राचीन मिस्र के लिपिक चाहते तो एक शुद्ध वर्णमालात्मक लिपि को जन्म दे सकते थे। ये 24 अक्षर बहुत प्राचीन काल में ही अस्तित्व में आ गए थे। तीन हजार वर्षों के दीर्घकाल में भी मिस्री लोग एक कदम आगे बढ़कर एक शुद्ध वर्णमाला को जन्म नहीं दे सके, तो उनके दिमाग के बारे में क्या कहा जाए? सिवा इसके कि, वे पुरातनपंथी और अंधे परंपरा-भक्त थे और परिवर्तन या प्रगति से भय खाते थे। 24 व्यंजन-चिह्नों के अस्तित्व में आने पर भी वे पूरी तरह इन्हीं पर निर्भर नहीं थे। किसी भी शब्द को मनमाने ढंग से लिखने के लिए लिपिक स्वतंत्र था। इसलिए हाइरोग्लिफिक में एक ही शब्द कई तरह के चिह्नों के संयोजन से लिखा हुआ मिल सकता है। कोई भी शब्द भावचित्रों या ध्वनिचिह्नों या व्यंजन-अक्षरों, इन तीनों की चाहे जैसी योजना से लिखा जा सकता था।

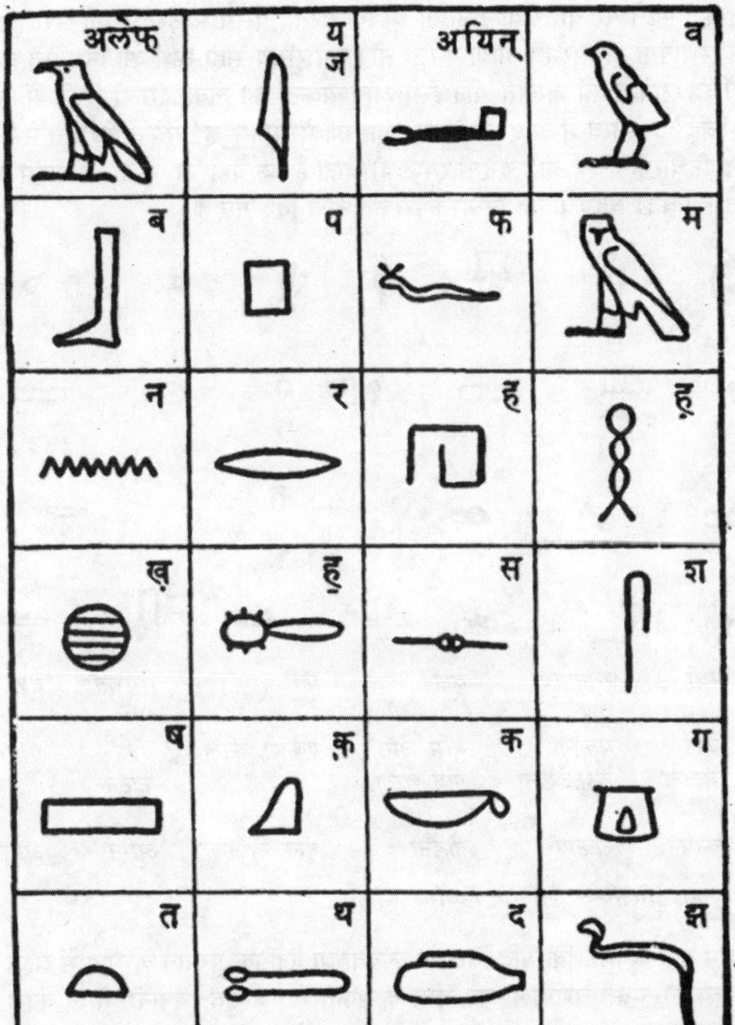

गृध्र	नरकुल	अग्रबाहु	बटेर
पांव	आसन	शृंगयुक्त-सर्प	उलूक
जल	मुख	प्रांगण	पंजिका, लच्छी
आंत	पशु-उदर	अर्गला	तह किया वस्त्र
सरोवर	शैल, पहाड़ी	टोकरी	कलश-धानी
रोटी	लगाम	हस्त	सरीसृप

चित्र 2.14 मिस्र की हाइरोग्लिफिक लिपि की 'वर्णमाला' (व्यंजनमाला)। ये संकेत वस्तुओं के चित्र हैं।

हम देख चुके हैं कि मिस्री लिपि में कई शब्द एक ही प्रकार के व्यंजन-समूह (अर्थात्, हाइरोग्लिफ) से व्यक्त किए जाते थे, परंतु इन शब्दों के अर्थ भिन्न-भिन्न होते थे। उदाहरण के लिए, अक्षर-समूह 'म्-न्-ह्' का अर्थ एक साथ 'मोम', 'पेपीरस का पौधा' और 'जवानी' होता

था। 'म्-न्-ह्' पढ़ने पर यह सवाल उठता था कि प्रस्तुत प्रसंग में उसका कौन-सा अर्थ लिया जाए। ऐसी स्थितियां अक्सर ही आया करती थीं। ऐसे समय सही अर्थ को निर्धारित करने वाले अतिरिक्त चित्र-संकेत की जरूरत थी। इसी आवश्यकता को लेकर मिस्री लिपि में बहुत सारे 'निर्धारक-चिह्न' अस्तित्व में आए। उपर्युक्त उदाहरण में 'म्-न्-ह्' संकेतों के अंत में 'पौधे' को दरशानेवाला निर्धारक-चित्र जोड़ देने से स्पष्ट हो जाता है कि यहां 'म्-न्-ह्' 'पेपीरस का पौधा' ही अभिप्रेत है। कुछ बहुप्रचलित निर्धारक-संकेत नीचे दिए गए हैं :

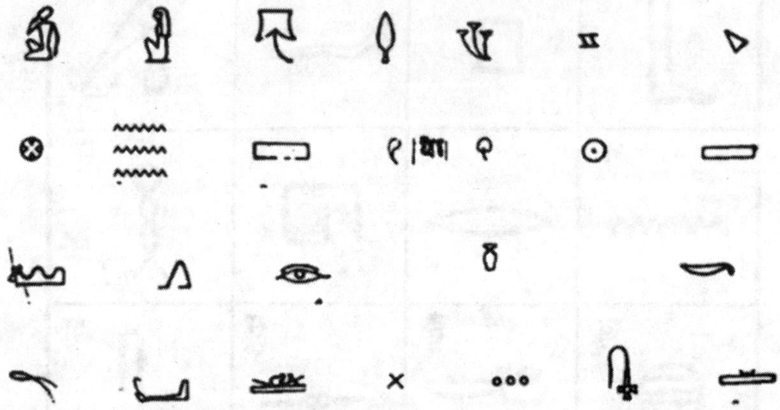

पुरुष	स्त्री	स्तनपायी पशु	वृक्ष	पौधे	सिंचित भूमि	देश
नगर	जल	मकान	मांस, अंग	प्रकाश, काल		पत्थर
मरुभूमि, विदेश	चलना	चक्षु, देखना	पात्र, तरल		काटना	
बांधना	काम	नौकाएं	तोड़ना	धूल, खनिज	अग्नि	अमूर्त धारणा

चित्र 2.15 *हाइरोग्लिफिक लिपि के निर्धारक-संकेत*

ऊपर हम कह चुके हैं कि यदि मिस्र के लेखक या लिपिक पुरातन के मोह में बहुत न पड़ते तो वे स्वर-व्यंजन-युक्त वर्णमाला को जन्म दे सकते थे। वस्तुतः यूनानी-रोमन काल में कुछ चित्र—गृध्र, नरकुल, अग्रबाहु तथा वर्तक (बटेर)—स्वरों के लिए उपयोग में लाए भी जाने लगे थे। इन स्वर-संकेतों को हमने 'टॉलमी' तथा 'क्लियोपेत्रा' के वलयों में देखा है। इन्हें देखकर ही पहले-पहल मिस्री लिपि के अन्वेषकों को यह भ्रम हो गया था कि मिस्री लिपि में स्वरों का समावेश एक सामान्य बात है। अंत में, 1857 में जर्मनी के हैनरिख़ ब्रुग्श ने यह सप्रमाण सिद्ध किया कि मिस्री लिपि का ढांचा केवल व्यंजनात्मक है। और यही कारण है कि मिस्री भाषा को पढ़ पाना लगभग असंभव है। उदाहरण के लिए, यद्यपि हम जानते हैं कि 'न्-फ्-र्' का अर्थ 'अच्छा' है, परंतु हम नहीं ही जानते कि मिस्री भाषा में इस शब्द का सही उच्चारण क्या था। उसके बारे में अटकलें ही लगाई जा सकती हैं। इसमें कुछ सहायता कॉप्टिक भाषा से मिलती है, क्योंकि कॉप्टिक में स्वर नियमित रूप से लिखे जाते थे। परंतु कॉप्टिक प्राचीन मिस्री भाषा का बहुत ही बाद का विकसित रूप है, इसलिए वह भी हमें सभी प्राचीन मिस्री शब्दों का सही-सही उच्चारण नहीं बता सकती। उदाहरणार्थ, कॉप्टिक से यह तो पता चलता है कि 'ह्-त्-प्' का उच्चारण 'होतेप' है; परंतु उपर्युक्त 'न्-फ्-र्' विशेषण को हम कॉप्टिक में 'नाफ़रे', 'नोफ़रा',

'नोफ्रे' और 'नौफ्री' रूपों में लिखा हुआ पाते हैं। अब इनमें से किस एक को प्राचीन मिस्री का 'अच्छा' विशेषण मानें?

बेबीलोनी कीलाक्षर लिपि में, भाषा सेमेटिक परिवार की होने पर भी, उच्चारणों को पूर्ण रूप से व्यक्त किया गया है। इसमें यदा-कदा मिस्री शब्दों का प्रयोग देखने को मिलता है। यूनानी और असीरी भाषाओं में भी कुछ मिस्री शब्द मिलते हैं। परंतु इनकी संख्या अधिक नहीं है और ये अधिकतर व्यक्तियों के नाम हैं। इसलिए प्राचीन मिस्री भाषा के मूल स्वरों को निर्धारित करना बड़ी विकट समस्या है। यही कारण है कि मिस्री शब्दों को आजकल की लिपियों में लिखना हो तो केवल उनके व्यंजन ही लिखे जाते हैं।

लेखन-सामग्री

मिस्र के प्राचीनतम हाइरोग्लिफिक लेख प्रस्तर, काष्ठ आदि ठोस वस्तुओं पर लिखे हुए मिलते हैं। परंतु किसी विकसित सभ्यता का काम ऐसी ठोस तथा भारी लेखन-सामग्री से अधिक दिनों तक नहीं चल सकता था। इसी आवश्यकता के कारण मिस्र में पेपीरस (कागज) का आविष्कार हुआ। प्राचीन काल में नील नदी के मुहाने के दलदलों में बरू (नरकुल) की जाति का एक पौधा बहुतायत से उगा करता था। यह पौधा दो से तीन मीटर ऊंचा होता था। इसके डंठल के 5 से 10 इंच तक लंबे टुकड़े काट लिये जाते और उसकी छाल से चिंदियां निकाली जातीं। फिर चिंदियों को साथ-साथ बिछाकर उनकी एक परत के ऊपर दूसरी परत आड़ी बिछाई जाती। उसके बाद इस चटाईनुमा चीज को भिगोकर दबाकर रख दिया जाता। इन चिंदियों में एक प्रकार का

चित्र 2.16 नील नदी के मुहाने के दलदलों में उगनेवाले पेपीरस के पौधे

स्वाभाविक गोंद होता था, जिससे वे एक-दूसरे से चिपक जाती थीं। अब इस चटाईनुमा चीज को शंख या किसी चिकने पत्थर से खूब घोटा जाता था और इस तरह पेपीरस का एक पत्र तैयार होता था। ऐसे कई पत्रों को एक-दूसरे के साथ जोड़कर और चिपकाकर खर्रा (दीर्घपट्ट) तैयार किया जाता और उस पर विभिन्न रंगों की स्याही से नरकुल की ही कलम से लिखा जाता था।

मिस्र में पेपीरस कागज प्रथम राजवंश के समय (लगभग 3200 ई.पू.) में ही बनने लग गया था। प्रथम राजवंश के एक राजा उदिमू के काल के दो पेपीरस खर्रे सक्कारा की खुदाई में मिले हैं। ये एक वृत्ताकार काष्ठ-पेटी में रखे हुए थे। इन पर कुछ भी लिखा हुआ नहीं है। निस्संदेह, लिखने के लिए ही इन्हें बनाया गया था।

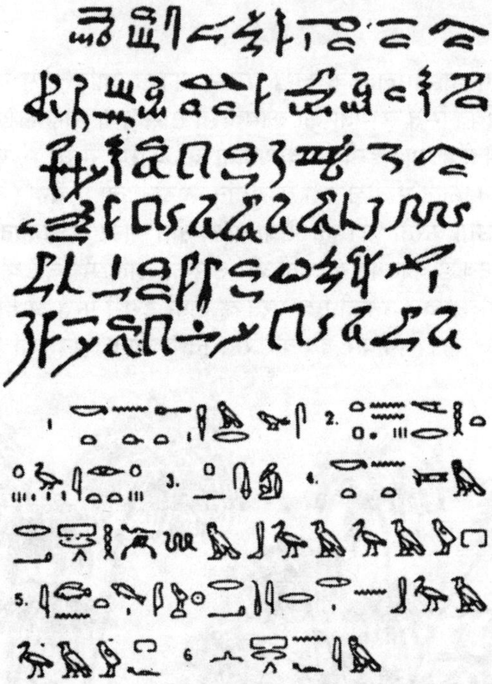

चित्र 2.17 प्राचीन मिस्र की चिकित्सा से संबंधित 'एबर्स पेपीरस' की हाइरैटिक लिपि का एक नमूना और नीचे हाइरोग्लिफिक में उसका अनुवाद

प्राचीन मिस्र का अधिकांश हाइरैटिक साहित्य पेपीरस पर ही लिखा गया था। पेपीरस पर जल्दी-जल्दी लिखने के कारण ही हाइरैटिक लिपि अस्तित्व में आई। ये पेपीरस पुस्तकें कब्रों में मृतकों के शवों के साथ रख दी जाती थीं। यही कारण है कि अधिकांश पेपीरस पुस्तकें कब्रों से ही प्राप्त हुई हैं। पेपीरस के दीर्घपट्टों की चौड़ाई 3 से 18 इंच तक होती थी और लंबाई इस बात पर निर्भर होती थी कि लिखा जाने वाला मजमून कितना लंबा है। मिस्र की शुष्क जलवायु के कारण ही ये पेपीरस पुस्तकें इतने दिनों तक कायम रह पाई हैं।

पेपीरस ने प्राचीन मिस्र के साहित्य के अलावा ईसाई तथा यूनानी साहित्य की भी सेवा की है। 5वीं शताब्दी ई.पू. में ही यूनानी लोग मिस्र से पेपीरस का आयात करने लग गए थे। वे पेपीरस पौधे को 'बाइब्लोस' और पेपीरस के एक पत्र को 'बिब्लिओन' कहते थे। बाद में पेपीरस पुस्तक के लिए 'बिब्लिओन' शब्द का प्रयोग होने लगा। रोमन लोगों ने भी पेपीरस का बहुतायत में उपयोग किया है।

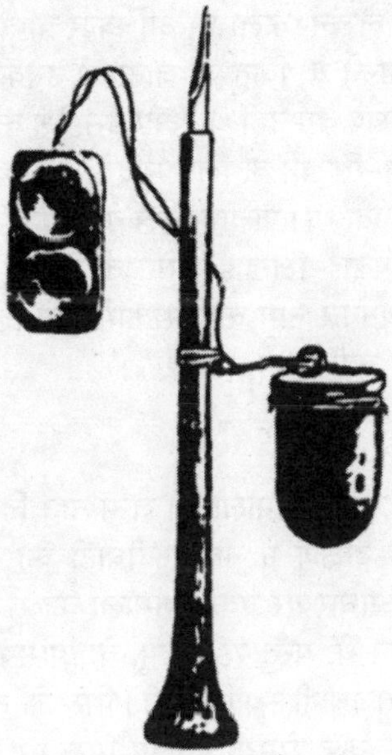

चित्र 2.18 प्राचीन मिस्र की लिखने की सामग्री : दवात, नरकुल की कलम और पानी का पात्र

ईसा की पहली शताब्दी में चीन में कागज बनने लग गया था। 704 ई. में समरकंद पर विजय प्राप्त करके अरबों ने चीनवालों से रुई और कपड़े के चीथड़ों से कागज बनाना सीखा। फिर दमिश्क में भी कागज बनने लगा। 9वीं शताब्दी में अरबी पुस्तकें कागज पर लिखी जाने लगी थीं। 800 ई. के आसपास अलेक्ज़ेंड्रिया के लोग चीन के कागज से परिचित थे। बारहवीं शताब्दी में अरबों ने पहली बार यूरोप में इस कागज का प्रवेश कराया। इस प्रकार, हम देखते हैं कि आधुनिक कागज को तो मानव-मस्तिष्क की सेवा करते हुए अभी एक हजार वर्ष ही हो रहे हैं, परंतु प्राचीन मिस्र के पेपीरस ने लगभग चार हज़ार वर्षों तक तीन महान संस्कृतियों की सेवा की। पेपीरस का पौधा अब मिस्र में कहीं भी नहीं मिलता, हालांकि सूडान में वह आज भी पाया जाता है; परंतु आधुनिक कागज के लिए यूरोप की भाषाओं में प्रयुक्त होने वाला 'पेपर' शब्द 'पेपीरस' से ही व्युत्पन्न है।

चित्र 2.19 प्राचीन मिस्र के एक लिपिक की मूर्ति

स्पष्ट है कि प्राचीन मिस्री लेखन-कला पर अधिकार प्राप्त करना आसान काम न था। बहुत थोड़े लोग ही लिखना-पढ़ना जानते थे; किंतु जो जानते थे उनका स्थान समाज में बहुत ऊंचा था। पढ़ने-लिखने वालों का कोई विशेष वर्ग नहीं था, और इस पेशे को कोई भी अपना सकता था। परंतु वे संख्या में बहुत कम थे। पढ़ने-लिखने के लिए मंदिरों के साथ पाठशालाएं होती थीं, जहां कोई भी अपनी इच्छा से प्रवेश पा सकता था। प्राचीन मिस्र का एक पिता अपने पुत्र को सलाह देता है :

''यदि तुम दिल लगाकर पढ़ाई-लिखाई करोगे तो किसी भी प्रकार के सख्त काम से बच सकोगे और सरकारी अफ़सर बनकर नाम कमा सकोगे। जो लिखना जानता है, उसे मेहनत का काम नहीं करना पड़ता, बल्कि वही हुक्म देता है...।''

मेरोई लिपि

प्राचीन मिस्रियों ने तो एक शुद्ध वर्णमाला को जन्म नहीं दिया, परंतु दक्षिण में उनके पड़ोसी देश नूबिया (आस्वान बांध के दक्षिण में नील नदीघाटी का आधुनिक सूडान का प्रदेश) के निवासियों ने मिस्री संकेतों के आधार पर एक वर्णमाला का सृजन किया था। आरंभ में यहां के अफ्रीकावासी मिस्रियों के अधीन थे, परंतु 750 ई.पू. के आसपास ये स्वतंत्र हो गए और सूडान के मेरोई नगर में इन्होंने अपनी राजधानी स्थापित की। मिस्र के कमजोर पड़ जाने पर इन्होंने 250 ई. तक नूबिया पर शासन किया, कुछ समय के लिए मिस्र पर भी।

मेरोई राज्य (नूबिया) के लोग मिस्र की संस्कृति से प्रभावित थे, परंतु इनकी बोलचाल की भाषा भिन्न थी। आरंभ में इन्होंने शासन के काम के लिए मिस्री भाषा और मिस्री लिपि को अपनाया था, परंतु बाद में अपनी स्थानीय भाषा के लिए इन्होंने मिस्री और यूनानी लेखन-पद्धतियों के आधार पर नई मेरोई वर्णमाला को जन्म दिया। मिस्री लिपियों की तरह इसमें भी हाइरोग्लिफिक और देमोतिक (घसीट), दोनों तरह की लिपियां थीं। यूनानी लिपि के समान मेरोई लिपि में कुल 23 अक्षर थे, जिनमें कुछ स्वराक्षर भी थे। मेरोई लिपि-संकेत मिस्री लिपियों से ही लिए गए थे।

मेरोई अभिलेख 1820 ई. से ही ज्ञात थे, परंतु आरंभ में समझ लिया गया था कि इस भाषा को पढ़ पाना असंभव है। मगर रिचार्ड लेप्सियस के अन्वेषण से यह धारणा गलत सिद्ध हुई। उन्हें मिस्री भाषा तथा लिपि का एक ऐसा लेख मिला जिसमें मेरोई हाइरोग्लिफों में मेरोई राजा तथा रानियों के नाम दिए हुए थे। इन्हीं के आधार पर अंग्रेज पुराविद् एफ.एल. ग्रिफिथ, काफी परिश्रम के बाद, मेरोई भाषा को कुछ-कुछ समझ पाने में सफल हुए। वस्तुतः मेरोई भाषा की कई बातें अभी स्पष्ट नहीं हुई हैं।

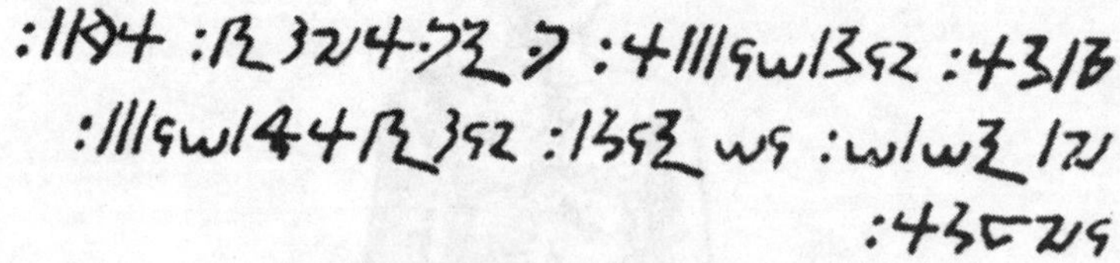

चित्र 2.20 *मेरोई देमोतिक वर्णमाला का लेख। यह दाईं ओर से बाईं ओर को पढ़ा जाएगा—*
वेशि : अशेरेयि : तक्तिज़-मन : इक्वे :
ज़करेर : एर्केले : अमनितेरेय :
एज़्हलि :
अर्थात्, आइसिस (और) ओसिरिस ताक्तिज़-आमोन की रक्षा करते हैं। (ताक्तिज़-आमोन) आमोन-तारेस से ज़ेकरेर के गर्भ से जन्मा।

3

कीलाक्षर लिपियां

कीलाक्षर लिपि का जन्म ई.पू. चौथी सहस्राब्दी में प्राचीन मेसोपोटामिया में हुआ। इसके जन्मदाता थे सुमेरी लोग, जो उस समय फारस की खाड़ी के ऊपर दजला-फरात नदियों के दोआबे में रहते थे। वस्तुतः उस समय यह लिपि 'कीलाक्षर' स्वरूप की नहीं थी, अपितु चित्रात्मक थी। बाद में इसे मिट्टी के खपड़ों पर नुकीली कलम से उकेरा जाने लगा तो इसके संकेत त्रिकोण या कील या खूंटी के आकार के दिखाई देने लगे। इसलिए आधुनिक पुराविदों ने इस लिपि को 'कीलाक्षर' (क्यूनिफॉर्म) लिपि का नाम दिया है।

सुमेरी लोगों की भाषा न तो सेमेटिक परिवार की थी और न भारत-यूरोपीय परिवार की। वह एक योगात्मक भाषा थी। 3000 ई.पू. के आसपास सुमेरी लिपि को अक्कदियों ने अपनी सेमेटिक भाषा के लिए अपना लिया। अक्कदियों के प्रभाव से यह लिपि, न केवल पूरे मेसोपोटामिया में, बल्कि समूचे पश्चिम एशिया में फैल गई। इसे अनातोली, कनानिती, हिब्रू और हित्ती लोगों ने तो अपनाया ही, पूर्व की ओर भी एलाम और अंत में ईरान में इसे अंगीकार किया गया। काल और प्रदेश के विस्तार के साथ-साथ इस लिपि में परिवर्तन होते जाना स्वाभाविक था। इसके भावचित्रों की संख्या धीरे-धीरे कम होती गई। चित्रात्मक स्वरूप से आरंभ हुई यह लिपि भावचित्रात्मक, ध्वन्यात्मक और अक्षरात्मक स्वरूपों को पार करती हुई लगभग एक 'वर्णमाला' का रूप धारण कर चुकी थी। असीरी लोगों के (जिनकी भाषा अक्कदी की एक बोली थी) शासन के समय इसमें लगभग 600 संकेत थे, जिनमें भावचित्र अधिक संख्या में थे। सुमेर के पूर्व में स्थित एलाम प्रदेश में पहुंचने पर इस लिपि में लगभग 120 चिह्न रह गए। सबसे अंत में, ई.पू. सातवीं-छठी शताब्दी में, ईरान के हख़ामनी साम्राज्य ने जब इन कीलाक्षरों से एक अर्ध-वर्णमालात्मक लिपि को जन्म दिया, तो इसमें केवल 41 संकेत ही रह गए।

कीलाक्षर लिपि के अन्वेषण की कथा कुछ उलटी है। इसका अन्वेषण इसके आदिरूप यानी सुमेरी लिपि से न होकर हख़ामनी साम्राज्य की कीलाक्षर लिपि से आरंभ हुआ। इस क्रम को बनाए रखते हुए हम भी प्राचीन पारसी कीलाक्षरों से ही इसकी कथा सुनाएंगे।

प्राचीन पारसी कीलाक्षर

ई.पू. सातवीं शताब्दी में भारत-ईरानी परिवार की जो आर्य जातियां ईरान में बसती थीं, उनमें मीद (मेद) और पारसी (पर्श) प्रमुख थीं। मीद ईरानी पठार के पश्चिमोत्तर भाग में बसे थे और पारसी इनके दक्षिण में। शताब्दियों तक इन ईरानी आर्यों को (वस्तुतः 'ईरान' और 'आर्य' एक ही मूल शब्द के दो रूप हैं) असीरी शासन के दबदबे में रहना पड़ा था। अंत में, सातवीं शताब्दी के उत्तरार्ध में असीरी साम्राज्य कमजोर पड़ गया, तो मीद आर्यों ने असीरिया का तख्ता पलट दिया और उनकी राजधानी निनुआ को 612 ई.पू. में खूब लूटा। किंतु मीद भी, जिनकी राजधानी हगमतान (यूनानियों का 'एकबतान' और आधुनिक 'हमादान') में थी, अपनी धाक अधिक समय तक कायम नहीं रख पाए।

दूसरी ओर, लगभग 700 ई.पू. में पारसी आर्य दक्षिणी ईरान में हख़ामनी राज्य की नींव डाल चुके थे। उनके प्रथम शासक का नाम हख़ामनिश था, इसीलिए वे अपने राज्य को हख़ामनी कहते थे। हख़ामनिश के पुत्र चिशपिश या तिएस्प (675-640 ई.पू.) ने अपने राज्य के दो हिस्से करके उसे अपने दो बेटों में बांट दिया। अरिजारम्न (640-590 ई.पू.) को पूर्व का प्रदेश मिला और कुरश-प्रथम (640-600 ई.पू.) को पश्चिम का। पारसी कीलाक्षर लिपि के इतिहास की दृष्टि से अरिजारम्न या अरियमेनस् के संबंध में एक बात का उल्लेख यहां जरूरी है। हमादान से एक स्वर्ण-फलक मिला है, जिस पर प्राचीन पारसी भाषा और कीलाक्षर लिपि में एक लेख अंकित है। इसमें अरिजारम्न अपनी उपाधियां 'महान राजा, राजाओं का राजा, पार्श देश का राजा' देकर, आगे कहता है, ''पारसियों की यह भूमि, जो मेरे अधिकार में है, मुझे अहुरमज्दा से मिली है। इसमें उत्तम घोड़े और सभ्य आदमी बसते हैं।'' यह स्वर्ण-फलक प्राप्त हख़ामनी पुरावशेषों में सबसे प्राचीन तो है ही, उस पर अंकित लेख भी प्राचीन पारसी कीलाक्षर लिपि का प्राचीनतम उपलब्ध लेख है।

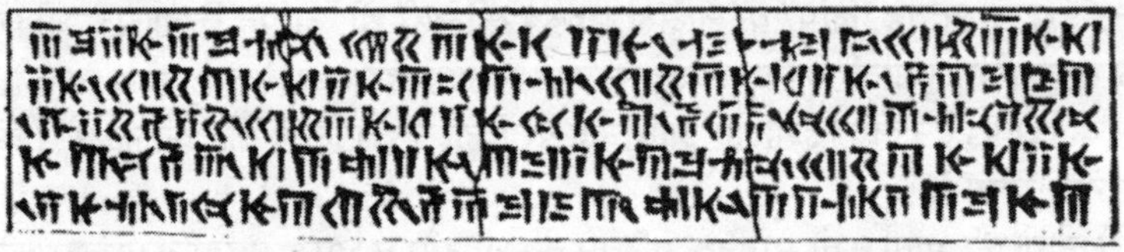

चित्र 3.1 *हमादान से प्राप्त प्राचीन पारसी कीलाक्षर लिपि का प्राचीनतम उपलब्ध लेख*

कुरश-प्रथम और उसके पुत्र कंबुशिय ने मीद राज्य की अधीनता स्वीकार की थी। किंतु कंबुशिय के पुत्र कुरश-द्वितीय 'महान' (559-530 ई.पू.) ने, न केवल मीदों का तख्ता उलट दिया, बल्कि लीदिया और बेबीलोनिया को भी पराजित किया और एक विशाल साम्राज्य की नींव डाली। कुरश महान के ज्येष्ठ पुत्र और उत्तराधिकारी कंबुशिय-द्वितीय (530-522 ई.पू.) ने मिस्र पर चढ़ाई करने के पहले अपने भाई बारदिय की गुप्त रूप से हत्या करवा दी थी। यह हत्या बिलकुल गुप्त रखी गई थी और जनता यही समझती रही कि बारदिय जिंदा है। कंबुशिय जब मिस्र पर चढ़ाई करने चला गया, तो इधर पुरोहित-वर्ग का गौमत नाम का एक व्यक्ति जनता के सामने अपने को ही बारदिय बताकर गद्दी पर बैठ गया। कंबुशिय को जब इसका समाचार मिला तो वह मिस्र से तुरंत वापस लौट पड़ा, किंतु रास्ते में ही सीरिया (शाम) में 522 ई.पू. में उसकी मृत्यु हो गई।

राजपरिवारों के कुछ लोग नकली बारदिय की बदमाशी को जानते थे। उसका वध करने के लिए सात राजकुमार संघटित हो गए। इनमें विश्तास्प का पुत्र दारयवुश (दारा या डेरियस) भी एक था। दारयवुश ने ही अपने हाथ से बारदिय की उसी के महल में हत्या की और खुद ईरान का राजा (522-486 ई.पू.) बन गया। इसी समय राज्य में जहां-तहां झूठे राजे उठ खड़े हुए। इन्हें दबाने के लिए दारयवुश को कुल मिलाकर 19 युद्ध लड़ने पड़े। अब उसका साम्राज्य सिंधु नद के पश्चिम प्रदेश से लेकर भूमध्य-सागर तक फैला हुआ था। उसके इस साम्राज्य में 24 प्रांत थे, जिसमें गंधार भी एक था।

अपनी विजयों के वृत्तांत को भविष्य के लिए सुरक्षित रखने की दृष्टि से दारयवुश ने बेहिस्तुन की चट्टान पर उस समय की तीन प्रमुख भाषाओं—प्राचीन पारसी, एलामी और अक्कदी (बेबीलोनी)—में और कीलाक्षरों में एक लंबा अभिलेख खुदवाया। इस 'बेहिस्तुन अभिलेख' की चर्चा हम आगे करेंगे। दारयवुश ने कुर और पोल्वर नदियों के संगम-स्थल के पास एक भव्य प्रासाद का निर्माण-कार्य भी आरंभ किया था। इस प्रासाद से तीन मील की दूरी पर प्रसिद्ध पेर्सिपोलिस नगरी थी। दारयवुश-तृतीय के शासनकाल में, 334 ई.पू. में सिकंदर ने इस पेर्सिपोलिस नगर को जलाकर

राख कर दिया। सिकंदर के हाथों हारने के बाद हख़ामनी राज्य सदा के लिए समाप्त हो गया। आज शेष रह गए हैं तो केवल उसके कुछ ध्वस्त स्मारक। इन्हीं स्मारकों पर उत्कीर्ण कीलाक्षरों की बदौलत संपूर्ण कीलाक्षर लिपियों का अन्वेषण संभव हुआ है। सिक्कों पर राजा के धड़ को अंकित करने की प्रथा हख़ामनी शासन की ही देन है। डाक-व्यवस्था की शुरुआत रोमन नहीं, बल्कि हख़ामनी शासकों ने ही की थी। हख़ामनी साम्राज्य संसार का पहला सबसे बड़ा साम्राज्य था और उसी में शासन-संचालन की सुविधा के लिए डाक लाने-ले जाने के लिए घुड़सवारों की नियुक्ति की गई।

ई.पू. पहली सहस्राब्दी के आरंभ से ही आरमेई (आरमाइक) भाषा एक प्रकार से सारे पश्चिम-एशिया की संपर्क भाषा बन गई थी। असीरी शासनकाल में भी यह भाषा संपूर्ण पश्चिम-एशिया में व्यापार की भाषा के रूप में स्थापित हो चुकी थी। इनकी लिपि भी सारे पश्चिम-एशिया में फैल गई थी। हख़ामनी शासनकाल में आरमेई भाषा और लिपि का और भी अधिक प्रचार हुआ और वह सिंधु-प्रदेश से लेकर मिस्र तक बोली और पढ़ी जाने लगी थी। पर हख़ामनियों की अपनी एक भाषा (प्राचीन पारसी) थी और उसके लिए उन्होंने कीलाक्षरों के आधार पर एक अक्षरात्मक लिपि भी बना ली थी। इसके अलावा, एलाम प्रदेश की भाषा भी कीलाक्षरों में ही लिखी जाती थी और बेबीलोनी की लिपि तो कीलाक्षरों वाली थी ही। सूसा (एलाम) और बेबीलोन नगर भी हख़ामनी साम्राज्य की राजधानियां थे। प्राचीन पारसी भाषा के जो अभिलेख स्मारकों पर अंकित पाए गए हैं, वे अधिकतर कीलाक्षर लिपि में हैं। पर दैनंदिन व्यवहार की दृष्टि से पारसी भाषा के लिए सैमेटिक मूल की आरमेई लिपि ही अपनाई गई। इसी आरमेई लिपि से कालांतर में पहलवी लिपि का विकास हुआ था।

लिपि-अन्वेषण का आरंभ

पारसी कीलाक्षरों का विधिवत् अध्ययन करने वाला और उनकी प्रतिलिपि उतारने वाला पहला पुराविद् था कार्सेटन निएबुर (1733-1815 ई.)। 1761 में डेनमार्क के शासक फ्रेडरिक-पंचम ने पूर्व के देशों के अध्ययन के लिए वैज्ञानिकों का जो अभियान-दल भेजा था, निएबुर उसका एक सदस्य था। पांच सदस्यों का यह अभियान-दल कोपनहागन से चलकर कुस्तुनतुनिया पहुंचा। इसके बाद यह मिस्र गया। सीरिया, फिलस्तीन और अरब देश होते हुए वह किसी तरह मुंबई पहुंच गया। निएबुर अकेला ही मुंबई पहुंचा था। उसके शेष साथी रास्ते में ही मर गए थे। निएबुर पुनः स्थल मार्ग से ईरान आया और मार्च 1765 के प्रथम सप्ताह में 'तख़्ते-जमशेद' पहुंचा। यहां उसने प्राचीन कीलाक्षर अभिलेखों की अनुकृतियां तैयार कीं। निएबुर ने इन लेखों में से 42 संकेतों को अलग करके उन्हें अक्षरात्मक नाम भी दिए थे, किंतु इनमें केवल 9 संकेतों के मान ही सही थे। बाद में यूरोप पहुंचकर निएबुर ने एक ग्रंथ लिखा—'अरब और पड़ोसी देशों का यात्रा-विवरण' (1774-78 ई.)। यह सही है कि निएबुर के इस आरंभिक प्रयास में कुछ गलतियां थीं, किंतु उसी के प्रयास से यूरोप के पुराविदों को पहले-पहल पारसी कीलाक्षर लिपि के लेखों की प्रतिलिपियां उपलब्ध हो सकीं।

इसी समय यूरोप में प्राचीन आर्यभाषाओं—'जेंद-अवेस्ता' की भाषा और संस्कृत—का अध्ययन जोरशोर से आरंभ हुआ। जेंद की भाषा के अध्ययन के लिए भारत पहुंचनेवाला पहला फ्रांसीसी व्यक्ति था—दु पेरां (1731-1805 ई.)। एक फ्रांसीसी जहाज से दु पेरां पहले पुदुचेरी (पांडिचेरी) पहुंचा और वहां से सूरत। सूरत में उसने पारसी दस्तूरों से न केवल पारसी भाषा सीखी, बल्कि जेंद-अवेस्ता की प्राचीन हस्तलिपियां भी प्राप्त कीं। सात वर्ष भारत में रहकर अंत में वह यूरोप लौटा और पेरिस से उसने जेंद-अवेस्ता का अनुवाद प्रकाशित किया (1771 ई.)। यूरोप में पारसियों के इस धर्मग्रंथ का अनुवाद प्रकाशित हो जाने से सबसे बड़ा लाभ यह हुआ कि वहां के पुराविदों को हख़ामनी शासकों के नामों के सही उच्चारण ज्ञात हो गए, और इन्हीं नामों को हख़ामनी

अभिलेखों में टटोलते हुए कीलाक्षर लिपि का अन्वेषण संभव हो सका। हिरोदोतस के इतिहास-ग्रंथ में भी ईरान के इन प्राचीन शासकों के नाम मिलते हैं, किंतु उसमें वे काफी विकृत रूप में हैं।

निएबुर की तैयार की हुई प्रतिलिपियां उपलब्ध हो जाने से यूरोप के अनेक पुराविद् कीलाक्षर लिपि के अन्वेषण में जुट गए। इनमें पहला गंभीर प्रयास था ओलउस गेरहार्ड टाइख़सेन (1734-1815 ई.) का। उसने एशिया की अनेक भाषाओं का अध्ययन किया था और मिस्र की हाइरोग्लिफिक लिपि पर भी कुछ अनुसंधान-कार्य किया था। टाइख़सेन ने निएबुर का अनुकरण करते हुए इन अभिलेखों के संकेतों को ध्वन्यात्मक मान देने की कोशिश की। साथ ही, उसने यह भी पहचाना कि इन तीन लिपि-प्रकारों में तीन भिन्न भाषाएं लिपिबद्ध हैं। उसने इनमें एक ऐसे संकेत को पकड़ा, जो शब्दों के आरंभ और अंत में बार-बार आता है। बाद में इसी संकेत को 'शब्द-विभाजक' का नाम दिया गया। परंतु टाइख़सेन का यह विचार कि इन तीन लेखों की भाषाएं पार्थियन, मेदियन और बाख्त्रियन हैं, सही नहीं था।

टाइख़सेन के समय में ही एक अन्य विद्वान, डेनमार्क का फ्रेडरिख़ क्रिश्चियन कार्ल हेनरिख़ मुंटेर (1761-1830 ई.) भी कीलाक्षर लिपि का अध्ययन कर रहा था। मुंटेर इस परिणाम पर पहुंचा कि ये कीलाक्षर अभिलेख पार्थियन काल के न होकर हख़ामनी काल के हैं और इनकी एक भाषा अवेस्ता की भाषा या पहलवी से मिलती-जुलती है। परंतु वह भी सही तरह से नहीं जान पाया कि ये तीनों भाषाएं ठीक कौन-कौन-सी हैं। मुंटेर के यह बताने के बाद कि ये अभिलेख हख़ामनी काल के हैं, इनमें हख़ामनी शासकों के नामों की खोज आरंभ हुई। मुंटेर ने कीलाक्षर संकेतों का सांख्यिकीय विश्लेषण करके इनमें सबसे अधिक प्रयुक्त होनेवाले संकेतों में स्वर-संकेतों को खोजने की कोशिश की। उसने 'शब्द-विभाजक' संकेत को तो पहचाना ही था; साथ ही, उसका ध्यान सात संकेतों के एक समूह पर भी गया। इसे उसने ठीक ही 'राजा' का द्योतक माना। मुंटेर सही रास्ते पर आगे बढ़ रहा था, किंतु अन्वेषण की अनेक बाधाओं के कारण आगे उसने अपना अध्ययन रोक दिया।

चित्र 3.2 प्राचीन पारसी कीलाक्षर लिपि में 'राजा' शब्द (अंतिम संकेत 'शब्द-विभाजक' का है)

कीलाक्षर लिपि के अन्वेषण के जो प्रयास अब तक हुए थे, उनमें इस लिपि को पढ़ने में किसी को भी सफलता नहीं मिली थी। अभी इन संकेतों के ध्वन्यात्मक मान भी प्राप्त करने बाकी थे। अभी तो यह भी ज्ञात नहीं हो पाया था कि अन्वेषण की कौन-सी दिशा सही है। सही मार्ग अपनाकर अन्वेषण में आंशिक सफलता प्राप्त करने का श्रेय है ग्रोटेफेंड को। ग्यॉर्ग ग्रोटेफेंड का जन्म 9 जून, 1775 को जर्मनी के मुंडेन नगर में हुआ था। उसने गॉटिंगेन विश्वविद्यालय में दर्शनशास्त्र का अध्ययन किया था और 1799 ई. में 'विश्व लिपि' पर एक पुस्तक भी लिखी थी। उसने निएबुर और सिल्वेस्तर द सासी के ग्रंथों का अध्ययन किया था। द सासी ने 'नक्श-इ-रुस्तम' से प्राप्त पहलवी अभिलेख प्रकाशित किए थे।

ग्रोटेफेंड ने निएबुर द्वारा दारयवुश के महल के भग्नावशेषों से प्राप्त अभिलेखों में से दो को चुनकर अपना अध्ययन आरंभ किया। उसने देखा कि इन दो अभिलेखों के शब्द-संकेतों में अनेक प्रकार की समानताएं हैं। शुरू में ही उसने यह खोज लिया कि मुंटेर का सात संकेतों वाला शब्द ('राजा') ऊपर के लेख में नं. 2, 4 और 6 में आया है और नीचे के लेख में नं. 2, 4 और 7 के स्थानों में। इनके अलावा, इन दोनों लेखों के नं. 5 के स्थानों में यही शब्द कुछ अतिरिक्त संकेतों के साथ प्रकट हुआ है। ग्रोटेफेंड को लगा कि ये अतिरिक्त शब्द-संकेत षष्ठी विभक्ति के

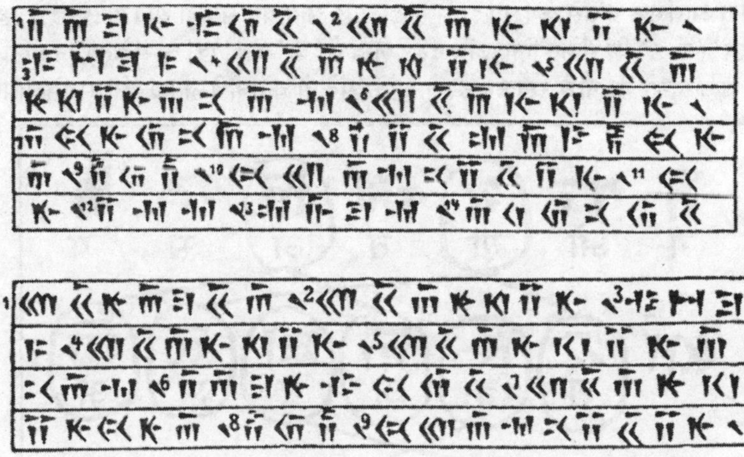

चित्र 3.3 *निएबुर द्वारा पेर्सिपोलिस से प्राप्त दो अभिलेख। ऊपर का लेख दारयवुश-प्रथम का है और नीचे का उसके पुत्र क्षयार्श का।*

बहुवचन ('राजाओं का') के द्योतक होने चाहिए। सूक्ष्मता से अवलोकन करने पर उसे यह भी पता चला कि ऊपर के लेख के नं. 1 के शब्द-संकेत नीचे के लेख में नं. 6 के स्थान पर आए हैं—बीच में एक अतिरिक्त संकेत के साथ। उसने अंदाजा लगाया कि ऊपर के लेख में चूंकि यह शब्द आरंभ में आया है, इसलिए यह किसी राजा का नाम होना चाहिए। नीचे के लेख में यह 'राजाओं का राजा' शब्द के बाद आया है और इसमें एक अतिरिक्त संकेत है। इस विश्लेषण से ग्रोटेफेंड इस परिणाम पर पहुंचा कि इस शब्द का यह अतिरिक्त संकेत षष्ठी विभक्ति के 'का' प्रत्यय का द्योतक होना चाहिए। अपनी इन परिकल्पनाओं के आधार पर नीचे के छोटे लेख के लिए उसने निम्नलिखित एक ढांचा तैयार कर लिया :

"1. **क** 2. **राजा** 3. **महान** 4. **राजा** 5. **राजाओं का** 6. **'ख' का** 7. **राजा का** 8. **पुत्र** 9. **हख़ामनी।**"

यह एक महान प्रयास था, पर अभी ठोस रूप से कुछ भी हाथ नहीं लगा था। 'क' और 'ख' नामों की पहचान होने पर ही आगे बढ़ा जा सकता था। इन नामों की खोज के लिए ग्रोटेफेंड हिरोदोतस के इतिहास-ग्रंथ के पन्ने पलटने लगा। हिरोदोतस ने अपने इतिहास-ग्रंथ की सातवीं पुस्तक में हख़ामनी राजाओं की पिता-पुत्र परंपरा की एक सूची दी है : "... डेरियस, हिस्तास्पेस का पुत्र, एरिसामेस का पुत्र, एरियरम्नेस का पुत्र, तिएस्पेस का पुत्र, सायरस का पुत्र, कंबिसेस का पुत्र, अखएमेनेस का पुत्र, ...।"

हिरोदोतस की इस सूची से ग्रोटेफेंड को अब 'क' और 'ख' के लिए उचित नाम चुनने थे। उसने देखा कि 'क' को राजा 'ख' का पुत्र कहा गया है; इसलिए प्रथम लेख का निर्माता 'ख', 'क' का पिता था, और खुद एक राजा भी था। परंतु प्रथम लेख के जिस शब्द (नं. 9) में ग्रोटेफेंड ने 'पुत्र' की कल्पना की थी, उसके पहले 'राजा' शब्द नहीं था। इन सब बातों पर विचार करते हुए अंत में वह इस निर्णय पर पहुंचा कि 'क' क्सेरेक्सेस और 'ख' डेरियस-प्रथम ही है—'क' पुत्र और 'ख' पिता। डेरियस-प्रथम का पिता राजा नहीं था।

अब इन संकेतों को ध्वनिमान देने थे। ग्रोटेफेंड जानता था कि हिरोदोतस ने इनके नामों के जो रूप दिए हैं, वे विकृत हैं। उसने दु पेरां के 'जेंद-अवेस्ता' से 'हिस्तास्पेस' के लिए 'गोश्तास्प' (विश्तास्प) और डेरियस के लिए 'दारहेउश' (दारयवुश) नाम प्राप्त किए। वस्तुत: ये नाम भी पूरी तरह सही

नहीं थे, किंतु आरंभिक प्रयास के लिए इनसे गाड़ी कुछ आगे बढ़ सकती थी। ग्रोटेफेंड ने प्रथम लेख से 'गोश्तास्प' (नं. 8) के संकेत लिए और दूसरे लेख से 'क' और 'ख' के संकेत। इन तीनों संकेत-समूहों को एक-दूसरे के नीचे रखकर उसने इनके संकेतों को नीचे बताए ढंग से मिलाया :

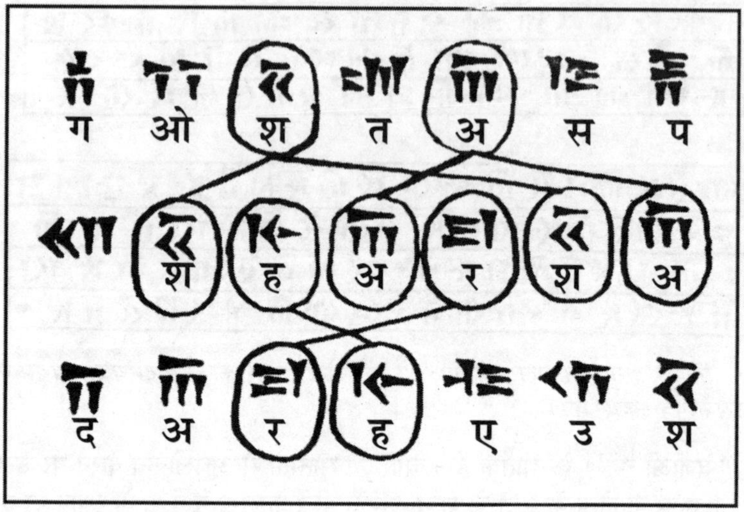

चित्र 3.4

इस तुलनात्मक परीक्षण से ग्रोटेफेंड ने प्राचीन पारसी कीलाक्षरों में से 13 संकेतों के ध्वनिमान प्राप्त किए। इनमें से 9 मान तो बिल्कुल सही थे, किंतु 4 में वह गलती कर बैठा था। वह भी इसलिए कि उस समय उसे हख़ामनी राजाओं के नामों के सही-सही उच्चारण ज्ञात न थे। फिर भी, यह एक महान सफलता थी। यह 1802 ई. की बात है। बाद में ग्रोटेफेंड ने 'कुरुश' के संकेतों के ध्वनिमान खोजकर तीन और संकेतों के ध्वनिमानों की खोज की। परंतु वह अपने अन्वेषण-कार्य में इससे अधिक आगे नहीं बढ़ पाया। वस्तुतः प्राचीन पारसी भाषा और अभिलेखों के बारे में और भी बहुत-सी सामग्री प्राप्त होनी बाकी थी। और फिर, ग्रोटेफेंड को तत्कालीन पुराविदों से उचित प्रोत्साहन भी नहीं मिला। गॉटिंगेन विश्वविद्यालय के मुखपत्र ने तो उसके अगले निबंधों को प्रकाशित करने योग्य भी नहीं समझा! इन्हीं सब कारणों से वह आगे नहीं बढ़ा और उसने अगले प्रयास पूरी तरह त्याग दिए। फिर भी, कीलाक्षर लिपि के अन्वेषण के इतिहास में उसका नाम सदा ही गौरव के साथ लिया जाएगा।

18वीं शताब्दी के उत्तरार्ध से यूरोप के विद्वान संस्कृत भाषा का महत्व समझकर उसके अध्ययन में अधिकाधिक रुचि लेने लग गए थे। यूरोप में वेद और अवेस्ता की भाषाओं का अध्ययन आरंभ हो गया था। इसी अध्ययन के परिणामस्वरूप यूरोप में 'तुलनात्मक भाषा-विज्ञान' ने जन्म लिया। जेंद की भाषा का वैज्ञानिक अध्ययन करने वाला पहला व्यक्ति था, डेनिश विद्वान रस्मुस क्रिश्चियन रास्क (1787-1832 ई.)। उसने जेंद के अलावा, पहलवी, संस्कृत, पालि, अरबी, हिंदी आदि भाषाओं का भी अध्ययन किया था। जेंद और संस्कृत के अध्ययन के लिए वह भारत भी आया और 1820 से 1822 तक यहां रहा। मुंबई और उसके आस-पास के स्थानों में रहकर उसने पारसियों की मदद से अवेस्ता की भाषा का गहन अध्ययन किया था।

ग्रोटेफेंड के अनुसंधानों का अध्ययन करके रास्क इस परिणाम पर पहुंचा कि इन अभिलेखों की भाषा और अवेस्ता की भाषा में काफी समानता है। लेकिन उसने यह भी स्पष्ट कर दिया कि

इन दोनों भाषाओं को एक ही मानना उचित न होगा। उसने संबंध कारक के बहुवचन के प्रत्यय 'अनाम' की भी खोज की, यथा :

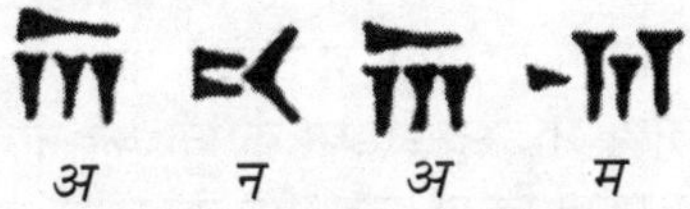

चित्र 3.5

इससे पारसी कीलाक्षर लिपि के ज्ञात संकेतों की सूची में 'न' और 'म' के दो और संकेत सम्मिलित हो गए।

हम बतला चुके हैं कि यूरोप में सबसे पहले दु पेरां ने जेंद-अवेस्ता का अनुवाद प्रस्तुत किया था। परंतु उसके इस प्रथम प्रयास में अनेक त्रुटियां थीं। अवेस्ता का एक सुंदर संस्करण प्रस्तुत करने का श्रेय है, प्रसिद्ध विद्वान बर्नौफ़ (1801-52) को। वह 'कॉलेज द फ्रांस' में संस्कृत का प्राध्यापक था। उसे जब पता चला कि 'यस्न' ('अवेस्ता' का एक भाग) का एक भारतीय पारसी विद्वान का किया संस्कृत अनुवाद उपलब्ध है, तो उसने उसे प्राप्त करके, उसके आधार पर 'यस्न' का एक समीक्षात्मक अध्ययन 1834 में पेरिस से प्रकाशित किया। उसने कीलाक्षर लिपि के कुछ नए अभिलेख भी उपलब्ध कराए। जेंद भाषा का अच्छा ज्ञाता होने से वह कीलाक्षर लिपि के अन्वेषण की ओर आगे बढ़ सकता था। निएबुर द्वारा प्राप्त एक अभिलेख में बहुत-से नाम एक साथ आए हुए जान पड़ते थे। बर्नौफ़ ने इनकी खोज आरंभ की। वस्तुतः इस लेख में दारयवुश के समय के हख़ामनी साम्राज्य के 24 प्रांतों के नाम दिए हुए थे। बर्नौफ़ ने इनमें से 16 नामों की शिनाख्त की और उनमें से आधे सही थे। इतना सब करने पर भी उसे कीलाक्षर लिपि के अधिक संकेतों के ध्वनिमान खोज निकालने में सफलता नहीं मिली। उसे केवल 'क' और 'ज' के संकेत खोजने का ही श्रेय प्राप्त है।

बर्नौफ़ का मित्र क्रिश्चियन लास्सेन (1800-76) भी संस्कृत तथा भारतीय भाषाओं का पंडित था। वह अच्छी तरह जानता था कि इन लेखों में राजाओं या प्रांतों के नाम खोजने के लिए हिरोदोतस से बढ़कर कोई बढ़िया मार्गदर्शक नहीं है। हिरोदोतस के इतिहास-ग्रंथ की चौथी पुस्तक में उल्लेख मिलता है :

"डेरियस (दारयवुश) ने बास्फोरस को देखने के बाद वहां तट पर श्वेत संगमरमर के दो स्तंभ खड़े करवाए। इनमें से एक पर उसने असीरी लिपि में और दूसरे पर यूनानी लिपि में उन सभी देशों के नाम अंकित करवाए जिनके सैनिक उसकी सेना में थे और जिन पर वह शासन करता था।"

लास्सेन को विश्वास था कि इस प्रकार का कोई लेख पेर्सिपोलिस से भी प्राप्त होना चाहिए। उसने निएबुर की प्रतिलिपियों की छानबीन की और अंत में उसे एक ऐसा लेख मिला, जिसमें सचमुच 24 नाम दिए हुए थे।

इन्हीं नामों की शिनाख्त करते हुए लास्सेन ने पारसी कीलाक्षर लिपि के 23 संकेतों के शुद्ध ध्वनिमान प्राप्त किए। इसमें उसके अपने खोजे हुए 8 संकेतमान थे। इससे पहले यूरोप के पुरालिपिविद् 'अ' के अतिरिक्त संकेत को लेकर बहुत परेशान थे। किंतु लास्सेन संस्कृत-वर्णमाला से परिचित था। प्राचीन पारसी भाषा के संस्कृत के निकट होने के कारण, उसने तुरंत पहचान लिया कि व्यंजनों के साथ 'अ' स्वर निहित रहता है। और 'अ' का संकेत यदि स्वतंत्र रूप से आए तो उसका प्रायः मतलब होगा 'आ'। इसके बाद लास्सेन ने उस समय तक उपलब्ध सभी हख़ामनी अभिलेखों के अनुवाद प्रस्तुत किए। बेशक इन अनुवादों में त्रुटियां थीं, क्योंकि अभी लगभग आधे दर्जन संकेतों के ध्वनिमानों को खोजना बाकी था।

मिस्र की प्राचीन लिपियों के अन्वेषण में जो महत्व रोसेटा-प्रस्तर का है, वही महत्व कीलाक्षर लिपि के अन्वेषण में 'बेहिस्तुन अभिलेख' का है। हख़ामनी सम्राट दारयवुश-प्रथम का यह लेख संसार को उपलब्ध कराने का श्रेय है हेनरी क्रेसविक रॉलिंसन (1810-95) को। रॉलिंसन ने अपने विद्यार्थी जीवन में ही ग्रीक व लैटिन भाषाओं पर अच्छा अधिकार प्राप्त कर लिया था। सोलह साल की आयु में ईस्ट इंडिया कंपनी की नौकरी स्वीकार करके उसने एक जहाज में 1827 में भारत को प्रस्थान किया। नव-नियुक्त बंबई का गवर्नर सर जॉन माल्कम, जो पुरातत्व का प्रेमी था, इसी जहाज में यात्रा कर रहा था। इस समुद्र-यात्रा में माल्कम के संपर्क में आकर तरुण रॉलिंसन में भी पुरातत्व और प्राचीन भाषाओं के प्रति प्रेम जाग्रत् हुआ। बंबई में रहकर एक साल के भीतर ही उसने फ़ारसी, अरबी और हिंदी का अच्छा ज्ञान प्राप्त कर लिया। फलतः एक सैनिक टुकड़ी के साथ दुभाषिए के रूप में उसकी नियुक्ति हुई।

चित्र 3.6 हेनरी क्रेसविक रॉलिंसन (1810-95 ई.)

1835 में रॉलिंसन को ईरान के शाह के भाई के सैनिक-सलाहकार के रूप में किरमनशाह भेजा गया। यहीं पर उसे पता चला कि हमादान के समीप अल्वेंद पर्वत की ढलती चट्टान पर कीलाक्षर लेख उत्कीर्ण हैं। उसने वहां जाकर उन लेखों की नकल उतारी और उनका अध्ययन आरंभ कर दिया। तब तक उसे यूरोप में हुए कीलाक्षर लिपि के अन्वेषण-कार्य की जानकारी नहीं थी। उसे सिर्फ इतना पता था कि इन लेखों में हख़ामनी राजाओं के नाम खोजे गए हैं।

किरमनशाह में ही रॉलिंसन को पता चला कि वहां से केवल 22 मील की दूरी पर बेहिस्तुन चट्टान पर कीलाक्षर अभिलेख खुदे हुए हैं। 'बेहिस्तुन' या 'बिसीतुन' या 'भगीस्थान' का अर्थ होता है—'देव-भूमि'। यह बेहिस्तुन चट्टान बगदाद-हमादान के प्राचीन मार्ग पर स्थित है। 516 ई.पू. में दारयवुश-प्रथम ने इस चट्टान पर काफी ऊंचाई पर तीन भाषाओं—प्राचीन पारसी, एलामी (सूसी) और बेबीलोनी (अक्कदी)—में कीलाक्षर लिपियों में एक विस्तृत लेख उत्कीर्ण

चित्र 3.7 *हख़ामनी सम्राट दारयवुश का बेहिस्तुन लेख (516 ई.पू.)। आकृतियों के नीचे पांच स्तंभों में प्राचीन पारसी लेख हैं। इसके बाईं ओर तीन स्तंभों में एलामी लेख हैं। एलामी लेख के ऊपर बेबीलोनी भाषा का लेख है। पारसी लेख के ऊपर और बेबीलोनी लेख के दाईं ओर 14 आकृतियों का चित्रपट है। इन आकृतियों के ऊपर और नीचे भी तीन भाषाओं में छोटे-छोटे कुल 32 लेख हैं।*

करवाया था। यह अभिलेख 150 × 100 फीट जगह घेरे हुए है। नीचे पांच कॉलमों या स्तंभों में प्राचीन पारसी में लगभग 400 पंक्तियां हैं। उसके बाईं ओर तीन स्तंभों में एलामी भाषा के लेख की लगभग 250 पंक्तियां हैं। एलामी लेख के ऊपर बेबीलोनी भाषा का लेख है। पारसी लेख के ऊपर और बेबीलोनी लेख के दाहिनी ओर 14 आकृतियों का एक चित्रपट उत्कीर्ण है। इसमें मुकुट तथा राजदंड धारण किए हुए सम्राट दारयवुश खड़ा है और उसके पीछे दो अंगरक्षक हैं। सम्राट के सामने 10 कैदी हैं, जिनमें से एक जमीन पर चित्त लेटा है और सम्राट का पैर उसकी छाती पर है। शेष नौ कैदी खड़े हैं और सभी की गर्दनें एक रस्सी से बंधी हुई हैं। इन सबके ऊपर अहुर-मज्दा की आकृति है। इन आकृतियों के ऊपर और नीचे भी कुछ छोटे-छोटे अभिलेख हैं—कुल 32 लेख, जिनमें 11 पारसी में, 12 एलामी में और 9 बेबीलोनी में हैं।

चित्र 3.8 बेहिस्तुन की चट्टान पर लेखों के साथ खुदी हुई शिल्पाकृतियां

चट्टान पर इन अभिलेखों तक पहुंचना बहुत मुश्किल का काम था। आगे 300 फीट के लगभग गहरी खाई थी। केवल फीट-डेढ़ फीट जगह पर खड़े रहकर इन लेखों की नकल बनाना और भी कठिन काम था। सीढ़ी की सहायता से रॉलिंसन ने बड़ी कठिनाई से पारसी लेख की नकल बनाई। इसके लिए उसे किरमनशाह से बेहिस्तुन तक महीनों चक्कर लगाने पड़े।

1835 में अल्वेंद पर्वत के लेखों में से विस्तास्प, दारयवुश और क्षयार्श नामों को पढ़कर रॉलिंसन ने 13 कीलाक्षरों को जान लिया था। उसे ग्रोटेफेंड की गवेषणाओं की जानकारी नहीं थी। उसने अपने प्रयास से ही इन तेरह कीलाक्षरों के मान प्राप्त किए थे। ग्रोटेफेंड की ही तरह उसने भी हिरोदोतस के इतिहास-ग्रंथ से हख़ामनी राजाओं की वंशावली खोज निकाली थी और अब तो उसे बेहिस्तुन के अभिलेख भी उपलब्ध थे। उसने बेहिस्तुन के पारसी लेख की आरंभिक पंक्तियों में से पारस, अरशाम, अरियारम्न, चिशपिश और हख़ामनिश ये पांच नाम खोज निकाले। इन पांच नामों से उसे पांच अतिरिक्त कीलाक्षर मिले। इस प्रकार कुल 18 कीलाक्षर उसे ज्ञात हो गए।

1836 में रॉलिंसन जब बगदाद लौटा तो उसे ग्रोटेफेंड तथा सेंट-मार्टिन की कीलाक्षर-वर्णमाला प्राप्त हुई। किंतु अब वह खुद इन दोनों से अधिक कीलाक्षरों को जानता था। इसके बाद उसने बेहिस्तुन अभिलेख पर अध्ययन-कार्य चालू रखा और उसे नए-नए कीलाक्षर-मान मिलते चले गए। वह बाबीरूश (बेबीलोन) से 'ब', कतपतुका (कप्पादोसिया) से 'क', उफ्राता (युफ्रातेस, फरात) से 'फ' आदि नए-नए कीलाक्षर प्राप्त करता गया। 1837 के शरदारंभ तक उसने लगभग 200 पंक्तियों (आधे पारसी लेख) का लिप्यंतर कर लिया था और उस लेख की आरंभिक पंक्तियों का अनुवाद भी कर लिया था। उसने अपनी इन सारी गवेषणाओं को एक निबंध के रूप में 1838 में लंदन की रॉयल एशियाटिक सोसायटी को भेज दिया। वहां यह निबंध एडविन नॉरिस के हाथ में पड़ा। नॉरिस ने इसकी एक प्रति पेरिस भेज दी, जहां इससे तहलका मच गया। इसके बाद रॉलिंसन ने लास्सेन और बर्नौफ़ के साथ बराबर संपर्क बनाए रखा। उसने संस्कृत तथा जेंद भाषा का भी अध्ययन किया।

1846 तक सभी पारसी कीलाक्षरों के ध्वनिमान ज्ञात हो चुके थे। इस प्राचीन पारसी कीलाक्षर लिपि में कुल 41 संकेत हैं। इनमें से 4 संकेत —'राजा', 'प्रांत', 'भूमि' और 'अहुर-मज्दा'—शुद्ध भावचित्र हैं। इनके अतिरिक्त 'शब्द-विभाजक' के लिए भी एक स्वतंत्र संकेत है। शेष 36 संकेत ध्वन्यात्मक

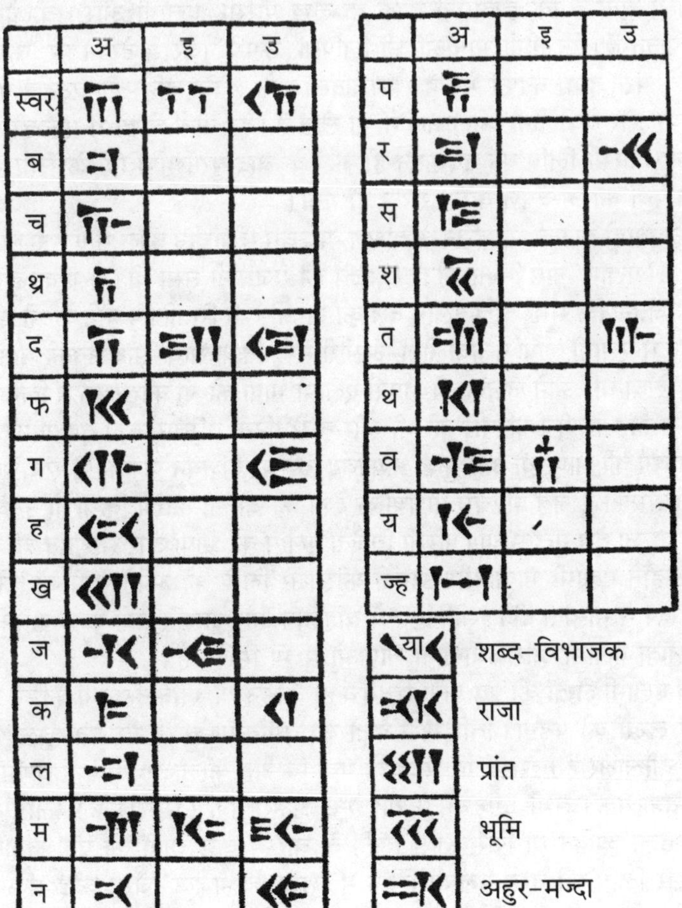

चित्र 3.9 प्राचीन पारसी कीलाक्षर-वर्णमाला

हैं। सभी व्यंजनों में 'अ' स्वर निहित है। 'उ' और 'इ' स्वरों से युक्त कुछ व्यंजनों के लिए स्वतंत्र संकेत हैं। यह पारसी कीलाक्षर लिपि ब्राह्मी की तरह बाईं ओर से दाहिनी ओर लिखी जाती थी।

हख़ामनी काल में संपूर्ण पश्चिम एशिया में आरमाइक वर्णमाला का प्रचार था। इसी वर्णमाला का अनुकरण करते हुए संभवतः हख़ामनी शासकों ने बेबीलोनी कीलाक्षरों से पारसी के लिए एक नूतन वर्णमाला (अक्षरमाला) का आविष्कार किया था। यह पारसी कीलाक्षर लिपि हख़ामनी शासन के साथ अस्तित्व में आई थी और उसकी समाप्ति के साथ ही इसका अंत हो गया। इस लिपि ने किसी अन्य लिपि को न तो जन्म दिया और न प्रभावित किया।

एलामी कीलाक्षर

प्राचीन पारसी कीलाक्षरों का अन्वेषण-कार्य तो पूर्ण हो गया था, परंतु असली कीलाक्षर लिपि के उद्घाटन की यह शुरुआत ही थी। प्राचीन पारसी कीलाक्षर लिपि कीलाक्षरों का अंतिम रूप थी। वस्तुतः यथार्थ कीलाक्षर लिपि से इसका बहुत दूर का संबंध था। लेकिन इन्हीं पारसी कीलाक्षरों की मदद से पहले की सारी कीलाक्षर लिपियों को पढ़ पाना संभव हुआ।

हम बतला चुके हैं कि हख़ामनी काल के लेख पारसी, एलामी और बेबीलोनी-अक्कदी भाषाओं में मिलते हैं। इन तीनों भाषाओं की लिपियां, ऊपरी नजर से देखने पर, कीलाक्षर जैसी दिखाई देती हैं; परंतु इनमें काफी भेद है। हम बतला चुके हैं कि बेहिस्तुन चट्टान पर पारसी के अलावा एलामी और बेबीलोनी कीलाक्षरों में भी लेख हैं। इन तीनों लेखों में एक ही बात दोहराई गई है। इसलिए पारसी लिपि का उद्घाटन हो जाने के बाद पुरालिपिविदों के लिए एलामी तथा बेबीलोनी लिपियों का अन्वेषण करना सरल हो गया।

फारस की खाड़ी के पूर्व और ईरान के दक्षिण-पश्चिम में प्राचीन काल में एक राज्य था, जिसके लिए बाइबल में 'एलाम' नाम मिलता है। इस राज्य की राजधानी सूसा थी। सूसा का इतिहास उतना ही प्राचीन है, जितना कि सुमेर का। एलाम देश की अपनी एक चित्रलिपि होने के भी प्रमाण मिलते हैं। लेकिन बाद में एलामी लोगों ने बेबीलोनी-असीरी संस्कृति के साथ-साथ उनकी भाषा और लिपि को भी अपना लिया था। आगे चलकर ये अपनी एलामी भाषा को भी कीलाक्षरों में लिखने लग गए। एलामी भाषा न तो भारोपीय परिवार की थी और न सेमेटिक परिवार की। वह योगात्मक अथवा आकृतिमूलक वर्ग की भाषा थी और कुछ भाषाविद् उसे काकेशियन परिवार से संबंधित मानते हैं।

हख़ामनी सम्राटों ने जब पश्चिम एशिया के देशों को जीतना आरंभ किया तो उनके अधिकार में आने वाला पहला देश एलाम था। पारसी विजेता एलाम की भाषा और संस्कृति को ऊंची मानते थे, इसलिए उन्होंने एलामी भाषा और उसकी कीलाक्षर लिपि को अपने साम्राज्य की एक भाषा एवं लिपि के रूप में मान्यता दी। इसीलिए हमें बेहिस्तुन और अन्य स्थानों के हख़ामनी अभिलेख पारसी के अलावा एलामी और बेबीलोनी भाषाओं में भी मिलते हैं।

आरंभ में एलामी लेखों को पढ़ पाना सचमुच ही कठिन था, लेकिन उतना कठिन नहीं जितना कि बेबीलोनी लेखों को पढ़ना। विभिन्न संकेतों का वर्गीकरण करने पर पता चला कि एलामी लिपि में 111 कीलाक्षर हैं। इससे यह सिद्ध हो गया कि यह कीलाक्षर लिपि न वर्णमालात्मक है और न भावचित्रात्मक। सभी दृष्टियों से यह एक अक्षरात्मक (सिलेबिक) लिपि जान पड़ी। ग्रोटेफेंड ही पहला व्यक्ति था जिसने इस लिपि के बारे में कुछ बातों का पता लगाया। प्राचीन पारसी कीलाक्षर लिपि की तरह एलामी लिपि में 'शब्द-विभाजक' जैसा कोई संकेत नहीं था। ग्रोटेफेंड ने पता लगाया कि इस लिपि में पुरुषवाचक नामों के पहले एक खड़ी कील के आकार का चिह्न आता है, जिसका उच्चारण नहीं होता।

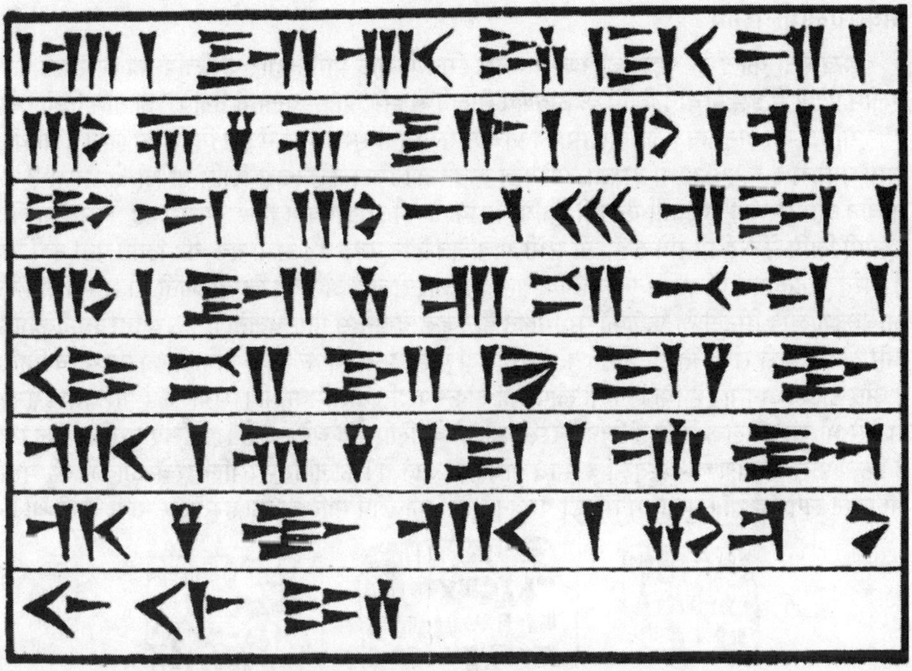

चित्र 3.10 बेहिस्तुन का एक एलामी पाठ

डेनमार्क का विद्वान नील्स लुडविग वेस्टरगार्ड 1843 में ईरान पहुंचा। उसने नक्श-इ-रुस्तम नामक स्थान से, जहां दारयवुश की समाधि है, लेखों की नकल तैयार करके उसमें से देशों के नामों की एक सूची प्राप्त की। वह पहला व्यक्ति था जिसने एलामी लेख के एक अंश का अनुवाद प्रस्तुत किया। लेकिन वेस्टरगार्ड एलामी संकेतों के स्वरूप को पूर्ण रूप से समझ नहीं पाया। वह इन लेखों की भाषा को मीदियन समझ बैठा था।

1844 में रॉलिंसन पुनः बेहिस्तुन के लेखों की नकल तैयार करने में जुट गया। इस बार उसे एलामी लेखों की नकल तैयार करनी थी। लेकिन यह काम पारसी लेखों की नकल तैयार करने से भी अधिक कठिन था। खैर, किसी तरह उसने एलामी लेखों की भी नकल उतार ली और इनकी प्रतियां एडविन नॉरिस के पास लंदन भेज दीं, जिसने 1853 में उन्हें प्रकाशित किया। नॉरिस का जन्म 1795 में हुआ था। रॉलिंसन की तरह वह भी ईस्ट इंडिया कंपनी की नौकरी स्वीकार करके भारत आया था। 1838 में वह रॉयल एशियाटिक सोसायटी का सह-सचिव बना। इसके बाद ही उसे रॉलिंसन की भेजी प्रतियां प्राप्त हुई थीं। इन्हीं प्रतियों के आधार पर उसने एलामी लिपि का अन्वेषण करके इन लेखों को प्रकाशित किया। सम्राटों तथा देशों के नामों का तुलनात्मक अध्ययन करके एलामी कीलाक्षर लिपि के सारे अक्षरों के मान प्राप्त किए गए थे। पारसी लेखों का अनुवाद अब मौजूद था, इसलिए पुरालिपिविद् अब एलामी शब्दों के अर्थ तथा इनके व्याकरण-नियमों को आसानी से खोज सकते थे। हम बतला ही चुके हैं कि एलामी कीलाक्षर लिपि में 111 संकेत हैं, जिनमें से लगभग 80 अक्षर-संकेत हैं। शेष में कुछ निर्धारक-चिह्न हैं और कुछ भावचित्र।

हख़ामनी काल के बाद के कोई एलामी अभिलेख हमें नहीं मिलते। संभवतः ईसा की कुछ आरंभिक शताब्दियों तक इस भाषा का उपयोग होता रहा, किंतु आज यह एक मृत भाषा है।

प्राक्-एलामी लिपि

हख़ामनी काल के पहले दक्षिण-पश्चिम ईरान में एक प्रागैतिहासिक लिपि का अस्तित्व था। एलाम प्रदेश से इस प्राचीन लिपि के अवशेष मिलने से इसे 'प्राक्-एलामी लिपि' का नाम दिया गया है। पुराविदों का अनुमान है कि एलाम की प्राचीन राजधानी सूसा नगर में इस लिपि का जन्म हुआ था। सूसा नगर में ई.पू. 3000 में इसका अस्तित्व देखने को मिलता है। इस लिपि के भी दो प्रकार हैं—प्राचीन और परवर्ती। परवर्ती एलामी लिपि में संकेतों की संख्या कम है—लगभग 60 । परंतु प्राचीन एलामी लिपि में कई सौ संकेत हैं, जो सभी भावचित्र जान पड़ते हैं। अभी तक यह लिपि पढ़ी नहीं गई है, परंतु पुरालिपिविदों का अनुमान है कि यह दाईं ओर से बाईं ओर को लिखी जाती थी। इस लिपि के अधिकांश लेख मिट्टी के फलकों पर मिलते हैं, जिन्हें देखने से पता चलता है कि ये हिसाब-किताब और लेन-देन से संबंधित रहे होंगे। कुछ पुराविदों ने इन फलकों के अंक-संकेतों का अध्ययन किया है और उनका अनुमान है कि एलामी लोगों की अंक-पद्धति दाशमिक थी। सियाल्क (पश्चिमी ईरान) से ऐसे भी कुछ फलक मिले हैं जिनमें रस्सी डालने के लिए छेद बने हुए हैं। इसलिए पुराविदों का मत है कि ये फलक वाणिज्य-वस्तुओं के साथ बांध दिए जाते थे। कालांतर में सिलिंडर के आकार की मुहरें भी बनने लग गई थीं। मुलायम मिट्टी पर इन मुहरों की छाप मालिक का हस्ताक्षर मानी जाती थीं।

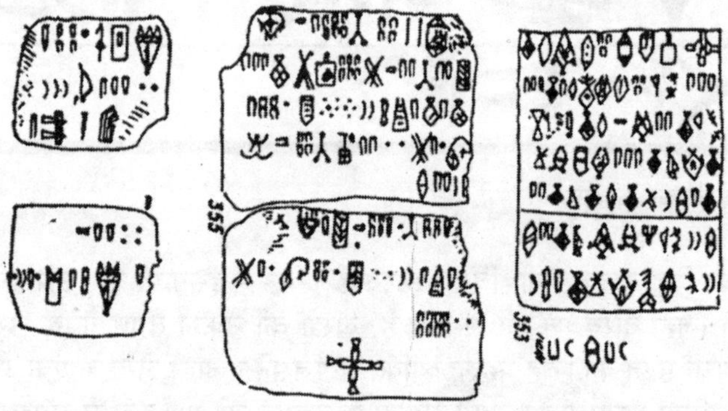

चित्र 3.11 प्राक्-एलामी के रेखाचित्रात्मक लेख

इस प्राक्-एलामी लिपि का जब तक उद्घाटन न हो तब तक इसकी उत्पत्ति के बारे में निश्चित रूप से कुछ भी नहीं कहा जा सकता। किंतु सुमेरी लोगों के साथ एलामियों के घनिष्ठ संबंधों के कारण यही संभव प्रतीत होता है कि उन्होंने सुमेरी लिपि के आधार पर अपनी लिपि का निर्माण किया था। बाद में तो एलामियों ने अपनी इस लिपि को छोड़ ही दिया और बेबीलोनी कीलाक्षरों के सरल रूप को अपना लिया। सिंधु लिपि का उद्घाटन होने से भी इस प्राक्-एलामी लिपि पर कुछ प्रकाश पड़ सकता है।

चित्र 3.12 प्राक्-एलामी के रैखिक लेख

बेबीलोनी कीलाक्षर

अब हख़ामनी लेखों की तीसरी कीलाक्षर लिपि—बेबीलोनी-अक्कदी—का अन्वेषण-कार्य बाकी था। बेहिस्तुन अभिलेख की इस तीसरी कीलाक्षर लिपि के अन्य लेख अब मेसोपोटामिया के टीलों की खुदाई में भी मिलने लग गए थे। 1843 में पॉल एमिले बोट्टा ने खोरसाबाद के पास सारगोन-द्वितीय (721-705 ई.पू.) का महल खोज निकाला। इसके बाद हेनरी लायार्ड ने निमरुद नामक स्थान से आश्शुरनसीपाल (884-859 ई.पू.) के राजप्रासाद की खोज की। इन दोनों स्थानों से असीरी-बेबीलोनी पुरातत्व की ढेरों चीजें तो मिलीं ही, कीलाक्षर लिपि के भी बहुत-से लेख मिले। मेसोपोटामिया से प्राप्त ये कीलाक्षर लेख उसी लिपि और भाषा में थे जिनमें कि बेहिस्तुन का तीसरा लेख अंकित था। इधर 1850 तक रॉलिंसन ने भी एक कुर्द बालक की सहायता से बेहिस्तुन चट्टान से बेबीलोनी लेख की अनुकृतियां तैयार कर ली थीं।

इन बेबीलोनी लेखों का अन्वेषण पारसी या एलामी लेखों की तरह आसान नहीं था। हम देख चुके हैं कि पारसी लिपि में कुल 41 कीलाक्षर संकेत थे और एलामी में 111 कीलाक्षर। परंतु बेबीलोनी में कीलाक्षर संकेतों की संख्या बहुत अधिक, यानी 500 से भी अधिक थी। इतने अधिक संकेतों को देखकर आरंभ में रॉलिंसन भी हतोत्साहित हो गया था।

सबसे पहले 1846 में स्वीडेन के पुराविद् इसीदोर लोवेनस्टर्न ने बेबीलोनी लिपि का अध्ययन आरंभ किया। ग्रोटेफेंड ने क्षयार्श के लेख से इस लिपि का अन्वेषण आरंभ किया था। लोवेनस्टर्न ने समानार्थी बेबीलोनी लेख से इस लेख के संकेतों की तुलना करके यह जाना कि जहां प्राचीन पारसी में 'राजा' शब्द के लिए 7 कीलाक्षर संकेत और 'पुत्र' शब्द के लिए 3 संकेत हैं, वहां बेबीलोनी में इनके लिए एक-एक ही संकेत आया है। इससे आरंभ में लोवेनस्टर्न को ऐसा लगा कि बेबीलोनी लिपि संभवतः भावचित्रात्मक है। परंतु आगे अन्वेषण करने पर नई-नई उलझनें सामने आती गईं। 'क्षयार्श' नाम के लिए प्राचीन पारसी लिपि में सात संकेत (दो 'अ' और पांच व्यंजन) मिलते हैं, किंतु यहां बेबीलोनी में इस नाम के लिए बस पांच संकेत ही दिए हुए थे। इसका क्या अर्थ लगाया जाए? उस समय के पुरालिपिविद् जानते थे कि हिब्रू तथा अन्य सेमेटिक भाषाओं की लिपियों में प्राचीन काल में केवल व्यंजन-संकेतों का इस्तेमाल होता था। इस समय तक असीरी पुरातत्ववेत्ताओं को यह ज्ञात हो गया था कि बेबीलोनी (अक्कदी) सेमेटिक परिवार की भाषा है। इसलिए रॉलिंसन ने 1847 से ही हिब्रू तथा सीरियाई भाषाओं का अध्ययन आरंभ कर दिया था। अब उसने बेहिस्तुन के बेबीलोनी लेख की कुल 112 पंक्तियों का गहन परीक्षण शुरू कर दिया। 1850 में उसने रॉयल एशियाटिक सोसायटी (लंदन) को बेबीलोनी कीलाक्षर लिपि के बारे में एक निबंध भेजा। रॉलिंसन का विश्वास था कि उसने 80 नामों, लगभग 150 ध्वनिमानों और लगभग 500 बेबीलोनी शब्दों को जान लिया है। लेकिन इसके आगे उसे भी रास्ता नहीं सूझ रहा था।

आगे की खोज के लिए मार्ग प्रशस्त करने का श्रेय है—पादरी एडवर्ड हिंक्स को। पारसी कीलाक्षर लिपि की चर्चा करते हुए हमने देखा कि इन कीलाक्षरों के ध्वनिमान प्राप्त करने के लिए पुरालिपिविद् एक नाम से दूसरे नाम की तुलना करते हुए आगे बढ़ते चले गए थे। किंतु बेबीलोनी लिपि के अन्वेषण में यह विधि असफल रही; क्योंकि यहां देखा गया कि एक ही संकेत की कई ध्वनियां हैं और एक ही ध्वनि के लिए एक से अनेक संकेत व्यवहार में लाए गए हैं। लोवेनस्टर्न यह पता लगा चुका था कि अकेली 'र' ध्वनि के लिए सात भिन्न-भिन्न संकेतों का इस्तेमाल होता है।

यदि अभिलेखों की उत्तम प्रतियां उपलब्ध हों, तो पुरालिपि-अन्वेषण का कार्य अपने अध्ययन-कक्ष में बैठकर किया जा सकता है। इसके लिए पुरातत्व-खुदाई के लिए जाने की जरूरत नहीं है। हिंक्स ने अपने अध्ययन-कक्ष में ही बेबीलोनी लिपि का अन्वेषण-कार्य आरंभ कर दिया। उसने

चित्र 3.13 *हख़ामनी सम्राट क्षयार्श (485-465 ई.पू.) के एक ही आशय के दो लेख : ऊपर प्राचीन पारसी में और नीचे बेबीलोनी में। दोनों का आशय है : ''क्षयार्श, शाह, शाहंशाह, दारयवुश-पुत्र, शाह का, हख़ामनिशी''*

बेबीलोनी लिपि की बहुत-सी गुत्थियां सुलझाईं। हिंक्स ने जाना कि बेबीलोनी में शुद्ध व्यंजन-संकेत नहीं हैं। इस लिपि के अक्षर-संकेत स्वर + व्यंजन ('आब', 'इर' इत्यादि) युक्त हैं या व्यंजन + स्वर ('दा', 'की' इत्यादि) युक्त। इनके अतिरिक्त, इस लिपि में व्यंजन + स्वर + व्यंजन जैसे अक्षर-संकेत भी हैं, जैसे—'कान', 'मुर' इत्यादि। इन संयुक्त संकेतों को कभी-कभी दो भिन्न अक्षर-संकेतों से भी व्यक्त किया जाता है, जैसे—'कान' = का-आन, 'मुर' = मु-उर।

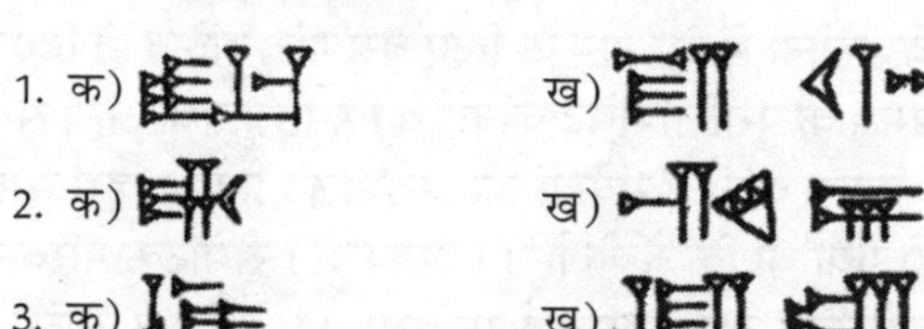

1 क) शर *ख) श-अर*
2 क) गिर *ख) गि-इर*
3 क) लुम *ख) लु-उम*

चित्र 3.14 *बेबीलोनी लिपि के सरल (क) तथा संयुक्त (ख) कीलाक्षर-संकेत*

हिंक्स ने बेबीलोनी लिपि की एक और विशेषता की खोज की : इस लिपि में एक ही संकेत भावचित्र, अक्षर-संकेत तथा निर्धारक-संकेत इन तीनों रूपों में इस्तेमाल हो सकता है। तात्पर्य यह कि इस लिपि के संकेत बहुरूपी हैं। बाद में यह भी पता चला कि एक ही संकेत की अनेक ध्वनियां भी हो सकती हैं। रॉलिंसन ने 1851 में लगभग 200 ऐसे संकेत एकत्र किए थे, जिनके एक से अधिक ध्वनिमान थे।

जिस समय पुरालिपिविद् बेबीलोनी लिपि के इस मायाजाल में फंसे हुए थे, तभी सौभाग्य से हेनरी लायार्ड ने कुयुंजिक (प्राचीन निनुआ या निनेवेह) की खुदाई से कीलाक्षर लेखों का एक प्राचीन 'पुस्तकालय' ही खोज निकाला। निनुआ असीरी साम्राज्य की राजधानी थी। यहीं से राजा

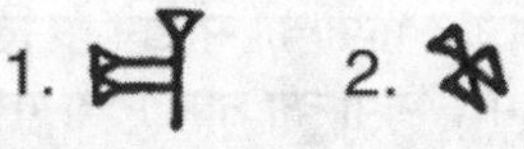

1. *(क) भावचित्र 'इशु' = लकड़ी*
(ख) वृक्षों तथा लकड़ी से बनी वस्तुओं के पहले प्रयुक्त निर्धारिक-संकेत
(ग) अक्षरात्मक संकेत 'इज', 'इस' इत्यादि
2. *(क) भावचित्र 'मातु' = देश, और 'शदु' = पर्वत*
(ख) देशों तथा पर्वतों के नामों के पूर्व प्रयुक्त निर्धारिक-संकेत
(ग) अक्षरात्मक संकेत 'कुर', 'मात', 'शत', 'नत', 'गिन' इत्यादि

चित्र 3.15 *बेबीलोनी कीलाक्षर लिपि के ऐसे दो संकेत जिन्हें भावचित्र, अक्षर-ध्वनि तथा निर्धारक-संकेत, इन तीनों के लिए इस्तेमाल किया गया है*

1. किद साह लिल	*2. पिस गिर*	*3. लल लिब लुब पाह नर*

चित्र 3.16 *बेबीलोनी लिपि के बहुध्वन्यात्मक अक्षर-संकेत*

आशुर बनीपाल (668–627 ई.पू.) के संग्रहालय में 20,000 से भी अधिक बेबीलोनी कीलाक्षरों में अंकित मिट्टी के फलक मिले हैं। जब ये सारे फलक लंदन के ब्रिटिश म्यूजियम में पहुंचे, तो नॉरिस और रॉलिंसन ने उनका परीक्षण किया। उन्होंने देखा कि इन फलकों में कई ऐसे हैं जिनमें बेबीलोनी संकेतों के सामने एक अज्ञात भाषा के ध्वनिमान दिए हुए हैं। वस्तुतः ये फलक एक

चित्र 3.17 *प्राचीन अक्कदी का एक स्मारक-लेख*

प्रकार के 'शब्दकोश' थे, जो उस अज्ञात भाषा को सीखने के लिए तैयार किए गए थे। बाद में इस अधिक प्राचीन अज्ञात भाषा को सुमेरी भाषा का नाम दिया गया।

इन शब्दकोशों की सहायता से कीलाक्षर लिपि का अन्वेषण-कार्य तेजी से आगे बढ़ा। किंतु संकेतों के सही-सही अर्थ ज्ञात करना अब भी एक पहेली थी; क्योंकि जैसा कि हम बतला चुके हैं, इस लिपि के एक ही संकेत के एक से अधिक ध्वनिमान थे, और एक ही ध्वनि के लिए अनेक संकेतों का इस्तेमाल होता था। इस उलझन के कारण किसी भी बेबीलोनी लेख का अर्थ लगाने में काफी कठिनाई होती थी। कीलाक्षर लिपि के अन्वेषक सही मार्ग पर आगे बढ़ रहे हैं या नहीं, इसका पता लगाने के लिए लंदन में एक 'परीक्षा' आयोजित की गई। इस 'परीक्षा' का विचार सबसे पहले विलियम हेनरी फॉक्स टाल्बोट (1800-77) के दिमाग में आया था। मूलत: टाल्बोट था तो गणितज्ञ, परंतु पुरातत्व में भी उसकी रुचि थी। योजना यह थी कि रॉयल एशियाटिक सोसायटी किसी नए खोजे गए बेबीलोनी लेख की प्रतियां विभिन्न पुरालिपिविदों के पास भेजकर उनसे उनके अनुवाद प्राप्त करे। उन अनुवादों की आपस में तुलना करने से पता चल जाएगा कि बेबीलोनी लिपि के अन्वेषण का कार्य किस हद तक सफल रहा है।

किंतु इस परीक्षा में कौन-कौन पुरलिपिविद् भाग लें? रॉलिंसन, हिंक्स और टाल्बोट का इसमें सम्मिलित होना निश्चित था। चौथा व्यक्ति चुना गया, जुलेस ओप्पेर्ट (1825-1905)। ओप्पेर्ट का जन्म हैंबर्ग (जर्मनी) के एक यहूदी परिवार में हुआ था। आरंभ में उसने गणितशास्त्र का अध्ययन किया था; किंतु बाद में भारतीय संस्कृति में उसकी दिलचस्पी बढ़ी, और उसने संस्कृत का भी अध्ययन किया। वह पेरिस के प्रसिद्ध 'कॉलेज दे फ्रांस' में संस्कृत का आचार्य था। फिर, असीरी पुरातत्व में उसकी इतनी अधिक रुचि जगी कि उसके अध्ययन के लिए उसने संस्कृत का आचार्य-पद भी त्याग दिया।

संयोग से 1857 में रॉलिंसन, हिंक्स, टाल्बोट और ओप्पेर्ट, ये चारों ही लंदन में मौजूद थे। सोसायटी के सेक्रेटरी नॉरिस ने इस अवसर को हाथ से न जाने दिया। उसने एक बेबीलोनी-असीरी लेख की प्रतियां लिफाफों में बंद करके, मुहर लगाकर, चारों के पास भेज दीं। चारों में से कोई भी पहले से इस लेख को नहीं जानता था; क्योंकि मिट्टी के तीन सिलिंडरों पर अंकित यह लेख नया-नया ही मेसोपोटामिया की खुदाई में प्राप्त हुआ था और हाल ही में लंदन पहुंचा था। लेख असीरी राजा तिगलथ-पिलेसर प्रथम (1113-1074 ई.पू.) के समय का था। चारों पुरालिपिविदों को इसका लिप्यंतर तथा अनुवाद करके सोसायटी को वापस भेजना था।

चारों विद्वानों ने अपने-अपने अनुवाद मुहर-बंद लिफाफों में सोसायटी के पास भेज दिए। सोसायटी ने अनुवादों की जांच के लिए एक परीक्षक-मंडल नियुक्त किया था। सोसायटी ने इस अवसर पर विद्वानों की एक सभा भी आयोजित की थी। परीक्षा से प्रकट हुआ कि चारों अनुवाद मुख्य बातों में प्राय: एक-से थे; मतभेद केवल कुछ मामूली बातों में ही था।

जो भी हो, इस प्रयोग ने यह सिद्ध कर दिया कि बेबीलोनी-असीरी कीलाक्षर लिपि के अन्वेषण-प्रयास सही दिशा में चल रहे हैं।

सुमेरी लिपि

लेकिन इसका अर्थ यह नहीं ही था कि कीलाक्षर लिपि का अन्वेषण-कार्य पूरा हो गया है। हम बतला चुके हैं कि असीरी-बेबीलोनी लेखों का अध्ययन करते समय प्राचीन सुमेरी भाषा का पता चल गया था। बाद में यह भी पता चला कि सुमेरी लोग ही वास्तव में कीलाक्षर लिपि के जनक थे। उन्हीं से ई.पू. तीसरी सहस्राब्दी में अक्कदी लोगों ने कीलाक्षर लिपि प्राप्त की थी। बाद

में असीरी और बेबीलोनी शासकों ने भी इस लिपि को अपनाया। बेबीलोनी-अक्कदी भाषा सेमेटिक परिवार की थी, लेकिन सुमेरी भाषा न तो सेमेटिक परिवार की थी और न भारोपीय परिवार की। वह एक योगात्मक या आकृतिमूलक भाषा थी। ई.पू. चौथी सहस्राब्दी में फारस की खाड़ी के ऊपर दजला-फरात नदियों के दोआबे में सुमेरियों का निवास था। उर, एरिदु, लगाश, उरूक, लारसा आदि उनके प्रसिद्ध नगर थे। 3000 ई.पू. के आसपास उत्तर के सेमेटिक जाति के अक्कदी लोगों ने सुमेरियों का पराभव करके उनकी उपजाऊ भूमि पर अधिकार कर लिया था। पर उन सेमेटिक विजेताओं ने सुमेरी संस्कृति की बहुत-सी बातों के साथ-साथ उनकी लिपि को भी अपना लिया। अक्कदी पुरोहित कर्मकांड के लिए सुमेरी भाषा का ही इस्तेमाल करते थे; इसलिए उन्होंने सुमेरी भाषा की शब्दावलियां, व्याकरण-नियम और सुमेरी पाठों के अक्कदी-बेबीलोनी अनुवाद तैयार किए। इस प्रकार के द्वैभाषिक लेख प्राप्त होने से ही आरंभ में सुमेरी भाषा तथा संस्कृति के बारे में जानकारी मिली थी। इसी समय कुछ ऐसे प्रमाण मिले, जिससे ज्ञात हुआ कि सुमेरी कीलाक्षर लिपि का आरंभ एवं विकास सुमेरी चित्र-संकेतों से हुआ है।

दजला और फरात नदियों के बीच की जमीन गाद मिट्टी से बनी हुई है। यहां लिखने के लिए मिट्टी के रूप में प्रकृति ने पर्याप्त सामग्री प्रस्तुत की है। कच्ची मिट्टी का फलक तैयार करके उस पर लकड़ी की नुकीली कलम से लिखा जाता था। बाद में फलक को आग में पकाया जाता या तेज धूप में सुखाया जाता। इस प्रकार के फलक हजारों साल तक सुरक्षित रह सकते थे। इसलिए हमें सबसे प्राचीन लेख मेसोपोटामिया से ही मिले हैं।

मिस्र की प्राचीन हाइरोग्लिफिक लिपि की तरह कीलाक्षर लिपि में भी तीन प्रकार के संकेत पाए जाते हैं—भावचित्र, अक्षर-संकेत तथा निर्धारक-संकेत। सुमेरी लोग अपने भावचित्रों का अक्षर-संकेतों के रूप में इस्तेमाल करने लग गए थे। उदाहरणार्थ, सुमेरी भावचित्र 'अन' (=आकाश) 'अन' ध्वनि के लिए और भावचित्र 'मु' (=नाम) 'मु' ध्वनि के लिए काम में लाया जाता था।

अक्कदियों ने सुमेरी भावचित्रों को यथावत् ग्रहण करके उन्हें अपनी सेमेटिक भाषा के अर्थ प्रदान किए। उदाहरणार्थ, सुमेरी लिपि में 'पिता' के लिए जो भावचित्र था, उसका उच्चारण सुमेरी में 'अद' होता था; परंतु सेमेटिक अक्कदी में इस भावचित्र का उच्चारण 'अदु' (=पिता) हो गया। इसी प्रकार, 'मु' (=नाम) 'शुमु' हो गया। किंतु हम बतला चुके हैं कि सुमेरी में ध्वनिमानयुक्त संकेत भी अस्तित्व में आ चुके थे। अब इन ध्वनि-संकेतों का क्या किया जाए? सेमेटिकभाषियों के सामने यह एक बड़ा पेचीदा प्रश्न था। उन्होंने साहस किया और सुमेरी ध्वनि-संकेतों को उनकी सुमेरी ध्वनियों सहित ही स्वीकार कर लिया। जैसे, 'मु' संकेत (भावचित्र) अक्कदी में 'शुमु' (=नाम) पढ़ा जाएगा, किंतु इसी संकेत का इस्तेमाल जब ध्वन्यक्षर के रूप में होगा तो यह 'मु' पढ़ा जाएगा।

पाठक अब समझ ही सकते हैं कि सुमेरी कीलाक्षर लिपि को अपनी भाषा के लिए अपनाते समय अक्कदियों को कितनी अधिक परेशानी हुई होगी। नीचे के एक ही संकेत पर यदि हम विचार करें तो इस उलझन का हमें कुछ अंदाजा हो सकता है :

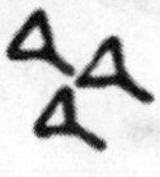 *= सुमेरी भावचित्र 'पृथ्वी', 'पर्वत'*

चित्र 3.18

सुमेरी भाषा में इस भावचित्र के अर्थ होंगे : (1) 'पृथ्वी', 'देश' ('कुर'), और (2) पर्वत ('किन')। इस भावचित्र के और भी अर्थ हैं, परंतु उन्हें हम छोड़ देते हैं। सेमेटिकभाषियों ने जब इस सुमेरी भावचित्र को अपनी भाषा के लिए अपनाया तो इसे 'मातु' (देश), 'इरशितु' (पृथ्वी, देश) तथा 'शदू' (पर्वत) नाम दिए। इसके अलावा, उन्होंने इस संकेत को दो शुद्ध ध्वन्यक्षर 'कुर' तथा

'किन' (ये सुमेरी भाषा की ध्वनियां थीं) के लिए भी अपना लिया। इनके अलावा, सेमेटिक शब्द 'मातु' तथा 'शदू' की 'मत्' तथा 'शद्' ध्वनियों के लिए भी अक्कदियों ने इस संकेत का इस्तेमाल किया।

चित्र 3.19 निप्पुर से मिली राजा नारम-सिन (2270-2233 ई.पू.) की मिट्टी की मुद्रा

आरंभिक सुमेरी चित्रलिपि में वस्तुओं को आसानी से पहचाना जा सकता है। शुरू में ये चित्र-संकेत खड़े स्तंभों में लिखे जाते थे और ऊपर से नीचे की ओर पढ़े जाते थे। लेखन का आरंभ दाहिनी ओर से होता था और स्तंभों की संख्या बाईं ओर को बढ़ती जाती थी। किंतु बाद में यह जाना गया कि फलकों को बाईं ओर घुमाने से इस लिपि को क्षैतिज रेखा में आसानी से पढ़ा जा सकता है। तदनुसार संकेतों के लेखन-क्रम में भी परिवर्तन हुआ—संकेतों की दिशा 90° के कोण में बदल गई। इसके बाद यह कीलाक्षर लिपि बाईं ओर से दाहिनी ओर को पढ़ी और लिखी जाने लगी।

चित्र 3.20 कीलाक्षर लिपि के कुछ आरंभिक चित्र-संकेत

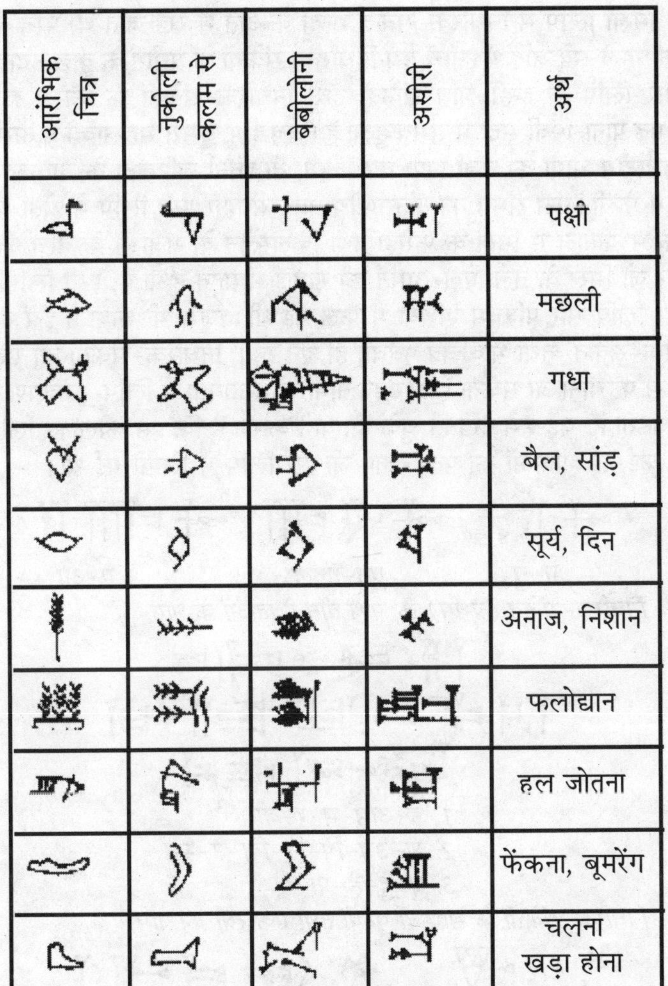

चित्र 3.21 (अ)   कीलाक्षर लिपि के संकेतों का विकासक्रम

ये थीं सेमेटिक भाषा के लिए अपनाई गई कीलाक्षर लिपि की कठिनाइयां। बाद में तो नव–बेबीलोनी और नव–असीरी में एक ही संकेत की अनेक स्वतंत्र ध्वनियां अस्तित्व में आ गई थीं और स्वयं बेबीलोनी तथा असीरी लेखकों के लिए ही उनकी लिपि बहुत जटिल बन गई थी। इस जटिलता को दूर करके अपनी लिपि को कुछ आसान बनाने के लिए उन्होंने कीलाक्षरों की एक 'मिश्रित योजना' तैयार की और अर्थ स्पष्ट करने के लिए निर्धारक–संकेतों का उपयोग शुरू किया। उदाहरण के लिए, 'मातु' (देश) संकेत से केवल एक ही अर्थ प्रकट हो, इसके लिए वे इस शब्द को संकेतों की एक मिश्रित योजना में लिखने लगे थे। भावचित्र के बाद उसके ध्वनि–संकेत भी दिए जाने लगे, यथा :

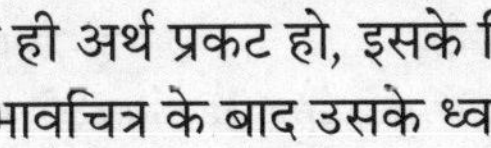

मातु + म + अ + तु

चित्र 3.21 (ब) मिश्रित कीलाक्षर लिपि में 'मातु' (=देश) शब्द

प्राचीन मिस्री लिपि में निर्धारक-संकेत शब्दों के अंत में रखे जाते थे; परंतु कीलाक्षर लिपि में वे शब्द के पहले रखे जाते थे। नीचे हम निर्धारक-संकेतों के प्रयोग के कुछ उदाहरण दे रहे हैं :

कीलाक्षर लिपि के इन्हीं भाव-संकेतों तथा निर्धारक-संकेतों के कारण इनमें लिखी गई भाषाओं को पढ़ पाना 19वीं सदी में संभव हुआ है। जब ई.पू. दूसरी सहस्राब्दी में असीरी-बेबीलोनी भाषा ने अंतर्राष्ट्रीय भाषा का दर्जा प्राप्त कर लिया, तो इतनी जटिलता के बावजूद यह लिपि भी अनेक देशों में फैली। उस समय का अंतर्राष्ट्रीय पत्र-व्यवहार इसी लिपि में होता था। ई.पू. दूसरी सहस्राब्दी के मध्यकाल में मिस्र के फरोहा तथा फिलस्तीन के राजाओं के बीच जो पत्र-व्यवहार हुआ था और जो मिस्र के तेल-एल-अमर्न की खुदाई में प्राप्त हुआ है, इसी लिपि में है। वस्तुतः यह कीलाक्षर लिपि सारे पश्चिम एशिया में फैल गई थी। जिस भी भाषा ने इसे अपनाया, उसमें इसके निर्धारक-संकेत तथा भावचित्र पूर्ववत् ही बने रहे। निर्धारक-संकेतों की सहायता से नामों को आसानी से पहचाना जा सकता है और इन नामों की सहायता से लिपि-अन्वेषण का कार्य किस प्रकार आगे बढ़ता है, यह हम देख ही चुके हैं। यही कारण है कि इस कीलाक्षर लिपि के अन्वेषण के बाद हमें कई नई भाषाओं का पता चला, जो इस लिपि में लिखी गई थीं।

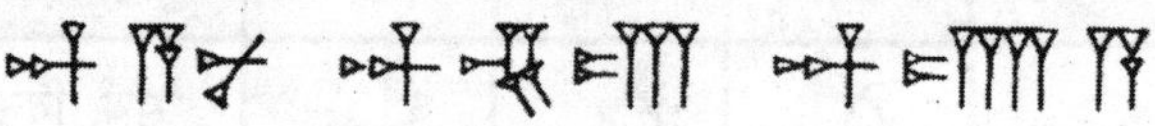

आ-नु एन-लिल ए-आ

चित्र 3.22 *निर्धारक-संकेत (प्रथम) के साथ तीन देवताओं के नाम*

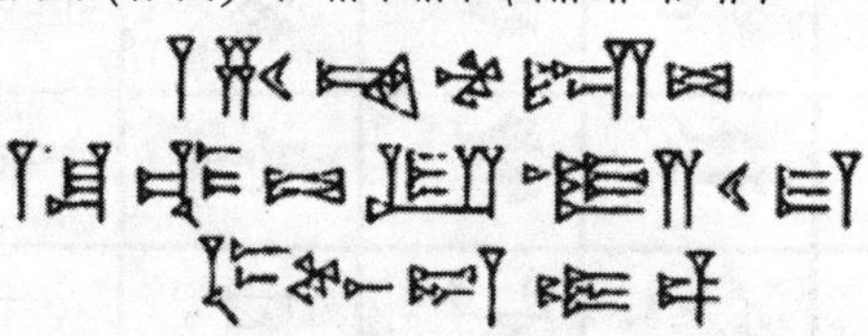

1. ह-अम-मु-र-बी
2. शु-उप-पि-लु-लि-उ-मा
3. पु-दु-हे-पा

चित्र 3.23 *निर्धारक-संकेतों के साथ दो पुरुषों तथा एक स्त्री का नाम*

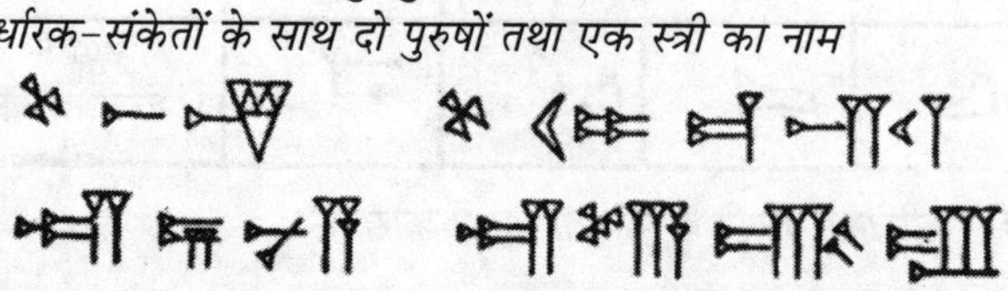

1. (मात) अश-शुर = 'असीरिया' 2. (मात) मि-इस-री = 'मिस्र'
3. (अलु) नि-नु-आ = 'निनेवेह' 4. (अलु) कार-गा-मिश = 'कार्चेमिश'

चित्र 3.24 *निर्धारक-संकेतों के साथ दो देशों तथा दो नगरों के नाम*

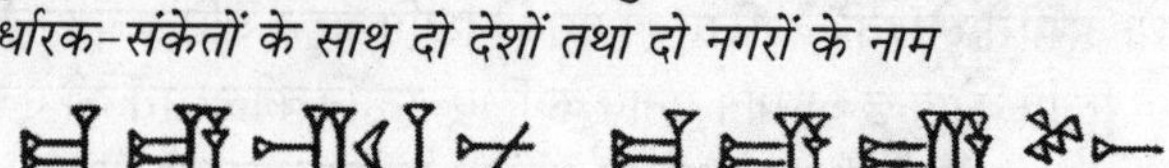

ए-रि-नु = देवदार ए-लिप-पु = नौका

चित्र 3.25 *निर्धारक-संकेतों के साथ एक वृक्ष तथा लकड़ी से बनी एक चीज (नौका)*

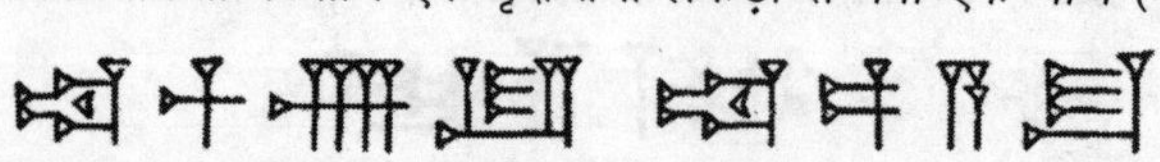

(एक) पर-जिल-लु = लोहा (एक) प-अ-शु = परशु

चित्र 3.26 *निर्धारक-संकेतों के साथ एक धातु तथा धातु की बनी एक वस्तु*

4
चीनी लिपि

चीन की सभ्यता लगभग उतनी ही प्राचीन है जितनी कि मिस्र, मेसोपोटामिया और भारत की सभ्यताएं। जहां तक इन सभ्यताओं की लिपियों का प्रश्न है, मिस्र और मेसोपोटामिया की लिपियां ईसवी सन् के आरंभ होते-होते अपना अस्तित्व मिटा चुकी थीं और 19वीं शताब्दी में ही बड़े परिश्रम से पुन: इनका अन्वेषण संभव हो पाया। सिंधु लिपि का प्रवाह तो 1800 ई.पू. के आसपास ही रुक गया था और अभी तक न हम इस लिपि को पढ़ पाए हैं और न यह जानते हैं कि सिंधु सभ्यता के लोग किस भाषा का प्रयोग करते थे। इसके विपरीत, चीनी लिपि ही संसार की एकमात्र लिपि है जो पिछले लगभग चार हजार वर्षों से अपने आंतरिक स्वरूप को कायम रखे हुए हैं। संसार की सभी प्राचीन लिपियां चित्रात्मक स्थिति से ही आरंभ हुईं। चित्रात्मक, भावचित्रात्मक, अक्षरात्मक और वर्णमालात्मक—लिपियों के विकास का यही क्रम रहा है। आज संसार की अधिकांश भाषाएं किसी न किसी वर्णमालात्मक लिपि में ही लिखी जाती हैं। जापानी लिपि अक्षरात्मक है और इसमें चीनी भावचित्र भी हैं। किंतु परमाणु ऊर्जा और अंतरिक्षयात्रा के इस युग में भी चीन में—जिसकी जनसंख्या संसार का पांचवां हिस्सा है—अब भी मूलत: एक भावचित्रात्मक लिपि का ही प्रयोग होता है। आरंभ से लेकर आज तक चीन के शब्द-संकेतों में सुलेखन की परंपरा के कारण बाह्य परिवर्तन तो होता रहा है, किंतु चीनी लिपि के आंतरिक स्वरूप में कोई विशेष बदलाव नहीं हुआ। प्रश्न उठना स्वाभाविक है कि जहां अन्य सभ्यताओं ने अपनी भाषाओं को एक वर्णमालात्मक लिपि में ढालने के प्रयत्न किए, वहां चीनवालों ने ऐसा क्यों नहीं किया। अंशत: इसका कारण हम चीनी लोगों का पुरातन के प्रति अत्यधिक प्रेम मान सकते हैं। किंतु यदि चीनी भाषाओं पर विचार करें तो बहुत-सी बातें स्पष्ट हो जाएंगी।

चीनी भाषा

मानव की बोलियों को उनके आंतरिक स्वरूप के अनुसार हम तीन वर्गों में विभाजित कर सकते हैं—योगात्मक, श्लिष्ट योगात्मक (विभक्ति-प्रधान) और वियोगात्मक। भारत-यूरोपीय तथा सेमेटिक परिवारों की भाषाएं श्लिष्ट योगात्मक हैं। जापानी एक योगात्मक भाषा है, किंतु चीनी परिवार की भाषाएं वियोगात्मक हैं। चीनी, तिब्बती-चीनी (इसे कुछ भाषाविद् भारत-चीनी परिवार का भी नाम देते हैं) परिवार की भाषा है। इस भाषा-परिवार के दो प्रमुख उप-परिवार हैं—चीनी-स्यामी (या ताई-चीनी) और तिब्बती-बर्मी। इनमें चीनी भाषा चीनी-स्यामी परिवार के अंतर्गत रखी जाती है। इस भारत-चीनी परिवार का विभाजन निम्न प्रकार से किया जाता है :

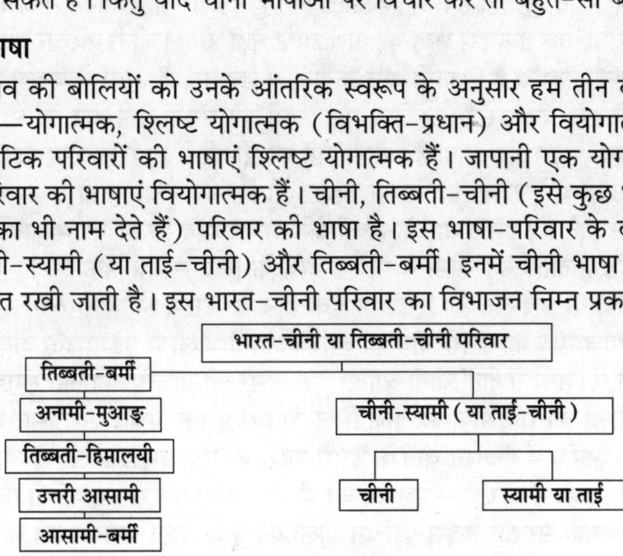

इस विशाल परिवार की सबसे बड़ी विशेषता यह है कि इसके मूल शब्द प्राय: एकाक्षरी हैं। इसलिए इस भाषा-परिवार को कभी-कभी 'एकाक्षरी परिवार' का भी नाम दिया जाता है। भाषाविदों का अनुमान है कि बहुत प्राचीन काल में चीनी भाषा योगात्मक ही थी, किंतु अब यह वियोगात्मक है; अर्थात्, इसमें भारत-यूरोपीय भाषाओं की तरह संबंधतत्व—विभक्ति, प्रत्यय आदि—नहीं हैं। किसी समय चीनी में भी विभक्ति, प्रत्यय आदि रहे होंगे, किंतु समय के साथ वे गल गए और अब उनका स्थान ऐसे स्वतंत्र शब्दों ने ले लिया है जिनके साथ विभक्तियों का प्रयोग नहीं होता। तात्पर्य यह कि भाषा के जिस व्याकरण के हम अभ्यस्त हैं, उस प्रकार का 'व्याकरण' चीनी भाषा में नहीं है। कुछ संबंधतत्वों के लिए कुछ स्वतंत्र शब्द-संकेत हैं, जिन्हें रिक्त शब्द कहते हैं। इन्हीं से व्याकरण के संबंध स्पष्ट होते हैं। इस प्रकार, दिक्, काल और पारस्परिक संबंध के अनुसार, भारत-यूरोपीय भाषाओं की तरह, चीनी भाषा में शब्दों के साथ विभक्ति, प्रत्यय आदि नहीं जोड़े जाते, किंतु स्वतंत्र अर्थों वाले स्वतंत्र शब्दों से विभक्ति, प्रत्यय आदि का काम लिया जाता है। वस्तुत: चीनी भाषा में 'व्याकरण' नाम की कोई चीज है ही नहीं; सभी कुछ वाक्य-विन्यास पर निर्भर करता है। विशेष स्थान पर एक ही शब्द कर्ता होता है, किंतु वही शब्द बिना किसी परिवर्तन के अन्य स्थान पर कर्म हो जाता है। चीनी धातुओं में भी परिवर्तन नहीं होता। एक ही शब्द क्रिया, संज्ञा और विशेषण हो सकता है। केवल वाक्य-योजना से ही अर्थ स्पष्ट होते हैं। जैसे, 'वो' के अर्थ 'मैं' और 'मुझे', दोनों ही हो सकते हैं : 'वो कान् नी' (= मैं तुम्हें देखता हूं) और 'नी कान् वो' (= तुम मुझे देखते हो)। कर्ता चाहे एकवचन में हो या बहुवचन में, प्रथम पुरुष में हो या मध्यम पुरुष में या अन्य पुरुष में—क्रिया एक-सी बनी रहती है।

इस प्रकार, चीनी भाषा के शब्द ऐसे अव्यय हैं जो न बढ़ते हैं, न घटते हैं और न विकृत होते हैं। वे वाक्य में जहां भी प्रयुक्त मिले, उनमें किसी प्रकार का परिवर्तन देखने में नहीं आता। इस प्रकार के एकाक्षरी शब्दों की संख्या चीनी में एक हजार से अधिक नहीं है। चीन की साहित्यिक राष्ट्रभाषा मंदारिन में 450 के आसपास ही मूल एकाक्षरी शब्द हैं, किंतु इतने ही मूल शब्द, सुर-भिन्नता के कारण, लगभग 42 हजार भिन्न-भिन्न अर्थ प्रकट करते हैं। चीनी भाषा-परिवार में तान या सुर का विशेष महत्व है। चीनी में एक ही शब्द के अनेक अर्थ होते हैं, इसलिए यदि उन्हें सुर बदलकर न कहा जाए तो गड़बड़ी होना सहज संभव है। जैसे, चीनी भाषा के 'माइ' शब्द का अर्थ 'बेचना' और 'खरीदना' दोनों ही होते हैं। 'म्' के साथ लगे हुए 'आ' के उच्चारण में जब तक सुर का ध्यान नहीं रखा जाएगा, तब तक इस शब्द का अर्थ स्पष्ट नहीं होगा। चीनी परिवार की भाषाओं में सुरों की संख्या भी कम-ज्यादा है। स्यामी और कंतोनी में छह सुर हैं, बर्मी में केवल दो। चीन की राष्ट्रीय भाषा मंदारिन में चार सुर हैं। इसलिए मूल शब्दों की संख्या कम होने पर भी सुरों की विविधता के कारण शब्द-भंडार बढ़ जाता है। इतना होने पर भी चीनी भाषा के शब्दकोश में बहुत कम शब्द रहते, यदि उनमें ऐसे शब्दों की भरमार नहीं होती जिनके उच्चारण तो एक-से हैं किंतु उनके अर्थ भिन्न-भिन्न होते हैं। इस प्रकार के शब्दों की भरमार यदि किसी वर्णमालात्मक लिपि में होती तो बड़ी गड़बड़ होती। किंतु चीनी में प्रत्येक अर्थ के लिए स्वतंत्र संकेत है।

चीन में अनेक बोलियां प्रचलित हैं। लिपि के एक होने के कारण ही चीनी लोग एकसूत्र में बंधे हुए हैं। एक ही समाचारपत्र को उत्तरी चीन का व्यक्ति अपनी बोली में पढ़ेगा और दक्षिणी चीन का व्यक्ति अपनी बोली में। मगर ये दोनों चीनी व्यक्ति एक-दूसरे की बोलियों को नहीं समझ पाएंगे। लेकिन अब मंदारिन बोली को राष्ट्रभाषा का दर्जा मिल जाने से इसका प्रचार एवं प्रसार सारे चीन में दिनोदिन बढ़ रहा है। आरंभ में मंदारिन चीन के उत्तरी प्रदेश की एक प्रमुख बोली थी और इसकी भी चार उपबोलियां थीं। इन्हीं में से एक—पेइचिंग की बोली—को आज राष्ट्रभाषा का गौरव प्राप्त हुआ है। चीन की साम्यवादी सरकार ने इस पेइचिंग बोली को कुछ सरल बनाकर इसे सारे देश के

स्कूलों में लागू कर दिया है। आधुनिक चीन सरकार ने अपनी लिपि को भी काफ़ी सरल बना लिया है। धीरे-धीरे इसी राष्ट्रीय पेइचिंग भाषा के लिए एक वर्णमालात्मक लिपि—रोमन लिपि—को अपनाने की भी सरकार ने योजना बनाई है। इसकी चर्चा हम आगे करेंगे। चीनी लिपि के विकास पर विचार करते समय भी हम चीनी भाषा की कुछ अन्य विशेषताओं का उल्लेख करते रहेंगे।

चीन के राजवंशों की सूची

श्या	लगभग 21वीं सदी–16वीं सदी ई.पू.
शाङ	लगभग 16वीं सदी–11वीं सदी ई.पू.
चओ	लगभग 11वीं सदी–221 ई.पू.
पश्चिमी चओ	लगभग 11वीं सदी–770 ई.पू.
पूर्वी चओ	770 – 221 ई.पू.
वसंत और शरद काल	770 – 476 ई.पू.
युद्धरत-राज्य काल	475 – 221 ई.पू.
छिन	221 – 207 ई.पू.
हान	206 ई.पू. – 220 ई.
पश्चिमी हान	206 ई.पू. – 24 ई.
पूर्वी हान	25 – 220
तीन-राज्य काल	220 – 280
वेइ	220 – 265
शू	221 – 263
ऊ	220 – 280
चिन	265 – 420
पश्चिमी चिन	265 – 316
पूर्वी चिन	317 – 420
दक्षिणी और उत्तरी राजवंश	420 – 589
दक्षिणी राजवंश	420 – 589
सुङ	420 – 479
छी	479 – 502
ल्याङ	502 – 557
छन	557 – 589
उत्तरी राजवंश	386 – 581
उत्तरी वेइ	386 – 534
पूर्वी वेइ	534 – 550
पश्चिमी वेइ	535 – 557
उत्तरी छी	550 – 577
उत्तरी चओ	557 – 581
स्वेइ	581–618
थाङ	618–907
पांच राजवंश और दस राज्य	907–979

सुङ	960–1279
उत्तरी सुङ	960–1127
दक्षिणी सुङ	1127–1279
ल्याओ	916–1125
किन	1115–1234
य्वान	1271–1368
मिङ	1368–1644
छिङ	1644–1911

चीनी लिपि

चीनी पुराण-परंपरा के अनुसार चीनी लिपि का जन्म 'पा-कुआ' से हुआ है। 'पा-कुआ' आठ प्रकार की त्रिपंक्तीय सरल रेखाओं (त्रिपुंड) को कहते हैं। इन विशिष्ट रेखाओं का कर्मकांडों तथा धार्मिक कृत्यों में उपयोग होता था। बाद में शनैः-शनैः ये चिह्न लिपि के रूप में भी काम में लाए जाने लगे और इस प्रकार चीनी लिपि अस्तित्व में आई। एक अन्य मत के अनुसार, ग्रंथियों के आधार पर चीनी लिपि का निर्माण हुआ है। प्राचीन काल में चीन में स्मरण रखने के लिए पेरू देश के 'क्वीपू' की तरह कोई ग्रंथि-योजना प्रचलित थी। कुछ पुराविदों ने यह भी मत प्रकट किया है कि चीनी लिपि सुमेरी लिपि से निकली है। परंतु इस मत में कोई सार नहीं है। इसी तरह कई प्रकार की और भी अटकलें लगाई गई हैं, परंतु उनमें कोई तथ्य नहीं जान पड़ता। अधिक संभव तो यही जान पड़ता है कि संसार की अन्य अनेक प्राचीन लिपियों की उत्पत्ति की तरह चीनी लिपि की उत्पत्ति भी वस्तु-जगत की आकृतियों का अनुकरण करने से हुई है। शाङ-काल (सोलहवीं से ग्यारहवीं सदी ई.पू.) के चिह्नों में सूर्य, चंद्र, घोड़ा, मछली आदि को आसानी से पहचाना जा सकता है। अपने मूल रूप में चीनी लिपि निश्चय ही एक चित्रलिपि थी। और, अब बहुत-से पुराविद् मानने लग गए हैं कि इस लिपि का जन्म चीन में ही हुआ है।

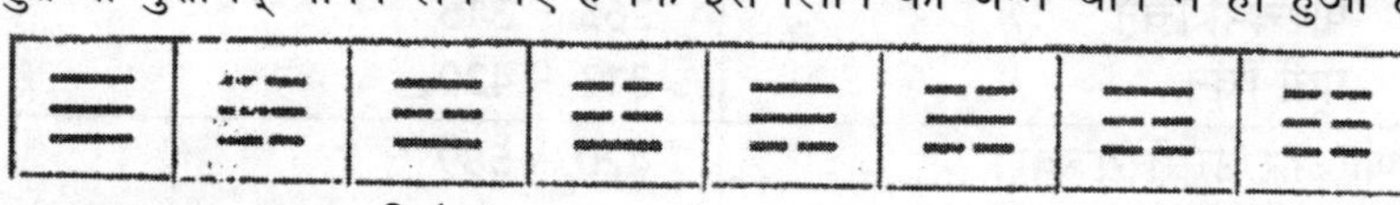

चित्र 4.1 पा-कुआ (आठ त्रिपुंड)

चीनी सभ्यता का संभवतः सबसे विशिष्ट अंग है उसकी लिपि। चीनी लिपि के संकेतों में सहस्राब्दियों के चीनी जीवन की परंपरा निहित है। चीनी लिपि में सहस्रों शब्द-संकेत होने पर भी उनके अंकन में किसी प्रकार का कोई असंतुलन नहीं है। इन संकेतों की प्रत्येक रेखा में, न केवल चीनी अर्थतत्व, अपितु चीनी जनता के रीति-रिवाज, उनकी परंपरा, उनके विचार तथा उनका इतिहास अंतर्निहित है। जिस प्रकार के उचित क्रम, रेखाओं की शुद्धता और दिमाग की दक्षता की आवश्यकता चीनी सुलेखनकला में पड़ती है, वैसी संसार की किसी भी अन्य लिपि को लिखने में नहीं पड़ती। ध्वनियों की दृष्टि से कृपण होने पर भी लिखित रूप में यह भाषा परिपूर्ण है। इतना सब होने पर भी चीनी लिपि की अपनी अनेक कठिनाइयां हैं और उस पर अधिकार प्राप्त करना बहुत ही कष्टसाध्य है।

सुमेरी लिपि की तरह हमें चीनी लिपि के आरंभिक विकास के अध्ययन के लिए कोई सामग्री नहीं मिलती। आन्याङ (वर्तमान होनान प्रांत) से प्राप्त हजारों 'देववाणी अस्थियों' पर पहले-पहल हमें चीनी लिपि के दर्शन होते हैं। शाङ-काल (1523–1027 ई.पू.) में पान-केङ (1401–1374 ई.पू.) ने आन्याङ को अपनी राजधानी बनाया था। आन्याङ 'यिन्' नाम से चओ-वंश की भी राजधानी

रही है। किंतु आन्याङ से प्राप्त पुरावशेषों पर जो चीनी लिपि मिलती है, वह उसका आरंभिक स्वरूप नहीं, बल्कि विकसित रूप है। उस काल में चीनी चित्रलिपि ने एक भावमूलक लिपि का रूप धारण कर लिया था। शाङ-काल में यह लिपि पशुओं की हड्डियों तथा कछुओं की ढालों पर लिखी जाती थी। हड्डियों को आग पर तपाने से उनमें जो दरारें पड़ती थीं, उनके आधार पर उस समय के चीनी ओझा जनता को 'भविष्य' बतलाते थे और बाद में वही 'देववाणी' उन हड्डियों पर अंकित कर दी जाती थी। इसीलिए शाङ-काल की इन हजारों अंकित हड्डियों को 'देववाणी-अस्थियों' का नाम दिया गया है। कांसे के बर्तनों पर भी लिपि-संकेत मिलते हैं। इस काल की चीनी लिपि के संकेतों की संख्या दस हजार तक पहुंचती है। अतः प्राप्त प्रमाणों के आधार पर हम इसी परिणाम पर पहुंचते हैं कि शाङ-काल के आरंभिक चरण (ई.पू. 15वीं शताब्दी) में चीनी लिपि पूर्ण रूप से अस्तित्व में आ चुकी थी। इसके पहले की चीनी लिपि के उद्भव एवं विकास के बारे में हमें कोई ठोस जानकारी नहीं मिलती। कन्फूसी-संहिताओं में ज्योतिष से संबंधित एक प्राचीन पुस्तक—'याओ' का पंचांग—संगृहीत है। ज्योतिषीय गणनाओं के आधार पर यह सिद्ध किया गया है कि इस पुस्तक की रचना ई.पू. 24वीं शताब्दी में हुई थी। इससे हम इस निर्णय पर पहुंचते हैं कि उस समय के चीनी लोग ज्योतिष की जानकारी रखते थे और महत्वपूर्ण घटनाओं को लिपिबद्ध भी करने लग गए थे। किंतु तब चीनी लिपि का स्वरूप क्या था, इसके बारे में हमें कोई जानकारी नहीं मिलती।

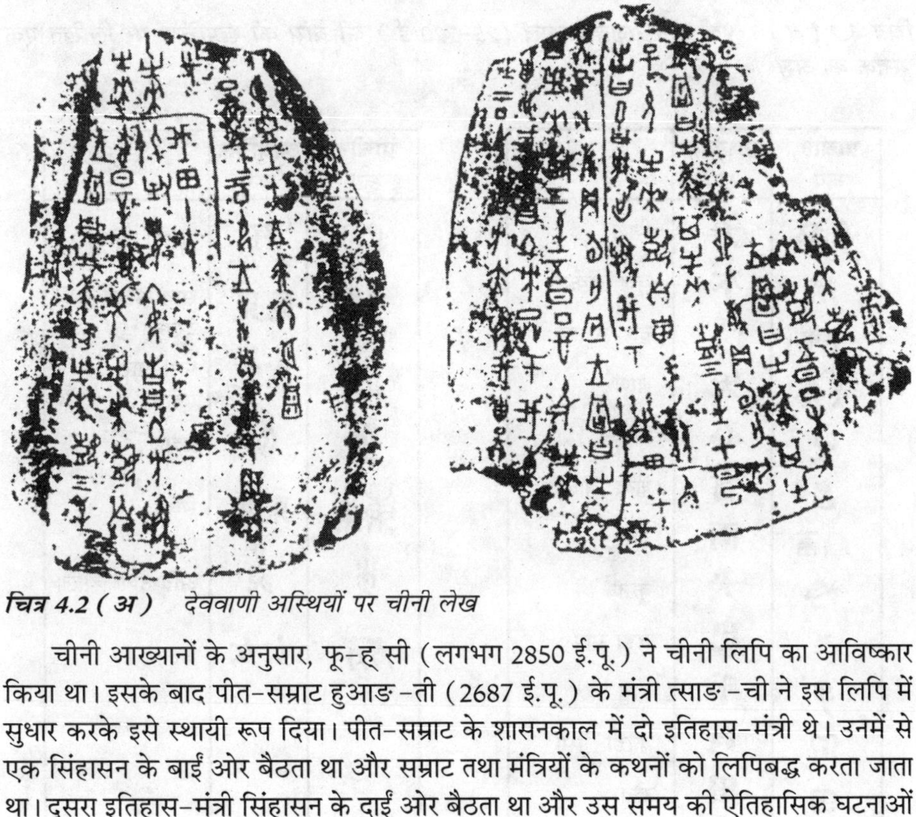

चित्र 4.2 (अ) देववाणी अस्थियों पर चीनी लेख

चीनी आख्यानों के अनुसार, फू-ह् सी (लगभग 2850 ई.पू.) ने चीनी लिपि का आविष्कार किया था। इसके बाद पीत-सम्राट हुआङ-ती (2687 ई.पू.) के मंत्री त्साङ-ची ने इस लिपि में सुधार करके इसे स्थायी रूप दिया। पीत-सम्राट के शासनकाल में दो इतिहास-मंत्री थे। उनमें से एक सिंहासन के बाईं ओर बैठता था और सम्राट तथा मंत्रियों के कथनों को लिपिबद्ध करता जाता था। दूसरा इतिहास-मंत्री सिंहासन के दाईं ओर बैठता था और उस समय की ऐतिहासिक घटनाओं को दर्ज करता जाता था। किंतु उस काल की कोई भी लिखित सामग्री आज उपलब्ध नहीं है। प्रसिद्ध चीनी बौद्ध कोश 'फा युवन् चु लिन्' (668 ई.) में, भारतीय बौद्ध ग्रंथ 'ललित-विस्तर' की

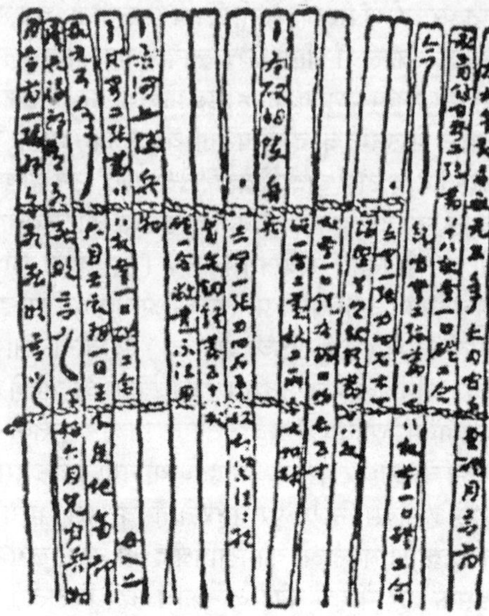

चित्र 4.2 (ब)   पूर्वी हान राजवंश काल (25–220 ई.) की बांस की खपचियों पर लिखित एक पुस्तक का अंश

प्राचीन रूप	आधुनिक रूप	अर्थ
	子	शिशु
	木	वृक्ष, लकड़ी
	門	द्वार, फाटक
	矢	बाण
	心	केंद्र
	言	शब्द, बोलना
	雨	वर्षा
	犬	कुत्ता
	巴	बड़ा सांप
	手	हाथ
	貝	कौड़ी, पैसा
	田	खेत

प्राचीन रूप	आधुनिक रूप	अर्थ
	孖	जुड़वां, जोड़ी
	見見	साथ आकर देखना
	立立	पास-पास, एकत्र
	巛	प्रवाह
	東東	सर्वत्र
	炎	अति उष्ण ज्वाला
	女女	कलह

चित्र 4.3   चीनी चित्र-संकेत

तरह, लिपियों की एक सूची दी हुई है। इस सूची में पहला नाम ब्राह्मी का और दूसरा खरोष्ठी का है। आगे विभिन्न लिपियों का वर्णन करते हुए कहा गया है, "लिखने की कला का शोध तीन दैवी शक्ति वाले आचार्यों ने किया। उनमें सबसे प्रसिद्ध 'ब्रह्मा' है, जिसकी लिपि (ब्राह्मी) बाईं ओर से दाहिनी ओर पढ़ी जाती है। उसके बाद कअलु (खरोष्ठ) है, जिसकी लिपि (खरोष्ठी) दाहिनी तरफ से बाईं तरफ पढ़ी जाती है और सबसे कम महत्व की 'त्साङ-की' (या 'त्साङ-ची') है, जिसकी लिपि (चीनी) ऊपर से नीचे की तरफ पढ़ी जाती है। ब्रह्मा और खरोष्ठ भारत में हुए और त्साङ-की चीन में। ब्रह्मा और खरोष्ठ ने अपनी लिपियां देवलोक से पाईं और त्साङ-की ने अपनी लिपि पक्षी आदि के पैरों के चिह्नों से बनाई।"

चीनी बौद्ध कोश के उपर्युक्त कथन में कोई सार नहीं है। न तो ब्राह्मी लिपि की उत्पत्ति किसी ऊपर वाले 'ब्रह्मा' ने की है और न खरोष्ठी लिपि के निर्माता का नाम ही 'खरोष्ठ' (गधे के ओठ वाला)हो सकता है। इसी प्रकार, त्साङ-की ने चीनी लिपि को पक्षियों के पैरों के चिह्नों से नहीं बनाया। बेशक चीनी लिपि के संकेत पक्षियों के पैरों के निशान-से जान पड़ते हैं, इसीलिए कोशकार ने मान लिया कि उनकी उत्पत्ति पक्षियों के पैरों के निशानों से हुई। हम ऊपर बतला चुके हैं कि पीत-सम्राट के मंत्री त्साङ-ची ने चीनी लिपि में सुधार करके उसे स्थायी रूप दिया था। त्साङ-ची के बारे में कथा है कि एक दिन कहीं जाते समय उसने रास्ते में एक कछुआ देखा और उसके आकार पर विचार किया। उसने सोचा कि इसका एक रेखाचित्र खींचकर उससे कछुए का बोध कराया जा सकता है। इसके बाद उसने दूसरे जीवों (मनुष्य, पशु, पक्षी, मछली, सर्प आदि) और निर्जीव वस्तुओं (पर्वत, नदी, सूर्य, चंद्र, मकान, वर्षा आदि) पर भी सोचा और उनके लिए उचित चित्र बनाकर उनके द्वारा इन भावों को व्यक्त करने की परंपरा चलाई। इसी से बाद में चीनी लिपि अस्तित्व में आई। इस कथा में तात्विक सचाई जान पड़ती है।

चीनी भाषा मौलिक रूप से एकाक्षरी है। इसलिए चीनी लिपि के संकेत भी एकाक्षरी हैं। यही कारण है कि सहस्राब्दियों की उथल-पुथल के बाद भी चीनी लिपि में कोई विशेष परिवर्तन नहीं हुआ है। शब्दों के उच्चारणों में तो बहुत हेरफेर हुआ है, किंतु लिखित संकेत बहुत कम बदले हैं। संसार की अन्य सभी प्राचीन लिपियों ने अपने चित्रात्मक स्वरूप को छोड़कर अक्षरात्मक या वर्णमालात्मक रूप ग्रहण कर लिया है; किंतु चीनी लिपि लगभग चार हजार वर्षों में भी अपने आरंभिक चित्रात्मक स्वरूप को नहीं छोड़ पाई है। आधुनिक संकेतों को 'देववाणी अस्थियों' में भी पहचाना जा सकता है। आधुनिक संकेतों के क्रमिक विकास के आरंभ को शाङ-काल के चित्र-संकेतों में देखा जा सकता है। शाङ-काल में लगभग 2500 चित्र-संकेत मिलते हैं। बाद के चओ-काल (आरंभ 1027 ई.पू.) में इनमें कोई विशेष परिवर्तन नहीं मिलता। चओ-काल (1027-771 ई.पू.) के अधिकांश लेख कांस्य पात्रों पर अंकित मिलते हैं।

हमने देखा कि सबसे प्राचीन चीनी लेख शाङ-काल की 'देववाणी अस्थियों' पर मिलते हैं; किंतु इन लेखों की उस समय की चीनी भाषा के स्वरूप को आज जान पाना संभव नहीं। चीनी लिपि यदि अक्षरात्मक होती तो उस समय की भाषा का स्वरूप हम जान पाते। इन अतिप्राचीन चीनी लेखों को आधुनिक भाषाओं में पढ़ा तो जा सकता है, परंतु इनसे उस समय की भाषा पर प्रकाश नहीं पड़ता।

शाङ-काल की प्राचीन चीनी चित्रलिपि को 'कु-वेन्' (प्राचीन आकृतियां) नाम दिया गया है। आगे चलकर इसी से और दो लिपि-प्रकार 'महान मुद्रा-लिपि' (ता-चुआन्) तथा 'लघु मुद्रा-लिपि' (ह्सिएओ-चुआन्) अस्तित्व में आए। 'महान मुद्रा-लिपि' पहले-पहल ई.पू. 9वीं शताब्दी के एक ग्रंथ में देखने में आती है और 'लघु मुद्रा-लिपि' का प्रचार लि-स्सु और प्रथम

शाङ-काल का कांस्य लेख

(क) ता-चुआन् (महान मुद्रा-लिपि), और
(ख) हसिएओ-चुआन् (लघु मुद्रा-लिपि)
के संकेतों की तुलना

चित्र 4.4

छिन सम्राट (ई.पू. तीसरी शताब्दी) के दो मंत्रियों ने किया था। लि-स्सु ने चीनी लिपि में काफी सुधार भी किए (213 ई.पू.)। उस समय चीन में चीनी लिपि के विभिन्न प्रकार अस्तित्व में थे। उन सबके आधार पर लगभग 3300 संकेतों की एक संयुक्त लिपि का संयोजन लि-स्सु ने किया। लिपि-संकेतों के इस एकीकरण का उनके भावी विकास पर गहरा प्रभाव पड़ा है। इस सुधार से चीनी लिपि को स्थिरता मिली और उस देश की किसी भी बोली में उसे पढ़ पाना संभव हो गया। इसके बाद चीनी लिपि की आंतरिक रचना में नगण्य-सा परिवर्तन हुआ है। इसके बाद की शताब्दियों में, आवश्यकता के कारण, केवल संकेतों की संख्या में ही वृद्धि हुई है। चीनी संकेत अब भी 'मुद्रा-स्वरूप' के ही थे। युद्धरत-राज्य काल (475-221 ई.पू.) में 'महान मुद्रा-लिपि' का व्यवहार होता था और बाद में 'लघु मुद्रा-लिपि' का प्रयोग होने लग गया था। छिन-काल में जो सरकारी लिपि (लि-शु) बनाई गई, उसका उपयोग हान-काल में भी होता रहा। हान-काल के उत्तरार्ध में इस लिपि ने, तेजी से लिखने के कारण, 'छियाई-शू' लिपि का रूप धारण कर लिया। सभी दृष्टियों से यह 'छियाई-शू' लिपि आधुनिक चीनी लिपि के समान है।

चीनी लिपि के बाह्य स्वरूप पर लेखन-सामग्री का गहरा असर पड़ा है। ई.पू. का कोई चीनी हस्तलिखित ग्रंथ नहीं मिला है। हड्डियों और कच्छप-कवचों पर अंकित लेख 'देववाणियों' से संबंधित हैं और कांस्य पात्रों पर अंकित लेख धार्मिक कृत्यों से संबंध रखते हैं। शाङ-काल के सामान्य लेख काष्ठ-फलकों तथा बांसों पर लिखे मिलते हैं। आन्याङ के पुरावशेषों में ऐसे उच्चित्र देखने को मिलते हैं, जिनमें कुछ काष्ठ-फलकों को उनके छेदों में रस्सी डालकर बांधा हुआ दरशाया गया है। इन्हें हम उस समय की 'पुस्तकें' कह सकते हैं। किंतु उत्तरी चीन की जलवायु के कारण उस समय के अंकित काष्ठ-फलक नष्ट हो गए हैं।

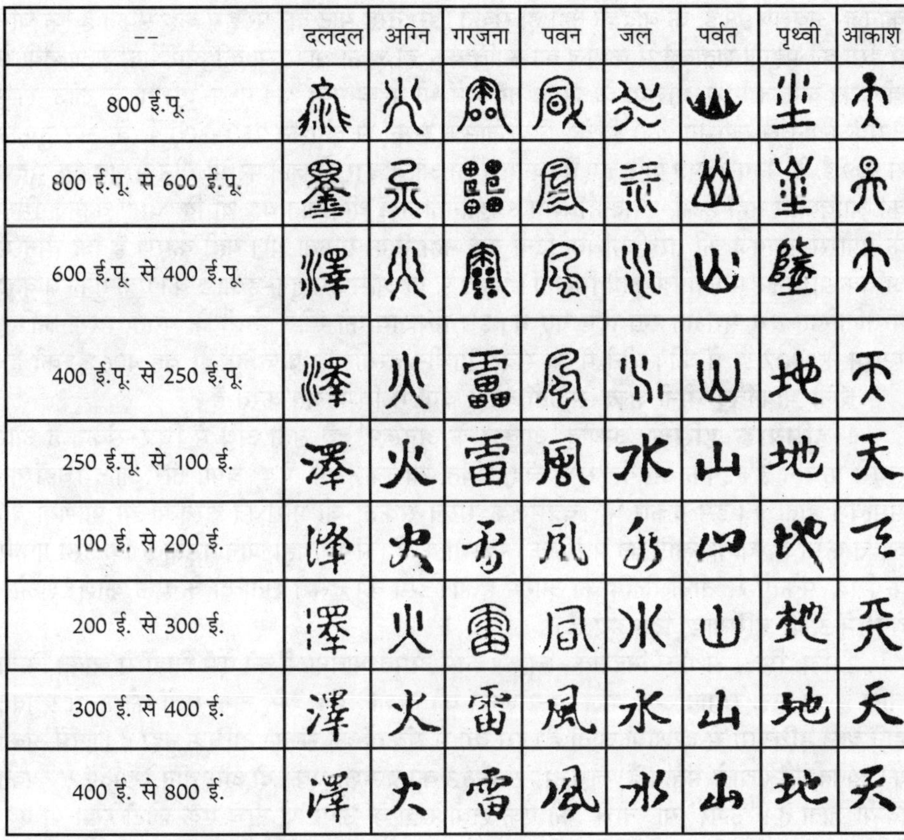

चित्र 4.5 कुछ चीनी संकेतों का विकासक्रम

पुरातन काल में चीनी लिपिक बांस की नुकीली कलम से लिखते थे। हड्डियों पर धातु की नुकीली कील से संकेत उत्कीर्ण किए जाते थे। परंपरा तो यह बतलाती है कि कूंची-कलम ('पि') का आविष्कार छिन-सेनापति मेङ-थियेन् ने 215 ई.पू. में किया। किंतु तथ्य यह है कि आन्याङ के पुरावशेषों में भी कूंची-कलम के निशान मिलते हैं और कम से कम तीन हड्डियों पर कूंची-कलम का उपयोग देखने को मिलता है। लिहाजा हम इस निर्णय पर पहुंचते हैं कि कूंची-कलम का आविष्कार मेङ-थियेन् के कम से कम एक हजार वर्ष पहले हो चुका था। मेङ-थियेन् ने शायद कूंची-कलम में कुछ सुधार किए होंगे। कूंची-कलम का प्रचार बढ़ने पर चीनी लिपि रेशमी कपड़ों पर भी लिखी जाने लगी। लिखने के लिए कूंची का इस्तेमाल होने के कारण चीनी लिपि अधिकाधिक कलात्मक होती गई। वस्तुत: चीनी सुलेखन-कला सुंदरता में चित्रकला से प्रतिस्पर्धा कर सकती है। चौथी शताब्दी ईसवी के दो सुलेखक चीनी लिपि के इतिहास में प्रसिद्ध हैं। उनके नाम हैं —वाङ-ह्सी-ची (321-379 ई.) और वाङ-ह् सिएन्-ची (344-388 ई.)।

किंतु चीनी सुलेखन-कला को सबसे अधिक प्रोत्साहन मिला कागज के आविष्कार से। अनुश्रुति तो यही कहती है कि पूर्वी हान वंश के एक अधिकारी त्साई-लुन (मृत्यु 114 ई.) ने अपने सम्राट को पहली बार 105 ई. में कागज भेंट किया था। परंतु अन्य उल्लेखों से ज्ञात होता है कि चीन में उसके पहले ही कागज का आविष्कार हो चुका था। 1931 में एङसिन्-गोल् नामक स्थान पर कुछ अंकित बांसों के साथ कागज के अवशेष प्राप्त हुए। पुराविद् लाओ-कान् के मतानुसार ये

कागज-अवशेष 98 ई. के बाद के नहीं हो सकते। इस तरह मोटे तौर पर हम कह सकते हैं कि चीन में ईसा की पहली शताब्दी में कागज का आविष्कार हो चुका था। ईसा की आरंभिक शताब्दियों में चीन का कागज मध्य-एशिया के प्रमुख नगरों में भी पहुंच गया था। मध्य-एशिया के लोउ-लान् नामक स्थान से लगभग 260 ई. के, निया नामक स्थान से लगभग 250-300 ई. के और तुर्फान से 399 ई. के कागज-पत्र प्राप्त हुए हैं। कागज का आविष्कार हो जाने पर भी चीन में जब तक मुद्रण का आविष्कार नहीं हुआ, उसकी विशेष उपयोगिता नहीं थी। बात यह थी कि चीनी कागज मिस्र के पेपीरस-कागज की तरह अधिक दिनों तक नहीं टिक सकता था। यही कारण है कि चीन में अधिक प्राचीन हस्तलिपियां नहीं मिलतीं। 1000 ई. के आसपास तुन्-हुआङ की एक गुफा में कुछ हस्तलिखित ग्रंथ सुरक्षित रख दिए गए थे। इस ग्रंथालय की खोज हंगरी के पुरातत्ववेत्ता ऑरेल स्टाइन ने 1907 ई. में की। चीन में जो सबसे प्राचीन हस्तलिपि प्राप्त हुई है, वह 406 ई. की है।

चीनी भाषाविद् चीनी शब्द-संकेतों को 6 वर्गों में विभाजित करते हैं :

1. **ह्सियाङ-ह्सिङ**, अर्थात् 'आकार के अनुरूप'। ये सही अर्थ में चित्र-संकेत हैं और सबसे प्राचीन हैं। इनके अंतर्गत सूर्य, चंद्र, पर्वत, बालक, सर्प, पेड़, वर्षा, तीर आदि चिह्नों का समावेश होता है। इस प्रकार के चित्रमूलक सरल संकेत, जो परिचित वस्तुओं या प्राणियों को व्यक्त करते हैं, चीनी लिपि की प्रारंभिक अवस्था के हैं। संभव यही जान पड़ता है कि इसी प्रकार के चित्र-संकेतों से चीनी लिपि का आरंभ हुआ। ईसा की दूसरी शताब्दी के एक कोश 'शुओ-वेन्' में 364 'ह्सियाङ' दिए हुए हैं।

2. **चिः शिः**, अर्थात् 'निर्देशक-चिह्न'। इनमें अमूर्त भावनाओं को ऐसे चिह्नों से व्यक्त किया जाता है जो कुछ समान अर्थ वाले अन्य शब्दों को दरशाते हैं। जैसे, नाना पेशों को उनमें प्रयुक्त होने वाले हथियारों से दरशाया जाता है। इस वर्ग में संकेतों की संख्या अधिक नहीं है। इनमें अंकों को व्यक्त करने वाले संकेत हैं; जैसे, 1, 2 और 3 को क्रमशः एक, दो और तीन रेखाओं से व्यक्त किया जाता है। 'ऊपर' या 'नीचे' को एक लंबी रेखा के ऊपर या नीचे एक छोटी रेखा या एक बिंदु रखकर व्यक्त किया जाता है। 'बोलने' को 'मुंह' के भीतर 'जिह्वा' को दिखाकर लिखा जाता है। एक चौकोन के बीच में एक खड़ी रेखा खींचने से 'बीच में' का बोध होता है। इसी प्रकार, 'आधा', 'वर्गाकार', 'सीमा' आदि के लिए भी चिह्न हैं।

चित्र 4.6 चि:-शि: संकेत

3. **हुई ई,** अर्थात् 'संयुक्त चिह्न'। इनमें दो या अधिक चिह्नों को मिलाकर एक तीसरा ही भाव व्यक्त किया जाता है। जैसे, 'औरत' के दो चिह्नों को साथ-साथ रखने से 'कलह' का बोध होगा और इन्हीं तीन चिह्नों को एक साथ रखने से 'षड्यंत्र' का। 'पूर्व' के दो समान चिह्नों को साथ-साथ रखने से 'चहुंओर' का बोध होगा। दो असमान चिह्नों को एक साथ रखकर भी एक तीसरा अर्थ निकाला जाता है। जैसे, 'आदमी' और 'शब्द' को मिलाने से 'ईमानदार' या 'सत्य' का अर्थ निकलता है। चीन एक कृषिप्रधान देश होने के कारण इस वर्ग के संकेतों में कृषि से संबंधित चिह्नों की अधिकता स्वाभाविक है। जैसे, 'क्षेत्र' + 'बल' = 'जवान', 'पेड़' + 'हाथ'= 'एकत्र करना', 'गेहूं' + 'चाकू' = 'लाभ', इत्यादि। इस वर्ग के चिह्नों को देखकर पाठक सहज ही सोच सकते हैं कि इन संयुक्त चिह्नों का गहराई से अध्ययन किया जाए, तो चीन के तत्कालीन सामाजिक जीवन के बारे में बहुत-सी जानकारी मिल सकती है।

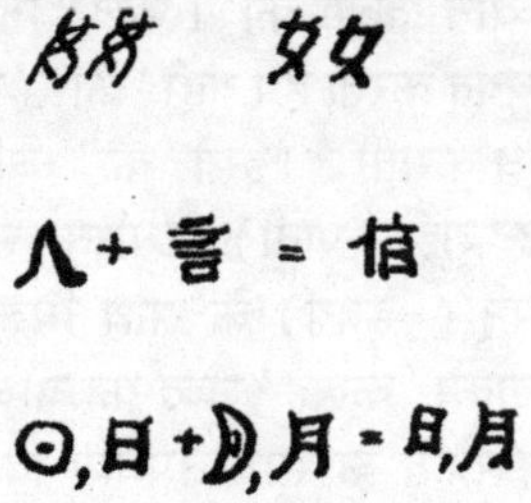

दो स्त्रियां (प्राचीन व आधुनिक) = कलह (वान्)

आदमी (जेन्) + शब्द (येन्) = सत्य (सिन्)

सूर्य (जिह) + चंद्र (यूयेह) = चमकीला, स्वच्छ (प्राचीन व आधुनिक संकेत)

चित्र 4.7 *हुई-ई संकेत*

4. **चुआन्-चु,** अर्थात् चिह्नों को कुछ उलट-पलटकर नया अर्थ निकाला जाए। जैसे, 'राजकुमार' के चिह्न को कुछ दूसरी तरह से लिखा जाए तो 'अफसर' या 'क्लर्क' का बोध होता है। 'शव' वाले चिह्न का निर्माण 'मानव' के चिह्न से हुआ है। 'बालक' वाला चिह्न प्राचीन अभिलेखों में उलटकर लिखा हुआ मिलता है और उसका अर्थ निकलता है 'बच्चे का जन्म'। इसी प्रकार, 'पर्वत' के चिह्न को एक समकोण में घुमाया जाए तो 'पठार' का बोध होता है।

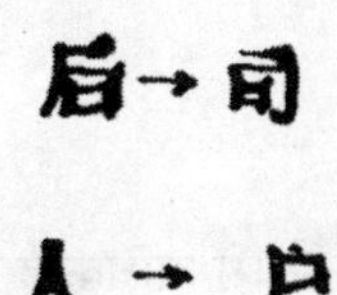

राजकुमार (हेङ्) → अधिकारी, क्लर्क

पुरुष (जेह्) → शव (शिह्)

चित्र 4.8 *चुआन्-चु संकेत*

5. **चिआ-चिएह,** अर्थात् 'सहायता लेना'। इस वर्ग के अंतर्गत उन चिह्नों का समावेश होता है जिनकी ध्वनियां तो एक-सी हैं, किंतु अर्थ भिन्न-भिन्न होते हैं। ध्वनियों को उधार लेकर इस प्रकार के शब्द-संकेत गढ़ने में काफी गड़बड़ हुई है। लेकिन ये चिह्न अब चीनी में रूढ़ हो गए हैं। उदाहरणार्थ, 'बिच्छू' (वान्) का चिह्न 'वान्' (=10,000) के लिए उधार लिया गया है। 'त्सु' (पाद) से 'त्सु' (पर्याप्त होने) को भी व्यक्त किया जाता है। 'शिः' (तीर) का चिह्न 'शिः' (गोबर) का अर्थ भी प्रकट करता है। 'ती' (फूल या फल वाली डाल) प्राचीन काल में 'ती' (सम्राट) का अर्थ रखता था। कालांतर में 'ती' के चिह्न के ऊपर एक अतिरिक्त स्ट्रोक जोड़ दिया गया और इस प्रकार 'आदमियों के ऊपर वाला' अर्थात् 'सम्राट' का अर्थ स्पष्ट हो गया। इस वर्ग के अंतर्गत कुछ पशुओं तथा वनस्पतियों के नामों का भी समावेश होता है।

來 *'लाइ' = 'धान्य' और 'आना'*

足 *'त्सु' = 'पाद' और 'पर्याप्त होना'*

चित्र 4.9 *चिआ-चिएह् संकेत*

6. **ह्सिङ्-शेङ्,** अर्थात् 'ध्वन्यात्मक संयुक्त-संकेत'। वस्तुतः इस वर्ग के संकेतों के दो उपवर्ग हैं : (अ) ध्वन्यात्मक-तत्व, जो सादृश्य के अनुरूप चिह्न की एक निकटवर्ती ध्वनि का बोध कराता है। (आ) निर्धारक-तत्व, जो अन्य तत्व के ऊपर या नीचे, बाएं या दाएं या बीच में स्थान पाकर शब्द का अर्थ स्पष्ट करते हैं। उदाहरणार्थ, ध्वनि-तत्व 'को' (फल) निर्धारक-तत्व 'शुई' (पानी) के साथ मिलकर 'को' (नदी) शब्द को व्यक्त करता है। यही 'को' (फल) ध्वनि 'शब्द' के साथ मिलकर 'को'=परीक्षा करना अर्थ का बोध कराती है। इसी 'को' ध्वनि से अनेक शब्द बनते हैं। इसी प्रकार, 'कुङ्' (=हस्तकौशल) शब्द 'शुई' (पानी) निर्धारक-तत्व के साथ मिलकर 'कोङ्' अर्थात् 'नदी' का बोध कराता है, ह्सिन् (=हृदय) के साथ मिलकर 'कुङ्' अर्थात् 'उतावलेपन' का और 'येन' (शब्द) के साथ मिलकर 'कलह' शब्द का बोध कराता है। इसी प्रकार, 'फाङ् (वर्ग) ध्वनि-संकेत का 'पृथ्वी' के संकेत के साथ उपयोग किया जाए तो 'फाङ्' (=स्थान)।

淉 *'को' = नदी*

課 *'को' = परीक्षा करना*

忊 *'को' = जाना*

चित्र 4.10 *ह्सिङ्-शेङ् संकेत*

चीनी लिपि में इस वर्ग के शब्द-संकेतों की संख्या सबसे अधिक है। ईसा की दूसरी शताब्दी के कोश 'शुओ-वेन्' में 7697 'ह्सिङ्-शेङ्' दिए गए हैं। वर्तमान काल की चीनी लिपि में 10 में से 9 शब्द-संकेत इसी वर्ग के हैं।

चीनी लिपि के इतिहास में एक अन्य महत्वपूर्ण बात यह है कि चीनी विद्वान समय-समय पर इस लिपि के ढेरों शब्द-संकेतों को शब्दकोशों में संग्रह करके उन्हें मानक रूप देते आए हैं। चीनी शब्दकोशों के इतिहास का आरंभ पुरातन ग्रंथों पर चीनी टीकाकारों की लिखी व्याख्याओं से होता है। इस प्रकार का सर्वप्रथम ग्रंथ है, कन्फूसियस (551-479 ई.पू.) के शिष्य त्सु-हसिया का लिखा हुआ 'एर्ह्-या'। इस ग्रंथ की शब्दावली विषयानुसार 19 भागों में विभक्त की गई है। छिन-सम्राट के मंत्री लिस्सु द्वारा ई.पू. तीसरी शताब्दी में तैयार की गई शब्द-संकेतावली भी एक प्रकार का शब्दकोश ही थी। आज अप्राप्य इस शब्दकोश का नाम था—'सान्-त्साङ्'।

ई. सन् के आरंभ के बाद जो शब्दकोश तथा विश्वकोश तैयार किए गए, वे दो स्वरूपों के हैं : या तो उनकी रचना 'एर्ह्-या' की तरह विषयानुसार की गई है, या संकेतों के अंतर्निहित

मौलिक-अंशों (रेडिकलों) के आधार पर। दूसरे प्रकार का व्युत्पत्तिमूलक शब्दकोश 'शुओ वेन चिएह-त्सु' लगभग 120 ई. में ह् सु-शेन ने तैयार किया था। इसकी रचना 450 'रेडिकलों' अर्थात् मूल शब्दों के आधार पर हुई है। इसमें कुल 9353 शब्द-संकेत हैं। इसके अलावा, 1163 द्वित्व-संकेत भी हैं। इस आरंभिक शब्दकोश के आधार पर कालांतर में अनेक शब्दकोश तैयार किए गए। इस पद्धति पर 13वीं शताब्दी में रचित एक प्रसिद्ध शब्दकोश है, 'काङ्-ह्सी-त्सु-तिएन्'।

चीनी लिपि को सीखना बहुत दुष्कर काम है। चीनी भाषा में कुल मिलाकर 50-60 हजार चित्र-संकेत हैं। इनमें से 6-7 हजार संकेतों का ही अधिक उपयोग होता है। इस लिपि को सीखने में बालकों को अधिक समय तो लगता ही है, आधुनिक विकसित जीवन में भी कल्पनातीत असुविधाएं होती हैं। टाइपों की अधिकता के कारण मुद्रण की कठिनाइयां स्पष्ट ही हैं। इसलिए अब चीन का साम्यवादी शासन इसमें सुधार करने में जुट गया है। लगभग तीन हजार वर्षों से चली आ रही और देश के जनजीवन में रच-पच गई लिपि में परिवर्तन करना आसान काम नहीं। इसलिए चीन के शासक लिपि-सुधार कार्य को दो स्तरों में पूर्ण करना चाहते हैं। पहला स्तर है, वर्तमान संकेतों की संख्या घटाकर और उनके 'स्ट्रोकों' को न्यूनतम करके उन्हें सरल बनाना। यह सुधार नई पीढ़ी पर लागू हो गया है। दूसरे स्तर की भी शुरुआत हो गई है। चीन सरकार ने देश की राष्ट्रीय भाषा (पेइचिंग की बोली) के लिए एक वर्णमालात्मक लिपि पसंद कर ली है। उसके लिए अभी उसने रोमन लिपि के अक्षर चुने हैं और पेइचिंग बोली के चार सुरों के लिए चार संकेत-चिह्न भी चुन लिए हैं, जो कि अक्षरों के ऊपर लिखे जाएंगे। इसमें कोई संदेह नहीं कि कुछ ही दशकों में चीन अपनी भाषा के लिए वर्णमालात्मक लिपि पूरी तरह अपना लेगा और तब वर्तमान चीनी लिपि एक 'पुरालिपि' बनकर रह जाएगी।

5

जापानी लिपि

जापानी आख्यानों के अनुसार जापानी साम्राज्य की स्थापना 660 ई.पू. में हुई, जब प्रथम सम्राट जिम्मू-तेन्नो मध्य-जापान (यामातो) के सिंहासन पर बैठा। परंपरा के अनुसार वह सूर्यवंश की पांचवीं पीढ़ी का व्यक्ति था। जापानी इतिहास के विद्वानों के अनुसार प्रागैतिहासिक काल में जापान में दो जाति-समूहों का आगमन हुआ : एक समूह तो पूर्वी एशिया के प्रदेशों से आया और दूसरा आया प्रशांत महासागर के द्वीपों से होता हुआ मलय, भारत आदि दक्षिण-पूर्व एशिया के देशों से। इस दूसरी जाति के लोग, जिन्हें 'यामातो' का नाम दिया गया, शनैः-शनैः जापान में उत्तर की ओर बढ़े। कोरिया, चीन, मंगोलिया आदि से आई हुई पहली जाति के साथ इन यामातो लोगों का संघर्ष हुआ और अंत में इनकी विजय हुई। यामातो का जापान के 'ऐनू' आदिवासियों से भी संघर्ष हुआ। आजकल ये 'ऐनू' लोग जापान के उत्तरी द्वीप होक्काइदो में रहते हैं।

सम्राट जिम्मू से लेकर ईसवी सन् के आरंभकाल तक ग्यारह सम्राटों ने वर्तमान नारा नगर के आसपास के प्रदेश पर शासन किया। राजकुमार यामातो-ताकेरू ने उत्तर के ऐनू आदिवासियों को और दक्षिण के कुयुशू लोगों को अपने अधिकार में कर लिया। इसके बाद च्युआई (191-200 ई.) और ओजिन (270-310 ई.) प्रसिद्ध शासक हुए। ओजिन की तो राष्ट्रीय युद्ध-देवता के रूप में जापान में आज भी पूजा होती है। उसी समय कोरिया भी जापानी राज्य का एक प्रदेश बन गया था। इस कोरिया-विजय का जापान के आरंभिक इतिहास में विशेष महत्व है, क्योंकि कोरिया के रास्ते से ही जापान में चीनी संस्कृति तथा बौद्ध धर्म का प्रवेश हुआ। जापान और कोरिया में बहुत अधिक फासला नहीं है। सिमो-नोसकी (जापान) से 122 मील की समुद्र-खाड़ी पार करके कोरिया के तट पर पहुंचा जा सकता है। इस खाड़ी के भीतर भी कई आबाद द्वीप हैं।

दक्षिण कोरिया में उस समय 'कुदारा' नाम का एक राज्य था। 286 ई. में कुदारा के राजा ने जापान के राजा को भेंट-स्वरूप दो ग्रंथ भेजे—'कन्फूसी-संहिता' और 'एक सहस्त्र विशिष्ट शब्द-संकेत'। इन ग्रंथों के साथ कुछ कोरियाई विद्वान भी जापान में आए। इनमें दो कोरियाई विद्वान 'वानी' और 'आचिकी' विशेष रूप से प्रसिद्ध हैं। ये जापानी राजकुमार के अध्यापक बने। इन्हीं के साथ पहले-पहल जापान में लेखन-कला का प्रवेश हुआ। उस समय चीन में गृहयुद्ध चल रहा था, इसलिए वहां से भी बहुत-से विद्वान, शिल्पकार, धातुकर्मकार आदि जापान में आकर बस गए।

552 ई. में कुदारा (दक्षिण कोरिया) के राजा ने यामातो दरबार में कुछ बुद्ध-मूर्तियां, बौद्ध ग्रंथ तथा चित्रपट भेजे। उसके बाद राजदरबार में जापान के पुराने धर्म के अनुयायियों और बौद्ध धर्म को पसंद करने वालों में संघर्ष आरंभ हो गया। सोंगा-वंश के लोग बौद्ध धर्म के पक्ष में थे, किंतु मोनोनोबे-वंश के लोग इस धर्म के विरोधी थे। लगभग 50 वर्षों तक यह संघर्ष चलता रहा। अंत में राजा बिदात्सु की महारानी सुइको के प्रभाव से बौद्ध धर्म की विजय हुई। पति की मृत्यु के बाद इस रानी ने शासन अपने हाथ में ले लिया था। बाद में सम्राट के पुत्र शोतोकू ने 592 ई. में राज्यभार

स्वयं संभाल लिया। वह एक विद्वान शासक था। उसने माध्यमिक दर्शन (नागार्जुन) का विशेष अध्ययन किया था। वह स्वयं एक अच्छा 'धर्मोपदेष्टा' और धार्मिक लेखक था। उसने 'सद्धर्मपुंडरीक', 'विमलकीर्ति-निर्देश' और 'श्रीमालादेवी-सिंहनाद' इन तीन बुद्धोपदेशों पर व्याख्याएं लिखीं, जिनमें 'सद्धर्मपुंडरीक' की व्याख्या तो उसकी अपनी हस्तलिपि में आज भी मौजूद है। शोतोकू बहुमुखी प्रतिभा का धनी था। उसने जापान का सत्रह धाराओं का पहला विधान बनाया था। उसने बहुत-से बौद्ध मंदिर भी बनवाए, जिनमें नारा नगर के समीप का होर्युजी मंदिर प्रसिद्ध है। इसी होर्युजी मंदिर में भारत में छठी-सातवीं शताब्दी में कुटिलाक्षरों में लिखी गई 'उष्णीषविजयधारिणी' नामक ताड़पत्र पर लिखी हुई एक हस्तलिपि सुरक्षित रखी हुई है। भारतीय पुरालिपि के अध्ययन की दृष्टि से इस हस्तलिपि का विशेष महत्व है; क्योंकि इस हस्तलिपि के अंत में उसमें प्रयुक्त लिपि की पूर्ण वर्णमाला अलग से दी हुई है। होर्युजी मंदिर की दीवारों पर कुछ प्राचीन भित्तिचित्र भी अंकित हैं। इनमें से बोधिसत्व का एक चित्र तो अजिंठा-कला की हूबहू नकल प्रतीत होता है।

621 ई. में शोतोकू की मृत्यु हुई तो प्रजा को अपार दुःख हुआ।

710 ई. में नारा में जापान की स्थायी राजधानी की स्थापना हुई। उसके पहले प्रत्येक शासक की मृत्यु के बाद राजधानी बदलती रहती थी। 710 से 784 ई. तक नारा जापान की राजधानी बना रहा, इसलिए जापान के इतिहास में इस युग को 'नारा-युग' भी कहते हैं। इसी नारा-युग में सम्राट शोमु (724-749 ई.) ने नारा में पित्तल की एक विशाल बुद्ध-मूर्ति 'दाईबुत्सु' (= महाबुद्ध) ढलवाई थी।

784 ई. में सम्राट काम्मु (782-805 ई.) राजधानी क्योतो नगर में ले गया। क्योतो 784 से 1868 ई. तक जापान की राजधानी रहा। 1868 ई. के बाद तोक्यो (टोकियो) जापान की राजधानी बना।

जापानी भाषा

चीनी भाषा की तरह जापानी एकाक्षरात्मक भाषा नहीं है। यह एक योगात्मक (अश्लिष्ट योगात्मक) भाषा है। भाषाविदों में इस बात को लेकर बड़ा मतभेद रहा कि जापानी को किस भाषा-परिवार में रखा जाए। लेकिन अब अधिकांश विद्वान उसे यूराल-अल्ताई भाषा-परिवार में रखने के पक्ष में हैं। जापान में बोलचाल की भाषा सदा ही लिखने की भाषा से कुछ भिन्न रही है। लिखने की भाषा को 'बोङो' कहते हैं और बोलने की भाषा को 'कोङो'। इन दो भाषा-प्रकारों में मुख्यतः शब्दों के अंत में लगनेवाले विभक्ति-प्रत्ययों का अंतर है। बोङो का इस्तेमाल अधिकतर सरकारी काम-काज में होता रहा है, जबकि उपन्यास, समाचारपत्र आदि अधिकतर बोलचाल की भाषा में छपते हैं। अब तो इन दो भाषा-प्रकारों का रूप लगभग एक-सा हो गया है। चीनी भाषा का जापानी भाषा के लिए वैसा ही महत्व है, जैसा कि भारतीय भाषाओं के लिए संस्कृत का। जापानी भाषा में चीनी भाषा से बहुत-से शब्द उधार लिये गए हैं और आज भी लिये जा रहे हैं। बौद्ध धर्म के माध्यम से जापानी में कुछ संस्कृत शब्दों का भी प्रवेश हुआ है। इस प्रकार के कुछ शब्द हैं—बुत्सु (बुद्ध), बोन् (ब्रह्मा), ब-र-मोन् (ब्राह्मण), तुदुभि (दुंदुभि), पति (पात्र), विनयक (विनायक), येम (यम), विशमोन (वैश्रवण), विरुशन (वैरोचन), सुतर (सूत्र), बिकु-बिकुनि (भिक्षु-भिक्षुणी), शमोन् (श्रमण), अमिदा (अमिताभ) इत्यादि।

पश्चिमी सभ्यता के संपर्क में आने के बाद जापान ने विदेशी शब्दों को बहुतायत में अपनाया है, विशेषकर अंग्रेजी शब्दों को। परंतु उन्होंने इन शब्दों को अपने जापानी उच्चारण के अनुसार सरल बना लिया है। इसके चंद उदाहरण हैं : पेजी (पेज), बसु (बस), पोंदो (पाउंड), दोरेसु (ड्रेस), गुरांदो (ग्राउंड) कुरिमू (क्रीम), ताइपुराइतु (टाइपरायटर), फोतोबुरू (फुटबॉल), कारुशुमु (कैल्सियम) इत्यादि।

जापानी लिपि

जापानियों की अपनी कोई देशी लिपि नहीं थी। जापानी अनुश्रुति के अनुसार, प्राचीन काल में एक प्रकार की ग्रंथि-योजना का अस्तित्व था, परंतु यह योजना लिपि नहीं हो सकती। प्राचीन ग्रंथों में कुछ अन्य लिपियों के भी उल्लेख मिलते हैं, परंतु आज उनका कोई नामोनिशान नहीं है।

जापान अपनी बहुत-सी चीजों के लिए चीन का ऋणी है। कोरिया के रास्ते चीनी संस्कृति का प्रवेश जापान में हुआ था। ईसा की तीसरी शताब्दी में चीनी लिपि कोरिया के माध्यम से जापान पहुंची। परंपरा बताती है कि तीसरी शताब्दी में जापान ने कुछ राजदूत कोरिया भेजे थे। लौटते समय वे अपने साथ ओनिन या वाङ् -जेन नाम के एक चीनी विद्वान को अपने देश लाए। ओनिन ने जापानियों को चीनी लिपि का ज्ञान कराया। एक अन्य उल्लेख के अनुसार, आचिकी और वानी दो कोरियाई विद्वानों ने ईसा की तीसरी शताब्दी में जापान में लेखन-कला का प्रचार किया। बाद में ईसा की छठी शताब्दी में जापान में बौद्ध धर्म का प्रचार हुआ तो बहुत-से चीनी बौद्ध भिक्षु और विद्वान जापान आए और इससे चीनी भाषा और लिपि का जापान में प्रभाव बढ़ा। चीनी से जापानी में बौद्ध ग्रंथों का अनुवाद करने के लिए चीनी भावचित्र अपनाने पड़े। यह कोई आसान काम नहीं था। जापान की प्राचीन पुस्तक 'कोजिकी' (711-712 ई.) इस कठिनाई का अंदाजा कराती है।

जापानी लिपि में हजारों भावचित्र हैं। ये समय-समय पर चीनी लिपि से लिए गए हैं और जापानी भावों के अनुरूप ढाले गए हैं। इन सभी भावचित्रों पर अधिकार प्राप्त करना बहुत ही कठिन काम है। उच्च शिक्षा प्राप्त जापानी भी मुश्किल से सात-आठ हजार भावचित्रों का ज्ञान रखते हैं। बीसवीं शताब्दी के शिक्षाविशारदों ने भावचित्रों की संख्या घटाने का काफी प्रयत्न किया है; फिर भी, शिक्षित कहलाने के लिए कम से कम लगभग 1200 भावचित्र जानने ही पड़ते हैं। जापानी लिपि में भावचित्रों का इस्तेमाल केवल संज्ञाओं, विशेषणों और धातुओं के लिए ही होता है। लेकिन चीनी की तरह जापानी एकाक्षरी भाषा नहीं है; वह योगात्मक भाषा है और उसमें व्याकरण के प्रत्यय आदि लगते हैं। आरंभ में इन प्रत्ययों के लिए तुल्य-से उच्चारण वाले चीनी भावचित्रों का इस्तेमाल होता था। जैसे, चीनी भावचित्र 'थियेन्' (आकाश), जिसका जापानी उच्चारण 'तेन्' था, अंतप्रत्यय 'ते' के लिए प्रयुक्त होता था। लेकिन इस योजना में बहुत दिक्कत थी; इसलिए दो प्रकार की अक्षरमालाओं का आविष्कार किया गया।

ईसा की आठवीं और नौवीं शताब्दी में जापान में दो प्रकार की अक्षरात्मक (सिलेबिक) लिपियां अस्तित्व में आईं। इनमें से पहली अक्षरमाला 'काताकाना' 8वीं शताब्दी के मध्य में जनमी। कहा जाता है कि इसका जनक किबी-नो-माबी नामक कोई व्यक्ति था। दूसरी अक्षरमाला 'हिराकाना' या 'हिरागाना' को एक बौद्ध भिक्षु कोबो-दैशी ने 9वीं शताब्दी में बनाया।

इन दोनों अक्षरमालाओं को देखने से स्पष्ट हो जाता है कि भारतीय लिपि के संपर्क में आने पर ही जापानी बौद्ध विद्वानों ने इनकी सृष्टि की होगी। 'काताकाना' के प्रथम पांच अक्षर 'अ-इ-उ-ए-ओ' हैं, इसलिए उसे 'अइउएओ' अक्षरमाला भी कहते हैं। इससे स्पष्ट होता है कि भारतीय वर्णमाला के आरंभिक स्वरों के अनुसार ही 'काताकाना' के इन आरंभिक पांच स्वराक्षरों का निर्माण हुआ है। 'हिरागाना' अक्षरमाला के प्रथम तीन अक्षर 'इ-रो-ह' हैं, इसलिए हिरागाना को 'इरोह' अक्षरमाला भी कहते हैं। इसका जनक बौद्ध भिक्षु कोबो-दैशी कवि भी था। 'हिरागाना' अक्षरमाला के सारे अक्षरों को क्रम से पंक्ति में रखी जाए, तो उनसे एक ऐसी काव्यपंक्ति बनती है, जिसमें किसी भी अक्षर की पुनरावृत्ति नहीं होती। निस्संदेह, यह काव्यपंक्ति बौद्ध दर्शन से संबंधित है, क्योंकि इसका अर्थ होता है—"इस क्षणिक संसार में सभी कुछ अनित्य है। इसके मायाजाल तथा दिखावे से मैं बचना चाहता हूं।"

कातकाना	हिरागाना	ध्वनि	कातकाना	हिरागाना	ध्वनि	कातकाना	हिरागाना	ध्वनि
ア	あ	अ	チ	ち	ति (चि)	ム	む	मु
イ	い	इ	ツ	つ	तु (त्सु)	メ	め	मे
ウ	う	उ	テ	て	ते	モ	も	मो
エ	え	ए	ト	と	तो	ヤ	や	य
オ	お	ओ	ナ	な	न	ユ	ゆ	यु
カ	か	क	ニ	に	नि	ヨ	よ	यो
キ	き	कि	ヌ	ぬ	नु	ラ	ら	र
ク	く	कु	ネ	ね	ने	リ	り	रि
ケ	け	के	ノ	の	नो	ル	る	रु
コ	こ	को	ハ	は	फ (ह)	レ	れ	रे
サ	さ	रा	ヒ	ひ	फि (हि)	ロ	ろ	रो
シ	し	सि (शि)	フ	ふ	फी	ワ	わ	व
ス	す	सु	ヘ	へ	फे (हे)	ヱ	ゐ	वि
セ	せ	से	ホ	ほ	फो (हो)	ヰ	ゑ	वे
ソ	そ	सो	マ	ま	म	ヲ	を	वो
タ	た	त	ミ	み	मि			

चित्र 5.1 जापानी अक्षरमालाएं

इन दोनों अक्षरमालाओं को बनाने की प्रेरणा तो निश्चित रूप से भारतीय वर्णमाला से मिली थी, परंतु इनके संकेत चीनी भावचित्रों के आधार पर ही बनाए गए हैं। वस्तुतः इन जापानी 'कानाओं' को सही माने में अक्षरमालाएं नहीं कहा जा सकता; क्योंकि इनका इस्तेमाल स्वतंत्र लिपि-संकेतों के रूप में नहीं होता। जापानी में इनका उपयोग व्याकरण-जनित शब्द-रूपांतरों को व्यक्त करने के लिए ही होता है। भावचित्रों के साथ उनके उच्चारण को व्यक्त करने के लिए भी ये काम में लाए जाते हैं और विदेशी नामों को जापानी में लिखने के लिए भी। जापान की अधिक प्रचलित लिपि का नाम 'काना-माजिरी' है। इसमें चीनी भावचित्रों के साथ 'हिरागाना' को

जापानी उच्चारण जानने के लिए और अंतप्रत्यय व्यक्त करने के लिए लिखा जाता है। दूसरे प्रकार की जापानी लिपि का नाम 'शिन-काताकाना' है, जिसमें चीनी भावचित्रों के साथ 'काताकाना' अक्षरों का प्रयोग होता है।

'काताकाना' और 'हिरागाना' दोनों में ही मूलतः 47 अक्षर हैं। इनके अलावा, अनुच्चारित 'न' के लिए एक चिह्न है तथा दो अतिरिक्त चिह्न और हैं। इस प्रकार, कुल मिलाकर 50 अक्षर-संकेत बनते हैं। चीनी लिपि की तरह जापानी लिपि को लिखने में बड़ी सावधानी की जरूरत होती है। आरंभ में जापानी लिपि, चीनी की तरह, ऊपर से नीचे कॉलमों में बाईं ओर से दाहिनी ओर को लिखी जाती थी। परंतु आजकल इसके लिए कोई सुस्थिर नियम नहीं है।

जापानी अक्षरमालाएं जापानी भाषा के लिए स्वतंत्र रूप से भी उपयोग में लाई जा सकती हैं। भावचित्रों का त्याग करके 'काना' अक्षरों को ही पूर्ण लिपि के रूप में व्यवहार में लाने के अनेक प्रयास हुए भी हैं; लेकिन इन्हें पूर्ण सफलता नहीं मिल पाई। द्वितीय महायुद्ध में जापान की करारी हार के बाद वहां अमरीका का प्रभाव बढ़ने पर जापानी भाषा को रोमन लिपि में ढालने के भी प्रयत्न हुए हैं; किंतु वे भी सफल नहीं हो पाए। अब तो चीनी ही अपनी पुरानी लिपि को छोड़ते जा रहे हैं। हम आशा रखते हैं कि तब तक जापानी भी चीन से प्राप्त अपने प्राचीन लिपि संकेतों को छोड़कर कोई वर्णमालात्मक लिपि अपना लेंगे।

6

हित्ती लिपि : कीलाक्षर और हाइरोग्लिफिक

बड़ी ही अद्‌भुत हैं हमारी प्राचीन सभ्यताओं की कहानियां। कुछ सभ्यताएं अपने स्मारकों के रूप में हमेशा ही जीवित रहीं, तो कुछ जमीन के भीतर सो गईं। मिस्र की हाइरोग्लिफिक लिपि का ज्ञान लंबे समय तक लुप्त हो गया था; पर अपने भव्य स्मारकों यानी पिरामिडों तथा मंदिरों के माध्यम से मिस्र की प्राचीन सभ्यता जीवित रही। इसी तरह यूनानी तथा रोमन सभ्यताएं भी अपने स्मारकों के रूप में कायम रहीं। किंतु इस धरती पर कुछ ऐसी भी सभ्यताएं रही हैं, जो जमीन के भीतर दफ़ना दी गईं। इनमें कुछ का तो नामोनिशान भी मिट गया था। 1921 तक कौन जानता था कि भारत में आर्यों के आगमन के पहले एक विकसित सभ्यता का अस्तित्व था, जिसे आज हम सिंधु सभ्यता के नाम से जानते हैं? उसी प्रकार, उन्नीसवीं शताब्दी के उत्तरार्ध तक किसी को भी यह अंदाजा नहीं था कि 1600-1400 ई.पू. के बीच लघु एशिया (एशिया माइनर) में हित्ती (या खत्ती) लोगों का एक शक्तिशाली साम्राज्य था। अब यह सिद्ध हो गया है कि हित्ती लोग आर्य जाति से संबंधित थे और उनकी भाषा भारोपीय परिवार से संबंधित थी। ई.पू. दूसरी सहस्राब्दी में पश्चिम एशिया में हित्ती तथा अन्य आर्य शासकों के अस्तित्व ने आर्य जाति के मूल स्थान तथा उनके विस्तार के प्रश्न को पुनः विचारणीय बना दिया।

प्रथम हित्ती पुरावशेष को खोज निकालने का श्रेय प्राप्त है योहान हाजी शेख इब्राहीम को। यह हाजी कोई मुसलमान नहीं था। इसका असली नाम था योहान लुडविग बर्कहार्ड। बर्कहार्ड का जन्म 1784 में स्विट्‌जरलैंड में हुआ था। उसने यूरोपीय विश्वविद्यालयों में वैज्ञानिक विषयों और अरबी भाषा तथा संस्कृति का अध्ययन किया था। उसे घुमक्कड़ी का शौक था। अरबी संस्कृति का प्रत्यक्ष अध्ययन और अरब देशों की यात्रा करने के लिए ही वह मुसलमान बना था। उसने मक्का, मदीना, अलेपो आदि स्थानों की यात्राएं की थीं।

1812 में अपनी एक यात्रा के दौरान बर्कहार्ड सीरिया के हामा (बाइबल के 'हमाथ') शहर पहुंचा। वहां के बाजार में एक मकान के कोने में उसने "एक ऐसा पत्थर देखा जिस पर छोटी-छोटी आकृतियां तथा लिपि-संकेत उत्कीर्ण थे; ये हाइरोग्लिफिक लिपि जैसे प्रतीत होते थे, किंतु मिस्र की लिपि जैसे नहीं थे।" बर्कहार्ड ने अपनी पुस्तक 'सीरिया तथा पवित्र देशों की यात्रा' (लंदन, 1822) में इस पत्थर का उल्लेख किया था, किंतु पुराविदों ने इस उल्लेख की ओर विशेष ध्यान नहीं दिया। उस समय यूरोप के पुराविद् मिस्र की हाइरोग्लिफिक लिपि में ही खोए हुए थे। स्वयं बर्कहार्ड को भी अपनी इस खोज के महत्व का अंदाजा नहीं था। चंद पंक्तियों में इस पत्थर का उल्लेख करके ही उसने संतोष कर लिया था।

इस 'हामा-पत्थर' को पुनः खोज निकालने में साठ साल और लगे। आगस्टस जान्सन और डॉ. जेस्सुप नामक दो अमरीकियों को एक दिन हामा के बाजार की सैर करते समय यह पत्थर दिखा। जब ये दो विदेशी उस पत्थर का नजदीक से निरीक्षण करने लगे, तो उनके चहुंओर

तमाशबीनों की भीड़ जमा हो गई। स्थानीय लोगों ने उन्हें यह भी बताया कि यहां इस प्रकार के तीन पत्थर और हैं। परंतु जब जान्सन और जेस्सुप उस पत्थर पर अंकित लेख की नकल तैयार करने लगे, तो भीड़ ने उन्हें रोका और उन दोनों 'काफ़िरों' को वहां से दुम दबाकर भागना पड़ा। इसके बाद ड्रेक, पामेर तथा रिचार्ड बर्टन ने इस पत्थर के लेख की नकल उतारने के कई प्रयत्न किए, किंतु स्थानीय जनता के विरोध के कारण किसी को इसमें सफलता नहीं मिली। विदेशियों के बढ़ते कुतूहल से चिढ़कर हामा के निवासियों ने इस पत्थर को नष्ट तक कर देने की भी धमकी दी थी।

ऐसी नाजुक स्थिति में किसी उच्च पदाधिकारी का प्रभाव ही काम आ सकता था। उस समय सीरिया तुर्की साम्राज्य का एक प्रांत था। सौभाग्य से 1872 में प्राचीन संस्कृति के प्रेमी सुबी पाशा की नियुक्ति सीरिया के गवर्नर के रूप में हुई। जब उसे हामा पत्थर के बारे में जानकारी मिली, तो उसे देखने के लिए वह हामा पहुंचा। उसने दमिश्क के ब्रिटिश कॉन्सुल किर्बी ग्रीन तथा आयरलैंडवासी मिशनरी विलियम राइट को भी अपने साथ ले लिया था। पाशा जानता था कि पत्थरों को निकालते समय स्थानीय जनता विरोध करेगी, इसलिए वह अपने साथ कुछ सिपाही भी ले गया था। इन लोगों ने उस हामा-पत्थर के अलावा वहीं से चार और पत्थर प्राप्त किए। स्थानीय जनता ने खासा विरोध किया, किंतु गवर्नर के सामने उनकी क्या चलती? उनमें से एक पत्थर को स्थानीय लोग बड़ा पवित्र मानते थे। उनका विश्वास था कि गठिया से पीड़ित रोगी यदि उस पर लेटे तो उसका रोग दूर हो सकता है। ऐसे 'चमत्कारी' पत्थर को उठाकर ले जाने का स्थानीय लोगों द्वारा विरोध होना स्वाभाविक था। लेकिन गवर्नर पाशा ने पांचों पत्थरों को उखड़वाकर उन्हें कुस्तुनतुनिया के संग्रहालय को भिजवा दिया।

पर इसके पहले विलियम राइट ने इन पत्थरों पर अंकित लेखों के ठप्पे उतार लिए थे, जिनका एक सेट उसने लंदन के ब्रिटिश संग्रहालय को भेज दिया।

इसी प्रकार का और एक पत्थर अलेपो की एक मसजिद की दीवार में भी चुना हुआ 1871 में देखा गया था। उसे चमत्कारक मानकर लोग उससे अपनी आंखें छुआते थे। बीच में कुछ साल स्थानीय लोगों ने उसे छिपा रखा था, किंतु बाद में यह पुनः अपने पूर्व स्थान में लगा दिया गया।

इसी प्रकार के लिपि-संकेत ई.जे. डेविस ने इवरीज़ (टाउरस पर्वत) के पास एक चट्टान पर उकेरे हुए देखे थे। तब डेविस ने इस लिपि को 'हामाथाइट' का नाम दिया था। जब अधिकाधिक पुराविदों का ध्यान इस नई लिपि की ओर आकर्षित हुआ तो उन्हें अन्य उल्लेखों तथा अन्य स्थानों से प्राप्त इसी प्रकार की लिपि के पुरावशेष भी याद आने लगे। अंकारा से लगभग 75 मील पूर्व की ओर बोगाज़-कोई नामक गांव से, मारश (उत्तरी सीरिया) तथा काराबेल (एशिया माइनर का पश्चिमी तट) से पहले के यात्रियों ने इसी प्रकार की लिपि में अंकित कई पुरावशेषों का उल्लेख किया था। 1839 में चार्ल्स टेक्सियर ने अलजा-हुयुक की 'उत्कीर्ण चट्टानों' का तथा 1842 में विलियम हैमिल्टन ने उन्हीं का उल्लेख किया था।

इन सब अवशेषों के प्राप्त होने पर अब पुराविदों के सामने सबसे बड़ा सवाल था—इस लिपि के निर्माता कौन थे?

प्रसिद्ध पुराविद् आर्चिबाल्ड साइस ने उस समय तक उपलब्ध सारे पुरावशेषों तथा उल्लेखों का अध्ययन करके 1876 में 'सोसायटी ऑफ बिब्लिकल आर्केऑलाजी' के सामने एक निबंध पढ़ा और उसमें इस लिपि तथा इन पुरावशेषों के निर्माताओं को 'हित्ती' नाम दिया। साइस आक्सफोर्ड विश्वविद्यालय में तुलनात्मक भाषा-विज्ञान के आचार्य थे। उनके इस हित्ती-सिद्धांत का शुरू में जबर्दस्त विरोध हुआ, किंतु साइस अपने सिद्धांत पर डटे रहे और उसकी पुष्टि में नए-नए तथ्य पेश करते गए। 1880 में उन्होंने उपर्युक्त बाइबल सोसायटी के सामने और एक निबंध पढ़ा और उसमें

सिद्ध किया कि ये तथा अनातोलिया से प्राप्त अन्य पुरावशेष हित्ती कृतियां हैं और मेसोपोटामिया के उत्तर का सारा पर्वत-प्रदेश तथा संपूर्ण लघु-एशिया किसी समय हित्ती जाति द्वारा शासित था।

अब तो पुराविद् हित्ती पुरावशेषों की ओर तेजी से आकर्षित हुए। यूरोप के पुराविद् बड़ी संख्या में तुर्की पहुंचने लगे और नए-नए पुरावशेष प्राप्त करते गए। 1879 में ब्रिटिश संग्रहालय की ओर से कार्चेमिश (करगमिश) में खुदाई की गई और वहां से हित्ती हाइरोग्लिफिक लिपि के अनेक अभिलेख प्राप्त हुए।

1857 में मिस्र के तेल-एल-अमर्ना नामक स्थान से अभिलेखों का एक विशाल संग्रह मिल जाने से तो हित्ती इतिहास पर एक नया ही प्रकाश पड़ा। ये अभिलेख मिट्टी के फलकों पर कीलाक्षर लिपि में और प्रमुखत: अक्कदी भाषा में लिखे हुए थे। इनका विषय था—1370-1348 ई.पू. के बीच मिस्र के शासकों तथा पश्चिम एशिया के शासकों के बीच हुआ राजनीतिक पत्र-व्यवहार। इन पत्रों में फिलस्तीन तथा सीरिया के क्षत्रपों ने हित्ती शासकों का अक्सर उल्लेख किया है। इतना ही नहीं, इनमें हित्ती राजा सुप्पिलुलीउमस का फरोहा अखनातन को लिखा हुआ एक पत्र भी मिलता है। उसमें सुप्पिलुलीउमस ने अखनातन के राज्याभिषेक पर उसे अपनी बधाइयां तथा शुभकामनाएं भेजी थीं। इस तेल-एल-अमर्ना पत्रावली में दो पत्र एक अज्ञेय भाषा में थे। ये 'अरज़्ज़वा' देश के राजा को लिखे गए थे। 1902 में नार्वे के भाषाशास्त्री क्नुड्टज़न ने जब इन 'अरज़्ज़वा पत्रों' का अध्ययन किया, तो उन्हें इनकी भाषा में और भारोपीय परिवार की भाषाओं में काफी समानता नजर आई। परंतु उस समय इस मान्यता को स्वीकार करने के लिए कोई तैयार नहीं था।

बीसवीं शताब्दी का आरंभ होते-होते बहुत-से पुराविदों का विश्वास हो चला था कि बोगाज़-कोई में खुदाई करने से हित्ती सभ्यता के चिह्न प्राप्त हो सकते हैं। साइस इस योजना को प्रस्तुत करनेवालों में अग्रणी थे। उन्होंने लिवरपुल विश्वविद्यालय की ओर से आयोजित एक अभियान के लिए तुर्की सरकार से बोगाज़-कोई की खुदाई की अनुमति प्राप्त कर ली थी और गारस्टाग के नेतृत्व में ब्रिटिश अभियान-दल बोगाज़-कोई को रवाना भी हो गया था। परंतु इसी बीच तुर्की सरकार ने ब्रिटिश पुराविदों को दी गई अनुमति रद्द कर दी और उनकी जगह जर्मन ओरिएंटल सोसायटी को बोगाज़-कोई की खुदाई करने की अनुमति दे दी। ह्यूगो विंकलर इस जर्मन अभियान के नेता थे। उनके नेतृत्व में 1906 में बोगाज़-कोई की खुदाई आरंभ हुई। इस खुदाई से जो पुरावशेष निकले उनके बारे में पहले कोई कल्पना भी नहीं कर सकता था। कीलाक्षरों में अंकित लगभग 10,000 मिट्टी के फलक वहां से प्राप्त हुए। जाहिर है कि यह हित्ती शासन का राजकीय अभिलेखागार था। इनमें से अधिकांश फलक उसी 'अरज़्ज़वा पत्रों' की भाषा में लिखे हुए थे जो तेल-एल-अमर्ना से मिले थे। तब इस भाषा को कोई भी नहीं पढ़ सकता था, यद्यपि यह भाषा परिचित-सी कीलाक्षर लिपि में ही लिखी गई थी। बोगाज़-कोई के इन फलकों में बेबीलोन की अक्कदी भाषा में भी लेख अंकित थे। यह हम पहले बतला चुके हैं कि अक्कदी भाषा तथा कीलाक्षर लिपि ने उस समय अंतर्राष्ट्रीय भाषा तथा लिपि का दर्जा प्राप्त कर लिया था। इन अक्कदी फलकों के आरंभिक अध्ययन से ज्ञात हुआ कि बोगाज़-कोई हत्ती देश की राजधानी थी। यह भी पता चला कि 'अरज़्ज़वा' भाषा ही इस देश की राज्यभाषा थी। यह बात भी स्पष्ट हो गई कि हित्ती शासकों ने दो प्रकार की लिपियों का प्रयोग किया था—दैनंदिन व्यवहार के लिए कीलाक्षर लिपि और स्मारकों के लिए एक प्रकार की हाइरोग्लिफिक (चित्र) लिपि।

अब पुराविदों के सामने सवाल था कि ये लेख किस काल के हैं? मिस्र की हाइरोग्लिफिक लिपि का अन्वेषण हो जाने के बाद जब प्राचीन मिस्री अभिलेख पढ़े जाने लगे, तो पता चला कि मिस्र के 18वें राजवंश के राजाओं का 'खेत' देश से संबंध रहा है। ई.पू. 15वीं शताब्दी में

तुथमोस-तृतीय सीरिया के उत्तर तक बढ़ आया था। खेत वालों ने, अपने अनेक मददगार देशों के साथ, रामासेस-द्वितीय से कादेश नामक स्थान पर युद्ध लड़ा था। रामासेस ने बाद में खेत के शासकों से संधि की थी और उस संधि का मसौदा मिस्र के प्रसिद्ध कारनाक मंदिर पर अंकित कर दिया गया था, जो आज भी वहां देखा जा सकता है।

अब संयोग ऐसा बना कि 20 अगस्त, 1906 को विंकलर ने बोगाज़-कोई की खुदाई से ताजे निकले फलकों में एक ऐसा फलक देखा जिस पर रामासेस-द्वितीय द्वारा हित्ती राजा हत्तुशिलिश को लिखा गया पत्र अंकित था। यह वही संधिपत्र था जो कि मिस्री लिपि में कारनाक के मंदिर पर उत्कीर्ण पाया गया था। अब तो बोगाज़-कोई के इन पुरावशेषों का काल निर्धारित करना काफी आसान हो गया।

विंकलर के नेतृत्व में बोगाज़-कोई की खुदाई पहली बार 1906-07 में हुई थी। उन्हीं के नेतृत्व में 1911-12 में बोगाज़-कोई में दुबारा खुदाई हुई। प्रथम महायुद्ध आरंभ होने से पूर्व ही बोगाज़-कोई से प्राप्त सारे पुरावशेष कुस्तुनतुनिया तथा बर्लिन के संग्रहालयों में सुरक्षित स्थान पा चुके थे।

1914 में ह्यूगो विंकलर की मृत्यु के बाद और महायुद्ध आरंभ होने के पहले जर्मन ओरिएंटल सोसायटी ने बोगाज़-कोई से प्राप्त अभिलेखों की प्रतियां तैयार करने के लिए फिगुला और बेद्रिख ह्रोज्नी नामक दो विद्वानों को कुस्तुनतुनिया भेजा। इनमें से ह्रोज्नी ने, केवल दो साल के भीतर, न केवल हित्ती कीलाक्षर लिपि को पढ़ने में सफलता प्राप्त की, बल्कि यह भी सिद्ध कर दिया कि हित्ती भाषा भारोपीय परिवार की है। हम पहले बता ही चुके हैं कि क्नुड्टजन ने तेल-एल-अमर्ना के दो 'अरझवा-पत्रों' की भाषा को भारोपीय परिवार की सिद्ध करने की कोशिश की थी, किंतु उस समय कोई पुराविद् इस बात को स्वीकार करने के लिए तैयार नहीं था। वस्तुतः वे 'अरझवा-पत्र' हित्ती भाषा में ही लिखे गए थे।

ह्रोज्नी जानता था कि ठोस प्रमाण के बिना उसके इस सिद्धांत को कोई स्वीकार नहीं करेगा। हित्ती लेख कीलाक्षर लिपि में लिखे गए थे। इस लिपि के भावचित्रों को ह्रोज्नी पढ़ सकता था, परंतु इनसे हित्ती भाषा के स्वरूप के बारे में कोई जानकारी नहीं मिल सकती थी। उसे कुछ सहायता तो नामवाचक संज्ञाओं से मिली। इनके अलावा, हित्ती लेखों में बीच में कुछ बेबीलोनी शब्द-संकेत भी मिलते थे। एक वाक्य में इसी प्रकार के एक बेबीलोनी शब्द-संकेत पर विचार करते-करते ह्रोज्नी को अंत में हित्ती भाषा के असली स्वरूप का ज्ञान हुआ। यह वाक्य यों था :

नु  *-अन ए-इज-ज-अत-ते-नी व-अ-सर-म ए-कु-उत-ते-नी*

चित्र 6.1

इस वाक्य में जो कीलाक्षर संकेत है, वह सुमेरी-बेबीलोनी भावचित्र है। अक्कदी में इसका उच्चारण 'निंदा' होता था और अर्थ था 'रोटी'। इस प्रकार, उपर्युक्त वाक्य इस 'रोटी' शब्द तथा सही उच्चारण के साथ पुनः लिखा जा सकता है :

नु 'रोटी'-अन एज्जातेनी, वासर-म एकुतेनी

यहां 'रोटी' के साथ 'अन' प्रत्यय लगा हुआ है। कुछ अन्य प्रमाणों पर विचार करने से यह सिद्ध होता था कि 'अन' कर्म-कारक के एकवचन का प्रत्यय है। 'रोटी' शब्द से सहज ही यह अनुमान लगाया जा सकता था कि इसके साथ 'खाना' क्रिया आनी चाहिए। ह्रोज्नी ने अंदाजा लगाया कि 'एज्जातेनी' ही 'खाना' क्रिया होनी चाहिए। अचानक उसके मस्तिष्क में ग्रीक का 'एदेइन', लैटिन का 'एदेरे' तथा प्राचीन जर्मन का 'एज्जन' शब्द कौंध गए। इस प्रकार उपर्युक्त वाक्य का अर्थ हुआ : "अब तुम रोटी खाओगे।" वाक्य के शेषांश पर विचार करते समय ह्रोज्नी का ध्यान 'वासर' शब्द पर गया। इस शब्द को पढ़कर कोई भी यूरोपवासी इसमें जर्मन के 'वास्सेर', अंग्रेजी के 'वाटर' आदि जलवाचक शब्दों की ध्वनि को पहचान सकता है। ह्रोज्नी

को विश्वास हो गया कि उपर्युक्त हित्ती वाक्य एक संयुक्त वाक्य है, और जैसे 'रोटी' के बाद 'खाना' क्रिया आई है, उसी प्रकार इस 'वासर' शब्द के बाद अब 'पीना' क्रिया आनी चाहिए। इस तर्क के अनुसार, 'एकुतेनी' का अर्थ 'पीना' होना चाहिए। ह्रोज्नी अपने पहले के अध्ययन से जानता था कि 'तेनी' क्रिया-प्रत्यय है, 'नु' क्रिया-विशेषण है और 'म' दो वाक्यों को जोड़नेवाला कोई शब्द है। इस प्रकार उपर्युक्त हित्ती वाक्य का अर्थ हुआ : "अब तुम रोटी खाओगे और पानी पियोगे।"

अब तो ह्रोज्नी सप्रमाण सिद्ध कर सकता था कि हित्ती भाषा भारोपीय परिवार की है। 15 नवंबर, 1915 को उसने बर्लिन की एक परिषद के सामने अपना यह सिद्धांत प्रस्तुत किया। इसके बाद उसने 'हित्ती भाषा : उसका स्वरूप तथा भारोपीय भाषाओं से उसका संबंध' (लाइपजिग, 1917) नामक ग्रंथ लिखकर हित्ती भाषा का सर्वांगीण विवेचन प्रस्तुत किया।

ह्रोज्नी के सिद्धांतों को आधार बनाकर जिन भाषाशास्त्रियों ने बाद में हित्ती कीलाक्षर लिपि तथा उसकी भाषा का अनुसंधान किया, उनमें फोरेर, सोम्मेर, एहलोल्फ, फ्रेडरिख, गोएट्ज तथा स्टुर्टेवांट के नाम विशेष रूप से उल्लेखनीय हैं। 1936 में स्टुर्टेवांट ने हित्ती भाषा की एक शब्दावली प्रकाशित की, जिसमें हित्ती के 3,000 से अधिक शब्द इनके अर्थ सहित दिए गए हैं।

1919 में एमिल फोरेर ने प्रतिपादित किया कि बोगाज़-कोई से प्राप्त लेखों में आठ भाषाओं का अस्तित्व है। पर उनमें से हित्ती तथा अक्कदी भाषाओं का ही अधिक महत्व था और यही भाषाएं राजकाज के लिए उपयोग में लाई जाती थीं। शेष छह भाषाओं के बहुत ही कम उल्लेख बोगाज़-कोई के कीलाक्षर लेखों में मिलते हैं। इनमें से कई भाषाएं भारोपीय परिवार की हैं।

वस्तुतः हित्ती कीलाक्षर लिपि शुद्ध हित्ती भाषा के लिए ही अपनाई नहीं गई थी। इस लिपि के साथ हित्तियों को सुमेरी भावचित्र तथा अक्कदी शब्द भी अपनाने पड़े थे। ह्रोज्नी को हित्ती कीलाक्षर लिपि का अन्वेषण करते समय किस प्रकार की कठिनाइयों का सामना करना पड़ा था, यह एक ही उदाहरण पर विचार करने से स्पष्ट हो जाएगा। बोगाज़-कोई से प्राप्त हित्ती कानूनी लेखों में से एक धारा है :

तक-कु लु.उलु-लु-अन एल. लुम क. अज. जु न-अस-म गिर-सु
कु-इस-की तु-व-अर-नी-इज-जी नु-उस-से 20 गिन कुबब्बर प-अ-इ।

अर्थात्, यदि कोई किसी स्वतंत्र व्यक्ति का हाथ या पैर तोड़े तो वह उसे (बदले में) चांदी के 20 सिक्के दे।

यहां 'मनुष्य' (व्यक्ति) शब्द को सुमेरी भावचित्र 'लु.उलु-लु' से व्यक्त किया गया है और इसके साथ कर्म-कारक का हित्ती ध्वनि-अक्षर 'अन' प्रत्यय जोड़ा गया है। 'एल. लुम' (स्वतंत्र) तथा 'क.अज.जु' (उसका हाथ), ये दोनों ही शब्द अक्कदी भाषा के हैं। 'गिर-सु' (उसका पैर) शब्द में 'गिर' (पैर) शब्द तो सुमेरी भावचित्र से व्यक्त किया गया है, परंतु इसके साथ का संबंध सूचक प्रत्यय 'सु' (उसका) अक्कदी का है। '20 गिन कुबब्बर' (20 चांदी के सिक्के) पूर्णतः सुमेरी शब्द-संकेत हैं। शेष 'तक्कु' (यदि), 'नास्म' (या), 'कुइस्की' (कोई), 'तुवरनीज्जी' (वह तोड़ता है), 'नुस्से' (अब उसे), और 'पाइ' (वह देता है) हित्ती भाषा के ध्वनि-संकेत हैं।

इस एक ही उदाहरण से पाठक समझ जाएंगे कि हित्ती कीलाक्षर लिपि में लिखी गई यह हित्ती भाषा किस प्रकार की एक मिश्र-भाषा थी। कीलाक्षर लिपि के साथ हित्तियों को सुमेरी भावचित्र तथा अक्कदी शब्द अपनाने पड़े थे। हम पहले देख चुके हैं कि सेमेटिक अक्कदियों को भी सुमेरी लिपि को अपनाते समय इसी प्रकार की कठिनाई का सामना करना पड़ा था। अब फिर इस कीलाक्षर लिपि को एक भारोपीय परिवार की भाषा के लिए अपनाते समय हित्तियों को पुनः

इसी कठिनाई का सामना करना पड़ा। किंतु इसी कीलाक्षर लिपि की बदौलत हित्ती भाषा का उद्घाटन संभव हुआ है।

अब तक हमने हित्ती कीलाक्षर लिपि पर ही विचार किया है। किंतु हित्ती लेख एक प्रकार की हाइरोग्लिफिक (चित्रलिपि) में भी मिलते हैं। हामा से प्राप्त पत्थरों पर हित्ती हाइरोग्लिफिक लिपि के ही लेख उत्कीर्ण थे। यह लिपि अधिकतर प्रस्तर-स्मारकों पर मिलती है। इसमें लिखने का क्रम ऐसा है कि यदि इसकी एक पंक्ति बाईं ओर से आरंभ होती है, तो दूसरी पंक्ति दाईं ओर से आरंभ होगी। शुरू की पंक्ति का आरंभ सामान्यत: दाईं ओर से ही होता है। पंक्ति के आरंभ की दिशा हमेशा ही स्पष्ट रहती है, क्योंकि इस लिपि के चित्रों के चेहरे सदैव आरंभ की दिशा की ओर रहते हैं। पत्थरों पर हित्ती हाइरोग्लिफिक लिपि के संकेत दो प्रकार से उत्कीर्ण मिलते हैं। प्रारंभिक लेखों में संकेत पत्थरों पर उभारे गए हैं, लेकिन बाद के लेखों में ये पत्थरों में कोरे गए हैं।

1872 में हामा-प्रस्तरों के प्राप्त होने के बाद से ही पुरालिपिविद् हित्ती-हाइरोग्लिफिक के अन्वेषण में जुट गए थे। इसके भी पहले जर्मन पुराविद् मोड्र्टमान ने 1863 में चांदी की एक ऐसी मुद्रा का विवरण प्रकाशित किया था जिस पर हित्ती कीलाक्षर तथा हाइरोग्लिफिक दोनों लिपियों में लेख अंकित थे। मोड्र्टमान ने इस मुद्रा के कीलाक्षर लेख को पढ़ने का भी प्रयत्न किया था। यह मुद्रा (सील) सिक्के के आकार की है—इसका व्यास 3.3 सें.मी. है और ऊंचाई 0.7 सें.मी.। मुद्रा के केंद्रभाग में एक योद्धा की आकृति है और उसके चहुंओर हित्ती हाइरोग्लिफिक संकेत हैं। इनके बाद वृत्त के बाहर कीलाक्षर लिपि के संकेत हैं।

अब 1880 में आर्चिबाल्ड साइस को अचानक याद आया कि उन्होंने किसी जर्मन पत्रिका में चांदी की एक मुद्रा का विवरण पढ़ा था। उन्होंने इस मुद्रा के बारे में लंदन के ब्रिटिश संग्रहालय से पूछताछ की। वहां के अधिकारियों से एक रोचक बात उन्हें पता चली। मोड्र्टमान का विवरण प्रकाशित होने के पहले इस प्रकार की एक मुद्रा बेचने के लिए ब्रिटिश संग्रहालय लाई गई थी। संग्रहालय के अधिकारियों ने उसे जाली समझकर खरीदने से इनकार कर दिया था, किंतु लौटाने के पहले उन्होंने प्लास्टर में उसके ठप्पे उतार लिए थे। अब यही ठप्पे ब्रिटिश संग्रहालय ने साइस के सामने पेश किए।

चित्र 6.2 तारकुमुवा मुद्रा (सील)

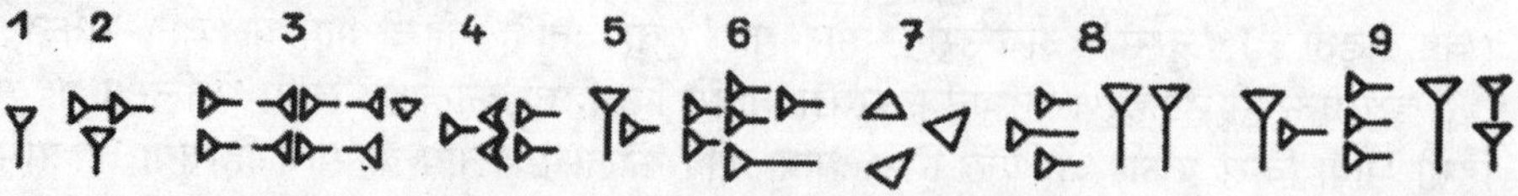

चित्र 6.3 तारकुमुवा मुद्रा के बाहरी घेरे के हित्ती कीलाक्षर। यहां कीलाक्षर 1, 6 व 7 भावचित्र हैं। कीलाक्षर 1 संज्ञा नामों का निर्धारक चिह्न है। कीलाक्षर 6 बेबीलोनी में 'राजा' का भावचित्र है और कीलाक्षर 7 देशों के नामों का निर्धारक चिह्न। अत: इस लेख का अर्थ है : "—राजा, देश का—"

इस मुद्रा के मध्यभाग में अंकित योद्धा की वेशभूषा आदि को परखने पर साइस को पक्का विश्वास हो गया कि यह हित्ती मुद्रा है। उसने इसके कीलाक्षरों को यों पढ़ा : ''तार-रिक-तिम-मे सर मत एर-मे-ए''; अर्थात्, ''तारिकतिम्मे एरमे देश का राजा''। वस्तुतः इस राजा का सही नाम आज हम 'तारकुमुवा' पढ़ते हैं। इस मुद्रा में योद्धा की आकृति के चहुंओर छह हाइरोग्लिफिक संकेत हैं :

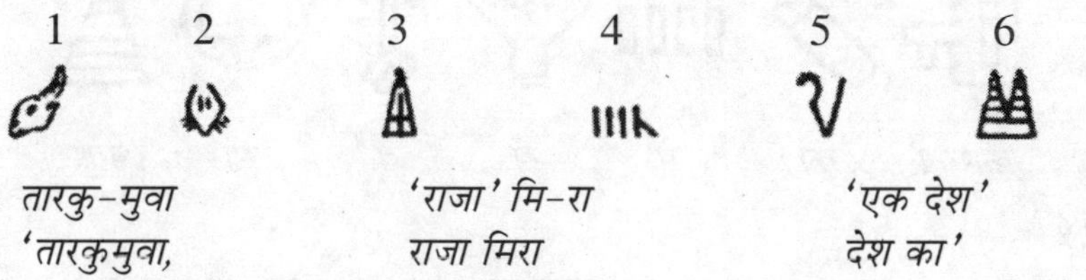

चित्र 6.4

साइस को अब इसमें तनिक भी संदेह नहीं रहा कि ये चित्र-संकेत हित्ती लिपि के हैं, क्योंकि इसी प्रकार के चित्र-संकेत हामा तथा कार्चेमिश से मिले प्रस्तर-स्मारकों पर भी पाए गए थे। वे यह भी समझ गए कि मुद्रा पर दोनों लिपियों यानी कीलाक्षर तथा हाइरोग्लिफिक में एक ही बात कही गई है। अब, यदि हाइरोग्लिफिक लेख कीलाक्षर लेख के समान है, तो उपर्युक्त चित्र-संकेतों में नं. 3 तथा नं. 6 के संकेत क्रमशः 'राजा' और 'देश' शब्दों के ही द्योतक होने चाहिए।

इस प्रकार, हित्ती हाइरोग्लिफिक पर आर्चिबाल्ड साइस ने पहली बार कुछ प्रकाश डाला। इसके बाद जर्मन पुराविद् पीटर जेन्सेन ने 'कारकामे' (कार्चेमिश) नाम को खोज निकाला। साइस और जेन्सेन के बाद पेईजेर, काउले, कार्ल फ्रांक आदि पुराविदों ने हित्ती हाइरोग्लिफिक लिपि के अन्वेषण में भाग लिया, परंतु उन्हें केवल कुछ ही चित्र-संकेतों को पहचानने में सफलता मिली। उन सबके द्वारा खोजे गए संकेतों में से केवल निम्नलिखित संकेत ही कालांतर में सही माने गए :

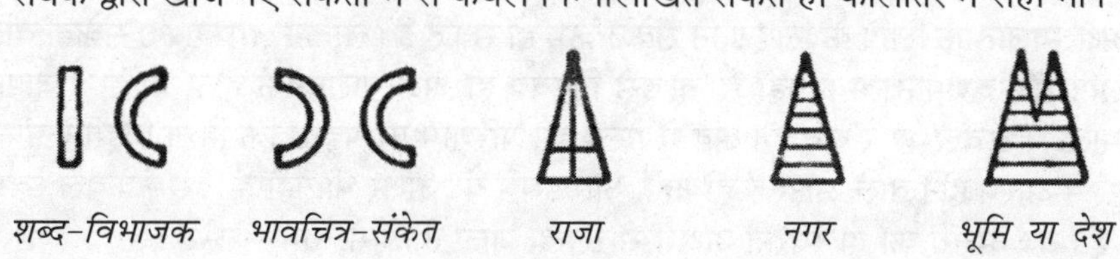

चित्र 6.5

वस्तुतः हित्ती हाइरोग्लिफिक लिपि के अन्वेषण के लिए नए दिमाग तथा नई विधियों की जरूरत थी। इस आवश्यकता की पूर्ति की, पांच देशों के पांच विभिन्न पुरालिपिविदों ने—बोस्सेर्ट (जर्मनी), मेरीग्गी (इटली), ह्रोज्नी (चेकोस्लोवाकिया), फोरेर (स्विट्जरलैंड) और गेल्ब (अमरीका)। इन पांचों ने आरंभ में स्वतंत्र रूप से अन्वेषण-कार्य आरंभ करके हित्ती हाइरोग्लिफिक संकेतों के ध्वनिमान प्राप्त किए। इन ध्वनिमानों में काफी समानताएं भी थीं। अंत में इग्नस जे. गेल्ब ने 'हित्ती हाइरोग्लिफ्ज' नाम से क्रमशः 1931, 1935 और 1942 में तीन पुस्तकें प्रकाशित कीं।

गेल्ब ने भौगोलिक नामों से अपना अन्वेषण-कार्य आरंभ किया था। ऐसे नामों को आसानी से पहचाना जा सकता था, क्योंकि इनके साथ निर्धारक-संकेत (हित्ती हाइरोग्लिफिक में नगर के

नामों के साथ एक पर्वत-शिखर का संकेत तथा देश के नामों के साथ दो पर्वत-शिखरों वाला संकेत) दिए रहते हैं। जर्मन पुराविद् जेन्सेन 1894 में कार्चेमिश (कारकामे) नाम की खोज कर चुका था। असल में, हित्ती लेखों में इस नगर के नाम का बार-बार उल्लेख मिलता है और यह चौदह प्रकार से लिखा हुआ पाया जाता है। इनमें केवल एक को ही हम उदाहरण के रूप में लेंगे :

कारका (का) मे स व सी नगर

चित्र 6.6

इन संकेतों का अध्ययन करते हुए गेल्ब ने देखा कि इस नाम के सभी प्रकारों में दूसरा संकेत (का) हमेशा पहले संकेत का अनुकरण करता है। उसने यह भी देखा कि इस नगर-नाम के दो प्रकारों में यह दूसरा संकेत (का) लिखा हुआ नहीं मिलता। इससे गेल्ब इस परिणाम पर पहुंचा कि यह दूसरा संकेत (का) पहले संकेत की एक परिपूरक ध्वनि है। इसका अर्थ यह हुआ कि पहला संकेत एक भावचित्र है। अब इस पहले भावचित्र-संकेत पर विचार करते हुए गेल्ब ने जाना कि यह संकेत हित्ती लिपि में यहां इस नगर-नाम के आरंभ में और अन्यत्र केवल एक देवता के लिए ही प्रयुक्त हुआ मिलता है। इससे यह परिणाम निकलता है कि नगर-देवता के नाम पर ही इस नगर का नामकरण हुआ है। कार्चेमिश के लिए असीरी लेखों में 'कारकामेस' नाम मिलता है। तुलनात्मक अध्ययन से गेल्ब ने उपर्युक्त हित्ती संकेतों के लिए यह हित्ती नाम प्राप्त किया— 'कारका (का)-मे-स-व-सी'।

आगे अध्ययन करके गेल्ब इस परिणाम पर पहुंचा कि हित्ती हाइरोग्लिफिक लिपि में 60 से अधिक ध्वनि-संकेत नहीं हैं। किसी लिपि के वर्णमालात्मक होने के लिए इतने संकेत अधिक हैं, और अक्षरमालात्मक लिपि के लिए इतने संकेत कम हो सकते हैं। लेकिन लगभग 60 संकेतों वाली यह लिपि यदि वर्णमालात्मक नहीं है, तो इसे निश्चय ही अक्षरमालात्मक होना चाहिए। जापानी अक्षरमाला में केवल 47 संकेत हैं। अंत में गेल्ब इस परिणाम पर पहुंचा कि हित्ती हाइरोग्लिफिक में स्वरों से आरंभ होने वाले अक्षर हैं ही नहीं, और इसमें बंद अक्षर भी नहीं हैं। इसमें केवल स्वरांत अक्षर हैं। बंद अक्षरों को दो स्वरांत अक्षरों से लिखा जाता है, जैसे, राम—रा-मे।

गेल्ब ने लगभग पचास हित्ती संकेतों को ध्वनिमान प्रदान किए, जिनमें लगभग आधे ध्वनिमानों के बारे में उसका विश्वास था कि वे सही हैं। अन्य हित्ती पुरालिपिविदों के अन्वेषणों से भी गेल्ब के अनुसंधान को समर्थन मिला। अन्य चार अन्वेषकों ने भी हित्ती हाइरोग्लिफिक के ध्वनिमान खोजने में सहायता दी थी।

इतना होने पर भी हित्ती हाइरोग्लिफिक लिपि के अन्वेषण को पूर्ण नहीं माना जा सकता था; क्योंकि भाषा का सही-सही ज्ञान न होने के कारण हित्ती लेखों को पूर्णत: पढ़ा नहीं जा सकता था। कोई द्वैभाषिक लेख ही हित्ती ध्वनिमानों के बारे में अंतिम फैसला दे सकता था। और, सौभाग्य से इस प्रकार का द्वैभाषिक लेख मिल भी गया।

हेल्मुथ थियोडर बोस्सेर्ट जब 1945 में दक्षिण-पूर्व तुर्की की यात्रा पर था तो कुछ खानाबदोशों से उसे पता चला कि कादीर्ली शहर के पास एक 'सिंह-प्रस्तर' है। बोस्सेर्ट जानता था कि यह हित्ती पुरावशेष ही हो सकता है, क्योंकि हित्ती लोग सिंह के विशेष प्रेमी जान पड़ते हैं और उनके स्मारकों

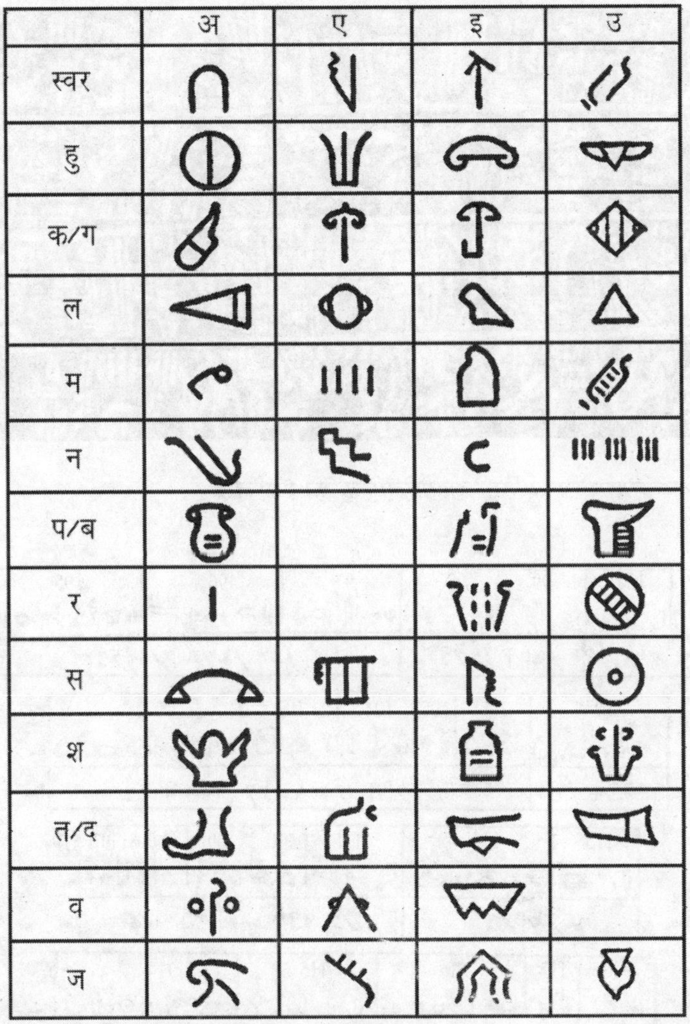

चित्र 6.7 *हित्ती हाइरोग्लिफिक अक्षरमाला (इग्नस जे. गेल्ब के अनुसार)*

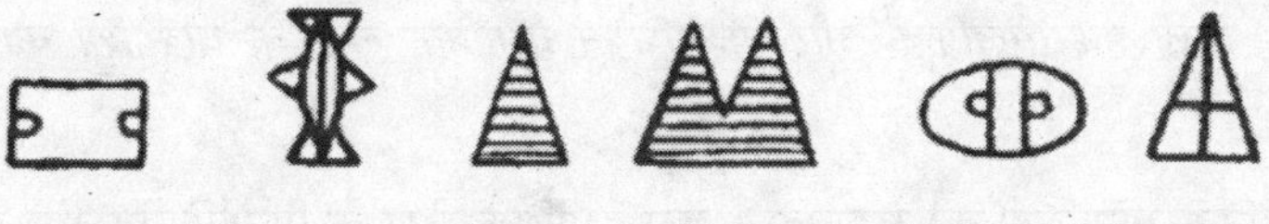

चित्र 6.8 *हित्ती हाइरोग्लिफ, क्रमशः 'भवन', 'सूर्य', 'नगर', 'देश', 'देव', 'राजा'*

पर सिंह की आकृतियां प्राय: मिलती हैं। बोस्सेर्ट ने अंत में फरवरी 1946 में एक स्थानीय स्कूल-मास्टर एकराम कुश्चु की सहायता से वह 'सिंह-प्रस्तर' खोज निकाला। वस्तुत: यह सिंह नहीं, बैल था! यहां इस मूर्ति पर बोस्सेर्ट ने सेमेटिक लिपि के लेख देखे। पास ही कारतेपे नामक स्थान से उसे हित्ती हाइरोग्लिफिक लेख भी मिले। अगले साल बोस्सेर्ट जब कारतेपे की खुदाई के लिए लौटा, तो उसे एक साथ फिनीशियन एवं हित्ती हाइरोग्लिफिक में लिखित द्वैभाषिक लेख भी मिले।

चित्र 6.9 *कार्चेमिश से प्राप्त हित्ती हाइरोग्लिफिक का एक लेख*

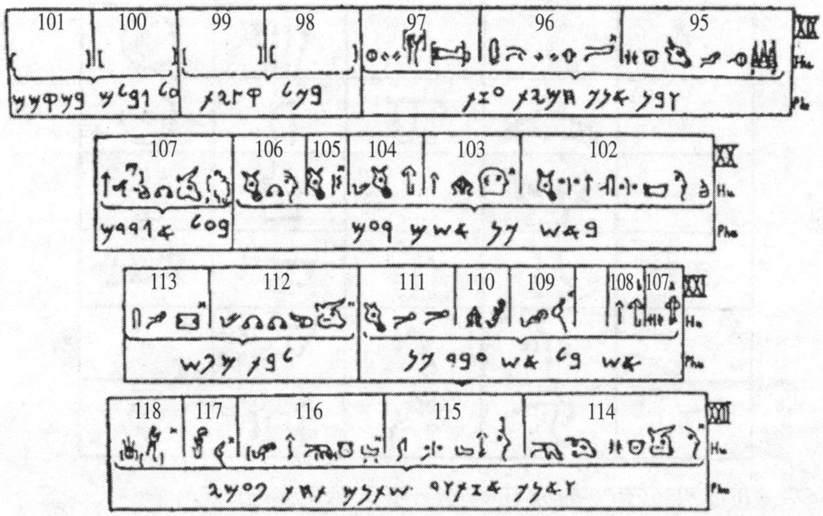

चित्र 6.10 *हित्ती हाइरोग्लिफिक और फिनीशियन द्वैभाषिक लेख के वाक्यांशों का तुलनात्मक अध्ययन*

कई सेमेटिक भाषाविदों की सहायता से इस द्वैभाषिक लेख के फिनीशियन अंश का अनुवाद तैयार किया गया और हित्ती हाइरोग्लिफिक लेख के साथ इसकी तुलना की गई। इस तुलनात्मक अध्ययन से हित्ती हाइरोग्लिफिक लेखों की भाषा के स्वरूप को जानने में तो मदद मिली ही, इस लिपि के ध्वनिमानों के बारे में भी अब अधिक संदेह के लिए गुंजाइश नहीं रह गई। यह भी पता चला कि हित्ती हाइरोग्लिफिक लेखों की भाषा हित्ती कीलाक्षर लेखों की भाषा से कुछ भिन्न है। असल में इस द्वैभाषिक लेख के प्राप्त होने के साथ हित्ती हाइरोग्लिफिक लिपि के अन्वेषण-कार्य को समाप्त समझा जा सकता है। अब बाकी था तो केवल इन लेखों को पढ़ने का काम।

चित्र 6.11 हाइरोग्लिफिक और कीलाक्षरों में हित्ती शासकों की मुद्राएं : (1) मुवातल्लिस, (2) इंदिलिम्मा, और (3) तबर्ना

हम बतला चुके हैं कि 1919 में फोरेर ने प्रतिपादित किया था कि बोगाज़-कोई से प्राप्त लेखों में आठ भाषाओं का अस्तित्व देखने को मिलता है। इसका यह अर्थ नहीं है कि हित्ती राज्य में ये आठों भाषाएं बोली जाती थीं। केवल दो भाषाओं—हित्ती तथा अक्कदी—का ही शासन से संबंधित कार्य के लिए उपयोग होता था। बोगाज़-कोई से प्राप्त अभिलेखों में अधिकांश लेख इन्हीं दो भाषाओं में हैं। इनके अलावा, कतिपय पूर्ण लेख हुर्री भाषा में भी मिलते हैं। शेष भाषाओं के बारे में केवल खंडित उल्लेख मिलते हैं। हम इनमें से दो भाषाओं की कुछ विशेषताओं पर थोड़ा प्रकाश डालेंगे।

हित्ती : हम बतला चुके हैं कि ह्रोज्नी ने 1915 में इसे भारोपीय परिवार की भाषा सिद्ध किया था।

इस भाषा में केवल छह कारक हैं। इसमें लिंग केवल दो हैं—पुंलिंग तथा नपुंसक लिंग। इसमें संस्कृत की तरह द्विवचन के रूप नहीं हैं। धातु-रूप निम्न प्रकार से चलते हैं :

	एकवचन	बहुवचन
अन्य पुरुष	या-त्सि	या-न्त्सि
मध्यम पुरुष	या-सि	या-तेनि
उत्तम पुरुष	या-मि	या-वेनि

असल में, हित्ती भाषा में भारोपीय परिवार की शब्दावली बहुत कम है। ऐसे कुछ शब्दों के उदाहरण हैं : 'वासर' या 'वादर' (सं. उद), एकुजि (सं. यामि), क्विस (सं. कः), इत्यादि। इस भाषा के अधिकतर शब्द गैर-भारोपीय भाषा-परिवारों के ही हैं।

आरंभ में भाषाशास्त्रियों ने हित्ती भाषा को भारोपीय परिवार के 'केंतुम्' वर्ग में रखा था; किंतु बाद के अन्वेषणों से यह सिद्ध हो गया कि इसमें कुछ ऐसे आरंभिक ध्वनितत्व विद्यमान हैं, जिससे इसे भारोपीय परिवार की एक अलग भाषा मानना ही उचित होगा।

मितानी शासकों की आर्यभाषा : बोगाज़-कोई के अभिलेखागार में ऐसे चार अंकित फलक मिले हैं, जिनकी भाषा संस्कृत से काफी मिलती-जुलती है। मितानी देश के किसी किक्कुली नामक व्यक्ति ने घोड़ों की शिक्षा के बारे में यह पुस्तक लिखी थी। यहां हम इस भाषा के संख्यावाचक शब्दों की संस्कृत के शब्दों के साथ तुलना करके दिखाएंगे।

मितानी		**संस्कृत**
ऐक वर्तन्न	(एक घुमाव)	एक वर्तनम्
तेर वर्तन्न	(तीन घुमाव)	त्रि वर्तनम्
पंज वर्तन्न	(पांच घुमाव)	पंच वर्तनम्
सत्त वर्तन्न	(सात घुमाव)	सप्त वर्तनम्
नव वर्तन्न	(नौ घुमाव)	नव वर्तनम्

अन्य उल्लेखों से पता चलता है कि मितानी शासक इंद्र, वरुण, मित्र तथा नासत्यों (दो अश्विनीकुमार) जैसे वैदिक देवताओं को मानते थे। वस्तुत: मितानी राज्य में जनता तो हुर्री भाषा बोलती थी, किंतु इनके मितानी शासन आर्यभाषी थे।

बोगाज़-कोई के अभिलेखों में अक्कदी तथा सुमेरी भाषा के भी लेख मिलते हैं। इन भाषाओं के बारे में यथास्थान विस्तार से बताया जा चुका है।

7

उगारीती और गुबलाती लिपियां

सीरिया के लताकिया शहर के उत्तर में करीब 15 किलोमीटर की दूरी पर मिनेत्-एल-बेइदा (यूनानियों का 'श्वेत-पत्तन') बंदरगाह है। भूमध्यसागर के साइप्रस द्वीप की उत्तर-पूर्वी नोक से पूर्व की ओर समुद्र को लांघती हुई यदि एक सीधी रेखा खींची जाए तो हम सीरिया के इस तटवर्ती बंदरगाह पर पहुंचते हैं। इसी बंदरगाह के पास लगभग 18 मीटर ऊंचा 'रास-शमरा' नामक एक टीला था।

मार्च 1928 में इसी रास-शमरा के पास एक स्थानीय किसान खेत की जोताई कर रहा था, तो उसे एक बड़ा पत्थर हटाने पर नीचे एक रास्ता दिखाई दिया। यह रास्ता जमीन के भीतर एक वर्गाकार कब्र में पहुंचता था। किसान को उस कब्र में शायद सोने की कुछ वस्तुएं मिलीं। खैर! अंत में इस खोज की सूचना जब उस समय के स्थानीय फ्रांसीसी गवर्नर को मिली तो उसने तुरंत इसकी जानकारी बेरुत के फ्रांसीसी अधिकारियों को दी। इसके बाद, सीरिया तथा लेबनान में उस समय के पुरातत्व-निदेशक चार्लेस विरोलियो फौरन रास-शमरा के लिए रवाना हुए। यहां किसान द्वारा खोजी हुई उस कब्र में विरोलियो को मिट्टी के कुछ खंडित कलश-पात्र मिले, जिन्हें निरर्थक समझकर उस किसान ने वहीं छोड़ दिया था। फ्रांसीसी इंस्टीट्यूट के मॉरिस दुसौ ने जब उन कलशों का अध्ययन किया तो उसे इस बात में कोई संदेह नहीं रहा कि वे ई.पू. 12वीं-13वीं शताब्दी के हैं और उनका निर्माण साइप्रस तथा क्रीट में हुआ है। कब्र की योजना भी क्रीट के क्नोसोस नगर में मिली कब्रों जैसी ही थी।

सीरिया के तट पर इस प्रकार के पुरावशेष इसके पहले कभी नहीं मिले थे। दुसौ को विश्वास हो गया कि किसी समय मिनेत्-एल-बेइदा अंतर्राष्ट्रीय महत्व का बंदरगाह रहा है और साइप्रस, क्रीट, मिस्र तथा एजियन सागर के द्वीपों से इस बंदरगाह के व्यापारिक संबंध थे। दुसौ के जोर देने पर फ्रांसीसी इंस्टीट्यूट मिनेत्-एल-बेइदा तथा रास-शमरा की खुदाई के लिए एक पुरातत्व-अभियान भेजने को तैयार हो गई। मार्च 1929 में शैफर तथा चेनैत नामक दो पुराविदों के नेतृत्व में रास-शमरा की खुदाई आरंभ हुई। इस खुदाई से जो पुरावशेष प्राप्त हुए उनके आधार पर सिद्ध हो गया कि रास-शमरा प्राचीन काल का प्रसिद्ध उगारीत नगर ही है।

फारस की खाड़ी के ऊपर से मिस्र तक यदि एक अर्धवृत्ताकार चाप खींचा जाए तो इस पट्टे को हम उर्वर भूमि के रूप में देखते हैं। पश्चिम की तरफ यह पट्टा भूमध्यसागर के पूर्वी किनारे की भूमि को स्पर्श करता हुआ मिस्र पहुंचता है। प्राचीन काल में यह पट्टा (ब्रिस्टेड ने इसे 'उर्वर-अर्धचंद्र' का नाम दिया है) विभिन्न सभ्यताओं की क्रीड़ाभूमि रहा है। पुराविदों की मान्यता है कि 3500 ई.पू. के बाद से अरब प्रायद्वीप से भाषा तथा वंश की दृष्टि से सेमाइट कही जानेवाली जाति के अनेक कबीले समय-समय पर इस 'उर्वर-अर्धचंद्र' में आकर बसते चले गए। यहां सबसे पहले आकर बसने वाले लोग अक्कदी-बेबीलोनियों के पूर्वज थे। इनके लगभग एक हजार वर्ष बाद आमेरी लोग (इन्हीं में से बाद में कनानी निकले) यहां आए। फिर आरमियन (हिब्रू लोग इन्हीं की एक शाखा थे)

और नबातियन आए। इनमें से बाद में आने वाले कबीले पहले से बसे हुए लोगों को दबाते और ढकेलते चले गए। इसराइलियों को इलहाम हो गया था कि उन्हें कनान की भूमि 'ऊपरवाले' ने दी है। अंत में कनानियों के लिए भूमध्यसागर के किनारे का थोड़ा-सा पट्टी-प्रदेश (आजकल के लेबनान और सीरिया का तटवर्ती प्रदेश) ही बच गया। बाद में इसी प्रदेश को यूनानियों ने 'फिनीशिया' का नाम दिया।

लगभग 240 किलोमीटर चौड़ी इस समुद्री पट्टी में देवदार के घने जंगल थे। कनानियों (फिनीशियनों के पूर्वज) ने देवदार की इस मजबूत तथा टिकाऊ लकड़ी का नौकाएं बनाने के लिए उपयोग किया। बाद में वे व्यापार के लिए बड़ी नौकाओं में दूर-दूर के देशों की यात्राएं भी करने लगे। उन्होंने स्पेन तक अपने उपनिवेश-नगर स्थापित किए थे। प्रसिद्ध तेल-एल-अमर्ना अभिलेखों में भी इन कनानियों के बारे में जानकारी मिलती है। पता चलता है कि 1400 ई.पू. के आसपास कार्मेल पर्वत के उत्तर में समुद्रतट पर इन कनानियों के अनेक नगर तथा बंदरगाह थे। इनमें से अक्को, टायर, सिदोन, बेरीतुस, बिब्लोस, सिमीरा, अरवद तथा उगारीत प्रसिद्ध नगर थे। अक्को (आधुनिक अंकरा), टायर (सुर), सिदोन (सैदा), बेरीतुस (बेरुत), बिब्लोस (जेबइल), सिमरा (सुमरा) तथा अरवद या अरदुस (रौद) को तो पुराविदों ने पहचान लिया था, किंतु बीसवीं शताब्दी का प्रथम चरण बीत जाने पर भी अभी उगारीत की खोज नहीं हुई थी। अब रास-शमरा से प्राप्त पुरावशेषों के अध्ययन से यह सिद्ध हो गया कि उगारीत नगर तथा बंदरगाह यहीं पर स्थित था।

प्राप्त पुरावशेषों के अध्ययन से इस नगर के इतिहास पर भी कुछ प्रकाश पड़ा। नवपाषाण-युग (ई.पू. पांचवीं सहस्राब्दी) में भी यहां एक बस्ती थी। 3000 ई.पू. और 2000 ई.पू. के बीच में यहां नई जाति के कनानी लोग आकर बसे। उगारीत की खुदाई में अनेक मिस्री पुरावशेष भी मिले हैं, जिनसे पता चलता है कि मिस्र के साथ इन कनानियों के गहरे संबंध थे। बाद में इन्हें शक्तिशाली हित्ती राज्य की अधीनता स्वीकार करनी पड़ी। उसके बाद इनको पुनः मिस्र के शासन में दिन गुजारने पड़े। अंत में ई.पू. 12वीं शताब्दी में असीरिया के राजा तिगलथ-पिलेसेर ने उगारीत नगर पर चढ़ाई करके इसे ऐसा नष्ट किया कि फिर यह हमेशा के लिए उजड़ गया।

रास-शमरा की खुदाई आरंभ होने के बाद दूसरे महीने से ही यहां से मिट्टी के फलकों पर अंकित कीलाक्षर लेख प्राप्त होने लगे थे। बाद में 1930-32 के बीच और भी बहुत-से अंकित फलक मिले। जिस स्थान से ये फलक मिले वह एक मंदिर था। इसी मंदिर में एक पुस्तकालय तथा पाठशाला थी। प्राप्त फलकों में कुछ अक्कदी भाषा और अक्कदी कीलाक्षर लिपि में थे। किंतु अधिकांश फलक एक अज्ञेय भाषा और अज्ञेय लिपि में थे। ऊपरी दृष्टि से यद्यपि इन लेखों की लिपि कीलाक्षरों जैसी ही प्रतीत होती थी, किंतु इनके ध्वनिमान अज्ञात थे। रास-शमरा के उत्खनन के इस आरंभिक दौर में पित्तल के बने हुए पांच ऐसे कुल्हाड़े भी मिले, जिन पर कीलाक्षर लिपि में संक्षिप्त लेख उत्कीर्ण थे।

उगारीत की खुदाई का कार्य बाद में अनेक वर्षों तक चलता रहा और तब बहुत सारे अंकित फलक मिले, परंतु आरंभ की खुदाई में जो लगभग 50 अंकित फलक मिले थे, उनके लेखों को विरोलियो ने तुरंत प्रकाशित कर दिया।

उगारीती लिपि के अन्वेषण का श्रेय तीन विद्वानों को जाता है—विरोलियो, हांज बाउएर और दोर्मी। चूंकि यह लिपि अज्ञात थी और इसकी भाषा भी अज्ञात थी, इसलिए आरंभ में इसका अन्वेषण एक बहुत ही कठिन प्रयास था। किंतु जिस तेजी से उपर्युक्त विद्वानों ने इस लिपि का उद्घाटन किया, उसे देखकर सचमुच आश्चर्य होता है। पुरालिपियों में संभवतः किसी भी अन्य लिपि का इतना जल्दी उद्घाटन नहीं हुआ। उगारीती लिपि के कीलाक्षर संकेत बाह्य दृष्टि से ही अक्कदी कीलाक्षरों जैसे दिखाई देते थे; किंतु, सिवा इसके कि ये दोनों लिपियां बाईं ओर से

दाहिनी ओर को लिखी जाती थीं, इन लिपियों में कोई साम्य नहीं था। विरोलियो ने देखा था कि इस लिपि में 27 संकेत हैं (अब इस लिपि के संकेतों की संख्या 30, और कभी-कभी 32 भी मानी जाती है)। इतने कम संकतों वाली लिपि वर्णमालात्मक या ध्वन्यात्मक ही हो सकती है। अक्षरमालात्मक या भावचित्रात्मक लिपि में इतने कम संकेत नहीं हो सकते। लिपि-विज्ञान का यह एक मान्य सिद्धांत है कि यदि किसी ध्वन्यात्मक लिपि में लिखी गई भाषा का स्वरूप ज्ञात हो जाए, तो फिर ऐसी लिपि का देर-सबेर उद्घाटन हो ही जाता है।

हांज बाउएर, उगारीत की भौगोलिक स्थिति आदि बातों पर विचार करके, निर्णय पर पहुंचा कि यह अज्ञात भाषा पश्चिमी सेमेटिक भाषा की कोई बोली होनी चाहिए। बाउएर का जन्म जर्मनी के बंबर्ग नामक स्थान पर 1878 ई. में हुआ था। उसने रोम में दर्शन, विज्ञान तथा भाषाशास्त्र का अध्ययन किया था। बाद में उसने बर्लिन में सेमेटिक भाषाओं का गहन अध्ययन किया। इनके अलावा, उच्च गणित तथा अन्य वैज्ञानिक विषयों में भी उसकी गहरी रुचि थी। गणितशास्त्र तथा भाषाशास्त्र में उसकी निपुणता के कारण ही उसे उगारीती लिपि के अन्वेषण में इतनी जल्दी सफलता मिली।

आरंभ में ही, यह मानकर कि इस अज्ञात लिपि में एक सेमेटिक भाषा छिपी हुई है, बाउएर ने विरालियो द्वारा प्रकाशित लेखों पर सेमेटिक भाषा के नियमों को आरोपित करके अपना अन्वेषण-कार्य आरंभ किया। यहां हमें पुनः स्मरण कर लेना चाहिए कि सेमेटिक भाषा की लिपियों में केवल व्यंजन-संकेत ही होते हैं, इनमें स्वर-संकेत नहीं होते।

उगारीती लिपि के लेखों में शब्दों को अलग-अलग दरशाने के लिए शब्द के आरंभ तथा अंत में कीलनुमा एक खड़े संकेत (शब्द-विभाजक) का उपयोग किया गया था। बाउएर ने लेखों का अध्ययन करके देखा कि दो शब्द-विभाजक संकेतों के बीच में कभी-कभी केवल एक ही अक्षर-संकेत लिखा हुआ है। उसने सोचा कि यह सेमेटिक भाषा में काफी अधिक मात्रा में प्रयुक्त किसी एकाक्षरी शब्द का व्यंजन-संकेत होना चाहिए। बाउएर का दूसरा तर्क यह था कि चूंकि सेमेटिक भाषा के शब्दों में पूर्व-प्रत्यय (उपसर्ग) तथा पर-प्रत्यय (अंतसर्ग) दोनों ही होते हैं, इसलिए शब्दों की इन प्रत्यय-ध्वनियों को निर्धारित किया जा सकता है। पश्चिमी सेमेटिक बोलियों में 'आलेफ्' (स्वरों के पहले की स्फोटात्मक कंठ्य ध्वनि), ज, म, न, त और कभी-कभी ब, ह, क, ल तथा व ध्वन्यक्षर पूर्व-प्रत्यय के रूप में आते हैं, और पर-प्रत्ययों में ह, क, म, न, त तथा कभी-कभी व और ज़ अक्षर होते हैं। एकाक्षरी शब्दों में ल तथा म और कभी-कभी ब, क तथा व अक्षर होते हैं। बाउएर ने इन अक्षरों को निम्न प्रकार से एक तालिका में संयोजित किया :

(1) पूर्व-प्रत्यय	(2) पर-प्रत्यय	(3) एकाक्षरी शब्द
आलेफ्	ह	ल
ज	क	म
म	म	(ब)
न	न	(क)
त	त	(व)
(ब)	(व)	
(ह)	(ज़)	
(क)		
(ल)		
(व)		

इस तालिका के आधार पर अब बाउएर ने उगारीती लेखों में आए विभिन्न संकेतों की आवृत्ति या बारंबारता का सूक्ष्म अध्ययन आरंभ कर दिया। उसने देखा कि इन अभिलेखों में दो अक्षर-संकेत बारंबार आते हैं। उपरोक्त तालिका में 'क', 'म' और 'व' ही ऐसे अक्षर हैं जो तीनों स्तंभों में पाए जाते हैं। इनमें से 'क' को बाउएर ने निकाल दिया, क्योंकि सेमेटिक भाषा में इस अक्षर का उपयोग बहुत कम होता है। अब बचे केवल दो अक्षर—'म' और 'व'।

लेखों का अधिक गहरा अध्ययन करके बाउएर ने जाना कि प्रत्ययों के रूप में दो और संकेतों का बहुतायत में इस्तेमाल होता है। परंतु एकाक्षरी शब्दों में ये संकेत नहीं मिलते। इसलिए ये दो नए संकेत उपरोक्त तालिका के स्तंभ नं. (1) और नं. (2) में तो होने चाहिए, किंतु स्तंभ नं. (3) में नहीं होने चाहिए। उपरोक्त तालिका को देखने पर स्पष्ट हो जाएगा कि ऐसे दो अक्षर केवल 'न' और 'त' ही हो सकते हैं। यहां तक पहुंचने पर भी बाउएर नहीं ही जानता था कि कौन-सा संकेत 'म' या 'व' है और कौन-सा 'न' या 'त'। तालिका से उसे अब तक इन चार अक्षरों के दो जोड़े ही प्राप्त हुए थे।

उगारीत की खुदाई में कुछ ऐसे कुल्हाड़े भी मिले थे जिन पर उगारीती लिपि में संक्षिप्त लेख अंकित थे। अपने आरंभिक अध्ययन में विरोलियो ने पता लगाया था कि इन कुल्हाड़ों पर अंकित छह संकेतों का एक समूह कुछ अन्य फलकों पर भी उत्कीर्ण मिलता है, परंतु उन फलकों पर इस संकेत-समूह के पहले एक अतिरिक्त अक्षर और मिलता है। उसने यह भी प्रतिपादित किया कि कुल्हाड़ों पर अंकित यह संकेत-समूह एक व्यक्तिवाचक नाम है और फलकों के लेखों में पाए जाने वाले इस संकेत-समूह के पहले आनेवाला एकाक्षरी संकेत 'को' (पूर्वसर्ग) का द्योतक है। इस संकेत के लिए अक्कदी में 'अना' (अंग्रेजी में 'टु') पूर्वसर्ग था।

विरोलियो के इस सुझाव से लाभ उठाकर बाउएर ने जाना कि अक्कदी के 'अना' पूर्वसर्ग के लिए पश्चिमी सेमेटिक में 'ल' पूर्वसर्ग मिलता है, इसलिए उपरोक्त संकेत-समूह के पहले आनेवाला संकेत 'ल' अक्षर ही होना चाहिए। इस 'ल' के बारे में दृढ़ मत हो जाने पर बाउएर ने अब अपने दो जोड़ों के अक्षरों को पहचानने के लिए 'संभाविता-सारणी' तथा 'एक अज्ञेय मान वाले समीकरण' की सामान्य गणितीय विधियों का इस लिपि-अन्वेषण में उपयोग किया। उसने उगारीती लेखों में ऐसे एक शब्द की खोज की जिसकी इन लेखों में होने की अधिक संभावना थी। यह शब्द था 'राजा', जो सेमेटिक में 'म-ल-क' (सेमेटिक में केवल व्यंजन ही लिखे जाते हैं, स्वर नहीं लिखे जाते) लिखा जाता था। बाउएर ने अब अपने पहले जोड़े ('म' तथा 'ल') में से एक संकेत लेकर इसे 'म' का मान दिया। 'ल' के बारे में उसे तनिक भी संदेह नहीं था। लेकिन इस शब्द (म-ल-क) के तीसरे संकेत को उसे सिद्ध करना था, इसलिए उसने इसे, जैसा कि हम गणित में करते हैं, अज्ञेय 'क्ष' मान दिया। क्या यह 'क्ष' (अज्ञेय) सचमुच ही 'क' है, और यह शब्द 'मलक' (राजा) ही है? उसकी इस परिकल्पना को पुष्टि मिली, जब उसने उसी पाठ में कुछ आगे 'म ल क्ष क्ष' स्वरूप का एक संकेत-समूह देखा। ये संकेत 'म ल क क' (तुम्हारा राजा) शब्द के द्योतक थे। बाउएर को अब विश्वास हो गया कि उसने, 'ल' के अलावा, 'म' तथा 'क' अक्षर खोज लिए हैं।

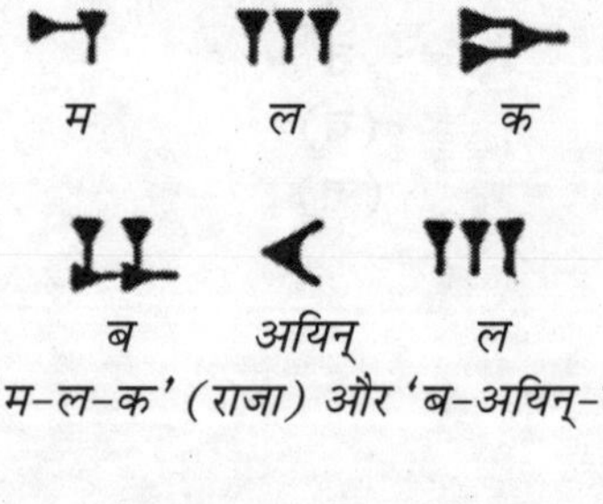

चित्र 7.1 उगारीती लिपि में 'म-ल-क' (राजा) और 'ब-अयिन्-ल' = बाल (एक देवता) शब्द

उसके बाद बाउएर ने लेखों में से 'ब-न' (पुत्र) शब्द को खोजकर 'ब' तथा 'न' अक्षर निर्धारित किए। फिर उसने उगारीती लेखों में 'बाल' (एक देवता) शब्द की खोज की। 'ब' तथा 'ल' अक्षरों को अब वह जानता ही था। इस 'बाल' शब्द में तीन व्यंजन हैं—'ब', 'अयिन्' और 'ल'। सेमेटिक भाषा के नियमों के अनुसार 'अयिन्' (स्फोटात्मक स्वरमुखावरण ध्वनि) भी एक व्यंजन ही है। इस प्रकार, बाउएर ने 'अयिन्' का संकेत भी खोज लिया।

अब तो बाउएर का अन्वेषण-कार्य तेजी से आगे बढ़ता चला गया। चंद दिनों के भीतर ही उसने इस लिपि के 17 संकेतों के सही मान ज्ञात कर लिए। बाउएर का विश्वास था कि उसने 20 अक्षर निश्चित रूप से और 5 अक्षर कुछ संदिग्ध रूप से खोज लिए हैं। परंतु वह आरंभ में ही, अपनी तालिका तैयार करते समय, एक बड़ी भूल कर बैठा था। वस्तुत: उगारीती लेखों के लिपिकों ने ही उसे इस गलती में फंसाया था। उगारीती लेखों में एक एकाक्षरी शब्द ऐसा भी था जिसके पहले और बाद में शब्द-विभाजक संकेत नहीं दिए गए थे, इसलिए बाउएर गलती से उस संकेत को पर-प्रत्यय समझ बैठा था। असल में, यह एक एकाक्षरी संकेत ही था, और इसे तालिका के स्तंभ नं. (2) की बजाय स्तंभ नं. (3) में रखा जाना चाहिए था। इसी एक गलती के कारण बाउएर से बाद में बहुत-सी गलतियां होती गईं।

कुल्हाड़ों पर अंकित लेखों से सूत्र पकड़कर बाउएर इस लिपि के उद्घाटन की ओर आगे बढ़ा था। बाद में दो अन्य कुल्हाड़ों के लेखों का अध्ययन करते समय वह और भी अधिक गलतियां कर बैठा।

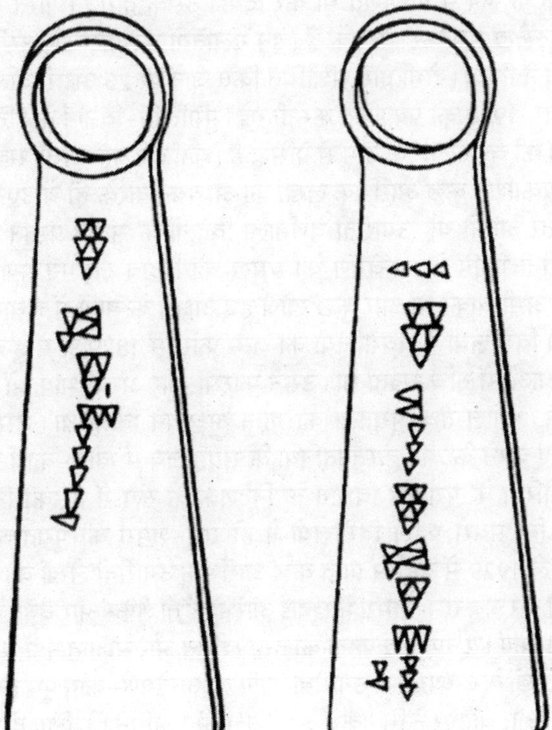

चित्र 7.2 उगारीत (रास-शमरा) से प्राप्त पित्तल के दो अंकित कुल्हाड़े

बाईं ओर के कुल्हाड़े पर छह कीलाक्षर संकेत हैं और दाहिनी ओर के कुल्हाड़े पर भी छह संकेतों वाला यह समूह है, किंतु इनके ऊपर चार संकेत और हैं। बाउएर से सोचा कि इन दोनों कुल्हाड़ों पर जो छह संकेत समान रूप से पाए जाते हैं, वे इन कुल्हाड़ों के मालिक के नाम को दरशाते हैं, और दाहिनी ओर के कुल्हाड़े पर ऊपर की ओर जो चार कीलाक्षर हैं, वे 'कुल्हाड़ा' शब्द के द्योतक हैं। कुल्हाड़ों के इस चित्र को यदि हम बाईं ओर 90° के कोण में घुमाएं तो 'कुल्हाड़ा' के द्योतक चार संकेतों को इनके असली रूप में हम बाईं ओर से दाहिनी ओर को पढ़ सकते हैं। इन चार संकेतों के समूह में नं. 4 का संकेत, तीन क्षैतिज कील, 'न' है, यह बाउएर जानता था। उसने नं. 2 संकेत = 'र' की भी खोज कर ली थी। अब बाउएर को पूर्ण विश्वास हो गया कि इन चार संकेतों में हिब्रू का 'गर्जेन' (कुल्हाड़ा) शब्द, जो सेमेटिक में 'ग-र-ज-न' लिखा जाता था, निहित है। इस प्रकार उसने समझा कि उसे चार संकेतों वाले इस समूह में नं. 1 तथा 3 के संकेतों के लिए 'ग' और 'ज' अक्षर मिल गए हैं। इन मानों को वह अन्य संकेत-समूहों पर भी लागू करता गया और इस प्रकार अधिकाधिक गलतियां करता गया।

बाद में इस उगारीती लिपि के सर्वांगीण अध्ययन से पता चला कि उगारीती भाषा सेमेटिक परिवार की एक स्वतंत्र भाषा है और हिब्रू से इसका साम्य होने पर भी यह उससे कुछ भिन्न है। कुल्हाड़ा के लिए उगारीती शब्द 'ग-र-ज-न' नहीं है, बल्कि 'ह्-र-श-न' है। दाहिनी ओर के कुल्हाड़े पर अंकित पूर्ण लेख पढ़ा जाएगा—'ह-र-श-न र-ब क-ह-न-म', अर्थात्, 'कुल्हाड़ा महा-पुरोहित का'। यहां 'र-ब' से मतलब 'रब्बी' (ईश्वरीय) है।

उसके बाद बाउएर ने कुछ और अक्षरों को खोज निकाला और 1930 में ही उसने अपने अन्वेषणों को दो-तीन निबंधों के रूप में प्रकाशित भी कर दिया। उसके द्वारा निर्धारित कुछ अक्षरमान गलत थे, इस बात का उल्लेख हम कर ही चुके हैं। इन गलतियों का परिष्कार उसी साल फ्रांस के एक विद्वान एदुवर्द दोर्मी ने किया। दोर्मी द्वारा संशोधित किए जाने पर 25 अक्षरों वाली एक शुद्ध उगारीती वर्णमाला 5 अक्तूबर, 1930 को प्रकाशित कर दी गई। पुरालिपि-विज्ञान के इतिहास में यह प्रकाशन '5 अक्तूबर, 1930 की वर्णमाला' के नाम से प्रसिद्ध है। यहां हमें यह स्मरण रखना चाहिए कि 1929 में विरोलियो द्वारा प्रकाशित कुछ आरंभिक लेखों का अध्ययन करके ही बाउएर तथा दोर्मी ने केवल छह महीनों के भीतर अपनी यह उगारीती वर्णमाला विद्वानों के सामने प्रस्तुत कर दी थी।

वस्तुतः उगारीती लिपि के अन्वेषण का प्रमुख कार्य अब लगभग पूर्ण हो चुका था। कुछ अक्षरों को खोजना अभी बाकी था और कुछ खोजे हुए अक्षरों के मानों में सुधार करना शेष था। इस काम को पूरा किया विरोलियो ने। विरोलियो का जन्म फ्रांस में 1879 ई. में हुआ था। बचपन से ही वह एशिया की भाषाओं में रुचि रखता था। उसने फारसी और अरबी भाषाओं के अलावा, पश्चिम एशिया के इतिहास, भूगोल तथा पुरातत्व का गहन अध्ययन किया था। उसने लघु एशिया तथा ईरान की कई यात्राएं करने के बाद कुस्तुनतुनिया के संग्रहालय में खोज-कार्य भी किया था। 1920 में लेबनान तथा सीरिया के पुरातत्व विभाग के निदेशक के रूप में उसकी नियुक्ति हुई थी। हम बतला ही चुके हैं कि सबसे पहले विरोलियो ने ही रास-शमरा की पुरातत्व-यात्रा की थी और उसने ही सबसे पहले 1929 में यहां से प्राप्त कुछ आरंभिक उगारीती लेखों को प्रकाशित किया था।

1930 में दूसरी बार जब रास-शमरा में खुदाई आरंभ हुई तो शैफेर और चैनेत ने यहां से बहुत से नए अंकित फलक प्राप्त किए। ये नए लेख पहले की तरह खंडित और संक्षिप्त नहीं थे, बल्कि ये लंबे-लंबे लेख थे। इन्हीं लंबे लेखों के अध्ययन से उगारीती लिपि का अन्वेषण-कार्य पूर्ण हो सका। इसका श्रेय है विरोलियो को। दोर्मी और बाउएर ने मिलकर 'आलेफ्' (और अयिन्) के लिए दो संकेत प्राप्त किए थे। विरोलियो ने 'अयिन्' के लिए एक तीसरा मान भी प्राप्त किया। उसने 'ज़' के संकेत को भी खोजा। इस प्रकार संपूर्ण उगारीती वर्णमाला ज्ञात हो जाने पर उगारीती लेखों का अध्ययन आसान हो गया था।

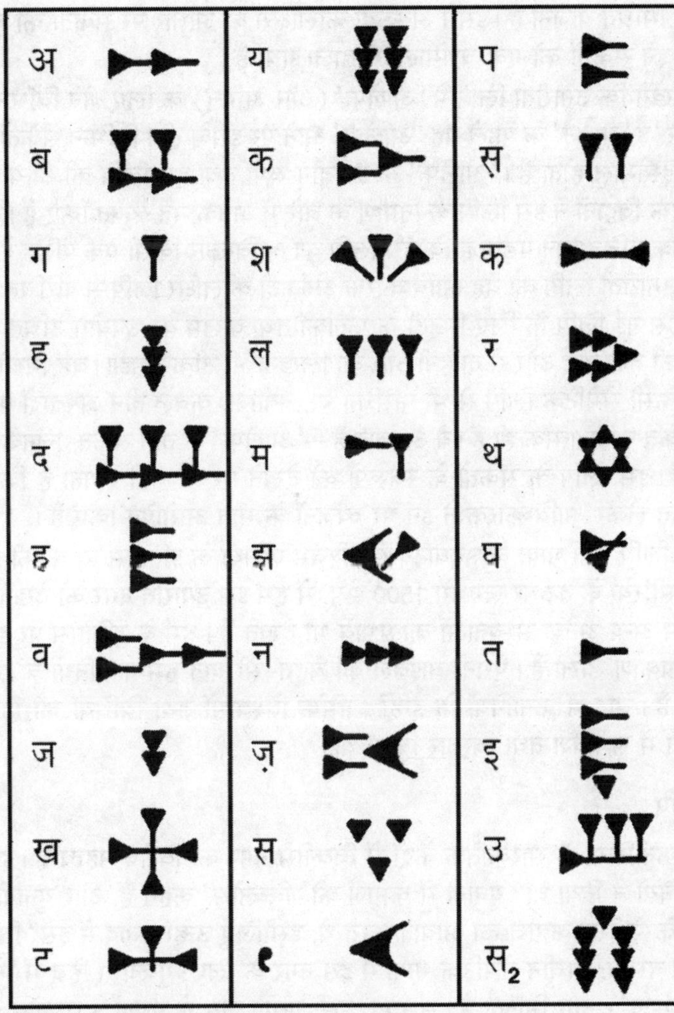

चित्र 7.3 उगारीती लिपि की वर्णमाला

यह उगारीती लिपि उत्तर-पश्चिमी सेमेटिक लिपि का एक प्रकार होने पर भी एक शुद्ध वर्णमालात्मक लिपि है। इसमें न अक्षर-संकेत (सिलेबल) हैं, न भावचित्र हैं, और न निर्धारक-संकेत ही। जिस प्रकार सारी उगारीती सभ्यता में एक प्रकार का मिश्रण है, उसी प्रकार उनकी यह

चित्र 7.4 संपूर्ण उगारीती वर्णमाला

लिपि भी एक मिश्रित योजना है। इसमें अक्कदी कीलाक्षरों के आधार पर संकेतों का चुनाव किया गया है, मगर इन संकेतों को एक वर्णमाला में ढाला गया है।

पाठक देखेंगे कि उगारीती लिपि में 'आलेफ्' (और अयिन्) के लिए तीन विभिन्न संकेत हैं। 'अ', 'ए' और 'इ' या 'उ' के पहले यह 'आलेफ्' आने पर इसके तीन विभिन्न संकेतों का भिन्न-भिन्न रूप से इस्तेमाल होता है। 'आलेफ्' के इन तीन रूपों तथा इस लिपि की अन्य विशेषताओं पर विचार करके विद्वानों ने इस लिपि के निर्माण के बारे में अनेक मत व्यक्त किए हैं। लेकिन अब यही मत अधिक उचित जान पड़ता है कि इस लिपि का आविष्कार किसी एक पंडित ने स्वतंत्र रूप से किया था। उगारीती लिपि का यह आविष्कारक अक्कदी कीलाक्षर लिपि से परिचित था, क्योंकि उसने अपनी इस नई लिपि के लिए मिट्टी के फलकों तथा कलम का उपयोग उचित समझा और इसे अक्कदी की तरह बाईं ओर से दाहिनी ओर को लिखना भी ठीक समझा। वह मिस्री लिपि तथा व्यंजनात्मक किसी सेमेटिक लिपि से भी परिचित था, क्योंकि, केवल तीन अपवादों को छोड़कर, उसके सारे संकेत व्यंजनात्मक ही हैं। ये अपवाद हैं—'आलेफ्' के तीन संकेत, जिनके बारे में हम बतला चुके हैं। इस लिपि के संकेतों के स्वरूपों को देखने पर भी यही लगता है कि स्वेच्छा से कीलाक्षर संकेत लेकर आविष्कारक ने इन पर व्यंजनों के मान आरोपित किए हैं।

उगारीती लिपि तथा भाषा के उद्घाटन से पश्चिम एशिया के इतिहास पर काफी नया प्रकाश पड़ा है। यहां सीरिया के तट पर लगभग 1500 ई.पू. में हम इस उगारीत नगर को देखते हैं। इसकी सभ्यता पर हम अन्य अनेक सभ्यताओं का प्रभाव भी देखते हैं। धर्म के इतिहास पर इन उगारीती लेखों ने नया प्रकाश डाला है। पुरानी बाइबल की बहुत-सी बातें हम कनानियों के इन उगारीती लेखों में पाते हैं। बाद में कनानियों के इन्हीं धार्मिक विश्वासों तथा विधियों का हिब्रू लोगों ने अपनी बाइबल में समावेश तथा विस्तार किया था।

गुबलाती लिपि

प्राचीन फिनीशिया के सांस्कृतिक केंद्रों में बिब्लोस नगर का विशेष महत्व है। इस नगर को यह नाम यूनानियों ने दिया था। यूनानी में कागज को 'बिब्लोस' कहते हैं, और यूनानी लोग इसी नगर से मिस्र के पेपीरस कागज का आयात करते थे, इसीलिए उन्होंने बाद में इसे 'बिब्लोस' का नाम दिया था। वस्तुतः प्राचीन सेमेटिक भाषा में इस नगर के लिए 'गुब्ला' (हिब्रू में 'गेबल' और आधुनिक 'जेबइल') नाम मिलता है। संभवतः इसी गुब्ला नाम से गुब्ला > बुब्लोस > बिब्लोस नाम अस्तित्व में आया था। बिब्लोस की खुदाई से जो पुरावशेष प्राप्त हुए हैं उनमें अक्षरांकित कुछ प्रस्तर-स्मारक, पित्तल के कुछ फलक आदि पुरावशेष पुरालिपि की दृष्टि से विशेष महत्व के हैं। मॉरिस दुनांद ने बिब्लोस से प्राप्त इन सभी पुरावशेषों का विवरण एक ग्रंथ 'बिब्लिया ग्रामाता' (बेरुत, 1945) से प्रकाशित किया है।

बिब्लोस की इस पुरालिपि का अन्वेषण किया एदुअर्द दोर्मी ने। हम देख चुके हैं कि दोर्मी ने उगारीती लिपि के अन्वेषण में भी भाग लिया था। दोर्मी का जन्म 1881 ई. में फ्रांस में हुआ था। सेमेटिक भाषाओं—हिब्रू, आरमाइक तथा अरबी—का उसने गहन अध्ययन किया था। बाइबल के अध्ययन से संबंधित सभी प्राचीन भाषाओं तथा पुरालिपियों को उसने अपने अध्ययन तथा अन्वेषण का क्षेत्र बना लिया था। प्रथम महायुद्ध में दोर्मी ने शत्रुपक्ष द्वारा गुप्त संकेतों में भेजे जानेवाले संदेशों का उद्घाटन करने का भी काम किया था। उसने स्वयं स्वीकार किया है कि इस अभ्यास के बाद उसे पुरालिपियों के अन्वेषण में काफी सहायता मिली। दोर्मी ने कुछ साल तक फ्रांस के सारबोन विश्वविद्यालय में भी पढ़ाया। 1945 में 'कॉलेज द फ्रांस' में उसकी नियुक्ति हुई।

बिब्लोस की अज्ञात लिपि तथा उसमें निहित अज्ञात भाषा का अन्वेषण आरंभ करते ही शुरू में दोर्मी ने यह मान लिया कि बिब्लोस के इन लेखों में फिनीशियन भाषा छिपी हुई है। हम देख चुके हैं कि उगारीती लिपि का अध्ययन करते समय बाउएर ने आरंभ में ही यह मान लिया था कि इस लिपि में पश्चिमी सेमेटिक भाषा छिपी हुई है। गुब्ला (बिब्लोस) के इतिहास तथा इसकी भौगोलिक स्थिति पर यदि विचार किया जाए तो कोई भी सर्वप्रथम इसकी पुरालिपि के लिए फिनीशियन भाषा की ही कल्पना करेगा। इस गुबलाती लिपि में दुनांद ने आरंभ में सब मिलाकर 114 संकेत निर्धारित किए थे। किंतु यदि एक संकेत के विविध रूपों को छोड़ दिया जाए तो इस लिपि में लगभग 70–75 संकेत हैं। स्पष्ट है कि इतने संकेतों वाली कोई लिपि अक्षरमालात्मक ही हो सकती है। वर्णमालात्मक लिपि के लिए इतने संकेत अधिक हैं और भावचित्रात्मक लिपि के लिए इतने संकेत कम।

किसी भी अक्षरात्मक लिपि में 'ब', 'बा', 'बी', 'बु' या 'अब', 'इब', 'उब' जैसे संकेत पाने की हम आशा रख सकते हैं। लेकिन दोर्मी ने तो इस लिपि में एक सेमेटिक भाषा—फिनीशियन—की कल्पना की थी। और, हम जानते हैं कि सेमेटिक भाषाओं की लिपियों में व्यंजन-संकेत ही महत्व के होते हैं। इसलिए दोर्मी ने इस लिपि के संकेतों में 'बा', 'बी', 'बु' आदि अक्षर खोजने का विचार छोड़ दिया और इन्हें ब^1, ब^2, ब^3 आदि नाम दिए।

अब हम देखेंगे कि दोर्मी ने गुबलाती लेखों के आधार पर इस लिपि का अन्वेषण किस तरह किया। यहां जिस कांस्य फलक के लेख का हम चित्र दे रहे हैं उस पर सामने की ओर 13 पंक्तियां हैं और पीछे की ओर केवल दो पंक्तियां। दोर्मी ने पीछे की ओर की इन दो पंक्तियों से अपना अन्वेषण आरंभ किया।

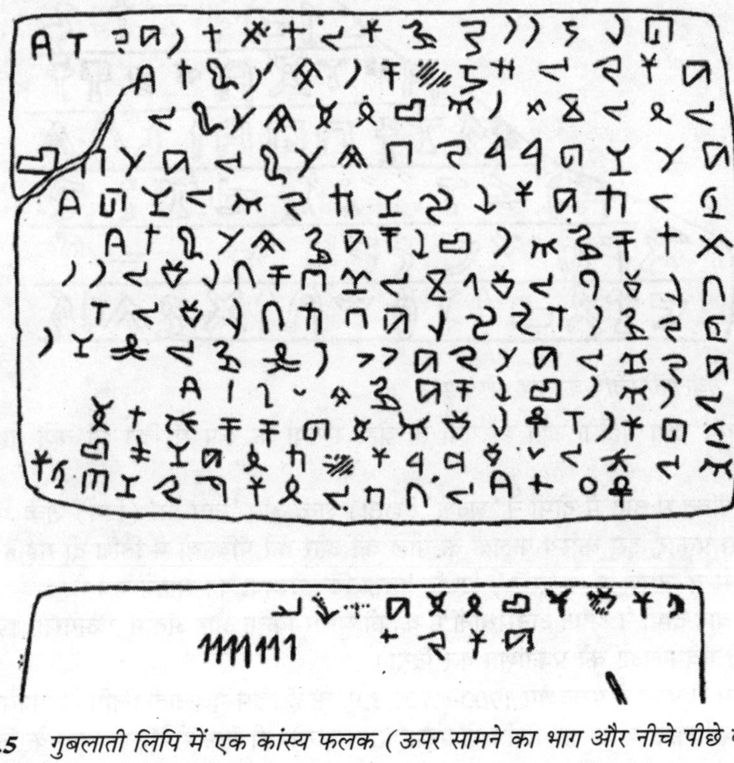

चित्र 7.5 गुबलाती लिपि में एक कांस्य फलक (ऊपर सामने का भाग और नीचे पीछे का)

दो पंक्तियों के इस पीछे के भाग के लेख में सबसे पहले दोर्मी की नजर बाईं ओर के सात समान संकेतों पर गई। उसने इन्हें सात गुना 1, अर्थात् संख्या 7 मान लिया।

इसके बाद, 1 के इन सात संकेतों के आगे अंतिम पंक्ति में चार संकेत हैं। इनमें से अंतिम संकेत 'ब' का द्योतक है (यह लेख दाएं से बाएं पढ़ा जाता है), यह अन्य उदाहरणों से दोर्मी जानता था। दोर्मी को एकाएक सूझा कि क्या यह किसी तिथि का द्योतक नहीं हो सकता? सेमेटिक में '(अमुक) वर्ष में' को 'ब-शनत' से व्यक्त किया जाएगा। अब तो दोर्मी को विश्वास हो गया कि ये अंतिम चार संकेत इन्हीं चार अक्षरों के द्योतक हैं। इन चार अक्षरों को स्वीकार करके उसने अपना अन्वेषण चालू रखा।

आगे खोज करने पर दोर्मी को इसी लेख में 'न-क्ष-श' स्वरूप का एक संकेत-समूह मिला। यहां 'क्ष' एक अज्ञात मान के लिए रखा गया है। पाठकों को स्मरण होगा कि कुल्हाड़ों पर अंकित उगारीती लिपि के लेखों का अध्ययन करते समय बाउएर को चार संकेतों के बारे में एकाएक सूझा था कि ये संकेत कुल्हाड़ों पर अंकित हैं, इसलिए ये 'कुल्हाड़ों' के ही द्योतक होने चाहिए। उसी तरह यहां दोर्मी को भी लगा कि ये तीन अक्षर, जिस वस्तु पर यह लेख लिखा गया है उसी वस्तु के द्योतक होने चाहिए। अब सेमेटिक में तांबे या पित्तल के लिए 'न-.ह-श' शब्द मिलता है। इस प्रकार दोर्मी ने इस '.ह' के मान को भी स्वीकार कर लिया। इस '.ह' को जान लेने पर उसने मजब.ह (=वेदि) शब्द को खोजकर 'म' अक्षर भी प्राप्त किया। इसके बाद उसने इस लेख की 14वीं पंक्ति में 'ब-तमज़' (तम्मुज़ महीने में) शब्द खोज निकाला। इस प्रकार उसे 'ज़' के लिए दूसरा मान भी मिल गया, जिसे उसने $ज_1$ का नाम दिया।

चित्र 7.6 गुबलाती लिपि का एक शिलापट्ट

अब, वर्ष तथा महीना ज्ञात हो गया तो वहां संख्या के रूप में दिन भी क्यों नहीं होना चाहिए?

14वीं पंक्ति में अंत में दोर्मी ने 'शदश' (छठा) शब्द और 'जम-म' (दिन) शब्द भी खोज निकाले। इस प्रकार, इस कांस्य फलक के पीछे की ओर की पंक्तियों में तिथि दी गई है : 'ब-शदश जम-म ब-तमज ब-शनत 7', अर्थात् 'छठा दिन तम्मुज़ का सातवें वर्ष में'।

उसके बाद दोर्मी ने अपने अनुसंधानों में काफी सुधार किया और अंत में 2 अगस्त, 1946 को उसने अपनी गवेषणाओं को प्रकाशित कर दिया।

बिब्लोस से प्राप्त ये पुरावशेष 1900-1700 ई.पू. के हैं। इस गुबलाती लिपि के आविष्कारक ने असीरी-बेबीलोनी कीलाक्षर लिपि से प्रेरणा प्राप्त करके ही एक सेमेटिक भाषा के लिए इस

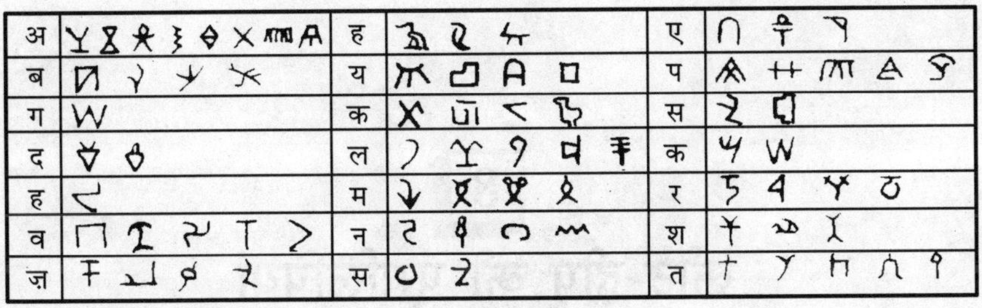

चित्र 7.7 *दोर्मी के अनुसार गुबलाती लिपि की अक्षरमाला*
(अक्षरों का क्रम सेमेटिक अक्षरों–जैसा रखा गया है; अ और ए क्रमशः 'आलेफ़' और 'अयिन्' ध्वनियों के द्योतक हैं)

असुविधाजनक लिपि को जन्म दिया था। अंत में हम यहां उस कांस्य फलक पर अंकित लेख का अनुवाद दे रहे हैं :

ये लिलु के शब्द हैं : मैंने तोफेत के तांबे को लपेटा है।
लोहे की नोक से मैंने इन पंक्तियों को अंकित किया है।
इकार्रेनु ने मंदिर की कुंजी को अक्षरों से अंकित किया है,
और उसने इसका नाम आतोन–यहाकी लिखा है।
वेदिका के पित्तल के मुकुट को भी मैंने अंकित किया है।
लिलु ने अपने परिवार के सम्मान के लिए यह सब किया है
गवर्नर इपुश के समय मैंने यह सब किया है।
तम्मुज़ के छठे दिन।
सातवें वर्ष में।

8

क्रीट द्वीप की पुरालिपियां

हमारे 'रामायण' और 'महाभारत' की तरह प्राचीन यूनान के दो महाकाव्य 'इलियड' और 'ओडेसी' प्रसिद्ध हैं। परंपरा के अनुसार होमर को इनका रचयिता माना जाता है। 19वीं शताब्दी के अंतिम चरण तक यूरोप के पुराविद् इन महाकाव्यों में वर्णित ट्रोजन-युद्ध यानी ट्रॉय के युद्ध को काल्पनिक समझते थे। परंतु यूरोप में एक व्यक्ति ऐसा भी था जिसका इन महाकाव्यों के कथानकों में अटूट विश्वास था। उसने होमर के वर्णनों के आधार पर ही प्रसिद्ध ट्रॉय नगर को खोज निकाला। यह व्यक्ति था, हाइनरिख़ शिलमान (1822-90 ई.)। ट्रॉय की खुदाई के बाद शिलमान ने यूनान के माइसिन नगर की कब्रों को भी 1876 में खोज निकाला। माइसिन की खुदाई से, अनेक पुरावशेषों के अलावा, बहुत सारा सोना भी प्राप्त हुआ। होमर ने सच ही कहा था, ''सोने से भरा माइसिन।'' लेकिन यहां यह बात हमें स्मरण रखनी चाहिए कि माइसिन की खुदाई में मिले पुरावशेषों से यह तो पता चला कि ई.पू. 13वीं-12वीं शताब्दी में यहां एक संपन्न सभ्यता मौजूद थी, परंतु इस प्रथम खुदाई में माइसिन से कोई लेख प्राप्त नहीं हुआ था। होमर के कुछ उल्लेखों के आधार पर बाद में शिलमान ने क्रीट द्वीप में भी खुदाई करने की योजना बनाई। मगर उसे अपनी योजना त्याग देनी पड़ी, क्योंकि एक तो वह जिस स्थान की खुदाई करना चाहता था वह खोजा न जा सका और दूसरे, क्रीट के उस समय के तुर्की शासन ने बाधाएं डालीं। अंततः क्रीट में खुदाई करने का श्रेय मिला एक अंग्रेज पुरातत्ववेत्ता आर्थर इवांस (1851-1941 ई.) को।

कई प्राचीन उल्लेखों से यह विदित था कि क्रीट का प्राचीन क्नोसोस (नॉसस)नगर किस स्थान पर था। 1899 में क्रीट पर तुर्की का शासन समाप्त हुआ, और अगले साल इवांस ने क्नोसोस की खुदाई आरंभ कर दी। खुदाई शुरू होने के एक सप्ताह बाद ही यहां से मिट्टी के अक्षरांकित फलक मिलने लगे। परंतु उन पर अंकित लिपि-संकेत मुहरों जैसे नहीं थे। ये संकेत रैखिक थे, इसलिए इवांस ने उनका 'रैखिक लिपियां' (लीनियर स्क्रिप्ट्स) नाम रखा। इस प्रकार, इवांस ने क्रीट में तीन प्रकार की लिपियों के पुरालेख प्राप्त किए। उनमें से एक तो मुहरों पर उत्कीर्ण चित्रलिपि थी। यह क्रीट की सबसे प्राचीन लिपि थी और इसका समय लगभग 2000 से 1650 ई.पू. के बीच का था। रैखिक लिपि को इवांस ने दो भागों में विभाजित किया—**रैखिक-अ** (लीनियर-ए) और **रैखिक-ब** (लीनियर-बी)। रैखिक-अ लिपि क्रीट में लगभग 1750 से 1450 ई.पू. तक अस्तित्व में रही और इसके अभिलेख केवल क्रीट से ही मिले हैं। मिट्टी के फलकों के अलावा, प्रस्तरों तथा कांस्य पात्रों पर भी इस लिपि के लेख मिले हैं। रैखिक-ब के लेख पत्थरों या कांस्य पात्रों पर नहीं मिलते। रैखिक-अ का सबसे बड़ा संग्रह क्रीट के हागिया-त्रिएदा (प्राचीन 'फाइस्टोस') नामक स्थान से मिला है। यहां इस लिपि के मिट्टी के 150 फलक पाए गए हैं।

रैखिक-ब लिपि

रैखिक-ब के लेख क्रीट के केवल एक ही स्थान क्नोसोस से मिले हैं। ये सभी लेख 1400 ई.पू. के आसपास के हैं और क्नोसोस के राजप्रासाद की खुदाई में प्राप्त हुए हैं। पता

चित्र 8.1 *क्रीट की रेखाचित्रात्मक (हाइरोग्लिफिक) लिपि की दो मुहरें*

चित्र 8.2 *फाइस्टोस (क्रीट) से प्राप्त रेखाचित्रात्मक (हाइरोग्लिफिक) लिपि का फलक*

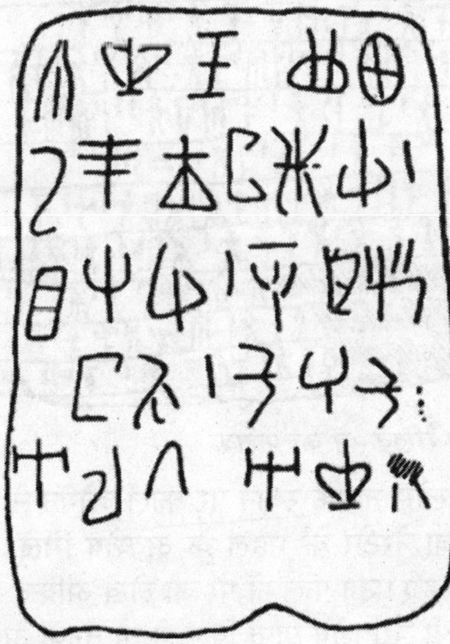

चित्र 8.3 *क्नोसोस से प्राप्त रैखिक-अ का फलक*

चलता है कि 1400 ई.पू. के आसपास यह राजमहल आग लगने से जल गया। इस भयानक आग की आंच से इस महल के कक्षों में रखे हुए मिट्टी के लेखयुक्त फलक पककर पक्के हो गए। वस्तुतः हम कह सकते हैं कि उस आग की कृपा से ही ये फलक 20वीं शताब्दी तक बचे रहे। अन्यथा, कच्ची मिट्टी के फलक कभी के नष्ट हो गए होते। 1450 ई.पू. के आसपास रैखिक-अ का स्थान रैखिक-ब ने ले लिया था।

इवांस ने इस नई लिपि के अन्वेषण के लिए ही क्रीट की खुदाई आरंभ की थी। परंतु क्नोसोस के राजप्रासाद की खुदाई ज्यों-ज्यों आगे बढ़ी त्यों-त्यों इवांस इस विशाल भवन के अन्वेषण में अधिकाधिक व्यस्त होता गया। यूनानी आख्यानों के अनुसार इस प्रासाद का निर्माण 'मिनोस' नाम के राजा ने किया था और इस राजा का शासन, क्रीट के अलावा, यूनान पर भी था। इसीलिए क्रीट की इस प्राचीन संस्कृति को अब 'मिनोअन संस्कृति' कहा जाता है।

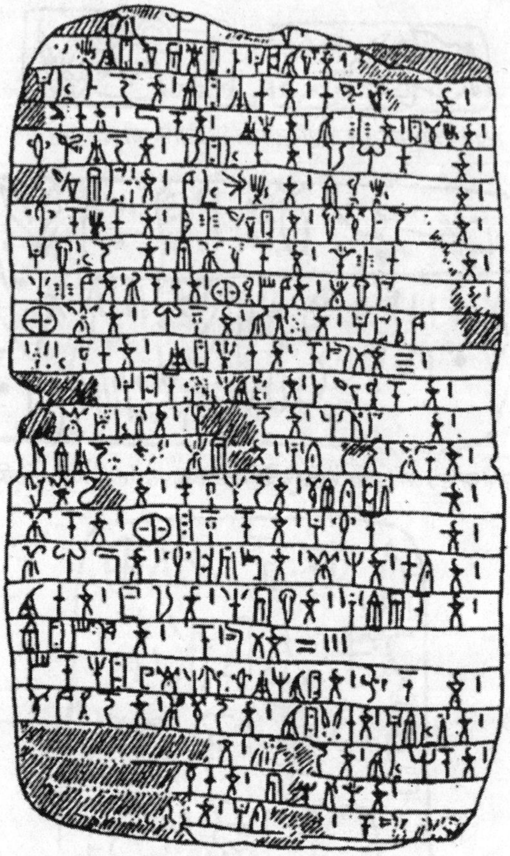

चित्र 8.4 क्नोसोस से प्राप्त रैखिक-ब का फलक

1939 में यूनान के पाइलोस नामक स्थान पर कार्ल ब्लेगेन ने खुदाई आरंभ की। वहां उसे 'ओडेसी' में उल्लिखित राजा नेस्टोर के महल के अवशेष मिले। साथ ही वहां लगभग 600 अंकित फलक भी उसे प्राप्त हुए। उन फलकों पर जो लेख अंकित थे वे रैखिक-ब लिपि में थे।

इवांस ने जब क्नोसोस से पुरावशेष प्राप्त किए थे तो उनके अध्ययन के आधार पर उसकी यह दृढ़ मान्यता हो गई थी कि मिनोअन संस्कृति का अपने बाद की यूनानी संस्कृति से कोई संबंध नहीं है। उसका विश्वास था कि क्रीट में एक शक्तिशाली साम्राज्य था और वहां से मिनोअन शासक यूनान के प्रदेश पर भी शासन करते थे। यूनान के माइसिन नगर को भी मिनोअन शासन का एक केंद्र माना गया था। जब पाइलोस से क्रीट की रैखिक-ब लिपि के लेख मिले, तब भी किसी पुराविद् की सहज ही हिम्मत नहीं हुई कि वह इवांस की उक्त गलत धारणा को चुनौती दे। बिना ठोस प्रमाण के चुनौती दी भी नहीं जा सकती थी। जब तक रैखिक-ब लिपि के लेख पढ़ न लिए जाएं और उनमें छिपी भाषा ज्ञात न हो जाए तब तक किसी ठोस मत पर पहुंचा भी नहीं जा सकता था।

क्रीट की रैखिक-ब लिपि का सबसे पहले सही मार्ग पर अन्वेषण आरंभ किया अमरीका की कुमारी एलिस कोबेर ने। 1950 में केवल 43 वर्ष की अल्पायु में उसकी मृत्यु हो गई। लेकिन मृत्यु के पहले वह क्रीट की रैखिक-ब लिपि के सही अन्वेषण की आधारशिला रखकर गई। कोबेर ने डॉक्टरेट की उपाधि गणित और भौतिकी में प्राप्त की थी। परंतु वैज्ञानिक विषयों के अलावा

भाषाशास्त्र में भी उसकी गहरी रुचि थी। उसने संस्कृत, हित्ती, प्राचीन फारसी तथा भारोपीय परिवार की कुछ भाषाओं का अध्ययन किया था। लेकिन अंत में क्रीट की इस लिपि में उसकी रुचि अधिक गहरी होती गई। उसने उस लिपि के स्वरूप का अध्ययन आरंभ किया। उसके सरल से सवाल थे—क्या यह विविध व्याकरण-रूपों को व्यक्त करने के लिए प्रत्ययों का उपयोग करनेवाली विभक्ति-प्रधान भाषा थी? क्या इस भाषा में अनेकवचन को व्यक्त करने के लिए कोई ठोस व्यवस्था थी? क्या इनमें लिंग-भेद था?

कोबेर को इन प्रश्नों के आंशिक उत्तर ही मिले, परंतु उसके ये प्रश्नोत्तर इस लिपि के अन्वेषण की दिशा में सही कदम थे। उदाहरणार्थ, कोबेर ने स्पष्ट निर्धारित किया कि फलकों के हिसाबों में जमा-जोड़ के जो परिणाम दिए गए हैं, उनमें दो भेद हैं—एक में पुरुष तथा एक जाति के पशुओं का आभास मिलता है, तो दूसरे में स्त्री तथा अन्य जातियों के पशुओं का। यह लिंग-भेद का स्पष्ट प्रमाण था। लेखों में आए शब्द-संकेतों का सूक्ष्म अध्ययन करके कोबेर ने यह भी देखा कि कुछ शब्द दो रूपों में मिलते हैं—एक ही शब्द का एक रूप उसके दूसरे रूप से एक संकेत में बड़ा मिलता है। विभिन्न अंत्य-प्रत्ययों वाले इस प्रकार के कुछ शब्दों को खोजकर कोबेर ने इनके विविध रूपों की एक तालिका भी तैयार की थी, जो आज 'कोबेर के त्रिविध' के नाम से प्रसिद्ध है।

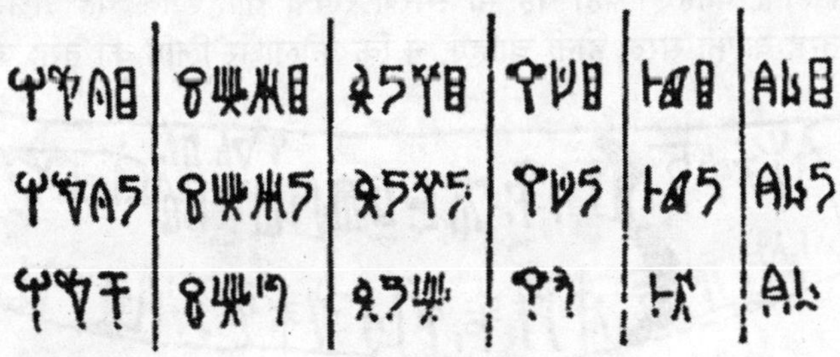

चित्र 8.5 *कोबेर के त्रिविध*

माइकेल वेंट्रिस का अन्वेषण

कुमारी कोबेर इस लिपि के अध्ययन में सही मार्ग पर आगे बढ़ रही थी, पर उसकी अचानक मृत्यु हो जाने से यह काम रुक गया। कोबेर के बाद इंग्लैंड के माइकेल वेंट्रिस ने इस लिपि के अन्वेषण का काम हाथ में लिया। इसमें उसे जॉन चाडविक का सहयोग मिला। अंत में वेंट्रिस और चाडविक ने मिलकर रैखिक-ब लिपि का पूर्ण रूप से उद्‌घाटन किया।

असल में, कोबेर से भी बहुत पहले ही वेंट्रिस के जीवन में क्रीट की इस लिपि के अध्ययन का बीजारोपण हो चुका था। 'ब्रिटिश स्कूल ऑफ आर्केओलॉजी' (एथेंस) के 50 वर्ष पूर्ण होने के उपलक्ष्य में 1936 में लंदन के बर्लिंग्टन हाउस में एक पुरातत्व-प्रदर्शनी का आयोजन किया गया था और उस अवसर पर सर आर्थर इवांस ने क्रीट की सभ्यता तथा लिपियों के बारे में एक भाषण दिया था। उस व्याख्यान में 14 वर्ष का एक विद्यार्थी भी श्रोताओं में उपस्थित था। वह था माइकेल वेंट्रिस। इवांस का वह व्याख्यान सुनते हुए वेंट्रिस के बाल-मस्तिष्क में जिन विचारों का बीजारोपण हुआ, वे फलित हुए सोलह साल बाद। बचपन से ही वेंट्रिस पुरालिपियों में तथा भाषाओं के अध्ययन में गहरी दिलचस्पी रखता था। सात वर्ष की आयु में ही उसने मिस्र की हाइरोग्लिफिक लिपि पर जर्मन भाषा में लिखी हुई एक पुस्तक खरीदकर पढ़ी थी।

माइकेल वेंट्रिस का जन्म 12 जुलाई, 1922 को इंग्लैंड के एक सुखी परिवार में हुआ था। उसके पिता भारत में सैनिक अधिकारी थे। माइकेल की आरंभिक शिक्षा जर्मन तथा फ्रांसीसी भाषाओं के माध्यम से स्विट्जरलैंड के एक स्कूल में हुई थी। उसी समय उसने स्थानीय स्विस-

जर्मन बोली भी सीखी और छह साल की अल्पायु में पोलिश भाषा भी सीख ली। बाद में इंग्लैंड के एक स्कूल में दाखिल होने पर उसने यूनानी भाषा का अध्ययन किया। स्कूल की पढ़ाई समाप्त करने पर वह उच्च अध्ययन के लिए किसी विश्वविद्यालय में भर्ती नहीं हुआ, बल्कि उसने लंदन के एक वास्तुकला विद्यालय में अपना नाम लिखा लिया। द्वितीय महायुद्ध आरंभ होने पर अन्य तरुण छात्रों की तरह उसे भी अपनी पढ़ाई छोड़ देनी पड़ी; वह रॉयल एअरफोर्स में भर्ती हो गया। पर युद्ध के दौरान भी वह मिनोअन लिपि संबंधी पुस्तकें और पत्रिकाएं बराबर अपने साथ रखता और उनका गहराई से अध्ययन करता रहा।

रैखिक-ब के संकेत-समूह (शब्द) एक छोटी-सी खड़ी लकीर द्वारा अलग किए हुए होते हैं। प्रत्येक समूह में दो से आठ तक संकेत मिलते हैं। इन संकेत-समूहों के साथ स्वतंत्र रूप से भावचित्रों का भी प्रायः इस्तेमाल हुआ है। ये भावचित्र पूर्ण शब्दों के द्योतक हैं और संकेत-समूहों के संकेत अक्षरात्मक हैं। रैखिक-ब में इन अक्षर-संकेतों की संख्या 89 है। कुल संकेतों की ठीक संख्या अभी भी विवादास्पद है। स्पष्ट है कि इतने अक्षर-संकेत किसी भावचित्रात्मक लिपि के लिए कम हैं, और किसी वर्णमालात्मक लिपि के लिए अधिक। अतः यह लिपि अक्षरात्मक (सिलेबिक) ही होनी चाहिए। यहां यह भी स्मरण रखना चाहिए कि यह अक्षरमाला जापानी अक्षरमाला की तरह काफी सरल होनी चाहिए, न कि कीलाक्षर लिपि की तरह जटिल।

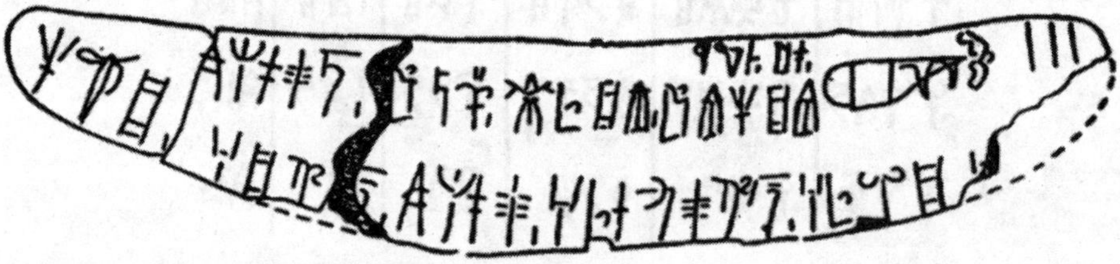

चित्र 8.6 क्नोसोस से प्राप्त रैखिक-ब का एक 'युद्धरथ' फलक

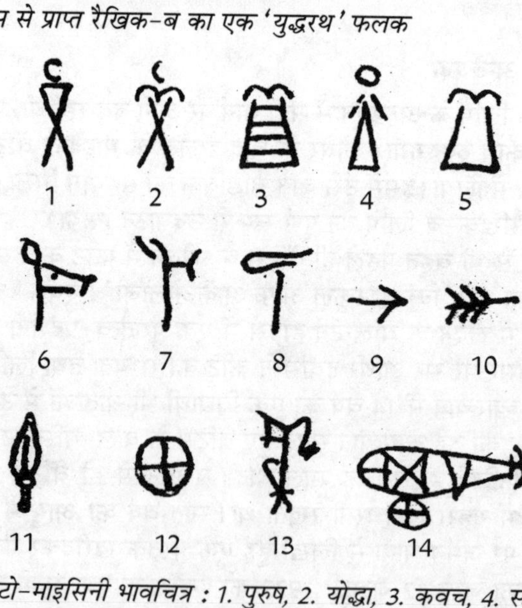

चित्र 8.7 कुछ क्रीटो-माइसिनी भावचित्र : 1. पुरुष, 2. योद्धा, 3. कवच, 4. स्त्री, 5. वस्त्र, 6. शूकर, 7. वत्स (बछड़ा), 8. भेड़, 9. भाला, 10. तीर, 11. खड्ग, 12. चक्र (पहिया), 13. मधु (दो अक्षरात्मक संकेतों का योग, मे-री, यूनानी भाषा में 'मेली'), 14. युद्धरथ

इस लिपि के अधिकांश लेख एक प्रकार से राजप्रासाद के बहीखातों के पन्ने ही हैं। यही कारण है कि इनमें अंक-संकेत बहुतायत से मिलते हैं। अंक-संकेत चूंकि आसानी से पहचाने जा सकते हैं, इसलिए सबसे पहले इस लिपि के हिसाब तथा माप-तौल संबंधी संकेतों तथा भावचित्रों को पहचाना जा सका। इवांस ने ही सबसे पहले इनका विवरण प्रस्तुत किया था। इन लेखों की अंक-पद्धति बहुत ही सरल है। यह दाशमिक पद्धति पर तो आधारित है, परंतु हमारी वर्तमान अंक-पद्धति की तरह इसमें स्थानमान जैसी कोई चीज नहीं है। इसमें शून्य के लिए कोई संकेत नहीं है। 1 से 9 तक के अंक खड़ी लकीरों से व्यक्त किए गए हैं। इसी प्रकार, आड़ी लकीरें दहाई को व्यक्त करती हैं और वृत्त सैकड़े को। वृत्त के साथ किरणें बनी हों तो वे हजार को सूचित करती हैं और किरणों वाले वृत्त के भीतर एक आड़ी लकीर हो तो वह दश-सहस्र को दरशाती है।

चित्र 8.8

अंक-संकेतों की तरह रैखिक-ब के कुछ भावचित्र भी आसानी से पहचाने जा सकते हैं। पशुओं के भावचित्रों में इवांस ने पुंल्लिंग तथा स्त्रीलिंग के भेद को पहचान लिया था। पशु-भावचित्रों के बीच में दो आड़ी लकीरें खींचकर उनका लिंग-भेद स्पष्ट किया गया है। कुमारी कोबेर ने 'कुल-जोड़' शब्द के दो रूपों के आधार पर इस शब्द के लिंग-भेद को पहचाना था। पुरुष या पुंल्लिंगी वस्तुओं का और स्त्रियों या स्त्रीलिंगी वस्तुओं का, अंत में जोड़ करने पर, जोड़ की संख्या के पहले 'कुल' शब्द रहता था। वस्तुत: संकेतों के अक्षरमान ज्ञात न होने पर भी इन लेखों का कुछ अर्थ लगाया ही जा सकता था, क्योंकि ये सभी लेख हिसाब-किताब से संबंधित थे।

महायुद्ध के बाद वास्तुशिल्प का अध्ययन समाप्त करके वेंट्रिस पुन: नए सिरे से मिनोअन लिपि के अध्ययन में जुट गया। 1950 के आरंभिक दिनों में उसने इस लिपि के बारे में एक प्रश्नावली तैयार की और उसकी प्रतियां अंतर्राष्ट्रीय ख्याति के दस विद्वानों को भेजीं। इन प्रश्नों का संबंध मिनोअन लिपियों की भाषा या भाषाएं, उनमें विभक्ति-प्रत्ययों का प्रमाण, रैखिक-अ, रैखिक-ब तथा साइप्रसी अक्षरमाला के बीच संबंध आदि बातों से था। वेंट्रिस को उन दसों विद्वानों से उत्तर प्राप्त हुए तो उसने उनका अंग्रेजी में अनुवाद करके उनके साथ अपनी टिप्पणियां जोड़ीं और अपने ही खर्च से छपवाकर उनका वितरण किया। इस विवरण का शीर्षक था 'मिनोअन तथा माइसिनी सभ्यता की भाषाएं'। चूंकि इस विवरण में इस विषय से जुड़े 1950 तक के सभी प्रकार के विचारों का समावेश था, इसलिए बाद में इसे 'मध्य-शताब्दी रिपोर्ट' का नाम दिया गया।

वास्तुकला का व्यवसाय वेंट्रिस का अधिकांश समय ले लेता था। परंतु वह अब मिनोअन लिपि के अध्ययन को भी छोड़ नहीं सकता था। 'रिपोर्ट' के बाद दो साल तक वह अपने बचे-खुचे समय में पूरे मनोयोग से इस लिपि का अन्वेषण करता रहा। इस अवधि में उसने अपनी गवेषणाओं के बारे में बीस लंबी टिप्पणियां तैयार कीं और अपने खर्च से ही उनकी प्रतियां तैयार करवाकर लगभग एक दर्जन विद्वानों के पास भेजीं। ये टिप्पणियां अब पुस्तकाकार प्रकाशित हो गई हैं। इनके अध्ययन से वेंट्रिस की गवेषणाओं का पूर्ण इतिहास ज्ञात हो जाता है। उसकी आरंभिक टिप्पणियों में कुछ गलतियां स्पष्ट ही दिखाई देती हैं। वह अब भी इस लिपि में एजियन या एत्रुस्कन भाषा ढूंढ़ निकालने की आशा लगाए हुए था। 1952 के मध्य तक वह मिनोअन लिपि के लिए एत्रुस्कन भाषा की ही कल्पना करता रहा। लेकिन उसकी इस मान्यता से इस लिपि के विश्लेषण में कोई बाधा नहीं पड़ी। 1950 में बेनेट के 'पाइलोस-फलकों' के प्रकाशित हो जाने से अब रैखिक-ब के अध्ययन के लिए पर्याप्त लेख उपलब्ध हो गए थे। इसी प्रकाशन में पहली बार

रैखिक-ब के संकेतों की एक विश्वसनीय सूची दी गई थी। वेंट्रिस ने इसके बाद हर संकेत की बारंबारता का यानी हर संकेत की संकेत-समूहों के आरंभ में, अंत में तथा अन्य स्थितियों में बारंबारता (पुनरावृत्ति) का सूक्ष्म अध्ययन करके इन संकेतों की एक सांख्यिकीय तालिका तैयार की। ऐसी तालिका बेनेट तथा यूनानी पुरातत्ववेत्ता क्रिस्टोपौलोस ने भी तैयार की थी। 1951 में वेंट्रिस ने पाइलोस-फलकों से ऐसे 159 शब्दों की एक सूची प्रस्तुत की जो स्पष्ट रूप से विभक्ति-प्रत्ययों से प्रभावित थी। इनमें से कुछ शब्द-रूपांतर लिंग-भेद के कारण भी थे।

इस प्रकार के व्याकरणात्मक विश्लेषण से प्रत्ययों की संभावित ध्वनियों का पता लगाया जा सकता है। इन ध्वनियों को पकड़ने के लिए वेंट्रिस ने एक 'जाल' (ग्रिड) तैयार किया। उसने पांच स्वरों को क्षैतिज रेखा में रखा और उनके नीचे बाईं ओर 15 व्यंजनों को एक खड़ी रेखा में रखा। इस प्रकार उसे 80 वर्गों का एक 'जाल' प्राप्त हो गया। इसके बाद लेखों के संकेत-समूहों में विभक्ति-प्रत्ययों का अध्ययन करके वह संभावित अक्षर-ध्वनियों को इस जाल के वर्गों में भरता

चित्र 8.9 क्रीट की रैखिक-ब लिपि की अक्षरमाला, (वेंट्रिस और चाडविक के आधार पर)

गया। जैसे, 'पो' ध्वनि को उसी वर्ग में रखा जाएगा जहा 'प' व्यंजन और 'ओ' स्वर, दोनों मिलते हैं। इस प्रकार, वेंट्रिस ने एक के बाद एक कई प्रयोगात्मक अक्षर-जाल तैयार किए। इस प्रकार के अध्ययन से भाषा के उच्चारण को जाने बिना भी उसके व्याकरण के बारे में काफी जानकारी प्राप्त की जा सकती है।

जब वेंट्रिस इस 'जाल-पद्धति' की मदद से काफी प्रगति कर चुका तो अंत में उसे इसमें 'अम्निसोस', 'क्नोसोस', 'तुलिसोस', 'फाइस्टोस', 'लिक्टोस' आदि क्रीट के नगर-नामों का आभास मिलने लगा। इसके बाद उसे लेखों में 'पो-मे-नो' (गड़रिया), 'के-रा-के-मु' (कुम्हार), 'इ-ए-रे-उ' (पुरोहित), 'ई-जे-रे-जा' (पुरोहितिका) जैसे शब्द भी प्रकट होते दिखाई देने लगे। ये शब्द यूनानी भाषा के थे, किंतु वह आरंभिक स्वरूप की यूनानी थी। शनैः-शनैः रैखिक-ब के मूक लेख बोलने लगे—यूनानी भाषा में बोलने लगे। यह यूनानी भाषा आद्य स्वरूप की थी, किंतु थी यूनानी ही। जून 1952 में वेंट्रिस को विश्वास हो गया कि उसने रैखिक-ब लिपि का उद्‌घाटन कर लिया है। उसकी 20वीं टिप्पणी को देखने से पता चलता है कि उसने इन लेखों में यूनानी शब्दों को खोजना आरंभ कर दिया था।

1952 में वेंट्रिस को रेडियो पर व्याख्यान देने के लिए आमंत्रित किया गया। इस अवसर का लाभ उठाते हुए उसने अपने भाषण में अपनी गवेषणाओं का भी उल्लेख किया। मिनोअन लिपि की खोज तथा उसके अन्वेषण का संक्षिप्त परिचय देने के बाद, अंत में उसने कहा :

"पिछले कुछ सप्ताहों से मैं इस निर्णय पर पहुंचा हूं कि क्नोसोस और पाइलोस के फलक यूनानी भाषा में ही लिखे हुए होने चाहिए। यह यूनानी भाषा जटिल तथा कुछ आद्य स्वरूप की है, क्योंकि यह होमर से लगभग 500 साल पहले की है; और यह कुछ संक्षिप्त रूप में लिखी गई है। किंतु है यह यूनानी ही।

"इस मान्यता को स्वीकार कर लेने के बाद भाषा तथा लेखन की बहुत-सी विचित्रताएं, जो मुझे उलझन में डाले हुए थीं, अब सुलझ गई हैं। यद्यपि अब भी बहुत से फलकों का अर्थ लगाना कठिन है, लेकिन कुछ अन्य फलक अब बोलने लगे हैं।"

वेंट्रिस के इस भाषण को बहुतों ने सुना होगा; परंतु जिस व्यक्ति पर इसका शायद सबसे अधिक प्रभाव पड़ा, वह था जॉन चाडविक (जन्म 1920)। 1952 में पुरातन भाषा-विज्ञान के प्राध्यापक के रूप में चाडविक की कैंब्रिज विश्वविद्यालय में नियुक्ति हुई थी। वह भी स्वतंत्र रूप से मिनोअन लिपि का अध्ययन कर रहा था। रेडियो पर वेंट्रिस का भाषण सुनने पर चाडविक को उसकी मान्यताओं में सार नजर आया और वह उससे मिलने के लिए उतावला हो उठा। पहले वह सर जॉन माइरेस से मिला। माइरेस ने उसे वेंट्रिस की 20वीं टिप्पणी भी दिखाई, जिसकी उसने तत्काल नकल उतार ली। इसके बाद माइरेस ने चाडविक का वेंट्रिस से परिचय कराया। वेंट्रिस-चाडविक जोड़ी की नींव पड़ी। इसके बाद दोनों ने मिलकर रैखिक-ब की गवेषणाओं को आगे बढ़ाया। वेंट्रिस यूनानी भाषा तो जानता था, परंतु भाषाशास्त्र का पंडित न होने के कारण वह इस भाषा की सूक्ष्म बातों को नहीं जानता था। अब चाडविक के रूप में उसे भाषाशास्त्र का एक पंडित-मित्र मिल गया था, जिससे अपनी गवेषणाओं में निर्बाध गति से आगे बढ़ना उसके लिए संभव हो गया।

इसके बाद वेंट्रिस-चाडविक ने मिलकर अपनी गवेषणाओं के संबंध में एक विस्तृत निबंध तैयार किया, जिसका शीर्षक था—'माइसिनी अभिलेखागारों में यूनानी बोली के प्रमाण' (एविडेंस फॉर ग्रीक डायलेक्ट इन माइसिनीयन आर्काइब्ज)। उन्होंने इसे 'जर्नल ऑफ हेलेनिक स्टडीज' में प्रकाशन के लिए भेजा और 1953 में यह उसमें प्रकाशित हुआ। इस निबंध में वेंट्रिस-

चाडविक ने रैखिक-ब लेखों की यूनानी भाषा के स्वरूप के बारे में जो जानकारी दी, उसकी प्रमुख बातें हैं :

(1) पांच स्वर — अ, ए, इ, ओ, उ — स्पष्ट हैं, किंतु इनमें ह्रस्व-दीर्घ का भेद नहीं किया गया है।

(2) कुल व्यंजन 12 हैं : य (ज), व, द, म, न, स, क (= क, ख, ग), प (= प, फ, ब), त (= त, थ), र (= र, ल), ज (झ), क (= क्व, क्वः)

(3) ल, म, न, र तथा स अक्षर जब शब्द के अंत में या अन्य व्यंजनों से पहले आते हैं, तो छोड़ दिए जाते हैं, जैसे—पो-मे = पोमेन (गड़रिया), का-को = खाल्कोस (तांबा)।

इस निबंध के प्रकाशित होने पर वेंट्रिस की गवेषणाओं की चर्चा चहुंओर होने लगी। 24 जून, 1953 को लंदन के 'टाइम्स' पत्र में छपे एक लेख में वेंट्रिस की इस खोज को 'यूनानी पुरातत्व का एवरेस्ट' कहा गया। वेंट्रिस-चाडविक की इन गवेषणाओं के समर्थन में 'प्रमाण' भी जल्दी ही मिल गया। पाइलोस की खुदाई करने वाले प्रो. ब्लेगेन ने 16 मई, 1953 को वेंट्रिस को एक पत्र में लिखा :

"जब से यूनान लौटा हूं, मेरा अधिकांश समय पाइलोस से प्राप्त फलकों के अध्ययन तथा उनके फोटो उतारने में ही बीता है। मैंने आपकी प्रयोगात्मक अक्षरमाला के आधार पर इनमें से कुछ फलकों को पढ़ने का प्रयत्न किया है।

"आपकी जानकारी के लिए इस पत्र के साथ पाइलोस फलक नं. 641 की एक प्रतिलिपि भेज रहा हूं, जिसे देखकर आपको भी आश्चर्य हुए बिना नहीं रहेगा। यह फलक कुछ ऐसे पात्रों से संबंधित है जिनके तीन पाये या पैर हैं, या जिनकी तीन या चार मूठें हैं; कुछ बिना मूठ के भी हैं। आपकी अक्षरमाला के अनुसार इस फलक का पहला शब्द 'ति-रि-पो-दे' जान पड़ता है। यह शब्द दो बार पुनः 'ति-रि-पो' (एकवचन ?) के रूप में मिलता है। चार मूठों वाले पात्र के पहले 'क्वे-तो-रो-वे' शब्द मिलता है और तीन मूठों वाले पात्र के पहले 'ति-रि-ओ-वे' या 'ति-रि-जो-वे' शब्द।

रैखिक-ब लिपि में पाइलोस-फलक नं. 641

पंक्ति नं.	*लिप्यंतर तथा अनुवाद*	*भावचित्र*	
1.	*ति-रि-पो-दे अइ-के-उ के-रे-सि-जो वे-के* त्रिपाद-पात्र, अइगेउस नामक क्रीट निवासी ने बनाया इसे।		*(तीन पैरों वाला पात्र)*
	ति-रि-पो ए-मे पो-दे ओ-वो-वे त्रिपाद-पात्र, एक पैर और एक मूठ के साथ। (पहली पंक्ति का अंतिम अंश खंडित होने से यहां उसे छोड़ दिया गया है)		
2.	*दि-पा मे-झो-ए क्वे-तो-रो-वे* कलश : कुछ बड़ा चार मूठों वाला।		*(चार मूठों वाला पात्र)*
	दि-पा-ए मे-झो-ए ति-रि-ओ-वे-ए (दो) कलश : तीन मूठों के साथ कुछ बड़े।	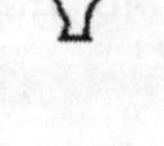	*(तीन मूठों वाला पात्र)*
	दि-पा मे-वि-जो क्वे-तो-रो-वे कलश : छोटा चार मूठों के साथ।		*(चार मूठों वाला पात्र)*

3. *दि-पा मे-वि-जो ति-रि-जो-वे*

कलश : छोटा, तीन मूठों वाला।

(तीन मूठों वाला पात्र)

दि-पा मे-वि-जो आ-नो-वे

कलश : छोटा, बिना मूठ का।

(मूठ-रहित पात्र)

चित्र 8.10

मूठ-रहित पात्र के पहले 'आ-नो-वे' शब्द मिलता है। क्या हम इसे संयोग मात्र मान सकते हैं ?''

नीचे हम इस प्रसिद्ध फलक का रेखाचित्र तथा उस पर उत्कीर्ण लेख का लिप्यंतर एवं अनुवाद दे रहे हैं :

वेंट्रिस और चाडविक की गवेषणाओं की सचाई का यह एक ठोस प्रमाण था। फिर भी, कुछ पुराविद् इनकी इस अक्षरमाला को बहुत दिनों तक संदेह की दृष्टि से देखते रहे। परंतु अब प्राय: सभी विद्वान स्वीकार करते हैं कि वेंट्रिस-चाडविक के हाथों क्रीट की रैखिक-ब लिपि का पूर्ण उद्‌घाटन हो गया है। 1954 में वेंट्रिस और चाडविक ने इस लिपि के बारे में तीन खंडों में एक ग्रंथ 'माइसिनी-यूनानी अभिलेख' ('डाक्यूमेंट्स इन माइसिनीयन ग्रीक') लिखने की योजना बनाई। 1955 के अंत तक उसकी पांडुलिपि भी तैयार हो गई थी। 6 सितंबर, 1956 को मोटर दुर्घटना में वेंट्रिस की मृत्यु हो जाने के बाद यह ग्रंथ प्रकाशित हुआ।

रैखिक-अ लिपि

रैखिक-ब के बाद अब हम अन्य मिनोअन लिपियों पर विचार करेंगे। रैखिक-ब के अलावा अभी तक किसी भी अन्य मिनोअन लिपि का उद्‌घाटन नहीं हो सका है। सबसे पहले रैखिक-ब का अध्ययन इसलिए आरंभ हुआ कि सबसे अधिक लेख इसी लिपि में उपलब्ध थे। शुरू में इवांस को क्नोसोस से **रैखिक-अ** के कुछ लेख मिले थे। बाद में एक इतालवी पुराविद् ने हागिया-त्रिएदा

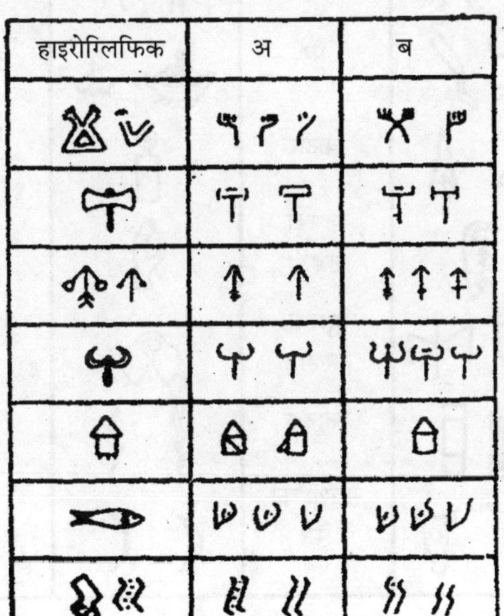

चित्र 8.11 क्रीट की हाइरोग्लिफिक, रैखिक-अ और रैखिक-ब लिपियों में साम्य

की खुदाई में एक महल से और दक्षिण क्रीट के फाइस्टोस नामक स्थान से रैखिक-अ के और भी लेख प्राप्त किए। क्रीट के अन्य स्थानों से भी इस लिपि के कुछ लेख मिले हैं।

यह रैखिक-अ लिपि एक ओर क्रीट की अधिक प्राचीन हाइरोग्लिफिक (चित्र) लिपि से संबंधित जान पड़ती है और दूसरी ओर रैखिक-ब से। वस्तुतः रैखिक-अ और रैखिक-ब के 45 संकेतों में काफी साम्य है। इस रैखिक-अ के उपलब्ध लेख लगभग 1650 ई.पू. के हैं। अधिकांश पुराविदों का विश्वास है कि रैखिक-अ की भाषा गैर-यूनानी है। संभवतः वह अज्ञेय भाषा क्रीट के आरंभिक यानी यूनानियों के आगमन के पहले के निवासियों की भाषा थी। असल में उन गैर-यूनानियों ने ही क्रीट की रैखिक-अ लिपि का आविष्कार किया था। बाद में क्रीट में आ बसे यूनानियों ने उसे रैखिक-ब का रूप देकर अपनी भाषा के लिए अपना लिया।

बहुत से पुरालिपिविदों ने रैखिक-अ के उद्घाटन के प्रयास किए हैं। किंतु अभी तक किसी को भी सफलता नहीं मिली है। साइरस एच. गॉर्डन ने रैखिक-अ के लिए सेमेटिक अक्कदी भाषा की कल्पना की है, परंतु किसी ने भी उनके इस प्रयास को महत्व नहीं दिया है। अब तो ऐसा लगता है कि रैखिक-अ लिपि का उद्घाटन कोई द्वैभाषिक लेख प्राप्त होने पर ही संभव है।

इस प्रकरण के आरंभ में हमने क्रीट की चित्रलिपि का उल्लेख किया है। सबसे पहले इवांस ने ही क्रीट की मुहरों पर चित्रलिपि के संकेत प्राप्त किए थे। इस लिपि के अन्वेषण में भी अभी

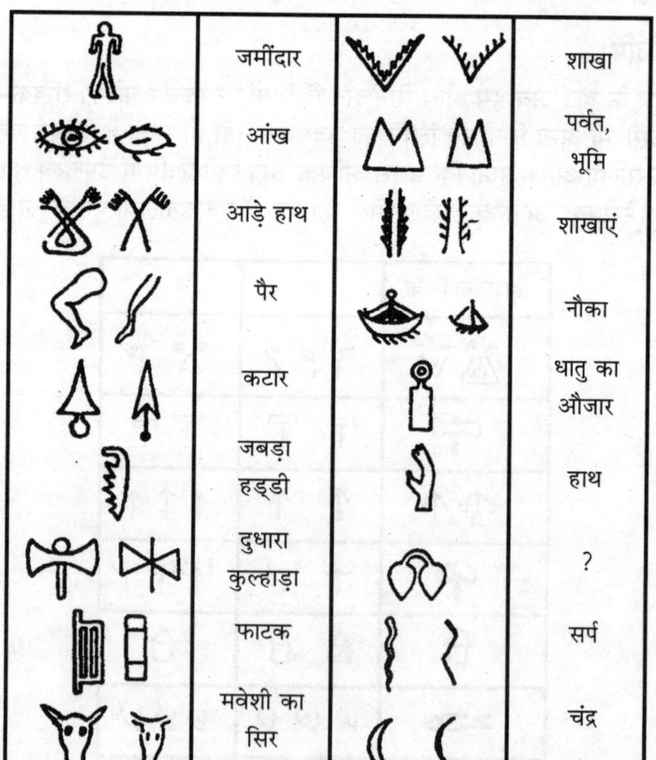

चित्र 8.12 क्रीट की हाइरोग्लिफिक लिपि के कुछ चिह्न और आर्थर इवांस द्वारा निर्धारित उनके संभावित अर्थ

तक किसी को सफलता नहीं मिली है। संभवतः इसकी तथा रैखिक-अ की भाषा एक ही है— यूनानियों के आगमन के पहले की क्रीट-निवासियों की भाषा।

फाइस्टोस चकती की लिपि

प्रसिद्ध फाइस्टोस-चकती (फाइस्टोस डिस्क) का उल्लेख किए बिना क्रीट की पुरालिपियों का विवरण अधूरा ही समझा जाएगा। दक्षिण क्रीट में फाइस्टोस के मिनोअन प्रासाद की खुदाई में इतालवी पुराविदों ने 1908 में यह चकती (डिस्क) प्राप्त की थी। पकाई मिट्टी की इस चकती का व्यास लगभग 17 सेंटीमीटर है। इसके दोनों ओर चित्रलिपि में लेख हैं (देखिए अगला पृष्ठ)। दोनों लेख चकती की परिधि से आरंभ होकर सर्पिल मार्ग में सारी जगह को घेरते हुए केंद्र पर समाप्त होते हैं। इन लेखों में कुल 45 चित्र-संकेत हैं और ये दाहिनी ओर से बाईं ओर को लिखे गए हैं। परंतु इस चकती के बारे में सबसे अद्भुत बात यह है कि उसका प्रत्येक चित्र-संकेत मुलायम मिट्टी पर पृथक् ठप्पों (टाइपों) से अंकित किया गया है। अतः इसे हम ठप्पा-मुद्रण का सबसे प्राचीन नमूना मान सकते हैं। कोई भी विश्वास नहीं करेगा कि केवल इसी एक चकती के लिए 45 चित्र-संकेतों के ठप्पे तैयार किए गए थे; इन ठप्पों से और भी बहुत से लेख तैयार किए गए होंगे। परंतु कहीं से भी न तो इस चकती की तरह कोई दूसरी चकती मिली है, न इस चित्रलिपि का कोई दूसरा लेख ही प्राप्त हुआ है।

बहुत से विद्वान इस चकती को मिनोअन मूल की मानते ही नहीं। इवांस का भी विश्वास था कि यह अनातोलिया से क्रीट लाई गई है। इसके लेख को पढ़ने के सैकड़ों प्रयत्न हुए हैं, किंतु कोई भी इसके उद्घाटन में सफल नहीं हो पाया है। इस चकती को प्राप्त हुए अब करीब सौ साल हो रहे हैं, परंतु आज भी पुरालिपिविदों के लिए यह रहस्य ही बनी हुई है।

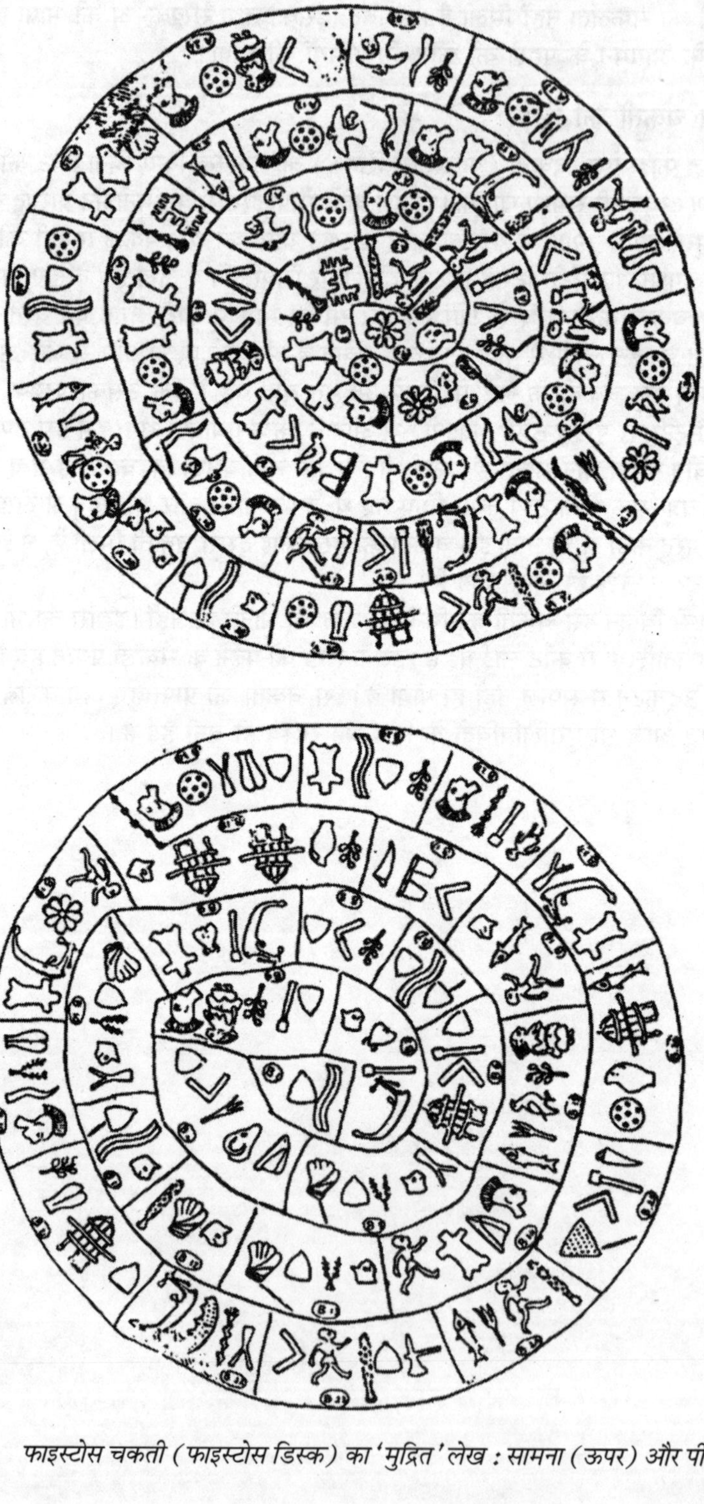

चित्र 8.13 फाइस्टोस चकती (फाइस्टोस डिस्क) का 'मुद्रित' लेख : सामना (ऊपर) और पीछा (नीचे)

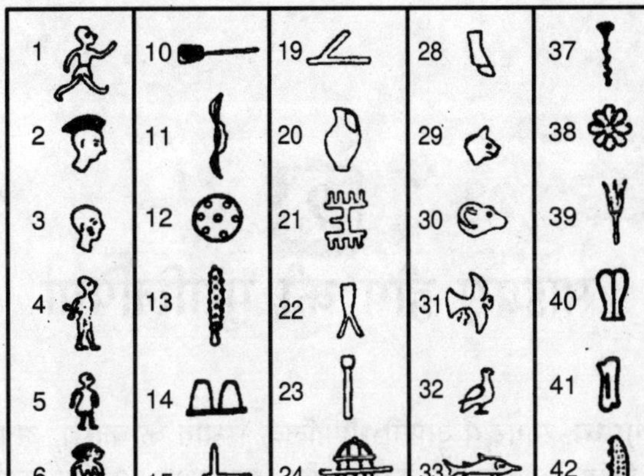

चित्र 8.14 फाइस्टोस चकती के 45 'मुद्रणाक्षर' (ठप्पे)

9
साइप्रस द्वीप की पुरालिपियां

साइप्रस द्वीप, भूमध्य-सागर में अपनी भौगोलिक स्थिति के कारण, अपने संपूर्ण इतिहास में नजदीक के देशों से निरंतर आक्रांत रहा है। इस द्वीप के लगभग 50 मील उत्तर में लघु एशिया का तट है और पूर्व की ओर सीरिया केवल 70 से 100 मील की दूरी पर है। क्रीट तथा मिस्र से चंद दिनों की समुद्र-यात्रा के बाद साइप्रस द्वीप पहुंचा जा सकता है। ई.पू. तीसरी सहस्त्राब्दी में भी ताम्रयुग के 'आर्मेनोआइड' जाति के लोगों की इस द्वीप में बस्तियां रही हैं। उस समय भी मिस्र तथा पश्चिमी एशिया के तटवर्ती देशों से इस द्वीप के व्यापारिक संबंध थे। प्राचीन काल में यह द्वीप अपनी तांबे की खानों के लिए प्रसिद्ध था। इसीलिए यूनानियों ने इसे 'कुप्रोस' (ताम्रद्वीप) का नाम दिया था। वर्तमान 'साइप्रस' नाम 'कुप्रोस' से ही व्युत्पन्न है। यूनानियों ने ई.पू. दूसरी सहस्त्राब्दी के मध्यकाल में इस द्वीप पर अधिकार कर लिया था। असल में, साइप्रस की भूमि हमेशा ही विदेशियों से पादाक्रांत होती रही है। ई.पू. पहली सहस्त्राब्दी के शुरू में फिनीशियनों ने इस द्वीप में अपने उपनिवेश स्थापित किए। ई.पू. 8वीं शताब्दी में इस पर असीरिया वालों का अधिकार हुआ। साइप्रस ने हख़ामनी तथा मकदूनी शासन के भी दिन देखे हैं। बाद में रोमन तथा बाइज़ेंटियन शासकों ने भी इस द्वीप पर शासन किया। अंग्रेज शासकों ने 1878 में इस द्वीप को तुर्कों के हाथ बेच दिया था, किंतु 1913 में पुनः यह द्वीप अंग्रेजों के कब्जे में आ गया। अब भी साइप्रस के एक हिस्से पर तुर्की का प्रभुत्व है।

सर्वप्रथम फ्रांसीसी ड्यूक दे-लुइनेस ने साइप्रस की प्राचीन लिपि के पुरावशेष प्राप्त किए थे और 1852 में पेरिस से उनका विवरण प्रकाशित किया था। उसके बाद इटली-निवासी पाल्मा दे सेस्नोला तथा एक अंग्रेज व्यक्ति आर.एच. लांग ने साइप्रस से और भी अधिक पुरावशेष प्राप्त किए। लांग

चित्र 9.1 *लांग द्वारा खोजा गया फिनीशियन (ऊपर) और साइप्रस की लिपि (नीचे) का द्वैभाषिक लेख*

ने यहां से एक ऐसा द्वैभाषिक लेख भी प्राप्त किया जो फिनीशयन तथा साइप्रस की पुरालिपि, दोनों में था। खंडित होने पर भी उस लेख से साइप्रस की पुरालिपि के उद्घाटन में बहुत सहायता मिली।

सबसे पहले ब्रिटिश संग्रहालय के जॉर्ज स्मिथ (1840-78) ने, उपर्युक्त द्वैभाषिक लेख के आधार पर, साइप्रस की पुरालिपि का अन्वेषण आरंभ किया। इस लिपि में केवल 55 संकेत हैं, इसलिए यह अक्षरमालात्मक ही हो सकती थी। स्मिथ ने इस लिपि में कुछ यूनानी नामों की खोज करके इसके 18 अक्षर खोज लिए। यूनानी भाषा तथा इतिहास का उसका ज्ञान अधूरा होने से विवश होकर उसे इस अन्वेषण-कार्य को छोड़ देना पड़ा। लेकिन कीलाक्षर लिपि के अन्वेषण के इतिहास में स्मिथ का नाम हमेशा अमर रहेगा। बाद में उसने असीरी-बेबीलोनी कीलाक्षर लेखों में प्रसिद्ध 'गिलगमेश काव्य' तथा 'प्रलय' से संबंधित लेखों की खोज की।

यह सही है कि साइप्रस से प्राप्त लेखों (लगभग 185) में यूनानी भाषा निहित है, किंतु इन लेखों की यूनानी बोली ठेठ यूनानी से कुछ भिन्न स्वरूप की है। साइप्रस की इस प्राचीन अक्षरमाला में भारोपीय परिवार की यूनानी भाषा को व्यक्त करने में अनेक कठिनाइयां थीं। इसीलिए इसके उद्घाटन में काफी समय लगा। वस्तुतः यूनानी भाषा के लिए इस अक्षरमाला का निर्माण नहीं हुआ था। साइप्रस द्वीप में यूनानियों के आगमन के पहले इस लिपि में कोई स्थानीय भाषा लिखी जाती थी। बाद में इस अक्षरमाला को यूनानी भाषा के लिए भी अपनाया गया। इसमें यूनानी भाषा को लिखने में किस प्रकार की कठिनाइयां थीं, यह चंद उदाहरणों से स्पष्ट हो जाएगा : (1) इस लिपि में ह्रस्व तथा दीर्घ स्वरों का कोई भेद नहीं था। (2) बद्धाक्षरों तथा दो व्यंजनों वाले संयुक्ताक्षरों (प्त, स्त, द्र आदि) को इसमें दो या अधिक मुक्ताक्षरों से व्यक्त किया जाता था। परंतु ल्ल, त्त, व्व जैसे सजातीय संयुक्ताक्षरों को और व्यंजनों के पहले की म, न जैसी अनुनासिक ध्वनियों को छोड़ दिया जाता था। ऐसी स्थिति में इस अक्षरमाला में यूनानी शब्दों को किस प्रकार लिखा जाता था, इसके कुछ उदाहरण हैं : 'गार' को 'का-रे', (इस अक्षरमाला में 'क', 'ग' तथा 'ख' को 'क' से, 'प', 'ब' तथा 'फ' को 'प' से और 'त', 'द' तथा 'थ' को 'त' से व्यक्त किया जाता था)। 'आंद्रिअस' को 'आ-ति-री-अ-से', 'बासिलेयूस' (राजा) को 'पा-सि-ले-वे-सो-से', 'प्लोटिन' को 'पो-टो-लि-ने', 'अपोल्लोनी' को 'अ-पो-लो-नी', 'अफ्रोदिती' को 'अ-पो-रो-ति-ता-ई', इत्यादि।

स्मिथ के बाद योहानेस ब्रांदिस (जन्म : बॉन, 1830) ने इस लिपि का अन्वेषण-कार्य अपने हाथ में लिया। उसे यूनानी भाषा तथा संस्कृति का अच्छा ज्ञान था। वह जानता था कि साइप्रस के प्राचीन निवासी 'और' के अर्थ में यूनानियों की तरह 'कास' शब्द का नहीं, बल्कि 'काइ' शब्द का इस्तेमाल करते थे। ब्रांदिस ने इसी शब्द से इस लिपि का अपना अध्ययन आरंभ किया। इस 'काइ' (=और) शब्द का लेखों में बारंबार मिलना स्वाभाविक था। उसने लेखों में इस 'काइ' शब्द की खोज करने के बाद, 'बासिलेयूस कास अ-गोतोलिस' शब्द-समूह की भी खोज की। यहां अंतिम शब्द 'गोतोलिस' कुछ अटपटा जान पड़ता था। लेकिन थोड़ा विचार करने पर ब्रांदिस को पता चला कि यह 'प्तोलिस' (पुर, नगर) का ही दूसरा रूप है। इस प्रकार उपरोक्त शब्द-समूह का अर्थ हुआ—'राजा और नगर'।

इसी प्रकार ब्रांदिस अपने अन्वेषण में आगे बढ़ता गया और इस साइप्रसी अक्षरमाला के नए-नए अक्षरों को खोजता गया। वह अपनी इन गवेषणाओं को प्रकाशित करने की सोच ही रहा था कि 8 जुलाई, 1873 को वियेना में उसकी अचानक मृत्यु हो गई। ब्रांदिस की मृत्यु के बाद उसकी गवेषणाओं का मॉरिस शिमड्ट ने परिष्कार किया। अंत में जनवरी 1874 में शिमड्ट ने साइप्रस की अक्षरमाला को प्रकाशित किया।

इतना होने पर भी साइप्रस की प्राचीन लिपि के अन्वेषण को पूर्ण नहीं समझा जा सकता। अभी तो केवल उन्हीं लेखों का अन्वेषण हो पाया है जिनमें यूनानी भाषा निहित है। 1910 में

चित्र 9.2 साइप्रसी अक्षरमाला

साइप्रसी अक्षरमाला में लिखे हुए कुछ ऐसे भी अभिलेख प्राप्त हुए, जिनकी भाषा यूनानी नहीं है। अभी तक इस अज्ञात भाषा की खोज करने में सफलता नहीं मिली है। बहुत से पुराविदों का मत है कि साइप्रसी अक्षरमाला की उत्पत्ति क्रीट की रैखिक लिपियों से हुई है। यह मत उचित भी जान पड़ता है, क्योंकि क्रीट की रैखिक लिपियों के कुछ संकेतों में और साइप्रसी अक्षरमाला के संकेतों में काफी साम्य है। एक संधि-कालीन 'साइप्रो-मिनोअन' या 'साइप्रो-माइसिनी' लिपि की भी खोज हुई है। यह लिपि क्रीट की रैखिक लिपियों और साइप्रस की अक्षरमाला के बीच की मानी जाती है। क्रीट की लिपियों में अभी केवल रैखिक-ब लिपि की ही खोज हुई है। जब क्रीट की सारी लिपियों की खोज हो जाएगी, तो आशा है कि साइप्रो-मिनोअन लिपि और साइप्रसी अक्षरमाला में निहित अज्ञात भाषा पर भी नया प्रकाश पड़ेगा। साइप्रो-मिनोअन लिपि के केवल कुछ संक्षिप्त लेख ही अब तक प्राप्त हुए हैं।

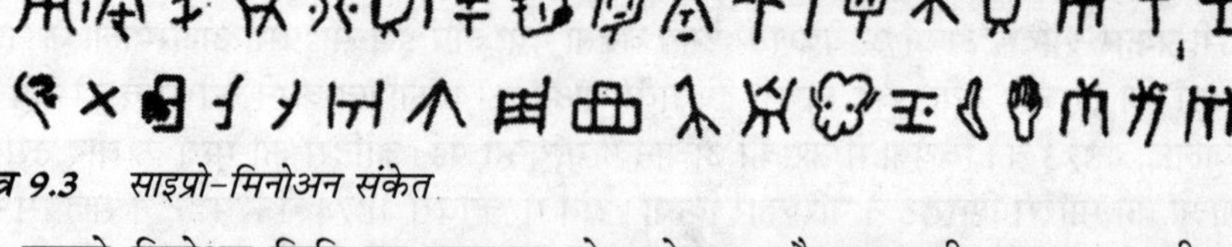

चित्र 9.3 साइप्रो-मिनोअन संकेत

साइप्रो-मिनोअन लिपि का उद्घाटन हो जाने पर, और साइप्रसी अक्षरमाला की प्राचीन अज्ञात भाषा की खोज होने पर ही आरंभिक ताम्रयुग की इस 'ताम्रद्वीप' की प्राचीन संस्कृति के बारे में अधिक जानकारी मिल सकती है।

10
सेमेटिक लिपियां

बाइबल के उल्लेख के अनुसार हजरत नूह (नोह) के दो बेटे थे—साम और हाम। इन्हीं दो भाइयों के नाम पर पश्चिम एशिया के दो प्रमुख भाषा-परिवारों का नामकरण हुआ है। हाम के नाम पर मिस्र की प्राचीन भाषा, लीबियाई (बर्बर) भाषाओं एवं बोलियों तथा कुशीती बोलियों को 'हेमेटिक भाषा-परिवार' का नाम दिया गया है। साम दक्षिण-पश्चिम एशिया के प्राचीन निवासियों के आदिपुरुष माने जाते हैं, इसलिए इस प्रदेश में बोली जानेवाली भाषाओं को 'सेमेटिक' (सामी) नाम दिया गया है। पर प्राचीन काल में सेमेटिक (सामी) तथा हेमेटिक (हामी) दोनों ही भाषाएं एक ही रही होंगी।

सेमेटिक भाषाओं को कई उपवर्गों में विभाजित किया गया है :

1. पूर्वी सेमेटिक : इसके अंतर्गत अक्कदी, बेबीलोनी तथा असीरी भाषाओं का समावेश होता है। ये तीनों भाषाएं कीलाक्षर लिपि में लिखी गई हैं और इनकी चर्चा विस्तार के साथ हम पहले कर ही चुके हैं।
2. पश्चिमी या उत्तर-पश्चिमी सेमेटिक : इसके अंतर्गत दो वर्गों की भाषाएं हैं—(अ) कनानी, और (ख) आरमेई। कनानी भाषाओं के अंतर्गत हिब्रू (इबरानी या इब्री), फिनीशियन तथा मोआबी आदि का समावेश होता है।
3. दक्षिणी सेमेटिक : इसमें भी दो वर्ग हैं—(क) उत्तरी अरबी, और (ख) दक्षिणी अरबी। दक्षिणी अरबी से ही मिनी, साबी, इथियोपी तथा अन्य अनेक प्राचीन तथा अर्वाचीन भाषाएं निकली हैं।

भाषाओं के विवेचन में गहरे उतरना हमारा उद्देश्य नहीं है। यहां हमें यही देखना है कि इन भाषाओं के लिए कौन-सी लिपियां प्रयुक्त हुई हैं। कुछ सेमेटिक भाषाओं के लिए, जैसे कि अक्कदी-बेबीलोनी-असीरी के लिए, कीलाक्षर लिपियों का इस्तेमाल हुआ है, और उनकी चर्चा हम कर ही चुके हैं। प्रस्तुत प्रकरण में हम शेष प्रमुख सेमेटिक भाषाओं की लिपियों की चर्चा करेंगे।

(क) सिनाई लिपि

अब तक हमने जितनी भी लिपियों की चर्चा की है, वे सभी चित्रात्मक या भावचित्रात्मक या अक्षरात्मक थीं। उनमें से किसी भी लिपि को हम शुद्ध वर्णमालात्मक नहीं मान सकते। मिस्र की लिपि की चर्चा करते समय हमने देखा है कि हाइरोग्लिफिक लिपि के कुछ संकेतों ने व्यंजन-ध्वनियों का रूप प्राप्त कर लिया था। परंतु इन तथाकथित व्यंजनों का इस्तेमाल बड़ा ही अव्यवस्थित था। इनका विधिवत् उपयोग नहीं ही होता था। प्राचीन मिस्र के लिपिक एक ही शब्द को विभिन्न संकेतों से लिखने को स्वतंत्र थे। इसलिए मिस्री लिपि के इन चंद ध्वनि-संकेतों को हम शुद्ध वर्णमाला नहीं मान सकते।

चूंकि यूरोप की सारी वर्तमान लिपियां यूनानी लिपि से निर्मित और विकसित हुई हैं, और चूंकि स्वयं यूनानी लिपि का निर्माण असंदिग्ध रूप से उत्तरी सेमेटिक लिपि से हुआ था और उत्तरी सेमेटिक लिपि एक वर्णमालात्मक लिपि थी, इसलिए यूरोप के विद्वानों के लिए यह प्रश्न बहुत ही महत्वपूर्ण बन गया है कि सेमेटिक वर्णमाला का निर्माण कैसे और कब हुआ।

पश्चिम एशिया में वर्णमालात्मक लिपि के जन्म को लेकर अनेक विद्वानों ने अनेक सिद्धांत प्रस्तुत किए हैं। कुछ विद्वान मानते हैं कि मिस्र की प्राचीन लिपि के 'व्यंजन-संकेतों' से सेमेटिक वर्णमाला अस्तित्व में आई। परंतु यह मत अब बहुत कम विद्वानों को मंजूर है। आजकल तो अधिकांश विद्वान यही मानते हैं कि सिनाई प्रायद्वीप से प्राप्त कुछ लेखों के अक्षरों से ही सेमेटिक अक्षरों का निर्माण हुआ है।

चित्र 10 क/1 सिनाई लिपि का फलक-लेख

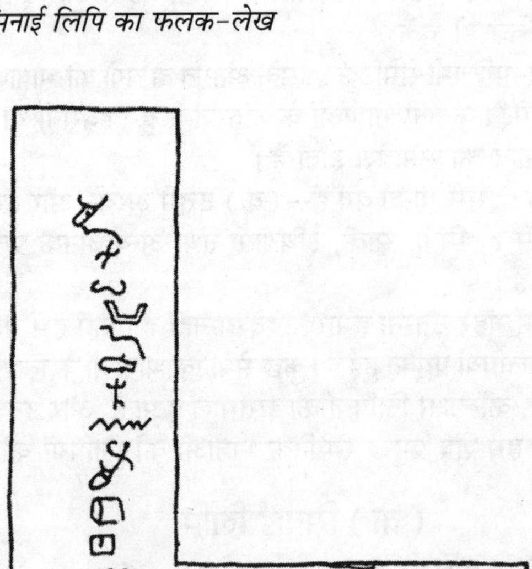

चित्र 10 क/2 सिनाई प्रायद्वीप की एक पुरानी खान के कुएं (शाफ्ट) से प्राप्त सिनाई लिपि का लेख। इसमें नीचे बाईं ओर की चार खड़ी लकीरें संभवत: संख्या 4 की द्योतक हैं।

प्रसिद्ध मिस्री-पुराविद् फ्लिंडर्स पेट्री ने सिनाई प्रायद्वीप से 1904-05 में कुछ ऐसे लेख प्राप्त किए थे जिन पर मिस्र की हाइरोग्लिफिक लिपि जैसे संकेत थे। इन सिनाई-लेखों के संकेत हाइरोग्लिफिक जैसे दिखाई तो देते हैं, परंतु इनकी संख्या इतनी कम है कि यह लिपि वर्णमालात्मक ही हो सकती है। बाद में इस लिपि के और भी लेख सिनाई से प्राप्त हुए। इस समय सिनाई लिपि के लगभग 25 लेख उपलब्ध हैं।

सबसे पहले एलन गार्डिनर ने इन लेखों को पढ़ने का प्रयत्न किया था। गार्डिनर मिस्री लिपि के विशेषज्ञ हैं और उन्होंने मिस्री व्याकरण पर एक प्रसिद्ध ग्रंथ ('इजिप्शियन ग्रामर', ऑक्सफोर्ड) भी लिखा है। उन्होंने सिनाई लिपि के बारे में अपनी गवेषणाएं 1916 में प्रकाशित की थीं। उन्होंने देखा कि इन लेखों में चार या पांच अक्षर हमेशा ही एक साथ आते हैं, जैसे कि चरवाहे का दंड, मकान, आंख, क्रॉस। इन अक्षरों को गार्डिनर ने हिब्रू अक्षरों के आधार पर पढ़ा; क्योंकि उनका विश्वास था कि हिब्रू अक्षर इसी प्रकार के चित्र-संकेतों से अस्तित्व में आए हैं। गार्डिनर ने इन लेखों के चार अक्षरों में देवी 'बालात' का नाम भी पढ़ा था। ये चार अक्षर 'ब-अयिन्-ल-त' थे। पता चलता है कि स्थानीय सेमेटिक लोग इस नाम की देवी की पूजा करते थे। बिब्लोस नगर में भी उस समय 'बालात' की पूजा होती थी। इस बालात देवी को मिस्र वालों ने 'हाथोर' नाम दिया था। इसलिए यह बहुत संभव जान पड़ता है और आल्ब्राइट जैसे प्रसिद्ध पुरातत्त्ववेत्ताओं ने भी स्वीकार किया है कि सिनाई लिपि के बारे में गार्डिनर का किया अन्वेषण सही तथा उचित मार्ग पर है। यह जान लेना जरूरी है कि इन सिनाई-लेखों की भाषा एक कनानी बोली है, अर्थात् यह सेमेटिक परिवार की भाषा है।

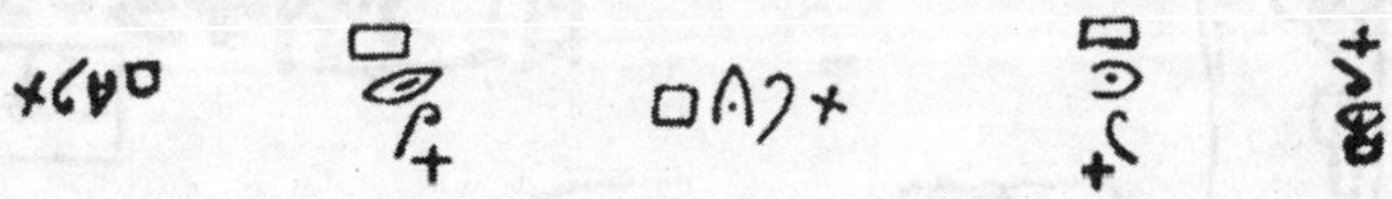

चित्र 10 क/3 एलन गार्डिनर के अनुसार सिनाई लेखों में बालात (एक देवी) शब्द के विविध रूप। यहां यह 'बालात' शब्द चार अक्षरों (ब-अयिन्-ल-त) से पांच प्रकार से लिखा गया है— दो बार ऊपर से नीचे, एक बार दाएं से बाएं, एक बार बाएं से दाएं और एक बार नीचे से ऊपर।

गार्डिनर इन सिनाई-लेखों को ई.पू. 18वीं शताब्दी के मानते हैं; परंतु आल्ब्राइट इन्हें ई.पू. 15वीं शताब्दी में रखना पसंद करते हैं। गार्डिनर तथा सेथे की मान्यता है कि यह सिनाई लिपि मिस्री हाइरोग्लिफिक तथा सेमेटिक लिपि के बीच की तरह है।

(ख) कनानी लिपियां

बाइबल में फिलस्तीन के लिए 'कनान' नाम मिलता है। जहां तक प्राचीन फिलस्तीन की लिपियों, भाषाओं तथा संस्कृति का संबंध है, हम 'कनान' शब्द को 'उत्तर-पश्चिमी सेमेटिक' का पर्यायवाची मान सकते हैं। फिलस्तीन की उर्वर भूमि में प्रागैतिहासिक काल में दक्षिण अरब की ओर से सेमेटिक लोगों की तीन 'लहरें' आई थीं। सबसे पहले अक्कदी लोग आए थे। फिर, ई.पू. तीसरी सहस्राब्दी के आरंभ में दूसरी लहर आई। इस दूसरी लहर में जो लोग फिलस्तीन और सीरिया में आकर बसे वे 'कनानी' कहे गए हैं। इनके बाद ई.पू. दूसरी सहस्राब्दी में सेमेटिक लोगों की तीसरी लहर आई। इस तीसरी लहर के लोग हिब्रू और आर्मियन माने जाते हैं। इन नवागत सेमेटिक लोगों ने पहले से बसे हुए सेमेटिक कनानियों को अंशतः मिटा दिया और अंशतः अपने में समेट लिया। सेमेटिक संस्कृति के प्रकांड विद्वान प्रो. विलियम फॉक्सवेल आल्ब्राइट 'कनानी'

शब्द को ऐतिहासिक, भौगोलिक तथा सांस्कृतिक दृष्टि से 'फिनीशियन' का पर्यायवाची मानते हैं। किंतु सुविधा के लिए उन्होंने भी ई.पू. 12वीं शताब्दी तक की सीरिया तथा फिलस्तीन की उत्तर-पश्चिमी सेमेटिक जनजाति तथा संस्कृति को 'कनानी' नाम दिया है; और इनकी ही बाद की संस्कृति को 'फिनीशियन' नाम दिया है।

जहां तक भाषा और लिपि का प्रश्न है, उत्तर-पश्चिमी सेमेटिक के दो प्रमुख उपवर्ग हैं—कनानी और आरमेई (आरमाइक)। कनानी के अंतर्गत हम मुख्यतः हिब्रू और फिनीशियन लिपियों पर ही विचार करेंगे।

प्राचीन कनानी लेख

1930 के बाद फिलस्तीन की खुदाई से मध्य ताम्रयुग (लगभग 1800-1500 ई.पू.) के कुछ छोटे-छोटे खंडित लेख मिले हैं। ये लेख फिलस्तीन के गेझेर, शेचेम और लाचिश नामक स्थानों से प्राप्त हुए हैं। सब मिलाकर इन लेखों में केवल 14 अक्षर हैं। इनमें केवल एक लेख पूरा है, बाकी सभी खंडित हैं। ऐसी स्थिति में इन लेखों की लिपि का पूर्ण अन्वेषण संभव नहीं। इन लेखों के 'हाथ', 'सिर' और 'मकान' जैसे कुछ अक्षर सिनाई लिपि के अक्षरों से मिलते-जुलते हैं। इसके अलावा, ये दोनों लिपियां सामान्यतः ऊपर से नीचे की ओर लिखी हुई मिलती हैं।

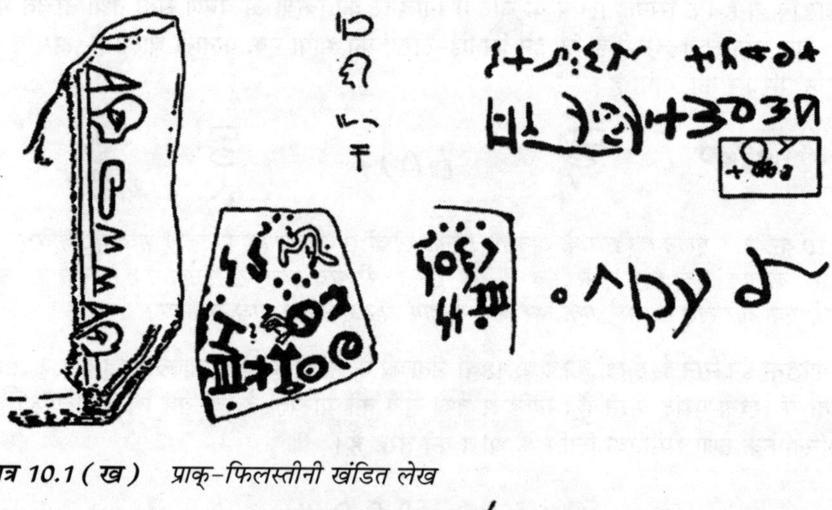

चित्र 10.1 (ख) प्राक्-फिलस्तीनी खंडित लेख

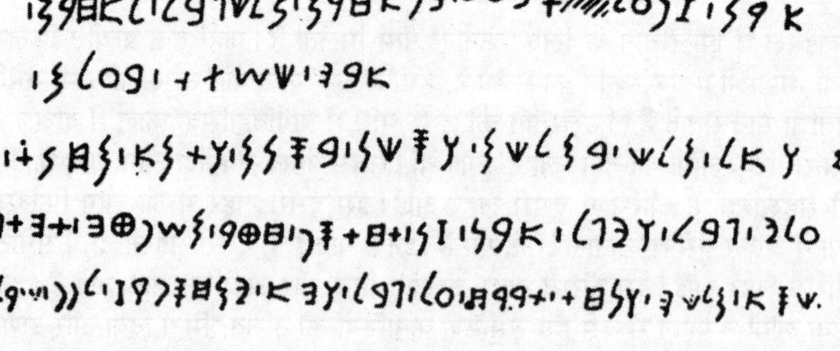

चित्र 10.2 (ख) उत्तरी सेमेटिक लिपि का दाएं से बाएं लिखा गया अहिराम लेख (ई.पू. दसवीं सदी)

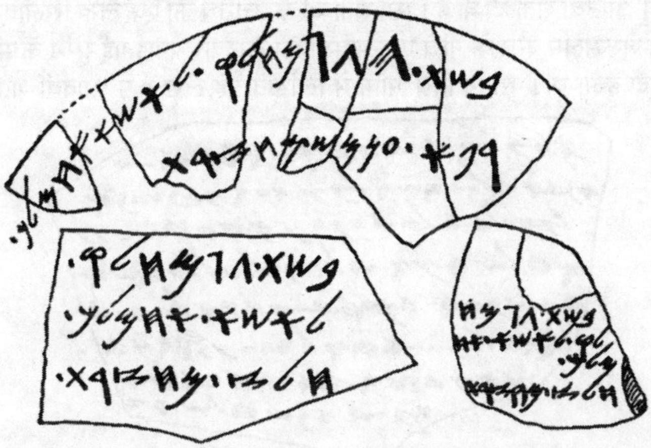

चित्र 10.3 (ख)   समरिया से प्राप्त मिट्टी के बर्तनों के ठीकरों ('ओस्ट्राका') पर प्राचीन हिब्रू के लेख (ई.पू. 8वीं सदी)

चित्र 10.4 (ख)   जेरोबोम-द्वितीय के एक अधिकारी शेमा की मुद्रा (लगभग 775 ई.पू.), जिस पर प्राचीन हिब्रू लिपि के अक्षर खुदे हुए हैं

फिलस्तीन से इन प्राचीन कनानी लेखों के प्राप्त होने पर बहुत से विद्वानों को लगा कि अब उन्हें 'वर्णमालात्मक लिपि' का 'मूल स्रोत' पता चलने ही वाला है। अब यह माना जाने लगा है कि सिनाई लिपि और उत्तरी सेमेटिक लिपि के बीच कनान के इन प्राचीन लेखों की लिपि का अस्तित्व था। परंतु जब तक इस प्राचीन कनानी लिपि के और लेख प्राप्त न हो पाएं और जब तक इनकी पूरी लिपि पहचान में न आ जाए, तब तक इस समस्या का समाधान नहीं हो सकता।

प्राचीन हिब्रू लिपि

आल्ब्राइट के अनुसार हिब्रू लिपि का प्राचीनतम उपलब्ध लेख 'गेझेर पंचांग' है। यह 'गेझेर पंचांग' एक चूना-प्रस्तर है, जिस पर साल भर के कृषिकर्म का लेखा-जोखा अंकित है। आल्ब्राइट इस लेख को ई.पू. दसवीं शताब्दी का मानते हैं। इसके अधिकतर अक्षर, एक तरफ प्राचीन उत्तरी सेमेटिक लेखों के अक्षरों से मिलते हैं, तो दूसरी तरफ कुछ बाद के प्राचीन हिब्रू अक्षरों से भी मेल खाते हैं।

प्राचीन हिब्रू लिपि का ऐसा कोई लेख अभी तक नहीं मिला है, जो किसी शिला-फलक पर अंकित हो। हां, मिट्टी के बर्तनों के ठीकरों ('ओस्ट्राका') पर लगभग 70 लेख समरिया शहर से

मिले हैं। ये ई.पू. आठवीं शताब्दी के हैं। इसी शताब्दी के उत्तरार्ध का एक लेख सिलोएम से प्राप्त हुआ है। यह प्राचीन जेरूसलम नगर के नीचे एक पहाड़ी को काटकर बनाई गई सुरंग के मुंह के पास एक चट्टान पर खुदा हुआ था। पुरातन हिब्रू भाषा में लिखित यह लेख ई.पू. सातवीं शताब्दी का है।

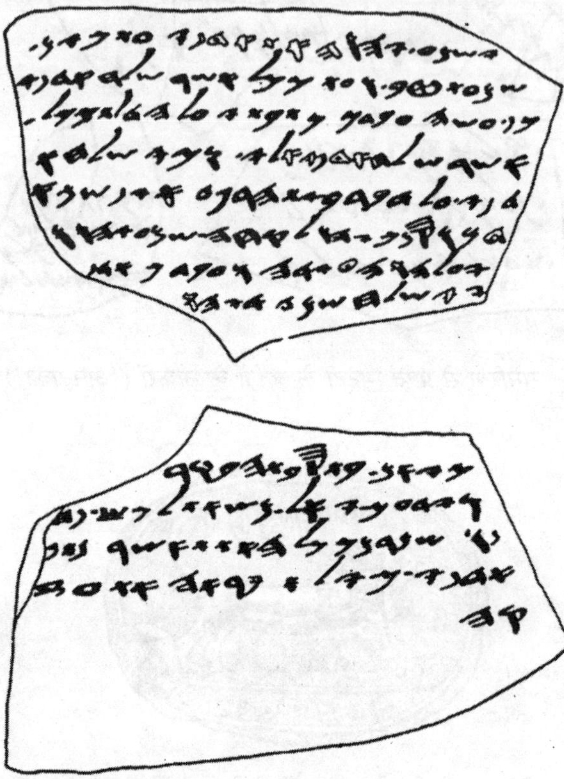

चित्र 10.5 (ख) 'लाचिश पत्र' (लगभग 600 ई.पू.)

किंतु प्राचीन हिब्रू भाषा के सबसे अधिक महत्वपूर्ण लेख लाचिश नामक स्थान से 1935 और 1938 के बीच उपलब्ध हुए हैं। संख्या में ये कुल 21 हैं और मिट्टी के बर्तनों के टुकड़ों पर स्याही से लिखे गए हैं। इनमें से अधिकतर लेख पत्रों के रूप में हैं, इसलिए इन्हें 'लाचिश-पत्रों' का नाम दिया गया है। नेबुखदनेझर की खल्दी सेना ने 588 ई.पू. में लाचिश शहर को ध्वस्त कर दिया था,

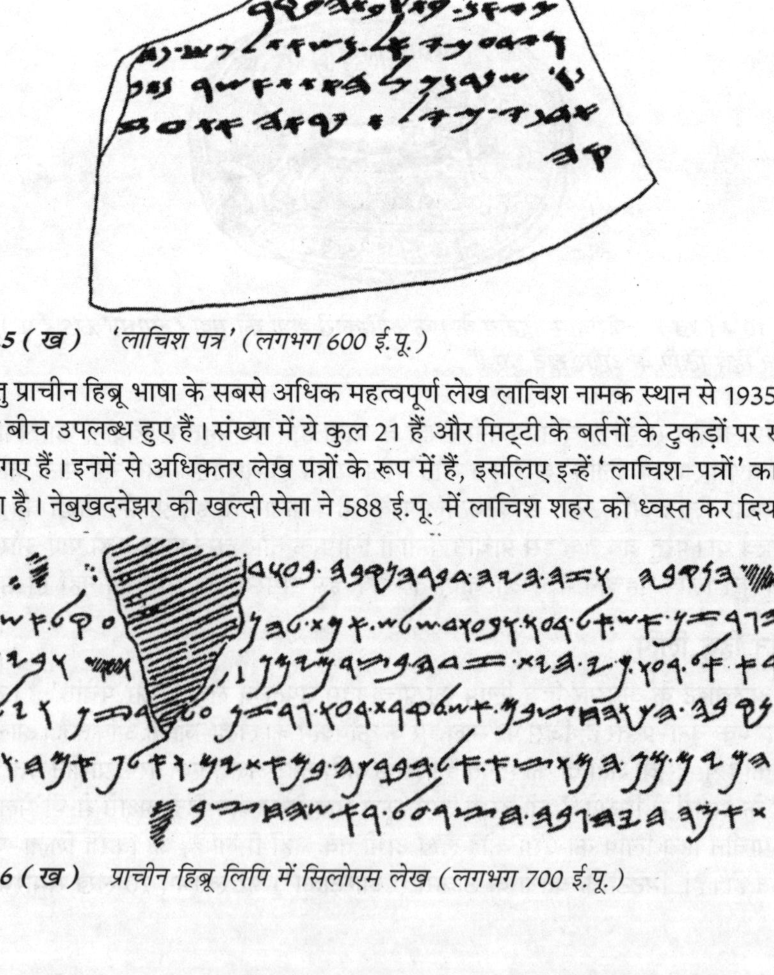

चित्र 10.6 (ख) प्राचीन हिब्रू लिपि में सिलोएम लेख (लगभग 700 ई.पू.)

इसलिए ये 'लाचिश-पत्र' इसी काल के माने गए हैं। इनमें छह पत्र बहुत स्पष्ट हैं, परंतु शेष के लेख इतने धुंधले पड़ गए हैं कि आधुनिक वैज्ञानिक विधियों से सफाई करके ही इन्हें पढ़ा जा सकता है।

इनके अलावा दक्षिण फिलस्तीन के विभिन्न स्थानों से ऐसे सैकड़ों लेख मिले हैं जो कलशों की मूठों पर अंकित हैं। फिलस्तीन से लगभग 150 अंकित मुहरें भी प्राप्त हुई हैं। माप के रूप में उपयोग में लाए गए पत्रों पर भी लघुलेख अंकित हैं।

प्राचीन हिब्रू लिपि में 22 अक्षर थे। आधुनिक हिब्रू अक्षरों के जो नाम हैं, वही प्राचीन उत्तरी सेमेटिक लिपियों में भी रहे होंगे। उत्तरी सेमेटिक लिपि के 22 अक्षरों के हिब्रू नाम हैं—आलेफ्, बेथ, गिमेल, दालेथ, हे, वाव, जयिन्, हेथ, थेत्, योध, काफ़, लामेध, मेम, नून, सामेख, अयिन्, पे, सादे, कॉफ, रेश, शिन् और ताव। यूनानी अक्षरों के नाम भी इन्हीं पर से बने हैं। अंतर केवल इतना है कि जहां प्रायः सभी हिब्रू नामों के अंत में व्यंजन हैं, वहां यूनानी नाम (अल्फा, बीटा, गामा, इत्यादि) स्वरांत हैं। सेमेटिक लिपि के ये हिब्रू नाम मूलतः चिर-परिचित वस्तुओं के नाम हैं, जैसे—बेथ = मकान, दालेथ = द्वार, काफ़ = हस्त, अयिन् = आंख, पे = मुख, गिमेल = ऊंट, आलेफ् = बैल, कॉफ = बंदर, इत्यादि।

प्राचीन हिब्रू लिपि के अक्षरों की विशेषताएं पृष्ठ 123 पर दी गई तालिका से जानी जा सकती हैं। प्राचीन हिब्रू लिपि का काल ई.पू. 1000 से ई.पू. 500 तक माना जा सकता है। कालांतर में अस्तित्व में आई चौखटे अक्षरों वाली हिब्रू लिपि का विवरण हम आगे देंगे।

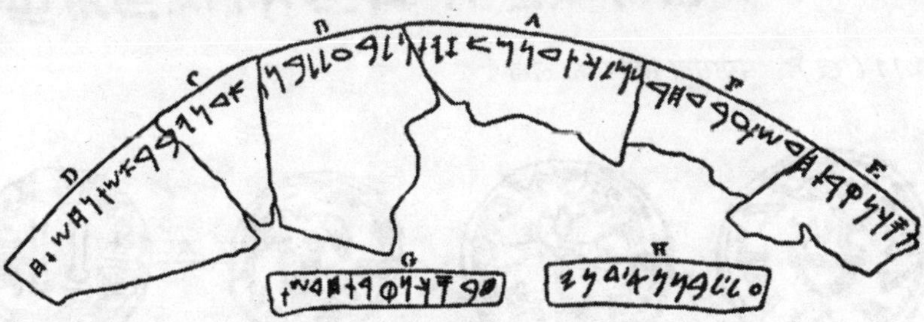

चित्र 10.7 (ख) *साइप्रो-फिनीशियन लेख (लगभग 700 ई.पू.)*

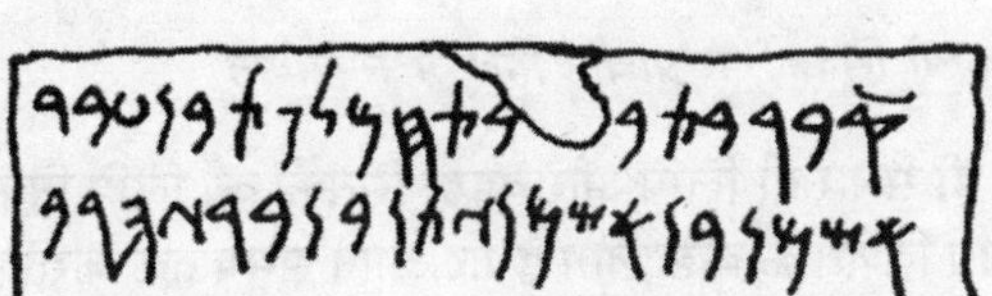

चित्र 10.8 (ख) *उत्तरी अफ्रीका से प्राप्त प्यूनिक लेख*

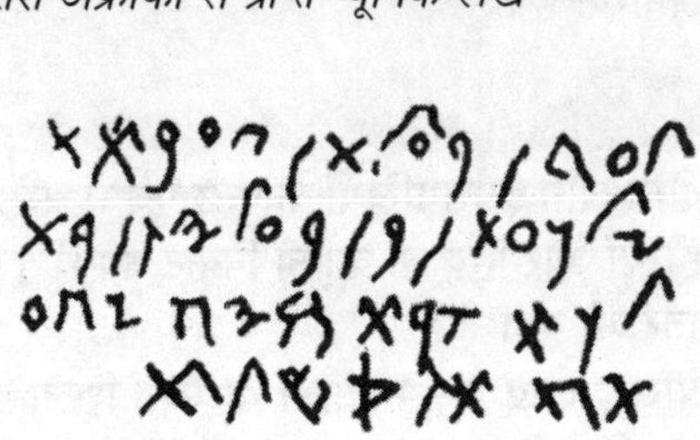

चित्र 10.9 (ख) *नव-प्यूनिक लेख*

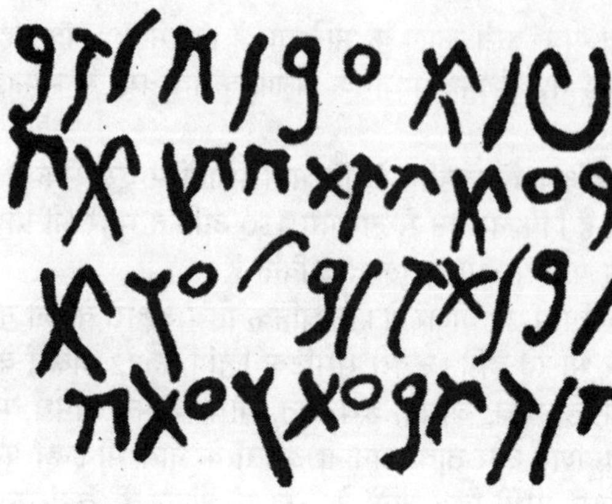

चित्र 10.10 (ख) नव-प्यूनिक लेख

चित्र 10.11 (ख) समारीती लिपि का लेख

चित्र 10.12 (ख) मक्काबी सिक्कों पर प्राचीन हिब्रू अक्षर-संकेत

प्राचीन हिब्रू लिपि से ही समारीती लिपि और यहूदी सिक्कों की लिपि निकली थी। समारीती लिपि का प्रयोग एक संप्रदाय विशेष के कुछ लोग हमारे अपने समय तक करते रहे हैं। ई.पू. दूसरी शताब्दी से दूसरी शताब्दी ई. तक के कुछ मक्काबी सिक्कों पर जो अक्षर-संकेत मिलते हैं, वे सीधे प्राचीन हिब्रू अक्षरों से ही निर्मित हैं।

मोआबी लिपि

मोआबी, आम्मोनी और एदोमी लोग इसरायलियों के कुछ पूर्व में बसे हुए थे। इनकी बोलियां भी उत्तरी सेमेटिक परिवार की ही थीं और हिब्रू के काफी निकट की थीं। प्राचीन हिब्रू लिपि और इन लिपियों में बहुत अधिक अंतर भी नहीं है।

मोआबी लिपि का सबसे प्रसिद्ध लेख है—मोआबी या मेशा शिला-फलक। मृत-सागर के लगभग पच्चीस मील पूर्व में स्थित दिबोन नामक स्थान में 1868 में इस शिला-फलक की खोज

चित्र 10.13 (ख)   मोआब के राजा मेशा (लगभग 835 ई.पू.) का शिला-फलक लेख

हुई थी। स्थानीय खानाबदोश लोगों का विश्वास था कि इस शिला के भीतर खजाना छिपा हुआ है, इसलिए उन्होंने इसे तोड़ने की भी कोशिश की थी। अंत में बड़ी चतुराई से यह शिला-फलक वहां से हटाया गया, और आज यह फ्रांस के प्रसिद्ध लूव्र संग्रहालय में सुरक्षित है। 34 पंक्तियों का यह लेख बहुत ही सुंदरता से लिखा गया है। इसमें इसरायलियों पर मोआब के राजा मेशा की विजय का विवरण अंकित है। इसका समय लगभग 835 ई.पू. है। 1923 में अहिराम लेख के प्राप्त होने तक, यही उत्तरी सेमेटिक वर्णमाला का प्राचीनतम लेख माना जाता था। इसके अलावा मोआबी लिपि की दो मुद्राएं भी मिली हैं।

फिनीशियन लिपि

कतिपय उत्तरी सेमेटिक लेखों की चर्चा हम पहले कर चुके हैं। उन्हें हम फिनीशियन लिपि के आरंभिक लेख मान सकते हैं। वस्तुतः फिनीशिया से बहुत ही कम लेख प्राप्त हुए हैं, और जो दर्जन-भर लेख मिले भी हैं, वे संक्षिप्त हैं। फिनीशियन लोगों ने भूमध्य-सागर के अनेक तटवर्ती नगरों और द्वीपों में अपने उपनिवेश स्थापित किए थे। अधिकतर फिनीशियन लेख इन्हीं उपनिवेशों से प्राप्त हुए हैं। साइप्रस द्वीप, यूनान, उत्तरी अफ्रीका, माल्टा, सार्डिनिया, सिसिली, मार्सेल तथा स्पेन से अनेक फिनीशियन अभिलेख प्राप्त हुए हैं। 1946 में सिलिसिया (तुर्की) के अयरिकतपेसी (कारतेपे) नामक स्थान से ई.पू. 8वीं शताब्दी का एक महत्वपूर्ण लेख मिला है।

पुरालिपिविद् फिनीशियन लेखों को प्रमुखतः दो भागों में विभाजित करते हैं : (1) फिनीशिया में मिले लेख; और (2) फिनीशियन उपनिवेशों में मिले लेख। फिनीशिया से जो लेख मिले हैं, उनका काल ई.पू. की संपूर्ण प्रथम सहस्राब्दी है। उपनिवेशों से प्राप्त लेखों को तीन उपवर्गों में बांटा गया है। वे हैं : (क) साइप्रो-फिनीशयन लेख—इनका काल दसवीं शताब्दी ई.पू. से दूसरी शताब्दी ई.पू. तक है। इनमें से प्राचीनतम लेख संभवतः 900 ई.पू. का है। (ख) सार्डिनिया के लेख—यहां से प्राप्त नोरा प्रस्तर-लेख और दो अन्य खंडित लेख 9वीं शताब्दी ई.पू. के माने गए हैं। (ग) कार्थेजी लेख—कार्थेज उत्तरी अफ्रीका में फिनीशियन लोगों का एक महत्वपूर्ण उपनिवेश था। ई.पू. तीसरी-दूसरी शताब्दी में इसी कार्थेज के साथ रोमनों के तीन युद्ध हुए, जो इतिहास में 'प्यूनिक युद्धों' के नाम से प्रसिद्ध हैं। कार्थेज (उत्तरी अफ्रीका) से मिले फिनीशयन लेखों की लिपि को 'कार्थेजी' या 'प्यूनिक लिपि' का भी नाम दिया जाता है। इस प्यूनिक लिपि के अधिक घसीटदार और परवर्ती रूप को 'नव-प्यूनिक लिपि' कहा जाता है। प्यूनिक लिपि का सबसे बाद का लेख तीसरी शताब्दी ई. का है। इससे पता चलता है कि फिनीशियन लोगों के नष्ट हो जाने के लगभग पांच सौ वर्ष बाद भी प्यूनिक लिपि का अस्तित्व रहा।

ऊपर फिनीशियन लिपि की जितनी शैलियों का हमने उल्लेख किया है, उन सबका विकास प्राचीन हिब्रू लिपि के समान ही हुआ है। अक्षरों के आंतरिक स्वरूप में कोई परिवर्तन नहीं हुआ है; बाह्य स्वरूप में कुछ विकास जरूर देखने को मिलता है। अक्षरों की संख्या और उनके ध्वनिमान स्थायी बने रहे। सारे फिनीशियन लेख दाईं ओर से बाईं ओर को लिखे गए हैं। प्राचीन हिब्रू लिपि और फिनीशियन लिपि के अक्षरों में स्पष्ट भेद यही है कि जहां हिब्रू अक्षर शनैः-शनैः छोटे और चौड़ी रेखाओं वाले होते गए, वहां फिनीशियन अक्षर बड़े और बारीक रेखाओं वाले बनते गए।

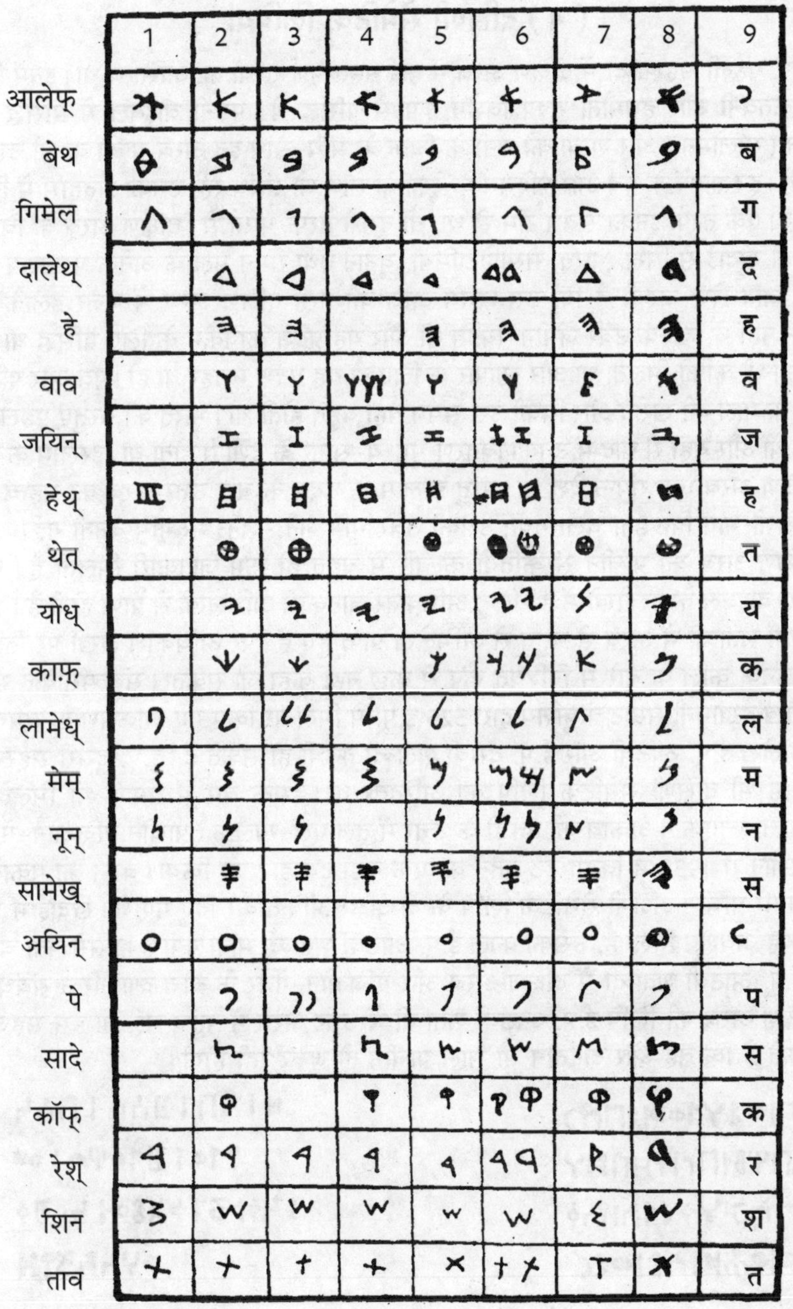

1. कनानी लिपि, ई.पू. 13वीं शताब्दी, 2. कनानी लिपि, लगभग 1000 ई.पू., 3. अहिराम लेख की लिपि, ई.पू. दसवीं शताब्दी, 4. गेझेर पंचांग के अक्षर, ई.पू. दसवीं शताब्दी, 5. मेशा (मोआब) लेख के अक्षर, लगभग 835 ई.पू., 6. फिनीशियन लिपि, ई.पू. 8वीं शताब्दी, 7. प्राचीन यूनानी लिपि, ई.पू. 8वीं शताब्दी, 8. घसीटदार हिब्रू लिपि, ई.पू. छठी शताब्दी, 9. ध्वनिमान

चित्र 10.14 (ख) *उत्तरी सेमेटिक लिपियां*

(ग) दक्षिणी सेमेटिक लिपियां

ई.पू. पहली सहस्राब्दी में दक्षिण अरब में कई महत्वपूर्ण राज्यों का अस्तित्व था। इनमें मिनी, साबी, कतबनी और हध्रमौती राज्य विशेष रूप से प्रसिद्ध थे। पुरानी बाइबल में प्रसिद्ध राजा सुलेमान (सॉलोमन) और शीबा की रानी के जिक्र के साथ-साथ इन अरब राज्यों के भी उल्लेख मिलते हैं। इन राज्यों के पूर्व और पश्चिम के देशों के साथ जो संबंध रहे, उनका इतिहास में विशेष महत्व है। एक तरफ इनका संबंध रोम से था, तो दूसरी तरफ भारत से। दक्षिण अरब के विभिन्न स्थलों की खुदाई से मिस्र, भारत, मेसोपोटामिया, यूनान तथा रोमन मूल के अनेक पुरावशेष मिले हैं। यह जान लेना जरूरी है कि उस समय आज की तरह दक्षिण अरब में बंजर इलाके और रेगिस्तान नहीं थे, बल्कि उर्वर जमीन पर्याप्त थी और यह प्रदेश कृषिकर्म के लिए प्रसिद्ध था। तब यहां सोना भी काफी मिलता था और व्यापार के लिए तो यह प्रदेश मशहूर था ही। पूर्व और पश्चिम के देशों के माल की खरीद और बिक्री उस समय यहां बहुत होती थी। भारत की वस्तुएं पहले यहां पहुंचती थीं और यहीं से बाद में उनका वितरण भूमध्य-सागर के देशों में होता था। इस्लाम के उदय तक दक्षिण अरब एक संपन्न देश था। परंतु इस्लाम के उदय के बाद उत्तर अरब का महत्व बढ़ा और दक्षिणी भाग पिछड़ता चला गया; उसकी उर्वर भूमि शनैः-शनैः मरुभूमि बनती गई।

दक्षिण अरब की प्राचीन संस्कृतियों के बारे में बहुत ही कम जानकारी मिलती है। थोड़ी जानकारी बाइबल के उल्लेखों में है। किंतु अधिकतर जानकारी अभिलेखों से प्राप्त होती है। 19वीं और 20वीं शताब्दी में अरब से बहुत से अभिलेख प्राप्त हुए हैं। पर अधिकांश लेखों पर तिथि न होने से उनके काल के बारे में निश्चित रूप से कुछ नहीं कहा जा सकता। संवत्सरांकित सबसे पुराना लेख हख़ामनी सम्राट कंबुशिय द्वारा 525 ई.पू. में मिस्र पर किए गए आक्रमण के समय का है। कुछ लेख ई.पू. आठवीं और ई.पू. दसवीं शताब्दी के भी हो सकते हैं। ई.पू. दूसरी सहस्राब्दी के अंत में भी दक्षिणी सेमेटिक लिपि का अस्तित्व था। इसके बारे में प्रमाण भी मिलते हैं। पुरातत्ववेत्ता ग्लुएक ने अकाब की खाड़ी के उत्तर में तेल एल-खेलैफ़ (प्राचीन एज़िओन-गेबेर) नामक स्थान से 1938 में किसी टूटे बर्तन का एक बड़ा टुकड़ा प्राप्त किया। बर्तन को पकाने के बाद उस पर प्राचीन दक्षिणी सेमेटिक लिपि के दो अक्षर अंकित कर दिए गए थे। खुदाई में जिस स्तर से यह अवशेष मिला है, उसका काल ई.पू. आठवीं शताब्दी माना गया है। इससे पता चलता है कि ई.पू. आठवीं शताब्दी में दक्षिण अरब और एजिओन-गेबेर के बीच व्यापारिक संबंध थे। यदि दक्षिण अरब की लिपि ई.पू. आठवीं शताब्दी में उत्तर अरब में पहुंच गई, तो हम सहज ही मान सकते हैं कि वह और दो-तीन सौ साल प्राचीन तो जरूर रही होगी।

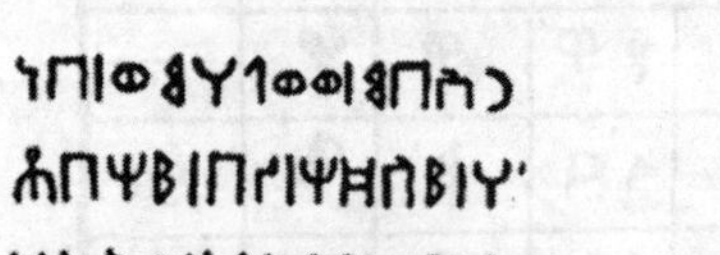

चित्र 10.1 (ग) साबी लेख

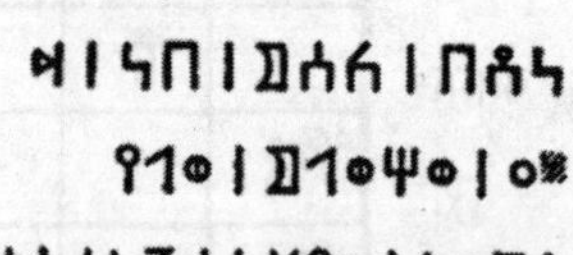

चित्र 10.2 (ग) हिम्यरिती लेख

दक्षिणी सेमेटिक लिपि की उत्पत्ति के बारे में विद्वानों ने अनेक सिद्धांत प्रस्तुत किए हैं। कुछ विद्वान उसे उत्तरी सेमेटिक लिपि की ही एक शाखा मानते हैं, तो कुछ उसे प्राचीन सिनाई लिपि से उत्पन्न मानते हैं। इतना तो निश्चित है कि दक्षिणी सेमेटिक लिपियों में साबी लिपि

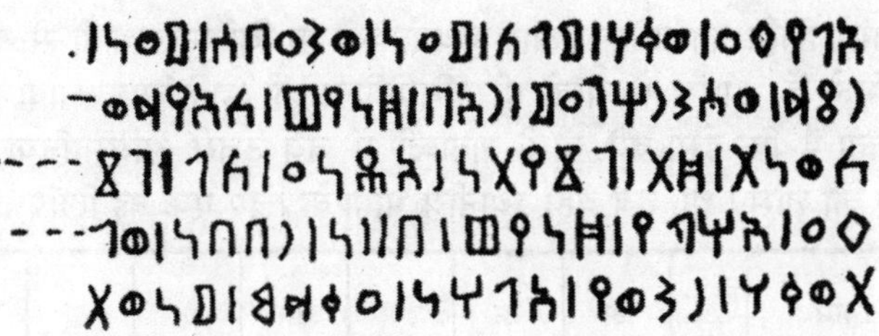

चित्र 10.3 (ग) मिनी लेख

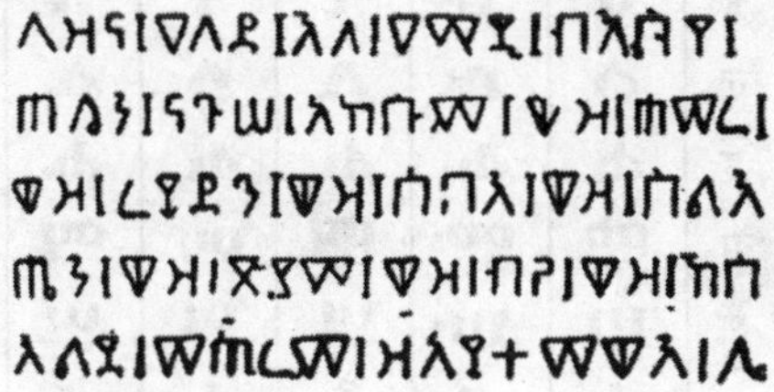

चित्र 10.4 (ग) प्राचीन इथियोपी लेख

सबसे प्राचीन है और उसी से बाद की सभी दक्षिणी अरबी लिपियां निकलीं। यदि साबी अक्षरों की तुलना उत्तरी सेमेटिक लिपि के अक्षरों से की जाए तो केवल कुछ ही अक्षर समान मिलते हैं। कुछ विद्वानों का यह भी मत है कि प्रागैतिहासिक काल में एक 'दक्षिणी सेमेटिक लिपि' का स्वतंत्र अस्तित्व था और उसी से बाद की दक्षिणी सेमेटिक लिपियों और उत्तरी सेमेटिक लिपियों का विकास हुआ। अधिक संभव यही जान पड़ता है कि उत्तरी सेमेटिक और दक्षिणी सेमेटिक, दोनों ही लिपियां सिनाई प्रायद्वीप की प्राचीन लिपि से विकसित हुईं। प्रसिद्ध पुरातत्ववेत्ता और सेमेटिक संस्कृति के प्रकांड पंडित आल्ब्राइट भी लगभग ऐसा ही मानते हैं।

चूंकि, दक्षिणी सेमेटिक लिपियों के लेख उत्तर अरब और दक्षिण अरब दोनों ही प्रदेशों से मिले हैं, इसलिए उन्हें दो वर्गों में बांटा गया है—(1) दक्षिणी अरबी लेख, और (2) उत्तरी अरबी लेख।

दक्षिणी अरबी लेखों में से लगभग 2500 अब तक प्रकाशित हो चुके हैं, जिनमें से 1000 से अधिक साबी लेख हैं। सुविधा के लिए इन लेखों को मिनी, साबी, हिम्यरिती, क़तबनी और हध्रमौती वर्गों में बांटा जाता है। किंतु सामान्यतः इन सारे लेखों की लिपि को 'दक्षिणी अरबी' या 'साबी लिपि' कहा जाता है। इस लिपि में लिखे गए लेख देखने में बहुत सुंदर हैं। उनकी तुलना हम अशोक के स्तंभलेखों की लिपि से कर सकते हैं। साबी लिपि में कुल 29 अक्षर हैं। अधिकतर लेख दाईं ओर से बाईं ओर को लिखे गए हैं, किंतु कुछ लेख 'मूत्रिका-विधि' में भी लिखे हुए मिलते हैं। इन लेखों में हमें अरबी बोली का आद्य रूप देखने को मिलता है। हिब्रू, फिनीशियन और आरमेई भाषाएं उत्तर-पश्चिमी सेमेटिक भाषा-परिवार की थीं तथा बेबीलोनी और असीरी (अक्कदी) भाषाएं पूर्वी सेमेटिक परिवार की। किंतु अरबी और बाद की अबिसीनिया (इथियोपिया) की इथियोपी भाषा दक्षिणी सेमेटिक परिवार की मानी जाती हैं। कालांतर में दक्षिणी सेमेटिक भाषा और लिपि का अबिसीनिया में भी प्रवेश हुआ।

इथियोपी लिपि

ई.पू. प्रथम सहस्राब्दी के उत्तरार्ध में दक्षिण अरब के लोगों के उपनिवेश अबिसीनिया (इथियोपिया) में भी स्थापित हो गए थे। इन्हीं अरबी उपनिवेशों के साथ अबिसीनिया में दक्षिणी

सेमेटिक भाषा और लिपि का प्रवेश हुआ। इथियोपिया के विभिन्न स्थानों से दक्षिणी सेमेटिक लिपि के लेख मिले हैं। आरंभ में साबी ही इथियोपिया की साहित्यिक भाषा और लिपि थी। लेकिन पता चलता है कि ईसा की चौथी शताब्दी में जब उत्तरी अबिसीनिया में ओक्सुम के शक्तिशाली राजा का शासन था, तब वहां स्थानीय भाषा के लिए एक नई लिपि अपनाई गई। यह

नाम	लिप्यं-तर	अ	ऊ	ई	आ	ऐ	ए	ओ
होइ	ह	ሀ	ሁ	ሂ	ሃ	ሄ	ህ	ሆ
लावे	ल	ለ	ሉ	ሊ	ላ	ሌ	ል	ሎ
हाउत	ह़	ሐ	ሑ	ሒ	ሓ	ሔ	ሕ	ሖ
माइ	म	መ	ሙ	ሚ	ማ	ሜ	ም	ሞ
शाउत	श	ሠ	ሡ	ሢ	ሣ	ሤ	ሥ	ሦ
रीस	र	ረ	ሩ	ሪ	ራ	ሬ	ር	ሮ
सात	स	ሰ	ሱ	ሲ	ሳ	ሴ	ስ	ሶ
क़ाफ	क़	ቀ	ቁ	ቂ	ቃ	ቄ	ቅ	ቆ
बेत्	ब	በ	ቡ	ቢ	ባ	ቤ	ብ	ቦ
तावे	त	ተ	ቱ	ቲ	ታ	ቴ	ት	ቶ
खार्म	ख	ኀ	ኁ	ኂ	ኃ	ኄ	ኅ	ኆ
नाहस	न	ነ	ኑ	ኒ	ና	ኔ	ን	ኖ
अल्फ	'अ	አ	ኡ	ኢ	ኣ	ኤ	እ	ኦ
काफ	क	ከ	ኩ	ኪ	ካ	ኬ	ክ	ኮ
वावे	व	ወ	ዉ	ዊ	ዋ	ዌ	ው	ዎ
ऐन	अ	ዐ	ዑ	ዒ	ዓ	ዔ	ዕ	ዖ
ज़इ	ज़	ዘ	ዙ	ዚ	ዛ	ዜ	ዝ	ዞ
यमन	य	የ	ዩ	ዪ	ያ	ዬ	ይ	ዮ
देन्त	द	ደ	ዱ	ዲ	ዳ	ዴ	ድ	ዶ
गेमेल	ग	ገ	ጉ	ጊ	ጋ	ጌ	ግ	ጎ
टइट	ट	ጠ	ጡ	ጢ	ጣ	ጤ	ጥ	ጦ
पैत	प	ጰ	ጱ	ጲ	ጳ	ጴ	ጵ	ጶ
त्साद	त्स	ጸ	ጹ	ጺ	ጻ	ጼ	ጽ	ጾ
द्जाप्पा	द्ज	ፀ	ፁ	ፂ	ፃ	ፄ	ፅ	ፆ
एफ्	फ	ፈ	ፉ	ፊ	ፋ	ፌ	ፍ	ፎ
पा	प	ፐ	ፑ	ፒ	ፓ	ፔ	ፕ	ፖ

चित्र 10.5 (ग) *इथियोपी वर्णमाला*

नई इथियोपी लिपि किस प्रकार बनी, इस बात को लेकर विद्वानों में काफी मतभेद है। अधिकतर विद्वानों का मत है कि यह लिपि दक्षिणी सेमेटिक लिपि के आधार पर बनाई गई। इस पर यूनानी वर्णमाला का भी प्रभाव दिखाई देता है। इथियोपी अंक-संकेत तो यूनानी से ही लिए गए हैं। इस पर भारतीय लिपि (ब्राह्मी) का भी प्रभाव दिखाई देता है।

इथियोपी लिपि में 26 अक्षर हैं। इसके आरंभिक लेख दाईं ओर से बाईं ओर को लिखे हुए मिलते हैं, किंतु बाद में बाईं ओर से दाईं ओर को लिखी जाने वाली किसी लिपि का प्रभाव पड़ने पर इथियोपी लेख भी उसी प्रकार लिखे जाने लगे। इस लिपि के अक्षरों के नाम हिब्रू, सीरियाई और यूनानी लिपियों के अक्षर-नामों से काफी भिन्न हैं। इनका क्रम भी भिन्न है।

इथियोपी लिपि के अक्षरों की सबसे बड़ी विशेषता यह है कि इनमें मूल अक्षरों के साथ स्वरों की मात्राएं भारतीय लिपि जैसी ही लगी हुई हैं। यूनानी लिपि में स्वरों के लिए स्वतंत्र संकेत हैं। परंतु इथियोपी लिपि के अक्षरों में स्वरों की मात्राएं अक्षरों के सिरों पर या पैरों पर दाईं या बाईं ओर लगती हैं—ब्राह्मी लिपि के अक्षरों की तरह। इस प्रकार इथियोपी लिपि में एक ही अक्षर के सात विभिन्न रूप मिलते हैं, जो सात स्वरयुक्त व्यंजनों का प्रतिनिधित्व करते हैं। ये स्वर हैं—अ, आ, ए, ऐ, ऊ, ई, ओ। ब्राह्मी लिपि की तरह इस लिपि में भी अ-स्वररहित व्यंजनों का अस्तित्व नहीं है; राभी व्यंजनों गें 'अ' रवर निहित हैं।

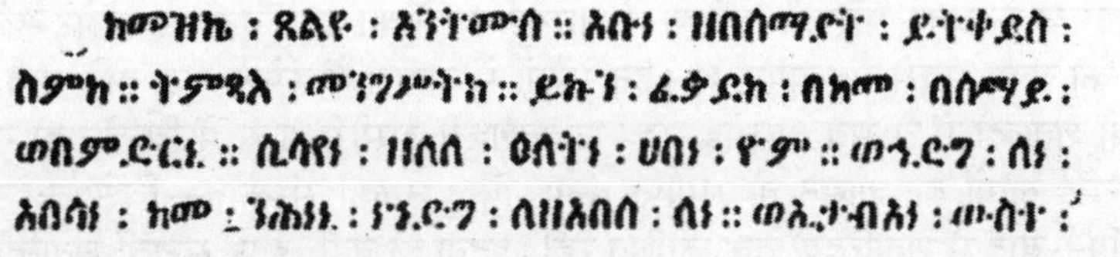

चित्र 10.6 (ग) इथियोपी लेख का एक अंश

ईसा की चौदहवीं सदी में अमहरी भाषा इथियोपिया की राजभाषा बनी। अमहरी लिपि का विकास इथियोपी लिपि से ही हुआ है। दक्षिणी सेमेटिक लिपियों में अब केवल अमहरी लिपि ही जीवित है।

11

आरमेई लिपियां

बाइबल और असीरी कीलाक्षर लेखों में 'आरम' शब्द मिलता है, इसलिए इस परवर्ती सेमेटिक संस्कृति—इसकी भाषा और लिपि—को हम 'आरमी' या 'आरमेई' (आरमाइक) नाम दे सकते हैं। आरमेई लोगों के मूल निवास के बारे में कोई ठोस जानकारी नहीं मिलती, किंतु विद्वानों का मत है कि सेमेटिक जाति की 'तीसरी लहर' के ये लोग भी दक्षिण-पश्चिमी अरब से आए थे। इनकी एक शाखा शाम यानी सीरिया पहुंची थी और दूसरी मेसोपोटामिया। ई.पू. 13वीं शताब्दी में पश्चिमी एशिया में जब हित्ती और मितानी आर्य शासकों की शक्ति क्षीण हो गई, तो मेसोपोटामिया के उत्तर-पश्चिम-दक्षिण में आरमेई राज्यों का उदय हुआ। इन छोटे-छोटे राज्यों में दमिश्क का राज्य सबसे महत्वपूर्ण था। इन राज्यों में आपस में हमेशा युद्ध होते रहते थे। अंत में ई.पू. 8वीं शताब्दी में ये सब आरमेई राज्य शक्तिशाली असीरी राज्य में विलीन हो गए।

आरमेई लोगों का शासन तो समाप्त हुआ, किंतु उनकी संस्कृति—विशेषत: उनकी भाषा और लिपि—बाद में शताब्दियों तक जीवित रही। इतना ही नहीं, ई.पू. सातवीं शताब्दी के अंत से आरमेई भाषा और लिपि पश्चिम एशिया की अंतर्राष्ट्रीय भाषा और लिपि बन गई। ईरान के हख़ामनी शासन के समय यह राज-काज की प्रमुख भाषा बन गई। यही नहीं, पश्चिमोत्तर भारत से लेकर लघु-एशिया तथा मिस्र तक व्यापारियों की यही प्रमुख भाषा थी। इस्लाम के उदय तक सारे पश्चिमी एशिया में आरमेई भाषा का साम्राज्य रहा। इसरायल में लगभग एक हजार साल तक यही जनभाषा थी। यहूदी लोग धार्मिक कृत्यों में अपनी हिब्रू भाषा के साथ-साथ आरमेई भाषा का भी उपयोग करते थे। पुरानी बाइबल की अनेक पुस्तकें इसी आरमेई भाषा में लिखी गई हैं।

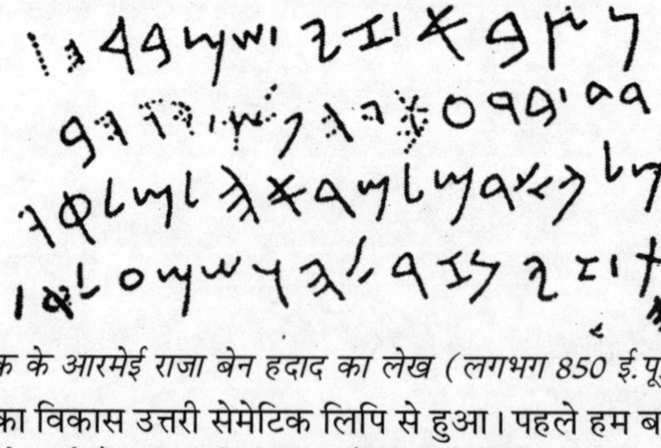

चित्र 11.1 दमिश्क के आरमेई राजा बेन हदाद का लेख (लगभग 850 ई.पू.)

आरमेई लिपि का विकास उत्तरी सेमेटिक लिपि से हुआ। पहले हम बतला चुके हैं कि उत्तरी सेमेटिक लिपि के दो वर्ग हैं—कनानी लिपि और आरमेई लिपि। प्रो. आल्ब्राइट के अनुसार, आरमेई भाषा के लिए उत्तरी सेमेटिक लिपि का प्रयोग ई.पू. दसवीं शताब्दी के बाद से आरंभ हुआ। आरमेई भाषा का प्राचीनतम लेख दमिश्क के आरमेई राजा बेन हदाद का फलक है। आल्ब्राइट इसे ई.पू. 850 का मानते हैं। आरमेई का दूसरा प्राचीन लेख है हमाथ तथा लुआश के

राजा ज़ाकिर का फलक (लगभग 775 ई.पू.), जो एफिस (अलेप्पो) से 1908 में प्राप्त हुआ था। इनके अलावा, सीरिया से और भी कुछ प्राचीन लेख मिले हैं।

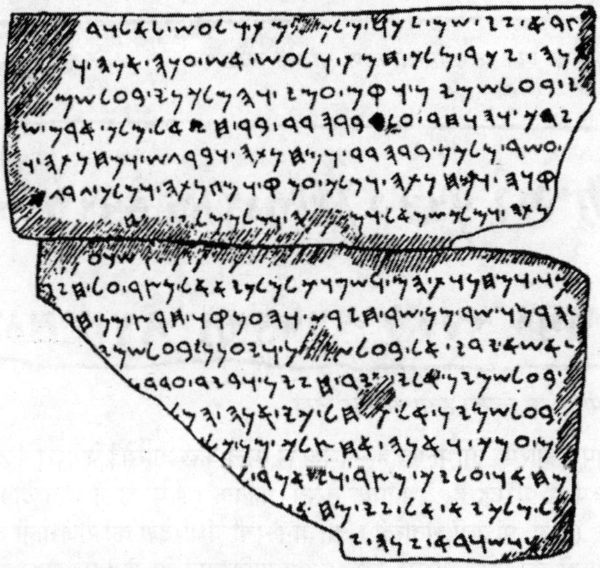

चित्र 11.2 *हमाथ के राजा जाकिर का फलक-लेख (लगभग 775 ई.पू.)*

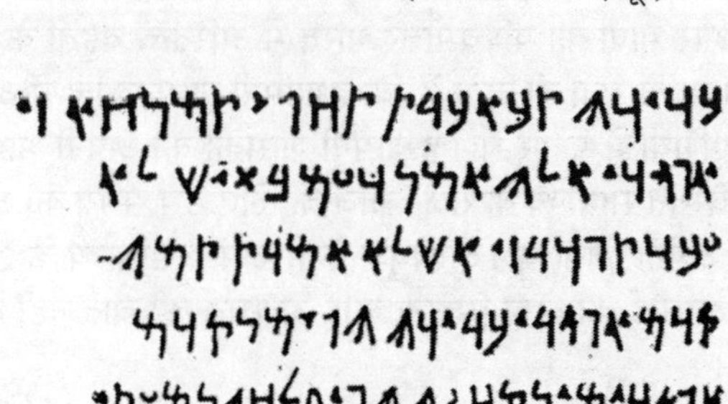

चित्र 11.3 *हख़ामनी काल का आरमेई लेख*

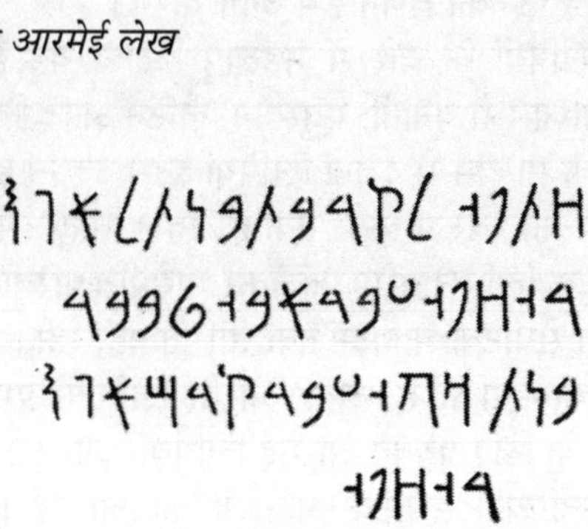

चित्र 11.4 *मेम्फिस (मिस्र) के एक मंदिर का आरमेई लेख*

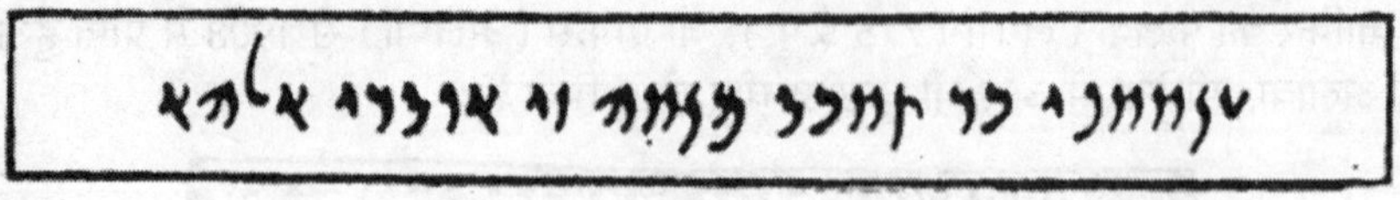

चित्र 11.5 मिस्र के एक स्तंभ पर उत्कीर्ण आरमेई लेख

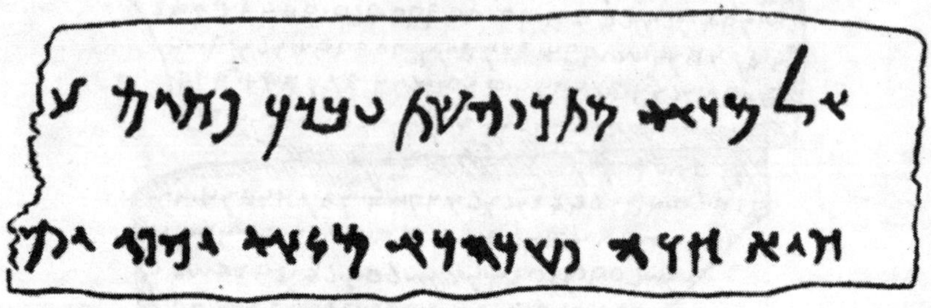

चित्र 11.6 पेपीरस पर लिखा हुआ आरमेई लेख

अन्य महत्वपूर्ण आरमेई अभिलेख हैं—मिस्र से मिले कुछ आरमेई पेपीरस, जिनमें 'एलिफ़ेंटाइन पेपीरी' विशेष रूप से प्रसिद्ध है; द्वैभाषिक नेराब-फलक (ई.पू. छठी शताब्दी); उत्तरी अरब से मिला तैमा-लेख, (ई.पू. पांचवीं शताब्दी); प्राचीन पूर्वी गंधारदेश की राजधानी तक्षशिला से प्राप्त ई.पू. तीसरी शताब्दी का एक आरमेई लेख। अफगानिस्तान के कंदहार शहर के पास से सम्राट अशोक (ई.पू. तीसरी सदी) का यूनानी और आरमेई में एक द्वैभाषिक लेख मिला है।

आरमेई लिपि और भाषा का पश्चिमोत्तर भारत में अस्तित्व बहुतों के लिए आश्चर्यजनक हो सकता है। किंतु हम पहले बता ही चुके हैं कि हख़ामनी शासनकाल में आरमेई भाषा और लिपि का संपूर्ण पश्चिमी एशिया में प्रचार था। हख़ामनी शासकों की अपनी भाषा ईरानी आर्यभाषा थी, किंतु उन्होंने अपने विस्तृत साम्राज्य के राज-काज के लिए उस समय की अधिक प्रचलित आरमेई भाषा और लिपि को अपना लिया था। दारयवुश के हख़ामनी साम्राज्य के 24 प्रांतों में गंधारदेश भी था। इसलिए उसमें आरमेई का लेख मिलना कोई आश्चर्य की बात नहीं। खरोष्ठी लिपि आरमेई लिपि से ही बनी है।

दूसरे महायुद्ध की समाप्ति तक आरमेई लिपि के लेख सीरिया और फिलस्तीन से बहुत कम मिले थे। किंतु 1947 के बाद मृत-सागर के पास कुमरान की गुफाओं में हिब्रू-आरमेई की सैकड़ों हस्तलिपियां प्राप्त हुई हैं। इनका वर्णन हम आगे करेंगे।

उत्तरी सेमेटिक लिपियों के बारे में महत्वपूर्ण तथ्य यह है कि उन्होंने पश्चिम की ओर फिनीशियन लिपि के माध्यम से यूनानी, एत्रुस्कन, लैटिन आदि लिपियों को जन्म दिया, तो पूर्व की ओर भी आरमेई लिपि के माध्यम से दर्जनों लिपियां इनसे उत्पन्न हुईं। हख़ामनी साम्राज्य के जीवित रहने तक आरमेई लिपि का स्वरूप प्राय: एक ही रहा। किंतु उसके बाद उसकी विभिन्न शाखा-प्रशाखाएं हो गईं। सेमेटिक लिपि ने यूरोप पहुंचकर भारोपीय परिवार की भाषाओं को अपनाया। इधर भी आरमेई लिपि केवल सेमेटिक भाषाओं तक सीमित नहीं रही। उसने सेमेटिक तथा गैर-सेमेटिक दोनों वर्गों की भाषाओं की सेवा की है। अत:, आरमेई लिपि को प्रमुखत: दो वर्गों में बांटा जाता है—(1) सेमेटिक भाषाओं के लिए प्रयुक्त आरमेई लिपियां; और (2) गैर-सेमेटिक भाषाओं के लिए अपनाई गई आरमेई लिपियां। सेमेटिक भाषाओं की आरमेई लिपियों में प्रमुख हैं—1. हिब्रू, 2. नबाती-सिनाई-अरबी, 3. पालमीरी, 4. सीरियाई-नेस्तोरी, 5. मांदी, और 6. मानीख़ी।

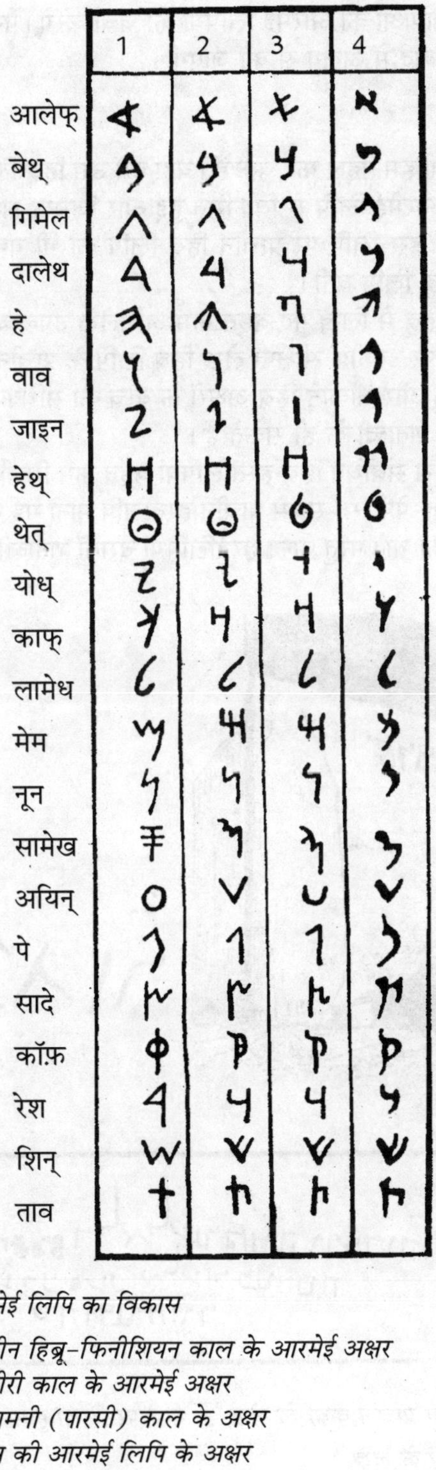

चित्र 11.7 *आरमेई लिपि का विकास*

1. *प्राचीन हिब्रू-फिनीशियन काल के आरमेई अक्षर*
2. *असीरी काल के आरमेई अक्षर*
3. *हख़ामनी (पारसी) काल के अक्षर*
4. *मिस्त्र की आरमेई लिपि के अक्षर*

यहां पहले हम सेमेटिक भाषाओं की आरमेई लिपियों की चर्चा करेंगे। गैर-सेमेटिक भाषाओं की आरमेई लिपियों की चर्चा बाद में अलग से की जाएगी।

हिब्रू लिपि

प्राचीन हिब्रू लिपि की चर्चा हम पहले कर चुके हैं। यहां हमें उस हिब्रू लिपि की चर्चा करनी है, जो ई.पू. दूसरी शताब्दी में आरमेई लिपि से विकसित हुई और जिसके अक्षर 'क़तब महराब' (चौकोने अक्षर) कहे जाते हैं। इस लिपि पर प्राचीन हिब्रू लिपि का भी गहरा प्रभाव है। इन्हीं अक्षरों से बाद में आधुनिक हिब्रू लिपि बनी।

1947 के पहले आरमेई-हिब्रू में लिखे गए बहुत कम अभिलेख उपलब्ध थे। अराक अल्-अमीर (ट्रांसजोर्डन) की कब्रों पर उत्कीर्ण संक्षिप्त लेख हिब्रू लिपि के प्राचीनतम लेख माने जाते थे। इनके अक्षरों में प्राचीन हिब्रू और चौकोने हिब्रू अक्षरों के बीच का संधिकाल देखा जा सकता है। ये लेख ई.पू. तीसरी-चौथी शताब्दी के हो सकते हैं।

1947 तक पुरानी बाइबल से संबंधित हिब्रू हस्तलिपियां बहुत कम मिली थीं। जो मिली थीं, वे अधिक प्राचीन नहीं थीं। 'नश-पेपीरस' सबसे प्राचीन हस्तलिपि मानी गई थी, जिसे आल्ब्राइट ने ई.पू. दूसरी शताब्दी का आंका था। परंतु अन्य हस्तलिपियां दसवीं शताब्दी के पहले की नहीं

1.

2.

3.

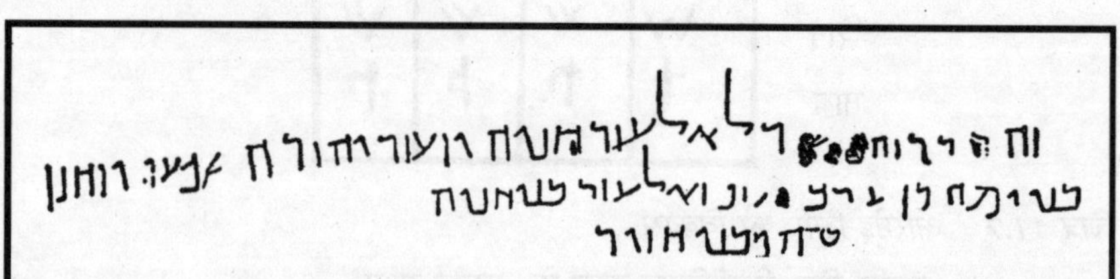

1. और 2. अराक अल्-अमीर की प्राचीन कब्रों के लेख, 3. कब्र पर लिखा हुआ एक हिब्रू लेख

चित्र 11.8 *चौकोनी हिब्रू लिपि के लेख*

थीं। हां, कुछ खंडित हस्तलेख ई.पू. सातवीं-आठवीं शताब्दी के माने गए थे। ऐसे लेखों में काहिरा से मिले हजारों खंडित लेख हैं। 916 ई. की संवत्सरांकित एक हिब्रू हस्तलिपि लेनिनग्राद संग्रहालय में है। इसी समय के आसपास की कुछ अन्य हस्तलिपियां ब्रिटिश संग्रहालय में हैं।

किंतु 1947 से सारा नक्शा ही बदल गया। उत्तर-पश्चिमी मृत-सागर के पास की गुफाओं में हिब्रू-आरमेई की सैकड़ों हस्तलिपियां मिलीं। चर्मपटों पर लिखी गईं इन हस्तलिपियों को 'डेड-सी स्क्रॉल्स' नाम दिया गया है। आरंभ में 1947 में जो चंद हस्तलिपियां प्रकाश में आई थीं, उन्हीं को देखकर सेमेटिक भाषा तथा संस्कृति के प्रकांड पंडित प्रो. विलियम काक्सवेल आल्ब्राइट ने इनके बारे में कहा था, ''आधुनिक युग में हस्तलिपियों की यह एक महान खोज है।'' 1947 के बाद तो और भी बहुत-सी हस्तलिपियां प्राप्त हुई हैं। पाठक आरंभ में ही यह जान लें तो अच्छा होगा कि ये अधिकांश मृत-सागर कुंडलियां ई.पू. दूसरी-पहली शताब्दी की हैं। इनमें से ज्यादातर का संबंध पुरानी बाइबल की पुस्तकों से है और वे हिब्रू-आरमेई में लिखी गई हैं। बड़ा ही दिलचस्प है इन कुंडलियों की खोज का किस्सा।

मृत-सागर कुंडलियां

मृत-सागर के उत्तर-पश्चिमी तट के पास खिर्बेत-कुमरान नाम का एक स्थान है। यह जेरूसलम के पूर्व में और जेरिको के दक्षिण में है। दक्षिण-पश्चिम में पास ही बेथलहेम भी है। बाइबल का यह जूडिया प्रदेश हिब्रू और ईसाई संस्कृतियों के अध्ययन के लिए बहुत ही महत्वपूर्ण है। प्राचीन काल का बेथलहेम-मोआब रास्ता कुमरान के पास से ही जाता था। किंतु पिछली कुछ शताब्दियों से यह प्रदेश बहुत पिछड़ गया और अब यहां बद्दू (बद्दू) कबीले के खानाबदोश लोग रहते हैं।

1947 के फरवरी या मार्च की घटना है। 15 साल का एक बद्दू लड़का कुमरान के पास की चट्टानों पर अपनी भेड़ बकरियां चरा रहा था। इस लड़के का नाम था मुहम्मद अल्-दीब (या अध्-दीब)। मुहम्मद की एक भेड़ भटक गई और उसकी खोज में वह ऊपर चढ़ने लगा। चढ़ते-चढ़ते थक गया, तो एक चट्टान की छाया में थोड़ा आराम करने बैठ गया। उस चट्टान को देखते-देखते उसकी नजर एक छेद पर पड़ी। उसने एक पत्थर उठाया और उस छेद में फेंका। भीतर से ऐसी आवाज आई कि जैसे पत्थर किसी मिट्टी के बर्तन से जाकर लगा हो। इससे मुहम्मद का कुतूहल जागा और उसने कई और पत्थर फेंके। फिर, कुछ ऊपर चढ़कर छेद से भीतर झांका तो उसने देखा कि वहां कतारों में मिट्टी के बड़े-बड़े कलश या घड़े रखे हुए हैं। लड़का डर गया। उसने सोचा, यह किसी राक्षस की खोह है। वह भागा वहां से और अपनी बस्ती में पहुंचकर उसने अपने एक जिगरी दोस्त को सारा किस्सा कह सुनाया। दूसरे दिन दोनों उस गुफा पर पहुंचे और उसके भीतर उतरे। जैसा कि बाद में बताया गया, गुफा के भीतर सात या आठ कलश थे। उन्होंने कलशों को खोलकर देखना शुरू किया। पहले और दूसरे कलश में तो कुछ नहीं मिला, किंतु तीसरे कलश में सड़े-गले वस्त्रों में लिपटी हुई चर्मपटों की कुंडलियां मिलीं। लड़कों ने सोचा था कि वहां उन्हें सोने-चांदी का खजाना मिलेगा, किंतु उन्हें बहुत निराशा हुई। फिर भी वे उन चर्मपटों की कुंडलियों को वहां से उठा लाए।

बद्दू लोगों का कोई स्थायी निवास नहीं होता। भेड़-बकरियां चराना और मौका मिलने पर चोरी या डकैती करना ही उनका पेशा रहा है। सप्ताह में एक बार, बाजार के दिन, ये लोग बेथलहेम पहुंचते थे और चीजों की खरीद-बिक्री करते थे। आरंभ में उन बद्दू लड़कों को जो तीन कुंडलियां मिली थीं, उनका महत्व उन लोगों को ज्ञात नहीं था। वे लोग पढ़ना-लिखना नहीं जानते थे। इसलिए अगली बार जब वे बेथलहेम आए, तो अपने साथ चर्मपटों की कुंडलियां

चित्र 11.9 मृत-सागर के पास की पहाड़ी गुफाएं, जिनमें हिब्रू-आरमेई लिपि की हस्तलिपियां (कुंडलियां) मिली हैं

भी लेकर आए। यहां खलील इस्कंदर नाम का एक असीरी ईसाई था, जो 'कंदो' के नाम से पूरे बेथलहेम में मशहूर था। कंदो की एक दुकान थी और वह उसके माध्यम से बद्दू लोगों से गैरकानूनी चीजें खरीदता था। कंदो की चमड़े की चीजें बनाने की भी एक दुकान थी। उसने उन बद्दुओं से मामूली दाम पर वे चर्मपट यह सोचकर खरीद लिए कि उसकी चमड़े की दुकान में ये किसी काम आएंगे। बाद में उसे पता चला कि इन चर्मपटों पर कुछ लिखा हुआ है। वह स्वयं उन अक्षरों को पढ़ नहीं सकता था, इसलिए अगली बार जब वह जेरूसलम गया तो उसने इन्हें वहां के प्रसिद्ध सीरियाई ईसाई मठ सेंट मार्क के साधुओं को दिखाया।

चित्र 11.10 मृत-सागर कुंडली

इसके बाद इन मृत-सागर कुंडलियों के बारे में जितना भी विवरण मिलता है, उसमें सत्य कितना है और झूठ कितना है, यह जान पाना मुश्किल है। धीरे-धीरे कुंडलियों के बारे में अफवाहें फैलती गईं। यूरोप और अमरीका के धन्नासेठों को जब पता चला कि इन कुंडलियों में पुरानी बाइबल की पुस्तकों के पाठ हैं, तो उन्होंने इन्हें प्राप्त करने के लिए पानी की तरह पैसा बहाया। आरंभ में केवल बद्दू लोग ही जानते थे कि ये कुंडलियां किस स्थान पर रखी गई हैं। इसलिए बद्दू और कंदो जैसे लोगों के माध्यम से ही ये कुंडलियां प्राप्त हो सकती थीं। एक समय ऐसा भी आया कि ये चर्मपट प्रति वर्ग-सेंटीमीटर एक पौंड के हिसाब से खरीदे जाने लगे थे। यहूदी लोगों के लिए भी इनका महत्व था और ईसाई लोगों के लिए भी। इसी बीच 25 नवंबर, 1947 को फिलस्तीन का विभाजन हुआ और इसरायल के रूप में एक स्वतंत्र यहूदी राज्य अस्तित्व में आया। प्रसिद्ध जेरूसलम शहर के दो हिस्से हो गए। पूर्वी हिस्सा मुसलमानों के हाथ में गया, और

चित्र 11.11 *पुरानी बाइबल से संबंधित मृत-सागर कुंडली का एक लेख*

पश्चिमी हिस्सा यहूदियों के हाथ में। इस विभाजन के कारण इन कुंडलियों को प्राप्त करना और भी कठिन हो गया। यूरोप के पुराविदों ने उन स्थानों को जानने की बहुत कोशिश की, जहां से ये मिल रही थीं। परंतु बद्दू लोग भी अब समझ गए थे कि इन कुंडलियों से बहुत-सा धन कमाया जा सकता है। इसलिए वे उन गुफाओं का पता भला क्यों बताते? आरंभ में बहुत सारी कुंडलियां बद्दू लोगों के एजेंटों से, भारी रकम देकर, प्राप्त करनी पड़ी थीं। बाद में कुमरान के पास के उस स्थान का भी पता चला, जहां ये गुफाएं थीं।

बाद में जब पुरातत्ववेत्ताओं ने इस क्षेत्र की विधिवत् खोज-पड़ताल की तो उन्हें और भी कई गुफाएं मिलीं और उनमें सैकड़ों कुंडलियां या उनके हजारों खंडित टुकड़े मिले। कुमरान के पास ही ई.पू. पहली शताब्दी के एक सीरियाई संप्रदाय के मठ के खंडहर मिले हैं। ई.पू. 68 में रोमन सेना ने कुमरान पर चढ़ाई की थी, और रोमन सेना के आगमन का पता चलने पर मठवालों ने इन हस्तलिपियों को पास की गुफाओं में छिपा दिया था। उन्होंने सोचा होगा कि जब रोमन सेना चली जाएगी तो वे अपनी पुस्तकों को पुनः ले आएंगे। किंतु रोमनों ने मठ को ऐसा तबाह किया कि फिर उन पुस्तकों को लौटा लाने का सवाल ही नहीं रहा। लगभग दो हजार साल के लंबे अरसे के बाद ही उन कुंडलियों की पुनः सुधि ली जा सकी।

मृत-सागर की कुंडलियों का पश्चिमी देशों के लोगों के लिए बड़ा महत्व है। जैसा कि हमने पहले बताया, इनमें से अधिकांश बाइबल से संबंधित हैं। इनके प्राप्त होने से प्राचीन बाइबल के बारे में प्रामाणिक और मौलिक जानकारी मिली है। पश्चिमी देशों में ईसाइयत का बोलबाला होने से इन कुंडलियों के लिए पानी की तरह पैसा बहाया गया है। यहूदी लोगों के लिए भी ये कुंडलियां बड़े महत्व की हैं। बाद में इसरायली सरकार ने अमरीका पहुंची हुईं बहुत-सी कुंडलियां खरीद लीं। अब अधिकांश कुंडलियां जेरूसलम विश्वविद्यालय के संग्रहालय में सुरक्षित हैं और वहां से इनका संपादन हो रहा है।

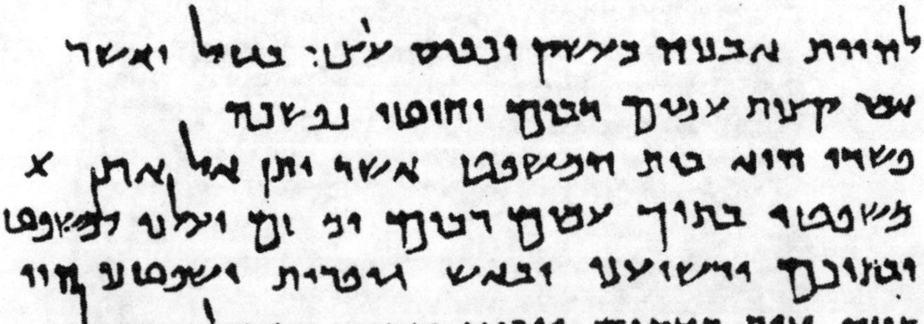

चित्र 11.12 मृत-सागर हस्तलिपियों का एक अंश

ये कुंडलियां हिब्रू-आरमेई में लिखी हुई हैं और इनकी लिपि प्रसिद्ध नश-पेपीरस की लिपि से काफी मिलती-जुलती है।

हिब्रू लिपि के विकास में तीन शैलियां विशेष रूप से उल्लेखनीय हैं। ईसा की आरंभिक शताब्दियों में जो चौकोनी हिब्रू लिपि थी, उसी से आधुनिक हिब्रू लिपि के छापे के सुंदर अक्षर बने

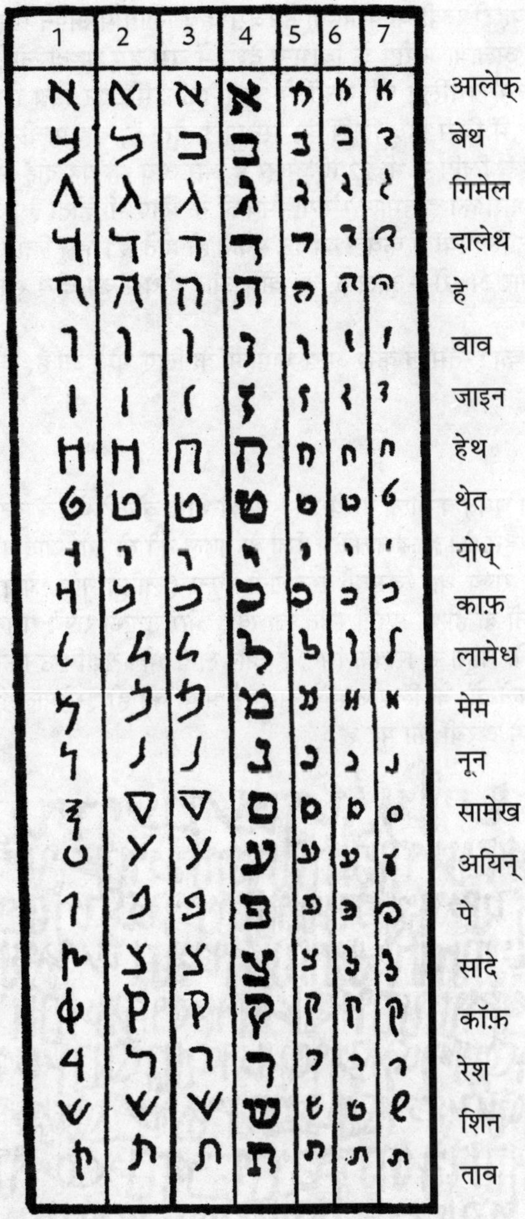

चित्र 11.13 *हिब्रू लिपि का विकास*

1. आरमेई अक्षर
2. चौकोनी हिब्रू लिपि
3. हिब्रू लिपि, दसवीं शताब्दी ई.
4. आधुनिक मुद्रण के हिब्रू अक्षर
5–6. रब्बी लिपि
7. आधुनिक हस्तलिपि के हिब्रू अक्षर

हैं। मध्ययुग में यहूदी रब्बी या पुरोहितों ने जिस हिब्रू लिपि में अपने ग्रंथ लिखे, उसे 'रब्बी लिपि' कहते हैं। इनके अलावा, यूरोप के विभिन्न देशों में बसे हुए यहूदी लोगों की घसीटदार लिपि की जो विविध शैलियां प्रचलित थीं, उन्हीं से आधुनिक घसीटदार हिब्रू लिपि बनी है।

आज मुद्रण में जिस हिब्रू लिपि का इस्तेमाल होता है, वह प्राचीन चौकोनी हिब्रू से बनी है। इस आधुनिक हिब्रू लिपि में भी 22 ही अक्षर हैं और अब भी यह दाईं ओर से बाईं ओर को लिखी जाती है। उन अक्षरों का इस्तेमाल संख्या-संकेतों के लिए भी होता है। जैसा कि हम पहले बतला चुके हैं, सेमेटिक लिपियों में केवल व्यंजन संकेत ही होते हैं। हिब्रू लिपि के अक्षर भी व्यंजनात्मक हैं। हां, इसमें चार अक्षरों—आलेफ़्, हे, वाव और योध्—का दीर्घ स्वरों के रूप में भी उपयोग होता है।

हिब्रू लिपि का इस्तेमाल कुछ अन्य भाषाओं के लिए भी हुआ है, जैसे—अरबी, तुर्की, जर्मन, स्पेनी इत्यादि।

नबा़ती लिपि

नबाती लोग घुमंतू कबीलों के थे और अरबी भाषा बोलते थे। वे उत्तरी अरब, ट्रांसजोर्डन और सिनाई प्रदेश में रहते थे। इन इलाकों में ईसा के पहले की दो और बाद की दो शताब्दियों में उनका एक शक्तिशाली राज्य था, जिसकी राजधानी सेला (लैटिन नाम 'पेट्रा') थी। 109 ई. के बाद नबातियों ने रोमनों के हाथों अपनी स्वतंत्रता खोई और उनका राज्य रोमनों का 'अरबिया प्रांत' हो गया। नबातियों के बहुत से सिक्के मिले हैं और लेख भी। यद्यपि उनकी अपनी भाषा अरबी थी, किंतु अपने अभिलेखों के लिए उन्होंने आरमेई भाषा का ही इस्तेमाल किया। बेशक इन आरमेई लेखों की भाषा में अरबी का पुट है।

चित्र 11.14 नबाती लेख

नबाती लिपि ई.पू. दूसरी शताब्दी की आरमेई लिपि से ही बनी थी। ईसवी सन् के आरंभ में नबाती लिपि ने अपनी स्वतंत्र स्थिति बना ली थी। आगे हम देखेंगे कि इसने अरबी लिपि के जन्म में भी सहयोग दिया है।

नव-सिनाई लिपि

इसी प्रदेश में नबाती लिपि के बाद उसी से निर्मित एक घसीटदार लिपि अस्तित्व में आई। पहले की 'सिनाई लिपि' से इसका अंतर स्पष्ट करने के लिए इसे 'नव-सिनाई लिपि' का नाम दिया गया है। सिनाई प्रायद्वीप से इस लिपि में कुछ लघु शिलालेख मिले हैं। ईसा की पहली शताब्दी में नबाती लिपि से यह घसीटदार नव-सिनाई लिपि अस्तित्व में आई थी। इस लिपि में जो लेख मिले हैं, वे ईसा की दूसरी, तीसरी और चौथी शताब्दी के हैं। पुरालिपिविदों का कहना है कि यह नव-सिनाई लिपि एक ओर नबाती लिपि से संबंधित है, तो दूसरी ओर यह अरबी लिपि से भी जुड़ी हुई जान पड़ती है। किंतु नबाती लिपि में और अरबी लिपि में प्रत्यक्षत: इतना अधिक अंतर दिखाई देता है कि सहज ही विश्वास नहीं होता कि नबाती और नव-सिनाई लिपियों से ही अरबी लिपि का विकास हुआ है। वस्तुत: इन लिपियों के अक्षरों के स्वरूपों में बहुत तेजी से परिवर्तन होता गया। कुछ शताब्दियों के भीतर ही अक्षर आमूल बदले हुए दिखाई देते हैं।

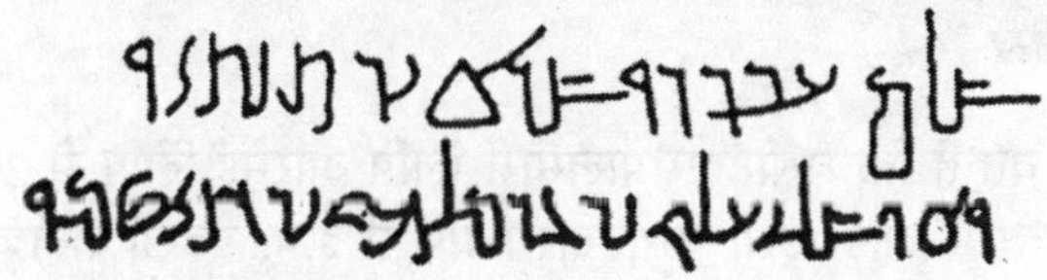

चित्र 11.15 *नव-सिनाई लिपि*

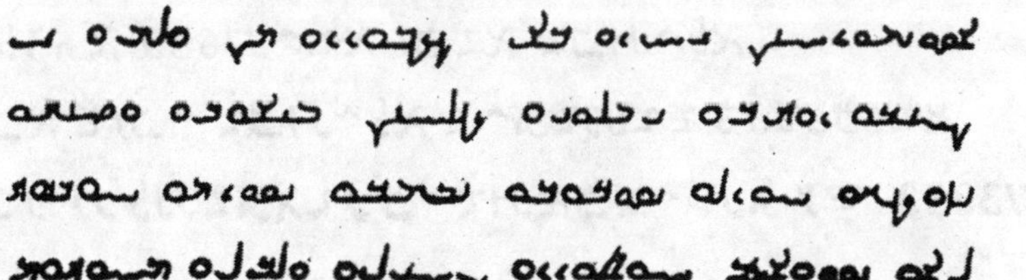

चित्र 11.16 *मांदी लिपि*

पालमीरी लिपि

ईसा की पहली दो शताब्दियों में सीरिया और मेसोपोटामिया के व्यापारी मार्ग पर पालमीरा (प्राचीन तदमोर) सीरिया की मरुभूमि में एक नगर था। उस समय इसके पश्चिम में रोम का साम्राज्य था और पूर्व की ओर पार्थवों का (पार्थियन) साम्राज्य। पालमीरा ने अपने को इन दोनों से ही स्वतंत्र बनाए रखा था। 226 ई. में जब पार्थवों का अंत और सासानी साम्राज्य का उदय हुआ, तो पालमीरा ने इस बदलती राजनीतिक स्थिति से लाभ उठाकर पश्चिम एशिया के कई प्रदेशों पर अधिकार जमा लिया। 265 ई. और 267 ई. के बीच तो पालमीरा के सरदार ओदैनथ ने सीरिया और मिस्र पर भी अधिकार कर लिया था। परंतु अंत में 272 ई. में रोमनों ने पालमीरा को कुचल दिया।

पालमीरा में ई.पू. दूसरी-पहली शताब्दी में जिस घसीटदार लिपि का प्रयोग देखने को मिलता है, वह सीरिया में प्रचलित आरमेई लिपि से ही बनी थी। वस्तुत: पालमीरा में दो शैलियों की लिपियों का प्रयोग देखने को मिलता है—एक घसीटदार लिपि और दूसरी स्मारक-लेखों की

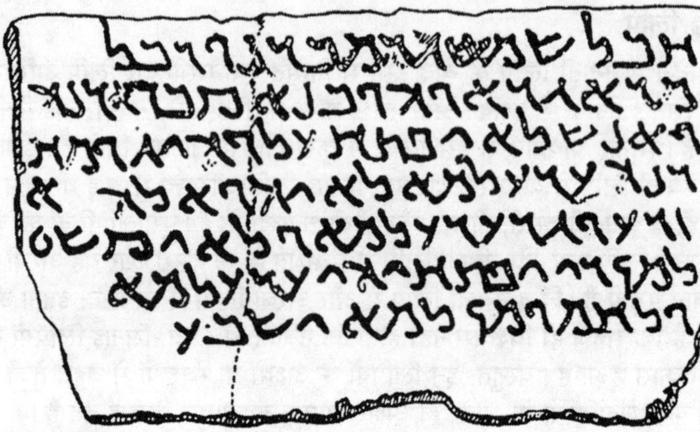

चित्र 11.17 *पालमीरी लेख*

लिपि। प्रो. आल्ब्राइट का मत है कि घसीटदार पालमीरी लिपि आरमेई लिपि से 250 ई.पू. और 100 ई.पू. के बीच अस्तित्व में आई। इसी घसीटदार लिपि से ई.पू. पहली शताब्दी में स्मारकों वाली पालमीरी लिपि बनी।

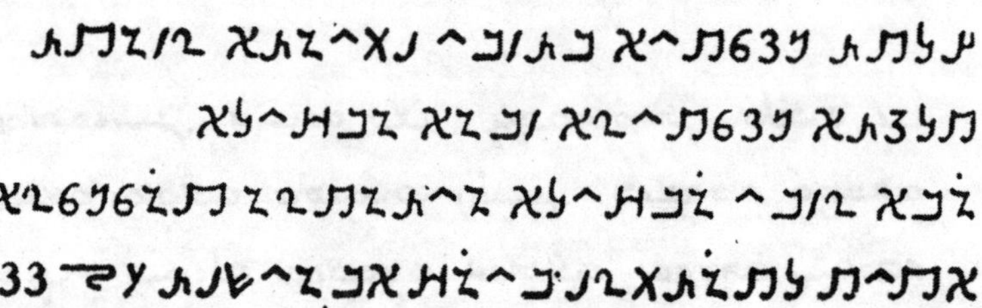

चित्र 11.18 *पालमीरी लेख (271 ई.)*

पालमीरी लेख पालमीरा, दुरा-यूरोपा, फिलस्तीन, मिस्र, हंगरी, इटली और इंग्लैंड से मिले हैं। इंग्लैंड से जो पालमीरी लेख मिला है, वह असल में लैटिन-पालमीरी द्वैभाषिक लेख है और यह साउथ-शिल्ड के एक पुराने रोमन शिविर से प्राप्त हुआ था। अब तक मिला प्राचीन पालमीरी लेख 44 ई.पू. का है। दुरा-यूरोपा से 33 ई.पू. का एक लेख प्राप्त हुआ है। सबसे बाद का पालमीरी घसीट लिपि में जो लेख मिला है, वह 274 ई. का है। परंतु सबसे प्रसिद्ध पालमीरी लेख है 'पालमीरी शुल्क-संहिता'। यह लेख 137 ई. का है और पालमीरी तथा यूनानी दोनों ही भाषाओं में है। इसका विषय है, शुल्क या कर के नियम। इस द्वैभाषिक लेख के पालमीरी पाठ में 162 पंक्तियां हैं। इसे उत्तरी सेमेटिक का सबसे लंबा लेख माना गया है।

सीरियाई लिपियां

संभवत: हिब्रू के 'आरम' शब्द से ही 'सीरिया' शब्द बना है। प्राचीन सीरियाई लिपि आरमेई लिपि से विकसित हुई थी। कुछ विद्वानों की राय में इस लिपि पर घसीटदार पालमीरी लिपि का अधिक प्रभाव है, जबकि कुछ अन्य विद्वान सीरियाई तथा पालमीरी दोनों लिपियों को आरमेई लिपि से स्वतंत्र रूप से निष्पन्न मानते हैं। वैसे, घसीटदार पालमीरी लिपि और प्राचीन सीरियाई

लिपि में परस्पर समानता है। ईसा की सातवीं शताब्दी के पहले के सीरियाई लिपि के बहुत कम लेख मिले हैं। इसके प्राचीनतम उपलब्ध लेख ईसा की पहली और दूसरी शताब्दियों के हैं। सीरियाई लिपि का सबसे प्राचीन संवत्सरांकित लेख एक कब्र से मिला है, और 73 ई. का है। दुरा-यूरोपा से चर्मपट पर लिखा हुआ 243 ई. का लेख भी मिला है। जो सबसे पुरानी सीरियाई हस्तलिपि प्राप्त हुई है, वह 411 ई. की है।

आरंभिक सीरियाई साहित्य मुख्यत: ईसाई धर्म से संबंधित है। प्राचीन काल में सीरिया का अंतिओख नगर ईसाई धर्म का एक प्रमुख केंद्र था। इस्लाम के उदय तक इस नगर ने पूर्वी देशों में ईसाई धर्म को फैलाने में बहुत काम किया। पश्चिम एशिया में ईसाई धर्म का दूसरा प्रमुख केंद्र था मेसोपोटामिया के उत्तर-पश्चिम में एदेस्सा नगर। एदेस्सा (सीरियाई भाषा में 'उर्-हई' और आधुनिक 'उर्-फा') फरात नदी के पूर्व में एक छोटा-सा राज्य था, जिसे 216 ई. में रोमनों ने हथिया लिया था। एदेस्सा में सीरियाई भाषा और लिपि का व्यवहार होता था। दूसरी शताब्दी ई. में यह नगर ईसाई धर्म का केंद्र बन गया था और बाद में यहीं से ईसाइयत का प्रचार ईरान तक हुआ था। एदेस्सा की सीरियाई भाषा पूर्वी ईसाई गिरजे की भाषा बन गई। तीसरी शताब्दी में यहां ईसाई धर्मग्रंथों का आरमेई या सीरियाई भाषा में अनुवाद-कार्य आरंभ हुआ। परंतु इस्लाम के उदय के बाद सातवीं शताब्दी में एदेस्सा से सीरियाई भाषा लुप्तप्राय हो गई और उसका स्थान अरबी ने ले लिया। फिर भी, यहां ईसाई धर्म थोड़ा-बहुत सांस लेता रहा। अंत में 13वीं-14वीं शताब्दी के मंगोल आक्रमणों ने यहां बचे-खुचे नस्तोरी ईसाइयों का भी सफाया कर दिया।

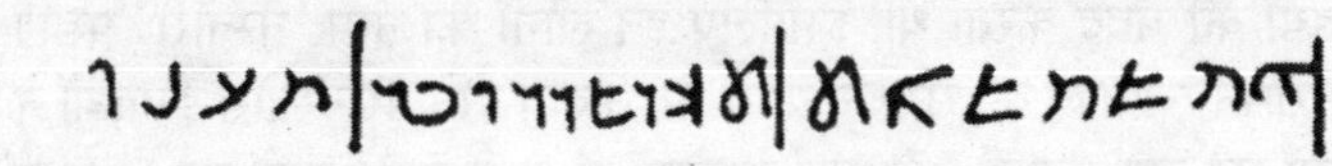

चित्र 11.19 सीरियाई लिपि

आरमेई लिपि की तरह सीरियाई लिपि में भी 22 अक्षर देखने को मिलते हैं। ये सभी व्यंजनमूलक हैं। उनका क्रम भी हिब्रू अक्षरों की तरह ही है; परंतु कुछ सीरियाई अक्षरों के नाम कुछ भिन्न हैं, जैसे—अलफ् (आलेफ्), गमल (गिमेल), दलथ (दलेथ) लमध (लमेध), मिम् (मेम्), संकथ (सामेख), और अये (अयिन्)। कुछ अक्षरों का दो ध्वनियों के लिए इस्तेमाल होता है, जैसे—ब (व), ग (घ), द (ध या थ), क (ख), ट (थ)।

अन्य सेमेटिक लिपियों की भांति सीरियाई लिपि में भी 'आलेफ्', 'व' और 'य' व्यंजनों का स्वरों के लिए इस्तेमाल होता है। यूनानी नामों के लिए सीरियाई लिपि में कुछ विशेष-चिह्नों का भी इस्तेमाल देखने को मिलता है। अन्य सेमेटिक लिपियों की तरह सीरियाई लिपि भी दाईं ओर से बाईं ओर को लिखी जाती थी। कुछ लेखों में कुछ पंक्तियां ऊपर से नीचे की ओर भी लिखी हुई मिलती हैं। जबाद से यूनानी, अरबी और सीरियाई भाषाओं का जो त्रैभाषिक लेख मिला है, उसमें सीरियाई अंश ऊपर से नीचे की ओर लिखा गया है।

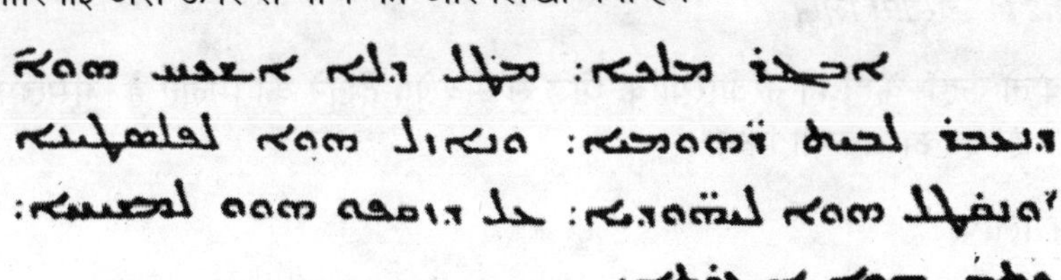

चित्र 11.20 एस्ट्रांगेलो लिपि का लेख

सीरियाई लिपियों में 'एस्ट्रांगेलो' शैली की लिपि सबसे अधिक प्रसिद्ध है। ईसा की पांचवीं शताब्दी के अंत तक अधिकतर इसी लिपि का प्रयोग देखने में आता है। एस्ट्रांगेलो भी दो प्रकार की है—एक तो घसीटदार सुंदर लिपि, जो आरंभिक सीरियाई हस्तलिपियों में प्रयुक्त हुई, और दूसरी स्मारकों की लिपि, जिसके नमूने एदेस्सा के प्राचीन लेखों में दिखाई देते हैं।

ईसाई धर्म के इतिहास में पांचवीं शताब्दी के दो ईसाई धर्म-सम्मेलन—एफेसुस कौंसिल और कल्सिदोन कौंसिल—विशेष रूप से महत्व के हैं। 431 ई. की एफेसुस कौंसिल ने नस्तोरियों को बहिष्कृत किया, तो 451 ई. की कल्सिदोन कौंसिल ने 'मोनो-फिजिशियों' को। "लिपि धर्म का अनुसरण करती है", यह तो एक सत्य है ही। ईसाई धर्म में नए संप्रदायों के अस्तित्व में आने से नई लिपि-शैलियों का अस्तित्व में आना भी स्वाभाविक था।

नस्तोरी लिपि

एशिया के धार्मिक इतिहास में ईसाई नस्तोरियों का विशेष महत्व है। यों तो नस्तोरिउ नाम के एक यूनानी ईसाई के नाम पर यह 'नस्तोरी' शब्द बना है; किंतु नस्तोरियों का अस्तित्व नस्तोरिउ से पहले भी था। नस्तोरिउ यूनान में पैदा हुआ, अंतिओक में उसने विद्याध्ययन किया और 428 ई. में वह कुस्तुनतुनिया में धर्मगुरु बना। नस्तोरी ईसा मसीह के दो रूप मानते थे—साकार और निराकार। इसीलिए इन्हें रोमन साम्राज्य से निकाल दिया गया था। ईरान में इन शरणार्थी ईसाइयों ने पूर्वी ईसाई गिरजे की स्थापना की थी और चूंकि कुस्तुनतुनिया का धर्मगुरु नस्तोरिउ इन निर्वासित ईसाइयों की मदद करता था, इसीलिए इन लोगों का नाम 'नस्तोरी' पड़ा। बाइज़ेंटियन गिरजे से, जिसे रोमन साम्राज्य का समर्थन प्राप्त था, अलग होने पर नस्तोरी ईसाइयों ने पूर्वी एशिया के व्यापारी मार्गों की राह पकड़ी और पूर्व के देशों में आगे बढ़ते चले गए। 13वीं शताब्दी के प्रसिद्ध इतालवी यात्री मार्कोपोलो के विवरण से पता चलता है कि उस समय बगदाद से पेइचिंग के व्यापारी मार्ग पर अनेक नस्तोरी गिरजाघर थे। नस्तोरी लोग हमारे देश में केरल के तटवर्ती प्रदेश में भी आकर बसे थे। इनके बचे-खुचे वंशज आज भी अपने धर्म-कर्म में सीरियाई भाषा का इस्तेमाल करते हैं। नस्तोरी लोग मध्य-एशिया (तुर्किस्तान) में बस गए थे। उस समय चीनी-तुर्किस्तान तो मानो नाना धर्मों की प्रयोगशाला ही था। एक नस्तोरी धर्मप्रचार-टोली 635 ई. में चीन में पहुंच गई थी, जहां से 781 ई. का एक चीनी-नस्तोरी द्वैभाषिक लेख मिला है। इसमें 70 सीरियाई शब्द और लगभग 1900 चीनी संकेत हैं। जापानी विद्वान साएकी का कहना है कि नस्तोरी परिवारों के चीन में पहुंचने के प्रमाण पहले-पहल 578 ई. में मिलते हैं।

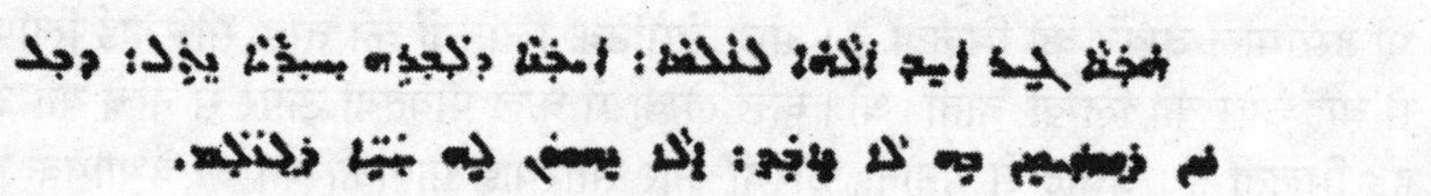

चित्र 11.21 नस्तोरी लिपि

अब तो कहीं-कहीं ही नस्तोरियों के थोड़े से अवशेष देखने को मिलते हैं। मुसलमानों और मंगोलों ने ही इनका सफाया किया।

याकोबी लिपि

पांचवीं शताब्दी के मध्यकाल में ईसाइयों का याकोबी संप्रदाय अस्तित्व में आया था। जहां नस्तोरी ईसा मसीह के उभय रूप को स्वीकार करते थे, वहां याकोबी उसके केवल एक ही

प्रकृति-रूप ('मानो-फिजिस') का होना मानते थे। रोमनों ने नस्तोरियों को तो अपने साम्राज्य से आसानी से खदेड़ दिया था, परंतु याकोबियों के साथ वैसा करना संभव नहीं था। कालांतर में याकोबियों के गिरजाघर मिस्त्र, सीरिया व इथियोपिया में स्थापित हो गए। रोमन शासकों ने इन याकोबियों और नस्तोरियों को बहुत ही कष्ट दिए थे, इसलिए इन्होंने अरबों के आक्रमणों का स्वागत किया। इसीलिए अरबों को सीरिया और मिस्त्र में अपने पैर जमाने में आसानी हुई।

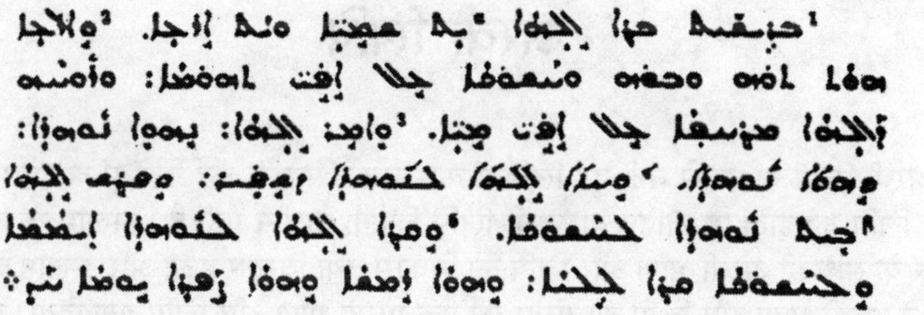

चित्र 11.22 याकोबी लिपि

नस्तोरियों और याकोबियों के अलग होने के बाद, पुरातन ईसाई धर्म को मानने वाले और बाइज़ेंटियम के रोमन सम्राट की अधीनता स्वीकार करने वाले ईसाई पश्चिम एशिया में बहुत ही कम रह गए थे। इन बचे-खुचे पुरानपंथी ईसाइयों को याकोबियों ने 'मेलिकी' नाम दिया था। सीरियाई 'मल्क' अरबी के 'मलिक' और हिब्रू 'मलेक' शब्दों से व्युत्पन्न 'मेलिकी' शब्द का अर्थ है—'राजा के आदमी'। मेलिकियों ने अपने कर्मकांड में अधिकतर यूनानी भाषा का प्रयोग किया है।

ईसाइयों के इन परस्पर द्वेषी संप्रदायों ने सीरियाई लिपि की विभिन्न शैलियां विकसित कीं। नस्तोरी लिपि की अपेक्षा याकोबी लिपि एस्ट्रांगलो से कुछ दूर हट गई है। नस्तोरी लिपि में 'व' और 'य' तथा अक्षरों के ऊपर और नीचे बिंदु रखकर स्वरों का काम लिया गया है। याकोबी लिपि में अक्षरों के ऊपर और नीचे छोटे यूनानी अक्षर रखने की व्यवस्था की गई थी।

12

अरबी लिपि

अरबी लिपि या उससे बनी हुई लिपियों का आज संसार के कई देशों में व्यवहार होता है। अरबी लिपि का इतिहास लैटिन या ब्राह्मी लिपि जितना प्राचीन नहीं है। इस्लाम के उदय और विस्तार के साथ ही अरबी भाषा और लिपि का विकास तथा विस्तार हुआ और इस्लाम के धर्मग्रंथ क़ुरान ने अरबी भाषा और लिपि को संसार की एक प्रमुख भाषा और लिपि बना दिया। आज स्पेन से लेकर इंदोनेशिया तक अरबी लिपि का प्रचार है।

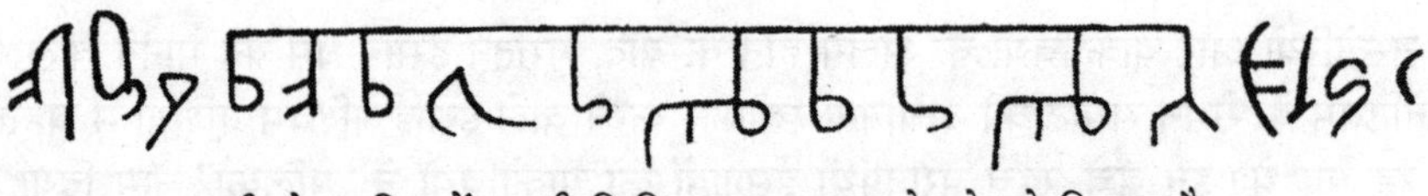

चित्र 12.1 नबाती लेख, जिसमें अरबी लिपि का आद्य रूप देखने को मिलता है

लिपि का प्रभाव भाषा से भी अधिक स्थायी होता है। लिपि दूसरी भाषाओं के लिए भी अपनाई जा सकती है। अरबी भाषा सेमेटिक परिवार की है। किंतु अरबी लिपि कई देशों में गैर-सेमेटिक भाषाओं के लिए भी उपयोग में आ रही है। इसे भारत-ईरानी वर्ग की फारसी भाषा के लिए अपनाया गया। स्पेन में अरबों (मूरों) के आगमन के बाद वहां अरबी लिपि और भाषा का प्रचार हुआ था। अरबी लिपि स्पेनी भाषा के लिए भी अपनाई गई थी। यह तुर्की और हिब्रू भाषाओं के लिए भी काम में लाई जाती थी। अब तो तुर्की भाषा रोमन लिपि में लिखी जाती है और हिब्रू की अपनी लिपि है। उत्तरी अफ्रीका की कुछ भाषाओं के लिए भी इसका व्यवहार है, जैसे—बर्बर, सुदानी और स्वाहिली। भारत की उर्दू, कश्मीरी तथा सिंधी भाषाएं अरबी-फारसी की लिपि के आधार पर बनी हुई लिपि में लिखी जाती हैं। अरबों के आगमन के पहले मिस्र में कॉप्टिक लिपि का चलन था। अब वहां अरबी भाषा और लिपि जनभाषा और जनलिपि बन गई है। अरबों के पहले मिस्र, सीरिया और अनातोलिया में यूनानी लिपि चलती थी। किंतु अरबी ने उन्हें हटाकर वहां अपना स्थान बना लिया। दक्षिण-पूर्वी रूस की स्लाव भाषाओं के लिए भी यह लिपि अपनाई गई है। पश्तो ईरानी वर्ग की आर्यभाषा है, किंतु वह भी अरबी लिपि में लिखी जाती है। हां, इन विविध भाषाओं के लिए अरबी लिपि को अपनाते समय कुछ विशेष ध्वनियों के नए अक्षर गढ़े गए और कुछ में थोड़ा बदलकर दिया गया है।

अरबी भाषा की अनेक बोलियां रही हैं। किंतु जिसे पुरातन (क्लासिकल) अरबी कहते हैं, उसके स्वरूप में कोई विशेष अंतर नहीं आया है। शब्द-भंडार की दृष्टि से अरबी बड़ी धनी भाषा है।

क़ुरान अरबी भाषा का सबसे प्राचीन ग्रंथ है। किंतु अरबी भाषा और लिपि इस्लाम के उदय के पहले ही अस्तित्व में आ चुकी थीं। अरबी लिपि का विकास नबाती और नव-सिनाई लिपि से हुआ। ईसा की चौथी और पांचवीं शताब्दी के कुछ नबाती लेखों में हमें अरबी लिपि की शुरुआत दिखाई देती है। दमिश्क के दक्षिण-पूर्व के एन्-निमराह नामक स्थान से 328 ई. का एक लेख

मिला है, जिसकी भाषा पुरातन अरबी है। इसमें हमें अरबी लिपि का आद्य रूप देखने को मिलता है। परंतु अरबी लिपि के प्राचीनतम लेख अलेप्पो और दमिश्क के पास से मिले हैं। अलेप्पो के पास के ज़बाद नामक स्थान से 1879 में एक त्रैभाषिक लेख प्राप्त हुआ है। यह 512 ई. का है और यूनानी, सीरियाई और अरबी भाषाओं में है। लगभग इसी समय का एक लेख दमिश्क के पास से मिला है, जो यूनानी और अरबी भाषाओं में है। इन द्वैभाषिक और त्रैभाषिक लेखों को हम निश्चित रूप से अरबी के प्राचीनतम लेख मान सकते हैं।

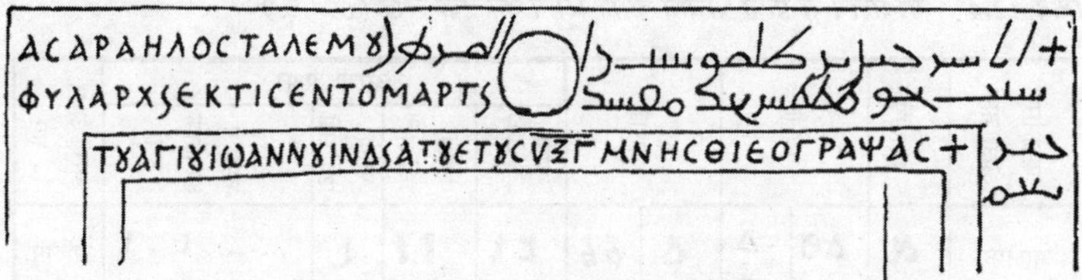

चित्र 12.2 *एक द्वैभाषिक लेख (छठी शताब्दी, पूर्वार्ध), जो यूनानी और अरबी भाषाओं तथा लिपियों में है*

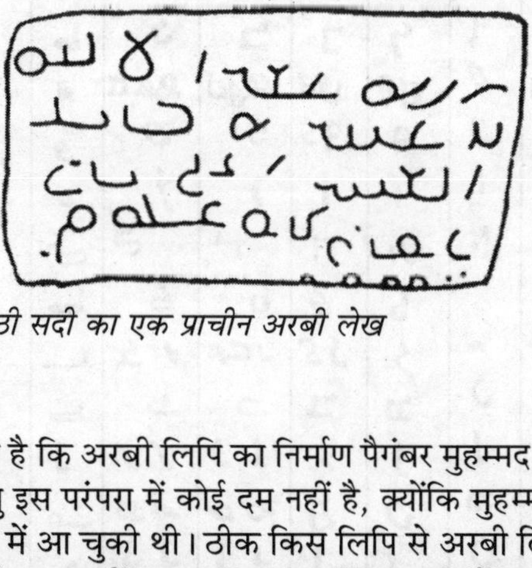

चित्र 12.3 *ईसा की छठी सदी का एक प्राचीन अरबी लेख*

नस्ख़ी और कूफ़ी

अरबी परंपरा कहती है कि अरबी लिपि का निर्माण पैगंबर मुहम्मद के परिवार के किसी एक व्यक्ति ने किया था। परंतु इस परंपरा में कोई दम नहीं है, क्योंकि मुहम्मद और इस्लाम के पहले ही अरबी लिपि अस्तित्व में आ चुकी थी। ठीक किस लिपि से अरबी लिपि विकसित हुई, इसके बारे में निश्चित रूप से तो कुछ नहीं कहा जा सकता; किंतु पुराविदों का मत है कि नबाती, नव-सिनाई और पालमीरी लिपियों के प्रभाव के अंतर्गत ही अरबी लिपि अस्तित्व में आई। अरबी लिपि की दो प्रमुख शैलियां हैं—नस्ख़ी और कूफ़ी। विद्वानों का मत है कि इन दोनों शैलियों की अरबी लिपियां नबाती और नव-सिनाई लिपियों से निकली हैं। नस्ख़ी लिपि का विकास उत्तरी हज़ाज में हुआ और बाद में उसका प्रचार मक्का व मदीना में हुआ। कूफ़ी लिपि मेसोपोटामिया के प्रसिद्ध विद्याकेंद्र कूफ़ा और बसरा में विकसित हुई। बहुत से विद्वान मेसोपोटामिया के अल-हिरा को अरबी लिपि का जन्म-स्थान मानते हैं। जो भी हो, इतना निश्चित है कि अरबी लिपि के आरंभिक विकास में मक्का, मदीना, कूफ़ा, बसरा और दमिश्क जैसे नगरों के विद्याकेंद्रों का प्रमुख हाथ था। इन्हीं नगरों में अरबी लिपि की विभिन्न शैलियों का विकास हुआ।

सामान्यत: हम कह सकते हैं कि इस्लाम के उदय के बाद खलीफाओं के शासनकाल में अरबी की दो प्रमुख शैलियां अस्तित्व में आ चुकी थीं। मेसोपोटामिया के कूफ़ा नगर के नाम पर एक शैली की अरबी लिपि को 'कूफ़ी' नाम दिया गया है। यह लिपि कूफ़ा और बसरा में जनमी थी। दूसरी अरबी लिपि नस्ख कहलाई। 'नस्ख' का शाब्दिक अर्थ है—नकल उतारना।

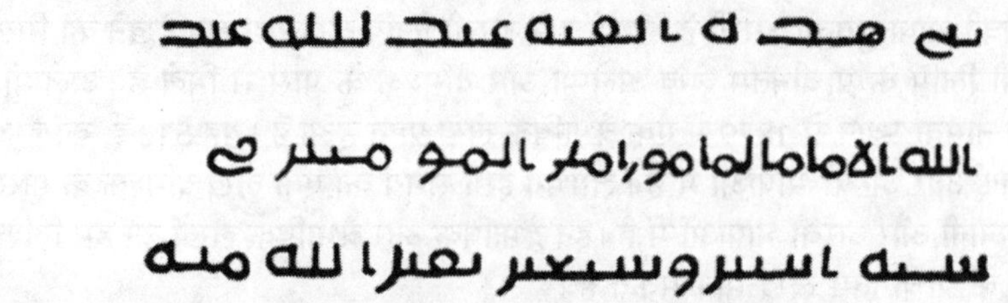

चित्र 12.4 *येरुसलम से प्राप्त प्राचीन कूफ़ी लिपि का एक लेख (691 ई.)*

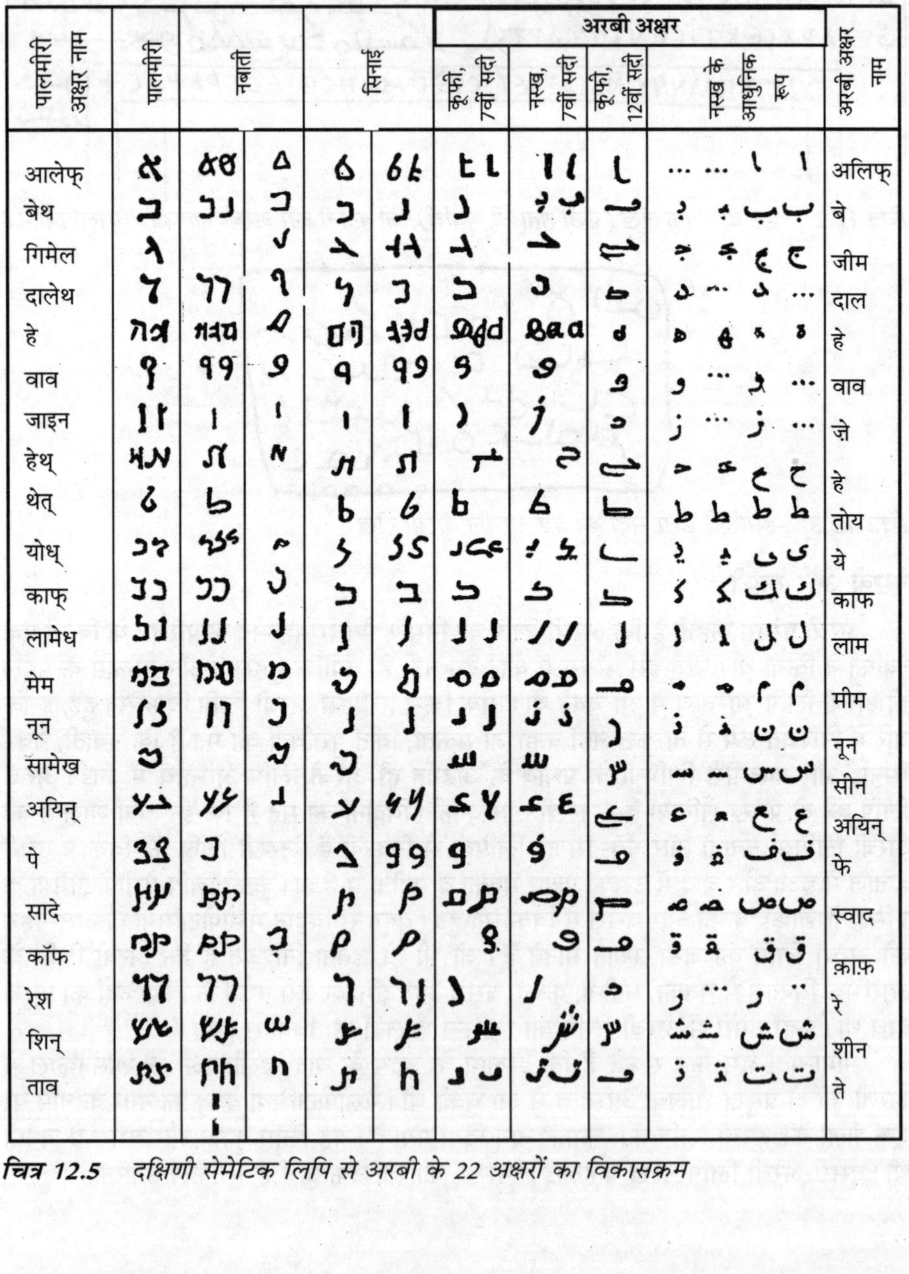

चित्र 12.5 *दक्षिणी सेमेटिक लिपि से अरबी के 22 अक्षरों का विकासक्रम*

कूफ़ी लिपि सातवीं शताब्दी के उत्तरार्ध में अस्तित्व में आई। मुख्यत: स्मारकों पर अंकित किए जाने वाले लेखों में ही इसका इस्तेमाल होता था। भारत में अरबी लिपि की प्राय: सभी शैलियों के लेख मिलते हैं। कूफ़ी लिपि का सुंदर नमूना गुलाम-शासक इल्तुतमिश (1211-36 ई.) के दिल्ली के कुतुब मीनार के पास के मकबरे में देखा जा सकता है। कूफ़ी लिपि में क़ुरान की बहुत-सी हस्तलिपियां मिलती हैं। इसी ख़ूबसूरत लिपि से 'मगरिबी' यानी पश्चिमी अरबी लिपियां अस्तित्व में आईं, जिनका प्रयोग उत्तरी अफ़्रीका के देशों, स्पेन तथा उत्तरी अरब में होता रहा है।

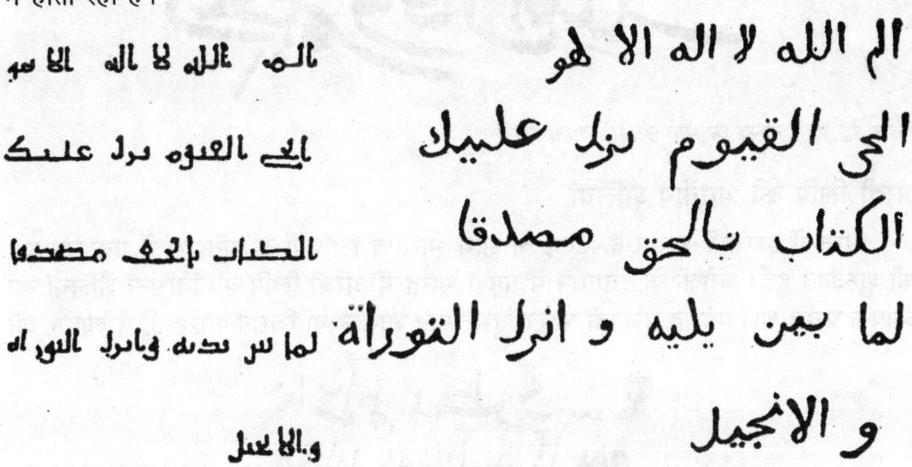

चित्र 12.6 क़ुरान का एक अंश : दाईं ओर नस्खी लिपि में और बाईं ओर कूफ़ी लिपि में

यह सही है कि कूफ़ी लिपि बहुत कलात्मक थी, परंतु उसमें खामियां भी काफ़ी थीं। वह अरबी भाषा की सारी ध्वनियों को व्यक्त करने में समर्थ नहीं थी। क़ुरान का शुद्ध लिखा और पढ़ा जाना धार्मिक दृष्टि से बहुत जरूरी था। इसलिए नस्ख़ी लिपि विकसित की गई। इसे 'मक्का-मदीना की लिपि' भी कहते हैं। नस्ख़ी लिपि के अक्षरों में नुक्ते जोड़कर इसे अरबी की ध्वनियों के अनुरूप बनाने की कोशिश की गई थी। परंतु 13वीं शताब्दी में जब अरब जगत में चित्रकला का चरम विकास हुआ तो अरबी सुलेखकों ने अनुभव किया कि नस्खी लिपि के अक्षर सुलेखन के लिए सुविधाजनक नहीं हैं। इसलिए एक नई शैली 'नस्तालिक़' अस्तित्व में आई। ईरान और भारत में इसी शैली को अपनाया गया। इसी नस्तालिक लिपि से उसका एक सामान्य रूप निकला, जिसे शिकस्ता (घसीट) लिपि कहते हैं। भारत में नस्तालिक और शिकस्ता का ज्ञान आवश्यक समझा जाता है।

अन्य सेमेटिक लिपियों की तरह अरबी लिपि भी दाईं ओर से बाईं ओर को लिखी जाती है। हमने पहले देखा है कि सेमेटिक लिपियों में कुल 22 अक्षर हैं। परंतु अरबी में आज 28 अक्षर हैं। इनमें से 22 अक्षर तो पहले की सेमेटिक लिपियों के ही हैं, किंतु 6 अक्षर और बनाए गए हैं। जब यह अरबी लिपि फारसी के लिए अपनाई गई तो इसमें 'प', 'च' 'ज्ह' तथा 'ग' के लिए चार अतिरिक्त चिह्न बनाए गए। इस प्रकार फारसी लिपि में अब 32 चिह्न हैं। फारसी लिखने के लिए अरबी लिपि के अक्षरों की जो वृद्धि हुई थी उसे तो उर्दू के लिए अपनाया ही गया, उनके अतिरिक्त भारतीय 'ट', 'ड', 'ड़' ध्वनियों के लिए तीन चिह्न और बढ़ा दिए गए, जिससे उर्दू लिपि में 35 अक्षर हो गए। अरबी तथा उससे निकली हुई सभी लिपियां व्यंजनप्रधान हैं। स्वरों

के लिए 'जेर', 'जबर', 'पेश' तथा 'मद' आदि अक्षरों का सहारा लिया जाता है। परंतु यह तरीका वैज्ञानिक नहीं है। इसलिए इस लिपि में सुधार की आवश्यकता है।

चित्र 12.7 नस्ख के मोटे अक्षरों वाली शैली

अरबी लिपि की भारतीय शैलियां

भारत में इस्लामी शासन के उदय के साथ भारतीय लिपियों के इतिहास में एक नए युग की शुरुआत हुई। अंग्रेजी के आगमन में पहले भारत में अरबी लिपि की विभिन्न शैलियों का व्यापक प्रचार था। महमूद गजनवी पहला मुसलमान शासक था जिसने 1028 ई. में लाहौर की

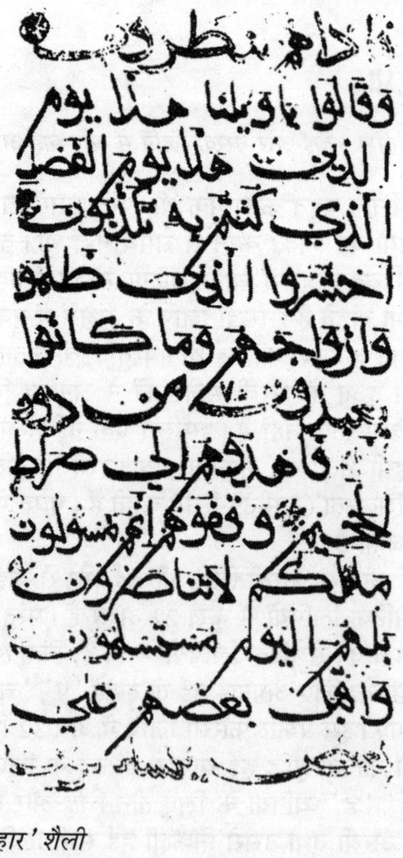

चित्र 12.8 नस्ख की 'बेहार' शैली

टकसाल से जारी किए गए अपने चांदी के सिक्कों के अग्रभाग पर कूफी (अरबी) में कलिमा (मुसलमानों का धर्ममंत्र) और पृष्ठभाग पर संस्कृत भाषा और नागरी लिपि में उसका तर्जुमा (अव्यक्तमेकं मुहम्मद अवतार—नृपति महमूद) अंकित करवाया। भारत में मुसलमानी राज्य और दिल्ली सल्तनत के संस्थापक मुहम्मद गोरी ने भी अपने सिक्कों पर अरबी और नागरी में लेख अंकित करवाए। भारत में धीरे-धीरे अरबी लिपि का प्रचार बढ़ता गया। आरंभ में इसका इस्तेमाल इस्लामी स्मारकों पर अलंकरण या धार्मिक विश्वास की अभिव्यक्ति के प्रयोजन से हुआ। फिर धातु के बर्तनों, तावीजों, चमकीले टाइलों, हथियारों आदि पर भी अरबी लेख अंकित होने लगे। फारसी और उर्दू भाषा की हस्तलिपियों में अरबी लिपि की विभिन्न शैलियों का इस्तेमाल शुरू हुआ।

भारत में कूफी का इस्तेमाल आरंभिक मुसलमानी सिक्कों पर ही हुआ है। कोणीय स्वरूप की होने के कारण इस लिपि को त्वरा से लिखने में कठिनाई होती थी। इसलिए धीरे-धीरे इसका चलन बंद हो गया। भारत में शुरू से ही नस्ख का अधिक प्रचलन रहा। इसके अक्षर गोलाकार हैं, इसलिए इन्हें त्वरा से लिखने में सुविधा होती है। मोटे-पतले अक्षरों के अनुसार नस्ख के भी कई प्रकार हैं। इसकी एक शैली, जिसका उदय भारत में हुआ, 'बेहार' कहलाती है। इसके अक्षर बारीक बिंदु से प्रारंभ होकर क्षैतिज रेखा में बाईं ओर को क्रमशः मोटे होते जाते हैं। इस लिपि-शैली का उदय सोलहवीं सदी में बिहार में हुआ, इसीलिए इसे यह 'बेहार' नाम मिला।

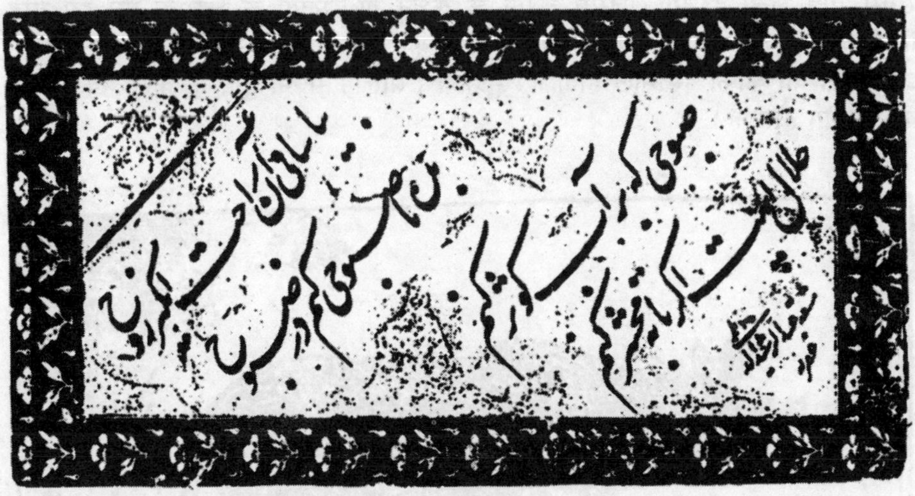

चित्र 12.9 नस्तालीक लेख

भारतीय उपमहाद्वीप में सबसे ज्यादा प्रचार हुआ नस्तालीक लिपि का, जिसे 15वीं सदी के शुरू में 'नस्ख' और 'तालीक' के मेल से बनाया गया था। इसके अक्षर नस्ख से अधिक गोलाकार हैं। मुगल शासकों ने नस्तालीक को विशेष बढ़ावा दिया और उनके समय में भारत में इस लिपि के कई प्रसिद्ध सुलेखक हुए। शिकस्ता शैली नस्तालीक का ही घसीट रूप है, परंतु इसमें नुक्तों के अभाव और संयोजकों का ज्यादा प्रयोग होने के कारण इसे पढ़ने में कठिनाई होती है। इस लिपि-शैली का उदय नस्ख के बाद हुआ और भारत में यह जहांगीर के समय तक शायद ज्ञात नहीं थी।

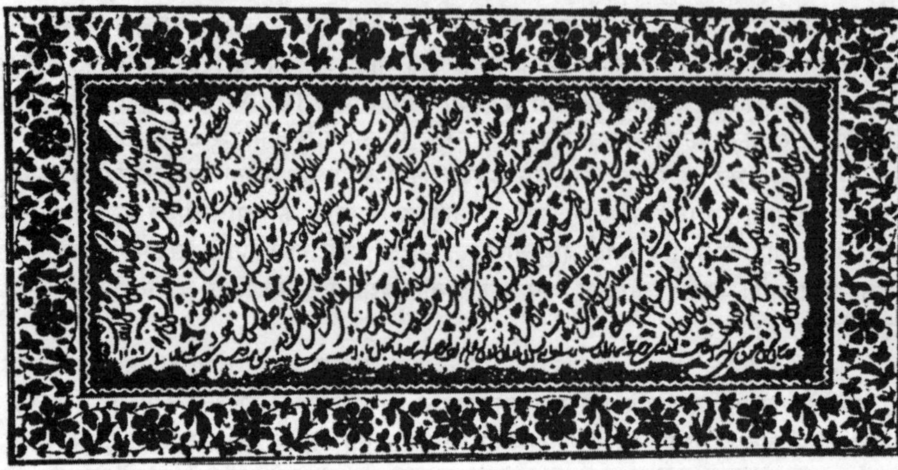

चित्र 12.10 अरबी की शिकस्ता शैली

अरबी की संभवतः सबसे सुंदर शैली है गुबार, जिसके छोटे अक्षर बड़े अक्षरों का खाका-सा बनाते हैं और दूर से देखने पर उड़ते धूलिकण जैसे नजर आते हैं। मगर अरबी की सबसे सुंदर शैली है तुग्रा, जिसमें कुरान के कथन या इस्लाम के धार्मिक मंत्र इस तरह लिखे जाते हैं कि वे किसी पक्षी, पशु या फूल का आकार ग्रहण कर लेते हैं। तावीजों में इन अक्षरों का काफी इस्तेमाल होता है। मुद्राओं (सीलों) में भी तुग्रा के कलात्मक अक्षरों का उपयोग होता है।

चित्र 12.11 गैंडे के आकार में तुग्रा लेख

अरबी की एक और कलात्मक शैली है गुलजार। इसमें किसी भी अरबी लिपि के अक्षरों को पहले खाके में लिखकर फिर उनके बीच की जगह को सुंदर रेखाओं और बेल-बूटों से सजाया जाता है। इस तरह लेख एक खूबसूरत बाग (गुलजार) का नजारा प्रस्तुत कर देता है। अरबी की मंसूर, हिलाली, ताऊस आदि और भी कई कलात्मक शैलियां प्रचलित रही हैं।

चित्र 12.12 गुबार शैली के अक्षर

13

गैर-सेमेटिक भाषाओं की आरमेई लिपियां

अब तक हमने उन्हीं आरमेई लिपियों की चर्चा की जिनकी भाषाएं सेमेटिक परिवार की थीं। किंतु आरमेई लिपि ने सेमेटिक भाषाओं की सीमाओं को लांघकर कुछ गैर-सेमेटिक भाषाओं की भी सेवा की है, जैसे—भारत-ईरानी, तुर्की तथा मंगोल भाषाएं। खरोष्ठी लिपि, जिसकी भाषा पालि-प्राकृत थी, आरमेई लिपि से ही निकली है। खरोष्ठी का विवरण हमने भारतीय लिपियों के खंड में दिया है। प्राचीन ईरान की पहलवी लिपि आरमेई से बनी थी।

ईरानी लिपियां

सिकंदर की मृत्यु (323 ई.पू.) के बाद उसके एक सेनापति सेलेउक (सेल्यूकस) ने पश्चिम एशिया के विजित प्रदेश में अपना साम्राज्य स्थापित किया (301 ई.पू.)। मगर पचास वर्षों के बीतते-न-बीतते यह साम्राज्य टूटने लग गया था और उसके पूर्वी भाग में दो स्वतंत्र राज्यों का उदय हुआ। एक तो बल्ख के यूनानियों ने अपने को सेलेउकी साम्राज्य से अलग करके बाख्त्री राज्य की स्थापना की; दूसरे, पार्थवों ने ईरान में अपना राज्य स्थापित किया। ये पार्थव लोग ईरान के उत्तरी पहाड़ी हिस्से खुरासान में रहते थे। मूलतः ये शकों के भाई-बंद थे और घुमंतू जीवन बिताते थे। ये लोग उत्तरी ईरानी बोली बोलते थे। 248 ई.पू. में पार्थवों के एक नेता अरसक ने ईरान में पार्थव राजवंश की नींव डाली। इसके बाद पार्थवों ने ईरान पर लगभग 450 साल तक राज्य किया। इनके प्रसिद्ध राजा मिथ्रदात-प्रथम (लगभग 170-138 ई.पू.) ने रोमनों से अनेक युद्ध लड़े थे। तब मीडिया और बेबीलोन पर भी पार्थवों का अधिकार था।

220 ई. के आसपास पार्थव राजवंश का अंत हुआ और उसका स्थान सासानियों ने लिया। ये सासानी अपने को शुद्ध ईरानी और प्राचीन हख़ामनी सम्राटों के उत्तराधिकारी मानते थे और उनके प्राचीन गौरव को पुनः वापस लाने में प्रयत्नशील थे।

पहलवी लिपि

कीलाक्षर लिपि के प्रकरण में हम देख आए हैं कि हख़ामनी शासनकाल में ईरान में आरमेई भाषा और लिपि का प्रचार था और यह भी कि हख़ामनी शासकों ने अपनी आर्यभाषा के लिए लगभग 50 कीलाक्षरों की एक नई लिपि का निर्माण किया था। उस समय की वह ईरानी आर्यभाषा आरमेई लिपि में भी लिखी गई थी या नहीं, इसके बारे में कोई जानकारी नहीं मिलती। ईरानी आर्यभाषा के जितने भी लेख मिले हैं (जैसे कि दारयवुश का बेहिस्तुन चट्टान-लेख) वे सभी पारसी कीलाक्षर लिपि में हैं। परंतु हम जानते हैं कि हख़ामनी शासनकाल में ईरान में आरमेई लिपि और भाषा का भी खूब प्रचार था। वह लगातार बढ़ता ही गया और पार्थवों ने भी उनका इस्तेमाल किया।

हख़ामनी काल की ईरानी आर्यभाषा को 'प्राचीन पारसी' कहा जाता है। पार्थवों और सासानियों के शासनकालों की ईरानी भाषा को 'मध्य पारसी' या 'पहलवी' का नाम दिया गया है और इस्लाम के बाद की ईरानी भाषा 'नव-पारसी' या 'फारसी' कहलाती है।

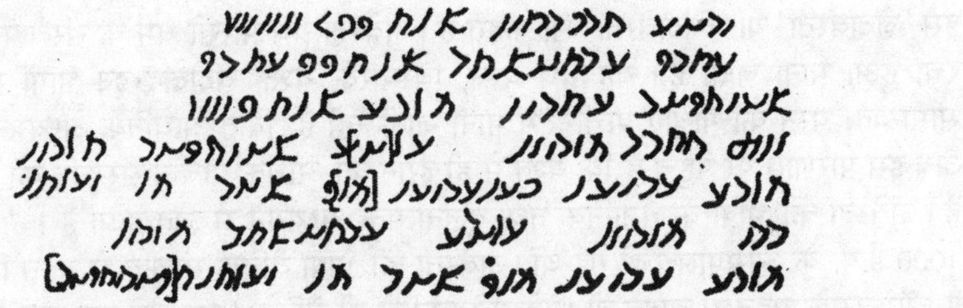

चित्र 13.1 पहलवी-पार्थवी लेख

ई.पू. तीसरी शताब्दी के अंत में पार्थवों ने पहलवी भाषा के लिए आरमेई लिपि के आधार पर एक नई लिपि बनाई थी। यह 'पहलवी' शब्द 'पार्थव' शब्द से ही बना है। 'पार्थव' शब्द दारयवुश के बेहिस्तून लेख में भी मिलता है। पहलवी लिपि, जो कि उस समय ईरान में प्रचलित घसीटदार आरमेई लिपि से बनी थी, तीन वर्गों में बांटी गई है :

(1) उत्तर-पश्चिमी पहलवी लिपि पार्थवों की लिपि थी। इसे हम पहलवी-पार्थवी भी कह सकते हैं। यह लिपि पार्थवों के सिक्कों के अक्षरों में मिलती है। इसके कुछ लेख भी प्राप्त हुए हैं।

(2) दक्षिण-पश्चिमी पहलवी : यह सासानी शासकों की लिपि थी; इसलिए इसे हम सासानी-पहलवी का नाम दे सकते हैं। इस लिपि की दो शैलियां हैं—घसीटदार और स्मारकीय।

(3) पूर्वी पहलवी : इसकी घसीटदार शैली के ही नमूने देखने को मिलते हैं।

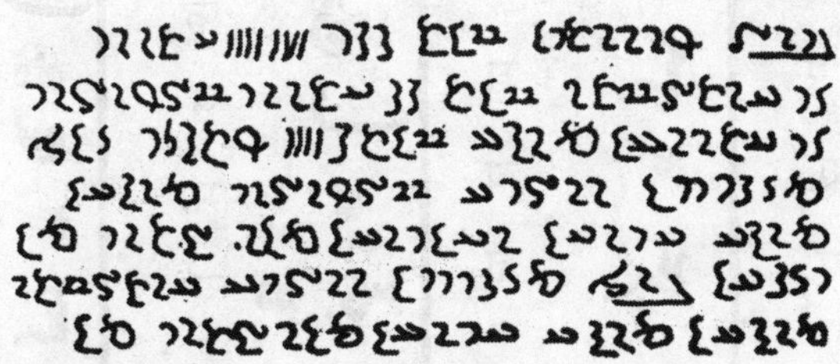

चित्र 13.2 पहलवी-सासानी लेख

आरमेई मूलत: सेमेटिक भाषा की लिपि थी। उसके 22 अक्षरों के आधार पर जब पहलवी लिपि बनाई गई, तो आर्य परिवार की ईरानी भाषा को इसमें लिखने के लिए लिपि के अक्षरों के ध्वनिमानों में कुछ परिवर्तन करना जरूरी था। इसमें 'आलेफ्' को 'अ' के लिए, 'व' को 'उ' के लिए और 'य' को स्वर 'इ' के लिए अपनाया गया। 'ग' का इस्तेमाल 'घ' के लिए भी होता था। इसी प्रकार, 'प' का 'फ' के लिए भी। 'सामेख' 'स' के लिए अपनाया गया, तो 'शिन्' 'श' के लिए। इतना होने पर भी यह लिपि ईरानी भाषा की समस्त ध्वनियों को व्यक्त करने के लिए पर्याप्त नहीं थी, इसलिए कुछ अक्षरों का इस्तेमाल अन्य ध्वनियों के लिए भी होता था, जैसे—'त' का 'द', 'ध' और कभी-कभी 'थ' के लिए और 'हेथ्' का 'ह' और 'ख़' दोनों के लिए इस्तेमाल होता था।

इतना होने पर भी पहलवी लिपि में वही न्यूनताएं थीं, जो कि हम खरोष्ठी लिपि में देखते हैं।

अवेस्ता की लिपि

'अवेस्ता' पारसियों के धर्मग्रंथ का नाम है। संस्कृत में इसके लिए 'अविस्त' या 'अविस्तवाणी' शब्द का प्रयोग मिलता है। बाद में इस ग्रंथ की 'जिंद' नामक एक टीका तैयार की गई थी, इसीलिए इसे 'जेंदावस्ता' या 'जिंदावेस्ता' भी कहते हैं। अवेस्ता ग्रंथ पारसी धर्म के संस्थापक ज़रतुश्त का रचा हुआ माना जाता है। यह ग्रंथ यस्न, विस्पारद, यश्त, वेंदीदाद इन भागों में विभक्त है। सामान्यत: यस्न की गाथाएं प्राचीनतम मानी जाती रही हैं, किंतु आधुनिक अध्ययनों से भाषाविद् अब इस परिणाम पर पहुंचे हैं कि यश्त में ही ईरान की अधिक प्राचीन संस्कृति की झलक मिलती है। अवेस्ता की भाषा के वैज्ञानिक तथा तुलनात्मक अध्ययन से ज्ञात हुआ है कि उसकी गाथाएं 1000 ई.पू. के आसपास रची गई थीं। अवेस्ता की भाषा वैदिक संस्कृत से बहुत मिलती-जुलती है और उसके बहुत से वाक्य तो थोड़े परिवर्तन से ही वैदिक भाषा जैसे बन जाते हैं।

चित्र 13.3 अवेस्ता की लिपि; इसमें सभी व्यंजन हलंत हैं

अवेस्ता के लिए एक विशेष लिपि का निर्माण किया गया था। उसे कभी-कभी 'पांजद लिपि' भी कहते हैं। कुछ विद्वानों का मत है कि अवेस्ता की लिपि में 50 अक्षर हैं। परंतु कावसजी एदुलजी कांगा के 'अवेस्ता ग्रामर' (1891) के अनुसार, उसमें कुल 47 वर्ण हैं—13 स्वर और 34 व्यंजन। मैंने कांगा के आधार पर ही यहां अवेस्ता लिपि के अक्षर दिए हैं। इस लिपि की सबसे बड़ी विशेषता यह है कि इसमें व्यंजनों के साथ स्वर निहित नहीं रहते; ये हलंत अर्थात् स्वर-रहित रहते हैं। अवेस्ता की इस लिपि की उत्पत्ति के बारे में कोई ठोस जानकारी नहीं मिलती। डिरिंजेर का मत है कि पहलवी लिपि के आधार पर ही इसका निर्माण हुआ था। इसके कुछ अक्षर यूनानी लिपि से भी मिलते हैं; इसलिए यह माना गया है कि इसका निर्माता यूनानी लिपि से भी परिचित रहा होगा।

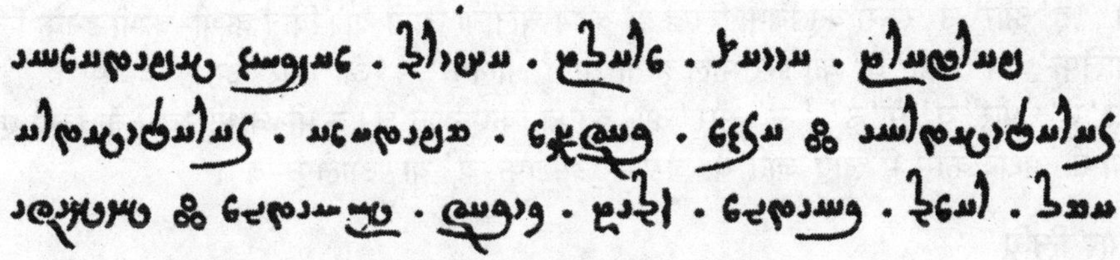

चित्र 13.4 वेंदीदाद से अवेस्ता लिपि का एक नमूना

सोग्दी लिपि

सोग्द (सुग्ध) पश्चिमी मध्य-एशिया की ज़रफशाँ नदी का प्राचीन नाम था। प्रसिद्ध ऐतिहासिक नगर समरकंद और बुखारा इस नदी के किनारे बसे हुए हैं। सुग्ध-उपत्यका का यह प्रदेश हख़ामनी साम्राज्य का एक प्रांत था। प्राचीन पारसी में इसके लिए 'सुघुद' और अवेस्ता में 'सुघ्द' शब्द मिलते हैं। आज यह भूतपूर्व सोवियत संघ का स्वतंत्र उज़बेक गणतंत्र है। प्राचीन काल के सोग्दी लोग ईरानी वंश की भाषा बोलते थे। यह सोग्दी भाषा संस्कृत के भी काफी निकट थी। संस्कृत के कई शब्द, जो ईरानी में नहीं मिलते, सोग्दी में मिलते हैं।

अरबों द्वारा जीत लिए जाने के बाद जब ईरानी लोग मुसलमान बने, तो उत्तर-पूर्व के इन सोग्दियों को भी उनका अनुकरण करना पड़ा। धीरे-धीरे सोग्दी भाषा का स्थान खुरासान (उत्तर-पूर्वी ईरान) की भाषा ने ले लिया। सोग्दी भाषा सिमटती गई और अंत में पहाड़ों में कुछ गांवों में ही बची रह सकी। अब तो समरकंद के पास अग्निक नदी के समीप तीन-चार गांवों में ही गलचा भाषा के रूप में इसकी स्मृति शेष है।

सोग्दी व्यापारियों के पूर्वी मध्य-एशिया से भी संबंध थे। उस समय चीनी तुर्किस्तान में सोग्दी लोग ही नहीं, मानी के अनुयायी, नस्तोरी और बौद्ध भी बसे हुए थे। पूर्वी मध्य-एशिया में सोग्दियों के कई उपनिवेश थे, यह बात वहां से प्राप्त अनेक अभिलेखों से सिद्ध होती है। ओर्खोन नदी पर स्थित बलगसुन के पास से तुर्की, सोग्दी और चीनी भाषाओं का एक त्रैभाषिक लेख मिला है, जो 9वीं सदी का है। इससे यह सिद्ध होता है कि सोग्दी लोग उत्तर में ओर्खोन उपत्यका तक बसे हुए थे। उनकी दक्षिणी सीमा लद्दाख से मिले 6 पंक्तियों वाले एक सोग्दी लेख से जानी जा सकती है। तुर्फान (पूर्वी तुर्किस्तान) से कई सोग्दी हस्तलेख मिले हैं और तुन्ह्वाङ् से भी। सोग्दी भाषा में अनेक बौद्ध ग्रंथों का अनुवाद हुआ था। तुन्ह्वाङ् के हस्तलेखों में 'वज्रच्छेदिका', 'सुवर्णप्रभास', 'वेस्संतर जातक', 'नीलकंठधारणी' जैसे ग्रंथों के सोग्दी अनुवादों के अंश हैं। यह सारी सामग्री 20वीं शताब्दी के आरंभ में ऑरेल स्टाइन जैसे पुराविद्-पर्यटकों के प्रयासों से उपलब्ध हो सकी है। 1933 में सोवियत पुरातत्ववेत्ताओं ने समरकंद के पास मुग पर्वत की खुदाई में एक सोग्दी राजा का दफ्तर ही खोज निकाला, जिसमें लगभग 70 चर्मपट हैं।

सोग्दी लिपि मध्य-एशिया में इतनी जनप्रिय हो गई थी कि मानीपंथियों और बौद्धों ने भी उसका इस्तेमाल किया था। सोग्दी लिपि के जो हस्तलेख मिले हैं उनमें तुन्ह्वाङ् से प्राप्त कुछ हस्तलेख ईसा की दूसरी शताब्दी के हैं, परंतु शेष में से अधिकांश सातवीं-आठवीं शताब्दी के हैं। सोग्दी लिपि के अन्वेषण में जर्मन विद्वान एंद्रिअस और म्यूलर तथा फ्रांसीसी विद्वान गौथिओ ने विशेष काम किया है। सोग्दियों ने अपनी लिपि का निर्माण स्थानीय घसीटदार आरमेई लिपि और प्राचीन पहलवी लिपि के आधार पर किया था। सोग्दी लिपि, जिसकी कुछ शैलियों का अस्तित्व देखने को मिलता है, अन्य सेमेटिक लिपियों की तरह एक व्यंजनमूलक लिपि थी। इसमें प्रायः

'अ', 'इ' और 'उ' स्वरों को बिना लिखे ही काम चलाया जाता था। किंतु कभी-कभी इनके लिए 'आलेफ्', 'य' तथा 'व' का इस्तेमाल होता था। 'आलेफ्' से 'अ' और 'आ', 'य' से 'इ', 'ई' तथा 'ऐ', और 'व' से 'उ', 'ऊ' और 'औ' व्यक्त किए जाते थे। कभी-कभी स्वरों के लिए एक साथ दो अक्षर काम में लाए जाते थे, जैसे—'आलेफ्-य' या 'आलेफ्-व'।

उइगुर लिपि

उइगुर लोग प्राचीन हूणों के वंशज थे। ये मंगोलिया में रहते थे और तुर्की वंश की भाषा बोलते थे। आज तो तुर्की भाषा पश्चिमी चीन से काकेशस पर्वतमाला तक के अनेक प्रदेशों में विद्यमान है; परंतु तुर्की भाषा का सबसे प्राचीन साहित्य उइगुर साहित्य के रूप में ही मिलता है। सातवीं शताब्दी में उइगुर लोग पश्चिमोत्तर मंगोलिया में निवास करते थे। 8वीं शताब्दी में चीनी तुर्किस्तान में भी इनका राज्य स्थापित हो गया था, और तभी इन्होंने बौद्ध धर्म अंगीकार किया था। बाद में इन्होंने मानी के धर्म को भी अपनाया। 9वीं शताब्दी में मंगोलिया का राज्य इनके हाथ से निकल गया तो इन्होंने कानचाउ प्रांत और इली तथा तरिम उपत्यकाओं में एक विशाल उइगुर साम्राज्य खड़ा किया। छिंगीस या चंगेज़ खान (1162–1227 ई.) के समय भी इन्होंने अपने को काफ़ी हद तक स्वतंत्र बनाए रखा, यद्यपि अब ये मंगोलों के अधीन थे। उस समय इन्हें उइगुर कहा जाता था, और चीनी इन्हें 'वै-उर' लिखते थे।

उइगुर लिपि सोग्दी के आधार पर बनी जान पड़ती है। इसमें कुल 14 अक्षर हैं। इसलिए तुर्की जैसी स्वर-प्रधान भाषा के लिए इस लिपि के प्रयोग में जो कठिनाइयां रही होंगी, उनकी कुछ कल्पना की ही जा सकती है। इसमें स्वर लिखे नहीं जाते थे। बाद में 'आलेफ्' का 'आ' या 'ऐ' के लिए, दो आलेफ़ों का 'अ' के लिए, 'य' का 'इ' 'ई' और 'ए' के लिए, 'व' का 'उ' तथा 'ओ' के लिए इस्तेमाल होने लगा था। उइगुर भाषा में तुखारी, शक, तिब्बती तथा चीनी भाषाओं से हुए कई बौद्ध ग्रंथों के अनुवाद उपलब्ध हैं। उइगुर लिपि ऊपर से नीचे लिखी जाती थी।

जैसा कि हम आगे देखेंगे, मंगोल तथा मंचू लिपियां उइगुर लिपि से ही निकली थीं। छिंगीस खान के समय में उसका सरकारी कामकाज अधिकतर उइगुर बौद्ध पंडितों के हाथ में था। बौद्ध पंडित प्रायः भिक्षु थे और 'बख्शी' शब्द 'भिक्षु' के मंगोल उच्चारण पर से बना है।

मंगोल लिपियां

बारहवीं शताब्दी में मध्य-एशिया के इतिहास में मंगोलों का उदय होता है। थोड़े ही समय में छिंगीस खान द्वारा स्थापित और अनुवर्धित मंगोल साम्राज्य चीन से लेकर पूर्वी यूरोप के देशों तक फैल गया। मंगोल भाषा अल्ताई भाषा-परिवार की है और उसकी तीन प्रमुख बोलियां हैं—खल्ख, कल्मक और बुर्यात। इनमें से खल्ख को प्राचीन काल में साहित्यिक भाषा का दर्जा मिला था। तिब्बत के प्रसिद्ध सा-स्क्य विहार के लामा फग्स्-पा ने कुबीले खान के दरबार में एक शास्त्रार्थ में विजय पाई। तब 1260 के आसपास कुबीले खान ने बौद्ध धर्म स्वीकार करके फग्स्-पा को अपना धर्मगुरु बनाया। शुरू में मंगोल खान सरकारी कामकाज के लिए उइगुर भाषा और लिपि का इस्तेमाल करते थे। परंतु 1272 ई. में फग्स्-पा ने तिब्बती लिपि के आधार पर मंगोल भाषा के लिए एक लिपि बनाई। लेकिन यह लिपि अधिक दिनों तक चली नहीं। अब इस लिपि में मंगोलों के थोड़े-से ही राजकीय हस्तलेख मिलते हैं।

1310 ई. में मंगोल भाषा के लिए एक नई लिपि तैयार की गई। यह उइगुर लिपि के आधार पर बनाई गई थी, परंतु इस पर फग्स्-पा की लिपि का प्रभाव भी दिखाई देता है। इस नई लिपि

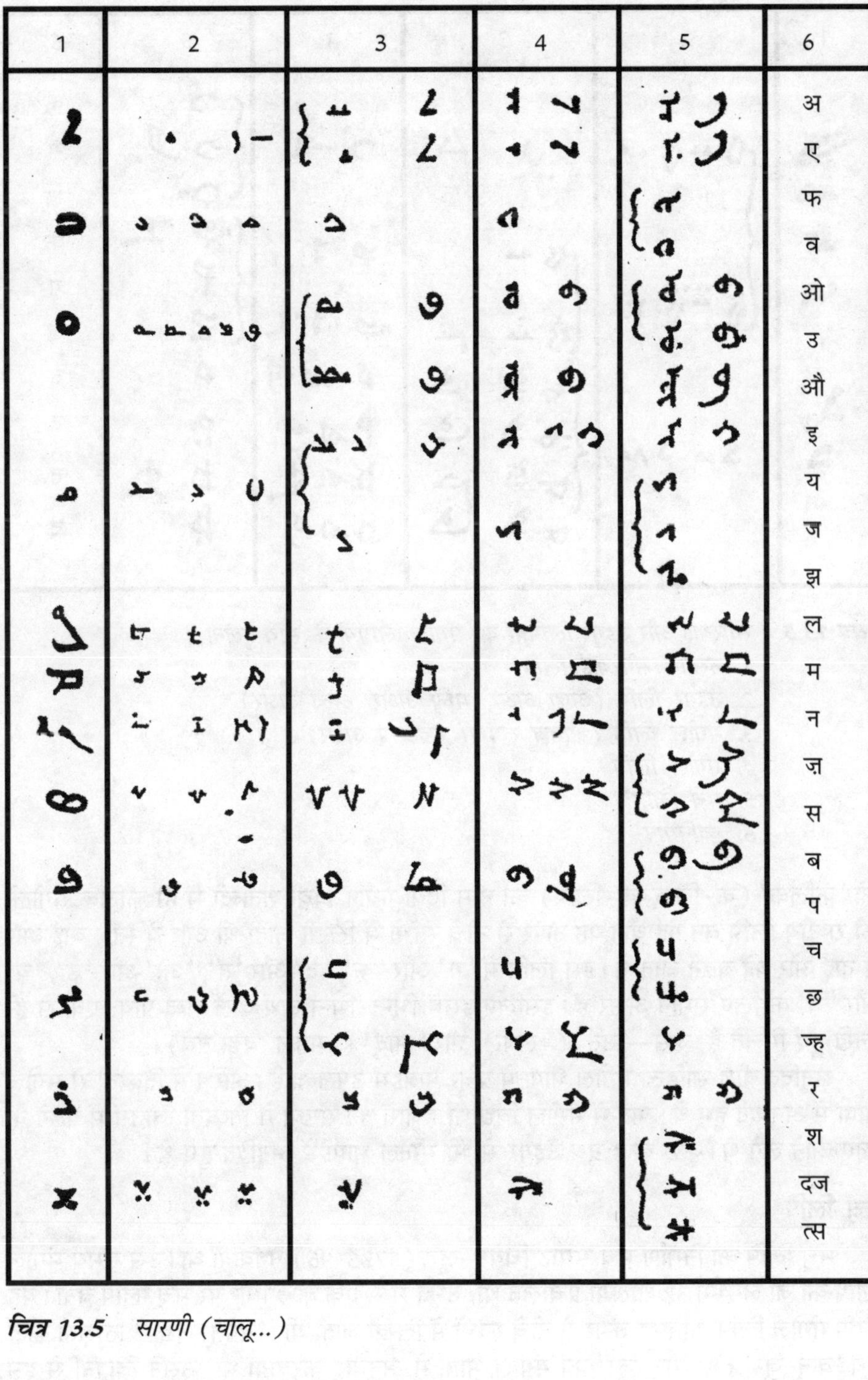

चित्र 13.5 *सारणी (चालू...)*

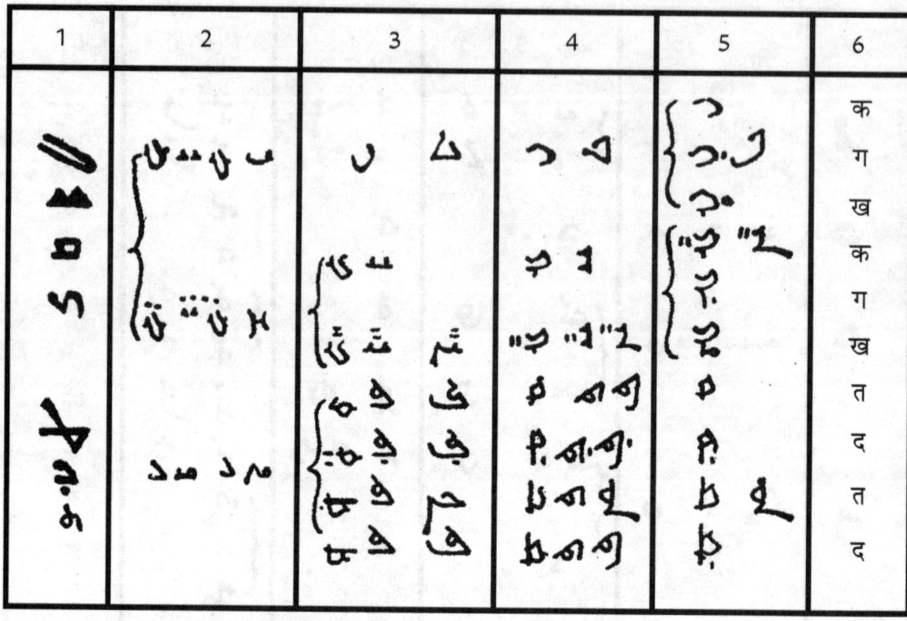

चित्र 13.5 सीरियाई और उइगुर लिपियों की मंगोल लिपियों के साथ तुलना
1. नस्तोरी सीरियाई लिपि
2. उइगुर लिपि (आद्य अक्षर, मध्य अक्षर, अंत्य अक्षर)
3. मंगोल लिपि (क्षैतिज रूप में रखे गए अक्षर)
4. मंगोल लिपि
5. मंचू लिपि
6. ध्वनिमान

को 'कलिक' (क-लिख्=क-लिपि) का नाम दिया गया। 14वीं शताब्दी में ही कलिक मंगोलों की राष्ट्रीय लिपि बन गई थी। यह ऊपर से नीचे स्तंभों में लिखी जाती थी और ये स्तंभ बाईं ओर से दाईं ओर को बढ़ते जाते थे। इस लिपि में 'ग' और 'क', 'द' और 'त', 'ओ' और 'उ', 'य' और 'ज' के लिए समान अक्षर हैं। इसलिए इसमें भिन्न-भिन्न अर्थ वाले शब्द प्रायः एक से ही लिखे हुए मिलते हैं, जैसे—'उर्तु' (=लंबा) और 'ओर्दु' (=महल, बड़ा तंबू)।

अनूदित बौद्ध साहित्य मंगोल भाषा में प्रचुर मात्रा में उपलब्ध है। आरंभ में तिब्बती से मंगोल भाषा में अनुवाद हुए थे। बाद में मंगोल विद्यार्थी हजारों की संख्या में तिब्बती विहारों में पढ़ने के लिए आने लगे थे। कुछ बौद्ध ग्रंथ उइगुर से भी मंगोल भाषा में अनूदित हुए थे।

मंचू लिपि

मंचू लिपि का निर्माण मंचू सम्राट चियेन्-लुङ (1736-95) ने किया था। उस समय मंगोल लिपि की जो लगभग 32 शैलियां प्रचलित थीं, उन्हीं में से एक के आधार पर मंचू लिपि बनी। यह लिपि मंगोल लिपि की तरह ऊपर से नीचे स्तंभों में लिखी जाती थी। चियेन्-लुङ ने तिब्बती बौद्ध ग्रंथ 'कन्-जुर' तथा 'तन्-जुर' का मंगोल भाषा में अनुवाद करवाया था। उसने विद्वानों से इस अनुवाद-कार्य के लिए एक बड़ा व्याकरण और तिब्बती-मंगोल कोश भी तैयार करवाए थे।

14

प्राचीन तुर्की लिपि

आज जब भी हमारे सामने 'तुर्क' या 'तुर्की' शब्द आता है, तो हमें तुर्किस्तान या बाबर या उसके पूर्वज तैमूर का स्मरण हो आता है। तुर्की संस्कृति को केवल इस्लाम के आवरण में समझने के हम आदी हो गए हैं। लेकिन तथ्य यह है कि इस्लाम के उदय से पहले मंगोलों की तरह तुर्क जाति की अपनी एक विकसित संस्कृति रही है, एक विशाल साम्राज्य रहा है। चीनी स्रोतों से पता चलता है कि आरंभ में पूर्वी मध्य-एशिया में तुर्क, हूणों का ही एक कबीला था। इस तुर्क शब्द के अर्थ के बारे में कई मत प्रचलित हैं। ये लोग नुकीली टोपी वाला शिरस्त्राण पहनते थे, इसलिए इन्हें 'दुर्-पो' (तू-पू, टोपी) कहते थे। इसी दुर्-पो शब्द से तिर्कु या तुर्कू (तुर्क, त्युरोक या तुरुष्क) शब्द बने हैं। कुछ विद्वानों ने तुर्क शब्द का अर्थ 'शक्ति' या 'बल' भी किया है।

तुर्कों के पूर्वज, चीनी स्रोत के अनुसार जिनका पुराना नाम अस्सेना था, उत्तर-पूर्वी मध्य-एशिया में रहते थे। इनके पड़ोस में ही ज्वान्-ज्वान् नाम के एक समर्थ कबीले के लोग रहते थे और ये दोनों कबीले ईसा की पांचवीं शताब्दी में चीनी सम्राटों के अधीन थे। छठी शताब्दी के पूवार्ध में चीनी साम्राज्य तथा ज्वान्-ज्वान् कबीले की शक्ति जब कुछ क्षीण हुई, तो उत्तर के तुर्की कबीले (जिन्हें चीनी लोग 'थि-इलि' कहते थे; यहां 'इलि' शब्द 'जन' का पर्याय है) के एक सरदार तू-मिन् ने अपने को स्वतंत्र घोषित किया। तू-मिन् ने 546 ई. के आसपास अपने को इल्-खाकान घोषित करके प्राचीन तुर्की साम्राज्य की नींव डाली। खाकान, खगान, खआन, खान आदि शब्द चीनी शब्द 'शान्-यू' के पर्याय हैं। पहले ज्वान्-ज्वान् ने खकान या खान की उपाधि धारण की थी। बाद में तुर्की में यह शब्द राजा का पर्यायवाची बन गया और मंगोलों ने भी इसे अपनाया। मध्य-एशिया में 1917 ई. तक यह उपाधि राजा के लिए ही सुरक्षित थी, किंतु मुगलों के समय हमारे देश में यह दो कौड़ी की रह गई थी।

तुर्की के पहले खान तू-मिन् (चीनी नाम) के लिए प्राचीन तुर्की अभिलेखों में बोउमिन् नाम मिलता है। बोउमिन् 552 ई. में मरा। बोउमिन् के समय में ही पश्चिमी तुर्की राज्य की स्थापना हो गई थी और इस पर उसका छोटा भाई शासन करता था। चीनियों ने इसे 'से-ति-इमि' का नाम दिया है, किंतु तुर्की अभिलेखों ने इस राजवंश के लिए 'इस्तेमि' नाम मिलता है। बोउमिन् के बाद उसका छोटा भाई कि-गिन मू-यू-खान के नाम से तुर्की का खाकान बना। मू-यू-खान ने श्वेत-हूणों का पराभव करके पश्चिम में समरकंद और पूर्व में मंचूरिया तक तुर्की साम्राज्य का विस्तार किया।

मू-यू-खान की मृत्यु (564 ई.) के बाद उसका पुत्र दालो-ब्यान नहीं, बल्कि उसका भाई तोबा तुर्कों का खाकान बना। दालो-ब्यान ने अपने चाचा के मरने के बाद पश्चिमी तुर्की राज्य पर अधिकार कर लिया और इस प्रकार तुर्की साम्राज्य पश्चिमी और पूर्वी दो साम्राज्यों में बंट गया। छठी शताब्दी के उत्तरार्ध में मध्य-एशिया के व्यापार-मार्गों पर तुर्कों का पूर्ण अधिकार था। चीनी शासक भी तुर्कों से भय खाते थे और उन्हें रेशम तथा राजकुमारियां भेजकर हमेशा संतुष्ट रखने की कोशिश करते थे। उधर पश्चिम में बाइजेंतियन साम्राज्य के साथ भी तुर्कों के

संबंध स्थापित हो गए थे। पूर्वी रोमन सम्राट जस्टिनियन-द्वितीय ने 568 ई. में तुर्कों के दरबार में एक व्यापार-मंडल भेजा था।

ईसा की दूसरी शताब्दी में बौद्ध धर्म मध्य-एशिया की तरिम उपत्यका में पहुंच गया था। 570 ई. में तोबा खाकान ने बौद्ध धर्म में दीक्षा ली। उसने चीन से बौद्धग्रंथ मंगाए और कई स्तूप भी बनवाए। 580 ई. में तोबा के मरने के बाद तुर्की साम्राज्य दो भागों—पूर्वी और पश्चिमी—में बंट गया। पूर्वी तुर्की साम्राज्य पर शेतू शबोलियो (582-87 ई.), दूलन खान (588-600 ई.), तु-ली खान (628-31 ई.), सिबुली खान (631-47 ई.), गु-दु-लू कागान (628-93 ई.), मो-चो (693-716 ई.), मि-गि-ल्यान (716-35 ई.) आदि खानों ने शासन किया। इसके बाद उइगुरों ने तुर्कों से राज्य छीन लिया। लेकिन इससे जनसाधारण या समाज में कोई फरक नहीं आया। तुर्क पहले ओर्दू कहे जाते थे, तो अब उइगुर-ओर्दू कहे जाने लगे। वस्तुतः भाषा और जाति की दृष्टि से तुर्कों और उइगुरों में कोई विशेष अंतर नहीं था। तुर्की, उइगुर, मंगोल तथा मंचू भाषाएं मूल उराल-अल्ताई भाषा-परिवार के अल्ताई वर्ग की हैं। वर्तमान तुर्की भाषा पर अरबी और फारसी का गहरा प्रभाव बाद में पड़ा है। हिंदी में चाकू, तोप, तमग़ा आदि शब्द तुर्की भाषा से ही आए हैं।

आज तुर्की भाषा रोमन लिपि में लिखी जाती है। उन्नीसवीं शताब्दी के प्रथम चरण तक यह अरबी लिपि में लिखी जाती थी, किंतु कमाल अतातुर्क ने अरबी को हटाकर रोमन लिपि को अनिवार्य बना दिया। लेकिन प्राचीन तुर्कों की अपनी एक लिपि थी और मध्य-एशिया से इस लिपि के अनेक अभिलेख मिले हैं। यद्यपि इस लिपि के अभिलेख 18वीं शताब्दी के पूर्वार्ध से मिलने लग गए थे, परंतु इसका उद्‌घाटन 1896 ई. में ही संभव हो सका।

प्राचीन तुर्की अभिलेख लगभग एक हजार वर्षों तक उपेक्षित और अज्ञेय रहने के बाद रूस के पीटर महान के प्रयास से पहली बार प्रकाश में आए। पीटर के अनुरोध पर जर्मन वैज्ञानिक डेनियल मेस्सेरश्मिड्ट ने 1719 और 1727 के बीच साइबेरिया की पुरातात्विक-खोजबीन की। उसने येनिसेई नदी के तट पर पुरानी कब्रों के निकट ऐसे दो शिला-फलक प्राप्त किए जिन पर मानव तथा पशु आकृतियों के साथ-साथ रूनी लिपि जैसे संकेतों में लेख अंकित थे। बाद में उन लेखों की अनुकृतियां यूरोप में पहुंचीं और वे प्रकाशित भी हुईं। लेकिन उस समय उन्हें शक-अभिलेख माना गया था।

19वीं शताब्दी के आरंभ में ऐसे और भी अभिलेख प्राप्त हुए। दर्जनों पुरालिपिविदों ने इन लेखों की लिपि के उद्‌घाटन के प्रयास किए, किंतु किसी को भी सफलता नहीं मिली। अब यह स्पष्ट हो गया था कि मध्य-एशिया के इतिहास के लिए ये अभिलेख अत्यंत महत्वपूर्ण हैं। 1875 में फिनिश पुरातत्व संस्था ने अभिलेखों की खोज के लिए दो अभियान साइबेरिया भेजे। इन अभियानों का विवरण 'येनिसेई के अभिलेख' (हेल्‌सिंगफोर्स : 1889 ई.) ग्रंथ में प्रकाशित हुआ। लेकिन अभी भी यह लिपि अज्ञेय ही थी।

फिनिश विद्वान ए. हेइकेल 1890 में अपनी पत्नी और भाई के साथ मंगोलिया की यात्रा कर रहा था, तो उसे ओर्खोन नदी की पुरानी धारा तथा कोशोत्साइदम सरोवर (बैकल सरोवर के दक्षिण में) के पास दो प्राचीन खंडहर दिखाई दिए। यहां उन्हें एक विशाल शिला-स्मारक देखने को मिला। चूना-पत्थर का यह चौकोर स्मारक 3.50 मीटर ऊंचा, आधार पर 1.32 मीटर चौड़ा और शिरोभाग पर 1.22 मीटर चौड़ा था। यह शिला-स्मारक चारों ओर से लिपि-संकेतों से भरा हुआ था। एक ओर चीनी लेख था और तीन चेहरों पर उसी लिपि के संकेत थे जिसके लेख येनिसेई और ओर्खोन से मिले थे। आसपास के अन्य पुरावशेषों का अध्ययन करने से यह स्पष्ट हो गया कि यह स्मारक चीनियों ने खड़ा किया है। इसके बाद हेइकेल ने आधे मील की दूरी पर

इसी प्रकार का, किंतु खंडित, एक स्मारक प्राप्त किया। आसपास के पुरावशेषों के अध्ययन से यह भी पता चला कि तुर्कों के लिए चीनियों ने इन स्मारकों को खड़ा किया था। वस्तुतः ये स्मारक तुर्की खान किल्-तिगिन् और उसके भाई बिल्गे-खान के समाधि-स्मारक थे। 1892 में हेल्सिंगफोर्स से ये अभिलेख प्रकाशित हुए। उसके बाद ओर्खोन उपत्यका में और भी अनेक पुरातत्व-अभियान भेजे गए और नए-नए अभिलेख प्राप्त करके उन्हें प्रकाशित किया गया। परंतु अभिलेखों की खोज

चित्र 14.1 ओर्खोन नदी के पास से प्राप्त एक शिला-स्मारक पर अंकित प्राचीन तुर्की लिपि के एक लेख का अंश

करने वाले किसी भी पुरातत्ववेत्ता को इस लिपि के अन्वेषण में सफलता नहीं मिली। इस लिपि का उद्घाटन किया एक ऐसे पुरालिपिविद् ने जो कभी किसी पुरातत्व-अभियान में नहीं गया था। इसीलिए इस लिपि के उद्घाटन को प्रायः 'कुर्सी पर बैठकर किया गया उद्घाटन' का नाम दिया जाता है।

इस लिपि का उद्घाटन किया विल्हेल्म लुडविग पीटर टॉम्सेन (1842-1927) ने। डेनमार्क के रेंडर्स नगर में टॉम्सेन का जन्म हुआ था। आरंभ में उसने धर्मशास्त्र का अध्ययन किया। बाद में उसने भाषाशास्त्र के लिए धर्मशास्त्र छोड़ दिया। उसने वैज्ञानिक विषयों का भी गहरा अध्ययन किया था और यूरोप की बहुत सी भाषाओं के अलावा अरबी, फारसी, चीनी तथा तमिल भाषाएं भी सीखी थीं। तुर्की भाषा का भी उसने अध्ययन किया था।

टॉम्सेन पहली बार 1877 में येनिसेई और ओर्खोन के अभिलेखों की ओर आकर्षित हुआ। प्रथम परिचय में ही उसे ज्ञात हुआ कि इन अभिलेखों की लिपियां दो भिन्न लिपियां नहीं हैं, बल्कि ये एक ही मूल लिपि के दो प्रकार हैं। आज इस मूल लिपि को पुराविद् 'साइबेरियन लिपि' का नाम देते हैं। टॉम्सेन ने ओर्खोन के लंबे अभिलेखों—किल्-तिगिन् तथा बिल्गे-खान के समाधि-स्मारकों पर अंकित अभिलेखों—से अपना अन्वेषण आरंभ किया। उसके पहले कुछ पुराविदों का विश्वास था कि यह लिपि बाईं ओर से दाईं ओर को लिखी गई है, परंतु टॉम्सेन ने सिद्ध किया कि यह दाईं ओर से बाईं ओर को लिखी गई है।

इसके बाद उसने इस लिपि के संकेतों की संख्या निर्धारित की। उसने इसमें कुल 38 अक्षर-संकेत खोजे। अक्षरों की इस संख्या पर विचार करने पर स्पष्ट हो जाता है कि शुद्ध वर्णमाला के लिए इतने अक्षर कुछ अधिक हैं, क्योंकि वर्णमाला में 30 के आसपास ही संकेत होते हैं। दूसरी ओर, एक शुद्ध अक्षरमाला के लिए इतने संकेत कुछ कम पड़ते हैं। इसलिए टॉम्सेन इस निर्णय पर पहुंचा कि प्रस्तुत लिपि एक ऐसी वर्णमाला हो सकती है जिसमें कुछ संकेत कुछ विशेष स्थितियों में एक ही ध्वनि को व्यक्त करते हैं।

काफी खोजबीन के बाद टॉम्सेन ने सबसे पहले इस लिपि के चार स्वर-संकेत (अ-आ, ओ-उ, इ-य और ओ-यि) खोज निकाले। इसके बाद उसने चीनी अभिलेख की मदद से कुछ

नामों को खोजने का प्रयत्न किया। इसके पहले टॉम्सेन शब्द-विभाजक चिह्न—दो बिंदुओं वाला एक चिह्न—की खोज कर चुका था। पहले नाम की खोज करने में भी उसे अधिक समय नहीं लगा। अभिलेख में कई बार आया हुआ चार संकेतों का पहला नाम उसने खोजा 'ताङ्री' अर्थात् 'आकाश' या 'देवता'। इसके बाद उसने 'किल्-तिगिन्' (राजकुमार किल्) तथा 'बिल्गे' नामों के भी संकेत-समूह खोज निकाले। अंत में 'तुर्क' शब्द को खोजने पर उसको विश्वास हो गया कि उसके हाथ में इस लिपि की कुंजी लग गई है। उसे यह भी विश्वास हो गया कि इन लेखों की भाषा प्राचीन तुर्की ही है।

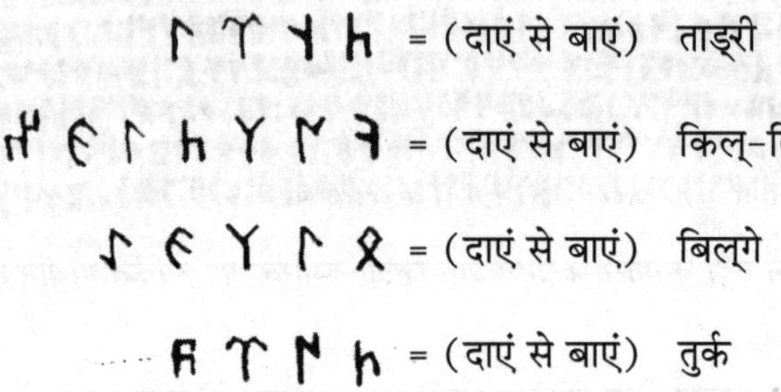

चित्र 14.2

अब तक टॉम्सेन को इस लिपि के केवल 9 संकेतों का ही पूर्ण ज्ञान हुआ था। इसके पूर्ण अन्वेषण के लिए उसे और तीन साल तक खोजबीन करनी पड़ी। अंत में उसने अपनी महान कृति 'ओर्खोन अभिलेखों का उद्घाटन' (हेल्सिंगफोर्स, 1896 ई.) प्रकाशित कर दी। इसमें न केवल उसने इस लिपि की वर्णमाला ही प्रकाशित की, बल्कि अभिलेखों का अनुवाद भी प्रस्तुत किया है।

प्राचीन तुर्की लिपि के उद्घाटन से मध्य-एशिया के इतिहास के बारे में बहुत से नए तथ्य सामने आए। यह भी स्पष्ट हो गया कि प्राचीन तुर्की लिपि पहलवी लिपि के आधार पर बनी थी। 38 संकेतों वाली यह लिपि उइगुर लिपि से कई गुना बेहतर थी; फिर भी, 800 ई. तक प्राचीन तुर्की लिपि का अस्तित्व मिट चुका था और उसका स्थान उइगुर लिपि ने ले लिया था।

15
यूनानी लिपि

प्राय: सभी यूनानी परंपराएं इसी तथ्य की ओर इशारा करती हैं कि लिपि का ज्ञान यूनानियों ने फिनीशियावालों से ही प्राप्त किया था। और, यदि हम यूनानी लिपि का परीक्षण करें, तो यह असंदिग्ध रूप से सिद्ध होता है कि उन्होंने फिनीशियावालों की लिपि के आधार पर अपनी लिपि का निर्माण किया था। आरंभिक यूनानी लिपि के प्राय: सभी अक्षरों के आकार या स्वरूप उत्तरी सेमेटिक लिपि जैसे हैं। यूनानी अक्षरों का क्रम भी सेमेटिक अक्षरों जैसा है। और, यूनानी अक्षरों के अल्फा, बीटा, गामा, डेल्टा इत्यादि नाम तो सीधे सेमेटिक भाषा के शब्द हैं। भारोपीय परिवार की यूनानी भाषा में इन अक्षर–नामों का कोई अर्थ ही नहीं है। इसके विपरीत, सेमेटिक भाषा में इन अक्षर–नामों के जाने–माने अर्थ हैं, जैसे—अल्फा (आलेफ्) = बैल, बीटा (बेथ) = मकान, गामा (गिमेल) = ऊंट, डेल्टा (दलेथ) = द्वार, इत्यादि। इसलिए यह निर्विवाद रूप से सिद्ध है कि यूनानियों ने अपने अक्षर सेमेटिक लिपि से ही लिए थे।

अब मुख्य प्रश्न यह है कि यूनानियों ने सेमेटिक लिपि के आधार पर अपनी लिपि का निर्माण कब किया ? प्राचीनतम यूनानी लेख हमें ई.पू. 8वीं शताब्दी के पूर्वार्ध के मिलते हैं; इसलिए इतना तो निश्चित है ही कि 800 ई.पू. के आसपास यूनानी लिपि अस्तित्व में आ चुकी थी। परंपराओं एवं आख्यानों के आधार पर हम यूनानी लिपि के आरंभ को डेढ़–दो सौ साल और पीछे सहज ही ले जा सकते हैं। कुछ विद्वान यूनानी लिपि के आरंभ को ई.पू. चौदहवीं-पंद्रहवीं शताब्दी में रखना चाहते हैं। लेकिन इसके समर्थन में कोई ठोस प्रमाण नहीं मिलते। अधिक से अधिक हम यूनानी लिपि का आरंभ 1000 ई.पू. के आसपास मान सकते हैं। एजियन समुद्र के थेरा द्वीप से और अथेंस से यूनानी लिपि के जो प्राचीनतम अभिलेख मिले हैं, वे ई.पू. आठवीं शताब्दी के हैं। एत्रुस्कन लिपि, जो यूनानी लिपि से बनी थी, 8वीं शताब्दी में अस्तित्व में आ चुकी थी। इसलिए हम सहज स्वीकार कर सकते हैं कि 1000 ई.पू. के आसपास यूनानी लिपि अस्तित्व में आ चुकी होगी।

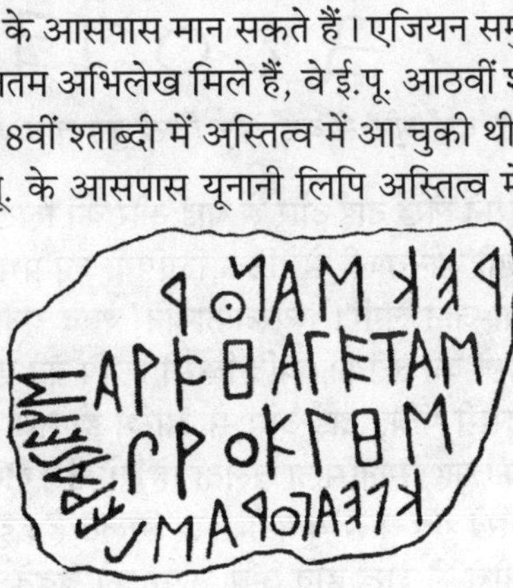

चित्र 15.1 थेरा द्वीप से प्राप्त यूनानी लेख (सातवीं सदी ई.पू.)। इसमें पहली पंक्ति दाईं ओर से बाईं ओर, दूसरी पंक्ति बाईं ओर से दाईं ओर, तीसरी पंक्ति बाईं ओर से दाईं ओर और चौथी पंक्ति दाईं ओर से बाईं ओर को लिखी गई हैं। अंतिम पंक्ति अंत में बाईं ओर ऊपर उठती है।

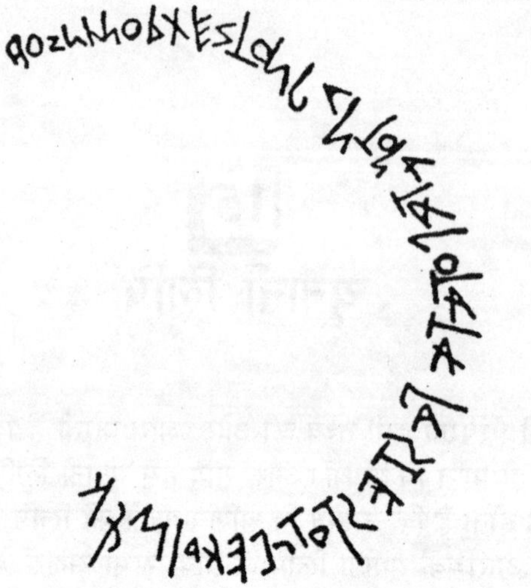

चित्र 15.2 अथेंस से प्राप्त एक आरंभिक यूनानी लेख (ई.पू. सातवीं सदी), जो ऊपर से नीचे गोलाई में लिखा गया है

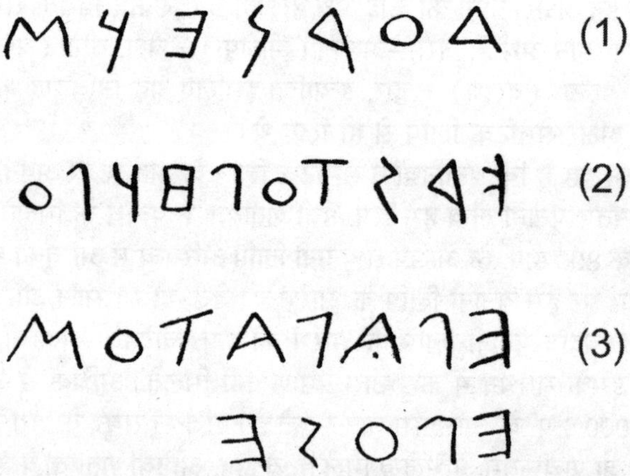

चित्र 15.3 थेरा द्वीप से प्राप्त, दाईं ओर से बाईं ओर लिखे हुए तीन आरंभिक यूनानी लेख

यूनानी लिपि के सबसे पुराने लेख दाईं ओर से बाईं ओर को लिखे हुए मिलते हैं। स्पष्टतः यह दाईं ओर से बाईं ओर को लिखी जानेवाली सेमेटिक लिपियों का प्रभाव था। बाद में यूनानी लिपि 'ब्यूस्त्रफीदान' विधि से लिखी जाने लगी। 'ब्यूस्त्रफीदान' शब्द यूनानी भाषा का है, और इसका अर्थ है—बैलों द्वारा जोताई करने का तरीका। यदि किसी लिपि की एक पंक्ति बाईं ओर से आरंभ हो और उसकी समाप्ति पर दूसरी पंक्ति दाईं ओर से आरंभ हो तथा तीसरी पंक्ति फिर बाईं ओर से आरंभ हो, तथा दाएं-बाएं का यह सिलसिला चलता रहे, तो उस लेखन-क्रम को 'ब्यूस्त्रफीदान' कहते हैं। इस विधि से भी लिखे गए कुछ यूनानी लेख मिलते हैं। इन दोनों तरीकों से लिखे गए कुछ आरंभिक यूनानी लेख नीचे से शुरू होते और ऊपर को बढ़ते हुए भी दिखाई देते हैं। इसी आरंभिक काल के कुछ यूनानी लेख बाईं ओर से दाईं ओर को लिखे हुए हैं। किंतु लगभग 500 ई.पू. से आगे के प्रायः सभी यूनानी लेख बाईं ओर से दाईं ओर को लिखे हुए मिलते हैं।

चित्र 15.4 'ब्यूस्त्रफीदान' पद्धति से लिखा गया एक आरंभिक यूनानी लेख (लगभग 550 ई.पू.)। यहां पहली पंक्ति दाएं से बाएं और दूसरी पंक्ति बाएं से दाएं लिखी गई है

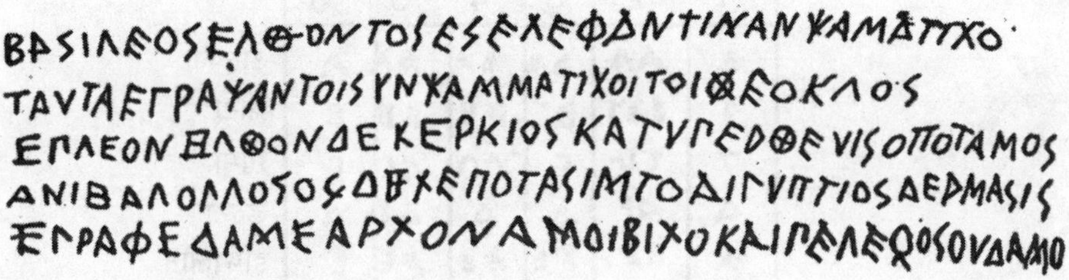

चित्र 15.5 आबू-सिम्बेल (नूबिया, मिस्र) से प्राप्त यूनानी लेख (लगभग 590 ई.पू.), जिसमें प्रत्येक पंक्ति बाईं ओर से दाईं ओर को लिखी गई है

भारत की ब्राह्मी लिपि की उत्पत्ति पर विचार करते समय हम देखेंगे कि ब्यूह्लर जैसे प्रसिद्ध पुरालिपिविदों ने दाईं ओर से बाईं ओर को लिखे गए ब्राह्मी लेख खोज निकालने का बहुत प्रयत्न किया था। इसके पीछे प्रेरणा यह थी कि अगर दाईं ओर से बाईं ओर को लिखे हुए कोई ब्राह्मी लेख मिल जाएं तो दावे के साथ यह कहा जा सकेगा कि यूनानी लिपि की तरह ब्राह्मी लिपि का निर्माण भी किसी सेमेटिक लिपि से हुआ है। किंतु, जैसा कि पाठक आगे पढ़ेंगे, ब्यूह्लर अपने इन प्रयासों में सफल नहीं हो पाए।

यूनानी भाषा भारोपीय परिवार की है। इसलिए जब आरंभ में अपनी भाषा के लिए एक सेमेटिक भाषा की लिपि को ग्रहण करने का प्रश्न यूनानियों के सामने आया, तो वे उसे ज्यों-की-त्यों नहीं ले सकते थे। उत्तरी सेमेटिक लिपि के 22 अक्षरों में 11 अक्षर ऐसे थे, जिन्हें यूनानी ध्वनियों के लिए सीधे अपनाया जा सकता था; इसलिए वे 11 अक्षर तो ज्यों-के-त्यों लिए गए। ये अक्षर हैं :

	सेमेटिक अक्षर		**यूनानी अक्षर**	
1.	बेथ	(ब)	बीटा	(ब)
2.	गिमेल्	(ग)	गामा	(ग)
3.	दालेथ्	(द)	डेल्टा	(द)
4.	ज़ाइन्	(ज़)	जीटा	(ज़)
5.	काफ्	(क़)	काप्पा	(क)
6.	लामेध्	(ल)	लाम्डा	(ल)
7.	मेम्	(म)	म्यू	(म)
8.	नून्	(न)	न्यू	(न)
9.	पे	(प)	पाइ	(प)
10.	रेश्	(र)	ह्रो	(र)
11.	ताव्	(त)	टाउ	(त)

ये 11 अक्षर सीधे ही अपनाए गए। इनके अलावा, कुछ सेमेटिक अक्षर यूनानी भाषा की कुछ भिन्न ध्वनियों के लिए स्वीकार किए गए, जैसे—सेमेटिक 'वाव्' (व) यूनानी 'दिगम्मा' (उ, व) के लिए, सेमेटिक 'थेत्' (त) यूनानी में 'थीटा' (थ) के लिए और सेमेटिक 'कोफ़्' (क़) यूनानी में 'कोप्पा' (क, क्व) के लिए अपनाए गए। वस्तुतः 'कोप्पा' की यूनानी में विशेष जरूरत नहीं थी, क्योंकि 'काफ़्' (काप्पा, क) पहले ही सीधा लिया जा चुका था। इसलिए 5वीं शताब्दी ई.पू. के आसपास इस अक्षर को छोड़ दिया गया। हां, 90 की संख्या के लिए इस अक्षर का उपयोग होता रहा।

चित्र 15.6 उत्तरी सेमेटिक अक्षरों के साथ आरंभिक यूनानी अक्षरों की तुलना
1. उत्तरी सेमेटिक वर्णमाला, 2. आरंभिक यूनानी अक्षर (ई.पू. आठवीं–छठी सदी), 3–4. पूर्वी यूनानी लिपि (3. आयोनिक, 4. एटिक), 5. पश्चिमी यूनानी लिपि, 6. पुरातन (क्लासिकल) यूनानी लिपि

हम जानते हैं कि सेमेटिक लिपि में स्वराक्षरों का तो अभाव था, परंतु ऊष्म ध्वनियों के अक्षरों की बहुलता थी। यूनानियों ने अपने पांच मूल स्वरों का निर्माण सेमेटिक अक्षरों से इस प्रकार किया :

	सेमेटिक व्यंजन		**यूनानी स्वर**	
1.	आलेफ़्		अल्फा	(अ)
2.	हे	(ह)	इप्सिलोन	(ए)
3.	वाव्	(व)	दिगम्मा	(उ)
4.	योध्	(य)	आयोटा	(इ)
5.	अयिन्		ओमिक्रोन	(ओ)

जहां तक यूनानी ऊष्म ध्वनियों का प्रश्न है, हम बता ही चुके हैं कि सेमेटिक 'जाइन्' से यूनानी 'जीटा' (ज़) बनाया गया था। सेमेटिक 'सामेख्' (स) से यूनानी 'क्साइ' (क्स, क्ष) बनाया गया। सेमेटिक 'शिन्' (श) से यूनानी 'सिग्मा' (स) बना।

इनके अलावा, यूनानी भाषा की अपनी ख़ास ध्वनियों के लिए कुछ नए अक्षर-संकेतों का निर्माण किया गया। ऐसे अक्षर हैं—'फाइ' (फ), 'खाइ' (ख), 'साइ' (प्स)। इन नए अक्षरों की उत्पत्ति के बारे में दो मत हैं। कुछ विद्वान कहते हैं कि ये अक्षर अन्य लिपियों से—साइप्रस की अक्षरमाला या दक्षिणी सेमेटिक लिपियों से—लिए गए हैं। दूसरे विद्वानों की राय में इनका निर्माण अन्य यूनानी अक्षरों के आधार पर किया गया, जैसे—थेत्-थीटा से या कोफ्-कोप्पा से 'फ', काफ्-कप्पा या थेत्-थीटा से 'ख', और फ या वाव्-उप्सिलोन् से 'प्स'।

अशोक की ब्राह्मी लिपि हमें प्रायः एक ही स्वरूप में मिलती है। किंतु आरंभिक यूनानी लिपि के बारे में ऐसा नहीं ही कहा जा सकता। सिकंदर के पहले यूनान कई नगर-राज्यों में बंटा हुआ था, इसलिए आरंभ में हम यूनानी लिपि के लेखों के अक्षरों में काफी रूपांतर देखते हैं। आरंभिक यूनानी लिपि को मुख्यतः दो वर्गों में विभाजित किया गया है—पूर्वी और पश्चिमी। पूर्वी यूनानी वर्णमाला का प्रयोग आयोनिया के उपनिवेशों और समीप के द्वीपों में होता था। इसी पूर्वी वर्णमाला के एक उपवर्ग का प्रयोग थेरा, मेलोस तथा क्रीट द्वीपों में भी होता था। पश्चिमी वर्णमाला के अंतर्गत काल्सिदिया, बोयोतिया, लोक्री, थेस्साली, तथा पेलोपोन्नेसुस की वर्णमालाओं का समावेश होता था। इस वर्गीकरण से यह प्रश्न उठता है कि यूनानी लिपि का निर्माण हुआ कहां पर ? निश्चित रूप से कुछ भी नहीं कहा जा सकता। किंतु अधिकतर विद्वानों का मत है कि आयोनियन वर्णमाला ही प्राचीनतम यूनानी लिपि है। यह भी संभव है कि थेरा द्वीप की लिपि ही सबसे प्राचीन हो।

किंतु स्थानीय रूप से विभिन्न वर्णमालाएं चलती रहें, यह स्थिति अधिक दिनों तक कायम नहीं रही। शनैः-शनैः ये स्थानीय वर्णमालाएं एक-दूसरे के नजदीक आती गईं। 403 ई.पू. में मिलेटस नगर की आयोनियन वर्णमाला को अथेंस ने स्वीकार कर लिया। इसके बाद अन्य नगर-राज्यों ने भी वह वर्णमाला अपना ली। चौथी शताब्दी ई.पू. के मध्य समय तक संपूर्ण यूनान आयोनिया की वर्णमाला को अंगीकार कर चुका था। 24 अक्षरों की यही वर्णमाला पुरातन (क्लासिकल) यूनानी वर्णमाला कही जाती है।

इस पुरातन यूनानी वर्णमाला का हमेशा ही पत्थरों पर स्मारक-लेखों में और शब्दों के आरंभ के बड़े अक्षरों के रूप में इस्तेमाल होता रहा। इसके अलावा, चर्मपट, पेपीरस, मोम तथा अन्य मुलायम वस्तुओं पर लिखे गए अक्षर धीरे-धीरे घसीटदार बनते गए।

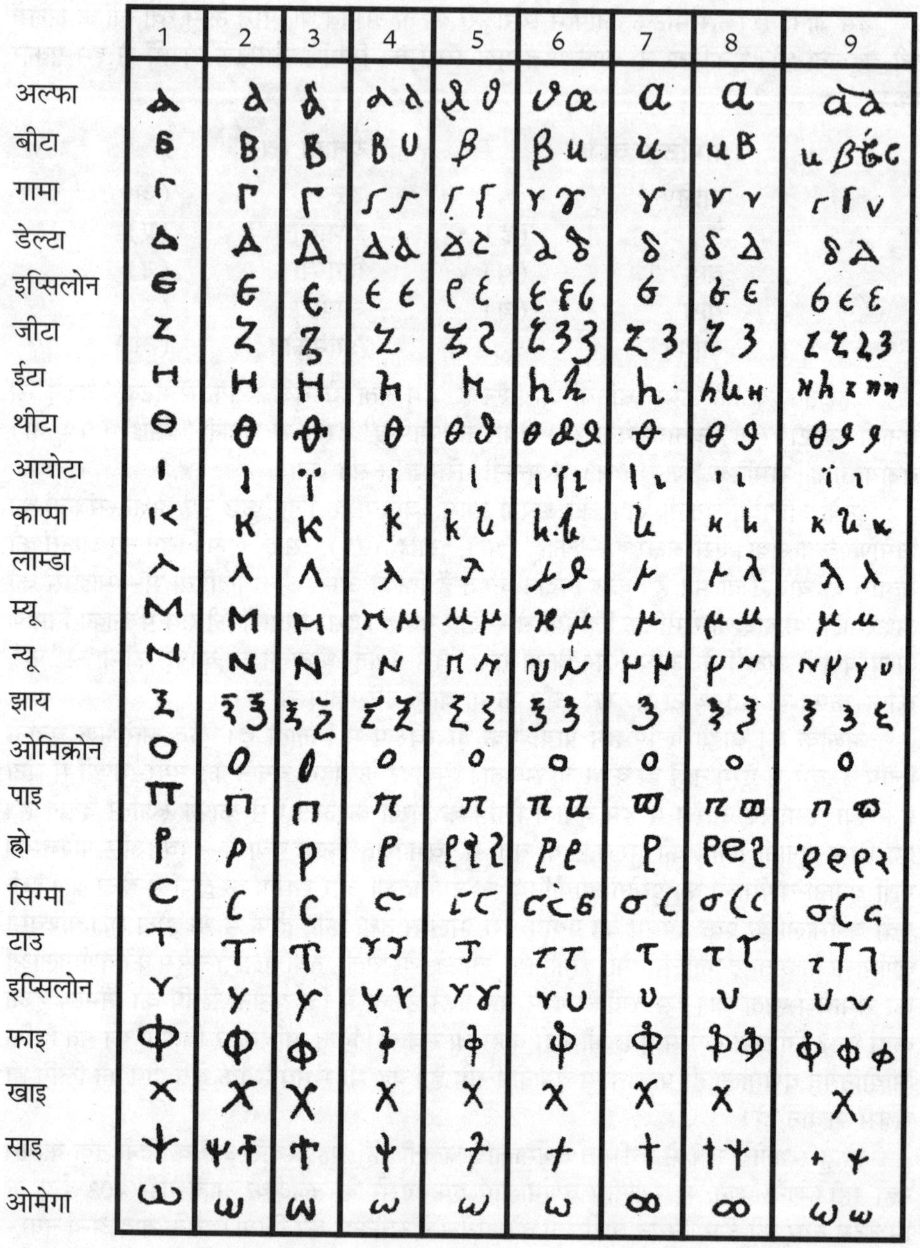

चित्र 15.7 यूनानी वर्णमाला का विकास

1–3. नोकदार यूनानी अक्षर : 1. ईसा की चौथी शताब्दी, 2. ईसा की सातवीं शताब्दी, 3. नौवीं शताब्दी; 4–6. घसीट यूनानी लिपि : 4. ईसा की पांचवीं शताब्दी, 5. ईसा की छठी शताब्दी, 6. ई.स. सातवीं शताब्दी; 7–9. यूनानी लघु-अक्षर: 7. नौवीं शताब्दी, 8. दसवीं-ग्यारहवीं शताब्दी, 9. बारहवीं-चौदहवीं शताब्दी।

यूनानी अभिलेख बहुत अधिक संख्या में मिले हैं। अंदाज है कि 75,000 से भी अधिक यूनानी अभिलेख अब उपलब्ध हैं। इनके विषय भी विविध हैं—कानून, राज्यादेश, नागरिकों की सूचियां, हिसाब-किताब, मंदिरों का आय-व्यय, दान-उल्लेख, मंदिर-लेख, कलश-लेख, सिक्कों पर अंकित अक्षर एवं लेख, इत्यादि। 'कार्पस् इंस्क्रिप्शनम् ग्रेकारम' की 4 जिल्दों (बर्लिन, 1825-77) में हजारों यूनानी लेख संगृहीत हैं। 'इंस्क्रिप्शनेस् ग्रेकाइ' (बर्लिन) की 14 जिल्दों में भौगोलिक वर्गीकरण के साथ यूनानी अभिलेखों का संग्रह किया गया है। एच. रोह्ल ने 'इमेजिनेस् इंस्क्रिप्शनम् ग्रेकारम एंटिक्विसीमारम', (तीसरा संस्करण, बर्लिन, 1907) में 403 ई.पू. तक के यूनानी लेखों का संग्रह किया है।

पंद्रहवीं सदी ई. से यूरोप में पुस्तकें छपने लगी थीं, इसलिए यूनानी लिपि के बड़े तथा छोटे अक्षरों के टाइप बने और उनमें स्थिरता आ गई। यूनानी लिपि के बड़े और छोटे मुद्रणाक्षर ये हैं :

Αα	Ββ	Γγ	Δδ	Εε	Ζζ	Ηη	Θθ	Ιι	Κκ	Λλ	Μμ
Νν	Ξξ	Οο	Ππ	Ρρ	Σσ	Ττ	Υυ	Φφ	Χχ	Ψψ	Ωω

यूनानी लिपि यूरोप की अनेक लिपियों की जन्मदात्री है। ई.पू. की लाइसियन, फ्राइजियन व लीडियन वर्णमालाएं यूनानी लिपि के आधार पर ही बनाई गई थीं। इनका प्रचार लघु एशिया में रहा है। मिस्र की कॉप्टिक वर्णमाला यूनानी लिपि पर से ही बनी थी। गोथिक वर्णमाला भी यूनानी लिपि से ही निकली। प्राचीन स्लाव लिपियों का निर्माण यूनानी वर्णमाला केआधार पर ही हुआ। आधुनिक रूसी भाषा की लिपि मूलतः स्लाव लिपि है। इस प्रकार हम देखते हैं कि यूनानी लिपि का यूरोप के देशों में वैसा ही विकास और प्रसार हुआ जैसा कि ब्राह्मी लिपि का भारत, तिब्बत, श्रीलंका और दक्षिण-पूर्व एशिया के देशों में।

यूनानी लिपि से निर्मित वर्णमालाएं

यूनानी लिपि के अस्तित्व में आ जाने के बाद फिर इसका, कुछ परिवर्तनों के साथ, अन्य भाषाओं के लिए भी इस्तेमाल किया गया। यहां हम संक्षेप में ऐसी लिपियों की चर्चा करेंगे जो प्रत्यक्षतः यूनानी लिपि से निर्मित हैं।

1. लाइसियन वर्णमाला

लाइसियन लोग लघु एशिया के दक्षिण-पश्चिम भाग में बसे हुए थे। ई.पू. 13वीं शताब्दी के मिस्री उल्लेखों में इन्हें 'लुकु' या 'रुकु' का नाम दिया गया है और हिरोदोतस ने इन्हें 'त्रेमिलाइ' कहा है। यूनानी परंपराओं के अनुसार ये लोग क्रीट द्वीप से यहां आकर बसे थे। जो भी हो, ये गैर-भारोपीय वंश के थे और इनकी भाषा दक्षिणी काकेशियन परिवार की थी।

ई.पू. पांचवीं और चौथी शताब्दी के बीच के लगभग 150 लाइसियन अभिलेख प्राप्त हुए हैं। कुछ यूनानी-लाइसियन द्विभाषिक लेख भी मिले हैं। लाइसियन वर्णमाला मूलतः यूनानी लिपि से निर्मित है, किंतु कुछ अक्षर अन्य लिपियों से भी लिए हुए जान पड़ते हैं।

2. फ्राइज़ियन वर्णमाला

आठवीं शताब्दी ई.पू. में लघु एशिया की हेलिस नदी के पश्चिम में फ्राइजियन लोगों का शक्तिशाली राज्य था। हिरोदोतस और स्त्राबो के अनुसार ये लोग थ्रेस क्षेत्र से यहां आकर बसे थे। फ्राइजियन लेख अधिक नहीं मिले हैं, और जो मिले हैं वे भी संक्षिप्त हैं। 7वीं-8वीं शताब्दी ई.पू. के लेख आरंभिक यूनानी बोली और यूनानी लिपि में हैं।

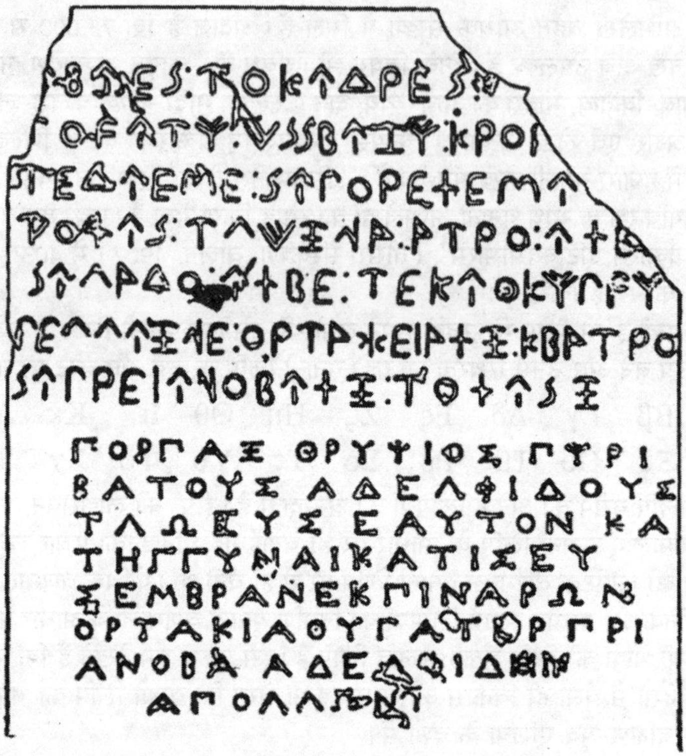

चित्र 15 II.1 *लाइसियन-यूनानी द्वैभाषिक लेख (ऊपर लाइसियन और नीचे यूनानी)*

3. पांफिलियन वर्णमाला

यह प्रदेश दक्षिण-पश्चिम लघु एशिया में लाइसिया और सिलिसिया के बीच में था। इन लोगों ने यूनानी वर्णमाला का इस्तेमाल किया था। इनके अभिलेख नहीं के बराबर ही मिले हैं; एक लंबा अभिलेख और सिक्कों पर ही कुछ छोटे लेख प्राप्त हुए हैं। बाद में पांफिलियन लोगों ने एक मिश्रित लिपि—यूनानी-आरमाइक—को अपनाया।

4. लीडियन वर्णमाला

ई.पू. सातवीं-छठी शताब्दी में उत्तर में माइसिया और दक्षिण में कारिया के बीच का लीडिया लघु एशिया का सबसे शक्तिशाली राज्य था। ईरान के सम्राट कुरश (साइरस) ने 546 ई.पू. में लीडिया के प्रसिद्ध राजा क्रोयेसुस को बंदी बनाया था। लीडियन लोगों के मूल स्थान के बारे में निश्चित रूप से कुछ भी नहीं कहा जा सकता। संभव यही जान पड़ता है कि लीडियन भाषा गैर-भारोपीय परिवार की थी।

लगभग 50 लीडियन लेख प्राप्त हुए हैं। इनमें से 36 लेख 1910-13 ई. में लीडिया की प्राचीन राजधानी सार्दिस् (स्फार्त) से प्राप्त हुए। जिन लेखों में तिथि दी हुई है, वे चौथी शताब्दी ई.पू. के हैं। कुछ पांचवीं शताब्दी ई.पू. या अधिक पहले के भी हो सकते हैं। चौथी शताब्दी ई.पू. के आरंभ का एक लंबा लीडियन-आरमाइक द्वैभाषिक लेख भी मिला है। लीडियन-यूनानी में भी दो छोटे द्वैभाषिक लेख मिले हैं। लीडियन वर्णमाला में 26 अक्षर मिलते हैं। इनमें अधिकतर अक्षर

तो यूनानी लिपि के हैं, किंतु कुछ अक्षर लीडियन भाषा की अपनी विशेष ध्वनियों के लिए अन्य स्रोतों से भी लिए गए थे। लीडियन वर्णमाला में 'फ' ध्वनि के लिए अंक 8 जैसा अक्षर देखने को मिलता है। इस ध्वनि के लिए ऐसा ही अक्षर एत्रुस्कन लिपि में भी है।

5. कारियन लिपि

लीडिया के दक्षिण में कारिया राज्य था। किसी समय कारियन लोग एजियन सागर के द्वीपों में और यूनान की मूख्य भूमि में रहते थे। इनकी भाषा गैर-भारोपीय परिवार की थी। इस समय लगभग 70 कारियान लेख उपलब्ध हैं। इनमें सबसे पुराने लेख ई.पू. सातवीं शताब्दी के मध्यकाल के हैं। दक्षिण मिस्र के स्मारकों पर कारियन व्यापारियों द्वारा उत्कीर्ण उनके बहुत से नाम-लेख मिले हैं। तीन मिस्री-कारियन द्वैभाषिक लेख भी प्राप्त हुए हैं। कारियन लिपि का निर्माण यूनानी लिपि के आधार पर हुआ जान पड़ता है; परंतु इसके कुछ अक्षरात्मक संकेत क्रीट तथा साइप्रस की लिपियों से भी लिए गए हैं।

चित्र 15 II.2 कारियन लेख

ऊपर जिन पांच लिपियों की चर्चा की गई है, वे एशिया (लघु एशिया) की होने के कारण डिरिंजेर ने इन्हें 'एशियाई वर्णमालाएं' कहा है। इनमें से प्रथम तीन वर्णमालाएं (लाइसियन, फ्राइजियन और पांफिलियन) सीधी यूनानी वर्णमाला से प्रभावित हैं। अंतिम दो लिपियां—लीडियन तथा कारियन—यूनानी वर्णमाला से अंशतः प्रभावित हैं।

6. कॉप्टिक वर्णमाला

कॉप्टिक की थोड़ी-सी चर्चा हम 'मिस्र की प्राचीन लिपियों' के अंतर्गत कर चुके हैं। 'कॉप्ट' शब्द यूनानी शब्द 'एइजिप्टिओस > जिप्टिओस' से अरबी में 'कोप्ट' होकर बना है। असल में मिस्र के ईसाइयों और उनकी भाषा को आज कॉप्ट कहा जाता है। ईसा की सातवीं शताब्दी में मिस्र पर अरबों की विजय के बाद वहां इस्लाम तथा अरबी भाषा का प्रचार हुआ, परंतु

कॉप्टों ने अपने ईसाई धर्म को और अपनी मिस्री भाषा को बनाए रखा। 13वीं शताब्दी तक कॉप्टिक भाषा का उपयोग मिस्र के ईसाई कॉप्ट करते रहे। अल्प मात्रा में यह भाषा 17वीं शताब्दी तक मिस्र में जीवित थी; किंतु उसके बाद अरबी भाषा सारे मिस्र में छा गई।

प्राचीनतम कॉप्टिक अभिलेख ईसा की दूसरी-तीसरी शताब्दी के हो सकते हैं। सबसे पुरानी जो हस्तलिपियां उपलब्ध हैं, वे पांचवीं शताब्दी की हैं। कॉप्टिक वर्णमाला में 32 अक्षर हैं। इनमें से 25 अक्षर तो यूनानी वर्णमाला से लिए गए हैं और शेष सात अक्षर घसीटदार मिस्री लिपि देमोतिक से। कॉप्टिक भाषा गैर-भारोपीय परिवार की होने के कारण इसकी कुछ विशिष्ट ध्वनियों के लिए भी देमोतिक लिपि से ये अतिरिक्त सात अक्षर लेने पड़े थे।

दक्षिण मिस्र के नूबिया प्रदेश में रहनेवाले ईसाइयों ने कॉप्टिक लिपि को अपनाया था। किंतु उनकी भाषा की कुछ विशिष्ट ध्वनियों के लिए उन्हें मेरोइटिक लिपि (देखिए, 'मिस्र की प्राचीन लिपियां' प्रकरण) के भी तीन अक्षर अपनाने पड़े थे। नूबियाई ईसाइयों की दसवीं-ग्यारहवीं शताब्दी की कुछ हस्तलिपियां मिली हैं।

7. मेस्सपिई वर्णमाला

मेस्सपिई लोग रोमन-काल के पहले दक्षिण इटली में रहते थे। परंपरा से ज्ञात होता है कि ये एड्रियेटिक-सागर के दूसरे छोर से आकर यहां बसे थे। अब तक लगभग 200 मेस्सपिई लेख मिले हैं। इनमें से अधिकांश छोटे-छोटे हैं। सबसे बड़ा लेख ब्रिंडसी से मिला है, जिसमें 15 पंक्तियां हैं और जो ई.पू. तीसरी शताब्दी का है। अधिकांश लेख ई.पू. दूसरी-पहली शताब्दी के हैं। कुछ लेख चौथी शताब्दी ई.पू. के भी हैं। कुछ विद्वान एक लेख को ई.पू. 8वीं शताब्दी का भी मानते हैं।

मेस्सपिई वर्णमाला यूनानी लिपि के आधार पर ही बनाई गई थी। विद्वानों में मतभेद है तो केवल इसी बात को लेकर कि किस प्रदेश की आरंभिक यूनानी वर्णमाला के आधार पर मेस्सपिई वर्णमाला का निर्माण किया गया था। वस्तुतः इस वर्णमाला के बारे में काफी बातें अब भी विवादास्पद हैं। अभी भी कुछ मेस्सपिई अक्षरों के ध्वनिमान संदिग्ध हैं।

8. गोथिक वर्णमाला

ईसा की चौथी शताब्दी में आधुनिक बुल्गारिया में रहनेवाले गोथ या विसीगोथ लोग ट्यूटोनिक जाति के थे। गोथिक बिशप वुल्फिला (मृत्यु 381 या 383 ई.) ने बाइबल का गोथिक भाषा में अनुवाद किया था। वुल्फिला के इस अनुवाद की पांचवीं-छठी शताब्दी में तैयार की गईं हस्तलिपियों के कुछ अंश आज उपलब्ध हैं। इनमें सबसे प्रसिद्ध है, स्वीडेन के उपसाला विश्वविद्यालय के ग्रंथालय में सुरक्षित 'कोडेक्स आर्जेंटिउस'। इसमें, मूल 330 पृष्ठों में से, केवल 186 पृष्ठ हैं, जो चर्मपट के हैं और इन पर रजत और स्वर्णाक्षरों में लिखा गया है। इस हस्तलिपि के शेष पृष्ठ यूरोप के अन्य संग्रहालयों में उपलब्ध हैं। इसके रूप में ट्यूटोनिक भाषा का प्राचीनतम स्वरूप आज उपलब्ध है।

वुल्फिला ने अपने इस अनुवाद के लिए स्वयं ही एक लिपि का निर्माण किया था। इसके कुल 27 अक्षरों में से 19 या 20 अक्षर यूनानी लिपि से लिए गए, पांच या छह लैटिन लिपि के अक्षरों के आधार पर बनाए गए और दो अक्षर संभवतः रूनी लिपि से लिए गए या कृत्रिम रूप से बनाए गए। बड़े अक्षरों वाली इस गोथिक वर्णमाला के अलावा दैनंदिन व्यवहार के लिए एक घसीटदार गोथिक लिपि का भी अस्तित्व रहा है।

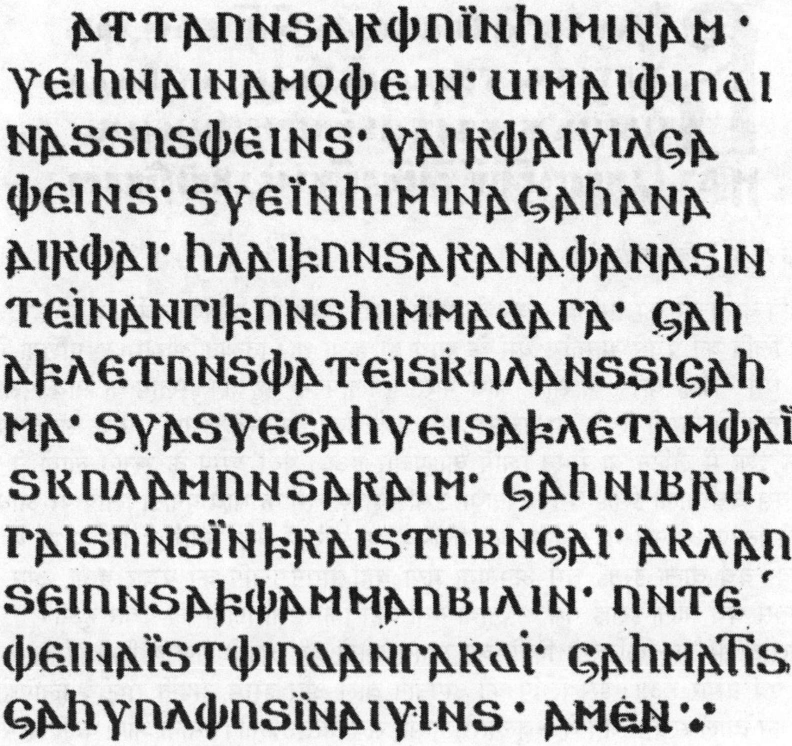

चित्र 15 II.3 गोथिक लिपि में 'कोडेक्स आर्जेंटेउस' का एक अंश

स्लाव लिपियां

प्राचीन स्लाव लिपियों में किरिल्ली तथा ग्लगोलित्सी वर्णमालाएं विशेष रूप से महत्व की हैं। सेंट किरिल (826–869 ई.) ने यूनानी लिपि के आधार पर स्लाव भाषा के लिए इस किरिल्ली लिपि को जन्म दिया था। ग्लगोलित्सी लिपि के बारे में बहुत सी बातें विवादास्पद हैं। कुछ विद्वान सेंट किरिल को ही इस लिपि का भी जनक मानते हैं। इन लिपियों में लिखे गए प्राचीन अभिलेख ईसा की दसवीं–ग्यारहवीं शताब्दी के हैं। 993 ई. का एक शिलालेख—मृत्युलेख—भी मिलता है। प्राचीन स्लाव भाषा के लिए प्रयुक्त इन दो लिपियों—किरिल्ली और ग्लगोलित्सी—के अक्षरों के स्वरूपों में तथा इनके विकास में काफी अंतर है। परंतु जहां तक स्लाव भाषा की विविध ध्वनियों को व्यक्त करने का प्रश्न है, इनमें काफी समानता भी देखने को मिलती है।

किरिल्ली वर्णमाला

किरिल्ली लिपि में 43 अक्षर थे। ईसा की 9वीं शताब्दी के नोकदार यूनानी अक्षरों के आधार पर इन किरिल्ली अक्षरों का निर्माण हुआ था। इसके अधिकांश अक्षर–स्वरूप, ध्वनिमान एवं संख्यामान यूनानी अक्षरों के समान हैं। कुछ अक्षरों का क्रम कुछ भिन्न है और कुछ अक्षरों ने केवल संख्यामान ही कायम रखे हैं। स्लाव भाषा की ध्वनि–बहुलता के कारण इसकी विशिष्ट ध्वनियों के लिए कुछ ऐसे नए अक्षर भी गढ़ने पड़े, जिनकी यूनानी भाषा के लिए आवश्यकता नहीं थी। इन नए अक्षरों में से कुछ यूनानी अक्षरों के आधार पर बनाए गए थे और कुछ कृत्रिम रूप से।

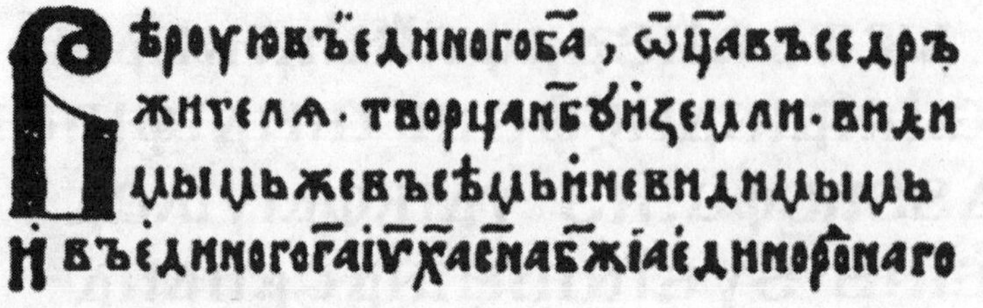

चित्र 15 II.4   *किरिल्ली लेख*

लिपि के प्रचार का धर्म के प्रचार के साथ गहरा संबंध है। दक्षिण-पूर्व एशिया के देशों में भारतीय लिपि का प्रचार भारतीय धर्म के साथ ही हुआ था। तिब्बत और मध्य-एशिया में भी भारतीय धर्म—बौद्ध धर्म—के साथ-साथ भारतीय लिपि भी पहुंची। इस्लाम के साथ संसार के बहुत से देशों में अरबी लिपि का प्रचार हुआ। इसी प्रकार, रोम के ईसाई धर्म के साथ पश्चिम यूरोप के देशों में लैटिन या रोमन लिपि का प्रचार हुआ। पूर्वी यूरोप के स्लाव लोगों ने ग्रीक आर्थोडॉक्स चर्च वाला ईसाई धर्म अपनाया, इसलिए इस धर्म के साथ यूनानी लिपि पर आधारित किरिल्ली लिपि अपनाई गई। यूरोप की लिपियों के बारे में कह सकते हैं कि यूरोप में जहां कैथोलिक चर्च वाला ईसाई धर्म अपनाया गया वहां रोमन लिपि का प्रचार हुआ, और जहां आर्थोडॉक्स चर्च वाला ईसाई धर्म अपनाया गया वहां किरिल्ली लिपि का प्रचार हुआ।

कालांतर में इस किरिल्ली लिपि का स्लाव लोगों की अपनी राष्ट्रीय लिपियों के रूप में विकास एवं प्रसार हुआ। इस लिपि को अपनाने वाले और इससे अपनी राष्ट्रीय लिपियों का विकास करनेवाले स्लाव लोग थे—बुल्गारी, रूसी, सर्ब और उक्रेनी। रुमानी भाषा के लिए भी इस लिपि को अपनाया गया था, किंतु बाद में इसे त्याग दिया गया। रूसी भाषा के लिए इस लिपि को अपनाने के बाद फिर इसका प्रचार दूर-दूर तक हुआ। रूस के विभिन्न क्षेत्रों में बसे हुए फिन्नो-उगरी वर्ग की भाषा बोलने वाले कोमी, वोतियक तथा मोर्दवा लोगों ने भी इसे अपनाया। सुरा और वोल्गा नदियों के बीच बसे हुए और फिन्नो-उगरी भाषा से काफी प्रभावित तुर्की भाषा बोलनेवाले चुवश लोगों ने भी इसे अपनाया था। इसी प्रकार, तिफ्लिस के उत्तर में मध्य काकेशस में रहने वाले और ईरानी भाषा बोलनेवाले ओसेती लोगों ने भी इस लिपि को अपनाया था।

किरिल्ली लिपि का पूर्ण विकास हुआ वर्तमान रूसी वर्णमाला के रूप में। स्लाव भाषा की ध्वनि-बहुलता के कारण आरंभ में रूसी वर्णमाला में काफी अधिक अक्षर थे। इसलिए रूसी क्रांति के भी बहुत पहले से रूसी विद्वान अपनी वर्णमाला में कुछ परिवर्तन करना जरूरी समझते थे। अंत में रूसी क्रांति के तुरंत बाद 17 अक्तूबर, 1918 को रूसी वर्णमाला में सुधार किया गया। कुछ अक्षर त्याग दिए गए और उनके स्थान पर उसी ध्वनि वाले दूसरे अक्षर स्वीकार किए गए। इस प्रकार 33 अक्षरों वाली वर्तमान रूसी वर्णमाला अस्तित्व में आई।

ग्लगोलित्सी वर्णमाला

ग्लगोलित्सी के लिए स्वाल भाषा में 'ग्लगोलित्सा' (ग्लगोल = शब्द, अंक) शब्द मिलता है। इस लिपि में 40 अक्षर थे। ऊपरी दृष्टि से यदि इसके अक्षरों को देखा जाए, तो इनमें वृत्त, त्रिकोण तथा चौकोण दिखाई देंगे और कोई भी इन्हें यूनानी लिपि से निर्मित मानने के लिए सहसा तैयार नहीं होगा। जहां तक इसके अक्षरों के ध्वनिमानों का प्रश्न है, इसमें और किरिल्ली लिपि में बहुत ही समानता है।

1	2	3	4	5	6	7	
Ⰰ	Ⰰ	1	А	1	λ	1	अल्फा
Ⰱ	Ⰱ	2	Б				
Ⰲ	Ⰲ	3	В	2	β	2	बीटा
Ⰳ	Ⰳ	4	Г	3	Γ	3	गामा
Ⰴ	Ⰴ	5	Д	4	Δ	4	डेल्टा
Ⰵ	Ⰵ	6	Є	5	ϵ	5	इप्सिलोन
Ⰶ	Ⰶ	7	Ж				
Ⰷ	Ⰷ	8	Ѕ	6	(Ϛ)	6	दिगम्मा
Ⰸ	Ⰸ	9	Ꙁ	7	Z	7	जीटा
Ⰹ	Ⰹ	10	И	8	H	8	ईटा
Ⰻ	Ⰻ	20	І	10	ι	10	आयोटा
Ⰼ	Ⰼ	30					
Ⰽ	Ⰽ	40	К	20	K	20	काप्पा
Ⰾ	Ⰾ	50	Л	30	λ	30	लाम्डा
Ⰿ, M	Ⰿ	60	М	40	M	40	म्यू
Ⱀ	Ⱀ	70	Н	50	N	50	न्यू
Ⱁ	Ⱁ	80	О	70	O	70	ओमिक्रोन
Ⱂ	Ⱂ	90	П	80	Π	80	पाइ
Ⱃ	Ⱃ	100	Р	100	Ρ	100	ह्रो
Ⱄ	Ⱄ	200	С	200	C	200	सिग्मा
Ⱅ	Ⱅ	300	Т	300	T	300	टाउ
Ⱆ	Ⱆ	400	ОѴ	400			
Ⱇ, φ	Φ	500	Ф	500	Φ	500	फाइ
Ⱈ	Ⱈ	600	Х	600	X	600	खाइ
Ⱉ	Ⱉ	700	Ѡ	800	ω	800	ओमेगा
Ⱌ	Ⱌ	900	Ц	900	(ϡ)	900	साम्पी
Ⱍ	Ⱍ	1000	Ч	90	(Ϙ)	90	कोप्पा
Ⱎ	Ⱎ		Ш				
Ⱋ	Ⱋ	800	Щ				
Ⱏ	Ⰹ		Ъ				
ⰟⰉ	ⰟⰉ		Ꙑ				
Ⱐ	Ⰹ		Ь				
Ⱑ	Ⱑ		Ѣ				
Ⱓ	Ⱓ		Ю				
Ⱔ			Ѧ	200		200	
Ⱗ			Ѫ				
Ⱖ			Ѩ				
Ⱙ			Ѭ				
			Ѯ	60	Ξ	60	क्साइ
			Ѱ	700	Ψ	700	साइ
Ⱚ			Ѳ	9	Θ	9	थीटा
Ⱛ			Ѵ		Y	400	एप्सिलोन

चित्र 15 II.5 *प्राचीन स्लाव लिपियां*

1. प्राचीन बुल्गारी ग्लगोलित्सी, 2. क्रोएती ग्लगोलित्सी, 3. अंकमान, 4. किरिल्ली वर्णमाला, 5. अंकमान, 6. यूनानी अक्षर, 7. अंकमान

रूसी वर्णमाला के प्रकाशित वर्ण	हस्तलिखित वर्ण	वर्णों के नाम	
Аа	Аа	आ а	आ
Бб	Бб	बे бэ	ब
Вв	Ввв	वे вэ	व
Гг	Гг	गे гэ	ग
Дд	Дд	दे дэ	द
Ее	Ее	ये е (йэ)	ये, ए
Жж	Жж	ज़्हे жэ	झ
Зз	Зз	ज़े зэ	ज
Ии	Ии	ई и	ई
Йй	Йй	इ й	य
Кк	Кк	का ка	क
Лл	Лл	एल эдь	ल
Мм	Мм	एम эм	म
Нн	Нн	एन эн	न
Оо	Оо	ओ о	ओ
Пп	Пп	पे пэ	प

रूसी वर्णमाला के प्रकाशित वर्ण	हस्तलिखित वर्ण	वर्णों के नाम	
Рр	Рр	एर эр	र
Сс	Сс	एस эс	स
Тт	Тт	ते тэ	त
Уу	Уу	ऊ у	ऊ
Фф	Фф	एफ़ эф	फ
Хх	Хх	ख़ा ха	ख
Цц	Цц	त्से цэ	त्स
Чч	Чч	चे чэ	च
Шш	Шш	शा ша	शा
Щщ	Щщ	श्चा ша	श्च
Ъъ	ъ	कठोर चिह्न	
Ыы	ы	कठोर इ	
Ьь	ь	मृदु चिह्न	
Ээ	Ээ	ए э	ए
Юю	Юю	यू ю (йу)	यू
Яя	Яя	या я (йа)	या

चित्र 15 II.6 *रूसी भाषा की वर्णमाला*

चित्र 15 II.7 ग्लगोलित्सी लेख

दो प्रकार की ग्लगोलित्सी लिपियों का अस्तित्व रहा है : 1. प्राचीन बुल्गारी ग्लगोलित्सी का 12वीं शताब्दी के अंत समय तक इस्तेमाल होता रहा, और इस लिपि के अक्षर कुछ अधिक गोलाकार हैं। 2. क्रोएती ग्लगोलित्सी लिपि 14वीं शताब्दी में अस्तित्व में आई, और इसके अक्षर कुछ अधिक कलात्मक हैं।

ग्लगोलित्सी लिपि का 16वीं–17वीं शताब्दी तक अस्तित्व रहा है। लैटिन से स्लाव भाषा में जो अनुवाद हुए थे, वे इसी लिपि में लिखे गए थे या मुद्रित हुए थे। वेनिस, रोम, टुबिंगेन आदि नगरों में ग्लगोलित्सी लिपि के छापाख़ाने भी रहे हैं। इस लिपि में लिखे गए बहुत से हस्तलेख तथा मुद्रित ग्रंथ आज उपलब्ध हैं।

16
एत्रुस्कन लिपि

रोमन लोगों के पहले इटली में एत्रुस्की लोग थे। हिरोदोतस की दी हुई जानकारी के अनुसार, एत्रुस्की लोग ई.पू. प्रथम सहस्राब्दी के आरंभ में लघु-एशिया से इटली में आकर बसे थे। 800 ई.पू. के आसपास इटली के उर्वर एत्रुरिया प्रदेश में इन लोगों का निवास हम देखते हैं। 650 ई.पू. के आसपास इन लोगों ने टस्कानी प्रदेश में अपने कई किलेबंद नगरों की स्थापना की थी, और 550 ई.पू. तक इटली के अधिकतर भाग पर इनका अधिकार हो गया था। परंतु 500 ई.पू. से इनकी शक्ति क्षीण होने लगी और इन्हें उत्तरी इटली पर अपना अधिकार छोड़ना पड़ा। अंत में इन्हें लैटिन या रोमन लोगों के सामने झुकना पड़ा और धीरे-धीरे ये उन्हीं में मिल गए।

इसमें तनिक भी संदेह नहीं कि एत्रुस्कन लोगों की संस्कृति यूनानियों से प्रभावित थी और रोमनों की संस्कृति से कहीं अधिक उच्च कोटि की थी। एत्रुस्कन लोग पश्चिमी एशिया से ही आए थे, इस बात को अब अधिकतर विद्वान स्वीकार करते हैं। परंतु अब भी एत्रुस्कन सभ्यता की बहुत सी बातें रहस्यमय हैं। एत्रुस्कन लिपि के यूनानी लिपि से निर्मित होने के कारण उसके अक्षरों को तो हम जानते हैं, परंतु अब भी एत्रुस्कन भाषा को नहीं जान पाए हैं, और यही प्राचीन यूरोपीय संस्कृति का सबसे बड़ा 'रहस्य' है।

अब तक लगभग 9000 एत्रुस्कन लेख प्राप्त हुए हैं। इनमें से लगभग 7000 तो मृत्युलेख हैं, जिनमें मृतकों के और उनके संबंधियों के नाम भर मिलते हैं। अधिकतर एत्रुस्कन लेख प्राचीन इटली के एत्रुरिया (आधुनिक टस्कानी : रोमन लोग एत्रुस्कन लोगों को 'एत्रुस्की' या 'टस्की' कहते थे, इसीलिए यह नाम) प्रदेश से ही प्राप्त हुए हैं। परंतु कुछ लेख इटली के अन्य प्रदेशों से और इटली के बाहर मिस्र तथा कार्थेज से भी मिले हैं। एत्रुस्कन भाषा और लिपि का सबसे महत्वपूर्ण अभिलेख मिस्र से ही प्राप्त हुआ है। 19वीं सदी में एक यूरोपियन पर्यटक को एक मिस्री स्त्री की ममी पर लपेटी हुई कपड़े की पट्टियां मिलीं। उसने इन्हें यूगोस्लाविया के जाग्रेब (अग्राम) संग्रहालय को भेज दिया। 1872 में जे. क्राल ने पता लगाया कि इन पट्टियों पर एक लेख लिखा हुआ है। यह लेख एत्रुस्कन भाषा का है। आरंभ में यह वस्त्र-लेख एक कुंडली के रूप में रहा होगा। बाद में इसकी पट्टियां बनाकर इसे मिस्र की एक संभ्रांत महिला के शव पर लपेट दिया गया। इन पट्टियों पर अंकित यह लेख एत्रुस्कन भाषा का अब तक उपलब्ध सबसे लंबा लेख है और संभवत: ई.पू. पहली शताब्दी का है।

अन्य प्रसिद्ध अभिलेख हैं—सांता मारिया दी कापुआ से मिला मिट्टी के फलक पर अंकित लगभग 300 शब्दों का ई.पू. पांचवीं शताब्दी का लेख (बर्लिन संग्रहालय), 'पेरुगिया किप्पुस', जिसमें लगभग 200 शब्द हैं, माग्लियानो फलक, जिसके दोनों ओर सर्पिल आकार में अक्षर अंकित हैं और जो ई.पू. छठी शताब्दी का है और अब फ्लोरेंस के पुरातत्व-संग्रहालय में रखा हुआ है। किंतु एत्रुस्कन लेखों में संभवत: सबसे प्रसिद्ध तथा महत्वपूर्ण है, पियेसेंज़ा से मिला बछड़े के

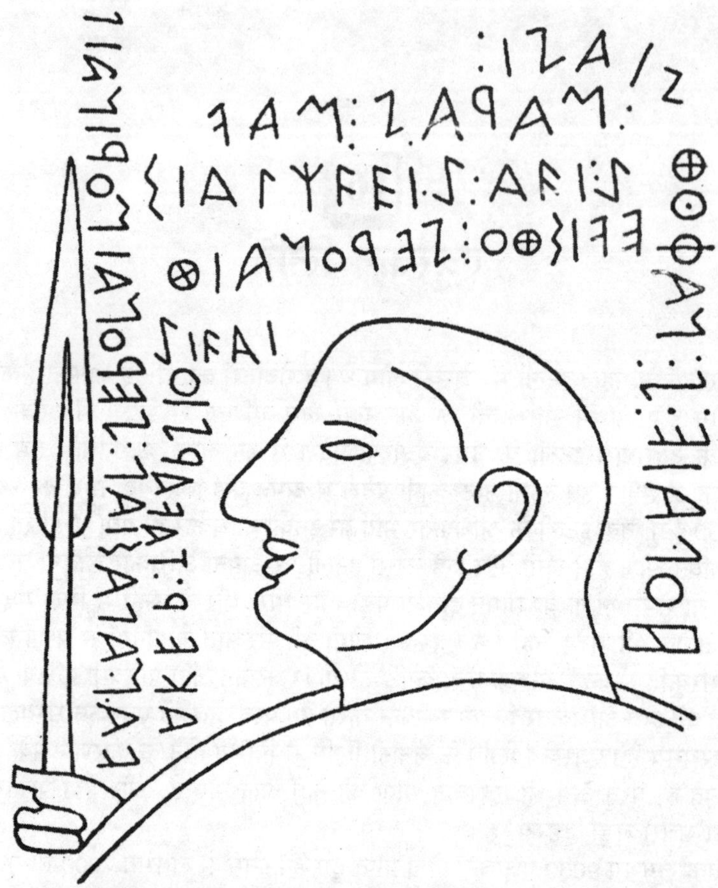

चित्र 16.1 लेमनोस द्वीप से प्राप्त एक समाधि-स्मारक पर अंकित यूनानी-एत्रुस्कन लेख (सातवीं-छठी सदी ई.पू.)। यह लेख बाईं ओर से दाईं ओर, दाईं ओर से बाईं ओर, ऊपर से नीचे और नीचे से ऊपर लिखा गया है।

यकृत (जिगर) के आकार में बने हुए कांस्य-प्रतिरूप पर उत्कीर्ण लेख। इस पर देवी-देवताओं के नाम खुदे हुए हैं और एत्रुस्कन ओझा लोग भविष्य बतलाने के लिए इस यकृत-प्रतिरूप का इस्तेमाल करते थे। इस प्रकार के यकृत-प्रतिरूप हित्ती तथा बेबीलोनी लोगों के पुरावशेषों में भी मिले हैं।

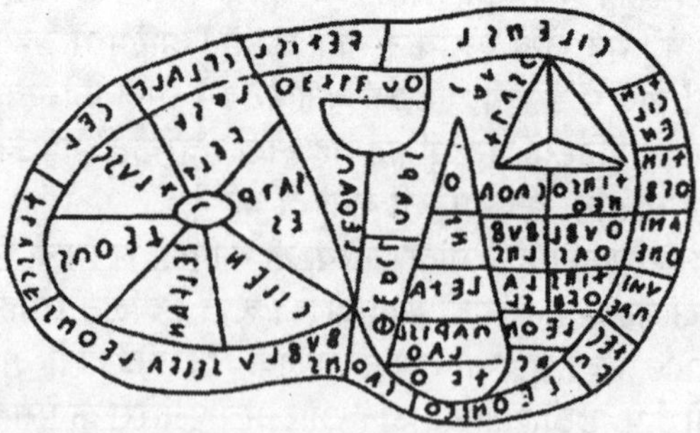

चित्र 16.2 पियेसेंज़ा से मिले बछड़े के यकृत के कांस्य-प्रतिरूप पर अंकित एत्रुस्कन देवी-देवताओं के नाम

इस प्रकार हम देखते हैं कि एत्रुस्कन लेख काफी बड़ी संख्या में उपलब्ध हैं। फिर भी, अभी तक पुरालिपिविद् तथा भाषाशास्त्री इन एत्रुस्कन लेखों को पढ़ने में सफल नहीं हो पाए हैं। कुछ छोटे-छोटे लैटिन-एत्रुस्कन द्वैभाषिक लेख भी मिले हैं, किंतु इन संक्षिप्त लेखों से एत्रुस्कन भाषा पर प्रकाश नहीं पड़ता। द्वैभाषिक मृत्युलेखों में मृतक का नाम, उसके माता-पिता के नाम, तिथियां और 'मरा', 'मृतक' जैसे शब्द ही मिलते हैं। अभी तक कोई लंबा लैटिन-एत्रुस्कन द्वैभाषिक लेख नहीं मिल सका है।

सेमेटिक और आरंभिक यूनानी लिपि की तरह एत्रुस्कन लेख अधिकतर दाईं ओर से बाईं ओर को लिखे हुए मिलते हैं। कुछ एत्रुस्कन लेख 'ब्यूस्त्रफीदान' विधि में भी लिखे हुए मिलते हैं। प्रायः सभी विद्वान मानते हैं कि एत्रुस्कन लिपि यूनानी लिपि के आधार पर ही बनी थी। लीडियन लिपि की तरह एत्रुस्कन लिपि में भी 'फ' के लिए अंक-संकेत 8 जैसा अक्षर मिलता है; इसलिए अनेक विद्वान लीडियन और एत्रुस्कन में साम्य खोजते हैं। किंतु एत्रुस्कन की तरह लीडियन भाषा भी आज हमारे लिए एक पहेली ही है। जो भी हो, इतना निश्चित है कि ई.पू. 8वीं शताब्दी में एत्रुस्कन लोगों ने यूनानी वर्णमाला के आधार पर अपनी लिपि का निर्माण कर लिया था।

एत्रुस्कन भाषा के स्वरूप के बारे में अभी तक नहीं के बराबर जानकारी मिल पाई है। द्वैभाषिक लेखों के आधार पर 'अविल' (वर्ष), 'तिन' (दिन), 'अल्पन' (पूजा), 'पुइया' (पत्नी), 'अति' (मां), 'लाउत्न' (परिवार), 'रिल्' (आयु) जैसे शब्द ही पहचाने जा सकते हैं। एक पांसे पर 1 से 6 तक की संख्याओं के नाम 'मच', 'झल', 'थु', 'हुथ', 'सि' और 'स' मिले हैं; परंतु इनमें कौन-सा नाम ठीक किस अंक के लिए आया है, यह तै कर पाना कठिन है। भाषाशास्त्रियों का अनुमान है कि एत्रुस्कन भाषा संभवतः काकेशियन भाषा-परिवार से संबंधित थी। किंतु निश्चित रूप से कुछ भी नहीं कहा जा सकता। कोई लंबा द्वैभाषिक लेख ही एत्रुस्कन भाषा के उद्घाटन में सहायक हो सकता है और पुराविद् ऐसे लेख की खोज में लगे हुए हैं।

आज तो एत्रुस्कन संस्कृति, उसकी भाषा और लिपि, सभी कुछ अतीत के गर्भ में छिप गए हैं। परंतु हमें यह बात सदा स्मरण रखनी चाहिए कि लैटिन या रोमन लिपि, जिसने यूरोप के बौद्धिक उत्थान में महत्तम सहयोग दिया है, इसी एत्रुस्कन लिपि के आधार पर निर्मित हुई है।

एत्रुस्कन भाषा का उद्घाटन

एत्रुस्कन लिपि एवं भाषा के बारे में उपर्युक्त विवरण जब मैंने लिखा, तब एत्रुस्कन भाषा का उद्घाटन नहीं हुआ था। फिर मई 1971 में, दिल्ली के एक अंग्रेजी दैनिक में इस आशय का एक छोटा-सा समाचार पढ़ने को मिला कि एत्रुस्कन भाषा का उद्घाटन हो गया है। उस समाचार के अनुसार, बुल्गारिया के एक वैज्ञानिक ब्लादीमीर जॉर्जीएव यूरोप की प्राचीन गोथिक भाषा की सहायता से एत्रुस्कन लेखों को पढ़ने में सफल हो गए हैं।

यकीन नहीं होता था कि एत्रुस्कन लेखों में सचमुच ही गोथिक भाषा खोजी गई है। मुख्य कारण यह है कि एत्रुस्कन लेख ई.पू. प्रथम सहस्राब्दी के पूर्वार्ध के हैं, जब कि गोथिक साहित्य ईसा के बाद का है। बिशप उल्फिला ने 350 ई. के आसपास बाइबल का गोथिक में अनुवाद किया था। गोथिक यूरोप के गोथ लोगों की भाषा थी। ईसा की सातवीं सदी तक इस भाषा का अस्तित्व रहा है, उसके बाद यह मर गई। गोथिक भाषा भारत-यूरोपीय परिवार के अंतर्गत जर्मनिक वर्ग की थी।

उपर्युक्त छोटे से समाचार के आधार पर मैंने अपनी जानकारी में कोई रद्दोबदल नहीं की। पुस्तक प्रेस में चली गई। एत्रुस्कन लिपि के प्रकरण तक गैलीप्रूफ आए। मैंने देखकर लौटा भी

चित्र 16.3 एत्रुस्कन-यूनानी वर्णमाला

दिए। लेकिन उसी दिन बुल्गारिया से प्रकाशित होने वाली 'बुल्गारिया' नामक पत्रिका का कुछ पुराना अंक (नंबर 9, नवंबर 1971) मुझे देखने को मिला। संयोगवश उसमें अकादमीशियन ब्लादीमीर जॉर्जीएव द्वारा एत्रुस्कन भाषा के किए गए उद्‌घाटन की बाबत कुछ ठोस जानकारी दी हुई थी। उसी के आधार पर यह नई जानकारी दे रहा हूं।

ऊपर जिस छोटे समाचार की मैंने चर्चा की है, वह सचमुच ही गलत था। एत्रुस्कन लेखों में गोथिक भाषा नहीं, बल्कि प्राचीन हित्ती भाषा से मिलती-जुलती भाषा खोजी गई है। गलतफहमी समाचार एजेंसियों के कारण हुई। यूरोप के लिए एत्रुस्कन लेखों का विशेष महत्व है। अतः मई 1971 में जब एत्रुस्कन भाषा के उद्‌घाटन की चर्चा फैली तो यूरोप में तहलका मच गया। यूरोप की कई समाचार एजेंसियों ने मनमाने ढंग से इन समाचारों का वितरण किया और इससे ब्लादीमीर जॉर्जीएव को काफी परेशानी भी हुई।

अकादमीशियन जॉर्जीएव पिछले कई वर्षों से एत्रुस्कन लेखों के अध्ययन में जुटे हुए थे। ऊपर हम बता चुके हैं कि एत्रुस्कन लेखों की लिपि ज्ञात थी, क्योंकि वह यूनानी लिपि के आधार पर बनाई गई थी। परंतु पिछले करीब दो सौ साल से, नाना प्रयत्नों के बावजूद, एत्रुस्कन भाषा अज्ञात ही थी। लिपि ज्ञात हो लेकिन भाषा का पता न चले, यह सचमुच ही अटपटी स्थिति थी।

कुछ साल पहले एत्रुस्कन से जरा अधिक प्राचीन लेख मिले। अकादमीशियन जॉर्जीएव ने इन लेखों में निहित भाषा का व्याकरण की दृष्टि से गहन अध्ययन किया। फिर उन्होंने इसमें विभक्ति-प्रत्ययों की खोज की। इस प्रकार के प्रयास से भाषा का स्वरूप ज्ञात हो जाता है। अंत में पता चला कि एत्रुस्कन भाषा प्राचीन हित्ती भाषा से काफी मिलती-जुलती है। जॉर्जीएव ने एक हजार से अधिक एत्रुस्कन लेखों को पढ़ा है और उनमें आए 1800 से अधिक एत्रुस्कन शब्दों की व्याख्या की है।

करीबन 1500 ई.पू. से 500 ई.पू. तक लघु-एशिया में हित्तियों का शासन रहा है। हित्ती लिपियों का उद्‌घाटन हो चुका है और उनकी भाषा भी ज्ञात हो चुकी है (देखिए, 'हित्ती लिपि' प्रकरण)। हित्ती भाषा के साथ एत्रुस्कन भाषा का साम्य सिद्ध हो जाने से अब इस मान्यता की पुष्टि हुई है कि एत्रुस्कन लोग लघु-एशिया से ही इटली में आकर बसे थे। यह भी स्पष्ट हो गया है कि ट्रोजन युद्ध में एत्रुस्कन लोगों के कबीलों ने भी भाग लिया था।

इस प्रकार, पुरालिपियों में से एक और लिपि तथा भाषा का उद्‌घाटन हुआ है। एत्रुस्कन भाषा का महत्व केवल यूरोप के लिए ही नहीं बल्कि हमारे लिए भी है। अब यह सिद्ध हो चुका है कि हित्ती भाषा की तरह एत्रुस्कन भी भारत-यूरोपीय परिवार की भाषा है। इसलिए तुलनात्मक भाषा-विज्ञान की दृष्टि से एत्रुस्कन का विशेष महत्व है।

17

लैटिन लिपि

आरंभ में लैटिन बहुत सी इतालवी बोलियों में से बस एक बोली थी और केवल लैटियम प्रदेश तक सीमित थी। उत्तर इटली में उंब्री और दक्षिण इटली में ओस्की बोलियां बोली जाती थीं। ये सभी बोलियां भारोपीय भाषा-परिवार के अंतर्गत इतालवी वर्ग की थीं। एत्रुस्कन भाषा से इनका कोई संबंध नहीं था। शुरू में इटली में एत्रुस्कन तथा यूनानी को ही सुसंस्कृत भाषाएं समझा जाता था। लैटिन भाषा का प्रभाव बढ़ना शुरू हुआ रोमन गणतंत्र की स्थापना के बाद। किंतु रोमन शासकों ने दूसरी बोलियों को दबाने की कोशिश कभी नहीं की। ई.पू. पहली शताब्दी में पोंपेई नगर में ओस्की भाषा बोली जाती थी और यूनानी तो दक्षिण इटली के तटवर्ती प्रदेश में आगे भी काफी वर्षों तक कायम रही। यूनानी भाषा को तो रोमन लोग सुसंस्कृत मानते ही थे। किंतु रोमन राज्य के विस्तार के साथ-साथ लैटिन भाषा का भी विकास और प्रसार होता गया। पर ई.पू. सातवीं शताब्दी से प्यूनिक युद्धों (ई.पू. तीसरी शताब्दी) तक तो लैटिन भाषा किसानों और सिपाहियों की ही भाषा थी; उसने साहित्यिक भाषा का दर्जा प्राप्त नहीं किया था।

चित्र 17.1 *पोंपेई से प्राप्त ओस्की बोली का लैटिन लेख, जो दाईं ओर से बाईं ओर को लिखा गया है*

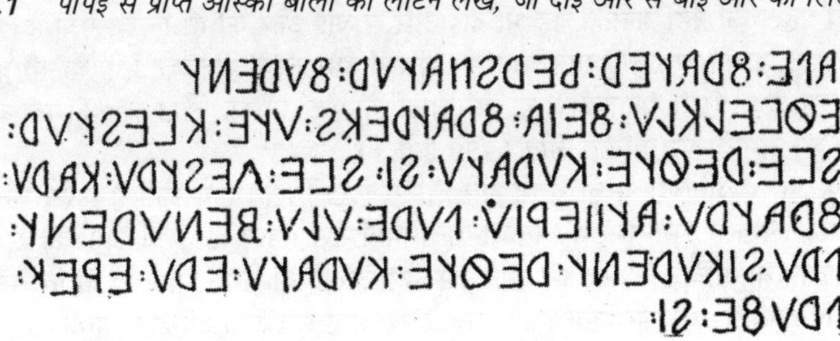

चित्र 17.2 *उंब्री बोली का लैटिन लेख, जो दाईं ओर से बाईं ओर को लिखा गया है*

200 ई.पू. से लैटिन भाषा को, यूनानी भाषा के प्रभाव में, साहित्यिक भाषा बनाने के प्रयत्न स्पष्ट दिखाई देते हैं। सुसंस्कृत रोमनों ने यूनानी लेखकों का अनुकरण शुरू कर दिया; उन्होंने लैटिन शब्दों के उच्चारण ही नहीं बदले, बल्कि लैटिन शब्दों के स्थान पर वे यूनानी शब्दों का भी इस्तेमाल करने लगे। सिसरो-ऑगस्टस काल (लगभग 80 ई.पू.-14 ई.) में तो लैटिन पर यूनानी का बहुत ही अधिक प्रभाव पड़ा। उसने यूनानी भाषा के छंदों को भी अपना लिया। साथ ही, रोमन साम्राज्य के साथ लैटिन भाषा इटली के बाहर भी फैलती गई।

लैटिन का प्राचीनतम लेख सोने के एक ब्रूच पर मिलता है। कुछ विद्वान इसे पांचवीं-छठी शताब्दी ई.पू. का मानते हैं; किंतु डिरिंजेर इसे ई.पू. सातवीं शताब्दी में रखना चाहते हैं। यह लेख, आरंभिक यूनानी तथा एत्रुस्कन लेखों की तरह, दाईं ओर से बाईं ओर को लिखा गया है। मात्र चार शब्दों के इस संक्षिप्त लेख में 'फ' ध्वनि को FH अक्षर-युग्म द्वारा व्यक्त किया गया है। आरंभ में यूनानी भाषा में यह ध्वनि नहीं थी; एत्रुस्कन में इसके लिए दो अक्षर थे। इस लेख में 'द' तथा 'ओ' के लिए भी अक्षर हैं। एत्रुस्कन में भी आंरभ में 'द' तथा 'ओ' ध्वनियों के लिए अक्षर थे। इसलिए डिरिंजेर का मत है कि बहुत आरंभ में ही, जब कि एत्रुस्कन में 'द' तथा 'ओ' के लिए अक्षर थे, एत्रुस्कन लिपि के आधार पर लैटिन लिपि बनाई गई।

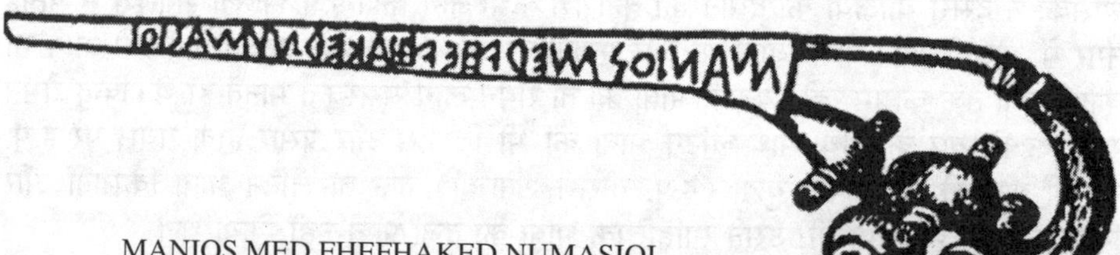

MANIOS MED FHEFHAKED NUMASIOI

लैटिन : Manius me fecit Numasio

अर्थात्, मानिओ ने मुझे नुमासिओ के लिए बनाया

चित्र 17.3 *लैटिन का प्राचीनतम उपलब्ध लेख (सातवीं या छठी सदी ई.पू.), जो सोने के ब्रूच पर अंकित है। दाईं ओर से बाईं ओर यह लेख स्पष्ट रूप से पढ़ा जाता है।*

लैटिन के कुछ अन्य प्रसिद्ध आरंभिक लेखों की भी यहां चर्चा कर लें। रोम के फोरम से ई.पू. छठी शताब्दी का एक खंडित लेख मिला है। यह 'ब्यूस्त्रफीदान' विधि में लिखा गया है और इसके केवल कुछ शब्द ही पढ़े जा सकते हैं। एक अन्य लेख रोम से 1880 ई. में प्राप्त तीन संबद्ध पात्रों पर अंकित है। इसमें दुएना नाम के व्यक्ति का उल्लेख होने के कारण यह 'दुएना लेख' कहलाता है। इसे कुछ विद्वान ई.पू. छठी शताब्दी में रखना चाहते हैं, तो कुछ इसे ई.पू. चौथी शताब्दी से पहले का नहीं मानते। यह भी दाईं ओर से बाईं ओर को ही लिखा गया है। यही तीन लेख लैटिन के प्राचीनतम लेख माने जाते हैं। पांचवीं और चौथी शताब्दी ई.पू. के भी कुछ लेख उपलब्ध हुए हैं। तीसरी शताब्दी ई.पू. के लेखों में एक प्रसिद्ध लेख है, कौंसुल कोर्नेलियू स्किपिओ की समाधि पर अंकित लेख (259 ई.पू.)।

ई.पू. पहली शताब्दी से तो बहुत सारे लैटिन लेख मिलने लग जाते हैं। उस शताब्दी का सबसे प्रसिद्ध लेख है 'मोन्यूमेंटम् अंकारानम्'। ऑगस्टस (ई.पू. 63-14 ई.) की समाधि पर उसकी आत्मकथा अंकित की गई थी और उसकी प्रतिलिपियां रोमन साम्राज्य के विभिन्न स्थानों में भी स्थापित की गई थीं। इस आत्मकथात्मक लेख की प्रमुख प्रति अंकारा (तुर्की) से मिली है, इसलिए इसका नाम 'मोन्यूमेंटम् अंकारानम्' (अंकारा-स्मारक) पड़ा।

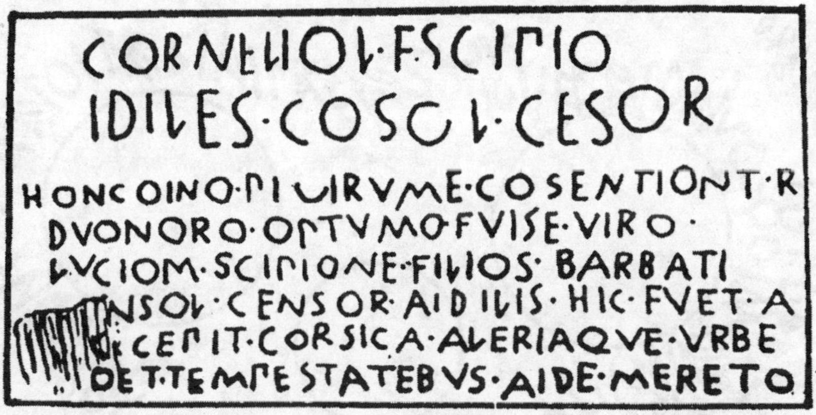

चित्र 17.4 *कौंसुल कोर्नेलियू स्किपिओ की समाधि पर उत्कीर्ण लैटिन लेख (259 ई.पू.), जो बाईं ओर से दाईं ओर को लिखा गया है*

इसके बाद तो लैटिन के इतने अधिक लेख मिलने लगते हैं कि सबकी गिनती भी संभव नहीं है। 'कार्पस् इंस्क्रिप्शनम् लैटिनारम्' (बर्लिन, 1862 से) की बड़े आकार की चालीस से अधिक जिल्दों में 1,50,000 से भी ज्यादा लैटिन लेख छपे हैं। ये जिल्दें भौगोलिक क्षेत्रों के अनुसार वर्गीकृत हैं। उत्तरी अफ्रीका से प्राप्त लैटिन लेखों की ही संख्या 30,000 से अधिक है।

सामान्यत: यही माना जाता है कि लैटिन लिपि का निर्माण इटली में बसे हुए यूनानी उपनिवेशकों की यूनानी लिपि के आधार पर हुआ। कुछ विद्वानों का मत है कि कंपानिया के कूमी शहर (नेपल्स के पास) में यूनानी लिपि की जिस शैली का प्रयोग होता था, उसी से लैटिन लिपि बनाई गई। परंतु आधुनिक गवेषणाओं से यह सिद्ध होता है कि लैटिन लिपि का निर्माण सीधे यूनानी लिपि से नहीं, बल्कि एत्रुस्कन लिपि से हुआ।

इस सिद्धांत के समर्थन में डिरिंजेर नीचे लिखे प्रमाण प्रस्तुत करते हैं। जैसा कि पहले बताया जा चुका है, सोने के ब्रूच पर लैटिन का जो प्राचीनतम लेख उपलब्ध है, उसमें 'फ' ध्वनि को FH (यूनानी 'दिगम्मा') और H से व्यक्त किया गया है। बाद में 'दुएना लेख' में 'फ' ध्वनि के लिए केवल F (दिगम्मा) का ही प्रयोग देखने को मिलता है; वहां H छोड़ दिया गया है। यह भी एत्रुस्कन लिपि का ही प्रभाव है। F (दिगम्मा) यूनानी लिपि में 'व' के लिए इस्तेमाल होता था। यदि लैटिन लिपि का निर्माण सीधे यूनानी लिपि से हुआ होता तो F (दिगम्मा) का 'व' के लिए ही उपयोग किया जाता। इसके विपरीत, हम लैटिन में व्यंजन ध्वनि 'व' और स्वर ध्वनि 'उ' दोनों के लिए यूनानी V का प्रयोग देखते हैं। यूनानी वर्णमाला का तीसरा अक्षर गामा (ग) एत्रुस्कन वर्णमाला में Ɔ(या C) बना, जिसकी ध्वनि 'क' थी। वस्तुत: एत्रुस्कन में 'ग' तथा 'क' ध्वनियों में भेद नहीं किया गया था। इसलिए, आरंभ में यह तीसरा अक्षर लैटिन में 'ग' तथा 'क' दोनों ही ध्वनियों के लिए काम में लाया जाता था। बहुत बाद में, सेंसोर एप्पियु क्लौदियु की सुधारणा के अनुसार, 312, ई.पू. में, 'क' से इस 'ग' ध्वनि का भेद करने के लिए C से G अक्षर बनाया गया था।

लैटिन लिपि और लैटिन से विकसित आधुनिक यूरोपीय लिपियों के जो नाम हैं, वे भी एत्रुस्कन अक्षरों के नामों पर आधारित हैं, न कि सीधे यूनानी अक्षरों पर। इसलिए भी यह माना जा सकता है कि लैटिन लिपि का निर्माण एत्रुस्कन लिपि से ही हुआ है। डिरिंजेर का मत है कि लैटिन लिपि का निर्माण ई.पू. सातवीं शताब्दी में हुआ था।

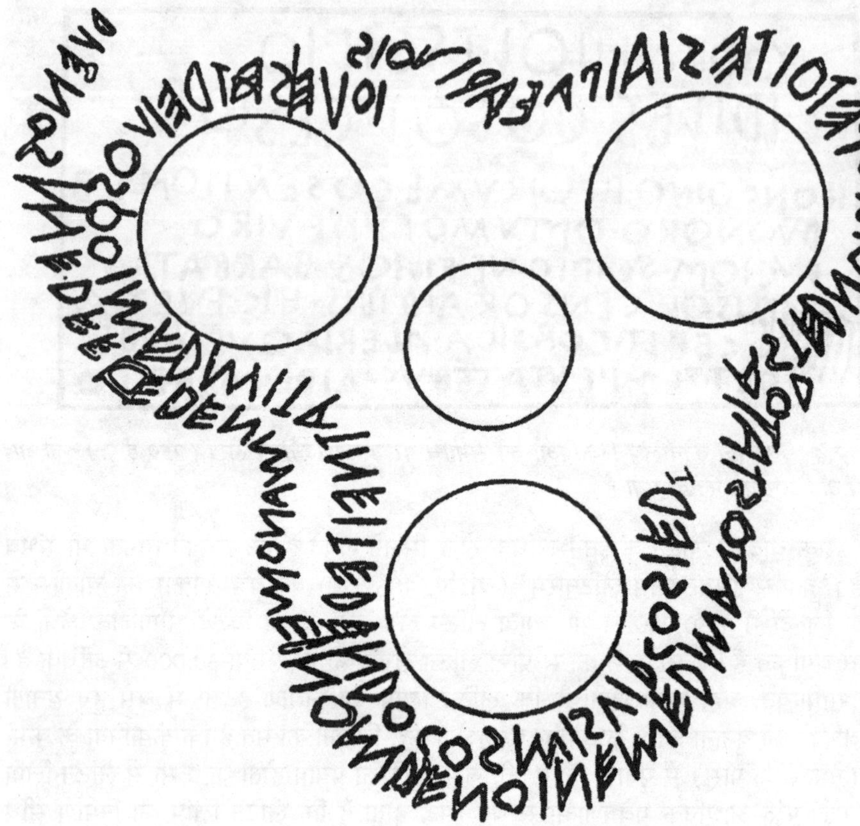

लिप्यंतर :

I. JOVEIS AT DEIVOS QOI MED MITAT NEI TEDI ENDO COSMISV IRCO SIED.
II. ASTED NOIS IO PETO ITES IAI PACARI VOIS.
III. DVENOS MED FECED EN MANON EINOM DVENOI NE MED MALO STATOD.

चित्र 17.5 *रोम से मिले तीन परस्पर जुड़े हुए कलशों पर अंकित प्रसिद्ध 'दुएना लेख' (संभवत: 5वीं शताब्दी ई.पू.)। इसकी पहली पंक्ति ऊपर के बाईं ओर के वृत्त के ऊपर से आरंभ होकर बाईं ओर बढ़ते हुए नीचे के वृत्त के दाईं ओर समाप्त होती है। दूसरी पंक्ति ऊपर के दाईं ओर के वृत्त के नीचे से आरंभ होकर ऊपर बढ़ती हुई बाईं ओर समाप्त होती है। तीसरी पंक्ति ऊपर बाईं ओर के कोने से आरंभ होती है और नीचे की ओर बढ़कर दाईं ओर समाप्त होती है।*

आरंभिक एत्रुस्कन लिपि में 26 अक्षर थे। रोमनों ने अपनी लिपि के लिए इनमें से केवल 21 अक्षर लिए। 'थीटा', 'फाइ' तथा 'खाइ' की लैटिन के लिए जरूरत नहीं थी, इसलिए इन अक्षरों को लैटिन लिपि में नहीं लिया गया। किंतु इनके आधार पर रोमनों ने अपने कुछ संख्या-संकेत बनाए (देखिए, मेरी 'अंकों की कहानी')। इस प्रकार, आरंभिक लैटिन लिपि के 21 अक्षर थे :

1,	2,	3,	4,	5,	6,	7,	8,	9,	10,	11,	12,	13,	14,	15,	16,	17,	18,	19,	20,	21
A,	B,	C,	D,	E,	F,	I,	H,	J,	K,	L,	M,	N,	O,	P,	Q,	R,	S,	T,	V,	X

इनमें तीसरे अक्षर C की ध्वनि 'क' थी; सातवां अक्षर यूनानी 'जीटा' था, और 15वां अक्षर P असल में R का आरंभिक रूप था। यूनानी अक्षरों और लैटिन अक्षरों में अधिक अंतर नहीं है :

यूनानी 'डेल्टा' से D बना था, 'सिग्मा' से S और R तो P में एक दंड और जोड़ने से ही बना है। बाद में यूनानी 'जीटा' त्याग दिया गया था, क्योंकि लैटिन में इसकी जरूरत नहीं थी।

हम बता चुके हैं कि ई.पू. पहली शताब्दी में लैटिन पर यूनानी भाषा का बहुत ही गहरा प्रभाव पड़ा। सिसरो (103-43 ई.पू.) जैसे प्रख्यात रोमन लेखक एवं वक्ता ने अपने पत्रों तथा भाषणों में यूनानी शब्दों का बहुतायत से प्रयोग किया है।

इसी समय रोमन या लैटिन लिपि में यूनानी शब्दों के साथ दो नए तत्कालीन यूनानी अक्षर Y (य) और Z (ज) आए। ये अक्षर लैटिन लिपि के अंत में रखे गए, और इस प्रकार यह लिपि 23 अक्षरों की हो गई। इनके अलावा, कुछ विशिष्ट लैटिन ध्वनियों को व्यक्त करने के लिए इन्हीं अक्षरों में से कुछ को उलट-पलटकर नए ध्वनिमान देने के प्रयास भी बीच-बीच में होते रहे। परंतु अंत में यह 23 बड़े अक्षरों वाली वर्णमाला स्थायी बन गई। रोमन काल के स्मारक-लेखों में सदैव बड़े (कैपिटल) अक्षरों का ही प्रयोग किया गया है। और, मध्ययुग में शीर्षकों के लिए और आज मुद्रण में भी इन्हीं बड़े (कैपिटल) अक्षरों का प्रयोग होता है। मध्ययुग में तीन अक्षर U, W तथा J और जोड़े गए। वस्तुतः ये नए अक्षर नहीं थे; पहले से मौजूद अक्षरों के आधार पर ही बनाए गए थे। पहले के V से U (स्वर ध्वनि 'उ' के लिए) तथा W (व्यंजन 'व' के लिए) बनाए गए। I से ही व्यंजन ध्वनि के लिए J बनाया गया था।

रोमन काल में पत्थरों पर लिखे गए सभी लेख बड़े रोमन अक्षरों में हैं। आज भी लगभग इसी प्रकार के बड़े अक्षरों का मुद्रण में उपयोग होता है। रोमन काल के स्मारक-लेख पत्थरों पर छेनी से खोदे जाते थे। किंतु सभी काम पत्थर से संभव नहीं हैं। यूनानियों की तरह रोमन लोगों ने भी पेपीरस, चर्मपट तथा मोम का मुलम्मा चढ़े फलकों का लिखने के लिए इस्तेमाल किया। पेपीरस और चर्मपट पर कलम से लिखा जाता था। कलम से लिखे गए अक्षर, सीधी रेखाओं वाले न रहकर, शनैः-शनैः अधिकाधिक घसीटदार बनते जाते हैं। यही कारण है कि रोमन लिपि के बड़े अक्षरों में और छोटे अक्षरों में काफी अंतर पड़ गया है। अन्यथा, ये छोटे अक्षर बड़े अक्षरों से ही निर्मित हैं।

जहां तक लिखने की आधार सामग्री का प्रश्न है, 11वीं शताब्दी तक यूरोप में वर्तमान पद्धति के कागज का अस्तित्व नहीं था। वैसे, ईसा की पहली शताब्दी में चीन में कागज बन चुका था। 105 ई. में तो चीन में कागज के अस्तित्व के स्पष्ट प्रमाण ही मिलते हैं (देखिए, 'चीनी लिपि' प्रकरण)। सातवीं शताब्दी में कोरिया तथा जापान ने चीन से कागज बनाने की विधि सीख ली थी। 8वीं शताब्दी के आरंभ में जब अरबों ने समरकंद पर आक्रमण किया, तो चीन के साथ अधिक संपर्क हुआ और उन्होंने रुई तथा चीथड़ों से कागज बनाना सीखा। चीथड़ों तथा अलसी (फ्लैक्स) से बने हुए कागज पर लिखे गए 9वीं शताब्दी के हस्तलेख आज उपलब्ध हैं। अरबों (मूरों) का शासन जब स्पेन में स्थापित हुआ, तो पहली बार 12वीं शताब्दी में स्पेन और इटली में कागज बनने लगा। यूरोप में कागज पर लिखा हुआ जो प्राचीनतम हस्तलेख मिलता है, वह सिसिली के नार्मन राजा रोजर की पहली पत्नी काउंटेस अदिलैदे की वसीयत है। यह लेख अरबी तथा यूनानी दोनों ही भाषाओं में लिखा गया है और अब पालेर्मो (सिसिली) के राष्ट्रीय अभिलेखागार में रखा हुआ है। इसके बाद कागज बनाने की कला का प्रचार फ्रांस (1248) में, जर्मनी (14वीं शताब्दी के शुरू) में, स्विट्जरलैंड (1380) में, इंग्लैंड (1450) में, उसी समय नींदरलैंड में और कोलंबस के बाद अमरीका में भी हुआ। आगे मय सभ्यता की लिपि पर विचार करते समय हम देखेंगे कि कोलंबस के आगमन के पहले मध्य अमरीका के मूल निवासी वृक्षों की छाल से कागज बनाना जानते थे। यूरोप के आरंभिक कागज के बारे में मजेदार बात यह है कि शुरू-शुरू में यूरोप में कागज कपड़ों के चीथड़ों से ही बनाया जाता था।

लैटिन लिपि के बड़े अक्षर तो प्राय: सर्वत्र एक-से ही बने रहे, किंतु हस्तलेखों में प्रयुक्त लिपि में देश और काल के अनुसार बदलाव होता गया। यहां हम इस घसीटदार रोमन लिपि के विविध प्रकारों पर विचार नहीं करेंगे। मुद्रण के आविष्कार के बाद इन घसीटदार अक्षरों को भी अब स्थायी रूप मिल गया है। हम बता चुके हैं कि लिपियों का प्रचार प्राय: धर्म के साथ-साथ हुआ है। लैटिन भाषा और उसकी लिपि का पश्चिम यूरोप में इसी प्रकार प्रचार हुआ। रोमन साम्राज्य तथा रोम के ईसाई (कैथोलिक) धर्म के साथ-साथ लैटिन लिपि भी फैलती गई। पूर्वी यूरोप की स्लाव भाषाओं के लिए यूनानी लिपि के आधार पर किरिल्ली तथा ग्लगोलित्सी लिपियां बनीं। पश्चिम यूरोप में स्थानीय भाषाओं का स्थान लैटिन भाषा ने लिया और इसी से यूरोप की रोमांस भाषाएं अस्तित्व में आईं, जिनमें इतालवी, स्पेनी, पुर्तगाली, फ्रांसीसी तथा रूमानियन भाषाएं प्रमुख हैं। इन सभी भाषाओं के लिए लैटिन लिपि को अपनाया गया।

लिपि केवल धर्म का ही नहीं, उपनिवेशवाद और व्यापार का भी अनुसरण करती है। अंग्रेजों और डचों के साथ रोमन लिपि का प्रचार एशिया के देशों में खूब हुआ। अफ्रीका की बहुत सी बोलियों की अपनी कोई लिपि नहीं थी, इसलिए उनके बोलने वालों ने भी रोमन लिपि को अपनाया है। हां, अन्य भाषाओं के लिए रोमन लिपि को अपनाते समय स्थानीय ध्वनियों के अनुरूप इसके कुछ अक्षरों को नए ध्वनिमान देने पड़े हैं।

18

रूनी और ऑगम लिपियां

रोम के ईसाई धर्म के साथ-साथ ही यूरोप के देशों में लैटिन भाषा और लिपि का प्रचार तथा प्रसार हुआ है। उत्तर-पश्चिमी यूरोप के देशों में लैटिन या रोमन लिपि केआगमन के पहले दो अद्भुत लिपियों—रून और ऑगम—का अस्तित्व देखने को मिलता है। इनकी उत्पत्ति के बारे में विद्वान अभी एकमत नहीं हैं। ईसा की आरंभिक शताब्दियों से इन लिपियों में अभिलेख मिलने लग जाते हैं। ये अभिलेख इन देशों की स्थानीय केल्टिक और जर्मेनिक भाषाओं में हैं, इसलिए भाषाशास्त्र की दृष्टि से इनका विशेष महत्व है।

रूनी लिपि

प्राचीन ट्यूटोनिक भाषा में 'रून' शब्द का अर्थ है—'रहस्य' या 'गुप्त'। रूनी लेख धातु, प्रस्तर या काष्ठ पर मिलते हैं। प्राचीन काल में इस लिपि का संबंध जादू-टोने से रहा होगा; संभवत: इसीलिए इसके अक्षरों को 'रून' (रहस्य) नाम दिया गया। रूनी लिपि में कुछ प्राचीन पंचांग भी मिलते हैं।

पश्चिमोत्तर यूरोप के विभिन्न देशों से रूनी लिपि के लगभग 4000 लेख मिले हैं। इनमें से लगभग 2500 लेख स्वीडन से मिले हैं, जो ज्यादातर 11वीं-12वीं शताब्दी के हैं; कुछ लेख इससे पहले के भी हैं। रोएक प्रस्तर-लेख (900 ई.) रूनी लिपि का सबसे लंबा लेख है; वह भी स्वीडन से ही प्राप्त हुआ है। परंतु इस लिपि के प्राचीनतम लेख डेनमार्क से मिले हैं। डेनमार्क के फीन द्वीप से मिला हुआ एक लेख तीसरी शताब्दी ई. के मध्यकाल का माना जाता है; संभवत: वही रूनी लिपि का सबसे पुराना लेख है। लगभग इसी समय के दो अन्य प्रसिद्ध लेख हैं—श्लेसविग (जर्मनी) के तोर्सब्जर्ग से प्राप्त एक तलवार की मूठ पर अंकित लेख (लगभग 300 ई.) और उत्तरी श्लेसविग में गलेहुस से प्राप्त स्वर्ण-शृंग लेख। यह लेख 1734 में प्राप्त हुआ था, परंतु बाद में सोने के लालच में इसे गला दिया गया। नार्वे से भी कुछ रूनी लेख मिले हैं, जिनमें से अधिकतर लेख चौथी से आठवीं शताब्दी के बीच के हैं।

EK HLEWAGASTIR HOLTINGAR HORNA TAWIDO

अर्थात्, मुझ लुइगस्त होल्तिङ ने बनाया (यह) सींग।

चित्र 18.1 *स्वर्ण-शृंग पर रूनी लेख (गलेहुस, श्लेसविग से)। इसे बाईं ओर से दाईं ओर को पढ़ा जाता है।*

ब्रिटिश द्वीपों से भी रूनी लिपि के लगभग पचास लेख मिले हैं। ये अधिकतर प्रस्तरों पर अंकित हैं। इनमें से सबसे प्रसिद्ध 'फ्रांक्स मंजूषा' लेख है। पिछली शताब्दी में फ्रांक्स नाम के एक

व्यक्ति ने इसे खरीदकर ब्रिटिश संग्रहालय को भेंट किया था। ह्वेल की हड्डी से बनी हुई मंजूषा पर कोरा हुआ यह सुंदर रूनी लेख आठवीं शताब्दी का है। आयरलैंड और मैन द्वीप (आइल ऑफ मैन) से भी कुछ रूनी लेख मिले हैं। कुछ लेख आइसलैंड से भी उपलब्ध हैं; परंतु वे 1200 ई. के बाद के हैं। इनके अलावा, फ्रांस, जर्मनी, आस्ट्रिया, रूमानिया और काले सागर के रूसी प्रदेश से भी नमूने के लिए कुछ रूनी लेख मिले हैं।

चित्र 18.2 'फ्रांक्स मंजूषा' पर उत्कीर्ण रूनी लेख

इन सबको देखने से पता चलता है कि प्राचीनतम रूनी लेख तीसरी-पांचवीं शताब्दियों के हैं। इसलिए हम सहज ही मान सकते हैं कि रून अक्षर ईसा की आरंभिक शताब्दियों में ही अस्तित्व में आए थे। इनका अस्तित्व ईसा के पहले नहीं हो सकता। कुछ विद्वान इन्हें लैटिन लिपि से बना मानते हैं, तो कुछ का मत है कि इनका निर्माण एत्रुस्कन लिपि के आधार पर हुआ। रूनी अक्षरों में क्षैतिज रेखाओं का अभाव है, इसलिए अनुमान लगाया गया है कि आरंभ में ये अक्षर काष्ठ की गोलाकार वस्तुओं पर चाकू या छुरी से उकेरे जाते होंगे। जो भी हो, रूनी लिपि की उत्पत्ति का सवाल अभी भी सुलझा नहीं।

रूनी लिपि को तीन प्रमुख वर्गों में विभाजित किया गया है :

1. प्राचीन ट्यूटोनी : प्राचीन ट्यूटोनी या प्राचीन नॉर्स उत्तरी जर्मेनिक और स्कैंडिनेवी लोगों की भाषा थी। यूरोप की यह प्राचीन भाषा भारोपीय परिवार की केन्तुम् शाखा के अंतर्गत आती है और इसका प्राचीन स्वरूप हमें रूनी लेखों में देखने को मिलता है। ट्यूटोनिक रूनी लिपि में 24 अक्षर हैं। इन्हें 'फूथार्क' भी कहा जाता है।
2. आंग्ल रूनी : पश्चिम जर्मनी के कुछ कबीलों के साथ जर्मेनिक भाषा पांचवीं-छठी शताब्दी में ब्रिटिश द्वीपों में पहुंची थी। इन लोगों ने अपनी भाषा के लिए लगभग चार शताब्दियों तक रूनी लिपि का इस्तेमाल किया था। बाद में उसका स्थान रोमन लिपि ने ले लिया। इस रूनी लिपि में आरंभ में 28 अक्षर थे; 9वीं शताब्दी में उनकी संख्या 33 पर जा पहुंची। इस लिपि में कुछ हस्तलिपियां भी मिलती हैं।

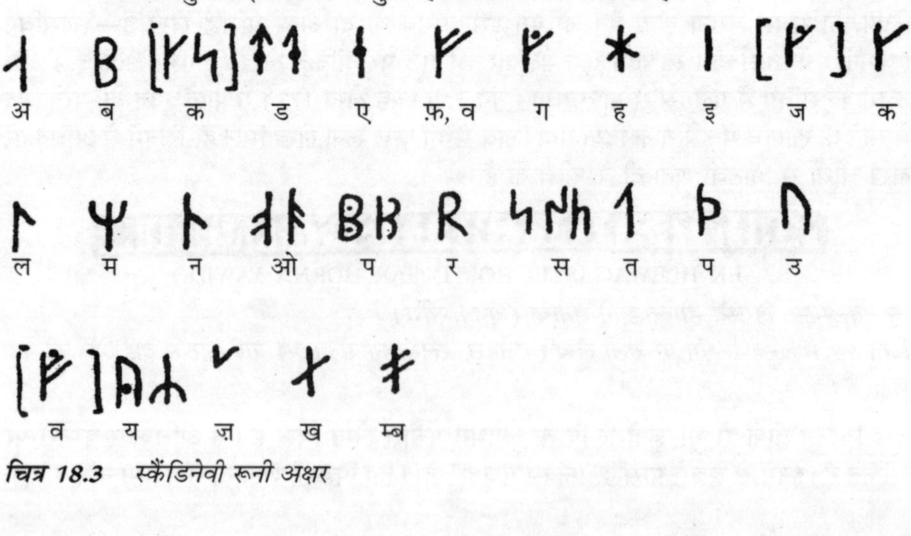

चित्र 18.3 स्कैंडिनेवी रूनी अक्षर

3. स्कैंडिनेवी या नॉर्डिक रूनी : इस लिपि में केवल 16 अक्षर ही थे। स्पष्ट है कि इतने कम अक्षर इन भाषाओं की ध्वनियों को व्यक्त करने के लिए पर्याप्त नहीं थे, इसलिए एक ही अक्षर एक से अधिक ध्वनियों के लिए प्रयोग में लाया जाता था।

यूरोप के देशों में ईसाई धर्म के प्रचार के साथ-साथ लैटिन लिपि का प्रयोग बढ़ता गया और रूनी लिगि का प्रयोग घटता गया। फिर भी, 16वीं शताब्दी तक यूरोप में कहीं-कहीं रूनी लिपि का इस्तेमाल होता ही रहा।

ऑगम लिपि

परंपराएं बताती हैं कि 'ऑगम' इस लिपि के आविष्कर्ता का नाम था। इस लिपि के लेख ब्रिटिश द्वीपों में ही मिले हैं। अब तक उपलब्ध कुल 375 लेखों में से 316 आयरलैंड में मिले हैं, 40 लेख इंग्लैंड के वेल्श प्रदेश में। ये वेल्श-लेख सामान्यतः द्वैभाषिक (लैटिन और केल्टिक) हैं और ऑगम तथा रोमन लिपि में लिखे गए हैं। केवल एक लेख को छोड़कर सभी आयरिश लेख केवल ऑगम में ही हैं। मैन द्वीप से लगभग दस लेख मिले हैं, और स्काटलैंड से भी कुछ लेख प्राप्त हुए।

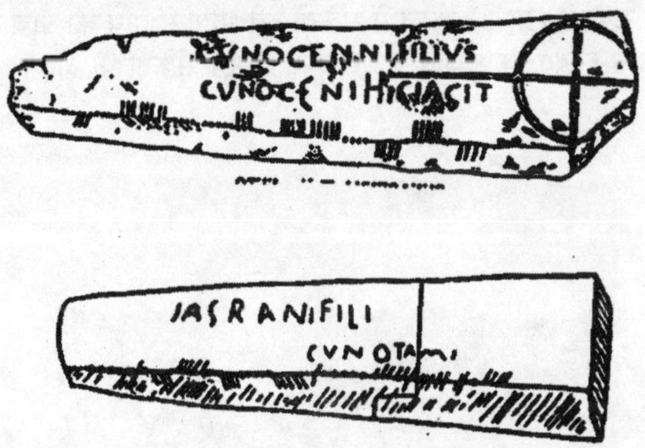

चित्र 18.4 आयरलैंड से प्राप्त लैटिन (रोमन अक्षर) और केल्टिक (ऑगम अक्षर) के द्वैभाषिक लेख। केल्टिक लेख दाईं ओर से बाईं ओर को लिखे गए हैं।

ऑगम अक्षरों का इस्तेमाल संदेशों और पत्रों के लिए होता था। समाधि पर खड़े किए गए प्रस्तरों पर भी इन अक्षरों का इस्तेमाल हुआ है। ढालों और लकड़ी की अन्य वस्तुओं पर भी ऑगम लेख मिलते हैं।

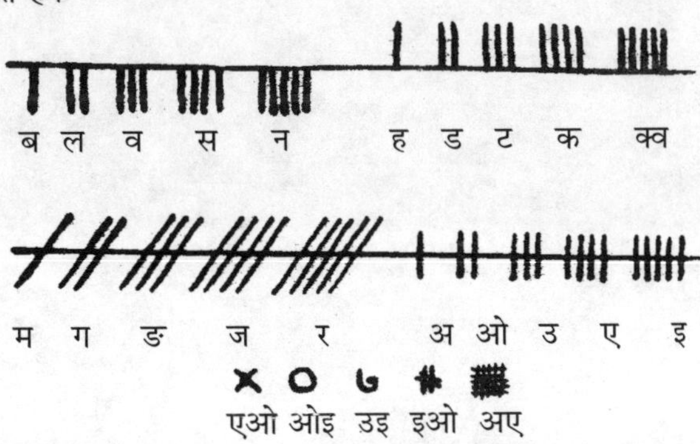

चित्र 18.5 ऑगम लिपि के अक्षर

ऑगम लिपि बहुत सरल है। इसमें मूलत: 20 ही अक्षर-रेखाएं थीं, जो एक खड़ी या क्षैतिज रेखा पर खींची जाती थीं। इनकी संख्या 1 से 5 तक होती थी। ऑगम अक्षर चार वर्गों में विभाजित किए गए थे। इनमें से प्रत्येक में पांच अक्षर होते थे। प्रथम वर्ग के 'ब', 'ल', 'फ' (या 'व'), 'स', 'न' अक्षर क्रमश: 1 से 5 सीधी रेखाओं के रूप में होते थे और ये रेखाएं मुख्य क्षैतिज रेखा के नीचे (या मुख्य खड़ी रेखा की दाईं ओर) खींची जाती थीं। दूसरे वर्ग के 'ह', 'ड', 'ट', 'क', 'क्व' अक्षरों के लिए भी क्रमश: 1 से 5 सीधी रेखाएं थीं और वे मुख्य क्षैतिज रेखा के ऊपर (या मुख्य खड़ी रेखा की बाईं ओर) खींची जाती थीं। तीसरे वर्ग के 'म', 'ग', 'ङ', 'ज', 'र' अक्षर क्रमश: 1 से 5 तिरछी लकीरें थीं जो मुख्य क्षैतिज रेखा या मुख्य खड़ी रेखा को तिरछी काटती थीं। चौथे वर्ग के अंतर्गत 'अ', 'ओ', 'उ', 'ए', 'इ', स्वराक्षर होते थे। इनकी भी क्रमश: 1 से 5 रेखाएं होती थीं। ये स्वर-रेखाएं मुख्य क्षैतिज या खड़ी रेखा को समकोण बनाती हुई काटती थीं। इन प्रमुख 20 अक्षरों के अलावा, कभी-कभी 'एओ', 'ओइ', 'इओ', 'उइ' तथा 'अए' ध्वनियों के लिए विशिष्ट संकेतों का इस्तेमाल देखने को मिलता है।

इस ऑगम लिपि की उत्पत्ति किस प्रकार हुई, इसके बारे में अभी तक निश्चित रूप से कुछ नहीं कहा जा सका है। प्राचीन काल में संकेतों की भाषा में हाथ की पांच उंगलियों को नाक या पैर से छूकर भाव व्यक्त किए जाते थे। संभवत: उन्हीं संकेतों के आधार पर इस लिपि का निर्माण हुआ।

19

मय सभ्यता की लिपि

सभी पुराविद् अब स्वीकार करते हैं कि मध्य अमरीका यानी मेक्सिको, ग्वाटेमाला, यूकतन तथा होंडुरस प्रदेश की प्राचीन सभ्यता का आरंभ एवं विकास स्वतंत्र रूप से हुआ था। एशिया से अमरीका का संबंध बहुत प्राचीन काल का है। आज से लगभग पंद्रह-बीस हजार वर्ष पहले एशिया की मंगोल जाति के कुछ जन-समूह बेरिंग की जलसंधि को पार करके अलास्का पहुंचे थे। संभवत: उस समय एशिया और उत्तरी अमरीका एक-दूसरे से जुड़े रहे होंगे या उनके बीच में समुद्र रहा भी होगा तो बहुत उथला और कम चौड़ा रहा होगा। आज भी बेरिंग जलसंधि केवल 53 मील चौड़ी है। अलास्का से एशिया के ये लोग शनै:-शनै: अमरीका महाद्वीप में नीचे उतरते गए और अंत में वे न केवल मध्य अमरीका बल्कि दक्षिण अमरीका तक जा पहुंचे। न्यू मेक्सिको में आज से दस हजार वर्ष पहले के मानव के जीवन से संबंधित पुरावशेष मिले हैं। इसी मानव जाति ने ई.पू. पहली सहस्राब्दी में मध्य अमरीका में एक नई संस्कृति को जन्म दिया, जिसका ईसा की पहली सहस्राब्दी में पूर्ण विकास हुआ। मध्य अमरीका की यह प्राचीन सभ्यता यूरोप या एशिया की किसी भी सभ्यता की ऋणी नहीं है। फिर भी, उसने मिस्र जैसे भव्य पिरामिडों का निर्माण किया, शून्ययुक्त एक विंशतिमान अंक-पद्धति विकसित की और उनका पंचांग तो ग्रेगोरी-पंचांग से भी अधिक शुद्ध था।

अब तो यह सिद्ध हो चुका है कि यूरोप से अमरीका पहुंचनेवाला पहला व्यक्ति कोलंबस (1492 में) नहीं था। उससे लगभग दो सौ साल पहले नार्वे के वाइकिंग नाविक अमरीका पहुंचे थे और उन्होंने इस भूमि को 'वाइनलैंड' नाम दिया था। लेकिन इसमें संदेह नहीं कि अमरीका का आधुनिक इतिहास कोलंबस की साहस-भरी यात्राओं से ही आरंभ होता है। अपनी चौथी और अंतिम यात्रा (1502 ई.) में कोलंबस जब गुअनज (होंडुरस खाड़ी का एक द्वीप) पहुंचा, तो वहां भीतरी प्रदेश के कुछ व्यापारियों से उसकी भेंट हुई। कोलंबस ने जब पूछा कि वे कहां से आए हैं, तो उन्होंने उत्तर दिया—'मइयम' से। इसी से 'मय' शब्द बना और इस प्रदेश के निवासियों की प्राचीन सभ्यता को 'मय सभ्यता' का नाम दे दिया गया। असल में, यह इनका नाम नहीं था। कोई नहीं जानता कि इनका या इनकी भाषा का असली नाम क्या था। नामकरण की इस प्रकार की गड़बड़ियों के लिए यूरोप के आरंभिक 'खोजकर्त्ता' बदनाम हैं। अमरीका के मूल निवासियों के लिए उनका गढ़ा हुआ 'रेड-इंडियन' शब्द अब भी चल रहा है। कोलंबस के कुछ समय बाद एक स्पेनी नाविक यूकतन पहुंचा। वहां के भवनों को देखकर उसने वहां के निवासियों से पूछा कि इन्हें किसने बनाया है। उत्तर मिला—'सि-उ-थन्'। इसे प्रश्न का सही उत्तर मानकर स्पेनवासियों ने इस प्रदेश का यही नाम रख दिया और समय के धक्के खाकर यह शब्द 'यूकतन' बन गया। असल में 'सि-उ-थन्' का अर्थ था—'हम तुम्हारी बोली नहीं समझते'!

स्पेन की सरकार के लिए सोना बटोरने के लालच में हेरनांडो कोर्टेज ने 1519 ई. में मेक्सिको के अजटेक निवासियों पर चढ़ाई की और 1524 तक उन्हें पराजित कर दिया। 1527 में यूकतन

के मय लोगों की बारी आई और 1546 तक यह संघर्ष चलता रहा। मय लोग आसानी से पराभव स्वीकार करने वाले नहीं थे। उनका इट्ज़ा नामक एक कबीला तो 1697 तक अपनी स्वतंत्रता के लिए लड़ता रहा। कई बातों में यूरोपवासियों से अधिक उन्नत होने पर भी हथियारों की दृष्टि से नवपाषाण-युग में ही जी रहे अमरीका के ये मूल निवासी यूरोप के गोला-बारूद के हथियारों के सामने अधिक दिनों तक अपनी स्वतंत्रता कायम नहीं रख सकते थे।

स्पेन सरकार के लुटेरे दलालों की विजय के तुरंत बाद ही यहां ईसा के भक्त आ धमके। इनके लिए अमरीका के मूल निवासियों के धार्मिक विश्वास जंगली थे और उनके ग्रंथ शैतान की कृतियां। ईसाई पादरियों ने मय लोगों की प्राचीन पुस्तकों की होलियां जलाईं। इस जघन्य कृत्य का सरदार था, यूकतन का दूसरा बिशप दिएगो द लांडा (1524-1579 ई.)। लांडा ने 1562 में सभी मय पुस्तकों को जला डालने का आदेश दे दिया। जिनके पास मय पुस्तकें थीं उन्हें यातनाएं दे-देकर सारी पुस्तकें मानी शहर में जमा की गईं। लांडा ने स्वयं लिखा है : ''हमने ढेरों पुस्तकें जमा कीं।...इनमें अंधविश्वासों और शैतान के कथनों के अलावा और कुछ नहीं था। इसलिए हमने उन सबको जला दिया। पुस्तकों को जलते देखकर मय लोगों को बहुत ही पीड़ा हुई। क्योंकि उन्हें वे बहुत प्रिय थीं।'' 1633 में एक इतिहास-लेखक ने भी लिखा, ''मानी शहर में पुस्तकें जमा करवाकर लांडा ने उन्हें जला डालने का आदेश दिया। उन्होंने प्राचीन यूकतन के इतिहास से संबंधित वे सारी पुस्तकें जला दीं जिनमें उनके आरंभिक इतिहास की बातें थीं और जो बड़ी मूल्यवान थीं।''

सैकड़ों की संख्या में प्राचीन पुस्तकों की होली जलाकर लांडा ने स्वर्ग में अपने लिए आरामदेह स्थान तो सुरक्षित कर लिया, किंतु इस लोक में मानव की बौद्धिक संपत्ति को वह इस

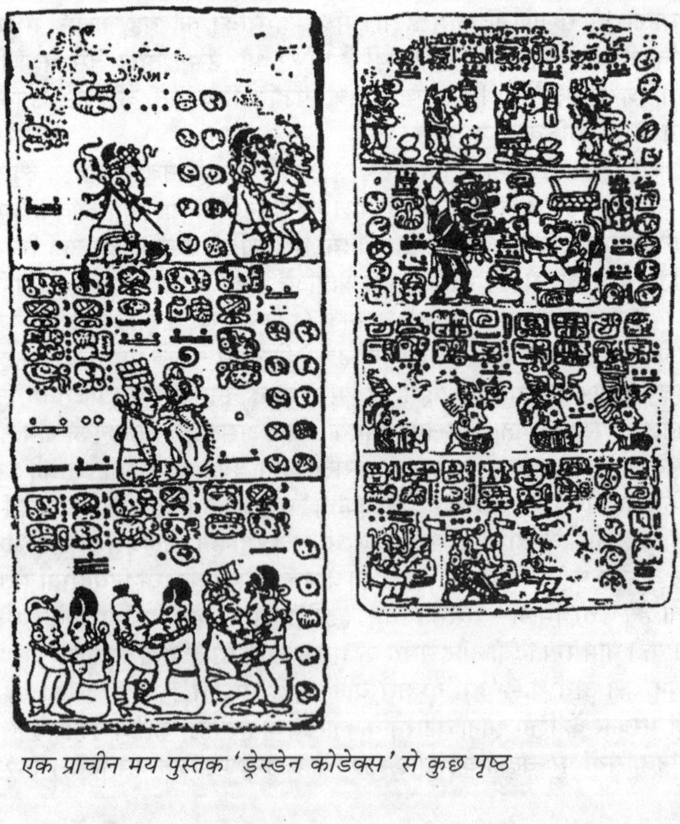

चित्र 19.1 *एक प्राचीन मय पुस्तक 'ड्रेस्डेन कोडेक्स' से कुछ पृष्ठ*

तरह रिक्त कर गया कि उसकी पूर्ति पुनः कभी भी नहीं हो सकती। इस होली-दहन से बच पाईं तो केवल तीन पुस्तकें, जिनके बारे में हम आगे बतलाएंगे।

आगे के लगभग तीन सौ वर्षों तक मय सभ्यता पर पुनः अंधकार का परदा पड़ गया। मय लोगों के नगर, मंदिर और पिरामिड घने जंगलों में छिप गए। इस बीच यूरोप से अमरीका में जाकर बसे लोगों के वंशजों में पुरातत्व के प्रति नई रुचि जाग्रत् हुई। अमरीकी वकील जान लॉयड स्टीफेंस और उसका चित्रकार-मित्र कैथरवुड पुरावशेषों की खोज में 1840 में कोपन (होंडुरस) पहुंचे और उन्होंने सभ्य संसार के सामने पहली बार मय भग्नावशेषों तथा मय लेखन का उद्घाटन किया। इसके बाद ही आरंभ हुआ मय सभ्यता के अन्वेषण का एक अंखड सिलसिला, जो अब भी जारी है।

इतिहास की यह एक विडंबना है कि जिस बिशप लांडा ने मय सभ्यता के स्रोतों को नष्ट किया, उसी ने 1566 ई. में 'यूकतन की वस्तुओं के बारे में' नाम से एक ग्रंथ लिखा था। 1836 में यह ग्रंथ स्पेन की रॉयल अकादमी के पुस्तकालय में पुनः ढूंढ़ निकाला गया। पुराविदों को इस ग्रंथ से मय सभ्यता के लुप्तप्राय इतिहास, रीति-रिवाजों तथा लेखन-कला के बारे में बहुत सी जानकारी मिली है। स्टीफेंस के बाद मय पुराविदों में अल्फ्रेड मौड्स्ले और एरिक टॉम्सन के नाम विशेष रूप से उल्लेखनीय हैं।

मय इतिहास के बारे में बहुत ही कम जानकारी उपलब्ध है, और जो उपलब्ध है, वह भी बहुत अधूरी है। संभवतः 1000 ई.पू. के आसपास मय सभ्यता का विकास आरंभ हुआ। शुरू में इसका विकास होंडुरस और ग्वाटेमाला प्रदेशों में हुआ। उस समय कोपन और पालेंक्यू इनके प्रमुख केंद्र थे। किंतु ईसा की सातवीं शताब्दी के आरंभ में ये लोग एकाएक अपने इन नगरों को छोड़कर यूकतन प्रदेश में आकर बस गए, जहां चिचेनइट्ज़ा इनका प्रमुख नगर बना। इन्होंने अपने पहले के नगरों को किस कारण से छोड़ा, इसके बारे में कोई ठोस जानकारी नहीं मिलती। अधिकांश मय पुराविदों का मत है कि भूमि के अनुर्वर हो जाने के कारण इन्होंने अपने पूर्वजों की भूमि छोड़ दी। मय लोगों की अंक-पद्धति, पंचांग तथा विशाल भवनों की निर्माण-कला तो यूरोप की विकसित सभ्यताओं से टक्कर ले सकती थी, किंतु तकनीक की दृष्टि से वे अभी पाषाण-युग में ही थे। वे पहिए का उपयोग नहीं जानते थे—न गाड़ी खींचने के लिए और न मिट्टी के बर्तन बनाने के लिए। वे हल से भी परिचित नहीं थे। धर्म-कर्म से संबंधित उनके थोड़े से औजार सोने और तांबे के थे। पर युद्ध और कृषि से संबंधित उनके सारे औजार पत्थर के ही थे।

ऊपर हम बतला चुके हैं कि मय लोगों की सैकड़ों पुस्तकें ईसाई पादरियों ने जला डालीं और केवल तीन पुस्तकें किसी प्रकार बच पाईं। इन पुस्तकों को 'कोडेक्स' भी कहते हैं। इनमें विशेष प्रसिद्ध है 'ड्रेस्डेन कोडेक्स'। 1739 में वियेना से यह पुस्तक ड्रेस्डेन (पूर्व जर्मनी) के राजकीय संग्रहालय में लाई गई थी। इसे वृक्ष की छाल या वल्क को पीटकर बनाए गए एक ही लंबे काग़ज़ पर लिखा गया है। इसकी चौड़ाई 8 इंच है और लंबाई 126 इंच। लंबाई को पट्ट (स्क्रीन) की तरह मोड़कर इसे 39 पन्नों की पुस्तक का रूप दिया गया। ड्रेस्डेन कोडेक्स में जो अंतिम तिथि मिलती है, वह 1178 ई. की है, किंतु मय पुराविद् एरिक टॉम्सन का मत है कि यह पुस्तक किसी पुरानी मूल पुस्तक की प्रतिलिपि है। इसका विषय मुख्यतः ज्योतिष है। इसी प्रकार दो और मय पुस्तकें पेरिस तथा माद्रिद के पुस्तकालयों में भी हैं। माद्रिद के कोडेक्स का विषय फलित-ज्योतिष है और पेरिस की पुस्तक पुजारियों के पूजा-पाठ एवं धर्म-कर्म से संबंधित है। इन पुस्तकों से मय लोगों के इतिहास के बारे में कुछ भी जानकारी नहीं मिलती।

ऐसी पुस्तकों के लिए मय लोग पेड़ों की भीतरी रेशेदार छाल को पीटकर कागज (=हुअन) बनाते थे। पहले लंबी छाल निकालकर उसे पानी में भिगोया जाता और तदनंतर उसे पीट-पीटकर

पतला बनाया जाता था। कपड़ा बुनना सीखने के पहले मय लोग इसी प्रकार के कागज के वस्त्र पहनते थे। उनके पुरोहित तो बुने हुए कपड़े बनने पर भी वल्कल ही पहनना पसंद करते थे। मय लोग भवनों, नगरों आदि के मानचित्र भी इसी वल्क-कागज पर बनाते थे। मय लिपिक जंगली सूअर के केशों से बनी कूची की कलम से लिखते थे। वे काले, लाल, नीले, पीले, भूरे, हरे तथा चमकीले काले रंग लिखने के लिए काम में लाते थे।

मय लोगों के लेख केवल इन तीन पुस्तकों में ही नहीं हैं। ये पुस्तकें 900 ई. के बाद की हैं। इसके पहले की बहुत सारी लिखित मय सामग्री हमें प्रस्तर-स्मारकों पर खुदी हुई मिलती है। ऐसे अनेक शिलास्तंभ मिले हैं जिन पर तिथियां उत्कीर्ण हैं। 9वीं शताब्दी के अंत तक मय लोग इस प्रकार के प्रस्तर-स्मारक खड़े करते रहे। यह प्रथा एकाएक बंद हो गई और उसके बाद पुस्तकों ने उनका स्थान ले लिया। अंतिम शिला-स्मारक 889 ई. में खड़ा किया गया था। पुस्तकों और प्रस्तर-स्मारकों के अलावा मिट्टी के बर्तनों पर भी विविध रंगों में चित्र एवं आकृतियां चित्रित मिलती हैं।

उपर्युक्त तीन पुस्तकों और अनेक शिला-स्मारकों के अलावा 'चिलम बलम' तथा 'मोतुल' पुस्तकें भी मय लिपि और भाषा के अन्वेषण में सहायक होती हैं। 'चिलम बलम' पुस्तकों की भाषा तो मय है, किंतु लिपि रोमन है। मय लोगों की हार के बाद उनके पुरोहितों के मय भाषा के मंत्रों को यूरोपीय लिपि में उतारने से ये पुस्तकें तैयार हुई हैं। 'मोतुल' ईसाई मिशनरियों द्वारा उस समय तैयार किया हुआ मय भाषा का कोश है। 'चिलम बलम' पुस्तकों में हमें कोई ऐतिहासिक सामग्री नहीं मिलती, फिर भी मय भाषा के अध्ययन और लिपि के अन्वेषण में वे काफी सहायक हुई हैं।

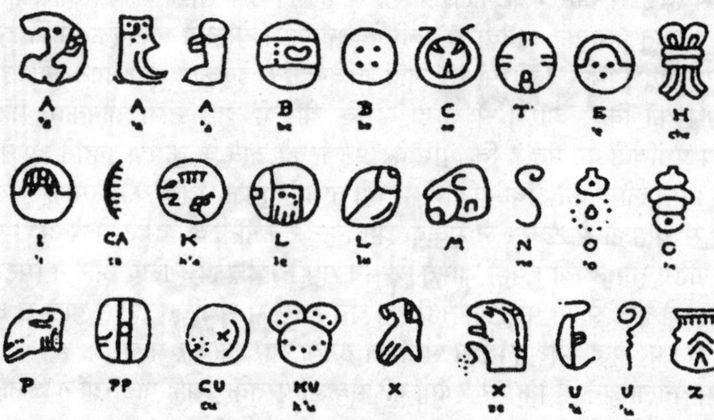

चित्र 19.2 बिशप लांडा की 'मय वर्णमाला' (1566 ई.)

19वीं शताब्दी के मध्यकाल में लांडा के ग्रंथ की खोज होने पर मय लिपि के अन्वेषण का सिलसिला आरंभ हुआ। लांडा के मतानुसार, मय लिपि वर्णमालात्मक थी। उसने अपने ग्रंथ में इस वर्णमाला के 27 अक्षर-संकेत भी दिए हैं। लांडा की दी हुई 'वर्णमाला' से पुरालिपिविदों ने जब मय लेखों को पढ़ने का प्रयत्न किया तो उनका कोई अर्थ नहीं निकला। परंतु लांडा की पुस्तक मय लिपि के अंक-संकेतों तथा काल-गणना संबंधी संकेतों को पहचानने में बड़ी सहायक हुई है। पेटो (यूकतन) के एक सरकारी कर्मचारी जुआन पिओ पेरेज ने मय अंक-संकेतों की खोज की। उसी प्रकार ड्रेस्डेन ग्रंथालय के अध्यक्ष डॉ. अर्न्स्ट फोर्स्टेमान ने चौदह वर्षों केपरिश्रम के बाद मय पंचांग से संबंधित महीने, दिन आदि के संकेत खोज निकाले। यही कारण है कि सबसे पहले मय सभ्यता के पंचांग तथा अंक-पद्धति के बारे में ठोस जानकारी मिल सकी। मय सभ्यता की अद्भुत अंक-पद्धति तथा काल-गणना (पंचांग) का विस्तृत विवेचन मैंने अपनी पुस्तक 'अंकों की कहानी' में किया है।

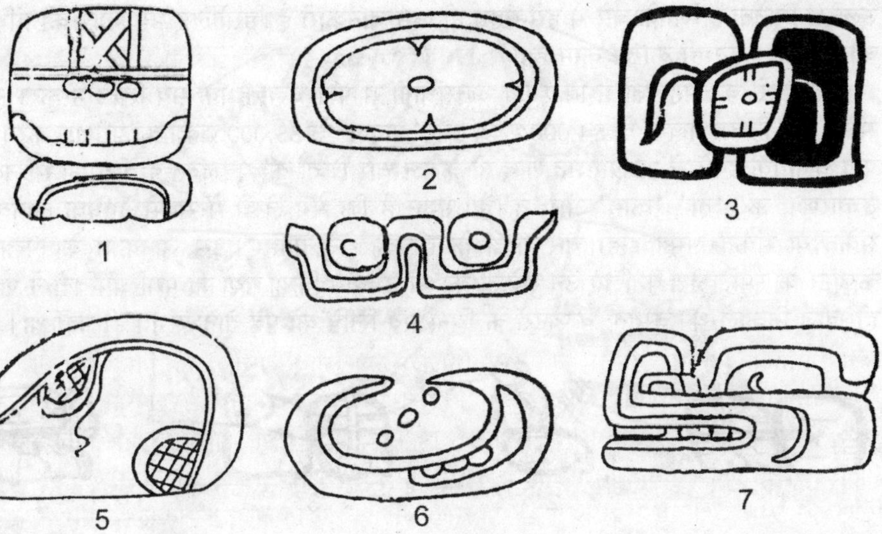

चित्र 19.3 मय लिपि के चित्र-संकेत : (1) आकाश, (2) सूर्य, (3) सूर्य-ग्रहण, (4) चंद्रमा, (5) शुक्र ग्रह, (6) पृथ्वी, और (7) संभवत: मंगल ग्रह

अंक-पद्धति और काल-गणना से संबंधित संकेतों का अन्वेषण हो जाने पर भी लिपि-अन्वेषण का कार्य अभी अधूरा पड़ा था। दूसरे महायुद्ध के बाद ड्रेस्डेन कोडेक्स रूसी पुरालिपिविदों के लिए सुलभ हो गया, और उन्होंने मय लिपि के अन्वेषण का काम अपने हाथों में लिया। अकादमीशियन यूरी क्नोरोजोव ने 1952-55 के बीच अपने अनुसंधान प्रकाशित किए। उनका दावा था कि उन्होंने मय लिपि का रहस्योद्घाटन कर दिया है। क्नोरोज़ोव ने कुछ वाक्य भी सफलता से पढ़े थे।

वस्तुत: मय लिपि को पढ़ पाना किसी भी एक आदमी के बूते की बात नहीं थी। मय लिपि के संकेतों को पढ़ते समय मय संस्कृति से संबंधित इतनी अधिक बातों की जानकारी स्मरण रखनी पड़ती है कि यह किसी एक व्यक्ति के लिए संभव है ही नहीं। इसीलिए रूसी विशेषज्ञों ने इस लिपि के अन्वेषण के लिए कंप्यूटरों से मदद लेने की योजना बनाई। येवरेइनोव, कोसारेव, सोबोलेव तथा उस्तीनोव, इन चार वैज्ञानिकों ने मिलकर नोवोसिबिर्स्क की गणित-अनुसंधानशाला में कंप्यूटरों की सहायता से मय लिपि के अन्वेषण का कार्य आरंभ किया। वस्तुत: कंप्यूटरों का उपयोग केवल वैज्ञानिक गवेषणाओं में ही नहीं, बल्कि पुरातत्व, मुद्राशास्त्र, लिपिशास्त्र जैसे ऐतिहासिक गवेषणा के क्षेत्रों में भी किया जा सकता है। येवरेइनोव से जब पूछा गया कि बिना कंप्यूटरों की सहायता के मय लिपि को पढ़ पाने में और कितना समय लगता, तो उनका उत्तर था, ''कहना मुश्किल है। अनुसंधान के आरंभ के सौ सालों में नहीं के बराबर सफलता मिली। आगे के सौ सालों में प्राय: यही हाल रहता। हां, यह संभव है कि किसी प्रतिभावान व्यक्ति को कुछ और वाक्य पढ़ पाने में सफलता मिल जाती। बस इतना ही। इस लिपि के अन्वेषण में हमें नूतन गणितीय विधियों का प्रयोग करना पड़ा; साथ ही, तुलना एवं गणनाओं के लिए कई नई योजनाएं बनानी पड़ीं। और फिर, उपलब्ध मय लेख मुख्यत: पुरोहितों की पूजा-पाठ विधियों से ही संबंधित हैं। वाक्य सूत्रमय और त्रोटक हैं। बहुत से संकेत मिट गए हैं और पुस्तक की प्रतिलिपि तैयार करते समय लिपिक ने कई गलतियां की हैं। कहीं-कहीं मय लोगों के ऐसे रीति-रिवाजों का

उल्लेख मिलता है जिनके बारे में हमें बहुत ही कम जानकारी है। इसीलिए मय लिपि की ग्रंथियों को खोलना बहुत ही कठिन काम है।''

कंप्यूटरों की सहायता से किए गए अनुसंधानों से पता चला है कि मय लिपि में कुल 340 संकेत हैं। 'चितम बलम' के 84,000 शब्दों और 'मोतुल' के 35,000 शब्दों का परीक्षण करने पर पता चला कि इनमें से 20 प्रतिशत शब्द तो केवल चार शब्दों की पुनरुक्ति हैं, जिनका सन्निकट उच्चारण 'ऊ', 'ती', 'काह' और 'तू' है। स्पष्ट है कि मय लेखों में सबसे अधिक आनेवाले संकेत या संकेत-समूह इन्हीं चार शब्दों के द्योतक होने चाहिए। इस जानकारी के अलावा, कंप्यूटर के स्मृतिकोश के लिए उन संकेतों का भी उपयोग किया गया जो पुरालिपिविदों ने पहले ही खोज निकाले थे। वस्तुत: कंप्यूटरों के बिना मय लिपि को पढ़ पाना संभव ही नहीं था।

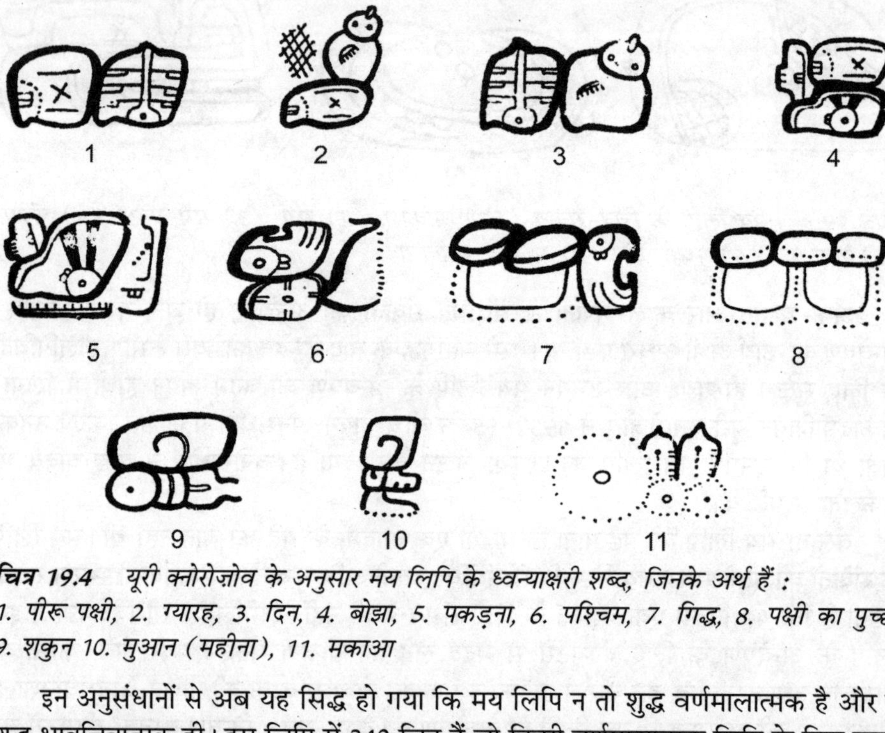

1 2 3 4 5 6 7 8 9 10 11

चित्र 19.4 यूरी क्नोरोज़ोव के अनुसार मय लिपि के ध्वन्याक्षरी शब्द, जिनके अर्थ हैं : 1. पीरू पक्षी, 2. ग्यारह, 3. दिन, 4. बोझा, 5. पकड़ना, 6. पश्चिम, 7. गिद्ध, 8. पक्षी का पुच्छ, 9. शकुन 10. मुआन (महीना), 11. मकाआ

इन अनुसंधानों से अब यह सिद्ध हो गया कि मय लिपि न तो शुद्ध वर्णमालात्मक है और न शुद्ध भावचित्रात्मक ही। इस लिपि में 340 चिह्न हैं जो किसी वर्णमालात्मक लिपि के लिए बहुत अधिक हैं। इसके विपरीत, भावचित्रात्मक लिपि के लिए इतने संकेत नाकाफी हैं। मय लिपि शुद्ध अक्षरात्मक (सिलेबिक) भी नहीं है। अत: स्पष्ट है कि यह लिपि एक ऐसी मिश्रित योजना है जिसके संकेत वर्ण या अक्षर या पूर्ण शब्द इन तीनों में से किसी को भी व्यक्त कर सकते हैं। कंप्यूटर की सहायता से पढ़ा गया मय लिपि का पहला वाक्य था : ''कविल, मकई का देवता, सफेद मिट्टी के बर्तनों को पकाता है।''

भावचित्रात्मक अजटेक लिपि

आरंभ में अजटेक जाति को ही मध्य-अमरीका की सभ्यता की जननी माना गया था। किंतु आज हम जानते हैं कि इतिहास के इस रंगमंच पर अजटेक सबसे बाद में आए। अपनी संस्कृति की अधिकांश बातों के लिए ये मय संस्कृति के ऋणी हैं। अजटेक के पहले मध्य-अमरीका में ईसा की

सातवीं से नौवीं शताब्दी तक 'टोल्टेक' संस्कृति का विकास होता रहा। अजटेकों का उदय मय प्रदेश के उत्तर-पश्चिम में ईसा की 14वीं शताब्दी में होता है। यह आयुधजीवी जाति स्पेनी लोगों के आगमन तक पूर्व में मेक्सिको की खाड़ी से पश्चिम में प्रशांत महासागर तक संपूर्ण मेक्सिको प्रदेश पर शासन करती थी। तेनोख़तितलान (आधुनिक मेक्सिको) नगर में इनकी राजधानी थी।

अजटेकों की बहुत सी बातें मय जाति से ही ली गईं। उनका पंचांग भी मय पंचांग पर आधारित था और उनकी गणना का आधार भी 'बीस' ही था। 1 से 19 तक की संख्याओं को वे बिंदुओं या लघुवृत्तों से व्यक्त करते थे। 20 को एक ध्वज के चित्र से, 400 (= 20 × 20) को देवदारु वृक्ष से और 8000 (= 20 × 20 × 20) को थैली जैसे चित्र से।

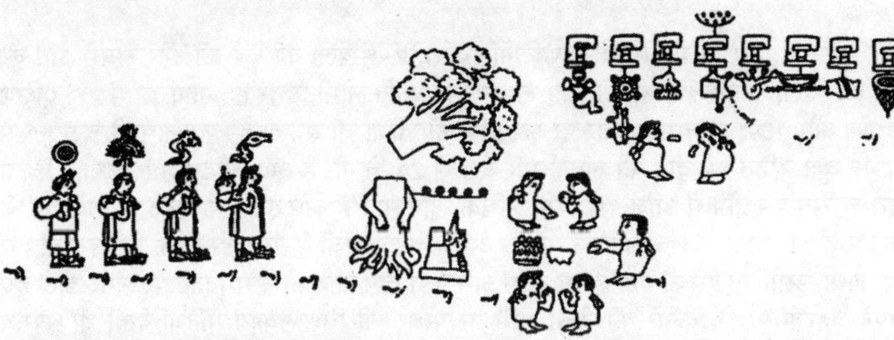

क. भावचित्रात्मक अजटेक लेख

1 2 3 4 5

ख. अजटेक भावचित्र : (1) पानी, (2) घर, (3) पत्थर, (4) बाज़, (5) मिट्टी का बरतन

ग. अजटेक भावचित्र : मृत्यु (बाएं), और विधवा (दाएं)

चित्र 19.5 क, ख, ग

अजटेक अपनी लिपि के लिए भी मय लोगों के ऋणी हैं। अजटेक लिपि को हम चित्रलिपि का नाम दे सकते हैं। इन चित्रों में भावचित्रात्मक लेखन के भी उदाहरण मिलते हैं। ऐसा प्रतीत होता है कि अजटेक लेखक लिखते समय ध्वनि की अपेक्षा शब्द के भाव पर अधिक ध्यान देते थे। वस्तुतः इस लिपि का उपयोग घटनाओं को स्मरण रखने में ही अधिक होता था। अजटेक लिपि के कुछ संकेत ध्वन्यात्मक मान भी ग्रहण कर चुके थे। इसीलिए अजटेक नामों को आसानी से पढ़ा जा सकता है। अजटेक पुरोहितों ने आय-व्यय का अच्छा हिसाब रखा था; साथ ही, उन्होंने तेनोख़तितलान का नक्शा भी तैयार किया था। आज हमें अजटेक नगरों तथा प्रांतों और उनके शासकों के नाम ठीक-ठीक ज्ञात हैं।

20

ईस्टर द्वीप की लिपि

ईस्टर द्वीप प्रशांत महासागर में पोलिनेशियन द्वीप-शृंखला का पूर्व की ओर सबसे अंत का द्वीप है। चिली से पश्चिम की ओर यह लगभग 3200 किलोमीटर दूर है। मानचित्र में 27^0 दक्षिण अक्षांश और 109^0 पश्चिम देशांतर पर इस द्वीप को खोजा जा सकता है। ज्वालामुखी चट्टानों से निर्मित वृक्ष-रहित इस द्वीप की लंबाई मुश्किल से 24 किमी. है और चौड़ाई 18 किमी.। चिली द्वारा शासित इस द्वीप में आज 1500 से अधिक लोग नहीं हैं और इनमें भी बहुत से कुष्ठरोग के शिकार हैं। 1722 ई. में डच नाविक राग्वांन अपने तीन जहाजों के साथ ईस्टर के दिन इस द्वीप में पहुंचा था, इसीलिए इसका यह 'ईस्टर द्वीप' नाम पड़ा। इन नाविकों ने समुद्रतट पर लंगर डाले हुए अपने जहाजों पर से किनारे की ऊंची भूमि पर पत्थर की विशालकाय मूर्तियां देखी थीं। यूरोप लौटकर इन्होंने ईस्टर द्वीप की इन भव्य मूर्तियों के बारे में खूब अफ़वाहें फैलाईं।

उसके बाद बहुत से नाविक ईस्टर द्वीप पहुंचे। उनके विवरणों के कारण इस द्वीप के बारे में बहुत सी रहस्यमय बातें फैलने लगीं। 1859 ई. में पेरू वालों ने ईस्टर द्वीप पर आक्रमण किया और सरदार के साथ बहुत से पुरोहितों को तथा अन्य अनेक स्थानीय जनों को कैदी बनाकर वे उन्हें अपने देश ले गए और वहां उन्हें गुलाम बनाकर बेचा। उनमें से बहुत से लोग थोड़े समय में ही मर गए। अनुमान है कि 18वीं शताब्दी के मध्यकाल में ईस्टर द्वीप में लगभग 5000 लोग बसते होंगे, परंतु आज इनकी संख्या 1500 से अधिक नहीं है। इनमें भी अधिकतर अब मिश्रित रक्त के हैं।

चित्र 20.1 ईस्टर द्वीप की 'रोंगो-रोंगो' लिपि

1864 ई. से ईसाई मिशनरी भी इस द्वीप में पहुंचने लगे। इन्हीं लोगों ने पहले-पहल ईस्टर द्वीप की रहस्यमय लिपि के बारे में सामग्री प्राप्त की। यह लिपि काष्ठ-फलकों पर उत्कीर्ण मिलती है। 1866 ई. में कुछ पादरियों को ईस्टर द्वीप के निवासियों ने एक अंकित काष्ठ-फलक भेंट किया। आगे इसे ताहिती (प्रशांत महासागर) के फ्रांसीसी बिशप जौसेन को भेंट किया गया, तो उसने देखा कि इस पर लिपि-संकेत अंकित हैं। यही से ईस्टर लिपि के अध्ययन का सिलसिला शुरू हुआ। जौसेन इस लिपि के ऐतिहासिक महत्व को समझता था, किंतु उस समय ईस्टर द्वीप में एक भी मूल

निवासी ऐसा नहीं था जो इसे पढ़ सकता। बिशप को जब पता चला कि ताहिती द्वीप में एक मूल निवासी रहता है, तो उसे बुलाकर इस लिपि को पढ़ने को कहा गया। बिशप उसके उच्चारित शब्दों को यथासंभव उतारता चला गया और बाद में उसने इसका संभावित फ्रांसीसी अनुवाद भी कर लिया। बहुत वर्षों तक पुरालिपिविद् बिशप जौसेन के इस लिप्यंतर और अनुवाद को संदेह की दृष्टि से देखते रहे, और इस बीच आरंभिक अनुसंधान की मूल हस्तलिपि भी गायब हो गई।

आरंभ में तो बहुत से अंकित काष्ठ–फलकों का अस्तित्व रहा है, किंतु आज उनमें से लगभग एक दर्जन ही बचे हुए हैं। इन फलकों को स्थानीय भाषा में 'कोहउ रोंगो–रोंगो' अर्थात् 'पाठकों के फलक' कहते हैं। शार्क के दांत से इन फलकों पर लिपि–संकेत उत्कीर्ण किए जाते थे। इन संकेतों में मानव, पशु, मछली और वनस्पति के विविध चित्र देखने को मिलते हैं। लेखन का क्रम इस प्रकार का है कि एक पंक्ति जहां समाप्त होती है उसी के पास से फलक को उलटकर दूसरी पंक्ति लिखी गई है। इसलिए इस लिपि को पढ़ने के लिए हर पंक्ति के बाद फलक को उलटकर आगे की पंक्ति पढ़नी पड़ती है।

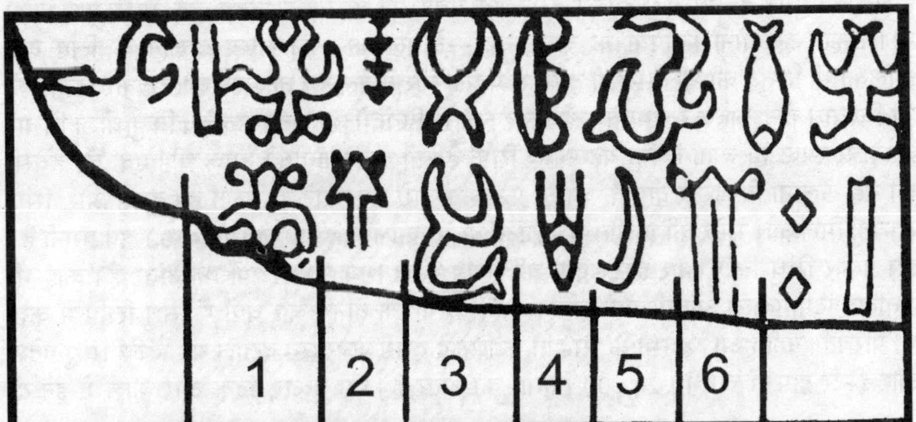

चित्र 20.2 ईस्टर द्वीप के काष्ठ–फलक का एक अंश
टॉमस बार्थेल के अनुसार : (1) देवता, (2) आकाश, रोंगो (देवता का नाम), (4) धरती, (5) बनाया, (6) प्रकाश, अर्थात् रोंगो, धरती और आकाश का देवता, जिसने प्रकाश बनाया।

इन अंकित फलकों के बारे में ईस्टर द्वीप के निवासियों से कोई ठोस जानकारी नहीं मिलती। परंपरागत स्थानीय आख्यानों से सिर्फ इतना ही ज्ञात होता है कि पहले–पहल होतु–मतुआ नाम का व्यक्ति 300 आदमियों के साथ नावों से इस द्वीप पर आया था। वही अपने साथ इन काष्ठ–फलकों को लाया था। यह भी पता चलता है कि तब से अब तक 25 या 30 सरदारों ने इस द्वीप पर शासन किया है। इस प्रकार यदि हिसाब लगाया जाए तो हम कह सकते हैं कि बारहवीं या तेरहवीं शताब्दी में इन लोगों के पूर्वज इस द्वीप में आकर बसे थे।

जब इन अंकित फलकों की खोज हुई थी तभी यदि इनकी लिपि को स्थानीय लोगों की सहायता से वैज्ञानिक तरीके से पढ़ने का प्रयत्न किया जाता तो काफी सफलता मिलने की आशा थी। 1914 ई. में श्रीमती राउटलेज ने ईस्टर द्वीप की पुरानी पुरोहित–परंपरा के बचे हुए एक व्यक्ति की सहायता से इस लिपि को पढ़ने का प्रयत्न किया था। किंतु पहली भेंट के कुछ दिनों बाद ही वह व्यक्ति कुष्ठरोग से मर गया।

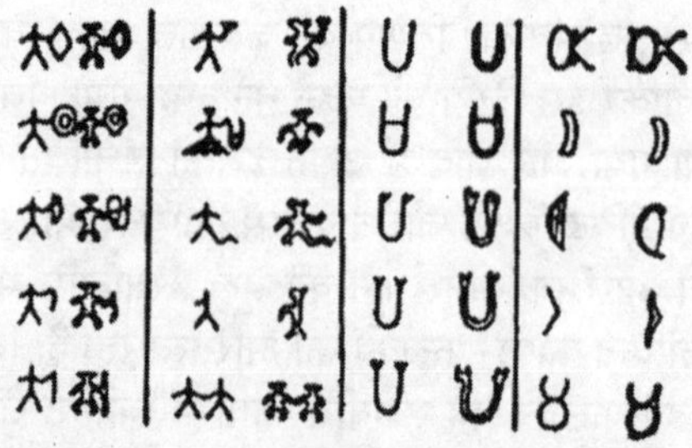

चित्र 20.3 *द हेवेसी द्वारा सिंधु लिपि और ईस्टर द्वीप की लिपि के संकेतों में दर्शाया गया साम्य। ऊपर के चार स्तंभों में बाईं ओर सिंधु लिपि के संकेत और दाईं ओर ईस्टर द्वीप की लिपि के संकेत दिखाए गए हैं।*

हंगेरी के पुराविद् द हेवेसी ने 1934 ई. में सिंधु सभ्यता की लिपि और ईस्टर द्वीप की लिपि में साम्य होने का सिद्धांत स्थापित किया। उनकी मान्यता थी कि ईस्टर द्वीप के काष्ठ-फलक हजारों वर्ष पुराने हैं और यहां आकर बसनेवाले प्रवासियों का पहला जत्था इन्हें अपने साथ लाया था। उन्होंने इन दोनों लिपियों के कुछ चिह्नों—केवल 48—का साम्य दरशाने के लिए एक तालिका भी प्रस्तुत की थी। सरसरी दृष्टि से पहली बार केवल इस तालिका को देखकर किसी को भी विश्वास होना सहज स्वाभाविक है कि इन दो लिपियों में अद्भुत साम्य है। किंतु थोड़ा विचार करने पर स्पष्ट हो जाता है कि यह साम्य सिर्फ हेवेसी के दिमाग की उपज थी। एक तो, हेवेसी की यह कल्पना कि ईस्टर द्वीप के काष्ठ-फलक हजारों वर्ष पुराने हैं, गलत है। दूसरी ओर, सिंधु सभ्यता मिस्र और सुमेर की प्राचीन सभ्यताओं के समकालीन है और लगभग 4500 वर्ष पुरानी है। इस प्रकार सिंधु लिपि और ईस्टर द्वीप की लिपि में लगभग 3000 वर्षों का अंतर है। कोई भी संतुलित दिमागवाला आदमी यह स्वीकार नहीं करेगा कि तीन हजार वर्षों में सिंधु लिपि में कुछ भी परिवर्तन नहीं हुआ। हेवेसी के सिद्धांत के विरुद्ध दूसरी जबरदस्त दलील यह है कि सिंधु प्रदेश और ईस्टर द्वीप में लगभग 24,000 किमी. का अंतर है। इस प्रकार, दिक् और काल में इन दो

चित्र 20.4 *ईस्टर द्वीप की लिपि के कुछ भावचित्रात्मक संकेत*

लिपियों में इतना अधिक अंतर है कि दैवी चमत्कारों में विश्वास करनेवाला कोई व्यक्ति ही हेवेसी के सिद्धांत में यकीन कर सकता है। तो फिर, इन 48 संकेतों में यह अद्भुत समानता क्यों? वस्तुतः संकेतों की यह समानता खींचतान कर सिद्ध की गई है। और फिर, कुछ संकेत तो किन्हीं भी दो लिपियों में समान मिल सकते हैं।

हम बतला चुके हैं कि बिशप जौसेन की हस्तलिपि लुप्त हो गई थी। 1954 में बड़े परिश्रम से जर्मनी के टॉमस बार्थेल ने रोम के ईसाई अभिलेखागार में जौसेन की उस पांडुलिपि को खोज निकाला जिसमें ईस्टर द्वीप की लिपि के काष्ठ-फलक का लिप्यंतर तथा उसका फ्रांसीसी भाषा में अनुवाद दिया हुआ था। बाद में बार्थेल ने इस लिपि का अध्ययन जारी रखा और उसे कुछ सफलता भी मिली। बार्थेल के अनुसार ईस्टर द्वीप की लिपि में लगभग 500 चिह्न हैं। इनमें अधिकतर संकेत तो भावचित्रात्मक हैं, किंतु कुछ संकेतों ने ध्वन्यात्मक रूप भी धारण कर लिया था। उदाहरण के लिए, जौसेन की हस्तलिपि में लिप्यंतर वाले अंश में बीच-बीच में 'पुरे' शब्द मिलता है। ईस्टर द्वीप की लिपि के फलकों में इस शब्द को एक कौड़ीनुमा चित्र से दरशाया गया है। पोलिनेशियन भाषा में कौड़ी के लिए 'पुरे' शब्द है और इसका अर्थ 'प्रार्थना' भी होता है।

फिर भी, इस लिपि के मूल स्थान तथा उत्पत्ति के सवाल अभी सुलझे नहीं हैं। ईस्टर द्वीप की भाषा पोलिनेशियन-मयल परिवार की है और यहां के मूल निवासी भी पोलिनेशियन प्रजाति के हैं। अधिकांश मानव-विज्ञानवेत्ता मानते हैं कि प्रशांत महासागर के इन द्वीपों में बसनेवाले पोलिनेशियन लोग मूलतः एशिया के हैं और इनकी भाषा भी एशिया की भाषाओं से संबंधित है। असल में पोलिनेशिया के इतिहास के बारे में बहुत सी बातें अभी अज्ञेय हैं। ईस्टर द्वीप में पाई जानेवाली विशालकाय मूर्तियों को ही लीजिए। यहां 30-40 फीट ऊंची और 5 से 8 टन भारी अनेक प्रस्तर-मूर्तियां मिलती हैं। ये सब पत्थर के औजारों से तैयार की गई हैं। हम नहीं ही जानते कि ये विशालकाय मूर्तियां ठीक किसलिए तैयार की गई थीं। और फिर, इन्हें किस प्रकार खड़ा किया गया, यह भी एक रहस्य ही है। लेकिन एक न एक दिन संपूर्ण पोलिनेशिया के इतिहास पर प्रकाश अवश्य पड़ेगा।

खंड 2

भारतीय लिपियां

21

सिंधु सभ्यता की लिपि

सिंधु सभ्यता का उद्घाटन 1920 ई. के बाद हुआ। यदि हमारे पुरातत्ववेत्ता अधिक सचेत होते तो इस सभ्यता की खोज उन्नीसवीं शताब्दी में ही हो गई होती। मेसोन ने 1820 में पहली बार हड़प्पा के टीलों को पहचाना था। 1856 में ब्रंटन-बंधुओं—जॉन और विलियम—को लाहौर से कराची तक की रेल-लाइन बनाने का ठेका मिला। विलियम ने मुलतान-लाहौर लाइन का निर्माण किया और इस लाइन की गिट्टी के लिए हड़प्पा की ईंटों का अंधाधुंध इस्तेमाल किया। "आज रेलगाड़ियां सौ मील तक ऐसी पटरियों पर से गुजरती हैं, जो ई.पू. तीसरी सहस्राब्दी की बनी हुई ईंटों पर मजबूती से टिकी हुई हैं। ईंटों की इस लूट के दौरान कई प्रकार के पुरावशेष प्राप्त हुए। इनमें से अधिक आकर्षक पुरावशेषों को मजदूरों और इंजीनियरों ने रख लिया" (स्टुअर्ट पिगॉट, 'प्रीहिस्टॉरिक इंडिया', पृष्ठ 14)।

जनरल कनिंघम (1814-93) ने 1856 में हड़प्पा की यात्रा करके वहां से कुछ मुहरें प्राप्त की थीं, जिन पर सिंधु लिपि के संकेत उत्कीर्ण थे। कनिंघम इन पुरावशेषों के महत्व को समझ तो गए थे, किंतु वे हड़प्पा के अन्वेषण को आगे नहीं बढ़ा सके। उन्होंने 1875 में इन मुहरों में से कुछ को प्रकाशित करके ही संतोष कर लिया।

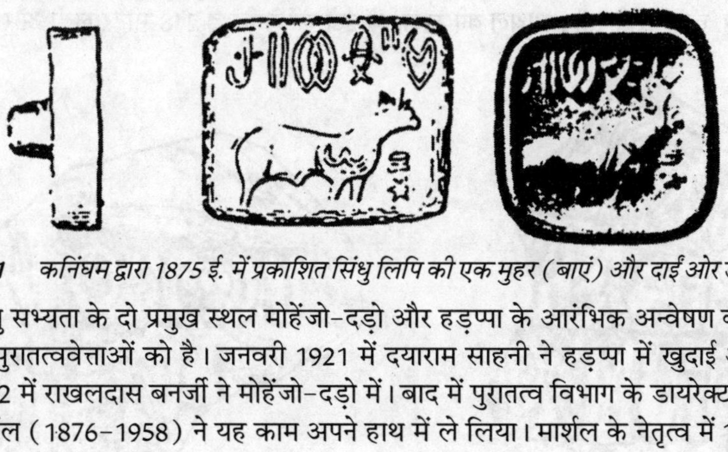

चित्र 21.1 *कनिंघम द्वारा 1875 ई. में प्रकाशित सिंधु लिपि की एक मुहर (बाएं) और दाईं ओर उसकी छाप*

सिंधु सभ्यता के दो प्रमुख स्थल मोहेंजो-दड़ो और हड़प्पा के आरंभिक अन्वेषण का श्रेय दो भारतीय पुरातत्ववेत्ताओं को है। जनवरी 1921 में दयाराम साहनी ने हड़प्पा में खुदाई आरंभ की और 1922 में राखलदास बनर्जी ने मोहेंजो-दड़ो में। बाद में पुरातत्व विभाग के डायरेक्टर-जनरल जॉन मार्शल (1876-1958) ने यह काम अपने हाथ में ले लिया। मार्शल के नेतृत्व में 1931 तक हड़प्पा तथा मोहेंजो-दड़ो की खुदाई होती रही। इस खुदाई का विस्तृत विवरण मार्शल ने तीन खंडों वाले एक बृहदाकार ग्रंथ 'मोहेंजो-दड़ो एंड द इंडस सिविलिजेशन' (लंदन, 1931) के रूप में प्रकाशित किया।

हड़प्पा (मांटगोमरी जिला, पाकिस्तान) और मोहेंजो-दड़ो (सिंध, पाकिस्तान) के प्रकाश में आने के बाद सिंधु सभ्यता के अन्य अनेक स्थल भी शनैः-शनैः सामने आए। वर्तमान शताब्दी के

तीसरे दशक में ऑरेल स्टाइन (1862–1943) ने बलूचिस्तान में अनेक टीलों की खोज की। सिंधु सभ्यता के अन्वेषण में भारतीय पुरातत्ववेत्ताओं ने भी महत्वपूर्ण योग दिया है। 1927 और 1931 के बीच ननिगोपाल मजूमदार (1893–1938) ने हड़प्पा और मोहेंजो-दड़ो के बीच के प्रदेश की छानबीन की और किरथर पहाड़ियों में खुदाई करते समय ही डाकुओं के हाथों उनकी मृत्यु हुई। मोहेंजो-दड़ो की खुदाई में भारतीय पुराविद् माधोस्वरूप वत्स तथा काशीनाथ दीक्षित मार्शल के सहयोगी थे। 1925 में दीक्षित ने सिंधु सभ्यता के दो और स्थल लोहुम्जो-दड़ो तथा लुमुजोनेजो खोजे। अर्नेस्ट मैके के नेतृत्व में 1935–36 में सिंध के नवाबशाह जिले के चन्हु-दड़ो नामक स्थान पर खुदाई हुई। इस स्थान से सिंधु सभ्यता के उत्तरकाल की महत्वपूर्ण सामग्री प्राप्त हुई। 1945 में मॉर्टिमर ह्वीलर ने हड़प्पा की पुन: विधिवत् खुदाई आरंभ की। इस खुदाई में बहुत सी नई चीजें मिलीं, जिनमें हड़प्पा का परकोटा विशेष महत्व का है।

1947 में भारत-विभाजन के कारण मोहेंजो-दड़ो, हड़प्पा तथा सिंधु सभ्यता के अन्य अनेक स्थल भारतीय पुरातत्ववेत्ताओं के हाथों से निकल गए। किंतु सिंधु सभ्यता केवल सिंधु प्रदेश में ही सीमित नहीं थी। भारतीय पुराविदों ने वर्तमान भारत में लगभग 200 ऐसे स्थान खोज निकाले हैं जो सिंधु सभ्यता के हैं। 1950–53 में राजस्थान की घग्घर (प्राचीन दृषद्वती) नदी के कछार में सिंधु सभ्यता के लगभग तीस स्थलों का पता चला है। अंबाला जिले के रोपड़ स्थान के नजदीक भी हड़प्पा संस्कृति के पुरावशेष प्राप्त हुए हैं। काठियावाड़ (गुजरात राज्य) में भी सिंधु सभ्यता के अनेक स्थल मिले हैं। 1935 में सुरेंद्रनगर के पास रंगपुर के टीलों की खुदाई आरंभ हुई थी। 1950 के बाद की खुदाई में रंगपुर के समीप के एक टीले से हड़प्पा संस्कृति के पुरावशेष मिले। उत्साहित होकर पुराविदों ने अन्य टीलों को भी खोदना शुरू किया। कई स्थानों पर सिंधु संस्कृति के अवशेष मिले। इनमें प्रमुख हैं—साबरमती और भगवा नदियों के बीच, अरब सागर से 16 किलोमीटर दूर, लोथल। मिट्टी पर सिंधु लिपि की मुहरों के ऐसे छापे भी लोथल से मिले हैं जो अन्यत्र कहीं नहीं मिले थे। काल-निर्धारण की 'कार्बन-14 विधि' जांचन से ज्ञात हुआ है कि लोथल में 2200 से 1700 ई.पू. तक बस्ती रही। लोथल की खुदाई में ईंटों की बनी हुई 218 मीटर लंबी और 37 मीटर

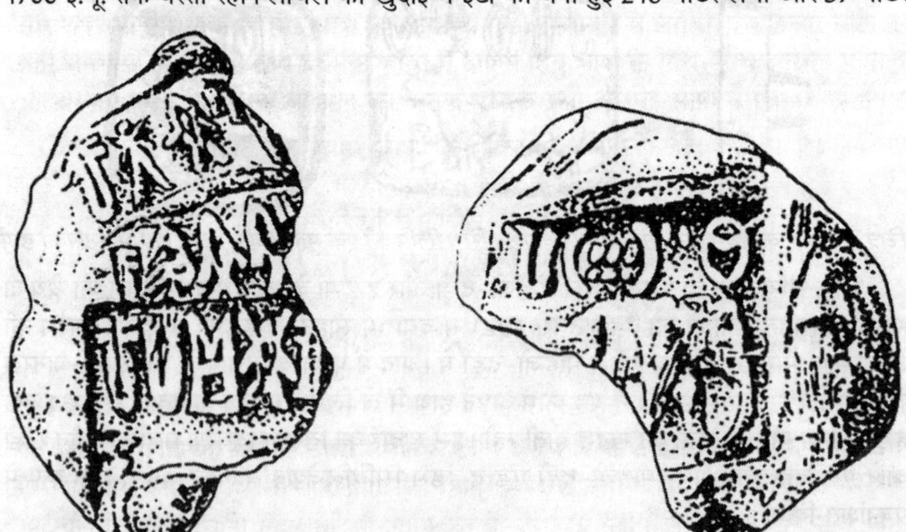

चित्र 21.2 लोथल से प्राप्त सिंधु मुहरों के छाप

चौड़ी चतुर्भुजाकार एक गोदी (डॉकयार्ड) भी मिली है। इस गोदी को एक नहर द्वारा भगवा नदी से जोड़ा गया था। ऐसा जान पड़ता है कि समुद्री जहाज या नौकाएं भगवा नदी में आती थीं। मेसोपोटामिया की एक उत्कीर्ण मुद्रा भी लोथल से मिली है। इन प्रमाणों से यह प्रकट होता है कि समुद्री मार्ग से भी सुमेर-बेबीलोन और सिंधु प्रदेश के बीच गहरे व्यापारिक संबंध थे।

सन् 1947 के बाद भारत में सिंधु सभ्यता के जो कई नए स्थल खोजे गए उनमें प्रमुख है उत्तरी राजस्थान में घग्घर के तट पर स्थित कालीबंगा। यहां हड़प्पा और पूर्व-हड़प्पा काल के अवशेष मिले हैं। हड़प्पा की तरह यहां भी परकोटे से घिरा हुआ एक ऊंचा दुर्ग था। परंतु यहां की सबसे महत्वपूर्ण खोज है हल से जोता गया एक खेत, जो प्रमाणित करता है कि सिंधुजन हल का प्रयोग करते थे। सिंधु सभ्यता के एक अन्य स्थल बणावाली (हिसार जिला, हरियाणा) से मिट्टी का बना हल का एक खिलौना भी मिला है। परंतु यहां से सिंधु लिपि की मुहरें नहीं मिलीं। इसी तरह, उसी जिले के कुणाल स्थान से पूर्व-हड़प्पा काल की मुहरें तो मिली हैं, पर उन पर लिपि-संकेत उकेरे हुए नहीं हैं।

इधर के वर्षों में धौलावीरा (कच्छ, गुजरात) में एक विकसित हड़प्पा संस्कृति का उद्घाटन हुआ है। इस सिंधु नगर को परकोटे के भीतर एक विशिष्ट आयोजन और विन्यास के अनुसार बसाया गया था। यहां की एक अद्वितीय उपलब्धि है—सिंधु लिपि के दस बड़े चिह्नों से बना हुआ लेख। दुर्ग के उत्तरी द्वार के पास जमीन पर पड़े हुए इस लेख का प्रत्येक अक्षर 37 सेंमी. ऊंचा है। स्फटिक के टुकड़ों से निर्मित ये अक्षर तीन मीटर लंबे लकड़ी के एक तख्ते पर जोड़े गए थे। अनुमान है कि यह लेख नगर के प्रवेश-द्वार के ऊपर 'नामपट्ट' की तरह लगा हुआ था।

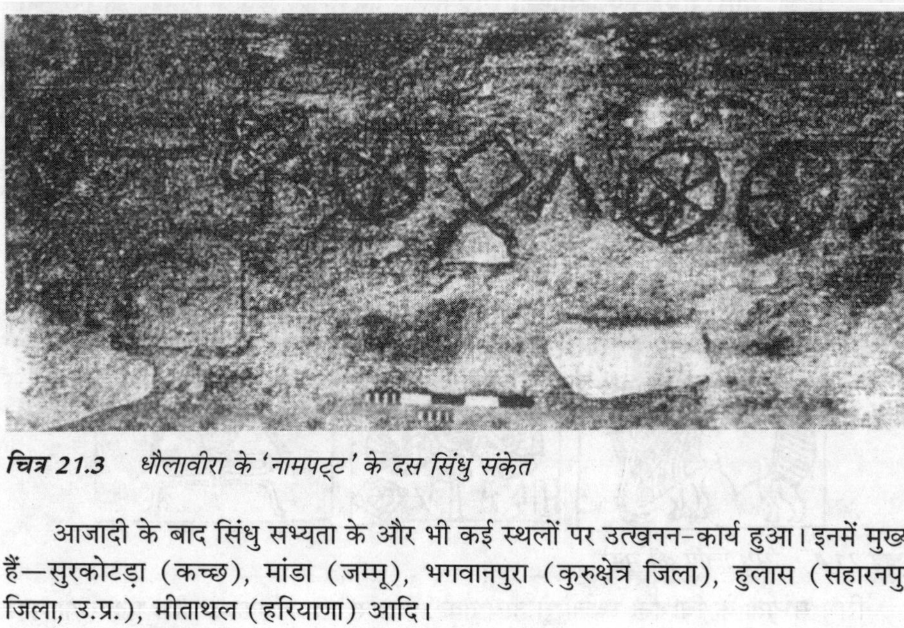

चित्र 21.3 धौलावीरा के 'नामपट्ट' के दस सिंधु संकेत

आजादी के बाद सिंधु सभ्यता के और भी कई स्थलों पर उत्खनन-कार्य हुआ। इनमें मुख्य हैं—सुरकोटड़ा (कच्छ), मांडा (जम्मू), भगवानपुरा (कुरुक्षेत्र जिला), हुलास (सहारनपुर जिला, उ.प्र.), मीताथल (हरियाणा) आदि।

सिंधु सभ्यता के लोगों की आरंभिक बस्तियां बलूचिस्तान में देखने को मिलती हैं। बाद में सिंधु के कछार में हड़प्पा तथा मोहेंजो-दड़ो जैसे पूर्ण विकसित नगर प्रकट होते हैं। कालांतर में इन लोगों ने गंगा-यमुना के दोआब में भी अपने पांव पसारे और यहां बस्तियां बसाईं। 1958 में दिल्ली से 45 किलोमीटर उत्तर-पूर्व की ओर, यमुना की एक सहायक नदी के किनारे, आलमगीर

नामक स्थान पर हड़प्पा संस्कृति के अवशेष मिले हैं। पर आलमगीर हड़प्पा के लोगों की पूर्व की ओर की अंतिम सीमा नहीं है। हड़प्पा की तरह के मृद्भांड गंगा के किनारे बुलंदशहर तथा सहारनपुर जिलों में भी मिले हैं। दक्षिण के पठार में भी कुछ स्थलों पर सिंधु सभ्यता के चिह्न प्राप्त हुए हैं। इस तरह मोहेंजो-दड़ो तथा हड़प्पा के पाकिस्तान में चले जाने के बाद भी भारतीय पुराविदों के फावड़ों के लिए ऐसा विशाल भारतीय क्षेत्र विद्यमान है, जिसमें सिंधु सभ्यता के अवशेष प्राप्त हुए हैं और आगे भी प्राप्त हो सकते हैं।

मिस्र तथा सुमेर की प्राचीन सभ्यताओं की तरह सिंधु सभ्यता का काल-निर्धारण संभव नहीं है। मिस्र तथा सुमेर की प्रागैतिहासिक सभ्यताओं के काल-निर्धारण में वहां मिली लेखन-सामग्री काफी सहायक सिद्ध हुई है। किंतु सिंधु लिपि के अभी तक न पढ़े जाने के कारण सिंधु सभ्यता के काल-निर्धारण में अन्य विधियों की शरण लेनी पड़ती है। सिंधु सभ्यता की कुछ उत्कीर्ण मुहरें मेसोपोटामिया की खुदाई में भी मिली हैं। ये मुहरें वहां खुदाई के जिन स्तरों में मिली हैं, उन स्तरों का काल पुराविदों को ज्ञात है। इन मेसोपोटामियाई स्थलों की पुरातात्विक खोजबीन से प्रकट होता है कि इन मुहरों के वहां पहुंचने का समय 2300 ई.पू. के आसपास रहा होगा। इस तथा अन्य अनेक अनुमानों के आधार पर पुराविद् इस परिणाम पर पहुंचे हैं कि सिंधु सभ्यता 2600 से 2000 ई.पू. तक अपने चरमोत्कर्ष पर थी।

चित्र 21.4 सिंधु लिपि की मुहरें

सिंधु सभ्यता के विभिन्न स्थलों से अब तक 3000 से भी अधिक उत्कीर्ण मुद्राएं या मुहरें प्राप्त हुई हैं। सेलखड़ी, चीनी मिट्टी तथा हाथीदांत की बनी इन मुहरों पर पशु, पक्षी तथा मानव की आकृतियों के साथ सिंधु लिपि के संकेत उत्कीर्ण हैं। पुराविदों के लिए यह एक पहेली है कि ये मुहरें, इन पर उत्कीर्ण प्रतीकों सहित, किस उद्देश्य से बनाई गई थीं। मेसोपोटामिया से भी बेलन (सिलिंडर) के आकार की मुहरें मिली हैं, परंतु वहां कलशों या भांडों पर मिट्टी के

फलकों की सील लगाने के लिए इन मुहरों का इस्तेमाल होता था। सिंधु सभ्यता की मुहरों का भी उपयोग सील लगाने के लिए ही होता था, ऐसा निश्चित रूप से नहीं कहा जा सकता। हां, लोथल से मिट्टी पर इन अंकित मुहरों की छापें मिली हैं। किंतु वैसी छापें अन्य किसी भी स्थान से मिट्टी पर नहीं मिली हैं। अनेक पुराविदों ने इन मुहरों की कल्पना सिक्के, तावीज, ट्रेड-मार्क आदि के रूप में की है। किंतु जब तक सिंधु लिपि का उद्घाटन नहीं होता, तब तक इन मुहरों की उपयोगिता एक पहेली बनी रहेगी।

सबसे बड़ी कठिनाई तो यह है कि सिंधु लिपि का ऐसा कोई लेख अब तक नहीं मिला है जिसमें 26 से अधिक संकेत हों। मुहरों पर लिपि-संकेतों के साथ पशु-पक्षियों की जो आकृतियां उत्कीर्ण हैं, उनके अध्ययन से ज्ञात होता है कि सिंधु लिपि दाईं ओर से बाईं ओर को लिखी जाती थी। यह भी पता चलता है कि जहां लिपि-संकेत दो पंक्तियों में हैं, वहां पर 'ब्यूस्त्रफीदान' पद्धति से उन्हें लिखा गया है, यानी पहली पंक्ति दाईं ओर से बाईं ओर को लिखी गई है, और दूसरी पंक्ति बाईं ओर से दाईं ओर को। ज्ञात होता है कि सिंधु लिपि में लगभग 400 संकेतों का प्रयोग होता था; किंतु एक ही संकेत के विविध रूपों को छोड़ दिया जाए तो इन संकेतों की संख्या लगभग 250 रह जाती है। अब, यह एक स्पष्ट बात है कि इतने अधिक संकेतों वाली लिपि वर्णमालात्मक तो नहीं हो सकती। यह भी स्पष्ट है कि चित्रलिपि या भावचित्रात्मक लिपि के लिए इतने संकेत पर्याप्त नहीं हैं। सुमेरी लिपि के अध्ययन से ज्ञात होता है कि आरंभ में उसमें लगभग 2000 संकेतों का प्रयोग होता था और कालांतर में उनकी संख्या केवल 900 रह गई। संकेतों की संख्या में कमी होते जाना लिपि के विकास को व्यक्त करता है। (चीनी लिपि इन नियम का अपवाद है।) सिंधु लिपि के बारे में और एक महत्वपूर्ण बात यह है कि सिंधु सभ्यता के लगभग एक हजार वर्षों के दीर्घ जीवन-काल में भी इसके संकेतों के स्वरूपों में कोई विशेष परिवर्तन देखने में नहीं आता। सिंधु सभ्यता के अन्य पुरावशेषों के निरीक्षण से भी यह बात सिद्ध होती है कि 2600 ई.पू. के आसपास जिस सभ्यता के हमें दर्शन होते हैं, वह अपने विकास के उत्कर्ष पर पहुंच चुकी थी; और अगले लगभग एक हजार वर्षों तक उसमें कोई विशेष परिवर्तन देखने को नहीं मिलता। सिंधु लिपि का स्थायी स्वरूप भी इसी तथ्य की ओर इशारा करता है कि सिंधु सभ्यता लगभग एक हजार वर्षों तक वैसी-की-वैसी बनी रही।

सिंधु लिपि की भांति ही उसकी भाषा भी अज्ञात ही है। ऐसी स्थिति में लिपि-अन्वेषण के लिए कोई द्वैभाषिक लेख ही सहायक सिद्ध हो सकता है। किंतु अभी तक उस तरह कोई द्वैभाषिक लेख प्राप्त नहीं हुआ है। सिंधु सभ्यता और सुमेरी सभ्यता के गहरे व्यापारिक संबंध थे। सिंधु लिपि की मुहरें मेसोपोटामिया में मिली हैं और मेसोपोटामिया की मुहरें सिंधु-प्रदेश में। इसलिए हमें आशा रखनी चाहिए कि किसी दिन भारत या इराक में कोई ऐसा द्वैभाषिक लेख प्राप्त हो जाएगा जिसमें सिंधु लिपि तथा कीलाक्षर लिपि में एक ही बात अंकित की गई हो।

पर उस दिन की प्रतीक्षा में पुरालिपिविद् चुपचाप तो नहीं बैठे रह सकते; वे कुछ न कुछ अटकलें लगाएंगे ही। सिंधु लिपि के बारे में भी पुरालिपिविदों ने नाना प्रकार की कल्पनाएं प्रस्तुत की हैं। सबसे पहले 1925 में एल.ए. वाडेल ने इस लिपि को पढ़ने का प्रयत्न किया था। उनकी मान्यता थी कि सुमेरी लोग तथा वैदिक आर्य एक ही वंश के थे। उन्होंने सिंधु लिपि को सुमेरी लेखों के आधार पर पढ़ने का प्रयत्न किया और इस लिपि में कुछ वैदिक देवताओं को भी 'खोज' निकाला। वाडेल का अनुकरण करते हुए डॉ. प्राणनाथ ने सिंधु संस्कृति को आर्य संस्कृति तो माना, परंतु उसकी भाषा को उन्होंने आद्य-संस्कृत या आद्य-प्राकृत का नाम दिया। उन्होंने काफी बाद की ब्राह्मी लिपि के ध्वनिमानों को सिंधु लिपि के संकेतों पर लागू करने का प्रयत्न किया। डॉ. प्राणनाथ

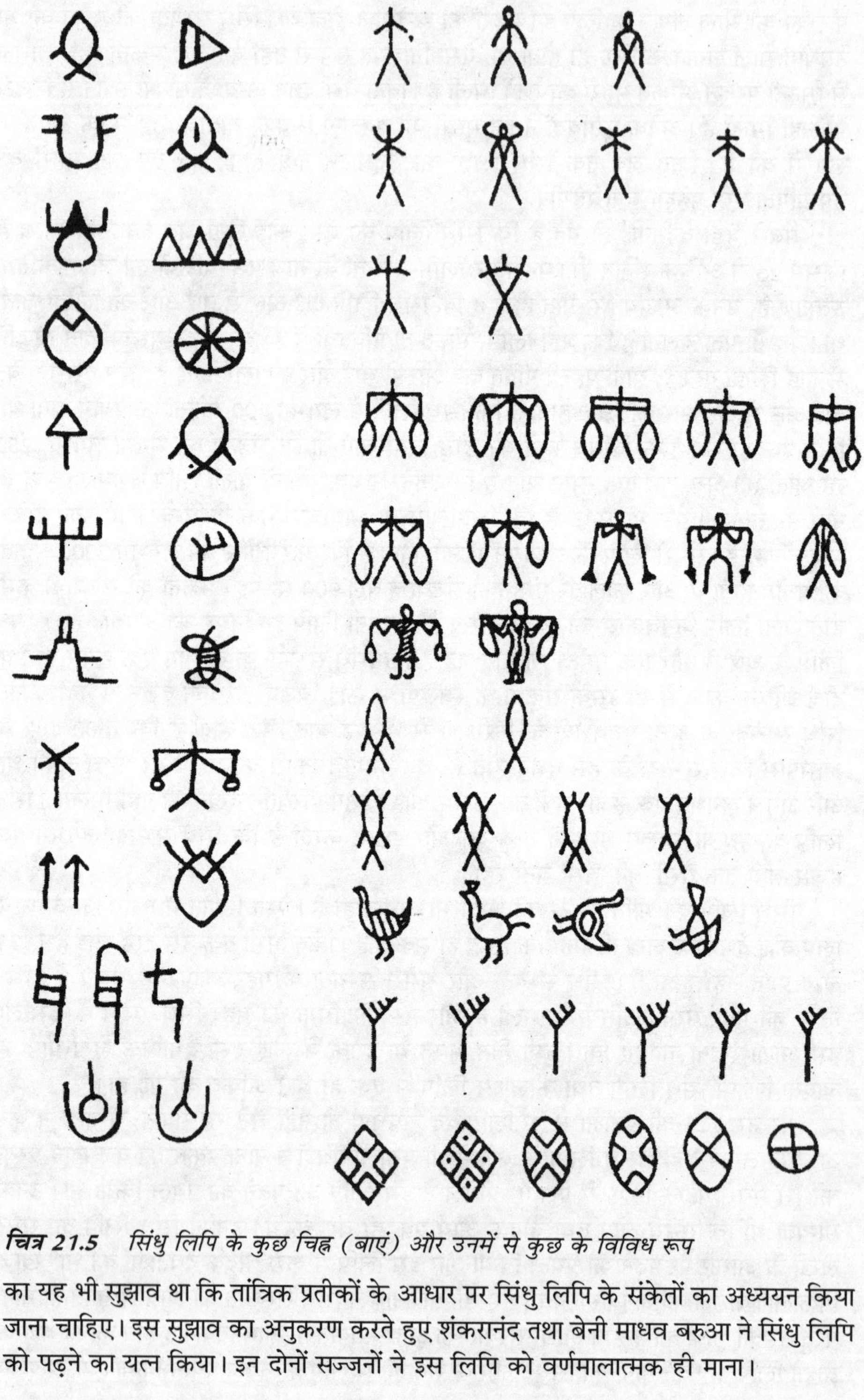

चित्र 21.5 सिंधु लिपि के कुछ चिह्न (बाएं) और उनमें से कुछ के विविध रूप

का यह भी सुझाव था कि तांत्रिक प्रतीकों के आधार पर सिंधु लिपि के संकेतों का अध्ययन किया जाना चाहिए। इस सुझाव का अनुकरण करते हुए शंकरानंद तथा बेनी माधव बरुआ ने सिंधु लिपि को पढ़ने का यत्न किया। इन दोनों सज्जनों ने इस लिपि को वर्णमालात्मक ही माना।

प्रथम महायुद्ध के जमाने में प्रसिद्ध पुरालिपिविद् ह्रोज़्नी ने हित्ती कालीक्षर लिपि का उद्‍घाटन किया था। उसके बाद उन्होंने संसार की बहुत सी पुरालिपियों को पढ़ने की कोशिश की थी, जिनमें क्रीट की लिपि को पढ़ने की असफल कोशिश भी शामिल है। ह्रोज़्नी ने 1939 में सिंधु लिपि के बारे में भी एक निबंध प्रकाशित किया। उनकी मान्यता थी कि सिंधु सभ्यता के लोग प्राक्-हित्ती थे अर्थात् भारत-यूरोपीय भाषा-परिवार के थे। इसीलिए उन्होंने सिंधु लिपि में हित्ती भाषा को खोजने का प्रयत्न किया। मुंबई के सेंट जेवियर्स कॉलेज के भारत-पुराविद् फादर हेरास ने कल्पना की कि सिंधु सभ्यता के लोग द्रविड़ जाति के थे, इसलिए उनकी भाषा भी द्रविड़ परिवर की—प्राक्-तमिल— होनी चाहिए। प्रसिद्ध मिस्त्र-पुराविद् फ्लिंडर्स पेट्री ने मिस्री लिपि के साम्य के आधार पर सिंधु लिपि में केवल भावचित्रों की ही कल्पना की। पेट्री का मत था कि सिंधु सभ्यता की इन मुहरों पर केवल अफसरों की पदवियां अंकित हैं।

लेकिन इटली के प्रसिद्ध पुराविद् मेरीग्गी ने पेट्री की इस केवल भावचित्रों वाली मान्यता को अस्वीकार करके, सिंधु लिपि को भावचित्रों और ध्वनि-संकेतों से युक्त एक मिश्रित योजना माना। उन्होंने कुछ संकेतों को भावचित्र माना और कुछ संकेतों को ध्वनि-संकेत। उन्होंने इसके बाद सिंधु लिपि के अंत्य-प्रत्ययों का अध्ययन करके उसमें विभक्ति-संकेतों की भी 'खोज' की। जब गेरीग्गी ने अपनी इस योजना के अनुसार सिंधु लिपि को पढ़ने की कोशिश की, तो उन्हें इन लेखों में कृषि से संबंधित बातों की ही प्रधानता दिखाई दी।

1934 में दे-हेवेसी ने एक अद्‌भुत कल्पना पेश की। उन्होंने सिंधु लिपि को ईस्टर द्वीप की लिपि के साथ जोड़ने का प्रयत्न किया और संकेतों का साम्य दरशाने के लिए इन दोनों लिपियों में से 48 संकेतों की एक तालिका भी प्रकाशित की। सरसरी दृष्टि से कोई भी इस तालिका को देखेगा, तो विश्वास कर बैठेगा कि सिंधु लिपि और ईस्टर द्वीप की लिपि में अद्‌भुत साम्य है। परंतु गहराई से विचार करने पर यह साम्य एक भुलावा मात्र जान पड़ता है। एक तो हेवेसी ने इन दो लिपियों के केवल 48 संकेतों में ही समानता दरशाई है और वह भी जोर-जबरी से, जबकि सिंधु लिपि में संकेतों की संख्या इससे आठ गुना अधिक है। दूसरे, हम जानते हैं कि ईस्टर द्वीप की लिपि एक हजार साल से अधिक पुरातन नहीं हो सकती है, जबकि सिंधु लिपि लगभग साढ़े चार हजार साल पुरानी है। तीसरे, ईस्टर द्वीप (प्रशांत महासागर) और सिंधु प्रदेश के बीच इतनी अधिक दूरी है कि किसी भी प्रकार यह कल्पना नहीं की जा सकती है कि सिंधु सभ्यता के निवासी इतनी दूर अपनी इस लिपि को ले गए होंगे। अत: दिक्काल के इस महत् अंतर पर विचार करें, तो हेवेसी की यह मान्यता कोरी काल्पनिक उड़ान ही जान पड़ती है।

ऊपर हमने सिंधु लिपि के बारे में जितनी भी परिकल्पनाओं का उल्लेख किया है, उनके दोषों को आसानी से समझा जा सकता है। इन परिकल्पनाओं की दोषपूर्णता इसी से स्पष्ट है कि इन पुरालिपिविदों में से किसी को इस लिपि का उद्‍घाटन करने में आंशिक सफलता भी नहीं मिली है। कुछ पुराविदों ने इस लिपि की आंतरिक रचना का तथा इसके संकेतों का यांत्रिक विश्लेषण करने का भी प्रयत्न किया है। गाड, सिडनी स्मिथ, लांगडन और हंटर इनमें प्रमुख हैं। गाड ने सिंधु लिपि में 'प्राचीन भारोपीय भाषा' की कल्पना की है और इसके तीन संकेतों को 'पुत्र' शब्द के अर्थ में पढ़ने का प्रयत्न किया है। हंटर ने सिंधु लिपि तथा ब्राह्मी लिपि में कुछ साम्य खोजने की कोशिश की। गाड तथा हंटर दोनों ही सिंधु लिपि को अक्षरात्मक मानते हैं। इसके विपरीत, सिडनी स्मिथ ने किसी भी भाषा का सहारा न लेते हुए इसके संकेतों का यांत्रिक विश्लेषण करने का प्रयत्न किया है। उन्होंने अपना अध्ययन इस लिपि के निर्धारक-संकेतों, पूर्व-सर्ग तथा अंत्य-सर्ग संकेतों को तय करने तक ही सीमित रखा।

कुछ पुराविदों ने सिंधु लिपि के संकेतों की तुलना बाद के आहत (पंचमार्क) सिक्कों पर पाए जाने वाले चिह्नों के साथ करने की भी कोशिश की है। मौर्यकाल के सोहगौरा ताम्रपत्र पर पाए गए संकेत सिंधु लिपि के अवशेष माने गए हैं। परंतु इस परिकल्पना के लिए अभी तक कोई ठोस आधार प्राप्त नहीं हुआ है। इस प्रकार के कुछ प्रतीक-चिह्न तो आज भी देखे जा सकते हैं। इसलिए इस मान्यता के बारे में निश्चित रूप से कुछ नहीं कहा जा सकता।

सिंधु लिपि के उद्घाटन के एक-दो दावेदार प्रायः हर साल सामने आते हैं। 1968 में सुधांशु कुमार राय के अन्वेषण की समाचारपत्रों में खूब चर्चा रही। उन्होंने अपने अन्वेषण के बारे में दो पुस्तिकाएं भी प्रकाशित की हैं। सुधांशु कुमार राय सिंधु लिपि में आद्य-संस्कृत भाषा के दर्शन करते हैं। उनके मतानुसार, सिंधु लिपि आजकल की देवनागरी लिपि जैसी वर्णमालात्मक है। उन्होंने इस लिपि के 48 वर्णाक्षरों की 'खोज' की है। साथ ही, संयुक्ताक्षर तथा स्वर-मात्राओं को भी खोज निकाला है। वे सिंधु लिपि में कुछ निर्धारक-संकेत एवं भावचित्रों के भी दर्शन करते हैं।

राय का मत है कि सिंधु लिपि की मुहरों का इस्तेमाल व्याकरण के नियम सिखाने के लिए होता था। वे कहते हैं, "मोहेंजो-दड़ो निश्चय ही संसार का प्रथम विश्वविद्यालय-नगर था और उसका विशाल स्नानागार, धान्य-कोठार आदि उसके छात्रावास से संबंधित थे।" उनका कहना है कि सिंधु लिपि के पूरे अध्ययन को प्रकाशित करने के लिए काफी धन की जरूरत है। समझ में नहीं आता कि यदि राय ने सचमुच ही सिंधु लिपि के रहस्य का उद्घाटन कर लिया था, तो उन्होंने अपने अध्ययन को किसी शास्त्रीय पत्रिका में क्यों नहीं प्रकाशित किया?

वी.एन. कृष्णराव भारतीय पुरातत्व-सर्वेक्षण में तकनीकी सहायक के पद पर रहे हैं। सुधांशु कुमार राय की तरह वे भी सिंधु लिपि में वैदिक संस्कृत भाषा के दर्शन करते हैं। उनका अन्वेषण प्रसिद्ध 'पशुपति-मुद्रा' से आरंभ होता है७। इस मुद्रा के बीच में एक योगी या शिव की आकृति है। ऊपर लिपि-संकेत हैं और दाएं-बाएं व नीचे पशु-आकृतियां उत्कीर्ण हैं। नीचे बाईं ओर का कोना टूटा हुआ है।

कृष्णराव भी यह स्वीकार करते हैं कि सिंधु लिपि दाईं ओर से बाईं ओर को लिखी गई है। अतः इस तथाकथित 'पशुपति-मुद्रा' में वे उन्हीं पशु-आकृतियों पर विचार करना चाहते हैं जिनका मुंह बाईं ओर को है। शेर को, जिसका मुंह दाईं ओर है, वे कोई महत्व नहीं देते! इसी तरह योगी के आसन के नीचे बनी बकरे या हिरन की आकृति को भी वे महत्व नहीं देते। इस आकृति के बाईं ओर, खंडित भाग में, एक और पशु-आकृति रही है। अब, कृष्णराव इस मुद्रा को निम्नलिखित रूप में पढ़ते हैं :

चित्र 21.6 *'पशुपति-मुद्रा'*

दाईं ओर के पशु हैं—महिष (भैंस), खड्ग (गैंडा)। ऊपर कोने में मनुष्य (नर) की आकृति है। बाईं ओर शद्रि (हाथी) और पुनः मनुष्य की आकृति है। कृष्णराव का कहना है कि मुद्रा में ऊपर उत्कीर्ण पांच लिपि-संकेत इन पांच पशुओं के संस्कृत नामों के आद्याक्षर हैं, जैसे—महिष (म), खड्ग (ख), नर (ना), शद्रि (श) और नर (न)। इन आद्याक्षरों से 'मखनाशन' शब्द बनता है, जो कृष्णराव के अनुसार 'इंद्र' का द्योतक है।

एक अन्य मुद्रा में योगी की इसी प्रकार की आकृति है और इसके ऊपर पांच लिपि-संकेत हैं। इस मुद्रा-लेख को पढ़ते हुए कृष्णराव दाईं ओर के दो संकेतों को छोड़ देते हैं और शेष तीन संकेतों को 'ईशान' (रुद्र) पढ़ते हैं। इस मुद्रा में कोई पशु-आकृति नहीं है, इसलिए कृष्णराव ने यहां आद्याक्षर-सिद्धांत का सहारा नहीं लिया है। एक ही तरह की आकृति एक मुद्रा में मखनाशन (इंद्र) और दूसरी मुद्रा में ईशान (रुद्र) कैसे हो सकती है? जाहिर है कि उनके अन्वेषण में गड़बड़ है।

कृष्णराव ने सिंधु लिपि को पढ़ने के लिए प्राचीन मिस्र की लिपि, सुमेरी लिपि, रूनी लिपि आदि के सकेतों के मानों का सहारा लिया है। यूरोप की रूनी लिपि किसी भी हालत में दो हजार साल से अधिक प्राचीन नहीं है। इसके विपरीत, सिंधु सभ्यता का अंत 1500 ई.पू. के पहले ही हो गया था। ऐसी हालत में आगे की एक लिपि के संकेत-मानों को सिंधु लिपि पर कैसे लागू किया जा सकता है?

कृष्णराव ने सिंधु लिपि में कुछ विदेशी शासकों के नाम भी खोजे हैं। एक ओर वे इसमें मिस्र के प्रथम शासक मान (मेनेस या नारमेर, 3200 ई.पू.) का नाम खोजते हैं, तो दूसरी ओर राजा सोलोमन (ई.पू. दसवीं शताब्दी) का। सभी बातों पर विचार करने से ज्ञात होता है कि कृष्णराव ने दिक्काल की सीमाओं का बिलकुल भी खयाल नहीं रखा और उनका यह अन्वेषण पुष्ट नहीं है।

दूसरे दावेदार हैं राजस्थान प्राच्यविद्या प्रतिष्ठान, जोधपुर के निदेशक डॉ. फतहसिंह। प्रतिष्ठान की शोध-पत्रिका 'स्वाहा' में उन्होंने अपना आरंभिक अन्वेषण प्रकाशित किया है। फतहसिंह सिंधु सभ्यता को आर्य सभ्यता मानते हैं और सिंधु लिपि में वैदिक भाषा एवं 'ब्राह्मण-ग्रंथों और उपनिषदों के प्रतीक' खोजते हैं। सिंधु लिपि में वैदिक भाषा खोजने के प्रयास से हमारा कोई सैद्धांतिक विरोध नहीं है; पर सिंधु सभ्यता के उपलब्ध पुरातत्वावशेष इसी तथ्य की ओर इशारा करते हैं कि सिंधु सभ्यता वैदिक सभ्यता से भिन्न थी। और, वैदिक साहित्य के अध्येता अच्छी तरह जानते हैं कि ऋग्वेद के यातुधर्म में और कालांतर में रचित ब्राह्मण-ग्रंथों तथा उपनिषदों के धर्म में बड़ा अंतर है। हम यह स्वीकार करते हैं कि ब्राह्मण और उपनिषदों में आर्यों की संस्कृति और देशज संस्कृति का समन्वय हुआ है। पर ब्राह्मणों और उपनिषदों के प्रतीक अध्यात्मवाद और रहस्य का जामा पहने हुए हैं। इनके विपरीत, ऋग्वेद-कालीन धर्म-कर्म उतना अध्यात्मवादी और रहस्यमय नहीं था। अतः ऋग्वेद को छोड़कर बाद के ब्राह्मणों और उपनिषदों के प्रतीकों को सिंधु लिपि पर आरोपित करना, अपनी आध्यात्मिकता का परिचय देने के अलावा और कुछ नहीं है।

डॉ. फतहसिंह ने सिंधु लिपि में अक्षरात्मक व भावचित्रात्मक लिपि-द्वय, लिपि-त्रय और लिपि-चतुष्टय के संकेत खोजे हैं। उनका कहना है कि सिंधु लेख चार प्रकार की लिपियों में लिखे गए हैं। उनका अनुमान है कि इनमें से तीन लिपियां दाईं ओर से बाईं ओर को लिखी गई हैं और चौथी संभवतः बाईं ओर से दाईं ओर को। संक्षेप में, डॉ. फतहसिंह का यह अन्वेषण एक प्रकार की खिचड़ी है।

तीसरे दावेदार हैं फिनलैंड के चार वैज्ञानिक—आस्को पारपोला, पी. आल्तो, सिमो पारपोला और एस. कोस्केन्निएमी। इनमें एक भारतविद्, दूसरा असीरी पुराविद्, तीसरा भाषाविद् और चौथा गणितज्ञ है। इन्होंने संगणक (कंप्यूटर) की सहायता से सिंधु लिपि के लेखों का विश्लेषण किया है। शब्दों के आरंभ और अंत में आनेवाले व्याकरणात्मक प्रत्ययों की बारंबारता ज्ञात करने

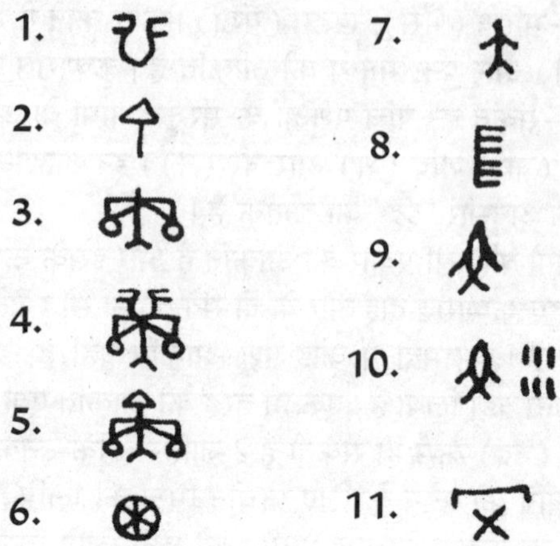

चित्र 21.7

1. *संबंध कारक*
2. *संप्रदान कारक, एकवचन*
3. *कर्त्ता कारक, बहुवचन*
4. *संबंध कारक, बहुवचन*
5. *संप्रदान, बहुवचन*
6. *राजा*
7. *आदमी*
8. *स्त्री, कंघी*
9. *तारा*
10. *छह तारे (कृत्तिका नक्षत्र)*
11. *मंदिर, राजमहल*

के लिए ही संगणक की सहायता ली गई है। रूसी पुराविद् भी संगणक की सहायता से सिंधु लिपि के अन्वेषण में जुटे हुए हैं। उन्होंने संगणक की मदद से ही मय लिपि का उद्घाटन किया था। इंग्लैंड के माइकेल वेंट्रिस ने इसी प्रकार आंतरिक विश्लेषण करके क्रीट की रैखिक–ब लिपि का उद्घाटन किया था। भाषा अज्ञात होने पर पुरालिपि के अन्वेषण का यही तरीका सर्वोत्तम है।

रूसी और फिनी वैज्ञानिक सिंधु लिपि में प्राक्–द्रविड़ भाषा के दर्शन करते हैं। फिनी वैज्ञानिकों ने अपने अन्वेषण में कुछ संकेतों के अर्थ जान लिए हैं। इनमें से कुछ यहां दिए जा रहे हैं :

इन फिनी वैज्ञानिकों की विधि वैज्ञानिक है, इसमें संदेह नहीं। परंतु इनके अध्ययन में भी कमियां हैं। प्राक्–द्रविड़ भाषा के व्याकरण के बारे में इनकी जानकारी पूर्णतः यथार्थ नहीं है। इनके अध्ययन की यह शुरुआत मात्र है।

लोथल के उत्खनन–कार्य का नेतृत्व करने वाले प्रसिद्ध पुरातत्ववेत्ता डॉ. शिकारिपुर रंगनाथ राव ने भी सिंधु लिपि के बारे में अपना अन्वेषण प्रकाशित किया है।

राव का मत है कि आरंभिक हड़प्पा संस्कृति (2500–1900 ई.पू.) की सिंधु लिपि में 390 चिह्न थे, जिनमें लगभग 40 मौलिक चिह्न थे। किंतु परवर्ती हड़प्पा संस्कृति (1900–1600 ई.पू.) की सिंधु लिपि में सिर्फ 20 मौलिक चिह्न रह गए थे। इसका अर्थ यह हुआ कि परवर्ती सिंधु लिपि वर्णमालात्मक बन चुकी थी।

यह कैसे हुआ? राव का कहना है कि यह पश्चिम एशिया की सेमेटिक लिपि के प्रभाव से हुआ। उन्होंने कनानी और फिनीशियन जैसी उत्तरी सेमेटिक लिपियों के संकेतों में और परवर्ती सिंधु लिपि के संकेतों में साम्य भी खोजा है। इतना ही नहीं, उन्होंने सेमेटिक 'व्यंजनमाला' के ध्वनिमानों की सहायता से ही परवर्ती सिंधु लिपि के 20 चिह्नों की 'वर्णमाला' को पढ़ने का प्रयत्न किया है।

राव का कहना है कि परवर्ती सिंधु लिपि की 'वर्णमाला' में 14 या 15 व्यंजनाक्षर हैं और 5 स्वराक्षर। हम जानते हैं कि सेमेटिक लिपियों में स्वराक्षर नहीं थे। लेकिन यूनानियों ने उत्तरी

सेमेटिक लिपि के आधार पर अपनी भाषा के लिए जब नई लिपि बनाई, तो उसमें उन्होंने स्वरों के लिए चिह्न बना लिए थे। राव का अध्ययन यदि सही है तो हमें कहना पड़ेगा कि परवर्ती हड़प्पा संस्कृति के लोगों ने भी ऐसा ही किया था।

और, इस 'सिंधु वर्णमाला' की भाषा क्या थी ? अपने अध्ययन से राव इस परिणाम पर पहुंचे हैं कि सिंधु लोगों की भाषा भारत-यूरोपीय परिवार की तथा भारत-ईरानी वर्ग की थी। साथ ही वे यह जानकारी भी देते हैं कि जो 360 शब्द उन्होंने खोजे हैं, उनमें 30 शब्द भारत-यूरोपीय भाषा के नहीं हैं।

राव इस परिणाम पर पहुंचे हैं कि सिंधु लिपि की भाषा वेदों की प्राचीन संस्कृत भाषा से काफी मिलती है। उन्होंने कुछ मुहरों पर 'राजा' के लिए 'पाल', 'पालक', 'त्र' आदि शब्द भी खोजे हैं।

राव ने 'सिंधु वर्णमाला' का सेमेटिक लिपियों के साथ साम्य दरशाने के लिए जो तालिका दी है, उसमें उन्होंने ब्राह्मी लिपि के कुछ अक्षर दिए हैं। अत: लगता है कि ब्राह्मी वर्णमाला परवर्ती 'सिंधु वर्णमाला' से बनी थी। पर वे भी यह स्वीकार करते हैं कि सिंधु लिपि दाईं ओर से बाईं ओर को लिखी जाती थी।

संक्षेप में, यह है एस.आर. राव का अध्ययन। लेकिन गहराई से देखें तो इसमें भी कई न्यूनताएं हैं। इसलिए हमें मानना पड़ता है कि सिंधु लिपि अभी भी अज्ञात बनी हुई है।

सिंधु लिपि के उद्घाटन के नए दावेदार डॉ. नटवर झा की मान्यता है कि सिंधु मुद्रालेखों की भाषा वैदिक संस्कृत है और लिपि पूर्व-ब्राह्मी। वे कहते हैं कि अधिकांश सिंधु मुहरों में पूर्ववर्ती वैदिक शब्दों को, प्रमुखत: ऋग्वेद के शब्दों को, प्रस्तुत किया गया है। इतना ही नहीं, झा का मत है कि सिंधु लेखों में क्षेत्रमिति से संबंधित शुल्वसूत्रों और प्रमुख उपनिषदों के विषयों का भी प्रस्तुतीकरण देखने को मिलता है।

झा को अपनी इस परिकल्पना के लिए प्रेरणा मिली यास्क द्वारा संकलित निघंटु नामक वैदिक शब्द-संग्रह से और उन शब्दों पर लिखे गए उनके निरुक्त नामक भाष्य से। यास्क ई.पू. करीब पांच-छह सौ साल पहले हुए। कुछ पंडितों का मत है कि निघंटु नामक वैदिक शब्द-संग्रह यास्क ने स्वयं तैयार किया था, और कुछ अन्य पंडितों का मत है कि उन्हें यह परंपरा से प्राप्त हुआ। लगता है कि निघंटु किसी एक व्यक्ति की कृति नहीं है।

महाभारत के शांतिपर्व में मोक्षपर्व के 342वें अध्याय के दो श्लोकों में यास्क का उल्लेख है और कहा गया है कि उन्होंने पाताललोक में नष्ट हुए निरुक्तशास्त्र को पुन: प्राप्त किया। कुछ बाद के दो श्लोकों में बताया गया है कि 'वृष' का अर्थ धर्म है और प्रजापति-कश्यप ने मुझे (वासुदेव को) 'वृषाकपि' कहा है।

निरुक्त के अध्येताओं को महाभारत के इन उल्लेखों की काफी पहले से जानकारी रही है। 'वृषाकपि' शब्द निघंटु में भी मिलता है, इसलिए कुछ पंडित परिणाम पर पहुंचे कि प्रजापति-कश्यप निघंटु के प्रणेता हैं। निघंटु व निरुक्त के डॉ. लक्ष्मणसरूप जैसे गंभीर अध्येता इस युक्ति को स्वीकार नहीं करते।

मगर डॉ. झा का मत है कि "यास्क ने अपने निरुक्त के निर्माण के लिए कश्यप-प्रजापति द्वारा निर्मित निघंटु नामक कोश को आधार बनाया था।" इस संदर्भ में एक मजे की बात यह है कि यास्क-सहित जो 14 निरुक्तकार हुए हैं उनमें वेदमंत्रों को अर्थहीन बताने वाले कौत्स का तो नाम है, किंतु प्रजापित-कश्यप का नहीं है! बावजूद इसके, डॉ. झा ने सिर्फ महाभारत के उपर्युक्त श्लोकों को गड्डमड्ड करके अपना मत बनाया कि प्रजापति-कश्यप का वैदिक शब्द-संग्रह सिंधु लेखों में प्रस्तुत हुआ है, और चूंकि उनके अनुसार यास्क ने 'पाताललोक' या जमीन के

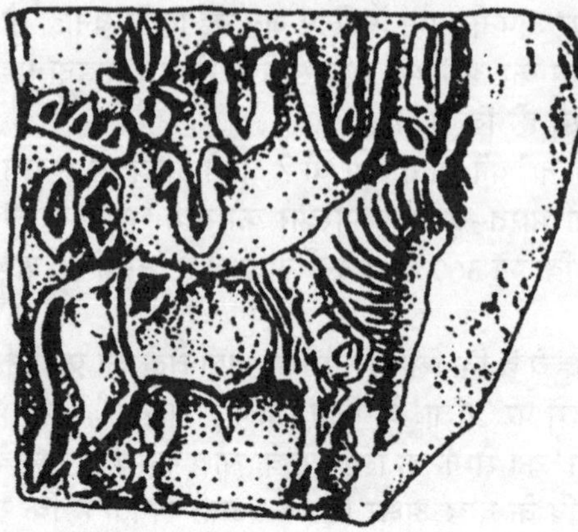

चित्र 21.8 'ब्यूस्त्रफीदान' लेखन पद्धति की सिंधु मुहर

भीतर दबे (यानी सिंधु सभ्यता के स्थलों में दबे) इस शब्द-संग्रह का उद्धार किया, इसलिए सिंधु लेखों को यास्क के निघंटु व निरुक्त के आधार पर पढ़ा जा सकता है!

डॉ. झा के मतानुसार सिंधु लिपि प्रमुखत: व्यंजनमालात्मक है; इसमें केवल तीन ही स्वर-वर्ण हैं और शब्द के आरंभ के सभी अक्षरों को केवल एक ही संकेत (U) से व्यक्त किया गया है। अधिकांश मुद्राओं को उन्होंने बाईं ओर से दाईं ओर को पढ़ा, तो कुछ को दाईं ओर से बाईं ओर को और कुछ को दोनों ओर से।

स्पष्ट है कि डॉ. झा ने अपने इस प्रयास में सिंधु सभ्यता की उपलब्ध पुरातात्विक सामग्री पर और उसके निर्धारित कालक्रम पर तनिक भी ध्यान नहीं दिया। वे बिना किसी आधार के सिंधु सभ्यता के उत्कर्ष काल को ईसा के पांच हजार साल पहले रखते हैं और वैदिक काल को उसके भी काफी पीछे ले जाते हैं। उद्देश्य है येन-केन-प्रकारेण यह सिद्ध करना कि सिंधु सभ्यता वैदिक सभ्यता का ही एक परवर्ती अंग है।

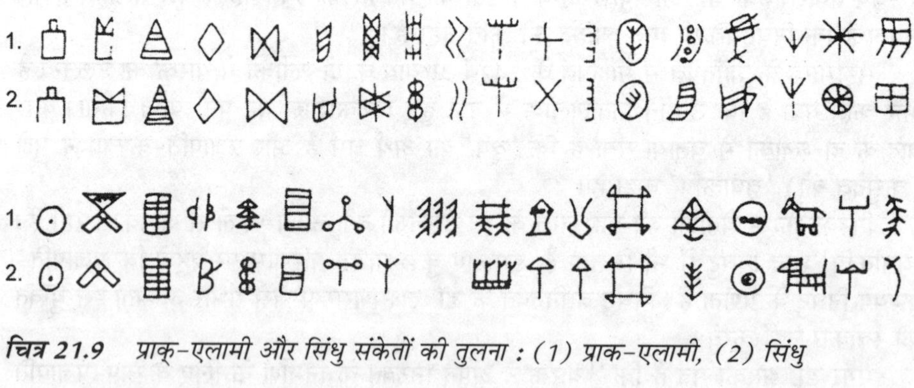

चित्र 21.9 प्राक्-एलामी और सिंधु संकेतों की तुलना : (1) प्राक्-एलामी, (2) सिंधु

ऐसी निराधार मान्यताएं वेदों के प्रति हमारी अंधभक्ति को तो बढ़ावा दे सकती हैं, परंतु प्राक्-ऐतिहासिक काल की सिंधु सभ्यता पर कोई नया प्रकाश नहीं डालतीं।

ऐरावथम् महादेवन् ने सिंधु लेखों का 'संग्रह' प्रकाशित किया है। उनकी मान्यता है कि सिंधु मुहरों में उनके स्वामियों के नाम अंकित हैं। वे इन लेखों में द्रविड़ परिवार की भाषा खोजी जाने की उम्मीद रखते हैं।

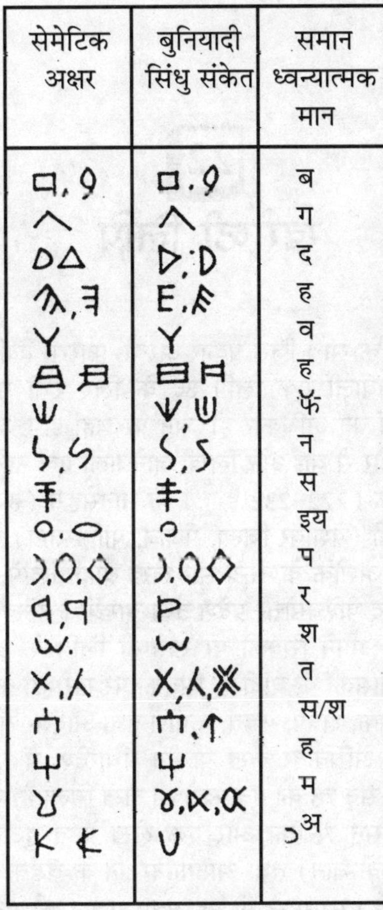

चित्र 21.10   डॉ. राव के अनुसार सेमेटिक और सिंधु अक्षर-संकेतों में समानता

सिंधु लिपि में कोई द्रविड़ भाषा खोजता है, कोई वैदिक भाषा। यह बात भी नजरअंदाज नहीं करनी चाहिए कि सिंधु लिपि में इन दोनों के अलावा कोई तीसरी भाषा निहित हो सकती है। इसलिए इस लिपि के अन्वेषण का सर्वोत्तम तरीका यही है कि इसका अध्ययन इसके आंतरिक व्याकरणात्मक विश्लेषण से आरंभ किया जाए—क्रीट की रैखिक-ब लिपि की तरह।

सुमेर के साथ सिंधु सभ्यता के गहरे संबंध थे। यदि कोई द्वैभाषिक लेख प्राप्त हो गया होता तो इस लिपि के उद्घाटन में आसानी होती। लगता है कि किसी द्वैभाषिक लेख के प्राप्त होने पर ही अब इस लिपि का रहस्योद्घाटन हो पाएगा। किंतु तब तक इसके आंतरिक विश्लेषण के प्रयास जारी रहने चाहिए, जारी रहेंगे।

22

खरोष्ठी लिपि

भारत में इस्लामी शासन के साथ जिस प्रकार अरबी-फारसी लिपि के आधार पर दाईं ओर से बाईं ओर को लिखी जानेवाली एक लिपि उर्दू के लिए रची गई, उसी प्रकार भारत के पश्चिमोत्तर प्रदेश पर ईरानियों का अधिकार हो जाने पर वहां ई.पू. पांचवीं शताब्दी में आरमेई लिपि के आधार पर दाहिनी ओर से बाईं ओर लिखी जानेवाली एक नई लिपि खरोष्ठी का निर्माण किया गया था। सम्राट अशोक (272–232 ई.पू.) के मानसेहरा (हजारा जिला, सरहदी सूबा, पाकिस्तान) तथा शाहबाज़गढ़ी (पेशावर जिला, पंजाब, पाकिस्तान) के शिलालेख इस खरोष्ठी में ही हैं। इन दो को छोड़कर अशोक के अन्य सारे लेख ब्राह्मी लिपि में हैं। सिकंदर के भारत-आक्रमण (326 ई.पू.) के बाद पश्चिमोत्तर प्रदेश तथा बाख्त्री (बल्ख) पर यूनानियों का शासन स्थापित हुआ, तो उन्होंने भी अपने सिक्कों पर खरोष्ठी लिपि के अक्षरों का उपयोग किया। यूनानियों से भी पहले ईरानी शासकों के चांदी के सिक्कों पर खरोष्ठी के अक्षरों के ठप्पे देखने को मिलते हैं। यूनानियों के बाद शक, क्षत्रप, पह्लव, कुषाण तथा औदुंबर राजाओं ने भी इस लिपि का इस्तेमाल किया। खरोष्ठी के अधिकतर लेख प्राचीन गंधारदेश में ही मिले हैं। तक्षशिला के धर्मराजिका स्तूप की खुदाई से सन् 78 का एक खरोष्ठी लेख मिला है, जो रजतपत्र पर अंकित है। वहीं से ताम्रपत्र पर अंकित सन् 76 का और एक लेख प्राप्त हुआ है। प्राचीन पुष्कलावती (चारसद्दा, सरहदी सूबा, पाकिस्तान) तथा अफ़गानिस्तान के वर्डक और हड्डा नामक स्थानों से भी खरोष्ठी के लेख मिले हैं। मथुरा से भी महाक्षत्रप राजुल की रानी का सिंहाकृति पर खुदा हुआ खरोष्ठी लेख उपलब्ध हुआ है। वैसे तो पटना से भी खरोष्ठी का एक लेख मिला है, परंतु वह पश्चिमोत्तर भारत के किसी यात्री द्वारा पटना लाया गया होगा। इनके अलावा, सिद्दापुर (जिला चित्रदुर्ग, कर्नाटक) के अशोक के ब्राह्मी लेख की अंतिम पंक्ति में 'चपडेन लिखिते' शब्दों के बाद 'लिपिकरेण' शब्द के पांच अक्षर खरोष्ठी लिपि में खुदे हुए हैं, जिससे ज्ञात होता है कि इस लेख का लेखक पश्चिमोत्तर भारत का निवासी रहा होगा। लेकिन इन उदाहरणों का अर्थ यह नहीं है कि दक्षिण में सिद्दापुर और पूर्व में पटना तक कभी खरोष्ठी लिपि का प्रचार था। वस्तुतः गंधारदेश में ही इस लिपि ने जन्म लिया था और वहीं पर इसका सर्वाधिक प्रयोग हुआ।

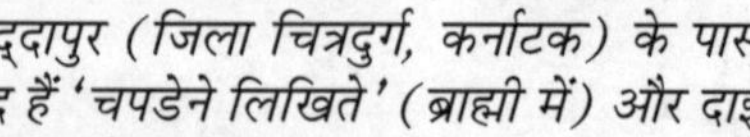

चित्र 22.1 अशोक के सिद्दापुर (जिला चित्रदुर्ग, कर्नाटक) के पास के ब्रह्मगिरि लेख की अंतिम पंक्ति। इसमें बाईं ओर के शब्द हैं 'चपडेने लिखिते' (ब्राह्मी में) और दाईं ओर का शब्द है 'लिपिकरेण' (खरोष्ठी लिपि में), जो दाईं ओर से बाईं ओर पढ़ा जाएगा।

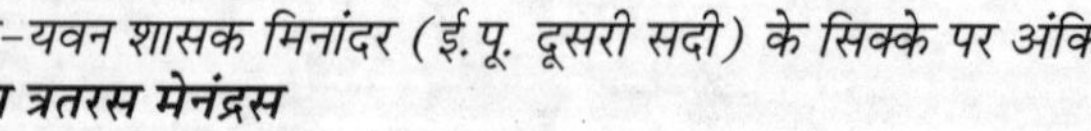

*चित्र 22.2 हिंद-यवन शासक मिनांदर (ई.पू. दूसरी सदी) के सिक्के पर अंकित खरोष्ठी लेख (दाएं से बाएं): **महरजस त्रतरस मेनंद्रस***

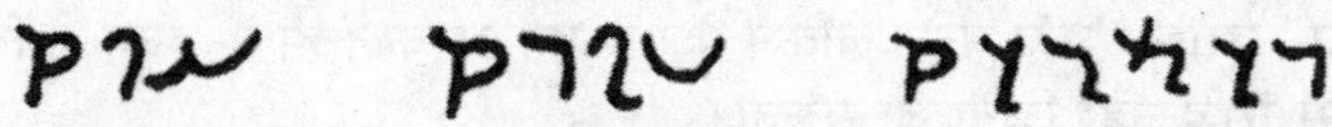

चित्र 22.3 पश्चिमोत्तर भारत के शक शासक मोअस (लगभग 90 ई.पू.) के सिक्के पर अंकित खरोष्ठी लेख (दाएं से बाएं) : ***रजतिरजस महतस मोअस***

लेकिन अब हमें चीनी तुर्किस्तान को भी खरोष्ठी लिपि का क्षेत्र मानना पड़ेगा। 1892 में एक फ्रांसीसी यात्री द्यूत्र्य द रॅन्स ने खोतन से खरोष्ठी लिपि में भोजपत्र पर लिखी हुई 'धम्मपद' की एक प्रति प्राप्त की थी। यह भोजपत्र पर लिखी हुई सबसे प्राचीन उपलब्ध पुस्तक है। प्रसिद्ध पुरातत्ववेत्ता ऑरेल स्टाइन (1862–1943) ने मध्य-एशिया के मासी-मजार, नीया, लोन-लन् आदि स्थानों से काष्ठपट्टिकाओं पर लिखे हुए सैकड़ों खरोष्ठी लेख प्राप्त किए हैं। इन काष्ठपट्टिकाओं की लंबाई 7½ से 15 इंच और चौड़ाई 1½ से 2½ इंच हैं। कुछ चौकोर पट्टिकाएं भी मिली हैं। ऐसी पट्टिकाओं को जब पत्र रूप में भेजा जाता था, तो इन्हें दूसरी पट्टिकाओं से ढककर उन पर मुहर लगा दी जाती थी। चर्मपट पर अंकित खरोष्ठी लेख भी नीया से मिले हैं। खरोष्ठी लिपि के ये सारे लेख प्राकृत में हैं, जो धम्मपद की प्राकृत से काफी मिलती-जुलती है। चीनी तुर्किस्तान से ही एक पट्टिका पर खरोष्ठी लिपि में संस्कृत के चार श्लोक प्राप्त हुए हैं। संस्कृत के लिए खरोष्ठी लिपि के प्रयोग का यह एकमात्र उपलब्ध उदाहरण है। लोन-लन् से कागज पर खरोष्ठी के लेख प्राप्त हुए हैं।

सामान्यतः ई.पू. तीसरी शताब्दी से ईसा की चौथी शताब्दी तक खरोष्ठी लिपि का व्यवहार होता रहा। खरोष्ठी के प्राचीनतम अभिलेख अशोक के शाहबाजगढ़ी तथा मानसेहरा के शिलालेख हैं। भारत में मिले खरोष्ठी के सबसे बाद के अभिलेख कुषाण शासकों (ईसा की तीसरी और चौथी शताब्दी) के हैं। चीनी तुर्किस्तान के लेख भी तीसरी-चौथी शताब्दी के हैं। संभव है कि इसके बाद भी वहां के निवासियों ने कुछ समय तक इस लिपि का उपयोग जारी रखा हो; परंतु भारत में पांचवीं शताब्दी में जब हूणों का आगमन होता है तो हम खरोष्ठी का कहीं कोई अस्तित्व नहीं देखते। जब विदेशी शासक भारत की संस्कृति में घुल-मिल गए तो उन्होंने खरोष्ठी लिपि को त्यागकर यहां की अधिक प्रचलित ब्राह्मी लिपि को अपना लिया।

इस लिपि का नाम खरोष्ठी क्यों पड़ा, इसके बारे में विद्वानों में काफी मतभेद है। कुछ विद्वानों ने इसे 'इंडो-बैक्ट्रियन', 'बैक्ट्रियन', 'बैक्ट्रो-पालि', 'काबुली', 'गांधारी' आदि नाम भी दिए हैं। लेकिन अब इसके लिए 'खरोष्ठी' नाम ही रूढ़ हो गया है। किंतु इस नाम की उत्पत्ति के बारे में भी नाना प्रकार के मत प्रचलित हैं। प्रसिद्ध बौद्ध ग्रंथ 'ललित-विस्तर' (ईसा की दूसरी शताब्दी में रचित) के दसवें अध्याय में 64 लिपियों के नाम गिनाए गए हैं, जिनमें पहला नाम 'ब्राह्मी' का और दूसरा 'खरोष्ठी' का है। इन 64 नामों में अधिकतर नाम कल्पित यानी अवास्तविक ही जान पड़ते हैं। 668 ई. में लिखे गए एक चीनी बौद्ध विश्वकोश 'फा-वान-शु-लिन्' में भी ब्राह्मी और खरोष्ठी लिपियों के उल्लेख मिलते हैं। उसमें खरोष्ठी लिपि के बारे में लिखा है, ''किअ-लु (किअ-लु-से-टो > क-लु-से-टो > ख-रो-स-ट > खरोष्ठ) की लिपि दाईं ओर से बाईं ओर को पढ़ी जाती है। ...ब्रह्मा और खरोष्ठ भारतवर्ष में हुए। ब्रह्मा और खरोष्ठ ने अपनी लिपियां देवलोक से पाईं।'' ललित-विस्तर और चीनी विश्वकोश के इन्हीं उल्लेखों के आधार पर प्रसिद्ध पुरालिपिविद् ब्यूह्लर ने इस लिपि को 'खरोष्ठी' का नाम दिया था। खरोष्ठ का अर्थ 'गधे के ओठ वाला' होता है। एक मत के अनुसार गधे की खाल पर लिखी जाने से इसे ईरानी में 'खरपोस्त' कहते थे और उसी का अपभ्रंश रूप खरोष्ठ है। एक अन्य मत यह है कि आरमेई भाषा में 'खरोट्ठ' शब्द था, और उसी के भ्रामक साम्य के आधार

पर संस्कृत का 'खरोष्ठ' शब्द बना। लेकिन ये सारे मत अटकलें ही हैं; इनमें से किसी को भी ठोस प्रमाणों से सिद्ध नहीं किया जा सकता।

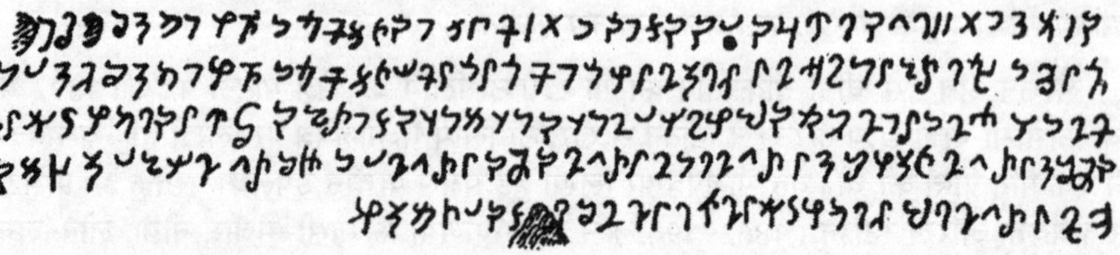

लिप्यंतर (दाएं से बाएं):

1. *स 1 100 20 10 4 2 (=136) अयस अषडस मसस दिवसे 1 4 1 (=15) इश दिवसे प्रदिस्तवित भगवतो धतुओ उरस*
2. *केन लोत फ्रिअपुत्रन बहलिएन नोअचए नगरे वस्तवेन तेन इमे प्रदिस्तवित भगवतो धतुओ धमर-*
3. *इए तछशि(ल)ए तनुवए बोधिसत्व गहमि महरजस रजतिरजस देवपुत्रस खुषनस अरोग दक्षिणए*
4. *सर्व बुधन पुयए प्रचग बुधन पुयए अरह(त) न पुयए सर्वसन पुयए मतपितु पुयए मित्रमच ञतिस*
5. *लोहिन पुयए अत्वनो अरोग दछिनए निवनए होतु अ(य)दे समपरिचगो*

चित्र 22.4 *तक्षशिला के धर्मराजिका स्तूप से प्राप्त, रजतपत्र पर अंकित खरोष्ठी लेख (प्रथम शताब्दी ई.)। इसमें इस बात का उल्लेख है कि अय-वर्ष 136 (लगभग 78 ई.) में बल्ख देश के उरसक ने उपर्युक्त स्तूप के निजी उपासना-गृह में अपने गुरुजनों, संबंधियों और मित्रों के सम्मान के लिए तथा महान कुषाण सम्राट के तथा अपने स्वास्थ्य के लिए भगवान बुद्ध के अस्थि-अवशेषों की प्रतिष्ठापना की।*

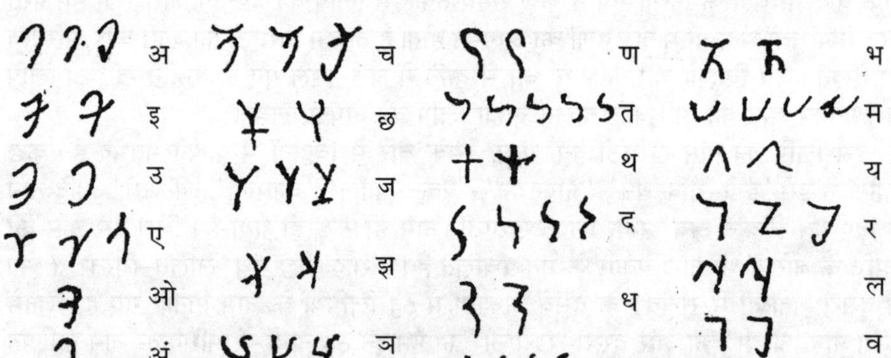

चित्र 22.5 *खरोष्ठी वर्णमाला*

खरोष्ठी लिपि, सेमेटिक लिपियों की तरह, दाईं ओर से बाईं ओर को लिखी जाती थी। इसके कुछ अक्षर ही नहीं, बल्कि इनके ध्वनिमान भी आरमेई लिपि से मिलते हैं। इसलिए अनेक विद्वान ऐसा मानते हैं कि खरोष्ठी का निर्माण आरमेई लिपि के आधार पर हुआ है। ईरान के हख़ामनी शासन-काल में संपूर्ण पश्चिम एशिया में आरमेई भाषा तथा लिपि का प्रचार था। तक्षशिला से भी आरमेई लिपि में लिखा हुआ एक शिलालेख मिला है। हख़ामनी शासकों का गंधारदेश पर भी शासन था। आरमेई लिपि सेमेटिक भाषाओं को लिखने के लिए तो ठीक थी, परंतु भारोपीय परिवार की प्राकृत भाषा को इस लिपि में लिखना संभव नहीं था। इसलिए, ऐसा जान पड़ता है कि ई.पू. पांचवीं शताब्दी में गंधार देश में, आरमेई लिपि का अनुकरण करते हुए, इस नई लिपि को जन्म दिया गया। आरमेई लिपि में केवल 22 अक्षर थे और उसमें स्वरों की अपूर्णता (जैसा कि सभी सेमेटिक लिपियों में देखने को मिलता है) थी और उसमें ह्रस्व-दीर्घ का कोई भेद नहीं था। इसलिए प्राकृत (पालि) के लिए नई लिपि का निर्माण करते समय कुछ नए स्वर तथा उनकी मात्राओं के लिए संकेत गढ़ने पड़े। खरोष्ठी लिपि की वर्णमाला को देखने से स्पष्ट पता चलता है कि उसके निर्माण में ब्राह्मी लिपि का प्रभाव काफी रहा है। इतना होने पर भी ब्राह्मी की तरह खरोष्ठी के स्वरों तथा उनकी मात्राओं में ह्रस्व-दीर्घ का भेद नहीं है। इसमें संयुक्ताक्षर भी बहुत कम मिलते हैं। कुछ संयुक्ताक्षरों का पढ़ना तो अब भी संदेह से मुक्त नहीं है। वस्तुतः जिस प्रकार हमारे देश में आज भी एक कामचलाऊ 'महाजनी लिपि' चलती है, उसी की तरह इस खरोष्ठी का भी जन्म मामूली पत्र-व्यवहार, बहीखातों के हिसाब आदि के लिए ही हुआ था।

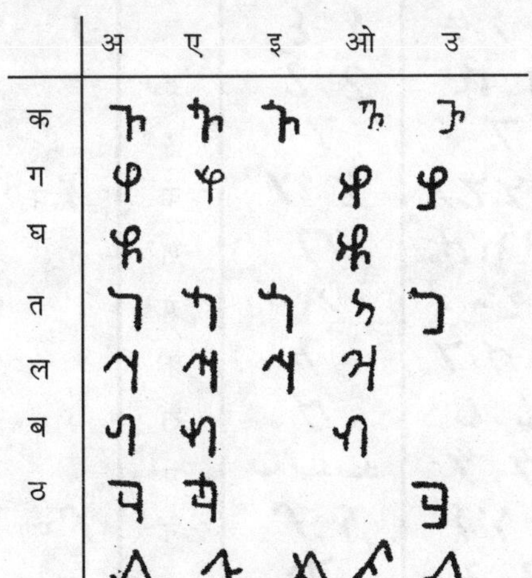

चित्र 22.6 खरोष्ठी व्यंजनों के साथ स्वर-मात्राएं जोड़ने की व्यवस्था

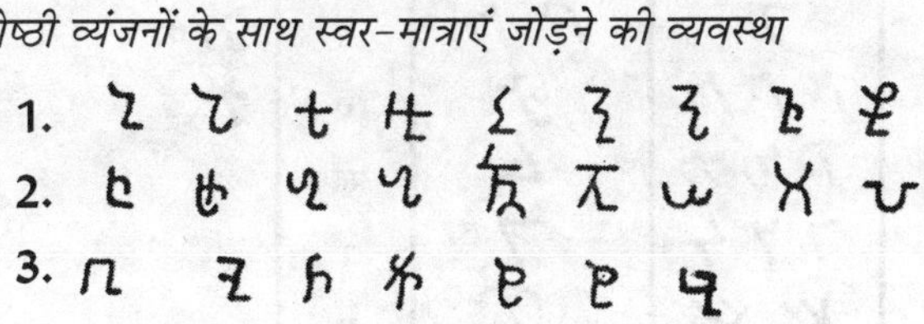

चित्र 22.7 अशोक के खरोष्ठी लेखों के कुछ संयुक्ताक्षर, क्रमशः

1. त्र त्व थ्र थ्रि द्र ध्र ध्र क्र ग्रं

2. प्र प्रि ब्र ब्र भ्ये भ्र म्म म्य म्रु

3. श्र व्रं स्प स्पि स्त्र स्त्र ट्र

खरोष्ठी के लेख शिलाओं, धातु-फलकों, काष्ठ-पट्टिकाओं, सिक्कों, भूर्जपत्रों तथा कागज पर मिलते हैं और इन सभी लेखन-सामग्रियों पर इस लिपि का सामान्यतः एक-सा ही स्वरूप देखने को मिलता है। यों यह लिपि स्याही और कलम से लिखने के लिए अधिक उपयुक्त थी।

पिछली शताब्दी के पूर्वार्ध में कर्नल जेम्स टॉड, जनरल वेंटुरा, अलेक्ज़ेंडर बर्न्स आदि पुराविदों ने बाख़्त्री, यूनानी, शक, पह्लव तथा कुषाण शासकों के ढेरों सिक्कों का संग्रह किया था। इन सिक्कों में से कई पर एक तरफ यूनानी लिपि के अक्षर हैं और दूसरी तरफ खरोष्ठी लिपि के। आरंभ में खरोष्ठी लिपि के बारे में काफी अटकलें लगाई गईं। इन सिक्कों के यूनानी अक्षरों को आसानी से पढ़ा जा सकता था। अफ़गानिस्तान में पुरातत्वान्वेषण में जुटे हुए मेसन

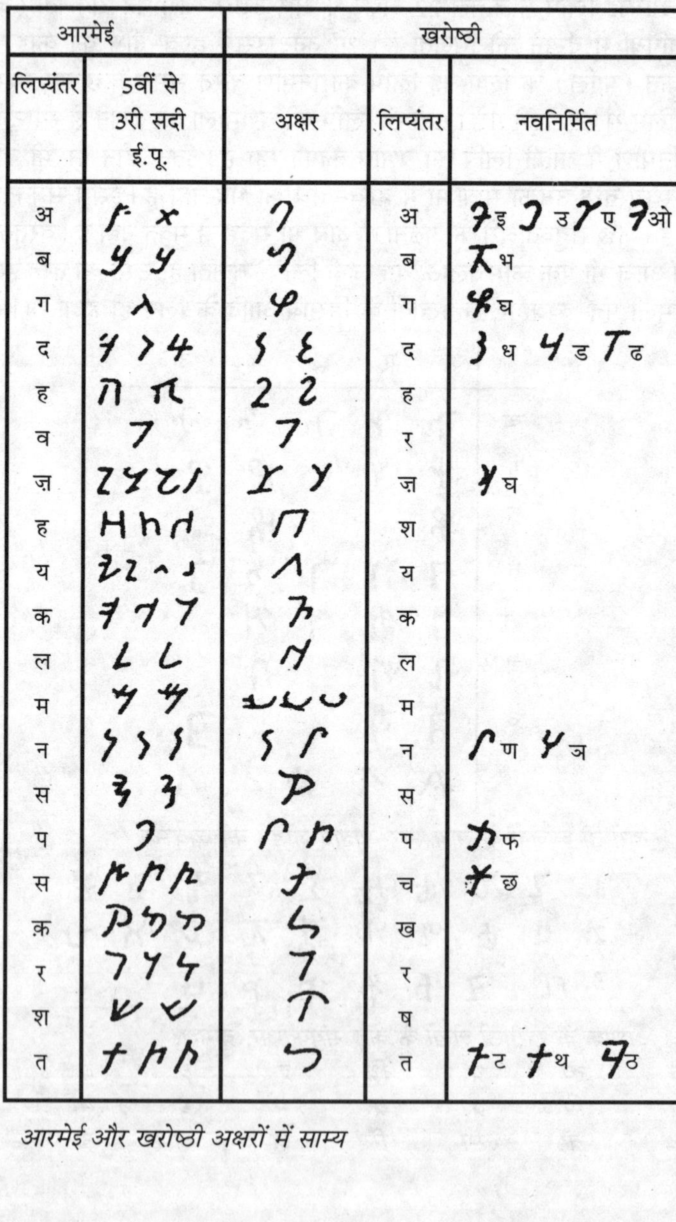

चित्र 22.8 आरमेई और खरोष्ठी अक्षरों में साम्य

महाशय ने सबसे पहले सिक्कों के एक तरफ के यूनानी नामों की तुलना दूसरी ओर के खरोष्ठी अक्षरों से करके दूसरी तरफ की इबारतों का अध्ययन किया, तो उन्हें 'मिनांडर', 'एपोलोडोटस', 'हर्मिअस', 'बेसिलियस' (राजा) और 'सोटेरस' (रक्षक) शब्दों के खरोष्ठी अक्षरों को पहचानने में सफलता मिली। मेसन ने अपनी इस खोज की जानकारी जेम्स प्रिंसेप को दी। प्रिंसेप (1799–1840) उस समय ब्राह्मी और खरोष्ठी के अन्वेषण में जुटे हुए थे। उन्होंने ब्राह्मी लिपि का तो उद्घाटन किया ही, उन्हें खरोष्ठी लिपि का भी उद्घाटन करने का श्रेय प्राप्त है। मेसन के अक्षरमानों के आधार पर प्रिंसेप को आरंभ में 12 राजाओं के नामों तथा 6 पदवियों को पढ़ने में सफलता मिली। इसके साथ यह भी पता चला कि यह लिपि दाईं ओर से बाईं ओर को लिखी जाती थी। लेकिन प्रिंसेप आरंभ में इस लिपि की भाषा को गलती से पहलवी समझ बैठे थे। 1838 में पहली बार दो बाख्त्री राजाओं के सिक्कों पर प्राकृत (पालि) में लेख देखने को मिले, तो यह सिद्ध हो गया कि खरोष्ठी लेखों की भाषा पालि है। इसके बाद तो खरोष्ठी लिपि के अक्षरों को पहचानना और भी अधिक आसान हो गया। स्वयं प्रिंसेप ने इस लिपि के 17 अक्षर पहचाने थे। बाद में जनरल कनिंघम (1814–93) ने खरोष्ठी की संपूर्ण वर्णमाला तथा संयुक्ताक्षरों को पहचानने का काम पूरा कर दिया।

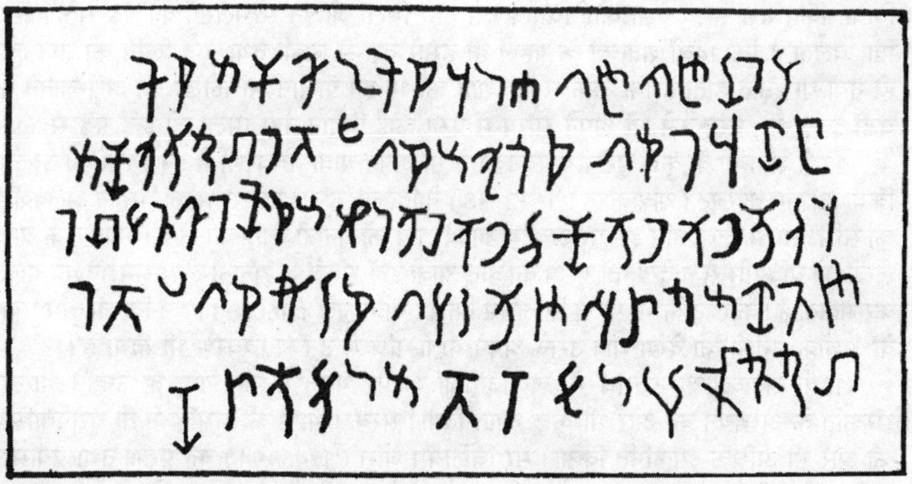

चित्र 22.9 *खरोष्ठी लिपि में शाहबाजगढ़ी का सप्तम शिलालेख। दाईं ओर से बाईं ओर को इसे यों पढ़ा जाता है :*

1. देवनं प्रियो प्रियशि रज सव्रत्र इछति सव्र

2. प्रषंड वसेयु सवे हि ते सयमे भवशुधि च इछंति

3. जनो चु उचवुचछंदो उचवुचरगो ते सव्रं व एकदेशं व

4. पि कषंति विपुले पि चु दने बस नस्ति सयम भव

5. शुधि किट्रञत द्रिढ भतित निचे पढं

अर्थात्, देवताओं के प्रिय प्रियदर्शी राजा चाहते हैं कि सब जगह सब संप्रदायों के लोग (एक साथ) निवास करें, क्योंकि सब संप्रदाय संयम और चित्त की शुद्धि चाहते हैं। परंतु भिन्न-भिन्न मनुष्यों की प्रवृत्ति तथा रुचि भिन्न-भिन्न—ऊंची या नीची, अच्छी या बुरी—होती है। वे या तो संपूर्ण रूप से या केवल आंशिक रूप से अपने धर्म का पालन करेंगे। किंतु जो बहुत अधिक दान नहीं कर सकता उसमें संयम, चित्तशुद्धि, कृतज्ञता और दृढ़ भक्ति का होना नितांत आवश्यक है।

23

भारतीय पुरालिपियों का अन्वेषण

दिल्ली के सुल्तान फ़ीरोज़शाह तुगलक (1351-88) ने 1356 में टोपरा (अंबाला जिला, हरियाणा) तथा मेरठ से अशोक के दो स्तंभ बड़ी मेहनत से मंगवाकर दिल्ली में खड़े करवाए थे। ये स्तंभ कितने परिश्रम और उत्साह से दिल्ली लाए गए थे, इसका विवरण फ़ीरोज के अपने दरबारी इतिहासकार शम्स-इ-शीराज ने 'तारीख़-इ-फ़ीरोज़शाही' में दिया है। इनमें से एक स्तंभ फ़ीरोज़शाह के कोटले में और दूसरा 'कुश्क शिकार' (शिकार का महल) के पास खड़ा करवाया गया था। फ़ीरोज ने इन स्तंभों पर उत्कीर्ण लेखों को पढ़ने के लिए बहुत से पंडितों को आमंत्रित किया, किंतु उस समय ऐसा कोई विद्वान उसे नहीं मिला जो इन स्तंभलेखों को पढ़ सके। इससे पता चलता है कि 14वीं शताब्दी के पहले ही हमारे देश से ब्राह्मी तथा गुप्त लिपि का ज्ञान लुप्त हो गया था। ज्ञात होता है कि अकबर बादशाह को भी इन प्राचीन स्तंभलेखों का अर्थ जानने की बड़ी इच्छा थी; परंतु उसे भी अपने समय में ऐसा कोई विद्वान नहीं मिला जो इन्हें पढ़ सके।

17वीं शताब्दी के कुछ यूरोपीय पर्यटकों ने भी अपने यात्रा-विवरणों में इन स्तंभों का उल्लेख किया है। टॉम कोरयट (यात्राकाल : 1612-18) ने दिल्ली के अशोक-स्तंभ को 'महान अलेक्ज़ेंडर का स्तंभ' समझ लिया और इस पर उत्कीर्ण ब्राह्मी लेख को यूनानी लिपि का लेख। अशोक के ब्राह्मी लेखों को यदि गौर से न देखें, तो यूरोप का कोई यात्री इन्हें सहज ही यूनानी लेख समझने की गलती कर सकता है। कोरयट के भी पहले विलियम फिच (यात्राकाल : 1608-11) ने दिल्ली और प्रयाग के अशोक-स्तंभों को देखा था। उसने अपने यात्रा-ग्रंथ में उनका विवरण भी दिया है।

18वीं शताब्दी के उत्तरार्ध में, जब अंग्रेजों के पैर भारत में जम गए, तो उन्होंने भारतीय संस्कृति के अध्ययन की ओर भी कुछ ध्यान दिया। संस्कृत भाषा की समृद्धि ने तो यूरोपवासियों को और भी अधिक आकर्षित किया। सर विलियम जोंस (1746-94) की प्रेरणा तथा प्रयास से 'एशिया के इतिहास,...पुरातत्व, कला, विज्ञान, साहित्य आदि के अनुशीलन के लिए' कलकत्ता में 15 जनवरी, 1784 को 'एशियाटिक सोसायटी' की स्थापना हुई। 1788 से इस सोसायटी का 'एशियाटिक रिसर्चेज' नाम से एक मुखपत्र भी प्रकाशित होने लग गया था। सोसायटी के माध्यम से बहुत से यूरोपीय विद्वान भारतीय पुरातत्व का अनुशीलन करने में जुट गए और इसी के साथ भारत की पुरालिपियों का अन्वेषण-कार्य भी आरंभ हो गया।

विलियम जोंस के सहयोगी चार्ल्स विल्किंस (1750-1836) प्रथम अंग्रेज विद्वान थे जिन्होंने संस्कृत भाषा का गहरा अध्ययन किया। विल्किंस ही पहले व्यक्ति थे जिन्हें भारतीय पुरालिपियों को पढ़ने में कुछ सफलता मिली थी। 1781 में उन्होंने बंगाल के राजा देवपाल का मुंगेर से प्राप्त दानपत्र पढ़ा। 1785 में उन्होंने बदाल (दीनाजपुर जिला, प. बंगाल) के एक स्तंभ पर उत्कीर्ण बंगाल के राजा नारायणपाल का लेख भी पढ़ा। इसी साल पंडित राधाकांत शर्मा ने टोपरा से दिल्ली लाए गए अशोक-स्तंभ पर उकेरा हुआ विक्रम-संवत् 1220 का अजमेर के चौहान राजा आन्नल्लदेव के पुत्र बीसलदेव का लेख पढ़ा। पर इसी वर्ष जब हेरिंग्टन ने बुद्धगया के पास की नागार्जुनी तथा

बराबर गुफाओं में पाए गए मौखारि वंश के राजा अनंतवर्मन के लेखों को पढ़ने की कोशिश की, तो उसे सफलता नहीं मिली। परंतु 1785-89 के बीच चार्ल्स विल्किंस, बड़े परिश्रम के बाद, इन लेखों को पढ़ने में सफल हो गए। इस प्रकार, विल्किंस ने गुप्त लिपि की लगभग आधी वर्णमाला पहचान ली थी।

1818 से 1823 के बीच कर्नल जेम्स टॉड ने राजस्थान और काठियावाड़ में बहुत से पुरालेखों का संग्रह किया और उनमें से 7वीं शताब्दी से 15वीं शताब्दी तक के लेखों को उन्होंने अपने गुरु यति ज्ञानचंद्र की सहायता से पढ़ा। टॉड ने राजस्थान के बारे में एक बृहद् ग्रंथ भी लिखा है।

1834 में कप्तान ट्रायर ने प्रयाग के अशोक-स्तंभ पर उत्कीर्ण समुद्रगुप्त का लेख पढ़ा। इसके बाद डब्ल्यू.एच. मिल तथा जेम्स प्रिंसेप ने भी अनेक गुप्तकालीन लेख पढ़े। यह हम बतला ही चुके हैं कि विल्किंस गुप्त लिपि की लगभग आधी वर्णमाला को खोज चुके थे। प्रिंसेप, ट्रायर तथा मिल के प्रयासों से अब गुप्त लिपि की पूरी की पूरी वर्णमाला ज्ञात हो गई थी।

अब तक गुप्त लिपि से भी पुरानी प्राचीन ब्राह्मी लिपि के अनेक लेखों का संग्रह हो चुका था। परंतु उस लिपि के अधिक प्राचीन होने से उसे पढ़ पाना उतना आसान काम नहीं था। मजेदार बात यह है कि आरंभ में प्राय: सभी पुराविद् ब्राह्मी लिपि की भाषा को संस्कृत मान बैठे थे। लेकिन अंत में ब्राह्मी लिपि का भी उद्घाटन हो ही गया, और इसका श्रेय है जेम्स प्रिंसेप को।

चित्र 23.1 जेम्स प्रिंसेप (1799-1840 ई.)

जेम्स प्रिंसेप (1799-1840), जो कि 1832 से 1840 तक कलकत्ता की टकसाल के अधिकारी थे, बंगाल की एशियाटिक सोसायटी के सेक्रेटरी भी थे। हम बतला चुके हैं कि उन्होंने गुप्त लिपि की वर्णमाला को पढ़ने में सहयोग दिया था। गुप्त लिपि के उद्घाटन के बाद वे ब्राह्मी लिपि के अन्वेषण में लग गए। पता चलता है कि वे लगातार सात साल तक इस काम में जुटे रहे। उन्होंने भारत के विभिन्न भागों से ब्राह्मी लिपि के लेखों की अनुकृतियां मंगवाईं और उनका तुलनात्मक अध्ययन करते रहे और उन्होंने ब्राह्मी के अक्षरों का गुप्त लिपि के अक्षरों के साथ

मिलान करके देखना जारी रखा। अंत में सांची के प्रसिद्ध स्तूपों से प्राप्त संक्षिप्त लेखों का अध्ययन करने पर उन्हें ब्राह्मी के उद्घाटन की कुंजी मिल गई। यह कुंजी संयोगवश उनके हाथ कैसे लगी, इसका रोचक वर्णन उनके अपने शब्दों में ही पढ़िए :

"मैं जब प्लेट नं. 17 (सांची के अभिलेख) के विभिन्न अंशों का संयोजन एवं शिला-मुद्रण कर रहा था, तो मुझे यह जानकर आश्चर्य हुआ कि इन सभी लेखों के अंत में सदैव दो अक्षर-संकेत पाए जाते हैं, अर्थात् 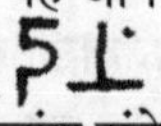। इन दो संकेतों पर विचार करते हुए मैंने यह भी जाना कि इनकी स्थिति स्वतंत्र है और ये शब्दांश संकेत नहीं हैं। आगे मैंने यह भी सोचा कि ये संकेत किसी मृत्यु-लेख या दान-लेख से संबंधित होने चाहिए; क्योंकि 'अवा' के बुद्ध-मंदिरों तथा चैत्यों आदि के लिए मूर्ति-दान या प्राकार-निर्माण के समय यह देखने को मिलता है कि दाता अपना नाम एवं दान वहां अंकित करवा देता है। इसके बाद मैंने देखा कि इन दो संकेतों वाले शब्द के पहले प्रायः 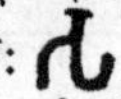 अक्षर देखने को मिलता है, जिसके 'स' होने की जानकारी मुझे पहले से थी। केवल एक या दो दिन पहले ही सौराष्ट्र के एक सिक्के का अध्ययन करते समय मैंने यह जाना था कि यह संकेत संबंधकारक एकवचन के प्रत्यय का अक्षर है, जो कि पालि में 'स्स' है और संस्कृत में 'स्य'। अतः 'अमुक का दान' ही प्रत्येक संक्षिप्त लेख का अर्थ होना चाहिए। 'आ' की मात्रा तथा अनुस्वार के बिंदु को मैं पहले से जानता था, इसलिए अब मैं सहज ही उपर्युक्त दो संकेतों को 'दानं' के रूप में पढ़ सकता था। इस प्रकार मुझे 'द' और 'न' के दो नए अक्षर-संकेत मिल गए। इन दो अक्षरों को खोजने की पहले भी मैंने बहुत कोशिश की थी, किंतु हमेशा ही असफल रहा था। 1834 से अध्ययन करते चले आने के कारण अब मैं इस प्राचीन अक्षरमाला से इतना अधिक परिचित हो गया था कि प्रस्तुत लेख-संग्रह के शेष सभी लेखों को अब मैं आसानी से या कुछ परीक्षण के बाद पहचानने लग गया। चंद मिनटों में ही मैंने संपूर्ण वर्णमाला को जान लिया और तदनंतर इस वर्णमाला की परीक्षा के लिए इससे मैंने दिल्ली-स्तंभ के लेख को भी पढ़ना आरंभ कर दिया।" ('जर्नल ऑफ द एशियाटिक सोसायटी ऑफ बंगाल, खंड 6, भाग 1, पृष्ठ 460-01)।

प्रिंसेप ने अपने उद्घाटन की घोषणा 7 जून, 1837 को की। वस्तुतः इसका मुख्य सूत्र कुछ पहले ही उनके हाथ लग गया था, जैसा कि कनिंघम को 23 मई, 1837 को लिखे उनके पत्र से स्पष्ट होता है।

प्रिंसेप ने आरंभ में इस वर्णमाला को 'सांची वर्णमाला' का नाम दिया था। इस वर्णमाला का ज्ञान हो जाने के बाद उन्होंने अशोक के अन्य स्तंभलेखों (लाटों पर अंकित लेखों) को भी पढ़ा। उन्होंने दिल्ली और प्रयाग के अशोक-स्तंभों के लेखों को पढ़कर उनका विस्तृत विवेचन प्रकाशित किया। अशोक के गिरनार वाले शिलालेख का अध्ययन करके उन्होंने कुछ यूनानी शासकों के नामों की भी खोज की। चूंकि, इन यूनानी शासकों का काल ज्ञात था, इसलिए गिरनार के शिलालेख के निर्माता सम्राट अशोक का काल भी सुनिश्चित हो गया। इस प्रकार भारतीय पुरातत्वान्वेषण को एक सुदृढ़ तिथिगत आधार भी प्राप्त हो गया।

केवल 41 वर्ष की अल्पायु में 22 अप्रैल, 1940 को प्रिंसेप की मृत्यु हो गई। मिस्र की हाइरोग्लिफिक लिपि के अन्वेषण शांपोल्यों और मेसोपोटामिया की कीलाक्षर लिपि के उद्घाटन-कर्त्ता रॉलिन्सन की तरह भारत की ब्राह्मी लिपि के उद्घाटन-कर्त्ता जेम्स प्रिंसेप का नाम हमेशा ही गौरव और कृतज्ञता के साथ स्मरण किया जाएगा।

प्रिंसेप की इस महान खोज से भारतीय पुरातत्व में एक नए अध्याय का आरंभ हुआ। उसके बाद भारत के प्राचीनतम अभिलेखों को भी पढ़ना संभव हो गया और भारतीय इतिहास तथा पुरातत्व की प्रायः प्रत्येक शाखा को सुदृढ़ आधार प्राप्त हो गया। इसके बाद भारतीय इतिहास से संबंधित

हर नई खोज का समकालीन लेखों के आधार पर अधिक व्यापक अध्ययन संभव हो गया। प्रिंसेप के बाद फर्ग्युसन, कनिंघम, एडवर्ड टॉमस, वाल्टेयर इलियट, स्टीवेंसन, डॉ. भाऊ दाजी, राजेंद्रलाल मित्र जैसे अनेक चोटी के पुरालिपिविदों ने भारतीय लिपियों के अध्ययन तथा अन्वेषण को आगे बढ़ाया।

सिंधु सभ्यता के काल को सामान्यत: हम 2600 ई.पू. से 1700 ई.पू. तक मान सकते हैं। यद्यपि सिंधु लिपि अब तक पढ़ी नहीं गई है, किंतु उसका अस्तित्व ही यह सिद्ध करने के लिए पर्याप्त है कि मिस्र, मेसोपोटामिया, चीन आदि की तरह भारत में एक समकालीन सभ्यता तथा लिपि विद्यमान थी। इसलिए उन पुराविदों की धारणाओं का अपने आप खंडन हो जाता है, जो मात्र इस आधार पर कि ब्राह्मी के पहले भारत में किसी अन्य प्राचीन लिपि का अस्तित्व देखने को नहीं मिलता, यह मान बैठे थे कि ब्राह्मी लिपि का निर्माण निश्चय ही किसी विदेशी लिपि के आधार पर हुआ होगा। अभी तो हम निश्चित रूप से यह भी नहीं बतला सकते कि सिंधु सभ्यता आर्य सभ्यता थी या आर्येतर सभ्यता। जितने विद्वान इसे द्रविड़ या आर्येतर सभ्यता मानते हैं, लगभग उतने ही विद्वान इसे आर्य सभ्यता मानने के पक्ष में हैं। और, थोड़ी देर के लिए इसे स्वीकार भी कर लिया जाए कि सिंधु सभ्यता आर्येतर थी, तब भी इस परिकल्पना के लिए पर्याप्त गुजांइश है कि आर्यों ने 1500 ई.पू. के आसपास अपनी आर्यभाषा के लिए सिंधु लिपि के आधार पर किसी 'प्राक्-ब्राह्मी' लिपि को जन्म दिया होगा। दूसरी ओर, ई.पू. तीसरी शताब्दी के अशोक (272-232 ई.पू.) के दर्जनों शिलालेख एवं स्तंभलेख भारत में लेखन की प्राचीनता के ठोस प्रमाण हैं।

अब हम यह देखें कि सिंधु लिपि के बाद और अशोक के ब्राह्मी लेखों के पहले, भारत में लेखन के अस्तित्व के बारे में किस प्रकार के प्रमाण मिल सकते हैं।

ब्राह्मी लिपि के दो-तीन ऐसे लेख उपलब्ध हैं जिन्हें कुछ पुराविद् अशोक से पहले के मानते हैं। महामहोपाध्याय पं. गौरीशंकर हीराचंद ओझा (1863-1940) को 1932 में अजमेर जिले के बड़ली गांव से एक स्तंभलेख का टुकड़ा मिला था, जिस पर अंकित अस्पष्ट ब्राह्मी लेख को उन्होंने "वीराय भगवत...चतुरासिति वस" पढ़ा था। इस लेख में 'वी' अक्षर को उन्होंने अशोक की ब्राह्मी से कुछ पहले का समझा और इस लेख को जैन तीर्थंकर महावीर के निर्वाण के 84 वर्ष बाद का, अर्थात् (527-84=) 443 ई.पू. का माना। ओझाजी के इस मत को कुछ विद्वानों ने स्वीकार किया, तो बहुतों ने उसे अस्वीकार भी किया है।

पिपरहवा (बस्ती जिला, उ.प्र.) के स्तूप से पत्थर का एक ऐसा पात्र मिला है जिस पर ब्राह्मी लिपि में लेख उत्कीर्ण है। इस पात्र के भीतर अस्थिधातु भी मिले हैं, जो सभवत: भगवान बुद्ध के हैं। पात्र पर खुदे लेख से पता चलता है कि शाक्य कबीले के लोगों ने इस स्तूप के भीतर इन धातुओं को स्थापित किया था। हम जानते हैं कि भगवान बुद्ध का निर्वाण 483 ई.पू. में हुआ था। अत: माना जा सकता है कि बुद्ध के निर्वाण के कुछ वर्षों बाद ही उनके शाक्य स्वजनों ने उनकी अस्थियों की इस स्तूप में स्थापना की थी। ब्यूह्लर भी पिपरहवा लेख को अशोक से पहले का मानते हैं। परंतु इधर कुछ पुरालिपिविद् इस मत को अस्वीकार करने लग गए हैं।

सोहगौरा (गोरखपुर जिला, उ.प्र.) से एक ऐसा ताम्रपत्र मिला है जिस पर ब्राह्मी लिपि की चार पंक्तियां अंकित हैं। इसके ऊपरी भाग में कुछ ऐसे चिह्न या प्रतीक हैं जो चंद्रगुप्त मौर्य (324-300 ई.पू.) के सिक्कों पर भी मिलते हैं। इसलिए अब बहुत से विद्वान इस ताम्रपत्र को चंद्रगुप्त का ही स्वीकार करते हैं। इससे यह भी सिद्ध होता है कि यह ई.पू. चौथी शताब्दी के उत्तरार्ध का ब्राह्मी लेख है। कुछ विद्वान इसे ही ब्राह्मी का प्राचीनतम उपलब्ध लेख मानते हैं। महास्थान (बांग्लादेश) से भी लगभग इसी काल का एक ब्राह्मी लेख मिला है। इन तथा अन्य दो-तीन प्रमाणों से यह सिद्ध हो जाता है कि ई.पू. चौथी शताब्दी में भी उत्तर भारत में ब्राह्मी लिपि का प्रचार था।

चित्र 23.2 *सोहगौरा (गोरखपुर जिला, उ.प्र.) से प्राप्त ताम्रपत्र। इस पर ऊपर वही चिह्न हैं जो चंद्रगुप्त मौर्य (324-300 ई.पू.) के सिक्कों पर भी मिलते हैं।*

लिप्यंतर :

1. सवतियान महमतन ससने मनवसिति क-
2. डा सिलिमाते वसगमे व एते दवे कोठगलनि
3. तिघवनि माथुल चचु मोदाम भलकन छ-
4. ल कयियति अतियायिकय. नो गहितवय

अर्थात्, श्रावस्ती के महामात्रों का मानवशीति कैंप से आदेश है: श्रीमान वंशग्राम में ये दो तिमंजिले कोष्ठागार हैं। ये माथुर, चंचु, मोदाम, भल्लक (नामक गांवों में) विपत्तिकाल में काम में लाए जाएं। (अन्यथा) नहीं लिए जाएं।

पाणिनि का समय सामान्यत: ई.पू. पांचवीं शताब्दी माना जाता है और पाणिनि की 'अष्टाध्यायी' में हमें उस समय लेखन का प्रचार होने के बारे में पर्याप्त जानकारी मिलती है। गोल्डस्टुकर तो यहां तक कहते हैं कि पाणिनि के समय में हस्तलिपियों के रूप में वैदिक साहित्य उपलब्ध था। संभव है कि पाणिनि के समय में हस्तलिखित ग्रंथों से अध्ययन-अध्यापन करने का रिवाज न रहा हो और केवल कथन-श्रवण परंपरा के अनुसार ही विद्याध्ययन का सिलसिला प्राचीन काल से चला आता रहा हो। परंतु पाणिनि कुछ ऐसे शब्दों का प्रयोग करते हैं जिनसे यह सिद्ध होता है कि उनके समय में लेखन का अस्तित्व था। अष्टाध्यायी में 'ग्रंथ', 'लिपि' (या 'लिबि'), 'लिपिकर' और 'यवनानी' (यवनों की लिपि) जैसे शब्दों का उल्लेख मिलता है। लिखनेवाले के लिए ही अष्टाध्यायी में 'लिपिकर' या 'लिबिकर' शब्द का प्रयोग हुआ है। उस समय लेखन के लिए 'लिपि' या 'लिबि' शब्द प्रचलित था। कौटिल्य के 'अर्थशास्त्र' में भी वर्णमाला के लिए 'लिपि' और अंकों के लिए 'संख्यान' शब्द मिलते हैं। हख़ामनी सम्राट दारयवुश (521-485 ई.पू.) के बेहिस्तुन-लेख में 'उत्कीर्ण लेख' के लिए 'दिपि' शब्द का प्रयोग देखने को मिलता है। अशोक

चित्र 23.3 *महास्थान (बांग्लादेश) से प्राप्त ब्राह्मी का खंडित फलक-लेख (ई.पू. तीसरी-चौथी सदी)*

लिप्यंतर :

1. *नेन [।] स [ं] व गिय [ा] नं तल दिन [स]- । सप दिन। [सु]*
2. *[म] ा ते । सुलखिते पुडनगलते । ए [त]*
3. *[नि] वहिपयिसति । संवगियानं [च] [दि] ने ***
4. *[धा] नियं। निवहिसति। दग-तिया [ि] य के ***
5. **** [यि] कसि। सुअ-तियायिक [सि] पि। गंड [केहि*
6. **** [यि] केहि एस कोठागाले कोसं ****
7. ******

ने अपने लेखों के लिए सदैव 'धम्मलिपि' या 'धम्मदिपि' शब्द का प्रयोग किया है। इसलिए यह स्पष्ट है कि पाणिनि का 'लिपि' शब्द लेखन का ही द्योतक है।

पाणिनि के उल्लेखों से यह भी पता चलता है कि उनके समय में चौपायों के कानों पर निशान के रूप में चिह्न बनाए जाते थे। इन चिह्नों में 'अष्ट' तथा 'पंच' के चिह्न निस्संदेह अंक 8 तथा 5 के द्योतक थे। पाणिनि ने 'यवनानी' शब्द का जो उल्लेख किया है उसका अर्थ कात्यायन और पतंजलि ने 'यवनाल्लिप्याम्' अर्थात् 'यवनों की लिपि' किया है। कीथ, वेबेर आदि विद्वानों का मत है कि यहां 'यवनानी' का अर्थ ग्रीक अर्थात् यूनानी (आयोनियन) लिपि से है। इससे ज्ञात होता है कि पाणिनि यूनानी लिपि से भी परिचित थे।

ई.पू. पांचवीं शताब्दी के पहले के वैदिक साहित्य में भी लेखन के अस्तित्व के बारे में बहुत-से साहित्यिक प्रमाण मिलते हैं। पं. गौरीशंकर ओझा ने गंभीर अनुशीलन के बाद अपने प्रसिद्ध ग्रंथ 'भारतीय प्राचीन लिपिमाला' में इन सभी उल्लेखों को प्रस्तुत किया है। जो विद्वान, विशेषतः विदेशी विद्वान, यह मानते थे कि तीसरी शताब्दी ई.पू. के पहले भारत में लेखन का प्रचार नहीं था

और ब्राह्मी लिपि का निर्माण विदेशी लिपि के आधार पर हुआ है, उनके मतों का सप्रमाण खंडन करने के लिए ही ओझाजी ने प्राचीन भारतीय वाङ्मय से खोज-खोजकर लिपि, अक्षर तथा लेखन के अस्तित्व के बारे में अनेक उल्लेख प्रस्तुत किए थे। विशेष बात यह है कि ओझाजी के ग्रंथ का दूसरा संस्करण 1918 में प्रकाशित हुआ था और तब तक सिंधु लिपि का उद्‍घाटन नहीं हुआ था। इसलिए भी भारतीय लिपि की मौलिकता सिद्ध करने के लिए ओझाजी को बड़ा परिश्रम करना पड़ा था।

लेकिन अब तो प्राय: सभी विद्वान यह स्वीकार करते हैं कि भले ही चौथी शताब्दी ई.पू. के पहले के निर्विवाद ब्राह्मी लेख न मिले हों, किंतु ई.पू. सातवीं-आठवीं शताब्दी में भी भारत में ब्राह्मी लिपि का अस्तित्व था।

24

ब्राह्मी लिपि की उत्पत्ति

अशोक ने अपने लेखों की लिपि को 'धम्मलिपि' का नाम दिया है; उसके लेखों में कहीं भी इस लिपि के लिए 'ब्राह्मी' नाम नहीं मिलता। लेकिन बौद्धों, जैनों तथा ब्राह्मण-धर्म के ग्रंथों के अनेक उल्लेखों से ज्ञात होता है कि इस लिपि का नाम 'ब्राह्मी' लिपि ही रहा होगा। हमारे प्राचीन संस्कृत ग्रंथों में यह बात आमतौर से पाई जाती है कि जिस किसी भी चीज की उत्पत्ति कुछ अधिक प्राचीन या अज्ञेय हो उसके निर्माता के रूप में बड़ी आसानी से 'ब्रह्मा' का नाम ले लिया जाता है। संसार की अन्य पुरालिपियों की उत्पत्ति के बारे में भी यही देखने को मिलता है कि प्राय: उनके जनक कोई न कोई दैवी पुरुष ही माने गए हैं। हमारे यहां भी 'ब्रह्मा' को लिपि का जन्मदाता माना जाता रहा है, और इसीलिए हमारे देश की इस प्राचीन लिपि का नाम ब्राह्मी पड़ा है।

बौद्ध ग्रंथ 'ललित-विस्तर' में 64 लिपियों के नाम दिए गए हैं। इनमें पहला नाम 'ब्राह्मी' है और दूसरा 'खरोष्ठी'। इन 64 लिपि-नामों में से अधिकांश नाम कल्पित जान पड़ते हैं। जैनों के 'पण्णवणासूत्र' तथा 'समवायांगसूत्र' में 16 लिपियों के नाम दिए गए हैं, जिनमें से पहला नाम 'बंभी' (ब्राह्मी) का है। 'भगवतीसूत्र' में सर्वप्रथम 'बंभी' (ब्राह्मी) लिपि को नमस्कार करके (नमो बंभीए लिविए) सूत्र का आरंभ किया गया है। 668 ई. में लिखित एक चीनी बौद्ध विश्वकोश 'फा-वान-शु-लिन्' में ब्राह्मी और खरोष्ठी लिपियों का उल्लेख मिलता है। इसमें लिखा है, ''लिखने की कला का शोध दैवी शक्तिवाले तीन आचार्यों ने किया है; उनमें सबसे प्रसिद्ध ब्रह्मा है, जिसकी लिपि बाईं ओर से दाहिनी ओर को पढ़ी जाती है।''

उपर्युक्त उल्लेखों से तो यही जान पड़ता है कि ब्राह्मी भारत की सार्वदेशिक लिपि थी और उसका जन्म भारत में ही हुआ। किंतु बहुत से विदेशी पुराविद् मानते हैं कि किसी बाहरी वर्णमालात्मक लिपि के आधार पर ही ब्राह्मी वर्णमाला का निर्माण किया गया था। ब्यूह्लर जैसे प्रसिद्ध पुरालिपिविद् की मान्यता रही कि ब्राह्मी लिपि का निर्माण फिनीशियन लिपि के आधार पर हुआ। इसके लिए उन्होंने एरण के एक सिक्के का प्रमाण भी दिया था। एरण (सागर जिला, म.प्र.) से तांबे के कुछ सिक्के मिले हैं, जिनमें से एक पर 'धमपालस' शब्द के अक्षर दाईं ओर से बाईं ओर को लिखे हुए मिलते हैं। चूंकि, सेमेटिक लिपियां भी दाईं ओर से बाईं ओर को लिखी जाती थीं, इसलिए ब्यूह्लर ने इस अकेले सिक्के के आधार पर यह कल्पना कर ली कि आरंभ में ब्राह्मी लिपि भी सेमेटिक लिपियों की तरह दाईं ओर से बाईं ओर को लिखी जाती थी। ओझाजी तथा अन्य अनेक पुरालिपिविदों ने ब्यूह्लर की इस मान्यता का तर्कयुक्त खंडन किया है। उस समय ओझाजी ने लिखा था, ''किसी सिक्के पर लेख का उलटा आ जाना कोई आश्चर्य की बात नहीं है, क्योंकि सिक्के पर उभरे हुए अक्षर सीधे आने के लिए सिक्के के ठप्पे में अक्षर उलटे खोदने पड़ते हैं, अर्थात् जो लिपियां बाईं ओर से दाहिनी ओर लिखी जाती हैं उनके ठप्पों में सिक्कों की इबारत की पंक्ति का आरंभ दाहिनी ओर से करके प्रत्येक अक्षर उलटा खोदना पड़ता है, परंतु

खोदनेवाला इसमें चूक जाए और ठप्पे पर बाईं ओर से खोदने लग जाए तो सिक्के पर सारा लेख उलटा आ जाता है, जैसा कि एरण के सिक्के पर पाया जाता है।'' साथ ही, ओझाजी ने लिखा था, ''अब तक कोई शिलालेख इस देश में ऐसा नहीं मिला है कि जिसमें ब्राह्मी लिपि फारसी की नाईं उलटी लिखी हुई मिली हो।''

लेकिन यह 1918 के पहले की बात है। 1929 में अनु घोष को एर्रगुडी (कुर्नूल जिला, आंध्र प्रदेश) में अशोक का एक लघु-शिलालेख मिला, जिसे बाद में दयाराम साहनी ने 1933 में प्रकाशित किया। इस लेख की कुल 23 पंक्तियों में से 8 पंक्तियां—2, 4, 6, 9, 11, 13, 14 और 23वीं पंक्तियां—दाईं ओर से बाईं ओर को लिखी गई हैं। पुरालिपियों में यह एक अद्‌भुत उदाहरण है। पहली पंक्ति बाईं ओर से दाईं ओर, फिर दूसरी पंक्ति दाईं ओर से बाईं ओर, फिर तीसरी पंक्ति बाईं ओर से दाईं ओर ... इसी तरह का सिलसिला यदि सारे लेख में चलता रहे, तो इस प्रकार की लेखन-प्रणाली को 'ब्यूस्त्रफीदान', अर्थात् बैलों द्वारा हल जोतने की विधि कहा जाता है। यूनानी लिपि के आरंभिक लेख इसी प्रणाली के देखने को मिलते हैं। किंतु एर्रगुडी के इस ब्राह्मी लेख को 'ब्यूस्त्राफीदान' प्रणाली में लिखा हुआ भी नहीं मान सकते; क्योंकि इसमें एक के बाद हर दूसरी पंक्ति नियमत: दाईं ओर से बाईं ओर को नहीं लिखी गई है। फिर भी, डिरिंजेर ('अल्फाबेट', पृष्ठ 339) ने इस लेख के आधार पर सिद्ध करने का प्रयत्न किया है कि यूनानी लिपि की तरह आरंभ में ब्राह्मी लिपि भी दाईं ओर से बाईं ओर को लिखी जाती थी। यदि केवल यह सिद्ध करने के लिए कि ब्राह्मी लिपि का निर्माण दाईं ओर से बाईं ओर को लिखी जानेवाली किसी विदेशी लिपि के आधार पर हुआ है और इसीलिए जोर-जबर्दस्ती से दाईं ओर से बाईं ओर को लिखे गए ब्राह्मी लेखों के उदाहरण खोजने हों, तो इस प्रकार के और भी अनेक उदाहरण हम बता सकते हैं। श्रीलंका में इस प्रकार के कई लेख मिलते हैं, परंतु ये अशोक के बाद के हैं और जान पड़ता है कि इनके लिखनेवालों को ब्राह्मी लिपि का यथार्थ ज्ञान भी नहीं था। आंध्र प्रदेश के भट्टिप्रोलु-लेखों में भी ब्राह्मी के कुछ अक्षर उलटे लिखे हुए मिलते हैं। चालुक्य काल का एक लेख तो नीचे से ऊपर को भी लिखा हुआ मिलता है! इन अपवादात्मक लेखों के आधार पर कोई यदि यह सिद्ध करने का प्रयत्न करे कि ब्राह्मी लिपि विदेशी लिपि के आधार पर बनाई गई है, तो उसे हठधर्मी ही कहा जाएगा।

हमने देखा है कि बहुत से विद्वान मानते हैं कि किसी सेमेटिक वर्णमाला के आधार पर ही ब्राह्मी संकेतों का निर्माण हुआ है। लेकिन इसमें भी मतभेद हैं। कुछ लोग उत्तरी सेमेटिक को ब्राह्मी का आधार मानते हैं, कुछ दक्षिणी सेमेटिक को, और कुछ फिनीशियन तथा आरमेई लिपि को। चूंकि आरमेई लिपि का प्रचार भारत के पश्चिमोत्तर प्रदेश तक था, इसलिए डिरिंजेर का मत है कि आरमेई के आधार पर ही ब्राह्मी का निर्माण हुआ। आज प्राय: सभी विद्वान यह बात स्वीकार करते हैं कि खरोष्ठी का निर्माण आरमेई लिपि के आधार पर हुआ है। किंतु यह संभव नहीं है कि ब्राह्मी लिपि भी आरमेई के आधार पर बनाई गई हो। इसके बारे में ओझाजी ने लिखा है, ''ब्राह्मी लिपि के न तो अक्षर फिनीशियन या किसी अन्य लिपि से निकले हैं और न उसकी बाईं ओर से दाहिनी ओर को लिखने की प्रणाली किसी और लिपि से बदलकर बनाई गई है। यह भारतवर्ष के आर्यों का अपनी खोज से उत्पन्न किया हुआ मौलिक आविष्कार है। इसकी प्राचीनता और सर्वांगसुंदरता से चाहे इसका कर्त्ता ब्रह्मा देवता माना जाकर इसका नाम ब्राह्मी पड़ा, चाहे साक्षर-समाज ब्राह्मणों की लिपि होने से यह ब्राह्मी कहलाई हो, पर इसमें संदेह नहीं कि इसका फिनीशियन से कुछ भी संबंध नहीं है।'' एडवर्ड टॉमस का भी यह मत है, ''ब्राह्मी अक्षर भारतवासियों के ही बनाए हुए हैं और उनकी सरलता से उनके बनानेवालों

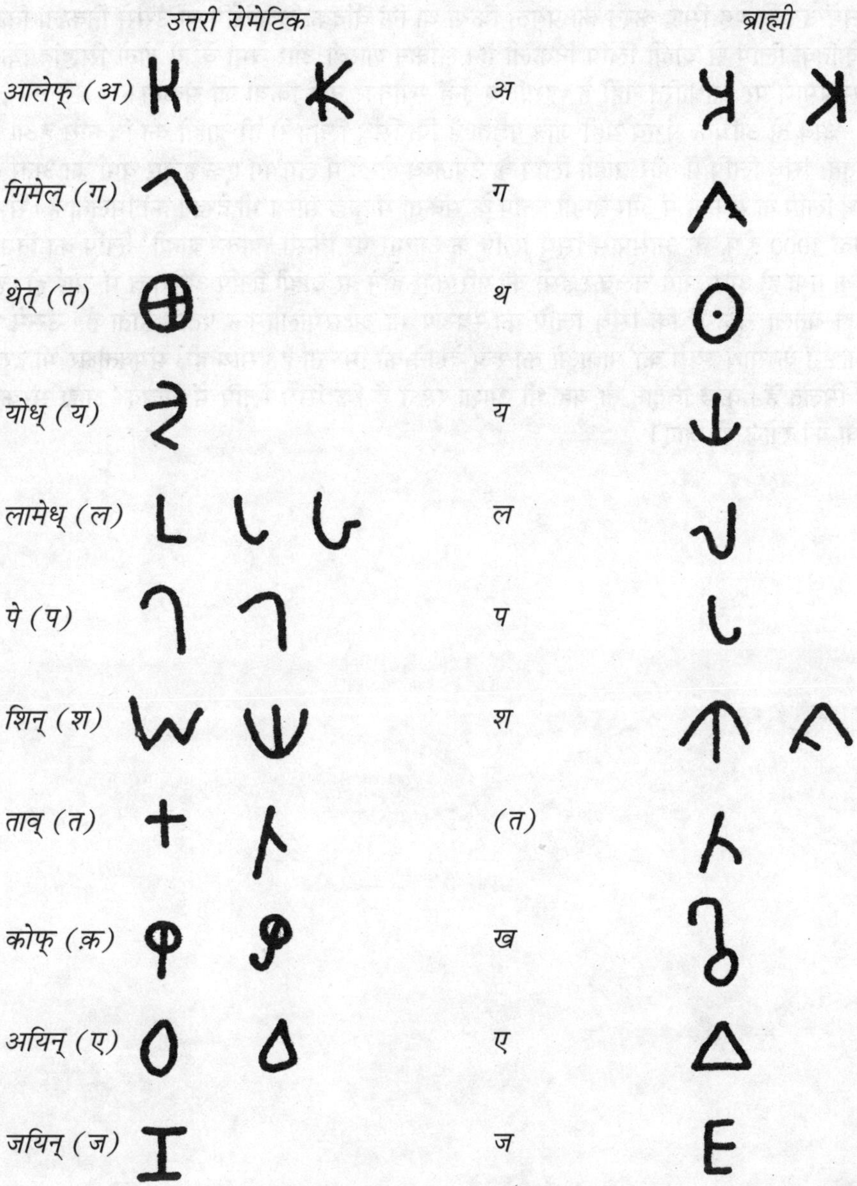

चित्र 24.1 उत्तरी सेमेटिक और ब्राह्मी अक्षरों में साम्य दरशाने वाली तालिका

की बड़ी बुद्धिमानी प्रकट होती है।" कनिंघम भी मानते हैं कि ब्राह्मी लिपि का निर्माण भारतवासियों ने ही किया है।

आर. शाम शास्त्री ने यह सिद्ध करने का प्रयत्न किया था कि देवताओं की उपासना के लिए जिन सांकेतिक चिह्नों का उपयोग होता था, उन्हीं से ब्राह्मी लिपि के अक्षरों का निर्माण हुआ है। जगमोहन वर्मा ने 1913–15 में 'सरस्वती' पत्रिका में ब्राह्मी लिपि के बारे में कुछ लेख लिखे थे,

जिनमें उन्होंने यह सिद्ध करने का प्रयत्न किया था कि वैदिक चित्रलिपि या उससे निकली किसी सांकेतिक लिपि से ब्राह्मी लिपि निकली है। लेकिन शास्त्री और वर्मा के ये दोनों सिद्धांत किसी ठोस प्रमाण पर आधारित नहीं हैं, इसलिए इन्हें स्वीकार नहीं किया जा सकता।

अब तो अधिक संभव यही जान पड़ता है कि सिंधु लिपि से ही ब्राह्मी का विकास हुआ है। वस्तुतः सिंधु लिपि में और ब्राह्मी लिपि के उपलब्ध लेखों में लगभग एक हजार वर्षों का अंतर है। सिंधु लिपि के संकेतों में और ब्राह्मी लिपि के संकेतों में कुछ साम्य भी देखने को मिलता है। संभव है कि 1000 ई.पू. के आसपास सिंधु लिपि के आधार पर किसी 'प्राक्-ब्राह्मी' लिपि का निर्माण किया गया हो और आगे चलकर इसी का परिष्कार होने पर ब्राह्मी लिपि अस्तित्व में आई हो। हम पहले बतला चुके हैं कि सिंधु लिपि का स्वरूप भी अक्षरमालात्मक प्रतीत होता है। उसमें भी मूलाक्षरों के साथ स्वरों की मात्राओं का रूप देखने को मिलता है। साथ ही, संयुक्ताक्षर भी देखने को मिलते हैं। कुछ विद्वान तो यह भी आशा रखते हैं कि सिंधु लिपि में शायद 'आद्य संस्कृत' भाषा की खोज हो जाए।

25

अशोक की ब्राह्मी लिपि

सिकंदर के 325 ई.पू. में पश्चिमोत्तर भारत से ही वापस चले जाने के तुरंत बाद चंद्रगुप्त (324-300 ई.पू.) ने नंदवंश का तख़्ता उलटकर मौर्यवंश की स्थापना की। चंद्रगुप्त के बाद उसका पुत्र बिंदुसार राजगद्दी पर बैठा, और बिंदुसार की मृत्यु के बाद उसका पुत्र अशोक 372 ई.पू. में राजा बना। ज्ञात होता है कि राजगद्दी के लिए शुरू में काफी झगड़ा हुआ था; क्योंकि अशोक का राज्याभिषेक उसके गद्दी पर बैठने के चार साल बाद 268 ई.पू. में हुआ। इसके बाद उसने लगभग 37 साल तक भारत के एक विशाल भू भाग पर राज्य किया। उसने कलिंग को भी अपने राज्य में शामिल कर लिया था। बौद्ध ग्रंथों के उल्लेखों से पता चलता है कि आरंभ में वह, अपनी क्रूरता के कारण, 'चंडाशोक' कहलाता था; परंतु बाद में उसने बौद्ध धर्म को स्वीकार किया और वह धार्मिक कार्य करने लगा तो उसे 'धर्माशोक' कहा जाने लगा। अशोक के केवल दो धर्मलेखों यानी गुजर्रा (मध्य प्रदेश में दतिया के पास) तथा मस्की (जि. रायचूर, कर्नाटक) के लघु-शिलालेखों में ही हमें उसका 'असोक' नाम देखने में आता है। शेष सभी धर्मलेखों में उसे 'देवानं पियेन पियदसिन लाजिन' (देवताओं के प्रिय और सभी पर कृपा करने वाले राजा) कहा गया है। स्पष्ट है कि यह नाम उसने बौद्ध धर्म ग्रहण करने के बाद ही धारण किया होगा। अशोक का समकालीन श्रीलंका का तिस्स (तिष्य) राजा भी अपने नाम के साथ 'देवानांप्रिय' जोड़ता था। तिस्स राजा के समय में ही अशोक का पुत्र महेंद्र एवं पुत्री संघमित्रा बौद्ध धर्म का प्रचार करने के लिए श्रीलंका पहुंचे थे।

अशोक के लिए कहीं-कहीं 'अशोकवर्धन' नाम भी मिलता है। उसके एक धर्मलेख में उसे 'मगध का राजा' कहा गया है। परंतु उसके साम्राज्य के लिए उसके लेखों में अधिकतर 'पृथ्वी' या 'जंबूद्वीप' शब्द ही मिलते हैं। उसकी राजधानी पाटलिपुत्र (पटना) में थी। अशोक के धर्मलेख भारत में जिस भी स्थान पर मिले हैं, वहां उसका राज्य निश्चित रूप से था ही। उसने अपने लेखों में 'अपराजित' राज्यों का भी स्पष्ट उल्लेख किया है। दक्षिण भारत के चोल, पांड्य, केरल तथा ताम्रपर्णी (श्रीलंका) देश अशोक के साम्राज्य के बाहर थे। उसके लेखों में एशिया के कई 'योन' (यूनानी) राजाओं तथा मिस्र के तुरमाय या तुलमाय (टॉलमी) राजा का भी उल्लेख मिलता है।

अशोक के धर्मलेख पश्चिमोत्तर भारत (पाकिस्तान) से लेकर दक्षिण में कर्नाटक तक मिले हैं। उसके राज्य की सीमाएं पूर्व में बंगाल की खाड़ी और पश्चिम में अरब सागर को छूती थीं। अशोक के धर्मलेखों में केवल दो यानी शाहबाज़गढ़ी और मानसेहरा के शिलालेख खरोष्ठी लिपि में हैं (देखिए, 'खरोष्ठी लिपि' का प्रकरण)। कंदहार (अफगानिस्तान) के पास के शार-ए-कुना स्थान से अशोक का द्वैभाषिक (आरमेई-यूनानी) लेख मिला है। उसके शेष सभी लेख ब्राह्मी लिपि में हैं। इन लेखों की लिपि के लिए सदैव 'धम्मलिपि', 'धम्मदिपि' या 'धम्मलिबि' शब्दों का प्रयोग किया गया है।

अशोक के समस्त धर्मलेखों को मुख्यत: दो भागों में विभाजित किया जा सकता है : (1) शिलास्तंभ लेख, और (2) शिलाफलक लेख। शिलास्तंभ एक ही प्रस्तर-खंड के हैं और ये चुनार के बलुआ पत्थरों से बनाए गए हैं। इन पर किया हुआ बहुत बढ़िया ओप (पॉलिश) आज भी हमें आश्चर्य में डाल देता है। इन्हें दूर-दूर तक कितनी कठिनाई से ले जाया गया होगा, इसका अंदाजा हमें फ़ीरोज़शाह द्वारा 14वीं शताब्दी में टोपरा और मेरठ से अशोक के स्तंभों के दिल्ली लाए जाने के विवरण से लग सकता है। अशोक के शिलास्तंभ आज निम्नलिखित स्थानों पर हैं :

1. इलाहाबाद-कोसम शिलास्तंभ : मूलत: इस स्तंभ को कौशांबी नगरी (आधुनिक कोसम—इलाहाबाद से लगभग 50 किलोमीटर दूर एक छोटा-सा गांव) में स्थापित किया गया था। इस बात की कोई निश्चित जानकारी नहीं मिलती कि कौन इसे इलाहाबाद ले आया। इस स्तंभ पर अशोक के 6 लेख हैं। इस पर उसके दो लेख और हैं, जो 'रानी का स्तंभलेख' (क्योंकि इसमें उसकी एक रानी कालुवाकी के दान का उल्लेख है) और 'कौशांबी का स्तंभलेख' के नाम से प्रसिद्ध हैं। इसी स्तंभ पर बाद में समुद्रगुप्त (320-375 ई.) ने भी अपना एक लेख खुदवाया था। मुगल बादशाह जहांगीर (1605-27 ई.) का भी एक फ़ारसी लेख इस पर मिलता है।
2. रुम्मिनदेई स्तंभलेख : रुम्मिनदेई (लुंबिनी) के मंदिर के पास खड़ा होने से इसे यह नाम दिया गया है। यह स्थान बस्ती जिले के दुल्हा गांव से लगभग 8 किलोमीटर दूर नेपाल की भगवानपुर तहसील में है। इसी स्थान पर भगवान बुद्ध का जन्म हुआ था। अशोक अपने राज्याभिषेक के 20 साल बाद इस स्थान पर पूजा करने आया था।
3. निगाली-सागर शिलास्तंभ : यह स्थान भी बस्ती जिले के उत्तर में नेपाल की तराई में है, और रुम्मिनदेई से लगभग बीस किलोमीटर पश्चिमोत्तर की तरफ है। यह स्तंभ निगलीव गांव के पास निगाली-सागर नाम के एक विशाल सरोवर के पास खड़ा है। अशोक यहां भी पूजा के लिए आया था। गौतम बुद्ध के भी पहले के किसी कनकमुनि बुद्ध के शरीरावशेषों पर यहां एक स्तूप बनाया गया था।
4. दिल्ली-टोपरा शिलास्तंभ : जैसा कि पहले बतला चुके हैं, इस स्तंभ को फ़ीरोज़शाह (1351-88 ई.) ने टोपरा (अंबाला जिला, हरियाणा) से मंगवाकर दिल्ली में खड़ा करवाया था। इस पर सात लेख हैं।
5. दिल्ली-मेरठ शिलास्तंभ : इसे भी फ़ीरोज़ मेरठ से उठाकर लाया था। फर्रूखसियर के समय (1713-19 ई.) में बारूदखाने के फटने से इस स्तंभ को बड़ा नुकसान पहुंचा और इसके कई टुकड़े हो गए। 1876 में इसे वर्तमान रूप में खड़ा किया गया।

6-7-8. बिहार के चंपारन जिले में अशोक के तीन स्तंभ मिलते हैं—राधिया के पास लौरिया अराराज में, मठिया के पास लौरिया नंदनगढ़ में तथा रमपुरवा में। इनमें से प्रत्येक पर छह लेख हैं।

9. सांची स्तंभ : यह स्थान मध्य प्रदेश में भोपाल के पास है। यहां का स्तंभ खंडित अवस्था में है।
10. सारनाथ स्तंभ : वाराणसी के पास। यहां से अशोक का एक भग्न स्तंभ और सुप्रसिद्ध सिंहशीर्ष मिला है।

अशोक के स्तंभलेख पॉलिश की हुई गोलाकार सतह पर होने के कारण अधिक स्पष्ट और कलात्मक हैं। सभी स्तंभों पर पूर्ण लेख नहीं मिलते। कुछ स्तंभों के टूट जाने के कारण उन पर खंडित लेख ही मिलते हैं, जैसे कि सारनाथ और सांची के स्तंभों पर।

अशाके के जो लेख शिलाओं पर मिलते हैं, उनके लिए 'शिलाफलक' शब्द का प्रयोग हुआ है। शिलाफलकों से यहां अर्थ चट्टानों से है। अब तक केवल एक ही लेख ऐसा मिला है, जो अलग प्रस्तर-खंड पर उत्कीर्ण है। यह शिला-फलक राजस्थान में जयपुर के निकट बैराट से मिला था। अब यह कलकत्ता के संग्रहालय (एशियाटिक सोसायटी) में रखा हुआ है, इसलिए इसे 'बैराट-कलकत्ता शिलालेख' का नाम दिया गया है। अशोक के शेष सभी शिलालेख चट्टानों पर खुदे हुए हैं। उन-उन स्थानों पर जो भी प्रमुख चट्टान मिली, उस पर लेख उत्कीर्ण कर दिए गए। लिखते समय स्तंभों की तरह चट्टानों को चिकना करने का प्रयत्न नहीं किया गया है; सामान्यत: किसी भी सपाट-से पत्थर-खंड को चुनकर उस पर लेख खुदवा दिए गए हैं। यही कारण है कि स्तंभलेखों की अपेक्षा शिलालेख कुछ बेढंगे जान पड़ते हैं। सुविधा के लिए अशोक के शिलालेखों को दो भागों में बांटा गया है—मुख्य शिलालेख या चतुर्दश-शिलालेख और लघु-शिलालेख। लघु-शिलालेख निम्न स्थानों पर पाए गए हैं :

1. बैराट : राजस्थान के जयपुर जिले में। यह शिला-फलक कलकत्ता संग्रहालय में है।
2. रूपनाथ : जबलपुर जिला, मध्य प्रदेश।
3. मस्की : रायचूर जिला, कर्नाटक।
4. गुजर्रा : दतिया जिला, मध्य प्रदेश।
5. राजुल-मंदगिरि : बल्लारी जिला, कर्नाटक।
6. सहसराम : शाहाबाद जिला, बिहार।
7. गवीमट : रायचूर जिला, कर्नाटक।
8. पल्किगुंडु : गवीमट के पास, रायचूर, कर्नाटक।
9. ब्रह्मगिरि : चित्रदुर्ग जिला, कर्नाटक।
10. सिद्दापुर : चित्रदुर्ग जिला, कर्नाटक।
11. जटिंग रामेश्वर : चित्रदुर्ग जिला, कर्नाटक।
12. एर्रगुड़ी : कर्नूल जिला, आंध्र प्रदेश।
13. दिल्ली : अमर कॉलनी।
14. अहरौरा : मिर्ज़ापुर जिला, उत्तर प्रदेश।

ये सभी लघु-शिलालेख अशोक ने अपने राजकर्मचारियों को संबोधित करके लिखवाए हैं। अशोक ने सबसे पहले लघु-शिलालेख ही खुदवाए थे, इसलिए इनकी शैली उसके अन्य लेखों से कुछ भिन्न है।

अशोक के चतुर्दश-शिलालेख या मुख्य शिलालेख निम्नलिखित स्थानों पर पाए जाते हैं :

1. गिरनार : सौराष्ट्र (गुजरात राज्य) में जूनागढ़ के पास। इसी चट्टान पर शक महाक्षत्रप रुद्रदामन् ने लगभग 150 ई. में संस्कृत भाषा में एक लेख खुदवाया। बाद में गुप्त-सम्राट स्कंदगुप्त (455-67 ई.) ने भी यहां एक लेख अंकित करवाया। चंद्रगुप्त मौर्य ने यहां 'सुदर्शन' नाम के एक सरोवर का निर्माण करवाया था। रुद्रदामन् तथा स्कंदगुप्त के लेखों में इसी सुर्दशन सरोवर के पुनर्निर्माण की चर्चा है।
2. कालसी : देहरादून जिला, उत्तरांचल।
3. सोपारा : (प्राचीन सूप्पारक) ठाणे जिला, महाराष्ट्र। यहां से अशोक के शिलालेख के कुछ टुकड़े ही मिले हैं, जो मुंबई के प्रिंस ऑफ वेल्स संग्रहालय में रखे हुए हैं।
4. एर्रगुडी : कर्नूल जिला, आंध्र प्रदेश।
5. धौली : पुरी जिला, उड़ीसा।
6. जौगढ़ : गंजाम जिला, उड़ीसा।

इनके अलावा खरोष्ठी लिपि में अशोक के दो और चतुर्दश-शिलालेख शाहबाजगढ़ी (पेशावर जिला) और मानसेहरा (हज़ारा जिला) में हैं। ये दोनों स्थान अब पाकिस्तान में हैं।

शिलालेखों और स्तंभलेखों के अलावा अशोक के तीन संक्षिप्त गुफालेख भी मिलते हैं। गया या बुद्धगया के पास 'बराबर' नाम की पहाड़ी पर चार कृत्रिम गुफाएं हैं। प्राचीन काल में यह पहाड़ी खलतिक (स्खलतिक) पर्वत के नाम से जानी जाती थी। उपर्युक्त चार गुफाओं में से तीन में अशोक के संक्षिप्त लेख खुदे हुए हैं। इन लेखों से पता चलता है कि अशोक ने आजीविक संप्रदाय के भिक्षुओं के लिए इन गुफाओं का निर्माण करवाया था। इन गुफाओं के पास की चौथी गुफा में मौखरि राजा अनंतवर्मन (छठी शताब्दी ई.) का एक शिलालेख है। इसी पहाड़ी पर, परंतु इन गुफाओं से लगभग एक मील दूर, नागार्जुनी पहाड़ी पर तीन गुफाएं और हैं। इनमें अशोक के पोते 'देवानांप्रिय' दशरथ के लेख हैं। ये गुफाएं भी आजीविक संप्रदाय के भिक्षुओं के लिए बनाई गई थीं।

अशोक के एक स्तंभलेख से पता चलता है कि उसका राज्याभिषेक (268 ई.पू.) होने के 12 साल बाद, अर्थात् 256 ई.पू. से, उसने धर्मलेख खुदवाना आरंभ कर दिया था। सबसे पहले उसने लघु-शिलालेख खुदवाए और उसके अनंतर चतुदर्श-शिलालेख। तीन गुफालेखों में से दो उसने राज्याभिषेक के 12 वर्ष बाद और तीसरा लेख राज्याभिषेक के 19 वर्ष बाद खुदवाया था। लघु-स्तंभलेखों में कोई तिथि नहीं मिलती। शेष स्तंभलेखों में से कुछ उसने शासन के 21वें वर्ष में, कुछ 27वें तथा 28वें वर्ष में खुदवाए थे।

इस प्रकार, अशोक के विभिन्न लेखों में कम-से-कम 15 से 20 सालों का अंतर है। फिर भी, इन सारे लेखों की लेखन-शैली में कोई विशेष अंतर नहीं दिखाई देता, सिवा इसके कि शिलालेखों की अपेक्षा स्तंभलेख कुछ अधिक अच्छे लिखे गए हैं। इसलिए अशोक की ब्राह्मी लिपि के अक्षरों को हम कोई सुदृढ़ तिथिगत आधार प्रदान नहीं कर सकते। इन्हें उत्तरी और दक्षिणी जैसी शैलियों में विभाजित करना भी उचित नहीं जान पड़ता। अशोक के अभिलेखों के स्थानों पर विचार करने से स्पष्ट हो जाता है कि जहां-जहां भी उसके राज्य में राजमार्ग गए, वहां उसके धर्मलेखों के साथ 'लिपिकर' पहुंचे और ब्राह्मी लिपि भी पहुंची। पश्चिमोत्तर भारत के केवल दो शिलालेखों को छोड़कर अशोक के बाकी सभी लेख ब्राह्मी लिपि में हैं। तक्षशिला से मिले आरमेई लिपि के एक लेख को भी कुछ विद्वान अशोक का मानते हैं। उसी प्रकार, यूनानी और आरमेई लिपियों में एक द्वैभाषिक लेख (शार-ए-कुना, कंदहार, अफगानिस्तान से) मिला है, जो कतिपय विद्वानों की राय में अशोक का है। इस प्रकार हम देखते हैं कि पश्चिमोत्तर भारत में खरोष्ठी, आरमेई तथा यूनानी लिपियों का प्रचार होने से अशोक ने अपने धर्मलेखों के लिए इन स्थानीय लिपियों का इस्तेमाल किया है। इससे सहज ही यह निष्कर्ष निकलता है कि यदि उस समय भारत के अन्य प्रदेशों में भी स्थानीय लिपियों का प्रचार होता, तो अशोक अपने लेख उनमें खुदवाता। किंतु हम देखते हैं कि पश्चिमोत्तर भारत के अलावा शेष समूचे भारतीय प्रदेशों के उसके लेख ब्राह्मी लिपि में हैं। यही नहीं, इस ब्राह्मी लिपि के स्वरूप में कोई प्रादेशिक अंतर देखने में नहीं आते। इससे यह परिणाम निकलता है कि अशोक के समय में प्राय: संपूर्ण भारतवर्ष में ब्राह्मी लिपि का व्यवहार था और साधारण जनता भी इस लिपि को पढ़-लिख सकती थी। अशोक के लेखों की सार्वदेशिकता का पता इस बात से भी चलता है कि उसने अपने लेखों में सर्वत्र उस समय की बोलचाल की प्राकृत भाषा का प्रयोग किया है। इस प्राकृत या पालि में प्रांत-भेद के अनुसार थोड़ा-सा अंतर जरूर दृष्टिगत होता है, परंतु है यह प्राकृत भाषा ही।

अशोक के लेखों में 'लिपिकर' या 'दिपिकर' शब्द मिलते हैं; इनके साथ 'लिखिते', 'लेखिते' क्रियाएं भी मिलती हैं। शाहबाज़गढ़ी के खरोष्ठी लेख में 'निपिस्तम्' या 'निपेसितम्' क्रिया का

इस्तेमाल किया गया है। ये क्रियाएं 'नि-पिस्' अर्थात् 'लिखना' धातु से बनी हैं। आधुनिक फारसी में भी लेख के लिए 'नविश्ता' शब्द का उपयोग होता है। दारयवुश (डेरियस) के बेहिस्तुन-लेख में भी 'दिपि' (लिपि) शब्द मिलता है। इसलिए 'लिपिकर' या 'दिपिकर' शब्द को हम 'लेखक' के अर्थ में ले सकते हैं।

अशोक के चौदहवें अर्थात् अंतिम शिलालेख से उसके इन लेखों के विषय में कुछ जानकारी मिलती है। गिरनार का चौदहवां शिलालेख है :

"अयं धम्मलिपि देवानंप्रियेन प्रियदसिना राञा लेखापिता अस्ति एव संखितेन अस्ति मझमेन अस्ति विस्ततन (.) न च सर्वं सर्वत घटितं (.) महालके हि विजितं बहु च लिखितं लिखापयिसं चेव (.) अस्ति च एत कं पुन पुन वुतं तस तस अथस माधूरताय किंति जनो तथा पटिपजेथ (.) तत्र एकदा असमातं लिखितं अस देसं व सछाय कारणं व अलोचेत्वा लिपिकरापरधेन व"

अर्थात्,

"ये धर्मलेख देवताओं के प्रिय प्रियदर्शी राजा ने लिखवाए हैं। (ये लेख) कहीं संक्षेप में, कहीं मध्यम रूप में और कहीं विस्तृत रूप में हैं। क्योंकि सब जगह सब बातें लागू नहीं होतीं (किसी-किसी ने इसका अर्थ 'सब जगह सब बातें या सब लेख नहीं लिखे गए हैं', भी किया है)। मेरा राज्य बहुत विस्तृत है, इसलिए बहुत से (लेख) लिखवाए गए हैं और बहुत से लगातार लिखवाए जाएंगे। कहीं-कहीं विषय की रोचकता के कारण एक ही बात बार-बार कही गई है, जिससे कि लोग उसके अनुसार आचरण करें। इन लेखों में जो कुछ अपूर्ण लिखा गया हो, उसका कारण देश-भेद, संक्षिप्त लेख या लिखनेवाले का अपराध समझना चाहिए।"

लेकिन अशोक के अभिलेखों से यह बात पता नहीं चलती कि ये शिलालेख किस विधि से खुदवाए गए। ऐसा लगता है कि लेखों को खुदवाने का काम दो स्तरों में पूरा होता था। 'लिपिकर' का काम पत्थर पर लेख को लिख देने तक सीमित था। लेख खोदनेवाला कोई दूसरा ही पेशेवर व्यक्ति (शिल्पी) होता था। हमारे प्राचीन साहित्य में खोदने की क्रिया के लिए 'छिन्दति' शब्द मिलता है, जो 'छिद्' धातु से बना है। 'लिपिकर' या लेखक किसी पत्थर पर पहले चूना-पत्थर या कोयले से अक्षरों को लिखता था, और बाद में खोदने का काम करने वाला (शिल्पी) उन अक्षरों का अनुसरण करते हुए पत्थर पर अक्षर खोदता था। अक्षरों के आकार-प्रकार के लिए 'लिपिकर' ही जिम्मेवार होता था, परंतु खोदते समय अक्षरों के आकार-प्रकार में यत्किंचित् फर्क पड़ना स्वाभाविक है। वस्तुतः लेख खोदने वाले का स्थान गौण था। अशोक के लेखों के अक्षरों की रेखाओं की मोटाई भी प्रायः एक-सी देखने को मिलती है। क्योंकि जिस खड़िया से लिपिकर ने पत्थरों पर अक्षर लिखे होंगे, वह ऐसी रही होगी कि अक्षर समान मोटाई के बनें। खोदनेवाले ने लेखक के अक्षरों का ही अनुसरण किया है। बाद के ब्राह्मी अभिलेखों में जिस प्रकार अक्षरों के सिरों पर हमें गुंडियां दिखाई देती हैं, वैसी अशोक के ब्राह्मी लेखों में देखने को नहीं मिलतीं। अशोक के शिलालेखों में अक्षरों की खड़ी रेखाओं की लंबाई इनकी आड़ी रेखाओं से सामान्यतः दुगुनी देखने को मिलती है। परंतु कर्नाटक के शिलालेखों में यह लंबाई दुगुने से कुछ अधिक और इलाहाबाद-कोसम स्तंभलेख में दुगुने से कुछ कम दिखाई देती है।

अशोक के ब्राह्मी लेखों में केवल छह मूल स्वरों के संकेत पाए जाते हैं—'अ', 'आ', 'इ', 'उ', 'ए' और 'ओ'। इनमें 'ऋ' एवं 'लृ' तथा इनके दीर्घ रूपों के लिए अक्षर नहीं हैं। इनमें 'ई', 'ऊ', 'ऐ' तथा 'औ' के मूल स्वरों के लिए भी अक्षर नहीं हैं। व्यंजनों के साथ जुड़नेवाली स्वरों की मात्राओं के रूप में अशोक के लेखों में केवल 'आ', 'इ', 'ई', 'ए', 'ऐ' तथा 'ओ' की मात्राएं मिलती हैं। 'औ' के स्वतंत्र स्वर-संकेत या व्यंजनों के साथ लगनेवाली इसकी मात्रा के लिए

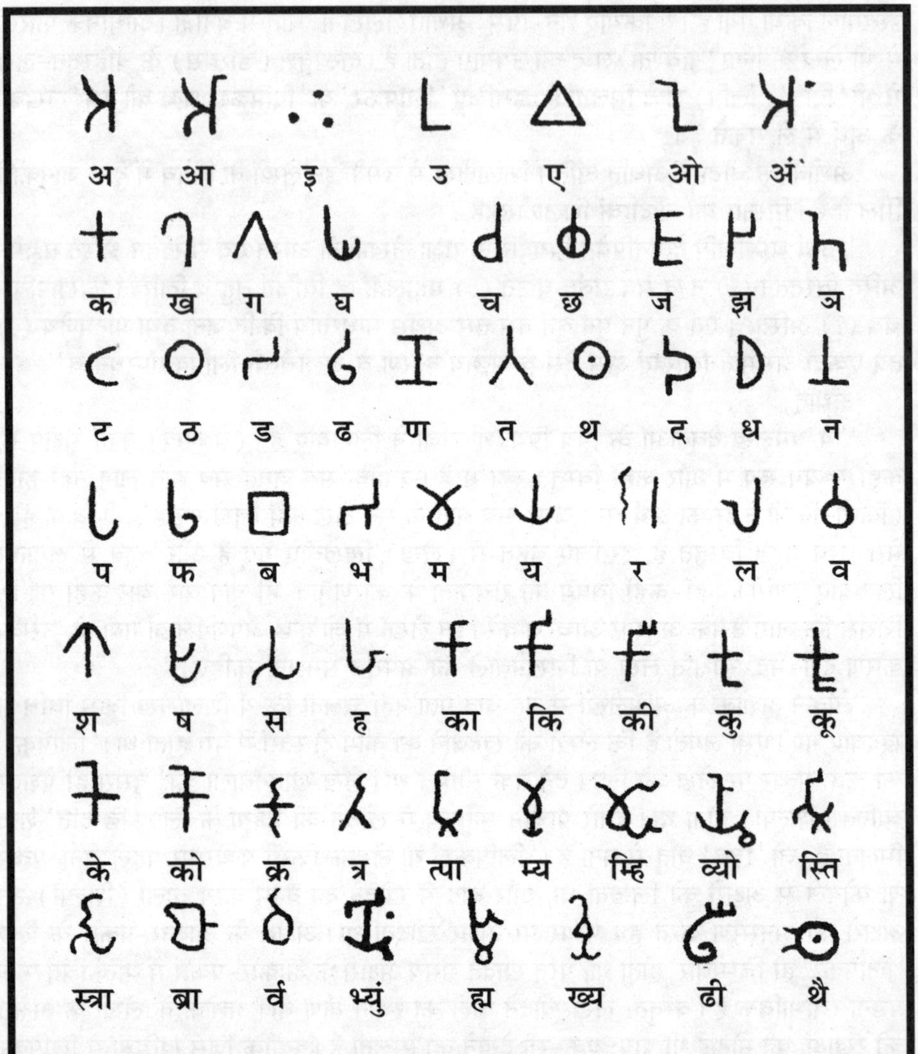

चित्र 25.1 अशोक की ब्राह्मी लिपि के अक्षर

चित्र 25.2 अशोक के ब्राह्मी व्यंजनों के साथ स्वर-मात्राएं जोड़ने की व्यवस्था

अशोक के लेखों में कोई चिह्न नहीं देखने में आता। अनुस्वार के लिए एक बिंदु (ं) का प्रयोग हुआ है, जो प्राय: अक्षर के दाहिनी ओर कुछ ऊपर रखा जाता था। विसर्ग का चिह्न (:) भी अशोक के किसी लेख में नहीं पाया जाता।

अशोक के लेखों में निम्नलिखित 33 व्यंजनों के लिए अक्षर-संकेत हैं :

क	ख	ग	घ		य	र	ल	व
च	छ	ज	झ	ञ	श	ष	स	ह
ट	ठ	ड	ढ	ण	ड़ (ळ)			
त	थ	द	ध	न				
प	फ	ब	भ	म				

इन सभी व्यंजनों में 'अ' स्वर निहित है, अर्थात् ये स्वरांत हैं, हलंत नहीं हैं। यहां पर प्रत्येक अक्षर की विशेषता को व्यक्त करना मुद्रण की कठिनाइयों के कारण संभव नहीं है। फिर भी हम मोटे तौर पर अशोक के लेखों के अक्षरों की कुछ विशेषताओं पर प्रकाश डालेंगे।

'क' जोड़ के चिह्न-सा 'क्रॉस' की तरह का है। अशोक के किसी भी लेख में 'ङ' के लिए संकेत नहीं मिलता। अशोक के लेखों में सभी ऊष्म व्यंजन मिलते हैं, परंतु उनमें से 'स' का ही सर्वाधिक प्रयोग देखने को मिलता है। 'श' और 'ष' कालसी के शिलालेख में मिलते हैं। 'श' कर्नाटक के लेखों में भी है। अशोक के खरोष्ठी लेखों में भी 'श', 'ष' तथा 'स' के लिए अक्षर हैं। स्तंभलेखों में 'ड़' ('ळ') के लिए अक्षर मिलता है। एळक, दुळि जैसे पशुवाचक शब्दों में इस अक्षर का उपयोग देखने को मिलता है।

संयुक्त व्यंजनों को लिखते समय अधिकतर पहले उच्चारित व्यंजन को ऊपर और बाद में उच्चारित व्यंजन को उसके नीचे लिखा जाता था। परंतु कहीं-कहीं यह भी देखने को मिलता है कि बाद में उच्चारित व्यंजन ऊपर लिखा गया है और पहले उच्चारित व्यंजन उसके नीचे है। वस्तुत: यह लिखनेवाले की गलती के कारण हुआ है और इससे यही पता चलता है कि 'लिपिकर' या लेखक शुद्ध लिखना नहीं जानते थे। उदाहरण के लिए, गिरनार के लेख में 'व्य' के स्थान पर 'य्व' लिखा गया है। 'र' के लिए ब्राह्मी लिपि में एक लहरदार खड़ी लकीर का चिह्न है। जब यह 'र' अक्षर किसी अन्य व्यंजन के साथ संयुक्ताक्षर के रूप में आता है, तो सामान्यत: 'र' का अक्षर स्पष्ट रूप से ऊपर रहता है और दूसरा व्यंजनाक्षर कुछ छोटे आकार में नीचे रहता है। इस नियम के अपवाद भी मिलते हैं, और इसलिए एक ही संयुक्ताक्षर को 'स्र' या 'र्स' तथा 'व्र' या 'र्व' पढ़ा जाता है। अशोक के समय में 'र्' (रेफ) की धारणा का अभी पूर्ण विकास नहीं हुआ था। असल में, संयुक्त व्यंजनों में पहले आनेवाले र् (रेफ) और बाद में आनेवाले र का भेद अशोक के लिपिकर स्पष्ट रूप से नहीं जानते थे। आज भी न केवल छोटे विद्यार्थी, बल्कि पढ़े-लिखे वयस्क भी 'पुनर्लिखित' को 'पुर्नलिखित', 'आशीर्वाद' को 'आर्शीवाद' आदि लिख जाते हैं।

अशोक के ब्राह्मी लेखों में विरामचिह्नों का उपयोग अपवाद रूप में ही मिलता है। स्तंभलेखों में शब्दों के बीच कुछ अंतर दिखाई देता है। कुछ अन्य शिलालेखों में शब्दों के बीच कभी-कभी अंतर रखा गया है। परंतु अशोक के सभी लेखों में शब्दों के बीच स्पष्ट अंतर दिया गया हो, ऐसी बात नहीं है। कुछ लेखों में पूर्ण-विराम के रूप में दंडचिह्न (।) का भी इस्तेमाल देखने को मिलता है, जैसे—सहसराम के लघु-शिलालेख में।

अशोक के लेखों में कुछ अक्षर कभी-कभी उलटे लिखे हुए भी मिलते हैं। ऐसे अक्षर हैं : 'घ', 'ओ' और 'नो'।

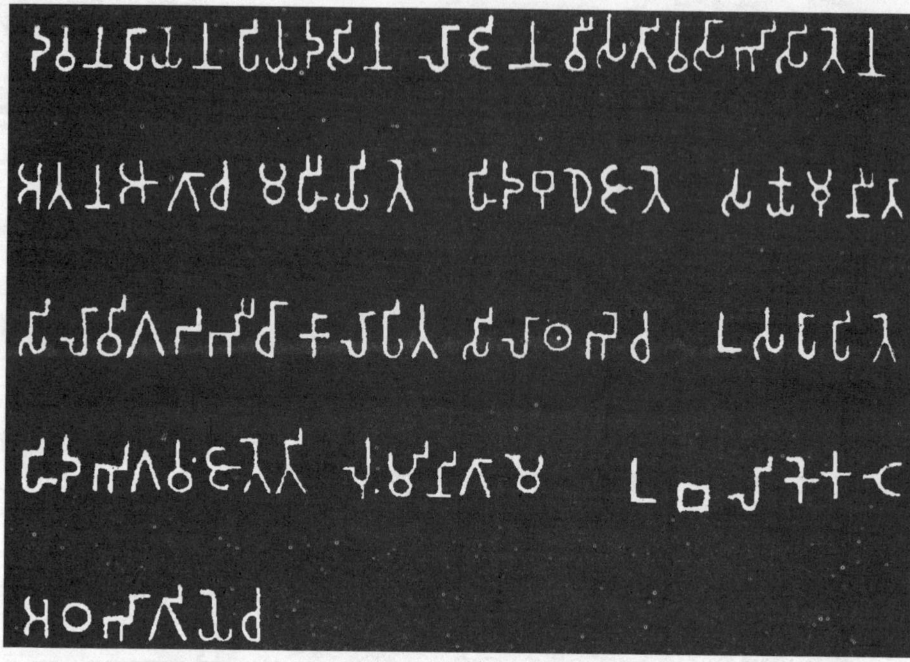

चित्र 25.3 रुम्मिनदेई के अशोक-स्तंभ पर खुदा हुआ यह लेख ब्राह्मी लिपि में है और बाईं ओर से दाईं ओर को पढ़ा जाता है :

1. *देवानं पियेन पियदसिन लाजिन वीसतिवसाभिसितेन*
2. *अतन आगाच महीयिते हिद बुधे जाते सक्यमुनीति*
3. *सिलाविगडभीचा कालापित सिलाथभे च उसपापिते*
4. *हिद भगवं जातेति लुंमिनिगामे उबलिके कटे*
5. *अठभागिये च*

अर्थ : देवताओं के प्रिय प्रियदर्शी राजा ने (अपने) राज्याभिषेक के 20 वर्ष बाद स्वयं आकर इस स्थान की पूजा की, क्योंकि यहां शाक्यमुनि बुद्ध का जन्म हुआ था। यहां पत्थर की एक दीवार बनवाई गई और पत्थर का एक स्तंभ खड़ा किया गया। बुद्ध भगवान यहां जनमे थे, इसलिए लुंबिनी ग्राम को कर से मुक्त कर दिया गया और (पैदावार का) आठवां भाग भी (जो राजा का हक था) उसी ग्राम को दे दिया गया है।

वैसे, इन शिलालेखों को खोदते समय काफी सावधानी बरती गई थी। लेख के खुद जाने पर उसे पुनः शुद्ध भी किया जाता था। देखने में आता है कि कुछ जगह भूल से छूट गए अक्षर को पुनः लिखा गया है और अशुद्ध अक्षर को मिटा दिया गया है। यह सही है कि अशोक की ब्राह्मी लिपि के कई अक्षरों के दो-दो, तीन-तीन रूप देखने को मिलते हैं, किंतु यह प्रादेशिक अंतर नहीं है।

अंत में हम यही कहेंगे कि अशोक के ये धर्मलेख भारतीय संस्कृति की अमूल्य निधि हैं। आज के भारत की प्रायः सभी लिपियां, और विदेशों की भी बहुत सी लिपियां, अशोक के लेखों की इस ब्राह्मी को अपनी जननी मान सकती हैं। संसार के इतिहास में अशोक को छोड़कर अन्य किसी भी शासक ने इतने विशाल स्तर पर नैतिक एवं धार्मिक लेख नहीं खुदवाए हैं।

यहां हम अशोक के ब्राह्मी लेखों के कुछ नमूने दे रहे हैं—लिप्यंतर और अर्थ-सहित।

चित्र 25.4 अशोक का गिरनार का प्रथम शिलालेख

लिप्यंतर :

1. इयं धंमलिपी देवानंप्रियेन
2. प्रियदसिना राञा लेखापिता [।] इध न किं
3. चि जीवं आरभित्पा प्रजूहितव्यं [।]
4. न च समाजो कतव्यो [।] बहुकं हि दोसं
5. समाजम्हि पसति देवानंप्रियो प्रियदसि राजा [।]
6. अंस्ति पिं तु एकचा समाजा साधुमता देवानं
7. प्रियंस प्रियदसिनो राञो [।] पुरा महानसम्हि
8. देवानंप्रियस प्रियदसिनो राञो अनुदिवसं ब
9. हूनि प्राणसतसहस्त्रानि आरभिसु सूपाथाय [।]
10. से अज यदा अयं धंमलिपी लिखिता ती एव प्रा
11. णा आरभरे सूपाथाय द्वो मोरा एको मगो सो पि
12. मगो न ध्रुवो [।] एते पि त्री प्राणा पछा न आरभिसरे [॥]

अर्थ :

1. यह धर्मलिपि देवताओं के प्रिय
2. प्रियदर्शी राजा ने लिखाई। यहां (मेरे साम्राज्य में)
3. कोई जीव मारकर हवन न किया जाए।
4. और न समाज (आमोद-प्रमोद वाला उत्सव) किया जाए। क्योंकि बहुत दोष
5. समाज में देवताओं का प्रिय प्रियदर्शी राजा देखता है।
6. (परंतु) एक प्रकार के (ऐसे) समाज भी हैं जो देवताओं के
7. प्रिय प्रियदर्शी राजा के मत में साधु हैं। पहले पाकशाला में —
8. देवताओं के प्रिय प्रियदर्शी राजा की— प्रतिदिन कई
9. लाख प्राणी सूप के लिए मारे जाते थे।
10. किंतु आज जब यह धर्मलिपि लिखाई गई, तीन ही प्राणी
11. मारे जाते हैं— दो मयूर तथा एक मृग। और वह भी
12. मृग निश्चित नहीं। ये तीन प्राणी भी बाद में नहीं मारे जाएंगे।

चित्र 25.5 *अशोक का गिरनार का द्वितीय शिलालेख*

लिप्यंतर :

1. *सर्वत विजितम्हि देवानंप्रियस पियदसिनो राजो*
2. *एवमपि प्रचंतेषु यथा चोडा पाडा सतियपुतो केतलपुतो आ तंब-*
3. *पंणी अंतियको योनराजा ये वा पि तस अंतियकस सामीपं*
4. *राजानो सर्वत्र देवानंप्रियस प्रियदसिनो राजो द्वे चिकीछ कता*
5. *मनुसचिकीछा च पसुचिकीछा च [।] ओसुढानि च यानि मनुसोपगानि च*
6. *पसोपगानि च यत यत नास्ति सर्वत हारापितानी च रोपापितानि च [।]*
7. *मूलानि च फलानि च यत तत्र नास्ति सर्वत हारापितानी च रोपापितानि च [।]*
8. *पंथेसू कूपा च खानापिता व्रछा च रोपापिता परिभोगाय पसुमनुसानं [॥]*

अर्थात्

देवताओं के प्रिय प्रियदर्शी राजा ने अपने राज्य में सब जगह और सीमावर्ती राज्य— चोड़, पांड्य, सतियपुत्र, केरलपुत्र तथा ताम्रपर्णी (श्रीलंका)— तक और अंतियोक यवनराज तथा उस अंतियोक के जो पड़ोसी राजा हैं, उन सबके राज्यों में देवताओं के प्रिय प्रियदर्शी राजा ने दो प्रकार की चिकित्सा का प्रबंध किया है— मनुष्यों की चिकित्सा के लिए और पशुओं की चिकित्सा के लिए। मनुष्यों और पशुओं के लिए जहां-जहां औषधियां नहीं थीं वहां-वहां लाई और रोपी गई हैं। इसी प्रकार, जहां-जहां मूल व फल नहीं थे वहां-वहां लाए और रोपे गए हैं। मार्गों पर मनुष्यों तथा पशुओं के आराम के लिए कुएं खुदवाए गए हैं और वृक्ष लगाए गए हैं।

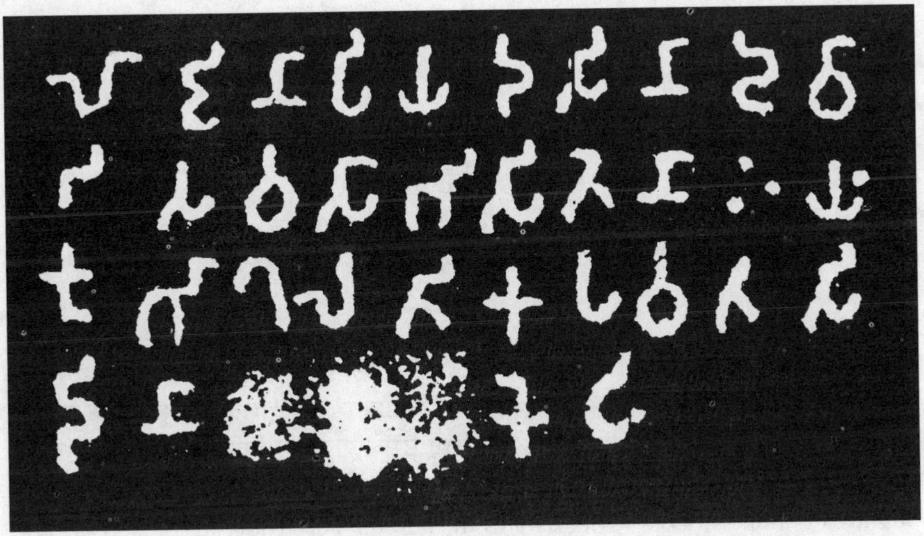

चित्र 25.6 *अशोक का बराबर गुफालेख (द्वितीय)*

लिप्यंतर :

1. *लाजिना पियदसिना दुवा*
2. *डसवसाभिसितेना इयं*
3. *कुभा खलतिक पवतसि*
4. *दिना (आजीवि)केहि*

(अशोक के बराबर गुफा के प्रथम और इस द्वितीय लेख में, लगता है, किसी ने बाद में 'आजीविकेहि' शब्द मिटाने की कोशिश की है। अशोक-पौत्र दशरथ के नागार्जुनी गुफा के प्रथम लेख में भी ऐसा ही हुआ है।)

अर्थ :

द्वादश वर्ष से अभिषिक्त राजा प्रियदर्शी ने खलतिक पर्वत पर (स्थित) यह गुफा आजीविकों को प्रदान की।

26

ब्राह्मी लिपि : ईसा की पहली सदी तक

अशोक की ब्राह्मी लिपि, जिसका विवेचन हमने पिछले प्रकरण में किया है, एक सुनिश्चित काल और एक ही शासक की देन है। अशोक के 'लिपिकर' और 'शिल्पी' उसके एक विशिष्ट उद्‌देश्य के संदेश लेकर इन्हें अंकित करने के लिए उसके राज्य के विभिन्न प्रदेशों में पहुंचे थे। अत: अशोक के लेखों की ब्राह्मी लिपि में यत्र-तत्र थोड़े से अक्षर-रूपांतर होने पर भी उसकी ब्राह्मी लिपि को हम सार्वदेशिक और राजकीय ही मानते हैं। परंतु अशोक के बाद के लेखों में हमें यह एकरूपता देखने को नहीं मिलती। अशोक के बाद के ब्राह्मी लेख नाना उद्‌देश्यों से लिखे हुए मिलते हैं। वे बौद्ध स्तूपों में स्थापित अस्थि-कलशों पर मिलते हैं; भिक्षुओं के लिए बनाई गई गुफाओं में मिलते हैं; ताम्रपत्रों पर भी मिलते हैं। अशोक के बाद पहली बार हमें सिक्कों पर भी ब्राह्मी अक्षर या लेख मिलने लगते हैं। सिक्कों पर चिह्नों को पंच करने की प्रथा अब बंद हो जाती है और अब इन्हें बनाते समय या तो ठप्पे लगाए जाते थे या ढाला जाता था। अब लेख केवल राजाओं और सम्राटों के ही नहीं, बल्कि सामान्यजनों के भी मिलने लगते हैं। ऐसी स्थिति में संपूर्ण भारतवर्ष में ब्राह्मी लिपि का एक-सा ही रूप कायम रह पाना संभव नहीं था। ब्राह्मी लिपि में अब हमें प्रांतीय भेद स्पष्ट दिखाई देते हैं। इस प्रकरण में हम कुषाणों का शासन आरंभ होने के पहले के अर्थात् लगभग 50 ई. के पहले के ब्राह्मी लेखों का संक्षेप में परिचय देंगे।

इस काल में हम ब्राह्मी लिपि में कुछ नए अक्षरों का आगमन हुआ देखते हैं। कुछ पुरालिपिविद् मानते हैं कि वर्ग की शक्ल में रखे हुए चार बिंदुओं वाला अक्षर 'ई' है, परंतु ओझाजी ने इसका खंडन किया है। वे इसे 'इं' मानते हैं। उनका कहना है कि नाणेघाट, बुद्धगया, मथुरा, नासिक आदि के लेखों में पाया जानेवाला यह चार बिंदियों वाला अक्षर 'इं' ही पढ़ा जाना चाहिए, न कि 'ई' (देखिए, भा.प्रा.लि., पृष्ठ 51)। इस काल में 'ऊ' और 'ऐ' के लिए भी स्वतंत्र अक्षर मिलते हैं, जो 'उ' और 'ए' के साथ एक-एक मात्रा जोड़ने से बने हैं। 'विसर्ग' के लिए भी अब संकेत मिलता है, जो आज प्रचलित विसर्ग-संकेत की तरह ही दो बिंदुओं का है और अक्षर के साथ उसके दाहिनी ओर लगाया जाता है। 'औ' के लिए भी स्वतंत्र संकेत मिलता है और अक्षरों के साथ लगनेवाली 'ऋ' की मात्रा के लिए भी (जैसे 'वृ')। इस काल में हमें संयुक्ताक्षरों के भी अधिक स्पष्ट रूप मिलते हैं, विशेषत: 'र' के साथ बननेवाले संयुक्ताक्षर के। पहले देख आए हैं कि अशोक की ब्राह्मी में संयुक्ताक्षर में 'र' पहले आया है या बाद में यह जानना बहुत मुश्किल होता है। परंतु इस काल के लेखों में पहले आनेवाला 'र्' (रेफ) बाद में आनेवाले व्यंजन के हमेशा ऊपर रहता है। संयुक्ताक्षर में 'र' यदि बाद में आता है तो यह स्पष्ट रूप से पहले उच्चारित व्यंजन के नीचे दिखाया गया है।

इस काल की ब्राह्मी लिपि में एक नए व्यंजन का अक्षर-संकेत भी पाया जाता है। यह नया अक्षर है—ळ । आज उत्तर भारत की भाषाओं में इस ध्वनि के लिए अक्षर नहीं मिलता, हालांकि

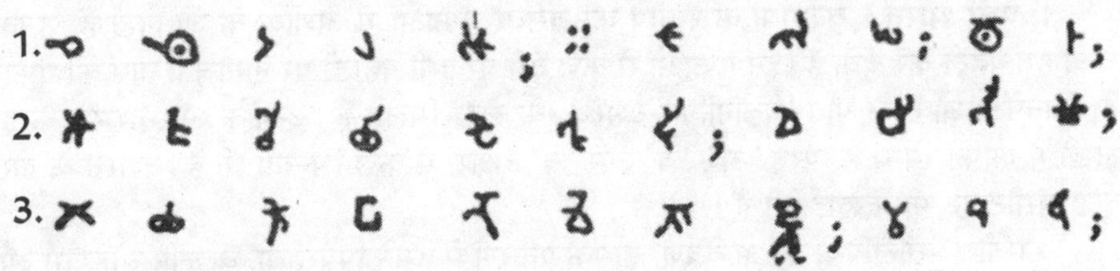

चित्र 26.1 शुंगकालीन ब्राह्मी के कुछ विशिष्ट अक्षर (क्रमशः)
1. ठे थे द ल सू (दशरथ के लेख); ई टो शि ळ (मथुरा); थो रु (नाणेघाट)
2. आ ऊ खि छि पौ भू ळी (भारहुत); ऐ बी भि मो (हाथीगुंफा)
3. गो छ जो पा भो वै शो ज्ञा (पभोसा); वी ब्र व्र (नाणेघाट)

राजस्थानी, मालवी, हरियाणवी, पंजाबी, पहाड़ी, ओड़िया आदि में इसका स्पष्ट उच्चारण होता है। दक्षिण की भाषाओं, मराठी व गुजराती में भी यह ध्वनि स्पष्ट रूप से मिलती है, और इसके लिए अक्षर-संकेत भी उन लिपियों में मौजूद हैं। प्रस्तुत काल में सांची के लेख के 'वाळिवाहन' शब्द में और मथुरा के लेख में 'कालवाळ' शब्द में यही ध्वनि है।

इस काल के संपूर्ण भारत के ब्राह्मी लेखों को सुविधा के लिए चार भागों में बांटा गया है : (1) पूर्वी भारत : इसका प्राचीन केंद्र मगध देश था, किंतु इस काल में हम कौशांबी नगरी में यह केंद्र देखते हैं। इसका प्रभाव पूर्व में बुद्धगया और नीचे उड़ीसा तक है। (2) पश्चिमोत्तर भारत : जिसके अंतर्गत तक्षशिला, मथुरा और मालव प्रदेश आता था। (3) पश्चिमोत्तर दक्खन, और (4) दक्षिण भारत : इसके अंतर्गत हम पूर्वी दक्खन का भी समावेश करते हैं। इस प्रदेश का प्रमुख केंद्र प्राचीन अमरावती था।

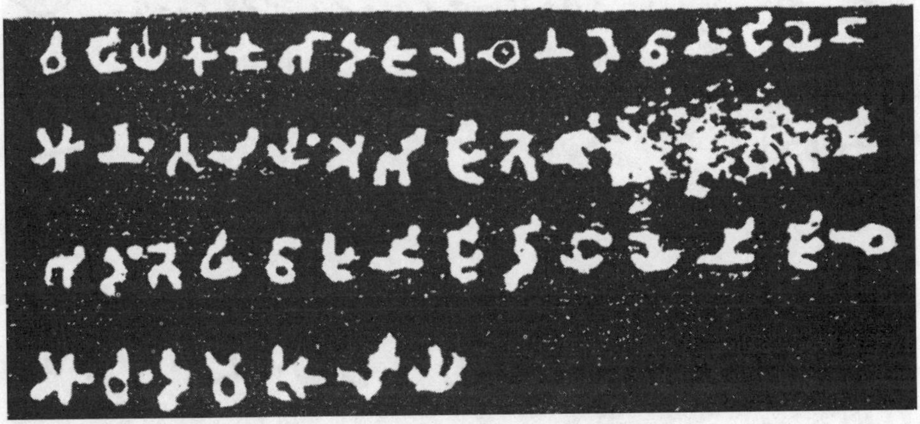

चित्र 26.2 दशरथ का नागार्जुनी गुफालेख (प्रथम)
लिप्यंतर :

1. वहियक (I) कुभा दषलथेन देवानंपियेना
2. आनंतलियं अभिषितेना (आजीविकेहि)
3. भदंतेहि वाष-निषिदियाये निषिठे
4. आ-चंदम-षूलियं (II)

अर्थ : तुरंत अभिषिक्त हुए देवानांप्रिय दशरथ द्वारा वहियका (नामक) गुफा आजीविक भदंतों को वर्षावास के लिए चंद्र (व) सूर्य की स्थिति तक के लिए दान दी गई।

1. पूर्वी भारत : बुद्धगया के समीप की बराबर गुफाओं में अशोक के जो लेख हैं, उनकी चर्चा हम पहले कर चुके हैं। इन गुफाओं से कुछ दूरी पर इसी पहाड़ी पर नागार्जुनी नाम की गुफाएं हैं, जिनमें अशोक के पौत्र 'देवानांप्रिय दशरथ' के लेख मिलते हैं। अशोक और दशरथ के इन लेखों में काफी साम्य है, परंतु 'अ', 'य' और 'व' अक्षरों में कुछ भिन्नता भी है। दशरथ के लेख कुछ घसीटदार भी दिखाई देते हैं।

'भारतीय पुरालिपियों का अन्वेषण' नामक प्रकरण में हमने पिपरहवा, बड़ली, सोहगौरा और महास्थान के ब्राह्मी लेखों का उल्लेख किया था, जिन्हें कुछ पुरालिपिविद् अशोक से पहले के मानते हैं। परंतु हमने वहां यह भी बतलाया था कि कुछ अन्य पुरालिपिविदों की राय में वे अशोक के बाद के हैं।

इस काल में भारहुत (नागौद जिला, मध्य प्रदेश) बुद्धगया, पभोसा (इलाहाबाद जिला, उ.प्र.), अयोध्या तथा हाथीगुंफा (भुवनेश्वर) से भी बहुत से लेख मिलते हैं। इनमें सबसे प्रसिद्ध है, कलिंगराज खारवेल का 'हाथीगुंफा लेख'। यह उड़ीसा की राजधानी भुवनेश्वर के पास खंडगिरि-उदयगिरि पर्वत पर दो मंजिल की एक चौड़ी गुफा पर खुदा हुआ है। इस गुफा एवं लेख का निर्माण खारवेल की अग्रमहिषी ने कलिंग के श्रमणों के लिए किया था। लेख लगभग 15 × 5 वर्ग-फीट जगह घेरे हुए है और अब बड़ी कठिनाई से ही पढ़ा जा सकता है। इसकी भाषा प्राकृत है, जो बौद्ध ग्रंथों की पालि से मिलती-जुलती है। पहली बार 1885 में डॉ. भगवानलाल इंद्रजी ने इस लेख का पाठ तैयार किया था। 1927 में डॉ. काशीप्रसाद जायसवाल ने पुनः इसका एक शुद्ध पाठ प्रकाशित किया। इस लेख के काल के बारे में विद्वानों में काफी मतभेद है। ब्यूह्लर और ओझाजी ने इसमें

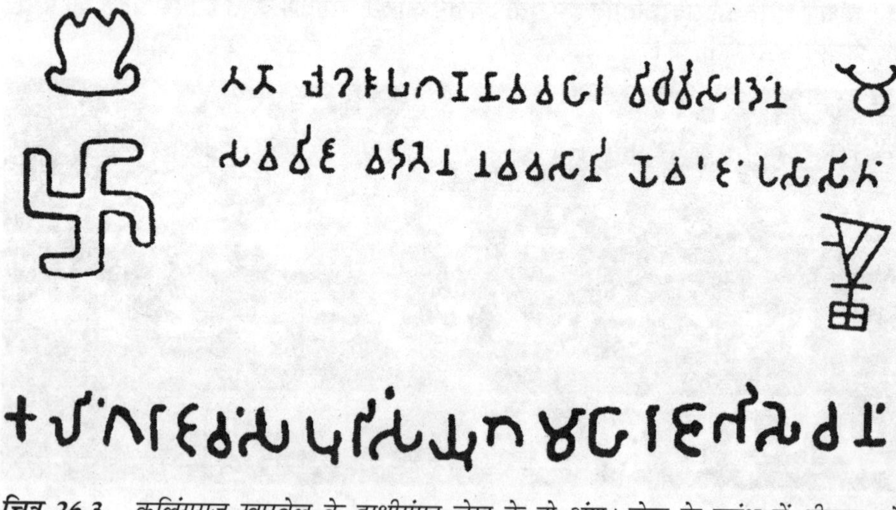

चित्र 26.3 *कलिंगराज खारवेल के हाथीगुंफा लेख के दो अंश। लेख के प्रारंभ में श्रीवत्स और स्वस्तिक के चिह्न बने हैं।*

लिप्यंतर : *ततो लेख-रूप-गणना-ववहार-विधि-विसारदेन*
सव विजावदातेन नव वसानि योवरज (प)सासितं
कलिंग-राज वंसे-पुरिस-युगे महाराजाभिसेचनं (पापुनाति)

अर्थ : तत्पश्चात् उन्होंने लेख, रूप (मुद्राशास्त्र), गणित, व्यवहार-विधि में दक्षता प्राप्त की। तदनंतर सर्व विद्या में पारंगत होकर नौ वर्ष तक युवराज के रूप में प्रशासन किया।
कलिंग-राजवंश के तृतीय पुरुष युग में महाराज के रूप में अभिषेक (कराया)।

चित्र 26.4 बेसनगर (विदिशा, मध्य प्रदेश) में हेलिओदोर का गरुडध्वज (बाएं) और उस पर अंकित ब्राह्मी लेख (दाएं)। इसके एक अंश को नीचे देकर लिप्यंतर में उसे रेखांकित दर्शाया गया है।

लिप्यंतर :

1. *देवदेवस वा (सुदे)वस गरुडध्वजे अयं*
2. *कारिते इ (अ) हेलिओदोरेण भाग-*
3. *वतेन दियस पुत्रेण तख्खसिलाकेन*
4. *योनदूतेन आगतेन महाराजस*
5. *अंतलिकितस उप (ं)ता सकासं रञो*
6. *कासीपुत् (र)स भागभद्रस त्रातारस*
7. *वसेन (चतु ?)दसेन राजेन वधमानस*
8. *त्रिनि अमुत-पदानि (इअ) (सु)अनुठितानि*
9. नेयंति स्वगं दम चाग अप्रमाद

अर्थ : देवदेव वासुदेव का यह गरुडध्वज यहां भागवत होलिओदोर द्वारा स्थापित किया गया, जो दिय का पुत्र, तक्षशिला का निवासी, महाराज अंतलिकित के पास से राजा काशीपुत्र भागभद्र त्राता वर्धमान के पास उसके राज्य के चौदहवें वर्ष में आया हुआ यवन दूत था। ये तीन स्वनुष्ठित (अर्थात्, भलीभांति आचरण किए हुए) अमृतपद स्वर्ग ले जाते हैं — दम, त्याग और अप्रमाद।

मौर्य-संवत् पढ़कर इसका काल '157 और 147 ई.पू. के बीच' निश्चित किया था। आजकल कई पुरालिपिविद् इसे ई.पू. पहली शताब्दी का मानते हैं। यह जैन धर्म का सबसे प्राचीन शिलालेख है, परंतु आश्चर्य है कि किसी भी प्राचीन जैन ग्रंथ में राजा खारवेल का नामोल्लेख नहीं मिलता।

2. पश्चिमोत्तर भारत : इस लिपि-क्षेत्र के अंतर्गत सांची और बेसनगर (विदिशा) के लेख आते हैं। इस काल में बेसनगर (भिलसा) से हमें एक यूनानी का खुदवाया हुआ प्रसिद्ध लेख मिलता है। तक्षशिला के यूनानी राजा अंतलिकित ने विदिशा के शुंग राजा भागभद्र के पास हेलिओदोर नाम का एक राजदूत भेजा था। हेलिओदोर वासुदेव (विष्णु) का उपासक था। वासुदेव की पूजा के लिए उसने वहां गरुडध्वज खड़ा किया था, जो गरुड की मूर्ति के बिना आज भी वहां खड़ा है। इस स्तंभ पर ब्राह्मी लिपि में 9 पंक्तियों का एक लेख है। इस स्तंभलेख का काल ई.पू. दूसरी शताब्दी का उत्तरार्ध माना गया है। इस लेख में ब्राह्मी लिपि की एक नई शैली के स्पष्ट दर्शन होते हैं। इसमें 'प', 'व', 'स', 'ल' तथा 'ह' के लिए कुछ कोणीय प्रकार के अक्षर दृष्टिगत होते हैं। इसमें संयुक्ताक्षरों में बाद में लगने वाला 'र' अक्षर हमेशा ही नीचे जोड़ा गया है, जो यहां कुछ अधिक लंबा है।

सांची से इस काल के बहुत से लेख मिले हैं। पहले हम बता चुके हैं कि सांची के स्तूपों की वेदिकाओं पर पाए गए संक्षिप्त ब्राह्मी लेखों का उद्घाटन करके ही जेम्स प्रिंसेप ने अंततः 1837 ई. में ब्राह्मी लिपि का उद्घाटन किया था। सांची के स्तूपों के भीतर मिले पात्रों पर, तोरणद्वारों पर और वेदिकाओं पर बहुत से ब्राह्मी लेख मिलते हैं। ब्यूह्लर, चंदा तथा मजूमदार जैसे पुरालिपिविदों ने इन सांची-लेखों का विशद अध्ययन प्रस्तुत किया है। सांची के बारे में मार्शल का ग्रंथ प्रसिद्ध है। पहली शताब्दी ई. तक सांची में पाए जानेवाले लेखों को अहमद हसन दानी ने तीन श्रेणियों में विभाजित किया है (देखिए, उनका ग्रंथ 'इंडियन पॅलेइओग्राफी', ऑक्सफर्ड, 1963, पृ. 64-65)। **पहली श्रेणी :** स्तूप नं. 3 का धातुपात्र लेख और स्तूप नं. 1 की वेदिका के बहुत से लेख। इन लेखों में और हेलिओदोर के स्तंभलेख के अक्षरों में काफी समानता है; किंतु 'भ' अक्षर तथा 'ओ' की मात्रा कुछ भिन्न है। इसलिए इन लेखों को ई.पू. पहली शताब्दी के पूर्वार्ध का माना गया है। **दूसरी श्रेणी :** इसके अंतर्गत स्तूप नं. 2 के धातुपात्र लेख और इसी स्तूप की वेदिका पर पाए जानेवाले लेखों का समावेश होता है। इस क्षेणी में स्तूप नं. 1 के तोरणद्वार पर पाए जानेवाले लेख भी शामिल किए जाते हैं। इन लेखों के अक्षरों में कोण स्पष्ट दिखाई देते हैं। पात्रलेखों के अक्षरों की खड़ी रेखाएं कुछ छोटी हो गई हैं। 'ओ' की मात्रा के लिए एक ही आड़ी रेखा है। दानी ने इन लेखों को ई.पू. पहली शताब्दी के उत्तरार्ध में रखा है। **तीसरी श्रेणी :** इसके अंतर्गत स्तूप नं. 3 के लेख (पात्रलेख को छोड़कर), स्तूप नं. 1 के पूर्व, पश्चिम तथा दक्षिण द्वारों के लेख और सातकर्णी के लेख का समावेश होता है। दानी ने इन्हें पहली शताब्दी ई. के पूर्वार्ध का माना है।

पहले हम बता चुके हैं कि इस काल के सांची के लेखों की ब्राह्मी लिपि में एक नया अक्षर 'ळ' भी मिलता है।

ई.पू. दूसरी शताब्दी के उत्तरार्ध में शकों का भारत में प्रवेश हुआ। भारत में 'शकस्थान' (सिंध) उनका पहला केंद्र था। फिर उन्होंने सौराष्ट्र पर चढ़ाई की और 100 ई.पू. में उज्जयिनी नगरी जीती। इसी समय के नहपान नामक एक शक सरदार के सिक्के और उसके दामाद उषवदात के लेख इस प्रदेश में मिलते हैं। उज्जयिनी से पुष्कर होता हुआ शक राज्य मथुरा भी पहुंचा। उस समय तक मथुरा से शुंग राज्य उठ गया था। ये शक शासक अपने को 'क्षत्रप' या 'महाक्षत्रप' कहते थे। मथुरा के कंकाली टीले से शक क्षत्रपों के बहुत से लेख मिले हैं। इस काल के कुछ जैन लेख भी मथुरा से मिले हैं। इन्हीं में नया अक्षर 'ळ' पाया जाता है।

इस काल के सिक्कों पर भी ब्राह्मी लेख मिलने लग जाते हैं। एलन तथा रैप्सन जैसे प्रसिद्ध पुराविदों ने इस काल में पाए जानेवाले सिक्कों का विशद अध्ययन प्रस्तुत किया है। ये सिक्के गोलाकार भी हैं और चौकोर भी। सभी सिक्के ढाले हुए हैं। इनमें यौधेय गण के सिक्के, मथुरा के

क्षत्रपों के सिक्के और एरण से मिले सिक्के विशेष रूप से प्रसिद्ध हैं। एरण (जिसका प्राचीन नाम 'ऐरिकिण' था) के सिक्कों पर 'एरकन्या' लिखा हुआ है। एरण से प्राप्त तीन सिक्कों पर यह नाम मिलता है। एक चौथे सिक्के पर उलटे अक्षरों में 'धमपालस' नाम मिलता है। हम पहले बतला चुके हैं कि अक्षर खोदने वाले की भूल के कारण ही इस सिक्के पर अक्षर उलटे आए हैं। इस पर पशु की जो आकृति है, वह भी उलटी जान पड़ती है। इस प्रकार की भूलें कई अन्य सिक्कों में भी देखने को मिलती हैं। इसलिए इस एरण-सिक्के के आधार पर यह परिणाम निकालना कि ब्राह्मी लिपि आरंभ में दाईं ओर से बाईं ओर को लिखी जाती थी, उचित नहीं है।

3. **पश्चिमोत्तर दक्खन :** इस प्रदेश की अनेक गुफओं में ई. सन् के प्रारंभ से पहले के अनेक ब्राह्मी लेख मिलते हैं। 'नयनिका' या 'नागनिका' के नाणेघाट वाले लेख को छोड़कर शेष सभी लेख संक्षिप्त हैं। नाणेघाट के अलावा अजिंठा, नासिक, कार्ले, भाजा, कोंडणे तथा पित्तलखोरा की गुफाओं में भी इस काल के संक्षिप्त ब्राह्मी लेख मिलते हैं।

यहां हम इस काल की उत्तर भारत की ब्राह्मी लिपि के कुछ नमूने दे रहे हैं :

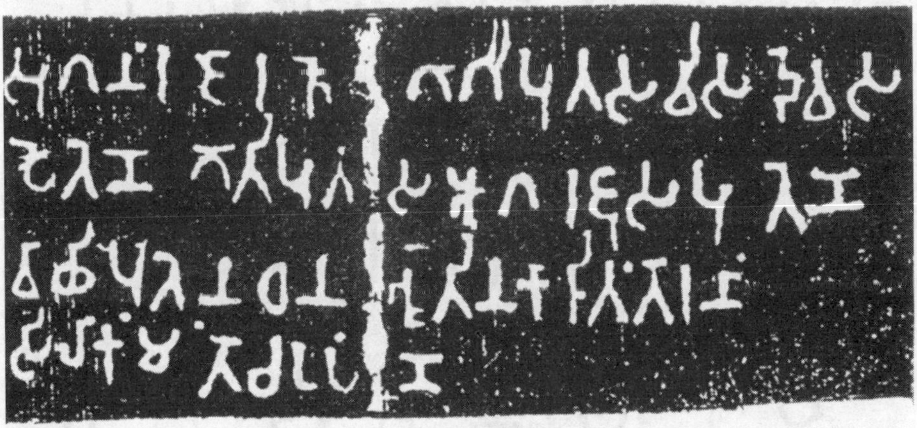

चित्र 26.5 भारहुत बौद्ध तोरण-स्तंभलेख (ई.पू. प्रथम सदी)। इसमें 'व' का निचला भाग त्रिकोणाकार बन गया है।

लिप्यंतर :

1. सुगनं रजे रञो गागीपुतस विसदेवस

2. पौतेण गोतिपुतस आगरजुस पुतेण

3. वाछिपुतेन धनभूतिन कारितं तोरनां

4. सिला कंमंतो च उपंण॥

अर्थ : शुंगों के राज्य में राजा गार्गीपुत्र विश्वदेव के पौत्र गोप्तीपुत्र आगरजु के पुत्र वात्सीपुत्र धनभूति द्वारा तोरण बनवाया गया और प्रस्तर-कार्य कराया गया।

शुंग काल में ही भारहुत (सतना के पास, मध्य प्रदेश) में एक भव्य स्तूप का निर्माण हुआ। अब यह स्तूप नष्ट हो गया है। इसके कुछ वेदिका-स्तंभ एवं शिल्पपट्ट कलकत्ता तथा विदेशों के संग्रहालयों में रखे हुए हैं। भारहुत से अनेक छोटे-बड़े लेख मिले हैं। यहां हम भारहुत के एक वेदिका-स्तंभ पर उत्कीर्ण लेख दे रहे हैं।

मध्य प्रदेश में अंबिकापुर से करीब पचास किलोमीटर की दूरी पर रामगढ़ नामक पहाड़ी है। इस पहाड़ी पर सीता बेंगरा, जोगिमार आदि अनेक गुफाएं हैं। इन गुफाओं में कुछ लेख मिले हैं,

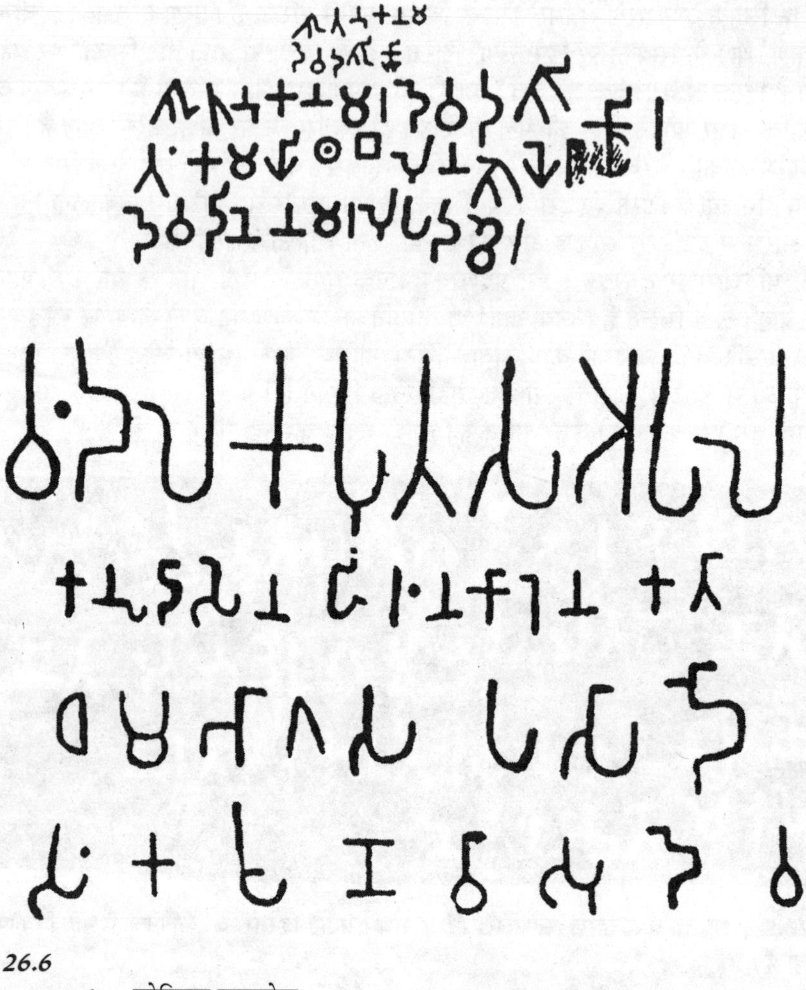

चित्र 26.6

1. *जोगिमार गुफालेख :*

शुतनुक नम
देवदाशिन्यी
शुतनुक नम। देवदाशिन्यी।
तं कमयीथ बालन शेये
देवदीने नम। लूपदसे।

2. *चंडाला लेख :*

वंदलक पुतस अपल

3. *पित्तलखोर लेख :*

कन्हदासेन हिरंनकारेन कता

4. *भाजा गुफा का काष्ठ लेख :*

धमभागस पसादो

5. *घोसुंडी लेख :*

संकर्षण वासुदेव

जिनके अक्षर अशोक के लेखों के अक्षरों से मिलते-जुलते हैं। यहां हम जोगिमार गुफा में उत्कीर्ण एक लेख दे रहे हैं।

ई.पू. दूसरी सदी में कृष्णा नदी की घाटी में कई बौद्ध केंद्र स्थापित हो चुके थे। इसी समय पश्चिमी महाराष्ट्र में भी कई बौद्ध केंद्र स्थापित हो रहे थे और पहाड़ों को काटकर पित्तलखोर, भाजा आदि स्थानों की गुफाओं का निर्माण हो रहा था। मध्य प्रदेश में भारहुत व सांची में स्तूप बन चुके थे। लेकिन अभी कुछ साल पहले तक नागपुर के आसपास ऐसा कोई बौद्ध केंद्र नहीं मिला था जो उत्तर भारत के बौद्ध केंद्रों को दक्षिण भारत तथा पश्चिम भारत के बौद्ध केंद्रों के साथ जोड़ सके।

इधर 1970-71 ई. में महाराष्ट्र के भंडारा जिले में ई.पू. दूसरी-तीसरी सदी के कुछ बौद्ध केंद्रों की खोज हुई है। भंडारा जिले के पौनी स्थान से एक भव्य स्तूप के अवशेष मिले हैं। शिलास्तंभों पर शिल्पों के साथ कुछ लेख भी खुदे हुए हैं। भंडारा जिले के ही मांडल गांव के नज़दीक के चंडाला जंगल में मार्च 1971 ई. में कुछ बौद्ध गुफाओं की खोज हुई। गुफाओं के प्रवेश-द्वार के पास पड़े हुए दो स्तंभों पर लेख भी मिले हैं। इनमें से एक स्तंभ पर उत्कीर्ण लेख की दो पंक्तियों में से तीन शब्दों का नमूना हम यहां दे रहे हैं : **वंदलक पुतस अपल**। मूल लेख में ये अक्षर करीब आठ सेंटीमीटर ऊंचे हैं। ये ब्राह्मी अक्षर निश्चय ही 200 ई.पू. के आसपास के हैं।

आधुनिक काल में खोजे गए प्राचीन बौद्ध केंद्र आज हमें नगरों तथा प्रमुख मार्गों से काफी दूर जंगलों में स्थित दिखाई देते हैं। परंतु प्राचीन काल में ये राजमार्गों के आसपास थे। प्राचीन काल में अजिंठा, वेरूळ, पित्तलखोर (औरंगाबाद जिला) आदि स्थानों की गुफाएं राजमार्गों के आसपास थीं। पित्तलखोर से पहले भी कुछ लेख मिले थे। कुछ साल पहले यहां यक्ष-यक्षिणियों की मूर्तियां और कुछ लेख मिले हैं। यहां हम नमूने के लिए एक यक्ष-मूर्ति के दाएं हाथ पर खुदे हुए लेख को दे रहे हैं : **कन्हदासेन हिरंनकारेन कता**। भाषा प्राकृत है और अक्षर ई.पू. दूसरी सदी की ब्राह्मी लिपि के हैं।

पश्चिमी महाराष्ट्र के पहाड़ों को काटकर बनाई गई भाजा, कान्हेरी, नासिक, जुन्नर आदि स्थानों की गुफाएं प्रसिद्ध हैं। इनमें सबसे प्राचीन (ई.पू. दूसरी सदी) गुफा एवं चैत्य **भाजा** स्थान के हैं। चैत्यों में लकड़ी की बल्लियों का भी इस्तेमाल हुआ था। अभी कुछ साल पहले भाजा से लकड़ी के ऐसे ही अवशेष पर दो छोटे लेख मिले हैं। इनमें से एक लेख है : **धमभागस पसादो**। लकड़ी पर खुदा हुआ यह सबसे प्राचीन उपलब्ध लेख है। पश्चिमी महाराष्ट्र के नाणेघाट स्थान से सातवाहन काल का रानी नायनिका या नागनिका का एक लंबा लेख मिला है। सांची (मध्य प्रदेश) से भी इस काल के कुछ दानलेख मिले हैं। सांची के लेखों में...**स दानं** अक्षरों को पहचानने के बाद ही 1837 ई. में जेम्स प्रिंसेप ने ब्राह्मी लिपि की पूरी वर्णमाला का उद्घाटन किया था। आरंभ में प्रिंसेप ने ब्राह्मी लिपि को 'सांची वर्णमाला' का नाम दिया था।

इन लेखों के अलावा अशोक के बाद के और ईसवी सन् के आरंभ के पहले के और भी कई लेख मिले हैं। पभोसा व मथुरा से ई.पू. पहली सदी के लेख मिले हैं। घोसुंडी (चित्तौड़ के पास) से प्राप्त भागवत संप्रदाय से संबंधित लेख ई.पू. दूसरी सदी का है। इस लेख के दो शब्द नमूने के लिए दे रहे हैं : **संकर्षण वासुदेव**।

अशोक के अभिलेखों के अक्षरों में और इन सारे लेखों के अक्षरों में अधिक अंतर नहीं है। हां, कुछ अक्षर कुछ भिन्न-से प्रतीत होते हैं, विशेषत: संयुक्ताक्षर। मथुरा व सांची के लेखों में 'ळ' के लिए भी अक्षर मिलता है। इस काल के कुछ विशिष्ट अक्षर हम अलग से दे रहे हैं।

बुद्धगया के मंदिर के चारों ओर आज भी कुछ प्राचीन वेदिका-स्तंभ मौजूद हैं। ये स्तंभ ई.पू. दूसरी सदी में तैयार हुए थे। इन्हें तैयार करते समय शिल्पकारों ने इन पर ब्राह्मी लिपि का एक-

एक अक्षर खोद दिया था, ताकि बाद में इन्हें जोड़ने में सुविधा हो। इसलिए बुद्धगया के इन स्तंभों पर हमें ब्राह्मी वर्णमाला के कुछ अक्षर मिल जाते हैं।

सन् 1965 ई. में अंबाला जिले (हरियाणा) के सुघ (प्राचीन स्रुघ्न) स्थान से मिट्टी का बना हुआ एक अद्‌भुत खिलौना मिला है। इस खिलौने में एक बालक को बैठा हुआ और गोद में लिखने की एक तख्ती लिए हुए दरशाया गया है। खिलौने का वह भाग, जिसमें बालक का सिर था, टूट गया है। तख्ती ठीक उसी प्रकार की है, जैसी आजकल के बच्चे भी इस्तेमाल करते हैं। यह खिलौना शुंगकाल (ई.पू. दूसरी सदी) का है।

चित्र 26.7 सुघ (प्राचीन स्रुघ्न, अंबाला जिला, हरियाणा) से प्राप्त मिट्टी का खंडित खिलौना, जिसमें एक बालक को गोद में लिखने की तख्ती लिए हुए दिखाया गया है। तख्ती पर चार पंक्तियों में ब्राह्मी बाराखड़ी के अक्षर दोहराए गए हैं।

खिलौने की उस तख्ती पर चार पंक्तियों में ब्राह्मी लिपि के अक्षर अंकित हैं। ये अक्षर हैं : अ, आ, इ, ई, उ, ऊ, ए, ऐ, ओ, औ, अं, अः। ये बाराखड़ी (द्वादशाक्षरी) के स्वराक्षर हैं। चारों पंक्तियों में इन्हीं 12 अक्षरों को दोहराया गया है। बालक ने अपने बाएं हाथ से तख्ती पकड़ी है और दाएं हाथ की एक उंगली एक अक्षर के नीचे रखी है। तख्ती पर अंकित सभी पंक्तियों के कुछ अक्षर मिट गए हैं, पर चारों पंक्तियों के निरीक्षण से पूरे 12 स्वराक्षर स्पष्ट हो जाते हैं।

इन 12 स्वराक्षरों से यह भी स्पष्ट होता है कि ई.पू. दूसरी सदी में अभी ब्राह्मी की वर्णमाला में ऋ, ॠ, ऌ और दीर्घ 'ॡ' स्वराक्षरों का समावेश नहीं हुआ था। ब्राह्मी वर्णमाला के बारे में यह जानकारी बड़े महत्त्व की है।

सुघ से प्राप्त यह खिलौना अब नई दिल्ली के राष्ट्रीय संग्रहालय में है।

दक्षिण भारत की ब्राह्मी लिपि

आंध्र प्रदेश के कृष्णा जिले के भट्टिप्रोलु ग्राम के एक स्तूप से उन्नीसवीं शताब्दी में तीन प्रस्तर-पात्रों पर और एक स्फटिक-प्रस्तर पर ब्राह्मी लिपि के लेख मिले थे। चूंकि इन लेखों के अक्षर उत्तर भारत की ब्राह्मी लिपि के अक्षरों से कुछ भिन्न दिखाई देते हैं, इस कारण ब्यूह्लर जैसे पुरालिपिविदों ने भट्टिप्रोलु के लेखों की इस लिपि को 'द्राविड़ी लिपि' का नाम दिया था। ओझाजी ने भी लिखा था, ''इन भेदों से पाया जाता है कि उक्त भट्टिप्रोलु लेखों कि लिपि पिप्रावा, बर्ली और अशोक के लेखों से नहीं निकली, किंतु उस मूल लिपि से निकली होगी जिससे स्वयं पिप्रावा, बर्ली और अशोक के लेखों की लिपि निकली है, संभवत: यह द्राविड़ी (द्राविडी) लिपि ही हो।'' इन दोनों विद्वानों को भट्टिप्रोलु की ब्राह्मी लिपि को 'द्राविड़ी लिपि' नाम देने की प्रेरणा बौद्ध ग्रंथ 'ललित-विस्तर' से मिली। क्योंकि उस ग्रंथ में जिन 64 लिपियों के नाम मिलते हैं उनमें बारहवां नाम 'द्राविड' लिपि का है। ब्राह्मी और खरोष्ठी का नामकरण भी इसी ग्रंथ की सूचना के आधार पर हुआ है। असल में, न ब्राह्मी लेखों में इस लिपि के लिए 'ब्राह्मी' नाम मिलता है, न खरोष्ठी लिपि के लेखों में 'खरोष्ठी' नाम। लेकिन अब ये नाम रूढ़ हो चुके हैं, इसलिए हम इन्हें स्वीकार कर लेते हैं। लेकिन दक्षिण भारत के भट्टिप्रोलु-लेखों की लिपि, और इधर मदुरा, तिरुनेल्वेली जिले तथा पुद्दुकोटै से मिले अनेक गुफालेखों की लिपि को 'द्राविडी' लिपि का नाम देने की कोई आवश्यकता नहीं है।

हम पहले बता चुके हैं कि अशोक की राजकीय ब्राह्मी लिपि को प्रांतों या प्रदेशों के अनुसार विभिन्न शैलियों में विभाजित करना उचित नहीं है। दक्षिण भारत में भट्टिप्रोलु, अमरावती तथा कतिपय गुफाओं से मिले हुए लेख अशोक के बाद के हैं। इन लेखों की प्रमुख बात यह है कि ये सभी बौद्ध धर्म से संबंधित हैं और इनमें से अधिकांश लेखों की भाषा प्राकृत है। इसलिए हम कह सकते हैं कि ये लेख बौद्ध भिक्षुओं की ही कृतियां हैं। इन लेखों की ब्राह्मी लिपि के अक्षरों में और उत्तर भारत की ब्राह्मी लिपि के अक्षरों में जो थोड़ा-सा फर्क दिखाई देता है, उसका कारण यह है दक्षिण भारत की भाषाओं में कुछ ध्वनियां उत्तर भारत की भाषाओं से बिलकुल भिन्न हैं। इन ध्वनियों का समावेश करने के लिए कुछ नए अक्षर बनाए गए थे। लेकिन ये नए अक्षर भी उत्तर भारत के लेखों में व्यवहृत अक्षरों से ही बनाए गए। इसलिए भट्टिप्रोलु लेखों और इन गुफालेखों की लिपि को अधिक से अधिक हम ब्राह्मी की एक शैली ही मान सकते हैं; इसे एक नई लिपि—द्राविडी लिपि—का नाम नहीं दे सकते। अहमद हसन दानी ने इन लेखों का अच्छा विवेचन किया है। उन्हीं के आधार पर यहां हम इन लेखों की संक्षिप्त चर्चा करेंगे।

भट्टिप्रोलु लेख

हम बतला ही चुके हैं कि भट्टिप्रोलु से तीन पात्रलेख और एक स्फटिक-लेख मिला है। असल में, पात्रलेखों की लिपि में और स्फटिक-लेख की लिपि में भी काफी अंतर है। इन दोनों प्रकार के लेखों में समानता यदि कोई है तो केवल 'द' अक्षर में। अशोक की ब्राह्मी में 'द' का मध्य-वक्र दाईं ओर को है, तो भट्टिप्रोलु के लेखों में बाईं ओर को है। यदि अक्षर के सिर पर लगनेवाली आड़ी लकीर को मिटा दिया जाए, तो भट्टिप्रोलु का 'द' वर्तमान नागरी लिपि के 'द' जैसा ही दिखाई देगा। पात्रों के लेखों में हमें 'घ', 'भ', 'म', 'ल', 'श' के लिए कुछ नए प्रकार के अक्षर मिलते हैं। इनमें दक्षिण भारत के उच्चारण के अनुरूप एक नया अक्षर 'ळ' भी मिलता है। इनके अलावा शेष सभी अक्षर लगभग अशोक की ब्राह्मी जैसे हैं।

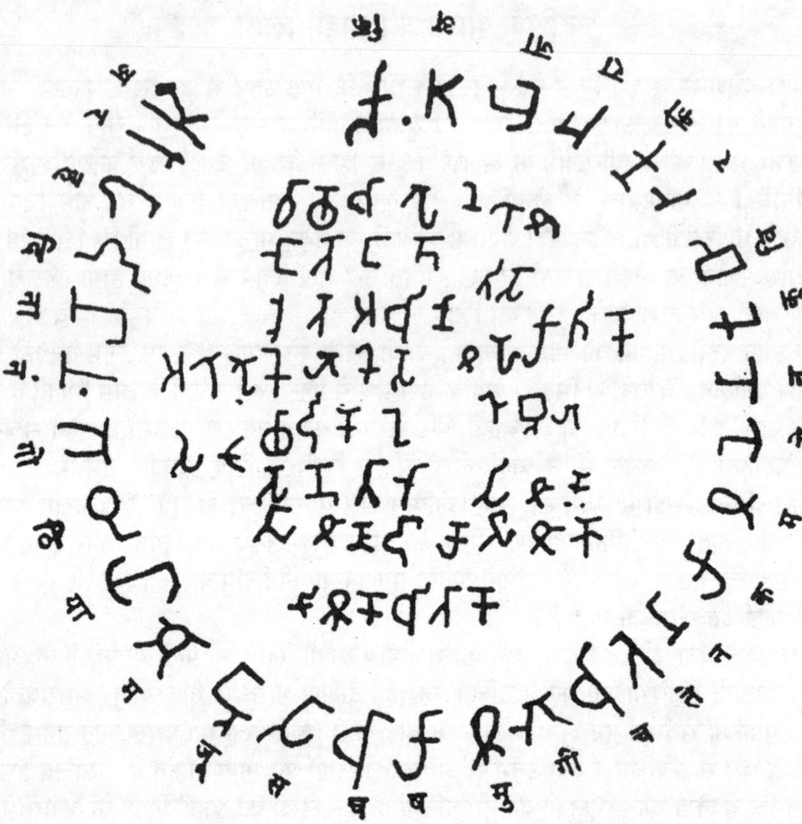

चित्र 26.8 भट्टिप्रोलु (कृष्णा जिला, आंध्र प्रदेश) के स्तूप से प्राप्त तीसरे प्रस्तर-पात्र (मंजूषा) पर अंकित ब्राह्मी लेख (शिवराममूर्ति के आधार पर)। इस पात्र के घेरे पर लिखा हुआ और यहां वृत्ताकार में दिया हुआ लेख यों है :

"अरहदिनानं गोठिया मजूस च षमुगो च तेन कम येन कुबिरको राजा अंकि"

अर्थात्, अरहदिन (अर्हदत्त) के अनुयायियों ने मंजूषा और पेटिका दी और राजा कुबिर ने जिसे आज्ञा दी उसने इसे बनाया।

ऊपर के चित्र में भीतर का लेख पात्र के ढक्कन पर लिखा हुआ है। इस लेख में पहली पंक्ति के सात अक्षरों में से अंतिम तीन को पहले पढ़िए।

लिप्यंतर :	अनुवाद :
नेगमा	निगम (या श्रेणी) के सदस्य
बछो चघो	वछ (वत्स), चघ,
जेतो जभो तिसो	जेत (जयंत), जंभ (जम्भ), तिस (तिस्य)
रेतो अचिनो षभिको	रेत, अचिन, सभिक,
अखघो केलो केसो माहो	अखघ (अक्सघ्न), केल, केस, माह,
सेटा छदिको ओखबूलो	सेट, छदिक (छंदिक), ओखबुला
सोणुतरो समणो	सोणतुर (शोणोत्तर), समण (श्रमण)
समणदाषो सामको	समणदास (श्रमणदास), सामक (स्यामक)
कामुको चीतको	कामुक, चितक।

भट्टिप्रोलु के पात्रलेखों की और एक विशेषता यह है कि व्यंजनों में निहित 'अ' स्वर की मात्रा को इन लेखों में अक्षरों के ऊपर एक आड़ी लकीर जोड़कर व्यक्त किया गया है। इसलिए भट्टिप्रोलु के 'क', 'ख', 'ग', आदि 'अ' स्वरयुक्त व्यंजन उत्तर भारत की ब्राह्मी के 'का', 'खा', 'गा', आदि जैसे दिखाई देते हैं। इन लेखों में 'आ' की मात्रा अक्षरों के सिरों पर लगी हुई आड़ी लकीर को थोड़ा नीचे की ओर झुका देने से बनी है। भट्टिप्रोलु के पात्रलेखों में 'अ' और 'आ' की मात्राओं की यह जो विशेषता है, वह दक्षिण भारत के किसी भी अन्य लेख में नहीं दिखाई देती, स्वयं भट्टिप्रोलु के स्फटिक-लेख में भी नहीं। इसीलिए दानी को कहना पड़ा, ''चूंकि भट्टिप्रोलु के इन पात्रलेखों की अपनी एक शैली है, इसलिए यह संभव जान पड़ता है कि ये लेख एक ही व्यक्ति के लिखे हुए हों। और, क्योंकि इन लेखों में 'ळ' अक्षर भी पहली बार लाया गया है, इसलिए इनका लेखक कोई स्थानीय बौद्ध रहा होगा।'' यदि भट्टिप्रोलु के पात्रलेखों में 'अ' की मात्रा की इस विशेषता को स्थानीय तथा व्यक्तिगत प्रभाव माना जाए, तो शेष जो कुछ भिन्न से दिखाई देनेवाले अक्षर हैं, उन्हें अशोक की ब्राह्मी से निर्मित सिद्ध किया जा सकता है। दानी ने नीचे की तालिका से यह सिद्ध किया है :

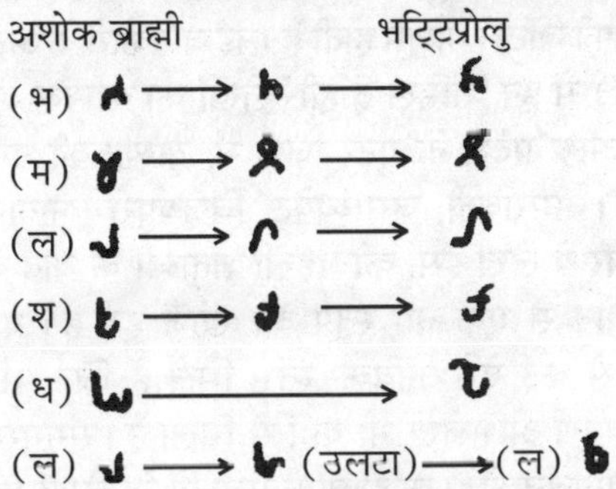

चित्र 26.9 अशोक के ब्राह्मी अक्षरों से निर्मित भट्टिप्रोलु-लेख के अक्षर

गुफालेख

दक्षिण भारत के मदुरा तथा तिरुनेल्वेली जिलों में और भूतपूर्व पुद्दुकोटै राज्य के सित्तनवासल नामक स्थान में कई गुफालेख मिले हैं। इनमें से कुछ गुफाओं की खोज करनेवाले के.वी. सुब्रह्मण्य अय्यर ने इन लेखों का अध्ययन करके यह सिद्ध किया है कि ये लेख तमिल भाषा में हैं और बौद्ध धर्म से संबंधित हैं। इन लेखों की लिपि ब्राह्मी है, परंतु इनके कुछ अक्षर अशोक की ब्राह्मी में नहीं मिलते। तमिल में 'न', 'ल' तथा 'र' जैसे व्यंजनों की जो अपनी विशेष ध्वनियां हैं, उनके लिए इन गुफालेखों की ब्राह्मी लिपि में नए अक्षर पाए जाते हैं। लेकिन ये चंद नए अक्षर भी अशोक की ब्राह्मी के अक्षरों के आधार पर ही बने हैं। नीचे हम सित्तनवासल से प्राप्त एक गुफालेख का नमूना दे रहे हैं।

इस लेख में 'न', 'प' और 'य' अक्षर कुछ अद्भुत हैं। इसमें 'इ' अक्षर के लिए एक दंड के दोनों ओर दो बिंदु वाला चिह्न है। उस काल में 'इ' के लिए उत्तर भारत में यह अक्षर कहीं नहीं मिलता। बाद में उत्तर तथा पश्चिम भारत के लेखों में यही चिह्न 'ई' के लिए इस्तेमाल किया हुआ मिलता है। इसलिए यह कल्पना की जा सकती है कि 'ई' के लिए यह चिह्न दक्षिण भारत से उत्तर भारत में पहुंचा। दानी ने इस लेख को ईसा की पहली शताब्दी के पूर्वार्ध का माना है। भट्टिप्रोलु के लेखों को भी उन्होंने इसी काल का माना है। लेकिन ब्यूह्लर भट्टिप्रोलु के लेखों को ई.पू. तीसरी शताब्दी का मानते थे और ओझाजी ने उन्हें ई.पू. की दूसरी शताब्दी में रखा था। शिवराममूर्ति भी ब्यूह्लर का

चित्र 26.10 *सित्तनवासल का एक गुफालेख*

लिप्यंतर : *एउमीनाडु (टु) कुम (–)ऊर पीरानता कावुडी (टी) इतेन कु–*
चिडु (टु) पोचिल इलायरचेयता अतीटअनाम

अर्थात्, *एरुमीनाडु के कुमत्तूर ग्राम में पैदा हुए कावुडी इतेन के लिए चिट्टुपोइल इलायर ने यह 'अधिष्ठान' बनाया।*

समर्थन करते हुए इन्हें काफी प्राचीन मानते हैं। दक्षिण के गुफालेखों के तरह की लिपि पुदुचेरी के पास के अरिकमेडु नामक स्थान से मिले हुए मिट्टी के बर्तनों के टुकड़ों पर भी मिली है। वस्तुतः इस काल के दक्षिण भारत के लेखों का समुचित तुलनात्मक अध्ययन होना अब भी बाकी है। इनके काल–निर्धारण की समस्या काफी जटिल मालूम होती है। नई जानकारी के अनुसार, ऐरावथम् महादेवन् ने अपने एक नए ग्रंथ (2003) में इन 'तमिल ब्राह्मी' लेखों का व्यापक अध्ययन प्रस्तुत किया है।

ई.पू. दूसरी शताब्दी में आंध्र प्रदेश के गुंटूर जिले में, कृष्णा की उपत्यका में बौद्ध धर्म की जड़ें अच्छी तरह जम गई थीं। अमरावती, जग्गय्यपेट, विजयपुरी (नागार्जुनकोंडा) आदि स्थानों से बहुत सारे लेख मिले हैं। पर ये लेख ईसा की पहली शताब्दी के बाद के हैं। कुछ दशक पहले इसी क्षेत्र के केसनपल्ली स्थान से एक नए स्तूप की खोज हुई है। यह स्थान गुंटूर जिले के पालनाडु तालुके में है। यहां से कई ऐसे आयक–स्तंभ मिले हैं जिन पर अभिलेख उत्कीर्ण हैं। तीसरी शताब्दी का एक महत्वपूर्ण अभिलेख भी यहां से मिला है। संगमरमर के आयक–स्तंभ पर उत्कीर्ण इस लेख की लिपि नागार्जुनकोंडा के इक्ष्वाकु राजाओं के लेखों से मिलती है। प्रस्तुत लेख में हमें पहली बार इसकी जानकारी मिलती है कि इक्ष्वाकु राजवंश के संस्थापक वासिष्ठपुत्र का नाम संतमूल था।

केसनपल्ली के स्तूप की खुदाई में एक अर्धवृत्ताकार संगमरमर–फलक भी प्राप्त हुआ है, जिस पर कलश से बाहर निकले हुए कमल–पुष्पों का दृश्य उकेरा हुआ है। उसके नीचे एक पंक्ति में ब्राह्मी लिपि में एक लेख है। इस लेख के ब्राह्मी अक्षर निस्संदेह 100 ई.पू. के बाद के नहीं हो सकते। नीचे इस लेख को लिप्यंतर के साथ दिया जा रहा है :

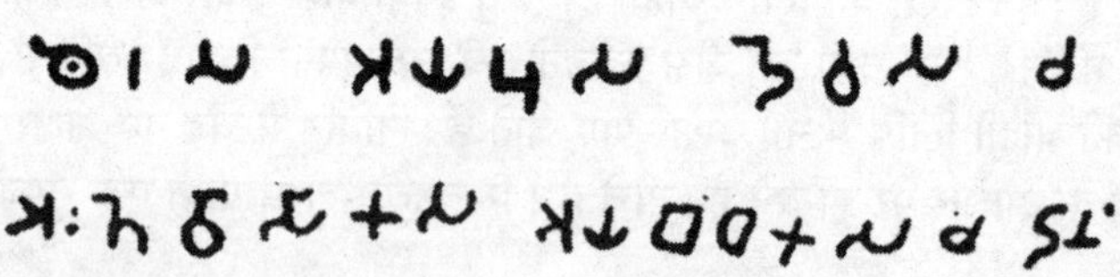

चित्र 26.11 *केसनपल्ली (गुंटूर जिला, आंध्र प्रदेश) के बौद्ध स्तूप से प्राप्त दान–लेख (दूसरी शताब्दी ई. पू.)*

लिप्यंतर :

थेरस अयपुस देवस च
अंतेवासिकस अयबधकस च दानं

27

ब्राह्मी की शैलियां : ईसा की पहली से चौथी सदी तक

हमने देखा कि अशोक के लेखों में ब्राह्मी अक्षरों को पत्थरों पर खोदने के पहले 'लिपिकर' खड़िया से उन्हें पत्थरों पर लिख देते थे। बाद में धीरे-धीरे कलमों का भी इस्तेमाल होने लगा। इस 'कलम-शैली' का प्रभाव प्रस्तुत काल में स्पष्ट दिखाई देता है। कलम के इस्तेमाल के कारण हाथ तेज़ी से चलने लगा, तो ब्राह्मी के अक्षर कुछ घसीटदार बनने लगे। इस काल के ब्राह्मी अक्षरों को कुछ अधिक कलात्मक बनाने का भी प्रयत्न किया गया है, जैसा कि जग्गय्यपेट तथा नागार्जुनकोंडा के लेखों में देखने को मिलता है। तेजी से और घसीटदार लिखने के कारण इस काल की ब्राह्मी को कुछ नया स्वरूप मिल गया है और अक्षरों को कलात्मक बनाने की प्रवृत्ति के कारण ब्राह्मी लिपि में कलात्मक वक्र, त्रिकोण तथा चतुष्कोण दिखाई देते हैं। इतना होने पर भी ब्राह्मी अक्षरों के मुख्य ढांचे में कोई खास परिवर्तन देखने को नहीं मिलता। यदि कोई पहली शताब्दी ई. के ब्राह्मी अक्षरों को पहचानता हो तो, कुछ प्रमुख बातों की जानकारी हो जाने पर, वह इस काल के ब्राह्मी लेखों को भी आसानी से पढ़ सकता है।

इस काल की ब्राह्मी लिपि की कुछ विशेषताएं हैं :

पहली विशेषता है, अक्षरों की प्रमुख खड़ी रेखाओं का शिरश्चिह्न (देखिए चित्र, अगला पृष्ठ)। मथुरा के क्षत्रपों के लेखों में पहली बार हमें खड़ी रेखाओं के सिरे कुछ मोटे दिखाई देने लग जाते हैं। कुषाणों, पश्चिमी क्षत्रपों और सातवाहनों के लेखों में भी ये मोटे सिर दिखाई देते हैं। फिर इन सिरों पर एक छोटी-सी आड़ी लकीर भी लगने लगी। बाद में सिर पर लगने वाली यह आड़ी लकीर कुछ मोटी हो गई, जैसा कि इस काल के मथुरा के लेखों में देखने को मिलता है। फिर, यह शिरश्चिह्न वर्गाकार हो गया—पहले ठोस, तदनंतर खोखला। ठोस वर्गाकार सिर वाले अक्षर मालव प्रदेश के लेखों और आरंभिक गुप्त-लेखों में मिलते हैं, जबकि खोखले वर्गाकार सिर वाले अक्षर वाकाटक लेखों में मिलते हैं। दूसरी ओर यह शिरश्चिह्न ठोस तथा खोखले त्रिकोण का भी रूप धारण करता है। ठोस त्रिकोणाकार सिर वाले अक्षर विजयगढ़ तथा नागार्जुनकोंडा के लेखों में मिलते हैं।

दूसरी विशेषता है, अक्षरों के साथ लगनेवाली स्वर-मात्राओं की नई शैली। 'आ' की मात्रा दाईं ओर को एक आड़ी लकीर नहीं रह जाती; अब वह लकीर ऊपर की ओर कुछ टेढ़ी होती है। 'इ' और 'ई' की मात्राएं भी कुछ गोलाकार हो जाती हैं और कई कलात्मक रूप धारण करती हैं, जैसा कि जग्गय्यपेट और नागार्जुनकोंडा के लेखों में देखने को मिलेगा। अक्षरों के नीचे लगनेवाली 'उ' की मात्रा अब आड़ी रेखा न रहकर कुछ नीचे की ओर झुक जाती है। 'ऊ' की दूसरी मात्रा पहली मात्रा से बाईं ओर को झुकती हुई जोड़ी जाती है। 'ऋ' की मात्रा 'ऊ' की दूसरी मात्रा जैसी ही जुड़ती है। 'ए', 'ऐ', 'ओ' और 'औ' की मात्राएं कुछ ऊपर की ओर उठती हैं। कुषाण कालीन

1. शिरश्चिह्नों का विकास
2. नए अक्षर : द्धम्, ङ्ग, ङ्घ (ऊपर)
जिह्वामूलीय, उपध्मानीय (नीचे)
3. कुषाण लेखों की स्वर-मात्राएं
4. कुषाणकालीन ब्राह्मी अक्षरों के वक्रिल रूपों का विकास

चित्र 27.1 *कुषाणकालीन ब्राह्मी लिपि की विशेषताएं*

मथुरा के लेखों में और कुछ अन्य लेखों में अनुस्वार के लिए पहले की तरह केवल एक बिंदु न होकर, एक छोटी-सी आड़ी लकीर दिखाई देती है।

ईसा की पहली से चौथी शताब्दी तक के ब्राह्मी अक्षरों की विशेषताएं (दानी के आधार पर)

तीसरी विशेषता यह है कि त्वरा और कुछ घसीट में लिखने के कारण इस काल के ब्राह्मी अक्षर कुछ नए रूप धारण करते हैं।

चौथी विशेषता है, अक्षरों को कलात्मक बनाने की कोशिश के कारण उनकी स्वरमात्राओं में हुआ परिवर्तन। अक्षरों को कलात्मक बनाने की प्रवृत्ति के कारण मात्राओं में गोलाइयां आई हैं, खड़ी रेखाएं ऊपर या नीचे झुक गई हैं और कुछ अक्षरों के बीच में मोड़ आ गए हैं। जगगय्यपेट तथा नागार्जुनकोंडा के लेख ब्राह्मी सुलेखन के बढ़िया नमूने हैं।

इस काल की ब्राह्मी लिपि में हमें कुछ नए अक्षर भी मिलते हैं। रुद्रदामन् के लेख में पहली बार 'ॠ' स्वर के लिए धन चिह्न या क्रॉस की तरह का अक्षर मिलता है। 'सिद्धम्' शब्द में आए हुए हलंत 'म' (म्) के लिए भी व्यवस्था देखने को मिलती है। इस 'म्' के लिए 'म' अक्षर का ही इस्तेमाल होता था, परंतु वह 'द्ध' की दाईं ओर कुछ नीचे रखा जाता था और कुछ छोटा होता

था। 'ग' और 'घ' के साथ जुड़ा हुआ 'ङ' अक्षर भी अब मिलता है, जो [के आकार का है। अब हमें 'उपध्मानीय' एवं 'जिह्वामूलीय' ध्वनियों के लिए भी अक्षर मिलते हैं। ओझाजी ने इनके बारे में लिखा है, "'क' और 'ख' के पूर्व विसर्ग का उच्चारण विलक्षण होता था और जिह्वामूलीय कहलाता था। इसी तरह 'प' और 'फ' के पहले विसर्ग का उच्चारण भी भिन्न था और उपध्मानीय कहलाता था। जिह्वामूलीय के न्यारे-न्यारे चिह्न थे, जो कभी-कभी प्राचीन पुस्तकों, शिलालेखों और ताम्रपत्रों में मिल आते हैं, जो अक्षरों के ऊपर, बहुधा उनसे जुड़े हुए होते हैं, और उनमें भी अक्षरों की नाईं समय के साथ परिवर्तन होना पाया जाता है" (भा.प्रा.लि., पृ. 45)। पहले हम बता चुके हैं कि दक्षिण के गुफालेखों में 'इ' के लिए एक खड़े दंड के दोनों ओर दो बिंदु वाला चिह्न मिलता है। प्रस्तुत काल के लेखों में इसी प्रकार का चिह्न 'ई' के लिए इस्तेमाल किया हुआ दिखाई देता है। इलाहाबाद के समुद्रगुप्त के स्तंभलेख में 'ळ' के लिए भी अक्षर मिलता है ('कौराळक' शब्द में)। हम बतला चुके हैं कि इसके पहले सांची तथा मथुरा के लेखों में भी यह अक्षर पाया जाता है।

इस काल की ब्राह्मी लिपि की कुछ विशेषताओं का दिग्दर्शन कराने के बाद हम इस काल के दो-चार प्रमुख लेखों के उदाहरण प्रस्तुत करेंगे। इस काल की ब्राह्मी लिपि की सारी शैलियों का विवेचन इस ग्रंथ की सीमा में संभव नहीं है।

इस काल में उत्तर भारत से कुषाणवंशी राजाओं के बहुत से लेख मिलते हैं। ई.पू. दूसरी शताब्दी में हूणों द्वारा भगाए जाने के पहले कुषाणों के पूर्वज तिएन-शान (पर्वत) के परे एक घुमंतू कबीले के रूप में रहते थे। हूणों द्वारा खदेड़े जाकर ये पूर्वी चीनी तुर्किस्तान में बस गए। बाद में इन्होंने यूनानियों के बाख्त्री राज्य पर भी अधिकार कर लिया। इनके नेतृत्व में अब कई घुमंतू कबीले भी आकर मिल गए थे। इतिहास में इनके पहले राजा का उल्लेख कद्फिस-प्रथम (15-45 ई.) के नाम से मिलता है। इस राजा ने अपने को 'शाहानुशाह' कहा है। इसने शकों तथा पार्थवों (पह्लवों) का पराभव करके अपना प्रभाव कश्मीर तथा काबुल की उपत्यकाओं पर भी कायम किया था। उसके बेटे विम-कद्फिस (45-78 ई.) ने अपने साम्राज्य में पंजाब, सिंध तथा मथुरा के प्रदेश भी जोड़ लिए। राजधानी उसकी बदख्शाँ में थी। लेकिन कुषाण साम्राज्य का चरम विकास कणिष्क (78-101 ई.) के समय में ही हुआ। कणिष्क ने पाटलिपुत्र (पटना) पर भी चढ़ाई की थी और वहां से वह प्रसिद्ध बौद्ध पंडित अश्वघोष को अपने साथ ले गया था। मगध तथा मध्यदेश में उसके क्षत्रप राज्य करते थे। पुरुषपुर (पेशावर) नगर बसाकर वह बदख्शाँ से अपनी राजधानी वहां ले आया। पश्चिम में उसके साम्राज्य की सीमा अराल सागर तक थी और उधर चीनी तुर्किस्तान में खोतन तक। कणिष्क बौद्ध धर्म का अनुयायी था और उसने बौद्धों की चौथी संगीति कश्मीर में कराई थी। बहुत से विद्वान मानते हैं कि उसने 78 ई. में 'शक संवत्' चलाया। उसके सिक्कों पर उसका नाम 'शाहानुशाह कनिष्क' मिलता है। वह अपने को 'देवपुत्र' भी कहता था।

कणिष्क के बाद उसके वंशजों के बारे में हमें बहुत कम ऐतिहासिक जानकारी मिलती है। उसके उत्तराधिकारियों में वाशिष्क (102-106 ई.), हुविष्क (106-138 ई.) तथा वासुदेव-प्रथम (लगभग 152-176 ई.) राजाओं के नाम मिलते हैं।

कुषाणों की ब्राह्मी लिपि का विकास पूर्व-काल के शक क्षत्रपों (शोडास, रंजुवुल आदि) की लिपि से ही हुआ है। कुषाण लेखों में कुछ अक्षर ऊपर-नीचे से दब गए हैं या छोटे हो गए हैं, जैसा कि 'ह', 'य', 'ण', 'म', 'च' आदि अक्षरों को देखने से स्पष्ट हो जाएगा। इसमें कुछ अक्षरों के अंश त्रिकोणाकार हो गए हैं, जैसे कि 'व', 'ख' तथा 'म' में। 'ब' अक्षर वर्गाकार बन गया है और 'थ' वृत्ताकार। 'ए' और 'ओ' की ऊपर लगने वाली मात्राएं क्रमशः दाएं, बाएं तथा दोनों ओर कुछ ऊपर की ओर उठ गई हैं। 'च' का पेट बाईं ओर कुछ अधिक निकला है।

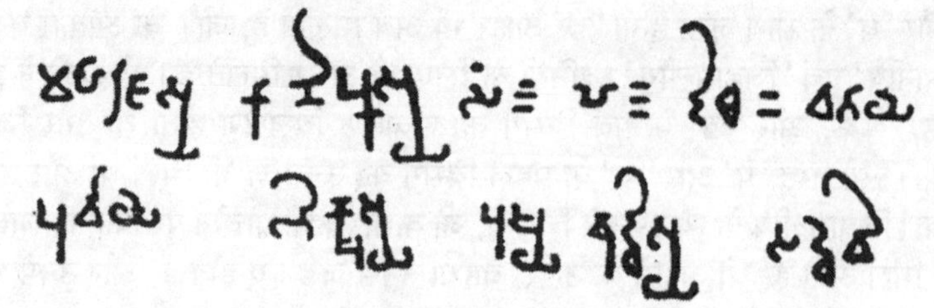

चित्र 27.2 सारनाथ (वाराणसी) से प्राप्त कणिष्क के समय की एक बुद्ध-मूर्ति के छत्र पर खुदे हुए लेख का अंश (81 ई.)

लिप्यंतर :

महाराजस्य काणिष्कस्य सं 3 हे 3 दि 20 2 एताये
पूर्वये भिक्षुस्य पुष्यवुद्धिस्य सद्धेवि —

अर्थ :

महाराज कणिष्क के शासन के वर्ष 3 में हेमंत के तीसरे माह में 22वें दिन — इस उपर्युक्त (तिथि) को भिक्षु पुष्यवुद्धि (= पुष्यवृद्धि) के विहार-साथी...

नीचे हम कणिष्क के राज्यकाल का एक लेखांश नागरी लिप्यंतर के साथ दे रहे हैं। यह लेखांश बल नाम के एक भिक्षु द्वारा सारनाथ (वाराणसी) में स्थापित बोधिसत्व की मूर्ति के छत्र पर अंकित है। लेख की भाषा संस्कृत से प्रभावित प्राकृत है। इसकी पहली पंक्ति में आनेवाले 'सं' 'हे' और 'दि' अक्षर क्रमशः 'संवत्सर' या 'संवत्', 'हेमंत' और 'दिवस' शब्दों के संक्षिप्त रूप हैं।

इस काल में पश्चिमी महाराष्ट्र की गुफाओं (लेणों) से बहुत-से शिलालेख मिलते हैं। इनमें सातवाहन तथा शक क्षत्रप दोनों के ही लेख उपलब्ध हैं। यहां हम शक क्षत्रप उषवदात के नासिक की गुफा में उत्कीर्ण एक लेख का नमूना दे रहे हैं। उषवदात प्रसिद्ध शक क्षत्रप नहपान का दामाद था। नहपान का राज्य उत्तरी महाराष्ट्र तक था और उसकी राजधानी भरुकच्छ (भरुच) में थी। उषवदात जैन मतावलंबी था, परंतु वह दूसरे धर्मों के अनुयायियों का भी उचित सम्मान करता था। महाराष्ट्र में नासिक और जुन्नर में उसने पहाड़ कटवाकर बौद्ध भिक्षुओं के लिए विहार बनवाए थे। उसने ब्राह्मणों को भी यज्ञों के लिए दान दिए।

उषवदात के नासिक के संस्कृत गुफालेख का एक अंश आगे दिया गया है।

मौर्य साम्राज्य के पतन के बाद दक्षिण के महाराष्ट्र प्रदेश में सातवाहन शक्ति का उदय हुआ था। धीरे-धीरे सातवाहन ताकतवर होते गए और उन्होंने पूर्व में आंध्र देश तक अपने शासन को बढ़ाया। सातवाहन शासकों में गौतमीपुत्र शातकर्णी, वासिष्ठीपुत्र पुळुमावि तथा साहित्यप्रेमी राजा हाल विशेष रूप से प्रसिद्ध हैं। एक समय तो सातवाहनों का राज्य पूर्व में बंगाल की खाड़ी से लेकर पश्चिम में अरब सागर तक संपूर्ण दक्षिणी पठार (तमिलनाडु को छोड़कर) पर था।

महाराष्ट्र की गुफाओं में इन आंध्रवंशी या सातवाहन शासकों के अनेक लेख मिलते हैं। सातवाहनों की लिपि में और उषवदात तथा रुद्रदामन् के लेखों की लिपि में काफी समानता है। किंतु इन लेखों की अपनी कुछ मौलिक विशेषताएं भी हैं। यहां हम सिरि पुळुमावि के शासनकाल में नासिक की गुफा में उत्कीर्ण एक प्राकृत लेख का अंश दे रहे हैं। यह लेख वासिष्ठीपुत्र पुळुमावि की दादी राजमाता बलसिरीय (बालासिरि) ने खुदवाया था। इस लेख में एक सम्राट की शक्ति तथा गौरव का बढ़िया वर्णन है और यह साहित्यिक लेख भारतीय पुरालेखशास्त्र में ऊंचा स्थान रखता है।

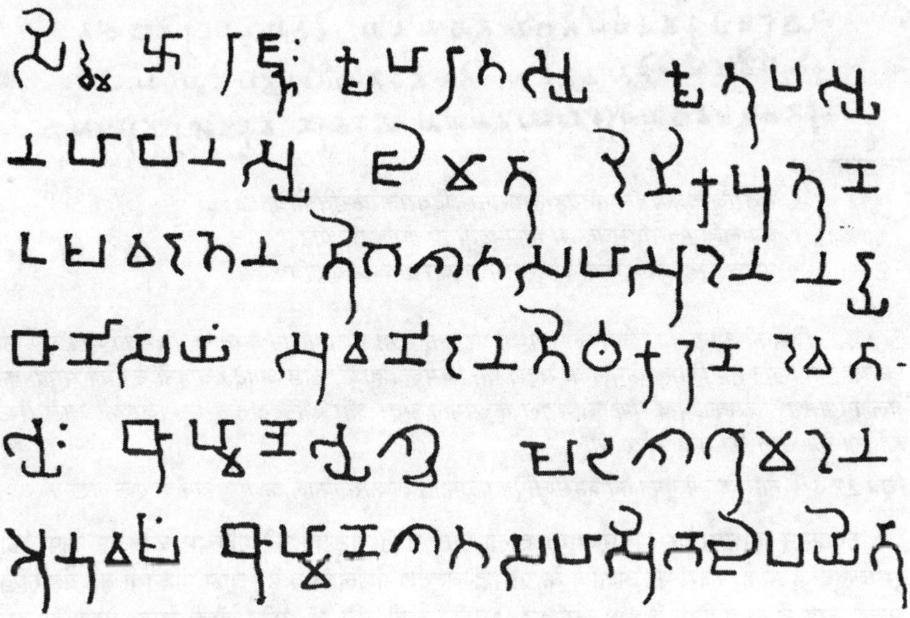

लिप्यंतर :

सीद्धम् (स्वस्तिक) राज्ञः क्षहरातस्य क्षत्रपस्य
नहपानस्य जामात्रा दीनीकपुत्रेण
उषवदातेन त्रिगोशतसहस्त्रदेन नद्या
बार्णासायां सुवर्णदानतीर्थकरेण देवता-
भ्यः ब्राह्मणेभ्यश्च षोडशग्रामदेन
अनुवर्षं ब्राह्मणशतसाहस्त्रीभोजापयित्रा-

अर्थ :

सिद्धं। क्षहरात क्षत्रप राजा नहपान के दामाद और दीनीक के पुत्र उषवदात के द्वारा-जिसने तीन हजार गाएं दान में दी हैं, जिसने वार्णासा नदी पर सुवर्ण और सोपाणों (घाटों) का दान दिया है, जिसने देवताओं और ब्राह्मणों के लिए सोलह ग्राम (दान) दिए, जो हर वर्ष एक लाख ब्राह्मणों को भोजन कराने वाला है, ...

चित्र 27.3 *उषवदात के नासिक गुफालेख का एक अंश (प्रथम पंक्ति)*

अशोक के गिरनार (जूनागढ़) वाले लेख की चर्चा करते समय हम बता चुके हैं कि इसी चट्टान पर महाक्षत्रप रुद्रदामन् (150 ई.) और स्कंदगुप्त (455-467 ई.) के भी लेख मिलते हैं। 110 ई. के आसपास कुषाणवंश के शासक कद्फिस-द्वितीय की ओर से चष्टन नामक महाक्षत्रप उज्जयिनी का शासक था। महाक्षत्रप रुद्रदामन् (रुद्रदामा) इसी चष्टन का पोता था। रुद्रदामन् के जीवन की घटनाओं के बारे में कोई ठोस जानकारी तो नहीं मिलती, लेकिन जान पड़ता है कि उसने 130 से 150 ई. के बीच राजधानी उज्जयिनी से सिंध, मारवाड़, कच्छ, सुराष्ट्र, गुजरात, मालवा तथा उत्तरी महाराष्ट्र के प्रदेशों पर शासन किया था। उसे अपनी बेटी सातवाहन राजकुमार को ब्याह देनी पड़ी थी। फिर भी रुद्रदामन् को अपने समधी से दो बार युद्ध करना पड़ा था। उसने उन यौधेयों को भी हराया, जिनका ''सब क्षत्रियों में वीर प्रसिद्ध हो जाने से दिमाग फिर गया था।''

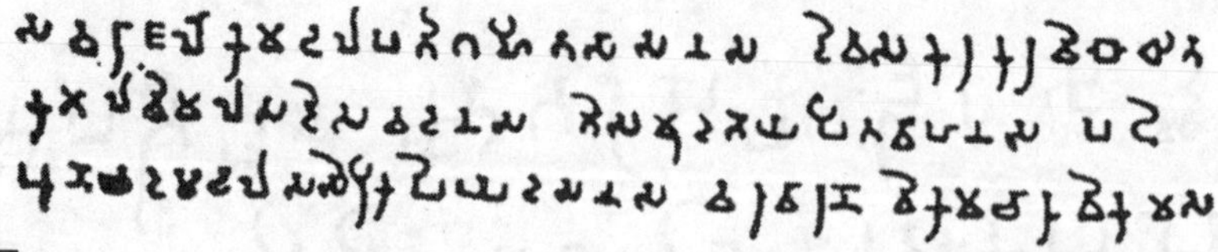

लिप्यंतर :

सवराजलोकमडलपतिगहीतसासनस दिवसकरकरविबोधित
कमलविमलसदिसवदनस तिसमुदतोयपीतवाहनस पटि-
पुणचदमडलससिरीकपियदसनस वरवारणविकमचारुविकमस

अर्थ :

... जिसकी आज्ञा का राजमंडल (पृथ्वी पर) के सभी राजा पालन करते थे; जिसका मुख सूर्य की किरणों द्वारा खिले हुए विमल कमल के सदृश था; जिसके (हाथी, घोड़े आदि) वाहनों ने तीनों समुद्रों का जल पिया था; जिसका मुख पूर्ण चंद्रमंडल के समान सुंदर और आनंददायक था; जिसकी चाल श्रेष्ठ हाथियों की चाल की तरह सुंदर थी; ...

चित्र 27.4 *नासिक की गुफा का वासिष्ठीपुत्र पुळुमावि के शासनकाल के 19वें वर्ष के एक लेख का अंश*

रुद्रदामन् का गिरनार (गिरिनगर) वाला लेख उसी चट्टान की पश्चिम की ओर ऊपर की तरफ खुदा हुआ है, जिस पर अशोक के प्रसिद्ध चतुर्दश-शिलालेख हैं। बीस पंक्तियों का यह लेख अच्छी तरह से खुदा हुआ है और लगभग 11 फीट लंबी और 5½ फीट चौड़ी जगह घेरता है। इस लेख की अंतिम चार पंक्तियां ही अच्छी हालत में हैं; शेष पंक्तियों को काफी नुकसान पहुंचा है, जिससे यह महत्वपूर्ण लेख पूरा उपलब्ध नहीं है। इस लेख की सबसे बड़ी विशेषता यह है कि यह संस्कृत भाषा में मिलने वाला सबसे पुराना लंबा लेख है। इसके पहले का शुद्ध संस्कृत भाषा में केवल एक ही लेख मिलता है। एक यूपस्तंभ पर अंकित यह लघुलेख मथुरा के पास ईसापुर नामक स्थान से मिला है। रुद्रदामन् का लेख खूब मंजी हुई संस्कृत में है, इसीलिए कीलहॉर्न जैसे संस्कृत-पंडित को भी कहना पड़ा, ''इस लेख के रचयिता की काव्य-प्रतिभा उच्चकोटि की थी।''

रुद्रदामन् ने यह लेख 'सुदर्शन' सरोवर के अपने करवाए पुनरुद्धार-कार्य की जानकारी देने के लिए खुदवाया था। इसी लेख से पता चलता है कि मौर्य सम्राट चंद्रगुप्त ने इस सरोवर का निर्माण कराया था और अशोक के शासन में इसे पूर्ण रूप मिला था। रुद्रदामन् के समय में आंधी-तूफान के कारण इसका बांध टूट गया था और सारा पानी बह गया था। अतः इस 'दुर्दर्शन' सरोवर को अपने प्रांतीय शासक सुविशाख द्वारा पुनर्निर्मित करवाकर रुद्रदामन् ने पुनः 'सुदर्शन' बना दिया था।

रुद्रदामन् का यह लेख ब्राह्मी लिपि की दक्षिणी शैली में है। इस लेख में 'अ', 'आ', 'क', 'का' तथा 'र' अक्षरों की खड़ी रेखाएं नीचे वक्र हो जाती हैं। इस लेख में 'ळ' अक्षर भी मिलता है। इस लेख के अक्षरों की अन्य विशेषताएं नीचे दिए गए नमूने का अध्ययन करने से स्पष्ट हो जाएंगी। यहां हम लेख की 15वीं पंक्ति दे रहे हैं। साथ में नागरी लिप्यंतर तथा अनुवाद भी है।

दक्षिण के अमरावती, जगग्य्यपेट, नागार्जुनकोंडा, घंटसाल आदि बौद्ध स्थलों से इस काल के अनेक लेख मिले हैं। इस क्षेत्र में सबसे प्राचीन लेख अमरावती के हैं। सातवाहन शासन के साथ ही नाणेघाट शैली की ब्राह्मी लिपि का यहां कृष्णा के कछार में आगमन हुआ था। इन लेखों में अक्षरों को अधिक कलात्मक बनाने की कोशिश की गई है। जगग्य्यपेट तथा नागार्जुनकोंडा के लेखों में यह कलात्मक शैली अपनी चरमोन्नति पर दिखाई देती है। इस क्षेत्र में सातवाहनों का राज्य, जिसकी राजधानी धान्यकटक (प्राचीन अमरावती के समीप) थी, दूसरी-तीसरी शताब्दी तक ही कायम रहा। सातवाहनों की शक्ति क्षीण हो जाने पर तीसरी शताब्दी में वासिष्ठीपुत्र

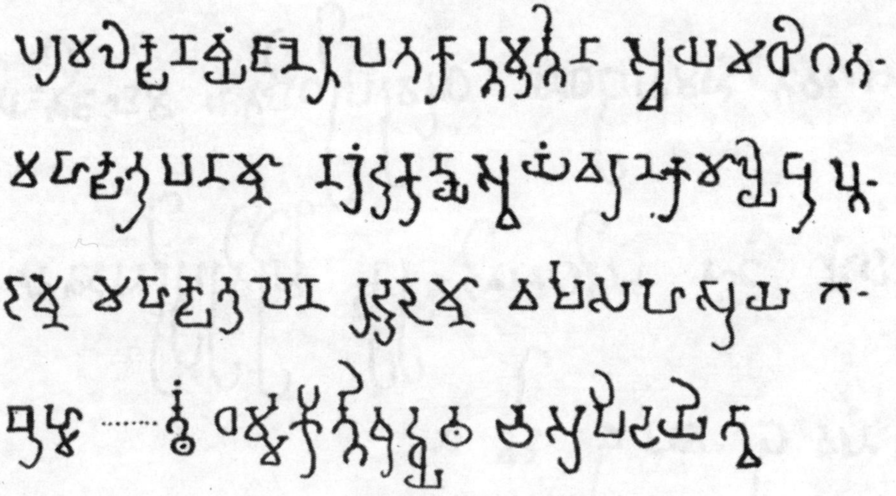

लिप्यंतर :

परमलक्षणव्यंजनैरुपेतकान्तमूर्त्तिना स्वयमधिगत–
महाक्षत्रपनाम्ना नरेंद्रकन्न्यास्वयंवरानेकमाल्यप्राप्त–
दाम्ना महाक्षत्रपेण रुद्रदाम्ना वर्षसहस्राय गो–
ब्राह्म(ण) ...र्त्थं धर्म्मकीर्त्तिवृद्ध्यर्थं च अपीडयित्वा

अर्थ :

उत्तम लक्षणों, व्यंजनों से युक्त कांत मूर्तिवाले, अपने आप अर्जित महाक्षत्रप नामवाले, राजकन्याओं के स्वयंवरों में अनेक मालाएं पानेवाले महाक्षत्रप रुद्रदामन् ने हजारों बरसों के लिए गो–ब्राह्मण ... के लिए तथा धर्म और कीर्ति की वृद्धि के लिए, पीड़ित किए बिना ...

चित्र 27.5 *महाक्षत्रप रुद्रदामन् (150 ई.) के गिरनार (जूनागढ़) लेख की 15वीं पंक्ति*

चाम्तमूल ने विजयपुरी (नागार्जुनकोंडा) में इक्ष्वाकु राजवंश की स्थापना की। इक्ष्वाकु राजाओं ने विजयपुरी से लगभग सौ वर्षों तक इस प्रदेश पर शासन किया। ये सौ वर्ष नागार्जुनकोंडा की चरमोन्नति तथा गौरव का काल है। चाम्तमूल ब्राह्मणधर्मी राजा था और कार्तिकेय का भक्त, किंतु उसकी बहन चाम्तश्री बौद्ध धर्म की अनुयायिनी थी और उसी के प्रयास से विजयपुरी में एक महाचैत्य की स्थापना हुई थी।

जगय्यपेट तथा नागार्जुनकोंडा से इक्ष्वाकु शासकों के काफी लेख मिले हैं। इन सुंदर लेखों में 'अ', 'आ', 'क', 'ञ', 'र' तथा 'ल' अक्षरों के खड़े दंड और 'इ', 'ई', तथा 'उ' की मात्राएं काफी लंबी हैं और खूबसूरती से मोड़ी गई हैं। नागार्जुनकोंडा के आयक–स्तंभों पर इस प्रकार के बहुत से लेख देखने को मिलते हैं। विजयपुरी अब नागार्जुन–सागर बांध के पानी में डूब गई है। वहां के सभी प्रमुख स्मारक जलाशय के मध्य में स्थित एक पहाड़ी पर बनाए गए संग्रहालय में स्थानांतरित कर दिए गए हैं। नागार्जुनकोंडा के महाचैत्य से प्राप्त एक आयक–स्तंभ पर अंकित लेख का अंश तथा उसका लिप्यंतर आगे प्रस्तुत है।

ईसा की तीसरी सदी से आठवीं सदी तक कांचीपुरम् (तमिलनाडु) से पल्लव शासकों ने दक्षिण भारत में शासन किया। पल्लव शासकों में शिवस्कंदवर्मन्, महेंद्रवर्मन्–प्रथम तथा नरसिंहवर्मन्–प्रथम जैसे शासकों के नाम प्रसिद्ध हैं। समुद्रगुप्त ने अपनी दक्षिण–दिग्विजय के समय पल्लव

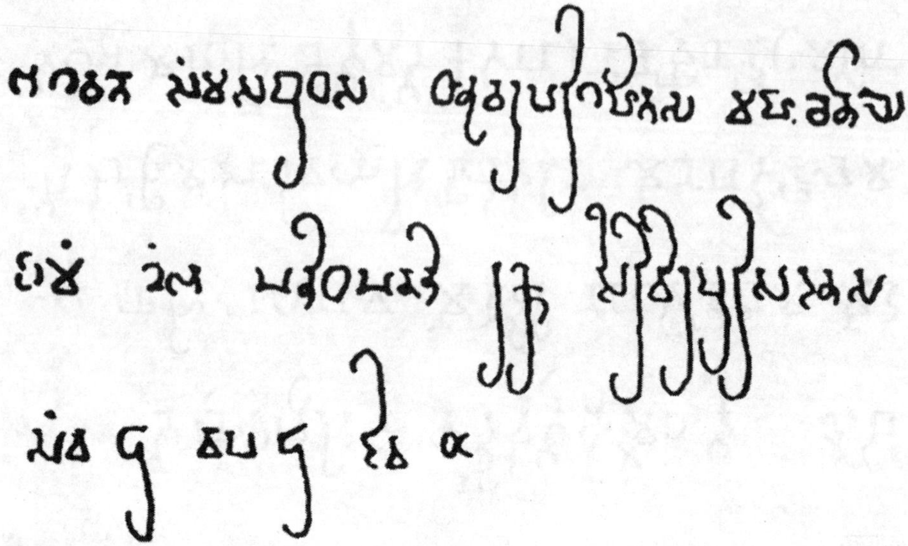

लिप्यंतर :

भगवतो संमसबुधस धातुवरपरिगहीतस महाचेतिये
इमं खंभं पतिठपनति रञो सिरिविरपुरिसदतस
संव 6 वाप 6 दिव 10

चित्र 27.6 *नागार्जुनकोंडा के एक आयक-स्तंभ पर अंकित लेख का अंश*

शासक विष्णुगोप को हराया था। नरसिंहवर्मन् ने सिंहल पर दो बार चढ़ाई की थी। पल्लव शासक 'धर्ममहाराज' की उपाधि धारण करते थे। शिवस्कंदवर्मन् ने अश्वमेध यज्ञ भी किया था। पल्लवों के शासनकाल में शैव, जैन तथा बौद्ध धर्मों की खूब उन्नति हुई। आर्यदेव, दिङ्नाग, धर्मपाल (बाद में नालंदा के प्राचार्य), भारवि तथा दंडी जैसे विद्वान पल्लव शासनकाल में हुए। चीनी यात्री युवान्-च्वाङ लगभग 640 ई. में नरसिंहवर्मन्-प्रथम के शासनकाल में कांची पहुंचा था।

पल्लवों के बहुत से अभिलेख मिलते हैं। इनमें सारे आरंभिक लेख प्राकृत में हैं। बाद के लेखों की भाषा संस्कृत है। पल्लवों के लेखों की लिपि पर पश्चिमी घाट की गुफालिपि (सातवाहनों के लेख) तथा इक्ष्वाकु लेखों की लिपि का स्पष्ट प्रभाव दिखाई देता है। पल्लवों के लेखों के अक्षरों की अपनी स्वतंत्र विशेषताएं भी हैं। इनमें और दक्षिण-पूर्व एशिया के बहुत से लेखों के अक्षरों में बड़ी समानता है। आगे के नमूने को देखने से पता चलेगा कि पल्लव लेखों में 'ए', 'ज', 'त', 'न' तथा 'स' अक्षर कुछ विलक्षण हैं। पर यदि इन अक्षरों का उद्गम पश्चिम भारत के गुफालेखों में और इनके विकास को दक्षिण-पूर्व एशिया के तत्कालीन लेखों में खोजा जाए, तो ये उतने विलक्षण नज़र नहीं आएंगे।

इस काल की लिपि-शैलियों के तीन और संक्षिप्त नमूने नीचे दिए जा रहे हैं :

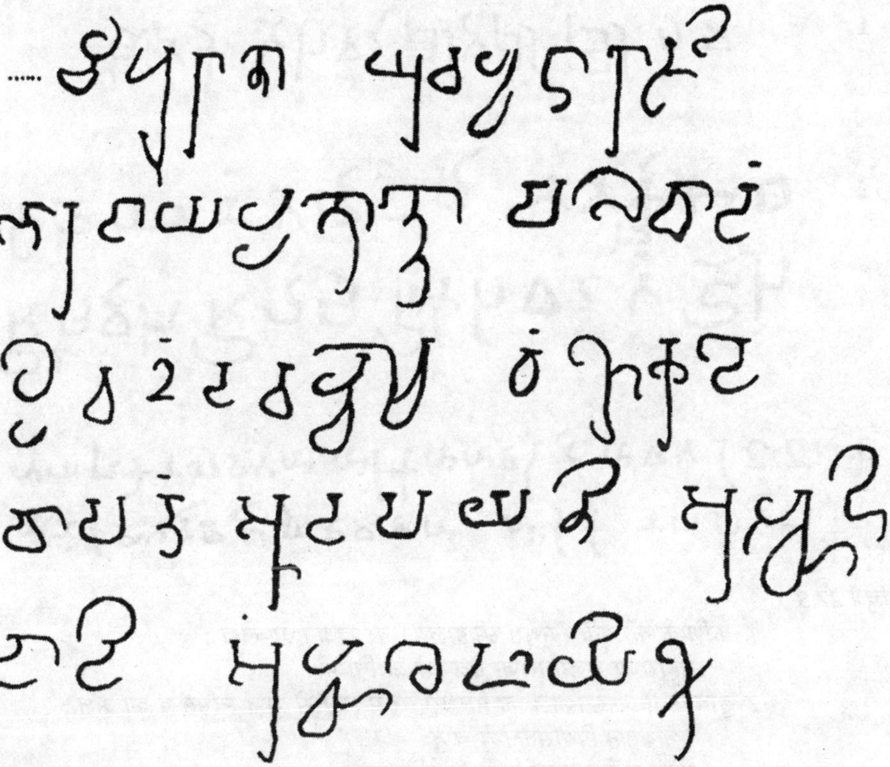

लिप्यंतर :

(कां)चीपुरतो युवमहाराजो
भारदायसगोत्तो पलवानं
सिवखंदवम्मो धंञकडे
वापतं आनपयति अम्हेहि
दानि अम्हवेजयिके

चित्र 27.7 *शिवस्कंदवर्मन् का मयिडवोलु (गुंटूर) दानपत्र (चौथी सदी, पूर्वार्ध)*

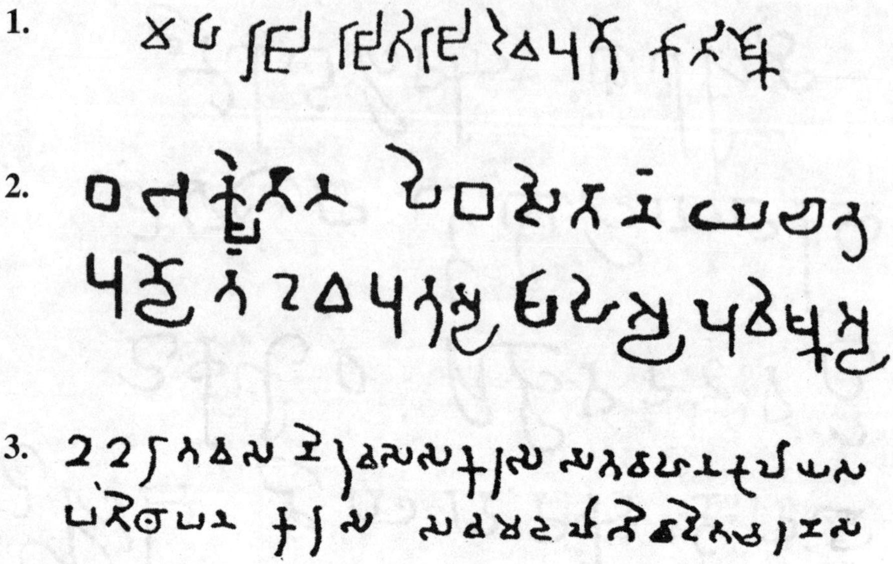

चित्र 27.8

1. कणिष्क की मूर्ति (मथुरा संग्रहालय) पर खुदा हुआ लेख :
महाराजा राजातिराजा देवपुत्रो कानिष्को

2. हुविष्क के शासनकाल का गिरधरपुर (मथुरा) से प्राप्त स्तंभलेख का अंश :
बभक्षितान पिबसितानं य च तु
पुण्य तं देवपुत्रस्य षाहिस्य हुविष्कस्य

3. सातवाहन रानी गोतमी बलसिरि के नासिक गुफालेख का अंश :
खखरातवसनिरवसेसकरस सातवाहनकुलयस-
पतिथापनकरस सवमदलाभिवादितचरणस

28

गुप्तकाल की ब्राह्मी लिपि

चौथी शताब्दी ई. के आरंभ में उत्तर भारत के एक विशाल भू-भाग पर गुप्तवंश का शासन आरंभ होता है। लगभग दो सौ वर्षों के गुप्त शासनकाल में भारत का जो बहुमुखी विकास हुआ, उसके कारण भारतीय इतिहास के इस काल को 'वैभव का युग' माना जाता है। गुप्त सम्राट ब्राह्मणधर्म के अनुयायी थे, इसलिए उनके काल में संस्कृत भाषा को पुनः गौरव का स्थान मिला। चौथी शताब्दी ई. के आरंभ तक भारत के विभिन्न प्रदेशों में ब्राह्मी लेखों की भाषा मुख्यतः प्राकृत ही रही है। परंतु गुप्त शासन के आरंभ होने पर हमें अब संस्कृत भाषा में लेख मिलने लगते हैं।

प्रसिद्ध पुरालिपिविद् ब्यूह्लर ने लगभग 350 ई. के बाद से भारतीय लेखों की लिपियों को 'उत्तरी' तथा 'दक्षिणी' इन दो भागों में विभाजित करके उत्तरी शैली को फिर नौ प्रकारों में विभाजित किया है। ओझाजी ने अधिक विश्लेषण में न जाकर 'गुप्त लिपि', 'कुटिल लिपि' जैसे लिपि-प्रकारों के नाम पसंद किए हैं। परंतु अहमद हसन दानी ने अपने आधुनिक अध्ययन में चौथी शताब्दी से आठवीं शताब्दी तक के लेखों की लिपियों को 'प्राक्-प्रादेशिक लिपियों' का नाम देकर संपूर्ण भारत की लिपियों को मुख्यतया चार वर्गों में विभाजित किया है—(1) उत्तर भारत की लिपियां, (2) गुजरात, राजस्थान तथा मध्य भारत की लिपियां, (3) दक्खनी लिपियां, और (4) दक्षिण भारत की लिपियां।

यह सही है कि आठवीं शताब्दी ई. के बाद ही हम प्रांतीय लिपियों के विकास को आगे बढ़ा सकते हैं। उसके पहले की लिपियों में प्रांतीयता का थोड़ा-सा आभास मात्र दिखाई देता है। इसलिए दानी द्वारा दिया गया यह नाम अधिक उचित जंचता है। फिर भी, चूंकि प्रस्तुत ग्रंथ में हमें अक्षरों के विकास का दिग्दर्शन मात्र कराना है, इसलिए यहां हम सुविधा के लिए 'गुप्तकाल की लिपि' नाम ही पसंद करते हैं। इसका यह अर्थ नहीं है कि गुप्तकाल के सारे लेख एक ही लिपि-शैली के हैं।

प्रमुख विशेषताएं

चौथी से आठवीं शताब्दी तक के उत्तर भारत के लेखों की बड़ी विशेषता यह है कि इन लेखों की मुख्य भाषा संस्कृत है। उनकी दूसरी विशेषता है, कलम का उपयोग। कलम के इस्तेमाल के कारण अक्षरों के खड़े दंडों के सिर ठोस त्रिकोण के आकार के हो गए हैं। पांचवीं शताब्दी के बाद, कलम के इस्तेमाल के कारण, अक्षरों के खड़े दंडों के नीचे एक प्रकार के 'पादचिह्न' दिखाई देते हैं। इन्हीं पादचिह्नों से आगे चलकर अक्षरों को नए स्वरूप मिलते हैं। छठी शताब्दी से अक्षरों की स्वर-मात्राओं की रेखाएं, कलम के इस्तेमाल के कारण, एक साथ मोटी तथा पतली दिखाई देती हैं। इन्हीं प्रयासों से बाद में 'कुटिल लिपि' के अक्षरों ने जन्म लिया। वस्तुतः उत्तर भारत के अक्षरों को जो यह नया स्वरूप प्राप्त हुआ, उसका कारण कलम का उपयोग ही था। उत्तर भारत की लिपि और दक्षिण भारत की लिपि में शनैः-शनैः जो अंतर पड़ता गया, उसका प्रमुख कारण यह है कि

उत्तर भारत में प्रमुखतः लेखनी या कलम का उपयोग होता था, जबकि दक्षिण भारत में शलाका या कील का उपयोग होने लगा। दक्षिण भारत में लिखने के लिए ताड़पत्र का अधिक इस्तेमाल होता था, क्योंकि वहां यह पदार्थ सुविधा से उपलब्ध है। ताड़पत्र पर यदि सीधी रेखाएं खींची जाएं, तो वह फट जाएगा। इसीलिए शलाका या कील से ताड़पत्र पर लिखते समय अक्षर स्वयं ही

चित्र 28.1 ईसा की आरंभिक छह-सात सदियों में उत्तर भारत में प्रयुक्त ब्राह्मी लिपि के अक्षरों का विकास-क्रम

चित्र 28.2 कलम शैली के कारण उत्तर भारत की ब्राह्मी लिपि के अक्षरों का विकास-क्रम

गोल रूप धारण कर लेंगे, और इसीलिए इस काल से हम दक्षिण के लेखों के अक्षरों को अधिकाधिक गोलाकार होते देखते हैं।

अक्षरों को विभिन्न प्रकार से कलात्मक बनाने के प्रयत्नों के कारण भी इस काल में इनमें काफी बदलाव दिखाई देता है। विशेषत: स्वर-मात्राओं को बनाने में यह कलात्मकता स्पष्ट दृष्टिगोचर होती है। उत्तर भारत से पांचवीं शताब्दी के बिलसड तथा मेहरौली (दिल्ली) के लेखों में और छठी शताब्दी के मंदसौर के यशोधर्मन् तथा बुद्धगया के महानाम के लेखों में यह कलात्मक शैली स्पष्ट देखने को मिलती है। इन लेखों में स्वर-मात्राएं अपना पूर्ण आकार ग्रहण करती हैं। सातवीं शताब्दी के आरंभ में तो यह कलात्मकता अपनी चरमोन्नति पर पहुंच जाती है, जैसा कि हर्षवर्धन के लेख तथा उसके हस्ताक्षर को देखने से ज्ञात होता है। छठी शताब्दी के अंतिम चरण से हम एक और विशेषता स्पष्ट देखते हैं। अक्षरों की दाईं ओर के दंड बीच में भीतर की ओर कुछ मुड़ जाते हैं। इसी मोड़ के कारण इन अक्षरों की लिपि को 'कुटिल' नाम दिया गया है।

नए अक्षर

इस काल के लेखों में हमें कुछ और नए अक्षर-संकेत मिलते हैं। इनमें सबसे प्रमुख है, इस काल के ताम्रपत्रों में पाया जाने वाला 'ओम्' अक्षर। उत्तर भारत के लेखों में इस संकेत का सिर प्राय: गोलाकार रहता है और पूंछ बाईं या दाईं ओर को मुड़ी रहती है। दक्षिण भारत के लेखों में इस अक्षर की पूंछ सामान्यत: गोलाकार देखने में आती है।

पहले हमने देखा कि 'सिद्धम्' शब्द में हलंत 'म' को 'द्ध' की दाईं ओर कुछ नीचे की ओर छोटे आकार में लिखा गया था। इस काल में स्वर-रहित व्यंजनों को व्यक्त करने के लिए अक्षर

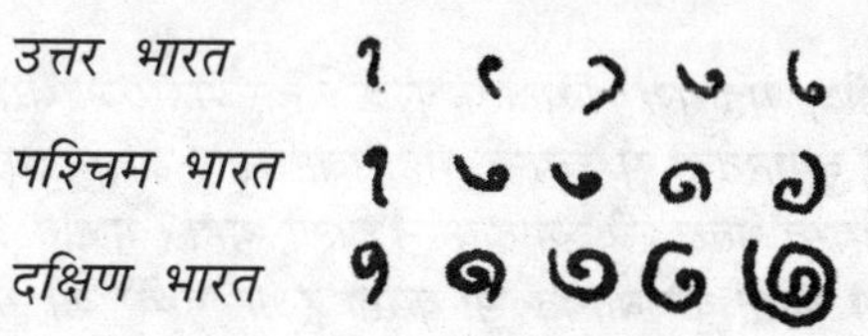

चित्र 28.3 'ओम्' के विविध रूप (चित्र दानी के आधार पर)

के ऊपर एक चापनुमा चिह्न देखने को मिलता है या अक्षर के दाएं दंड के नीचे एक टेढ़ी लकीर बनाई हुई दिखाई देती है। यह दूसरा प्रकार ही आधुनिक हलंत चिह्न (्) का जनक है। पहले के काल की तरह इस काल में भी जिह्वामूलीय तथा उपध्मानीय ध्वनियों के लिए संकेत मिलते हैं। जापान के होर्युजी बौद्ध विहार में रखी हुई एक भारतीय हस्तलिपि में 'ॠ' और दीर्घ 'ॡ' के लिए भी अक्षर मिलते हैं।

गुप्त शासकों के सभी लेख एक ही लिपि-शैली के नहीं हैं। शिवराममूर्ति ने गुप्त लेखों को तीन शैलियों में विभाजित किया है—उत्तरी, मध्य और दक्षिणी। उत्तर भारत की शैली का प्रसिद्ध उदाहरण है, इलाहाबाद के स्तंभ पर खुदी हुई समुद्रगुप्त की प्रशस्ति। यहां हम इस प्रशस्ति की कुछ पंक्तियां नागरी लिप्यंतर के साथ दे रहे हैं। समुद्रगुप्त, गुप्त-नरेश चंद्रगुप्त तथा लिच्छवि-कन्या कुमारदेवी का पुत्र था और आधुनिक मान्यताओं के अनुसार 320 ई. में उसका राज्याभिषेक हुआ था। समुद्रगुप्त के इलाहाबाद-स्तंभलेख की भाषा संस्कृत है और इस प्रशस्ति का रचयिता हरिषेण नामक कवि है। हरिषेण का कोई काव्य-ग्रंथ नहीं मिलता। लेकिन यह प्रशस्ति काव्यगुणों से इतनी भरपूर है कि हरिषेण सचमुच ही प्रतिभावान कवि रहा होगा। इस स्तंभलेख में 'इ' अक्षर दो बिंदियों के सामने एक खड़ी लकीर रखकर बनाया गया है। इस लेख के अक्षरों के सिरों पर

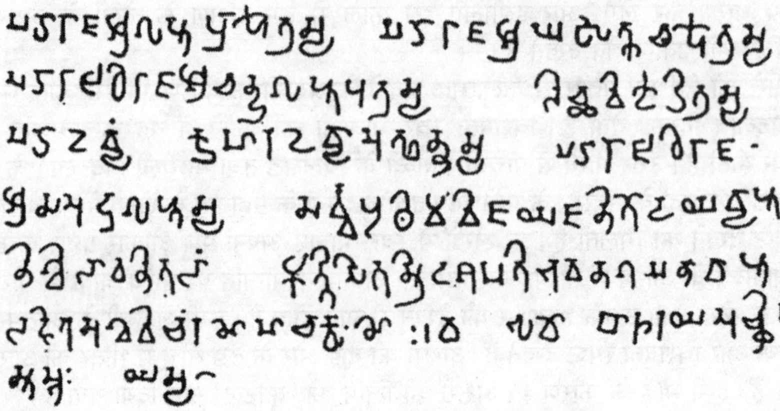

लिप्यंतर :

महाराजश्रीगुप्तप्रपौत्रस्य महाराजश्रीघटोत्कचपौत्रस्य
महाराजाधिराजश्रीचन्द्रगुप्तपुत्रस्य लिच्छविदौहित्रस्य
महादेव्यां कुमारदेव्यामुत्पन्नस्य महाराजाधिराज-
श्रीसमुद्रगुप्तस्य सर्व्वपृथिवीविजयजनितोदयव्याप्त-
निखिलावनितलां कीर्त्तिमितस्त्रिदशपतिभवनगमनावाप्त-
ललितसुखविचरणामाचक्षाण इव भुवो बाहुरयमुच्छ्रितः
स्तम्भः यस्य-

अर्थ :

महाराज श्रीगुप्त के प्रपौत्र, महाराज श्रीघटोत्कच के पौत्र, महाराजाधिराज श्रीचन्द्रगुप्त के पुत्र, लिच्छवि दुहिता-पुत्र, महादेवी कुमारदेवी से उत्पन्न, महाराजाधिराज श्रीसमुद्रगुप्त के समस्त पृथ्वी की विजय से उत्पन्न अभ्युदय से समस्त भूतल को व्याप्त करने वाली, यहां (भूलोक) से इंद्र के भवन जाकर प्राप्त सुंदर-सुख विचरण वाली कीर्ति को घोषित-सा करता हुआ, पृथ्वी की भुजा की भांति यह स्तंभ उन्नत है। जिसका ....

चित्र 28.4 *समुद्रगुप्त की इलाहाबाद-स्तंभ प्रशस्ति (ओझाजी के आधार पर)*

एक छोटी-सी लकीर स्पष्ट दिखाई देती है। 'उ' की मात्रा में वक्रता है। इस लेख में दक्षिणी शैली के 'ड़' और 'ळ' अक्षर भी मिलते हैं। पाठक देखेंगे कि इस लेख के कुछ अक्षर नागरी अक्षरों से मिलते-जुलते दिखाई देते हैं।

गुप्त लिपि की मध्य भारत शैली के अच्छे नमूने समुद्रगुप्त के एरण (सागर जिला, म.प्र.) लेख और चंद्रगुप्त-द्वितीय के उदयगिरि लेख में देखे जा सकते हैं। समुद्रगुप्त के एरण लेख में ठोस त्रिकोण वाले सिरों के अक्षर और खोखले वर्ग वाले अक्षर (पेटिका शीर्षक), दोनों ही प्रकार देखने को मिलते हैं। यहां हम एरण के लेख की इन दोनों शैलियों के नमूने दे रहे हैं।

गुप्त लिपि की दक्षिणी शैली के अक्षर चंद्रगुप्त-द्वितीय के सांची के लेख में और स्कंदगुप्त (455-467 ई.) के गिरनार (जूनागढ़) लेख में देखने को मिलते हैं। हम पहले बता चुके हैं कि गिरनार में एक ही चट्टान पर अशोक, महाक्षत्रप रुद्रदामन् और स्कंदगुप्त के लेख खुदे हुए मिलते हैं। गुप्त लिपि की इस दक्षिणी शैली का विकास क्षत्रपों की लिपि से हुआ है।

गुप्त लिपि की इन तीन प्रमुख शैलियों के अलावा कुछ भिन्न शैलियों के भी लेख मिलते हैं। कुमारगुप्त (415-455 ई.) का बिलसड (एटा जिला, उ.प्र.) का स्तंभलेख है तो उत्तरी शैली की

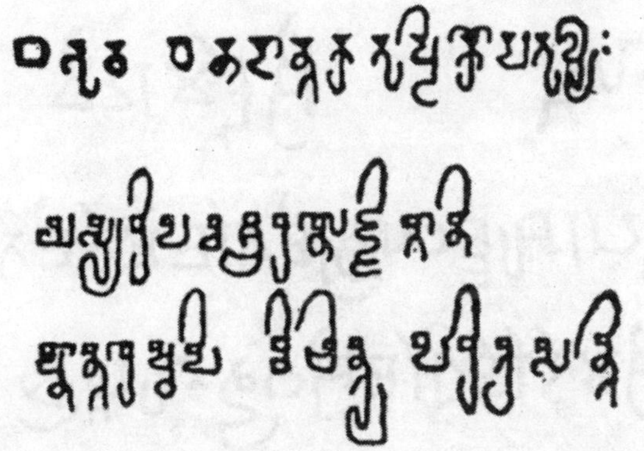

लिप्यंतर :

[पुत्रो] बभूव धनदान्तकतुष्टिकोपतुल्यः

अर्थ :

(पुत्र) हुआ कुबेर, यम के तुल्य प्रसन्नता एवं क्रोध में ...

यस्य रिपवश्चरणोर्जितानि
[स्व] प्नान्तरेष्वपि विचिन्त्य परित्रसन्ति

अर्थ :

जिसके, युद्धों में, प्रबल कर्म शत्रु स्वप्नांतरों में भी सोचकर भयभीत होते हैं।

चित्र 28.5 *समुद्रगुप्त के एरण-लेख की दो लिपि-शैलियां (शिवराममूर्ति के आधार पर)*

गुप्त लिपि में, परंतु इसके अक्षरों ने त्रिकोणात्मक एवं वर्गाकार आकार बना लिए हैं और इन अक्षरों के सिरों पर मोटी एवं चौड़ी रेखाएं हैं। इस लेख में स्वामी महासेन (कार्तिकेय) के मंदिर के विषय में किए गए कुछ पुण्यकार्यों का विवरण है। इस लेख की एक पंक्ति को ही देखने से इस लिपि की विशेषता का अंदाजा लग जाएगा :

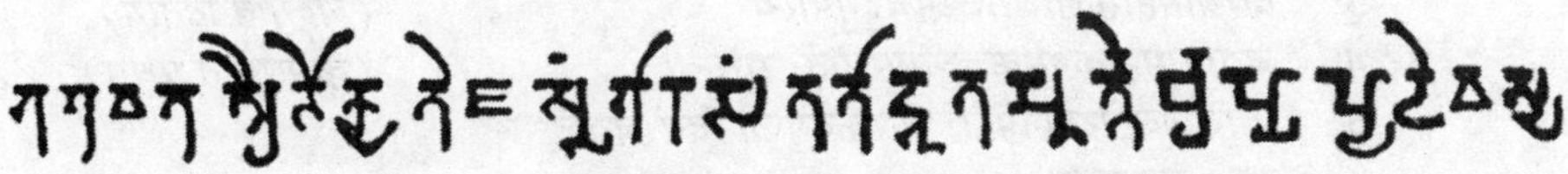

लिप्यंतर :

भगवतस्त्रैलोक्यतेजस्संभारसंततादभुतमूर्त्तेर्ब्रह्मण्यदेवस्य

चित्र 28.6 *कुमारगुप्त के बिलसड़-स्तंभलेख (गुप्त संवत् 96 = 415 ई.) की एक पंक्ति*

गुप्त शासकों के बहुत सारे सिक्के मिले हैं, जिन पर उनके विरुद अंकित हैं। आगे हम कुछ विरुद-लेख दे रहे हैं।

गुप्तों के साथ-साथ महाविदर्भ और मध्य भारत में वाकाटकों का अस्तित्व था। तीसरी शताब्दी ई. में विंध्यशक्ति नामक पुरुष के साथ बुंदेलखंड में वाकाटक राजवंश का उदय होता है। इस मूल पुरुष ने विदिशा और विदर्भ को अपने राज्य में मिलाकर अवंती भी जीत ली थी। विंध्यशक्ति के पुत्र प्रवरसेन-प्रथम (लगभग 280-340 ई.) ने महाराष्ट्र, आंध्र, सौराष्ट्र-गुजरात

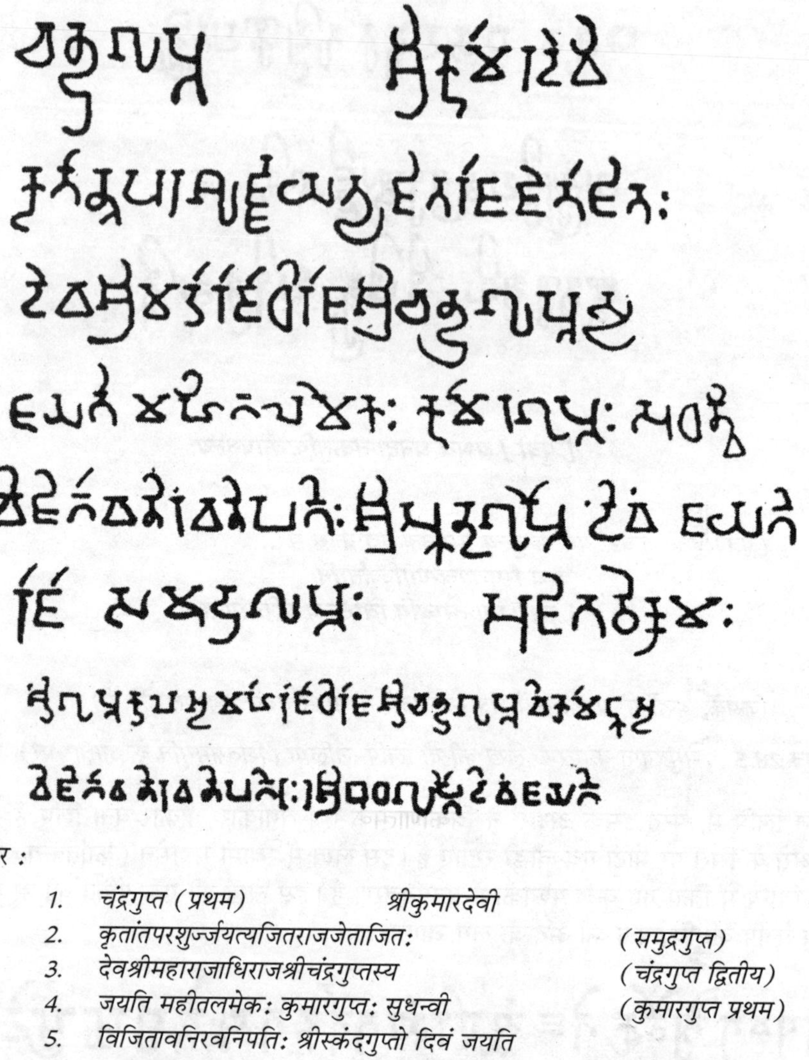

लिप्यंतर :

1. *चंद्रगुप्त (प्रथम)* *श्रीकुमारदेवी*
2. *कृतांतपरशुर्ज्जयत्यजितराजजेताजित:* *(समुद्रगुप्त)*
3. *देवश्रीमहाराजाधिराजश्रीचंद्रगुप्तस्य* *(चंद्रगुप्त द्वितीय)*
4. *जयति महीतलमेक: कुमारगुप्त: सुधन्वी* *(कुमारगुप्त प्रथम)*
5. *विजितावनिरवनिपति: श्रीस्कंदगुप्तो दिवं जयति*
6. *राजा समुद्रगुप्त:* *अजितविक्क्रम:*
7. *श्रीगुप्तकुलस्य महाराजाधिराज श्रीचन्द्रगुप्त विक्रमाङ्कस्य* *(चंद्रगुप्त द्वितीय)*
8. *विजितावनिरवनिपति[:] श्रीबुधगुप्तो दिवं जयति*

चित्र 28.7 *गुप्त राजाओं के सिक्कों पर अंकित कुछ विरुद-लेख*

आदि प्रदेश जीतकर वाकाटक राज्य को एक साम्राज्य बना दिया। नागपुर के उत्तर-पूर्व में प्रसिद्ध तीर्थ रामटेक के पास नंदिवर्धन नामक स्थान में वाकाटकों की राजधानी थी। वाकाटक शासक गुप्तों के सामने कभी नहीं झुके, बल्कि गुप्तों को ही उनसे अच्छे संबंध बनाए रखने पड़े। चंद्रगुप्त-द्वितीय ने अपनी बेटी प्रभावती का विवाह वाकाटक राजा पृथिवीषेण के पुत्र रुद्रसेन-द्वितीय से किया था। रुद्रसेन के मरने पर प्रभावती गुप्ता ने अपने बेटे प्रवरसेन-द्वितीय के नाम पर लगभग बीस साल राज्य किया था (लगभग 400-420 ई.)।

वाकाटक शासकों के बहुत से लेख मिले हैं। इनमें दानपत्रों की संख्या अधिक है। इन लेखों की लिपि गुप्त लिपि की मध्यदेशीय शैली है, जिसमें दक्षिणी शैली का प्रभाव भी स्पष्ट दिखाई देता है। इन लेखों के अक्षरों के सिरे चौखटे या वर्गाकार हैं, जो किसी लेख में भरे हुए और किसी लेख में खाली दिखाई देते हैं। राजा प्रवरसेन-द्वितीय के दानपत्र दुदिया, सिवनी, चम्मक और तिरोड़ी से मिले हैं। यहां हम उसके सिवनी (जिला छिंदवाड़ा, म.प्र.) दानपत्र का एक अंश तथा उस पर लगी हुई मुहर का लेख दे रहे हैं। इस दानपत्र में तांबे के पांच पत्र और इनकी कड़ी पर भी तांबे की मुहर है।

लिप्यंतर :

वाकाटकललामस्य
क्रमप्राप्तनृपश्रियः
राज्ञ × प्रवरसेनस्य
शासन (नं) रिपुशासनम्

चित्र 28.8 *वाकाटक राजा प्रवरसेन-द्वितीय (420-450 ई.) के सिवनी-दानपत्र पर अंकित मुद्रा का 'पेटिकाशीर्ष' लिपि-शैली का लेख*

मेहरौली (दिल्ली) में कुतुबमीनार के पास एक लौहस्तंभ खड़ा है। कुछ विद्वानों की धारणा है कि आरंभ में यह लौहस्तंभ हिमालय की तराई में 'विष्णुपद' पहाड़ी पर स्थित था और तोमरवंश का राजा अनंगपाल 11वीं शताब्दी में इसे अपनी राजधानी दिल्ली में उठा लाया था। आज कुतुबमीनार के पास जिस स्थान पर यह स्तंभ खड़ा है, वहां जनश्रुति के अनुसार पहले अनंगपाल

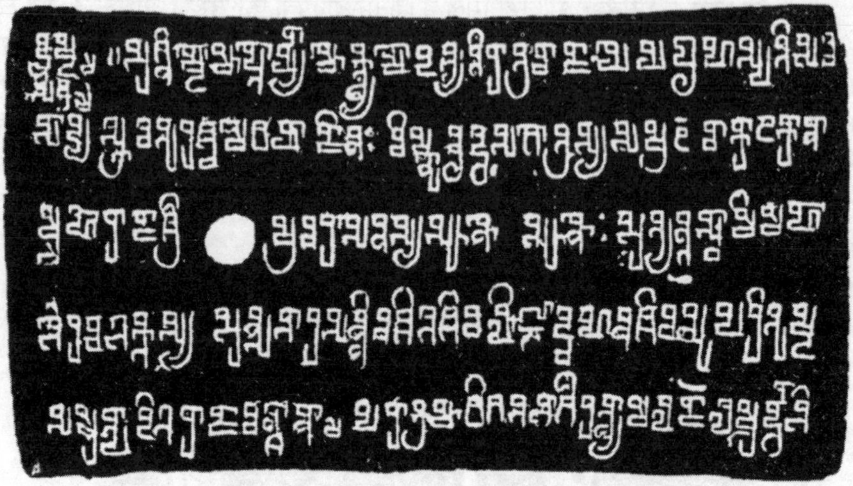

लिप्यंतर :

1. दृष्टम् ॥ सिद्धम् (×) अग्निष्टोमाप्तोर्य्यामोक्त्थ्यषोडश्यतिरात्रवाजये(पे)यबृहस्पतिसव-
2. साद्यस्क्र(च)तुरश्वमेधयाजिनः विष्णुवृद्धसगोत्रस्य सम्राट् वाकाटकाना-
3. म्महाराजश्रीप्रवरसेनस्य सूनोः सूनोः अत्यन्त स्वामिमहा-
4. भैरवभक्तस्य अन्सभारसन्निव(वे)शितशिवलिङ्गोद्वहन-शिवसुपरितुष्ट-
5. समुत्पादित राजवन्शा(वंशा)नाम् पराक्रमाधिगतभागीरथ्या(त्थ्य)मलजलमूर्द्धाभि-

चित्र 28.9 *वाकाटक राजा प्रवरसेन-द्वितीय के सिवनी-दानपत्र के प्रथम पत्र पर अंकित पंक्तियां*

का मंदिर था। इस लौहस्तंभ (विष्णुध्वज) पर 'चंद्र' राजा का लेख अंकित है, जिसमें उसकी बंगाल, बल्ख और दक्खिन विजयों का वर्णन है। अधिकतर इतिहासकार मानते हैं कि इस लेख का 'चंद्र' गुप्त सम्राट चंद्रगुप्त-द्वितीय ही है। इस लेख की लिपि के अध्ययन से भी यह पता चलता कि यह लेख 400 ई. के आसपास लिखा गया होगा।

मेहरौली लौहस्तंभ-लेख बड़ी ही सुंदरता और सावधानी से खोदा गया है। प्रत्येक अक्षर स्पष्ट है और उन्हें कोणीय रूप दिया गया है। शिरश्चिह्न तथा खड़ी रेखाएं काफी मोटी हैं। इस लेख में एक भी स्वराक्षर नहीं है। स्वरों की मात्राओं में कुषाण शैली की छाप दिखाई देती है। छह पंक्तियों के इस लेख में कोई तिथि नहीं है।

दिल्ली की सैर करने वाले कुतुबमीनार को भी देखने जाते हैं। लौहस्तंभ पर अंकित लेख भी अधिक लंबा नहीं है। इसलिए पूरे लेख को आगे दे रहे हैं।

आगे इस मेहरौली स्तंभलेख का एक चित्र है, जिसमें इस लेख का दाईं ओर का अंश ही आ पाया है। पाठक यदि कोशिश करें, तो लौहस्तंभ लेख के रेखांकित अक्षरों को इस चित्र में पढ़ सकते हैं।

मेहरौली (लौहस्तंभ)-लेख का अर्थ :

जिसने शत्रुओं को परास्त कर यश प्राप्त किया अथवा जिसकी भुजाओं पर तलवार से यश लिखे गए; वंग के युद्ध में जिसने अपने पराक्रम से उन शत्रुओं का पीछा किया जो संगठित रूप से उस पर आक्रमण करने के लिए तैयार थे; जिसने सिंधु के सात मुखों को पार करके युद्ध में वाह्लिकों पर विजय प्राप्त की तथा जिसकी शक्ति से दक्षिणी सागर सुगंधित हो गए हैं।

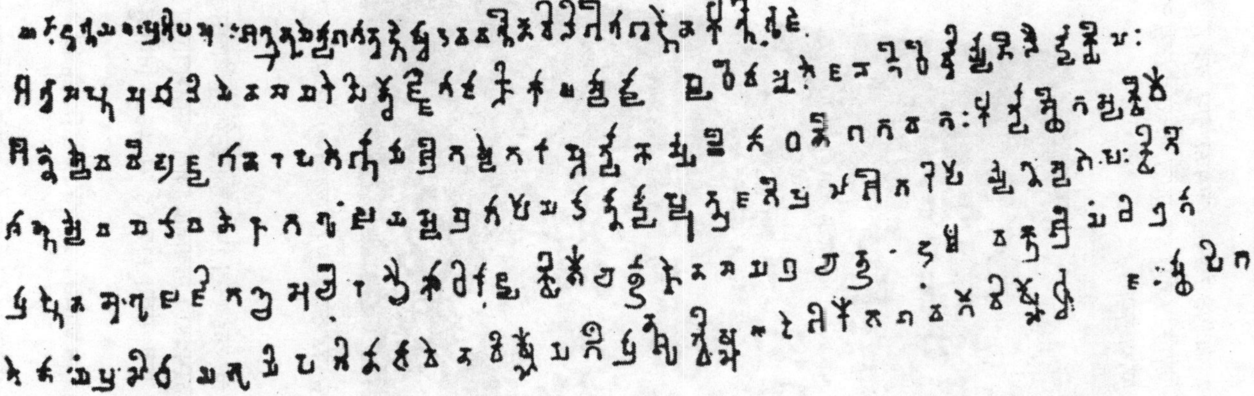

चित्र 28.10

1. यस्योद्वर्तयत: प्रतीपमुरसा शत्रून्समेत्यागतान्,
वङ्गेष्वाहववर्तिनोऽभिलिखिता खड्गेन कीर्त्तिर्भुजे।
2. तीर्त्वा सप्तमुखानि येन समरे सिन्धोर्ज्जिता वाह्लिका
यस्याद्याप्यधिवास्यते जलनिधिर्वीर्यानिलैर्द्दक्षिण: ॥ 1 ॥
3. खिन्नस्येव विसृज्य गां नरपतेर्ग्गामाश्रितस्येतरां
मूर्त्या कर्म्मजितावनिं गतवत: कीर्त्या स्थितस्य क्षितौ।
4. शान्तस्येव महावने हुतभुजो यस्य प्रतापो महा
न्नाद्याप्युत्सृजति प्रणाशितरिपोर्य्यत्नस्य शेष: क्षितिम् ॥ 2 ॥
5. प्राप्तेन स्वभुजार्जितं च सुचिरं चैकाधिराज्यं क्षितौ
चन्द्राह्वेन समग्रचन्द्रसदृशीं वक्त्रश्रियं बिभ्रता।
6. तेनायं प्रणिधाय भूमिपतिना भावेन विष्णौ मतिं
प्रांशुर्व्विष्णुपदे गिरौ भगवतो विष्णोर्ध्वज: स्थापित: ॥ 3 ॥

उसने अतुलनीय उत्साह तथा तेज से शत्रुओं को पूर्णतः परास्त किया, जैसे किसी वन में अग्नि की ज्वाला प्रज्वलित होती हो। यद्यपि राजा ने संसार को त्याग दिया है और अपने सुंदर तथा दिव्य कर्मों से स्वर्ग में निवास करता है, तो भी यह प्रकट होता है कि वह राजा अभी जीवित है, क्योंकि पृथ्वी पर उसका यश अद्यावधि विद्यमान है।

जिस राजा ने अपने बाहुबल से एकच्छत्र राज्य स्थापित किया, जिसका नाम चंद्र है और जिसके मुख की शोभा चंद्रमा की छटा के समान है, जिसकी विष्णु पर अटल भक्ति है, उस नरेश द्वारा ***विष्णुपद*** *पर्वत पर ऊंचा* ***विष्णुध्वज*** *स्थापित किया गया।*

चित्र 28.11 *मेहरौली (दिल्ली) में कुतुबमीनार के पास खड़े लौहस्तंभ (विष्णुध्वज) पर अंकित राजा चंद्र (गुप्त) का लेख*

चंद्रगुप्त (द्वितीय) के पुत्र कुमारगुप्त (प्रथम) के कई लेख मिले हैं। इनमें से बिलसड़-स्तंभलेख का नमूना हम दे चुके हैं। कुमारगुप्त का करमदंडा (फैजाबाद जिले) से शिवलिंग के निचले भाग पर खुदा हुआ एक लेख मिला है। इसमें गुप्त-संवत् 117 (ई. स. 436) दिया हुआ है। इस लेख का एक अंश हम दे रहे हैं।

आगे के गुप्त शासकों के भी कई लेख मिले हैं। गुप्त शासकों के ताम्रपत्र व सिक्के मिले हैं, उत्कीर्ण मुद्राएं भी मिली हैं।

महाराज लक्ष्मण का पाली गांव से एक दानपत्र (पांचवीं सदी) मिला है। इसके अक्षर बढ़िया हैं और छठी सदी की उत्तर भारत की लिपि से अधिक मिलते हैं। इसका जो नमूना हमने दिया है, उसमें देखिए 'ओम्' का चिह्न।

ईसा की पांचवीं सदी के उत्तरार्ध में जब गुप्तों के शासन में शिथिलता आती है, तो उनके कई सामंत अपने-अपने स्वतंत्र राज्य खड़े करने लग जाते हैं। सबसे पहले सौराष्ट्र के 'मैत्रक' कुल के सामंत अपना राज्य खड़ा करते हैं। उनकी राजधानी वलभी (आधुनिक 'वळा', भावनगर के पास) थी। सेनापति भट्टारक, ध्रुवसेन, धरसेन आदि इस मैत्रक कुल के शासक हुए। इनके समय में वलभी एक प्रख्यात विद्याकेंद्र बना। वलभी में अनेक बौद्ध विहारों की स्थापना हुई। इनमें आचार्य भदंत स्थिरमति द्वारा स्थापित विहार अपने ग्रंथालय के लिए प्रसिद्ध था। युवान्-च्वाङ ने वलभी के बारे में अपने यात्रा-ग्रंथ में जानकारी दी है।

वलभी के शासकों के सौ से ऊपर ताम्रशासन मिले हैं, परंतु इनमें ऐतिहासिक जानकारी बहुत कम मिलती है। मैत्रक शासकों के कुछ सामंतों के भी ताम्रशासन मिले हैं। इनमें गारुलक वंश के महासामंत वराहदास का एक ताम्रशासन कुछ महत्त्व का है। वलभी के शासक ध्रुवसेन (प्रथम) के समय के इस ताम्रशासन में गुप्त-संवत् 230 (ई. 549) का उल्लेख है। इसमें भिक्षुणियों के विहार के लिए दान दी गई भूमि का विवरण है। इस ताम्रशासन की भाषा संस्कृत है और इसके कई अक्षरों के सिरों पर वृत्त हैं। इसमें जिह्वामूलीय तथा उपध्मानीय ध्वनियों केलिए भी चिह्न हैं। यहां हम इस ताम्रशासन के कुछ प्रमुख शब्द दे रहे हैं।

गुप्तकाल की उत्तर भारत की ब्राह्मी लिपि ईसा की पांचवीं-छठी सदी में पश्चिमोत्तर भारत तथा मध्य-एशिया में पहुंच गई थी। इस लिपि में बहुत सारे ग्रंथ लिखे गए। इसकी दो शैलियां हैं : **खड़ी गुप्त लिपि** और **तिरछी गुप्त लिपि।** भारतीय भाषाओं के ग्रंथ खड़ी गुप्त लिपि में लिखे गए हैं। मध्य-एशिया में ईसा की पांचवीं सदी से खरोष्ठी लिपि का स्थान गुप्त लिपि ले लेती है। बावेर महाशय ने मध्य-एशिया के काशगर स्थान से खड़ी गुप्त लिपि में लिखी हुई कई हस्तलिपियां प्राप्त की हैं, जो **बावेर हस्तलिपियों** के नाम से प्रसिद्ध हैं।

बौद्धों ने बहुत सारे ग्रंथ लिखे हैं। पर यह सारा साहित्य भारत से लुप्त हो गया है। 'मंजुश्रीमूलकल्प' जैसे एक-दो बौद्ध ग्रंथ ही भारत में मिले हैं। अधिकांश बौद्ध ग्रंथ हमारे पड़ोसी देशों से मिले हैं। बौद्धों के महायान संप्रदाय का साहित्य चीनी व तिब्बती भाषाओं में अनूदित हुआ है। पर मूल ग्रंथ लुप्त थे।

फिर अचानक 1931 ई. में गिलगित (कश्मीर) के समीप के एक प्राचीन बौद्ध स्तूप से अनेक हस्तलिपियों की खोज हुई, जो अब **गिलगित हस्तलिपियां** कहलाती हैं। महायान (मंत्रयान) संप्रदाय का यह साहित्य मिश्रित प्राकृत-संस्कृत (गाथा) भाषा में है। गिलगित से प्राप्त ये हस्तलिपियां ईसा की छठी सदी की खड़ी गुप्त लिपि में लिखी गई हैं और यह लिपि काशगर से प्राप्त बावेर हस्तलिपियों की लिपि से मिलती-जुलती है। गिलगित हस्तलिपियों के अक्षरों का एक नमूना हम दे रहे हैं।

ऊपर हमने उत्तर भारत के छठी सदी तक के प्रमुख लेखों तथा उनकी प्रमुख लिपि-शैलियों की जानकारी दी है। फिर उत्तर भारत की यही ब्राह्मी लिपि कलात्मक **सिद्धमातृका** या **कुटिल लिपि** को जन्म देती है। अगले प्रकरण में हम इसी लिपि की जानकारी दे रहे हैं। दक्षिण भारत की पल्लव-ग्रंथ लिपि का विवरण हम आगे देंगे।

1.

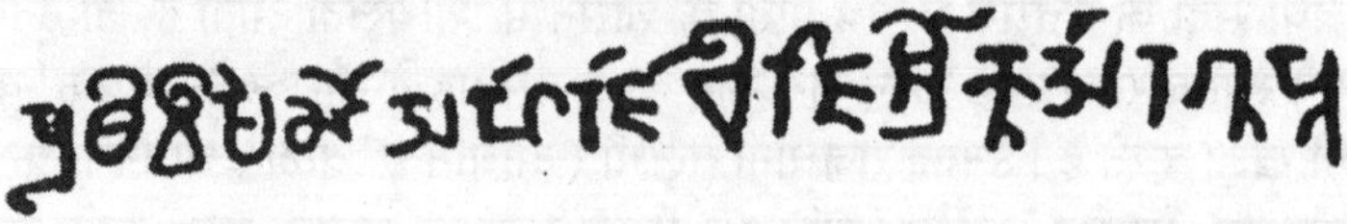

2

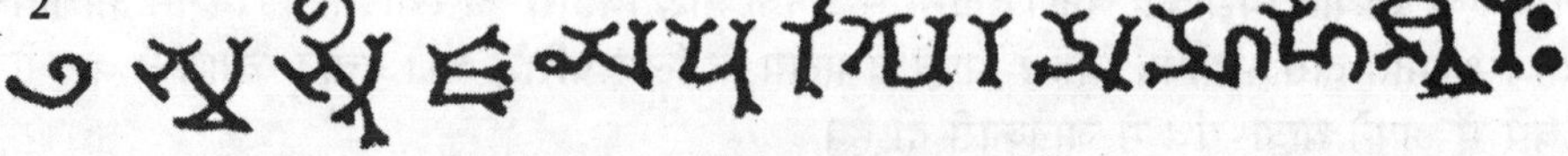

3

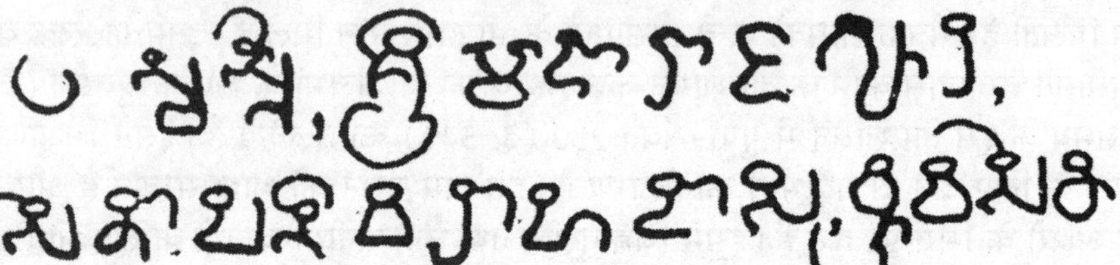

4

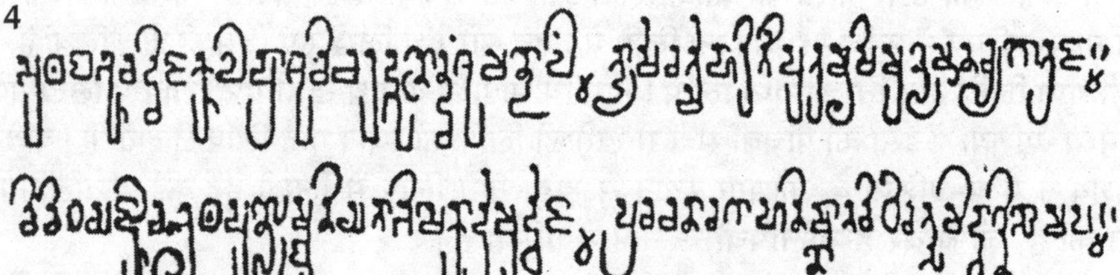

5

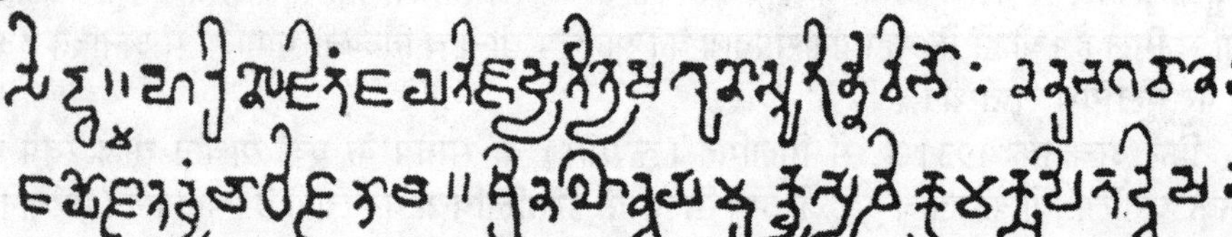

6

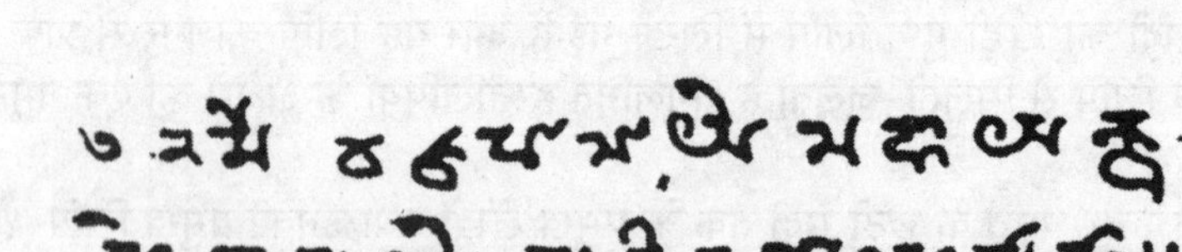

1. कुमारगुप्त-प्रथम के करमदंडा (फैजाबाद जिला, उ.प्र.) लेख (436 ई.) का एक अंश :

पृथिवीषेयो महाराजाधिराज श्रीकुमारगुप्त

2. महाराज लक्ष्मण के पाली गांव के दानपत्र (477–78 ई.) के आरंभिक शब्द :

'ओम्' स्वस्ति जयपुरात्परम माहेश्वरः

3. *वळा (वलभी) से प्राप्त गारुलक वंश के महासामंत वराहदास के ताम्रशासन के कुछ शब्द :*

ओं स्वस्ति, श्रीमहाराजशूर,
सेनापति वराहदास, ध्रुवसेन

4. *वनवासी (कर्नाटक) के कदंब शासक काकुस्थवर्मन के पेटिकाशीर्ष तालगुंडा लेख का एक अंश :*

अथ बभूव द्विजकुलप्रांशुविचरद्‌गुणेन्द्वंशुमण्डलमृत्र्यार्षवर्त्महरितीपुत्रमृषिमुख्यमानव्यगोत्रजम्॥
विविधयज्ञावभृथपुण्याम्बुनियताभिषेकार्द्रमुर्द्धजम् प्रवचनावगाहनिष्णातविधिवत्समिद्धाग्निसोमपम्॥

5. *महाकोशल के नलवंशी शासक के पोळागढ़ (विशाखपट्टनम्) लेख का अंश :*

सिद्धम्॥ हरिणा जितं जयति जेष्यतीत्येषगुणस्तुतिर्न्निविभोः ननु भगवानेव
जयो जेतव्यं चाधिजेताच॥ श्रीनलान्वयमुक्ख्यस्य विक्क्रमक्षपितद्विषः

6. *गिलगित हस्तलिपियों की खड़ी गुप्त लिपि का एक नमूना*

ओं नमो वज्रपाणये महायक्ष-
सेनाप(त)ये. अति उग्राय स्वाहा॥

चित्र 28.12

29

कुटिल लिपि

''ई.स. की छठी से नवीं शताब्दी तक की बहुधा सारे उत्तरी भारतवर्ष की लिपि का, जो गुप्त लिपि का परिवर्तित रूप है, नाम 'कुटिल लिपि' कल्पित किया गया है। 'कुटिलाक्षर' नाम का प्राचीन प्रयोग भी मिलता है, परंतु वह भी उसके वर्णों और विशेषकर मात्राओं की कुटिल आकृतियों के कारण रखा गया हो, ऐसा अनुमान होता है। इस लिपि के अक्षरों के सिर बहुधा ऐसे 'ठोस त्रिकोण चिह्न' होते हैं, परंतु कभी-कभी छोटी-सी आड़ी लकीर से भी बनाए जाते हैं। अ, आ, घ, प म, य, ष और स का ऊपर का अंश दो विभाग वाला होता है और बहुधा प्रत्येक विभाग पर सिर का चिह्न जोड़ा जाता है'' (ओझा, भा.प्रा.लि., पृ. 62)।

ओझाजी ने जो यह कहा कि 'कुटिलाक्षर' और 'कुटिल लिपि' शब्दों के प्रयोग मिलते हैं, वे नवीं शताब्दी के हैं। गुहिलवंशी राजा अपराजित की एक प्रशस्ति में, जो 661 ई. की है, 'विकटाक्षराणि' शब्द का प्रयोग देखने को मिलता है। ओझाजी ने 'कुटिल' शब्द को 'विकट' का ही पर्यायवाची माना है।

फ्लीट ने भी इस 'कुटिल' शब्द को पसंद किया था। इस काल में अक्षरों की दाईं ओर के खड़े दंड कुछ भीतर की ओर मुड़ जाते हैं, इसीलिए फ्लीट ने यह नाम पसंद किया था। साथ ही, खड़े दंड के इस मुड़ाव के कारण यह अक्षर की आधार-रेखा (नीचे की रेखा) के साथ न्यून-कोण बनाता है, इसलिए इस काल की लिपि को ब्यूह्लर ने 'न्यून-कोणीय लिपि' का नाम दिया था। इस काल की लिपि के लिए 'सिद्धमातृका' शब्द का भी प्रयोग हुआ है। अल्बेरूनी (भारत-यात्रा : 1017-1030 ई.) ने अपने 'तारीख अल्-हिंद' ग्रंथ में ग्यारह भारतीय लिपियों का उल्लेख किया है, जिनमें 'सिद्धमातृका' एक है। अल्बेरूनी के अनुसार कश्मीर, मध्यदेश (कन्नौज के आसपास का प्रदेश) और वाराणसी में इस लिपि का प्रचार था।

यहां नामकरण के विवेचन के झमेले में पड़ना उचित नहीं है। इस काल की उत्तरी भारत की लिपि के लिए अब 'कुटिल लिपि' (कुटिला) नाम रूढ़ हो गया है, इसलिए हम इसे ही पसंद करते हैं।

कुटिल लिपि की कुछ विशेषताओं का दिग्दर्शन हम पिछले प्रकरण में करा चुके हैं। पिछले प्रकरणों की तरह यहां हम इस काल के कुछ प्रमुख लेखों के उदाहरण प्रस्तुत करेंगे और साथ-साथ उन लेखों की लिपि की प्रमुख विशेषताएं भी बताते चलेंगे। यह जान लेना जरूरी है कि कुटिल लिपि के काल के बाद लिपियों में प्रांतीयता के लक्षण स्पष्ट दिखने लगते हैं।

गुप्त सम्राटों की शक्ति क्षीण हो जाने पर हूणों ने भारत पर आक्रमण शुरू किए। छठी शताब्दी के पूर्वार्ध में हूणों को भारत से उखाड़ डालने का श्रेय है, औलिकर शासक यशोधर्मा विष्णुवर्धन (लगभग 525-535 ई.) को। उसने ''मिहिरकुलों को भी हिमालय के गढ़ में खदेड़ दिया'' और गुप्तों के साम्राज्य पर भी अधिकार कर लिया था। लौहित्य (ब्रह्मपुत्र) के कांठे से महेंद्र (उड़ीसा) तक और हिमालय से पश्चिम समुद्र तक का सारा देश यशोधर्मा का शासन मानता था। इतना होने

पर भी यशोधर्मा ने अपना कोई राजवंश स्थापित नहीं किया, और उसके बाद उसका विशाल राज्य छिन्न-भिन्न हो गया।

प्राचीन दशपुर यानी आधुनिक मंदसौर (मध्य प्रदेश) से यशोधर्मा का एक प्रस्तर-स्तंभ मिला है। स्तंभ का निर्माण हूणों पर यशोधर्मा की विजय के उपलक्ष्य में किया गया था। इसके मुख्य भाग पर खूबसूरत कुटिलाक्षरों में नौ पंक्तियों का एक लेख उत्कीर्ण है, जिसकी रचना कवि वासुल ने की है। लेख की आरंभिक आठ पंक्तियां, जिनमें यशोधर्मा का कीर्तिगान है, संस्कृत के श्रग्धरा छंद के श्लोकों में हैं और नौवीं पंक्ति में सूचना है—**इति तुष्टूषया तस्य नृपतेः पुण्यकर्मणः। वासुलेनोपरचिताः श्लोकः कक्कस्य सूनुना॥ उत्कीर्णा (प्रशस्ति) गोविन्देन।** (अर्थात्, पुण्यकर्मों वाले इन राजा की इस प्रकार प्रशंसा करने के उद्देश्य से कक्क के पुत्र वासुल द्वारा ये श्लोक रचे गए। यह प्रशस्ति गोविंद द्वारा उत्कीर्ण हुई।)

इस लेख के अक्षर उत्तर भारतीय शैली के हैं और इलाहाबाद-स्तंभलेख के अक्षर-प्रकार के विकसित रूप प्रतीत होते हैं। इसमें स्वरों की मात्राओं को कलात्मक बनाने का प्रयत्न किया गया है। मोटी कलम के इस्तेमाल के कारण ये मात्राएं मोटी-पतली हो गई हैं। इस लेख में कुछ मात्राएं नागरी जैसी हो गई हैं; कुछ व्यंजन भी नागरी से मेल खाने लगे हैं। यहां नमूने के लिए हम इस स्तंभलेख का छठा श्लोक नागरी लिप्यंतर के साथ दे रहे हैं :

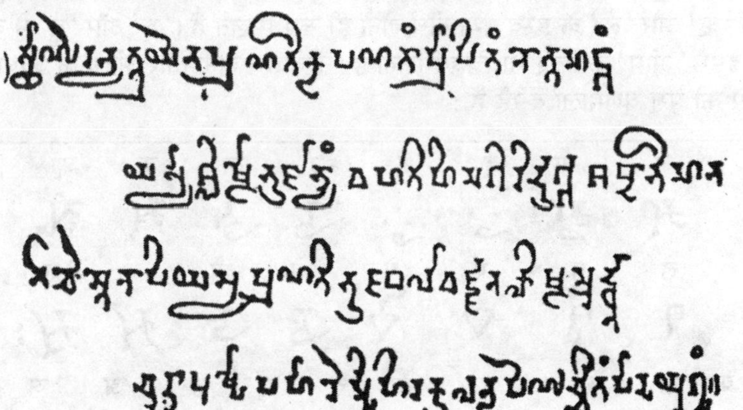

लिप्यंतर :

स्थाणोरन्यत्र येन प्रणतिकृपणतां प्रापितं नोत्तमाङ्ग
यस्याश्लिष्टो भुजाभ्यां वहति हिमगिरिर्दुर्गशब्दाभिमानं
नीचैस्तेनापि यस्य प्रणतिभुजबलावर्ज्जनक्लिष्टमूर्द्धना
चूडापुष्पोपहारैर्म्मिहिरकुलनृपेणार्च्चितं पादयुग्मं॥

चित्र 29.1 *यशोधर्मा के मंदसौर स्थित प्रस्तर-स्तंभ-लेख का छठा श्लोक*

जापान के होर्युजी बौद्ध विहार में ताड़पत्र पर लिखी हुई 'उष्णीषविजयधारिणी' नाम की एक हस्तलिपि रखी हुई है। होर्युजी विहार जापान का सबसे प्राचीन बौद्ध मंदिर है और इसका निर्माण जापान के प्रसिद्ध बौद्ध सम्राट शोतोकू ने 586-87 ई. में कराया था। बीच में इसकी इमारत जल गई थी। आठवीं सदी के पूर्वार्ध में पुनः जो नई इमारत बनाई गई, वह आज भी मौजूद है। मंदिर की लकड़ी की दीवारों पर पलस्तर चढ़ाकर चित्र अंकित किए गए थे, जिनमें से कुछ आज भी देखने को मिलते हैं। होर्युजी मंदिर के इन भित्तिचित्रों और अजिंठा के चित्रों में काफी साम्य दिखाई देता है।

होर्युजी विहार में रखी हुई 'उष्णीषविजयधारिणी' हस्तलिपि के बारे में मैक्स मूलर ने लिखा है, ''हमें इस बात के अच्छे प्रमाण मिलते हैं कि यह हस्तलिपि 609 ई. में जापान लाई गई थी, और यह चीन से यहां पहुंची। और जान पड़ता है कि चीन में यह पुस्तक याशी नाम के भिक्षु के पास थी, जिसकी मृत्यु 577 ई. में हुई थी। इसके भी पहले यह पुस्तक (महास्थविर) बोधिधर्म के पास थी, जो 520 ई. में भारत से चीन पहुंचे थे।'' इसी परंपरा के आधार पर ब्यूह्लर ने अपना मत व्यक्त किया था, ''यह निश्चित है कि यह हस्तलिपि, जो स्पष्टत: किसी भारतीय लिपिक द्वारा लिखी गई है, छठी शताब्दी के पूर्वार्ध के बाद की नहीं हो सकती।'' साथ ही ब्यूह्लर ने यह भी कहा था कि यदि यह ऐतिहासिक परंपरा उपलब्ध नहीं होती, तो शुद्ध पुरालिपिशास्त्र के आधार पर इस हस्तलिपि का परीक्षण करने पर यह आठवीं शताब्दी के आरंभ में लिखी हुई जान पड़ेगी। दानी ने अपने अध्ययन में ब्यूह्लर के इसी सुझाव के आधार पर इस हस्तलिपि का विश्लेषण किया और वे इस परिणाम पर पहुंचे कि ''संभव है कि मैक्स मूलर द्वारा निर्दिष्ट समय में इस पुस्तक की मूल प्रति किसी भारतीय लिपिक ने ही तैयार की हो, परंतु वर्तमान प्रति 700 ई. के पहले लिखी हुई नहीं जान पड़ती।''

इस हस्तलिपि की सबसे बड़ी विशेषता यह है कि इसके अंत में पूरी वर्णमाला दी हुई है। उसे देखने से ज्ञात होगा कि इस लिपि के बहुत से अक्षर नागरी लिपि के अक्षरों से मेल खाने लग गए हैं। इसमें 'ऋ' और 'ऌ' के ह्रस्व तथा दीर्घ दोनों ही रूप मिलते हैं। 'व' और 'ब' में कोई फर्क नहीं है। इसमें 'ओम्' के लिए भी चिह्न मिलता है। नीचे हम दानी और ओझा के आधार पर इस हस्तलिपि की पूरी वर्णमाला दे रहे हैं :

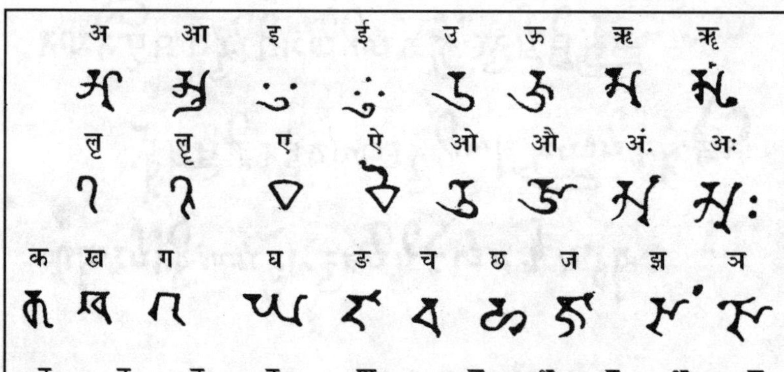

चित्र 29.2 *जापान के होर्युजी बौद्ध मंदिर में रखी हुई ताड़पत्र पर लिखित 'उष्णीषविजयधारिणी' नामक भारतीय हस्तलिपि (छठी शताब्दी) के अंत में दी हुई वर्णमाला*

इसी काल के महानाम या महानामन् नामक व्यक्ति के दो लेख बुद्धगया से मिले हैं। इनमें से एक में संवत् 269 दिया हुआ है। यदि यह गुप्त-संवत् है, तो महानामन् का यह लेख 320+269, अर्थात् 588–89 ई. का होना चाहिए। महानामन् के इन लेखों में स्वरों की मात्राएं बहुत कलात्मक हैं, और अपनी पूरी लंबाई को प्राप्त कर चुकी हैं।

यशोधर्मा के बाद दक्षिण पंचाल देश की राजधानी कन्नौज में मौखरि राजवंश स्थापित हो गया था। मौखरि ईश्वरवर्मा तथा उसके पुत्र ईशानवर्मा (554 ई.) ने कन्नौज राज्य को सारे उत्तर भारत का केंद्रीय राज्य बना दिया था। उन्होंने सौराष्ट्र, आंध्र तथा गौड़ (पश्चिम बंगाल) को भी अपने साम्राज्य में मिला लिया था। मौखरियों के प्रताप से कन्नौज को वही गौरव प्राप्त हुआ जो पहले पाटलिपुत्र को था। शर्ववर्मा के उत्तराधिकारी अवंतिवर्मा के समय मौखरि साम्राज्य कुछ क्षीण होने लगा था।

लिप्यंतर:

चतुस्समुद्रातिक्क्रान्तकीर्ति(:) प्रतापानुरागोपनतान्यराजावर्ण्णाश्रमव्यवस्था-
पनप्रवृत्तचक्क्रश्चचक्क्रधर इव प्रजानामर्त्तिहर(:) श्रीमहाराजहरिवर्म्मा तस्य-
पुत्रस्तत्पादानुद्धय तो जयस्वामिनीभट्टारिकादेव्यामुत्पन्नः श्रीमहाराजादित्यव-
र्म्मा तस्य पुत्रस्तत्पादानुद्धयातो हर्षगुप्ताभट्टारिकादेव्यामुत्पन्नः श्रीमहारा-
जेश्वरवर्म्मा तस्य पुत्रस्तत्पादानुद्धयात उपगुप्ता भट्टारिकादेव्यामुत्पन्नो-
महाराजाधिराज श्रीईशानवर्म्मा तस्य पुत्रस्तत्पादानुद्धयातो....
...भट्टारिकामह(।) देव्यामुत्पन्नः परममाहेश्वरो
(म)हाराजाधिराजश्रीशर्व्ववर्म्मा मौखरिः

चित्र 29.3 *मौखरि शासक शर्ववर्मा की असीरगढ़ (मध्य प्रदेश में बुरहानपुर के पास) ताम्र-मुहर*

हड़हा (जिला रायबरेली, उ.प्र.) से ईशानवर्मा का एक शिलालेख मिला है। यह विक्रम सं. 611 (554 ई.) का है। ईशान के पुत्र शर्ववर्मा की असीरगढ़ और नालंदा से मुहरें भी मिली हैं। बुद्धगया के पास की 'बराबर' पहाड़ी की चौथी गुफा में अनंतवर्मा का लेख मिलता है।

हर्षवर्धन के शासन से पाठक परिचित ही होंगे। हर्ष, अपने पिता प्रभाकरवर्धन की मृत्यु (605 ई.) के बाद 606 ई. में गद्दी पर बैठा था। प्रसिद्ध कवि बाणभट्ट के 'हर्षचरित' में और चीनी यात्री युवान्-च्वाङ (629-644 ई.) के यात्रा-विवरण में हमें हर्ष के बारे में काफी जानकारी मिलती है।

हर्षवर्धन का नाम स्मरण करते ही सबसे पहले हमें उसके खूबसूरत हस्ताक्षर की याद आती है। हर्ष के बांसखेड़ा (उत्तर प्रदेश में शाहजहांपुर के पास) दानपत्र के अंत में उसका हस्ताक्षर मिलता है। इस लेख के अक्षर बहुत ही कलात्मक हैं और इसकी संस्कृत भाषा भी बहुत मंजी हुई है। इस पर हर्ष का जो हस्ताक्षर अंकित है, उसके अक्षर तो कलात्मकता की चरमौन्नति पर पहुंच गए हैं। हसीलिए ब्यूह्लर को कहना पड़ा कि, यदि हर्ष अपने शासन के सभी अभिलेखों में इसी हस्ताक्षर के अक्षरों का इस्तेमाल करता होगा, तो हमें उसे एक उच्चकोटि का सुलेखक मानना पड़ेगा। हम जानते हैं कि हर्ष केवल कोरा शासक ही नहीं था, वह राजा भोज की तरह स्वयं एक कवि और साहित्य-प्रेमी भी था। इसलिए कोई आश्चर्य नहीं कि वह इसी प्रकार के हस्ताक्षर का सदैव इस्तेमाल करता रहा हो।

स्व ह स्तो म म म हा रा जा धि रा ज श्री ह र्ष स्य

चित्र 29.4 *बांसखेड़ा ताम्रपत्र पर हर्षवर्धन के हस्ताक्षर (628 ई.)*

हर्ष का यह बांसखेड़ा ताम्रपत्र उसके शासन के 22वें वर्ष में तैयार किया गया था, अर्थात् यह 606+22=628 ई. का है। यहां हम इस ताम्रपत्र की कुछ पंक्तियां दे रहे हैं :

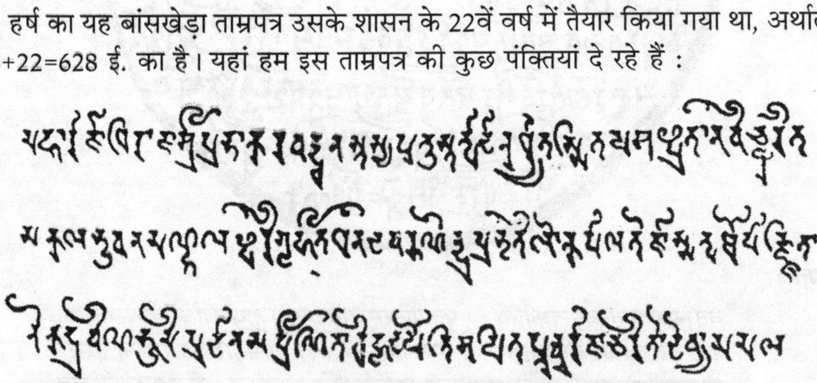

चित्र 29.5 *महाराजाधिराज श्रीप्रभाकरवर्द्धनस्तस्य पुत्रस्तत्पादानुध्यातस्सितयशः प्रतानविच्छुरित सकलभुवनमण्डलः परिगृहीतधनदवरुणेंद्रप्रभृतिलोकपालतेजास्सत्पथोपार्ज्जिता-नेकद्रविणभूमिप्रदानसंप्रीणितार्थिहृदयोऽतिशयितपूर्वराजचरितोदेव्याममल-यशोमत्यां श्रीयशोमत्यामुत्पन्नः परमसौगतस्सुगत इव परहितैकरतः परमभट्टारक-*

कुटिलाक्षरों के दो और नमूने नीचे दिए जा रहे हैं :

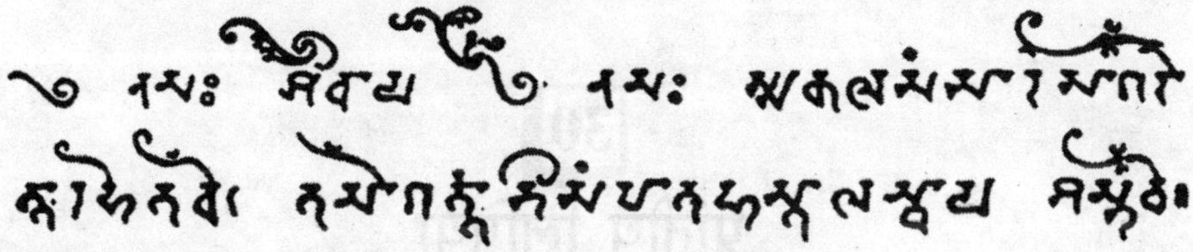

लिप्यंतर :

ओं नम: शिवाय ओं नम: स्स(स)कलसंसारसागरो-
त्तारहेतवे। तमोगर्त्ताभिसंपातहस्तालंबाय शम्भवे॥

चित्र 29.6 *राजा शिवगण के कोटा लेख (सातवीं-आठवीं सदी) का एक अंश*

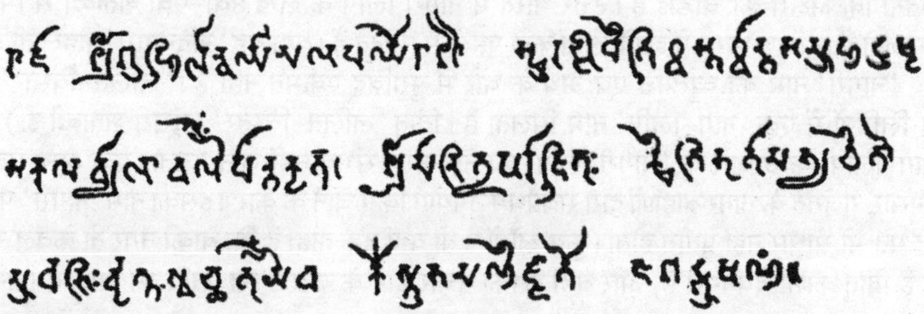

लिप्यंतर :

राजा श्रीगुहिलान्वयामलपयोराशौ स्फुरद्दीधितिध्वस्तध्वांतसमूहदुष्ट-
सकलव्यालावलेपान्तकृत्। श्रीमानित्यपराजित: क्षितिभृतामभ्यर्चितो
मूर्धभि:(भि)र्वृत्तस्वच्छतयेव कौस्तुभमणिर्ज्जातो जगद्भूषणं॥

चित्र 29.7 *मेवाड़ के गुहिलवंशी राजा अपराजित के समय के विक्रम संवत् 718 (= 661 ई.) के लेख का एक अंश*

30

प्रांतीय लिपियां

नागरी लिपि

गुप्त और कुटिल लिपियों से 8वीं शताब्दी में नागरी या देवनागरी लिपि का विकास देखने को मिलता है। नागरी लिपि की प्रमुख विशेषता यह है कि इसके अक्षरों के सिरों पर रेखाएं उतनी ही लंबी हैं, जितनी कि अक्षरों की चौड़ाई है। उत्तर भारत में नागरी लिपि के लेख 8वीं–9वीं शताब्दी से मिलने लग जाते हैं। दक्षिण भारत में इसके लेख कुछ पहले से मिलते हैं। वहां यह 'नंदिनागरी' कहलाती थी।

'नागरी' नाम की व्युत्पत्ति एवं अर्थ के बारे में पुराविद् एकमत नहीं हैं। 'ललित-विस्तर' की 64 लिपियों में एक 'नाग-लिपि' नाम मिलता है। किंतु 'ललित-विस्तर' (दूसरी शताब्दी ई.) की 'नाग-लिपि' के आधार पर 'नागरी लिपि' का नामकरण संभव नहीं जान पड़ता। एक अन्य मत के अनुसार, गुजरात के नागर ब्राह्मणों द्वारा सर्वप्रथम उपयोग किए जाने के कारण इसका नाम 'नागरी' पड़ा। यह मत भी साधार नहीं प्रतीत होता। कुछ लोगों ने तो यहां तक कहा है कि बाकी नगर तो केवल नगर ही हैं किंतु काशी देवनगरी है, और वहां इसका प्रचार होने के कारण इस लिपि का नाम 'देवनागरी'

चित्र 30.1 ब्राह्मी से देवनागरी का विकासानुक्रम (अ, झ, ड और ण के दो-दो प्रकार हैं)

पड़ा! इस मत को स्वीकार करने में अड़चनें हैं। एक अन्य मत के अनुसार, नगरों में प्रचलित होने के कारण यह 'नागरी' कहलाई। इस मत को कुछ हद तक स्वीकार किया जा सकता है।

दक्षिण के विजयनगर राजाओं के दानपत्रों की लिपि को 'नंदि-नागरी' का नाम दिया गया है। यह भी संभव है कि नंदिनगर (आधुनिक नांदेड़, महाराष्ट्र) की लिपि होने के कारण इसके लिए 'नागरी' नाम अस्तित्व में आया। पहले-पहल विजयनगर राज्य के लेखों में नागरी लिपि का व्यवहार देखने को मिलता है। बाद में जब उत्तर भारत में भी इसका प्रचार हुआ, तो 'नंदि' की तरह यहां 'देव' शब्द इसके पहले जोड़ दिया गया होगा। जो भी हो, अब तो यह नागरी या देवनागरी शब्द उत्तर भारत में 8वीं शताब्दी से आज तक लिखे गए प्रायः सभी लेखों की लिपि-शैलियों के लिए प्रयुक्त होता है। दसवीं शताब्दी में पंजाब और कश्मीर में प्रयुक्त शारदा लिपि नागरी की ही बहन थी, और बांग्ला लिपि को हम नागरी की पुत्री नहीं तो बहन मान सकते हैं। आज समस्त उत्तर भारत में (नेपाल में भी) और संपूर्ण महाराष्ट्र में देवनागरी लिपि का इस्तेमाल होता है।

यहां हम नागरी (देवनागरी और नंदिनागरी) लिपि के कुछ प्रमुख लेखों का विवरण देंगे और इसके कुछ नमूने भी देने का प्रयत्न करेंगे।

शिवराममूर्ति की राय है कि हर्षवर्धन के समकालीन गौडदेश (पश्चिम बंगाल) के राजा शशांक के ताम्रपत्रों में पूर्वी भारत की नागरी लिपि का स्वरूप पहले-पहल देखने को मिलता है। परंतु इन ताम्रपत्रों की लिपि को हम अभी नागरी नहीं कह सकते। अधिक से अधिक इसे हम 'प्राक्-नागरी' का नाम दे सकते हैं, क्योंकि इस लिपि के अक्षर न्यूनकोणीय (तिरछे) और ठोस त्रिकोणी सिरोंवाले हैं।

उत्तर भारत में नागरी लिपि का प्रयोग पहले-पहल कन्नौज के प्रतीहारवंशी राजा महेंद्रपाल (891-907 ई.) के दानपत्रों में देखने को मिलता है। इनमें 'आ' की मात्रा पहले की तरह अक्षर की दाईं ओर आड़ी न होकर, खड़ी और पूरी लंबी हो गई है। 'क' का नीचे का मुड़ा हुआ वक्र उसके दंड के साथ मिल जाता है। इस लिपि में अक्षरों के नीचे के सिरे सरल हैं और सिरों पर, पहले की तरह ठोस त्रिकोण न होकर, अब आड़ी लकीरें हैं। यहां हम प्रतीहार राजा महेंद्रपाल के दिधवा-दुली दानपत्र (वि.सं. 955) की कुछ पंक्तियां दे रहे हैं :

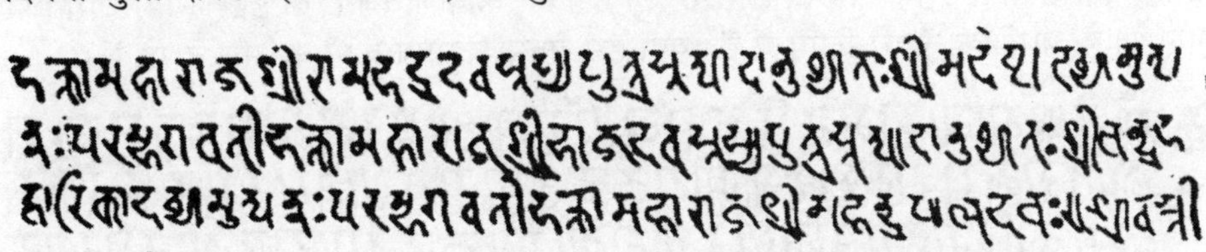

लिप्यंतर :

भक्तो महाराजश्रीरामभद्रदेवस्तस्य पुत्रस्तत्पादानुध्यातः श्रीमदप्पदेव्यामुत्प-
न्नः परम्भगवतीभक्तो महाराजश्रीभोजदेवस्तस्य पुत्रस्तत्पादानुध्यातःश्री चन्द्रभ-
ट्टारिकादेव्यामुत्पन्नः परम्भगवतीभक्तो महाराजश्रीमहेंद्रपालदेवः॥ श्रावस्ती

चित्र 30.2 *प्रतीहारवंशी राजा महेंद्रपाल (891-907 ई.) के दानपत्र की तीन पंक्तियां (शिवराममूर्ति के आधार पर)*

इसके बाद तो उत्तर भारत से नागरी लिपि के ढेरों लेख मिलते हैं। इनमें गुहिलवंशी, चाहमान (चौहान) वंशी, राष्ट्रकूट, चौलुक्य (सोलंकी), परमार, चंदेलवंशी, हैहय (कलचुरी) आदि राजाओं के नागरी लिपि में लिखे हुए दानपत्र तथा शिलालेख प्रसिद्ध हैं।

दक्षिण के पल्लव शासकों ने भी अपने लेखों के लिए नागरी लिपि का प्रयोग किया था। इसी लिपि से आगे चलकर 'ग्रंथ लिपि' का विकास हुआ। तमिल लिपि की अपूर्णता के कारण उसमें संस्कृत के ग्रंथ लिखे नहीं जा सकते थे, इसलिए संस्कृत के ग्रंथ जिस नागरी लिपि में लिखे जाने लगे, उसी का बाद में 'ग्रंथ लिपि' नाम पड़ गया। कांचीपुरम् के कैलाशनाथ मंदिर में नागरी लिपि में लिखे हुए बहुत से विरुद मिलते हैं। इनमें सरल और कलात्मक दोनों ही प्रकार की लिपियों का प्रयोग देखने को मिलता है। यह लिपि हर्षवर्धन की लिपि से काफी मिलती-जुलती दिखाई देती है।

सुदूर दक्षिण में भी पांड्य शासकों ने 8वीं शताब्दी में नागरी का इस्तेमाल किया था। महाबलिपुरम् के अतिरणचंडेश्वर नामक गुफामंदिर में जो लेख मिलता है, वह भी नागरी में है। सबसे नीचे दक्षिण में नागरी का जो लेख मिलता है, वह है पांड्य-राजा वरगुण (9वीं शताब्दी) का पलियम-दानपत्र। इस दानपत्र की लिपि में और अतिरणचंडेश्वर के गुफालेख की लिपि में काफी साम्य है।

दक्षिण के उत्तम, राजराज और राजेंद्र जैसे चोल राजाओं ने अपने सिक्कों के लेखों के लिए नागरी का इस्तेमाल किया है। श्रीलंका के पराक्रमबाहु, विजयबाहु जैसे राजाओं के सिक्कों पर भी नागरी का उपयोग हुआ है। 13वीं शताब्दी के केरल के शासकों के सिक्कों पर 'वीरकेरलस्य' जैसे शब्द नागरी में अंकित मिलते हैं। विजयनगर शासनकाल से तो नागरी (नंदिनागरी) का बहुतायत से उपयोग देखने को मिलता है। इस काल के अधिकांश ताम्रपत्रों पर नागरी लिपि में ही लेख अंकित हैं, हस्ताक्षर ही प्रायः तेलुगु-कन्नड़ लिपि में हैं। सिक्कों पर भी नागरी का प्रयोग देखने को मिलता है।

दक्षिणी शैली की नागरी लिपि (नंदिनागरी लिपि) का प्राचीनतम नमूना हमें राष्ट्रकूट राजा दंतिदुर्ग के समंगड दानपत्रों में, जो 754 ई. के हैं, दिखाई देता है। बाद में बादामी के चालुक्यों के उत्तराधिकारी राष्ट्रकूट शासकों ने तो इस नागरी लिपि का बड़े पैमाने पर इस्तेमाल किया। राष्ट्रकूट राजा कृष्णराज-प्रथम के नागरी लिपि में लिखे हुए तलेगांव-दानपत्र प्रसिद्ध हैं। देवगिरि के यादववंशी राजाओं ने भी नागरी लिपि का ही उपयोग किया था।

धार नगरी का परमार शासक भोज अपने विद्यानुराग के लिए इतिहास में प्रसिद्ध है। बांसवाड़ा तथा वेतमा से प्राप्त उसके ताम्रपत्र (1020 ई.) उसकी 'कोंकणविजय' के उपलक्ष्य में जारी किए गए थे। ये आरंभिक नागरी लिपि में हैं। यहां हम बेतमा ताम्रपत्र का एक अंश दे रहे हैं।

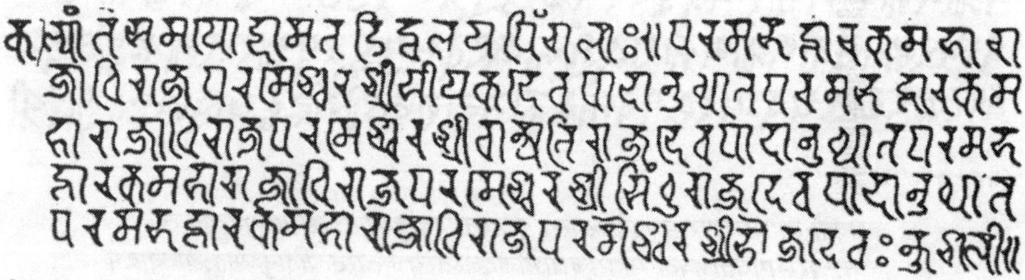

लिप्यंतर :

कल्पांतसमयोद्दामतडिद्वलयपिंगला:॥ परमभट्टारकमहारा-
जाधिराजपरमेश्वरश्रीसीयकदेवपादानुध्यातपरमभट्टारकम-
हाराजाधिराजपरमेश्वरश्रीवाक्पतिराजदेवपादानुध्यातपरम-
भट्टारक महाराजाधिराजपरमेश्वरश्रीसिन्धुराजदेवपादानुध्यात
परमभट्टारक महाराजाधिराजपरमेश्वर श्रीभोजदेव:कुशली॥

चित्र 30.3 *धार नगरी के परमार शासक भोज के बेतमा ताम्रपत्र (1020 ई.) का एक अंश*

शारदा लिपि

ईसा की दसवीं शताब्दी से उत्तर-पूर्वी पंजाब और कश्मीर में शारदा लिपि का व्यवहार देखने को मिलता है। ब्यूह्लर का मत था कि शारदा लिपि की उत्पत्ति गुप्त लिपि की पश्चिमी शैली से हुई है, और उसके प्राचीनतम लेख 8वीं शताब्दी से मिलते हैं। ब्यूह्लर ने जालंधर (कांगड़ा) के राजा जयचंद्र की कीरग्राम के बैजनाथ मंदिर में लगी प्रशस्तियों का समय 804 ई. माना था, और इसी के अनुसार उन्होंने शारदा लिपि का आरंभकाल 800 ई. के आसपास निश्चित किया था। किंतु कीलहॉर्न ने अपनी गणितीय गणनाओं से सिद्ध किया है कि ये प्रशस्तियां 12वीं शताब्दी के उत्तरार्ध की हैं। ओझाजी भी इसी मत के समर्थक हैं। ओझाजी शारदा लिपि का आरंभकाल दसवीं शताब्दी से मानते हैं। उनका मत है कि नागरी की तरह शारदा लिपि भी कुटिल लिपि से निकली है। उनके मतानुसार, शारदा लिपि का सबसे पहला लेख सराहां (चंबा, हिमाचल प्रदेश) से प्राप्त प्रशस्ति है और उसका समय दसवीं शताब्दी है। फोगेल ने चंबा राज्य से शारदा लिपि के बहुत से अभिलेख प्राप्त किए थे।

राजा विदग्ध के सुमगंल गांव के दानपत्र, सोमवर्मा के कुलैत दानपत्र, जालंधर के राजा जयचंद्र के समय की बैजनाथ मंदिर की प्रशस्तियां, कुल्लू के राजा बहादुरसिंह के दानपत्र तथा अथर्ववेद एवं शाकुंतल नाटक की हस्तलिखित पुस्तकों में शारदा लिपि का प्रयोग देखने को मिलता है। आगे सराहां प्रशस्ति की दो पंक्तियां दी जा रही हैं।

कलिंग लिपि

कलिंग प्रदेश में ईसा की 7वीं से 12वीं शताब्दी तक जिस लिपि का प्रयोग हुआ, उसे कलिंग लिपि का नाम दिया गया है। इस लिपि का प्रयोग अधिकतर कलिंगनगर (मुखलिंगम्, गंजाम जिले में पर्लाकिमेडी से 20 मील दूर) के गंगवंशी राजाओं के दानपत्रों में देखने को मिलता है। इन राजाओं ने 'गांगेय संवत्' का उपयोग किया है। यह संवत् ठीक किस साल से आरंभ होता है, यह अभी जाना नहीं जा सका है।

कलिंग लिपि में भी तीन शैलियां देखने को मिलती हैं। आरंभिक लेखों में मध्यदेशीय तथा दक्षिणी प्रभाव देखने को मिलता है। अक्षरों के सिरों पर ठोस चौखटे दिखाई देते हैं। आरंभिक अक्षर समकोणीय हैं। किंतु बाद में कन्नड़-तेलुगु लिपि के प्रभाव के अंतर्गत अक्षर गोलाकार होते नजर आते हैं। ग्यारहवीं शताब्दी के अभिलेख नागरी लिपि के हैं।

पोड़ागढ़ (आंध्र) से नलवंश का जो अभिलेख मिला है, उसके अक्षरों के सिरे वर्गाकार हैं। नलवंश का यह एकमात्र उपलब्ध शिलालेख है। 'गंगवंशी' राजा इंद्रवर्मन् का दानपत्र (गंग-संवत् 87), इंद्रवर्मन्-द्वितीय का चिरकोल-दानपत्र तथा देवेंद्रवर्मन् का दानपत्र इसी वर्गाकार सिरों वाली लिपि में हैं। यहां नमूने के लिए हम हस्तिवर्मन् के नरसिंहपल्ली दानपत्र का एक अंश प्रस्तुत करते हैं। यह दानपत्र गंग-संवत् 79 (600 ई. के आसपास) का है। इसकी लिपि दक्षिणी शैली की है। इस दानपत्र का लेखक विनयचंद्र, हस्तिवर्मन् के अन्य दानपत्रों और इंद्रवर्मन्-द्वितीय के दानपत्रों का भी लेखक था। इसकी भाषा संस्कृत है।

कलिंग प्रदेश में नागरी लिपि के दानपत्र 11वीं शताब्दी से मिलने लगते हैं। यहां हम गंगवंशी राजा वज्रहस्त के दानपत्र का एक अंश दे रहे हैं। इसमें शक-संवत् 991 (1068 ई.) दिया हुआ है। एक दानपत्र मद्रास संग्रहालय में रखा हुआ है और इसका संपादन रमेशचंद्र मजूमदार ने किया है (देखिए, एपिग्राफिया-इंडिका, खंड 13)।

1

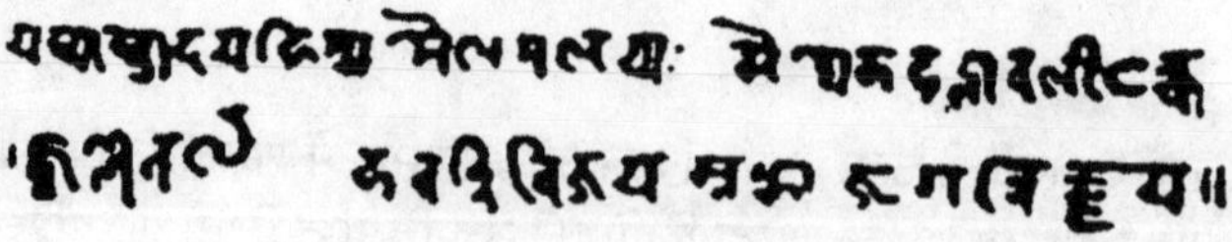

2

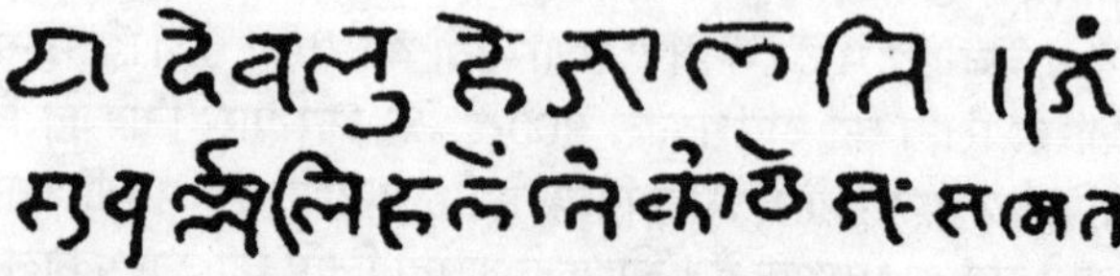

3

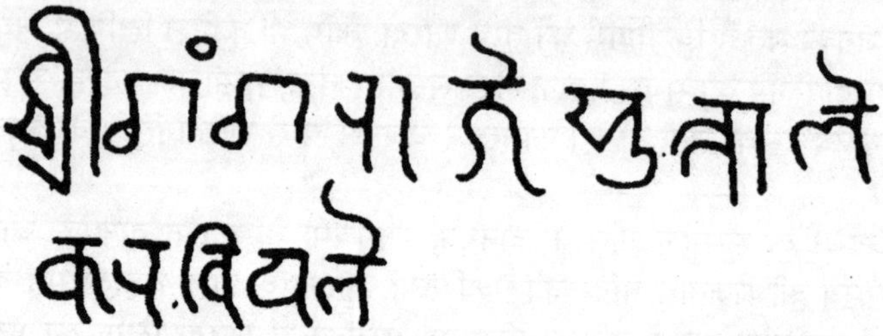

4

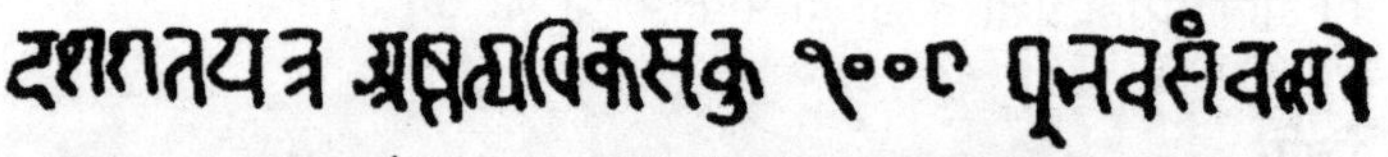

5

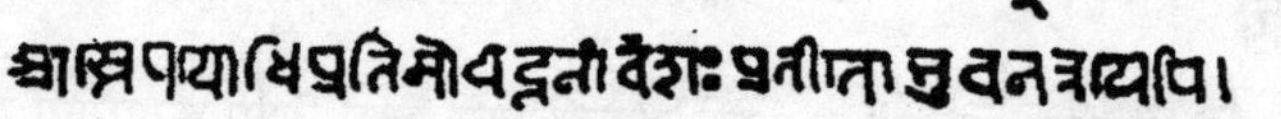

6

7

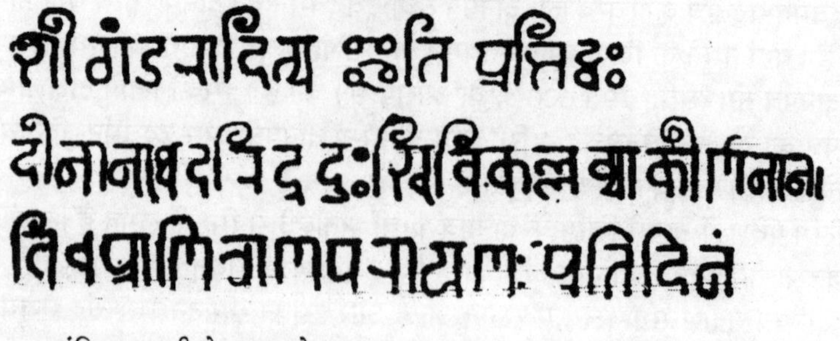

चित्र 30.4 आरंभिक नागरी के कुछ लेख

लिप्यंतर :

1. *राजा वरगुण के पलियम दानपत्र (9वीं सदी) का एक अंश :*

   यस्यास्तोदयहिम्यशैलमलयाः सैन्येभदन्तावलीटङ्क-
   क्षुण्णतटा भवन्ति विजयस्तम्भा जगन्निर्ज्जये॥

2. *दिवें-आगर (रत्नागिरि जिले) से प्राप्त मराठी भाषा के प्राचीनतम ताम्रपट (1060 ई.) की अंतिम पंक्ति :*

   य देवलु हे जाणति। जें
   सुवर्ण्ण लिहलें तें कांठेअः समेतः॥

3. *श्रवणबेलगोल के गोमटेश्वर के पुतले के पैरों के पास खुदा हुआ एक लेख (1117 ई.), जिसकी भाषा मराठी है :*

   श्रीगंगराजे सुत्ताले
   करवियले

4. *कल्याण के पश्चिमी चालुक्य नरेश विक्रमादित्य (छठे) के समय (12वीं सदी) के एक लेख का अंश :*

   दशशतयत्र अष्टत्यधिकसकु 1008 प्रभवसंवत्सरे

5. *देवगिरि के यादव राजा रामचंद्र (13वीं सदी) के थाना ताम्रपत्र का एक अंश :*

   आस्ते पयोधिप्रतिमो यदुनां वंशः प्रतीतो भुवनत्रयेपि।

6. *चोड़-नरेश राजेंद्र का सिक्का, जिस पर नागरी में 'श्रीराजेंद्र' शब्द अंकित है :*

7. *कोल्हापुर के शिलाहार शासक गंडरादित्य के ताम्रशासन (1126 ई.) का एक अंश :*

   श्रीगंडरादित्य इति प्रसिद्धः
   दीनानाथदरिद्रदुःखिविकल्लव्याकीर्णनाना-
   विधप्राणित्राणपरायणः प्रतिदिनं

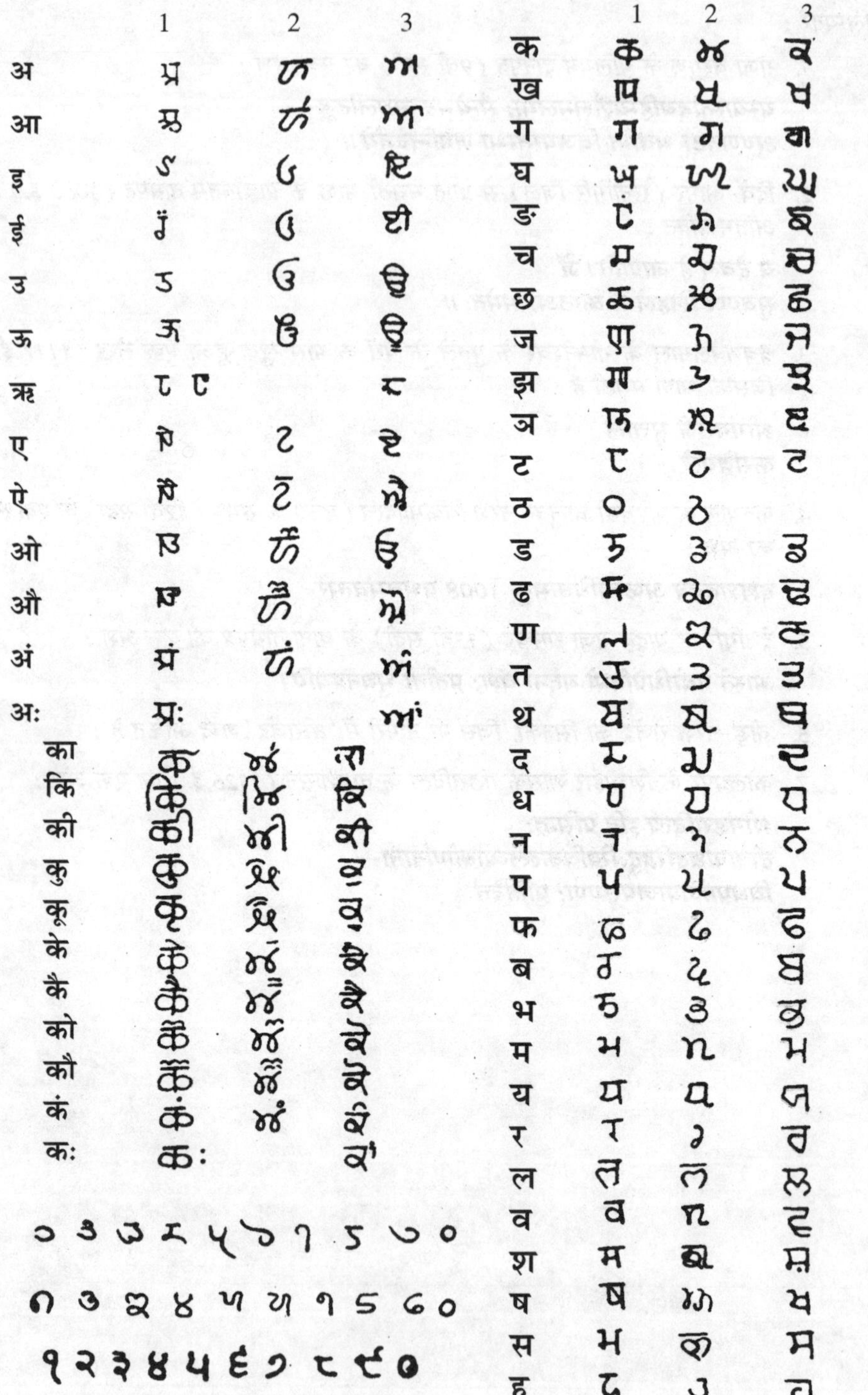

चित्र 30.5 *शारदा लिपि (1) और इससे बनी टाकरी (2) और गुरुमुखी (3) लिपियां*

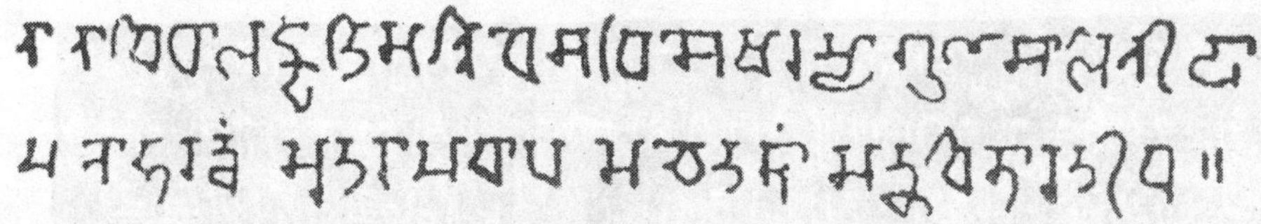

लिप्यंतर :

नानाविधालङ्कृतिसन्निवेशविशेषरम्यां गुणशालिनी या।
मनोहरत्वं सुतरामवाप सचेतसां सत्कविभारतीव॥

चित्र 30.6 आरंभिक शारदा लिपि में सराहां प्रशस्ति का एक अंश

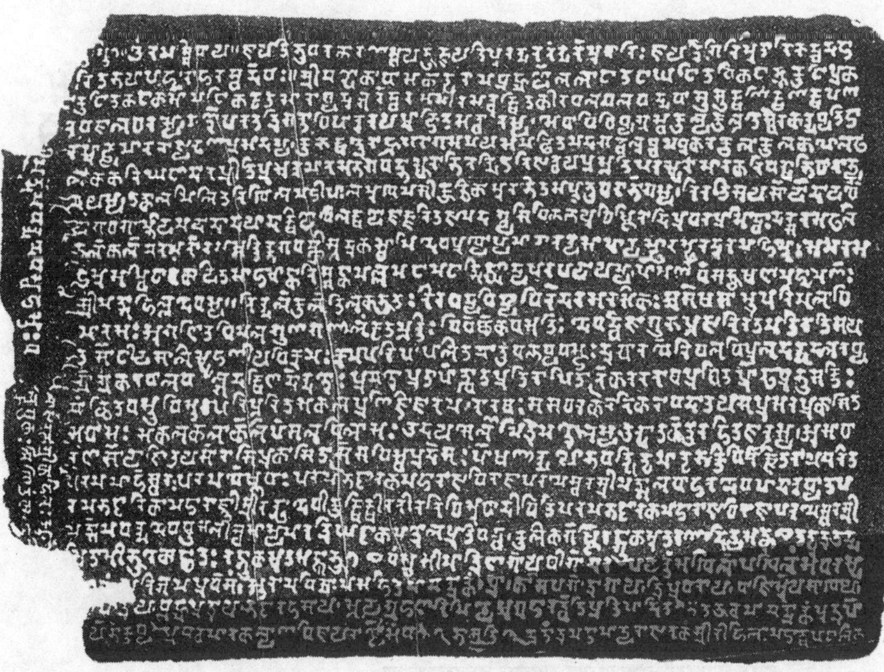

लिप्यंतर : आरंभिक दो पंक्तियां

1. **ओं नमश्शिवाय॥ जयति भुवनकारणं स्वयंभूर्जयति**
   पुरंदरनंदनो मुरारिः जयति गिरिसुतानिरुद्ध देहा
2. **रितभयाप हरो हरश्च देवाः॥ श्रीमत्सकावासकात्परम-**
   ब्रह्मण्यो ललाटतटघटितविकटभ्रुकुटि प्रक (ट)

चित्र 30.7 शारदा लिपि में राजा सोमवर्मा का कुलैट दानपत्र (11वीं सदी)

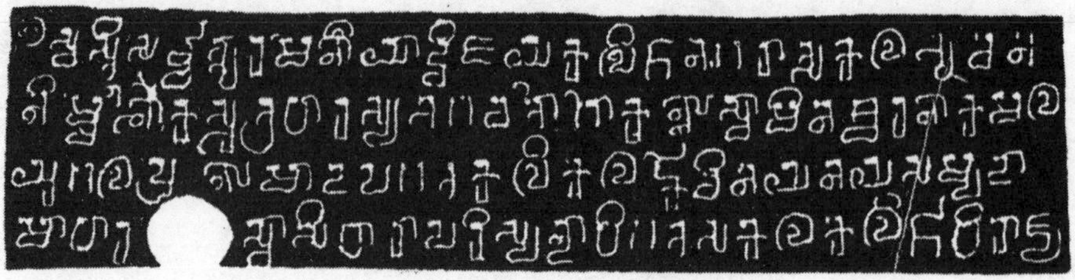

लिप्यंतर :

ओं स्वस्ति सर्व्वर्त्तुरमणीयाद्विजयकलिङ्गनगरात्सकलभुवन—
निर्म्माणैकसूत्रधारस्य भगवतो गोकर्ण्णस्वामिनश्चरणकमल—
युगलप्रणामादपगतकलिकलङ्कोविनयनयसम्पदा—
माधारः स्वासिधारापरिस्पन्दाधिगतसकलकलिङ्गाधिराज्य—

चित्र 30.8 *हस्तिवर्मन् का गंग-संवत् 79 का एक दानपत्र*

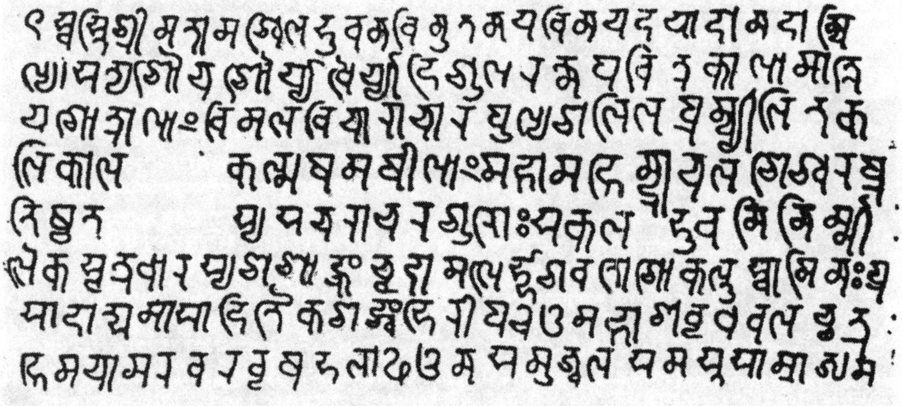

लिप्यंतर :

ओं स्वस्ति श्रीमतामखिलभुवनविनुतनयविनयदयादानदाक्षिण्य—
सत्यशौचशौर्य्यधैर्य्यादिगुणरत्नपवित्रकाणामात्रे
यगोत्राणां विमलविचाराचारपुण्यशलिलप्रक्षालित-
कलिकालकल्मषमषीणां महामहेंद्राचलशिखर
प्रतिष्ठतस्य सचराचरगुरोः सकलभुवनिनिर्म्मा—
णैकसूत्रधारस्य शशाङ्कचूडामणेर्भगवतो गोकर्ण्णस्वामिनः
प्रसादात्समासादितैकशङ्खभेरीपञ्चमहाशब्दधवलच्छत्र
हेमचामरवरवृषभलाञ्छनसमुज्वलसमस्तसाम्राज्यम

चित्र 30.9 *गंगवंशी राजा वज्रहस्त का नागरी लिपि में दानपत्र (मद्रास संग्रहालय)*

बांग्ला लिपि

बांग्ला और असमिया लिपियों में बहुत समानता है और इन दोनों का विकास एक साथ ही हुआ है। ओझाजी का मत था, ''बंगला लिपि भारतवर्ष के पूर्वी विभाग अर्थात् मगध की तरफ की लिपि से निकली है और बिहार, बंगाल, मिथिला, नेपाल, आसाम तथा उड़ीसा से मिलनेवाले कितने एक शिलालेख, दानपत्र, सिक्कों या हस्तलिखित पुस्तकों में पाई जाती है।'' किंतु लगता है कि कुछ पुरालिपिविद् नागरी लिपि के साथ बांग्ला लिपि का यह रिश्ता पसंद नहीं करते। इसलिए पूर्वी भारत में 8वीं शताब्दी तक कुटिल लिपि का जो रूप यत्र-तत्र दिखाई देता है, उसी में बांग्ला के आद्य रूप वाले कुछ अक्षर खोजने का प्रयत्न आजकल कुछ पुरालिपिविद् कर रहे हैं। सचाई तो यह है कि भारत की लिपियों पर प्रांतीयता का वेश हम बहुत दावे के साथ नहीं चढ़ा सकते। लिपियों के अध्ययन की सुविधा के लिए ही अब तक हम इनका वर्गीकरण करते चले आए हैं; वरना भारत की सभी लिपियां ब्राह्मी से निकली हैं। दसवीं शताब्दी के आसपास से ही भारत की वर्तमान लिपियां एक-दूसरे से थोड़ी-थोड़ी दूर हटती दिखाई देती हैं। अब यदि पूर्वी भारत के 8वीं शताब्दी के किसी अभिलेख को उठाकर कोई पुराविद् कहे कि इसके बहुत से अक्षर नागरी से मिलते हैं इसलिए यह नागरी लिपि का लेख है, तो उसकी बात स्वीकार करनी पड़ती है। दूसरी ओर, कोई अन्य पुराविद् कहे कि उसी लेख के कुछ अक्षर बांग्ला लिपि के आरंभिक रूप के समान हैं, तो यह बात भी हमें मान लेनी पड़ती है। वस्तुतः सभी संधिकालीन परिस्थितियों में इसी प्रकार की खींचतान होती है। इसलिए हम इस प्रश्न की गहराई में न जाकर केवल उन्हीं लेखों में से कुछ का उल्लेख करेंगे, जिनमें बांग्ला-असमिया लिपियों का विकास देखने को मिलता है।

पूर्वी भारत के ग्यारहवीं शताब्दी के लेखों में हमें पहली बार बांग्ला लिपि की झलक देखने को मिलती है। 8वीं शताब्दी में गौडदेश (बंगाल) में पाल राजाओं का शासन आरंभ हुआ। सभी पालवंशी राजा बौद्ध थे। नारायणपाल के समय (लगभग 854-908 ई.) के बादल-स्तंभलेख के केवल कुछ अक्षर ही बांग्ला जैसे दिखाई देते हैं। परंतु विजयसेन के देवपाड़ा-लेख के अक्षरों का झुकाव स्पष्ट रूप से बांग्ला की ओर दिखाई देता है। यह लेख 11वीं शताब्दी के उत्तरार्ध का है। इस लेख में 'प' तथा 'य' और 'व' तथा 'ब' में विशेष अंतर नहीं है। इसमें अवग्रह (ऽ) का भी प्रयोग देखने को मिलता है, जो वहां नागरी के 'इ' अक्षर-सा है। 12वीं शताब्दी के लेखों में तो बांग्ला लिपि अपनी स्वतंत्र विशेषताओं को ग्रहण करने लगती है। इस शताब्दी के कुछ प्रसिद्ध अभिलेख हैं—गोपाल-तृतीय के समय का मंदा-लेख, बंगाल के राजा लक्ष्मणसेन का तर्पणदिघी-दानपत्र, मधईनगर-शिलालेख और ढाका-मूर्तिलेख, अशोकचल्ल का 1170 ई. का बुद्धगया-लेख, 1175 ई. का गदाधर मंदिर लेख, और कैंब्रिज संग्रहालय की 'पंचरक्षा', 'योगरत्नमाला' तथा 'गुह्यावलि-विवृत्ति' हस्तलिपियां।

कामरूप के राजाओं के भी बहुत से दानपत्र, शिलालेख तथा अंकित मुद्राएं मिली हैं। इनमें राजा वैद्यदेव का दानपत्र साहित्यिक दृष्टि से विशेष महत्व का है, क्योंकि इसका रचयिता प्रसिद्ध कवि उमापतिधर है। समकालीन कवि जयदेव ने 'गीतगोविंद' काव्य में उमापतिधर के बारे में कहा था — वाचः पल्लवयत्युमापतिधरः (उमापतिधर अपने शब्दों को पल्लव की तरह प्रस्फुटित करते हैं)। उमापतिधर द्वारा रचित इस दानपत्र में भी 'अवग्रह' का प्रयोग देखने को मिलता है। यहां हम इस दानपत्र का नमूना दे रहे हैं।

असम में वल्लभदेव या वल्लभेंद्र का 1185 ई. का एक दानपत्र मिला है। इस दानपत्र के लेख में कहीं-कहीं 'न' और 'ल' में तथा 'प' और 'य' में स्पष्ट अंतर नहीं है। 'व' और 'ब' में तो बिलकुल भेद नहीं है। बाद में अन्य लिपियों से भेद स्पष्ट करने के लिए असम की लिपि को 'असमाक्षर' का नाम दिया गया।

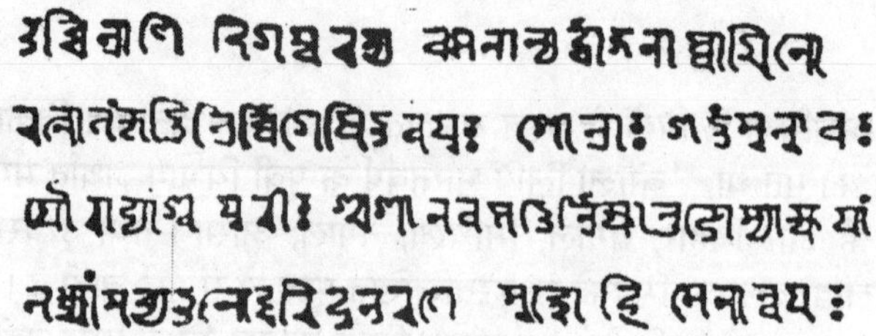

लिप्यंतर :

उच्चित्राणि दिगम्बरस्य वसनान्यर्धाङ्गनास्वामिनो
रत्नालंकृतिभिर्व्विशोषितवपुः शोभाः शतंसुभ्रुवः
पौराद्याश्च पुरीः श्मशानवसतेर्भिक्षाभुजोस्याक्षयां
लक्ष्मीं स व्यतनोद्ददरिद्रभरणे सुज्ञो हि सेनान्वयः॥

चित्र 30.10 *कामरूप के वैद्यदेव के दानपत्र का अंश (12वीं शताब्दी)*

12वीं शताब्दी के बाद बांग्ला लिपि के ताम्रपत्रों, प्रस्तरों, भूर्जपत्रों और विविध प्रकार के कागजों पर बहुत से अभिलेख मिलते हैं। उड़िया लिपि 14वीं शताब्दी तक तो बांग्ला के साथ चलती है, परंतु उसके बाद इसका विकास स्वतंत्र रूप से होता है। उसके अक्षर अधिकाधिक गोलाकार होते जाते हैं और उनमें गुंडियां बनती जाती हैं। इसका कारण यह है कि उड़ीसा के लिपिकर ताड़पत्रों पर लिखते थे और लोहे की शलाका का प्रयोग करते थे।

तेलुगु एवं कन्नड़ लिपि

वर्तमान तेलुगु और कन्नड़ लिपियों में काफी समानता है। दोनों का विकास एक ही मूल लिपि-शैली से हुआ है। आज इन लिपियों का प्रयोग कर्नाटक, आंध्र प्रदेश तथा तमिलनाडु के कुछ जिलों में होता है। इस लिपि का आद्य स्वरूप आरंभिक चालुक्य अभिलेखों में देखने को मिलता है। पश्चिमी दक्खन में बनवासी के कंदबों के लेखों में और बादामी के चालुक्यों के लेखों में इस लिपि का आद्य रूप देखने को मिलता है। बादामी के प्रसिद्ध राजा पुलकेशिन्-प्रथम (वल्लभेश्वर) का एक अभिलेख 1941 ई. में मिला है। इसमें शकाब्द 465 (543 ई.) का प्रयोग किया गया है। अल्फ्रेड मास्टर के अनुसार कन्नड़ लिपि का प्राचीनतम अभिलेख हळेबीडु शिलालेख है, जिसे वे पांचवीं शताब्दी का मानते हैं।

7वीं शताब्दी के मध्यकाल से इस लिपि की मध्यकालीन शैली आरंभ होती है। दक्खन में लगभग तीन सौ वर्षों तक इस शैली का प्रयोग देखने को मिलता है। पश्चिमी दक्खन में बादामी के चालुक्यों, मान्यखेट के राष्ट्रकूटों, गंगवाड़ी के गंगों और अन्य छोट-मोटे राजवंशों ने इस लिपि का इस्तेमाल किया है। पूर्वी दक्खन में वेंगी के चालुक्यों ने इस लिपि का प्रयोग किया। इन सभी लेखों की लिपि एक जैसी हो, ऐसी बात नहीं है। यहां से हमें एक ओर ग्रंथ लिपि में और तेलुगु-कन्नड़ लिपि में स्पष्ट अंतर दिखाई देता है, तो दूसरी ओर कन्नड़ और तेलुगु लिपियों में परस्पर थोड़ा-थोड़ा अंतर झलकने लगता है।

अब तक तो अभिलेखों की भाषा संस्कृत या प्राकृत ही थी, किंतु 7वीं शताब्दी से इन लिपियों में तेलुगु और कन्नड़ भाषाओं के भी लेख मिलने लग जाते हैं। कन्नड़ भाषा का सबसे प्राचीन अभिलेख बादामी की वैष्णव गुफा के बाहर चालुक्य राजा मंगलेश (598-610 ई.) का मिलता है। काकुस्थवर्मन् का हळेबीडु-अभिलेख भी कन्नड़ में ही है। कन्नड़ भाषा की प्राचीनतम हस्तलिपि 'कविराजमार्ग' 877 ई. में लिखी गई थी।

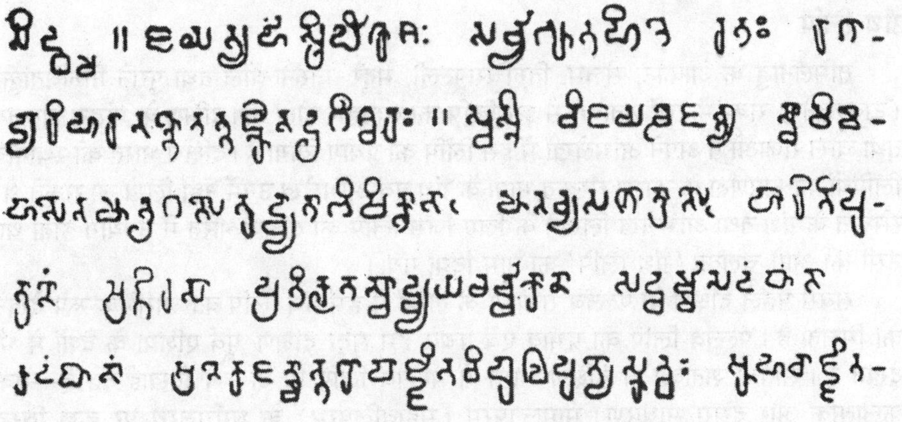

लिप्यंतर :

सिद्धम् ॥ जयत्यर्हंस्त्रिलोकेशः सर्व्वभूतहिते रतः रागा-
द्यरिहरोनन्तोनन्तज्ञानदृगीश्वरः ॥ स्वस्ति विजयवैज [य] न्त्या [:] स्वामिम-
हासेनमात्रगणानुदध्या (ध्या) ताभिषिक्तानां मानव्यसगोत्राणां हरितिपु-
त्राणं (णां) अं (आं) गिरसां प्रतिकृतमृवादध्य (ध्या) यचर्चकाना (नां) सद्धर्म्मसदंबाना (नां)
कदंबानां अनेकजन्मांतरोपार्ज्जितविपुलपुण्यस्कंधः आहवार्ज्जित-

चित्र 30.11 *कदंबवंशी राजा मृगेशवर्मन् के दानपत्र का अंश, तेलुगु-कन्नड़ लिपि (लगभग 600 ई.)*

तेलुगु भाषा का प्राचीनतम अभिलेख रेनदु के तेलुगु-कोदस का है। तेलुगु भाषा के आरंभिक अभिलेख आंध्र प्रदेश के अनंतपुर और कडपा जिलों में मिले हैं। ये छठी से आठवीं शताब्दी के बीच के हैं। इस काल में तेलुगु-कन्नड़ लिपि तो एक-सी थी, परंतु तेलुगु और कन्नड़ भाषाओं का हम स्वतंत्र अस्तित्व देखते हैं। तेलुगु-कोदस के कलमल्ल-अभिलेख में जिस कन्नड़-तेलुगु लिपि का प्रयोग हुआ है, उस पर तमिल-ग्रंथ लिपि की छाप स्पष्ट दिखाई देती है। एरगुडीपदु अभिलेख में तो 'ळ' का प्रयोग भी देखने को मिलता है। आज यह अक्षर-ध्वनि तमिल और मलयालम में तो मिलती है, किंतु वर्तमान तेलुगु और कन्नड़ में इसका प्रयोग नहीं होता।

इसके बाद की कन्नड़-तेलुगु लिपि को 'संधिकालीन लिपि' का नाम दिया गया है। यह नाम इसलिए कि एक तो इस काल की लिपि आधुनिक तेलुगु-कन्नड़ लिपियों से कुछ-कुछ मिलने लग जाती है, दूसरे इसके बाद हम तेलुगु और कन्नड़ लिपियों में स्पष्ट अंतर देखने लगते हैं। 13वीं शताब्दी में पहुंचने पर हम इन दोनों लिपियों को धीरे-धीरे एक-दूसरे से दूर हटते देखते हैं। 13वीं शताब्दी के एक तेलुगु कवि मंचन ने अपनी लिपि को 'आंध्रलिपि' कहा है।

इसके बाद कन्नड़ और तेलुगु लिपियों का अलग-अलग स्वतंत्र विकास होता है। कन्नड़ में स्वरों की मात्राएं लंबी होकर व्यंजनों के दाईं ओर उसी रेखा में रखी जाने लगीं। अक्षर अधिकाधिक गोलाकार होते गए। अनुस्वार अक्षर के ऊपर केवल एक बिंदु न रहकर सामान्य अक्षरों के बराबर बड़ी गोलाकार बिंदी बन गया और अक्षर के दाईं ओर रखा जाने लगा। इन लिपियों का संधिकाल दो शताब्दी तक चला और उसके बाद विजयनगर के राज्यकाल में ये दोनों लिपियां पूर्ण रूप से एक-दूसरे से अलग हो गईं। उन्नीसवीं शताब्दी में मुद्रण-प्रणाली की शुरुआत के कारण इन लिपियों को वर्तमान स्थायी रूप मिला। परंतु आज भी इनमें से एक लिपि जाननेवाला व्यक्ति दूसरी लिपि को उसी तरह पढ़ सकता है जैसे देवनागरी जानने वाला गुजराती लिपि को।

ग्रंथ लिपि

तमिलनाडु के आर्काट, सेलम, तिरुचिरापल्ली, मदुरै, तिरुनेल्वेलि तथा पुराने तिरुवितांकुर (ट्रावणकोर) राज्य में 7वीं शताब्दी से इस लिपि का व्यवहार होता था। दक्षिण के पांड्य, पल्लव तथा चोल राजाओं ने अपने अभिलेखों में इस लिपि का प्रयोग किया है। दक्षिण भारत की स्थानीय लिपियों की अपूर्णता के कारण संस्कृत भाषा के ग्रंथ एवं अभिलेख उनमें नहीं लिखे जा सकते थे। संस्कृत के ग्रंथ तथा अभिलेख लिखने के लिए जिस लिपि का दक्षिण भारत में उपयोग होता था, उसी को आगे चलकर 'ग्रंथ लिपि' का नाम दिया गया।

सबसे पहले दक्षिण के पल्लव राजाओं के लेखों में हमें ग्रंथ लिपि का आरंभिक रूप देखने को मिलता है। पल्लव लिपि का प्रभाव एवं प्रचार हम सुदूर दक्षिण-पूर्व एशिया के देशों में भी देखते हैं। सातवीं शताब्दी से दक्षिण भारत में पल्लव लिपि के दो रूप दिखाई देते हैं—एक कलात्मक और दूसरा साधारण। मामल्लपुरम् (महाबलिपुरम्) के धर्मराजरथ पर कुछ विरुद उत्कीर्ण हैं। इनकी लिपि को 'पल्लव-ग्रंथ लिपि' का नाम दिया गया है। इस रथ पर अंकित चार पंक्तियां हम आगे दे रहे हैं। पाठक देख सकते हैं कि इन चार पंक्तियों में ही चार प्रकार के 'अ', दो प्रकार के 'म' और 'य' तथा तीन प्रकार के 'न' का प्रयोग हुआ है।

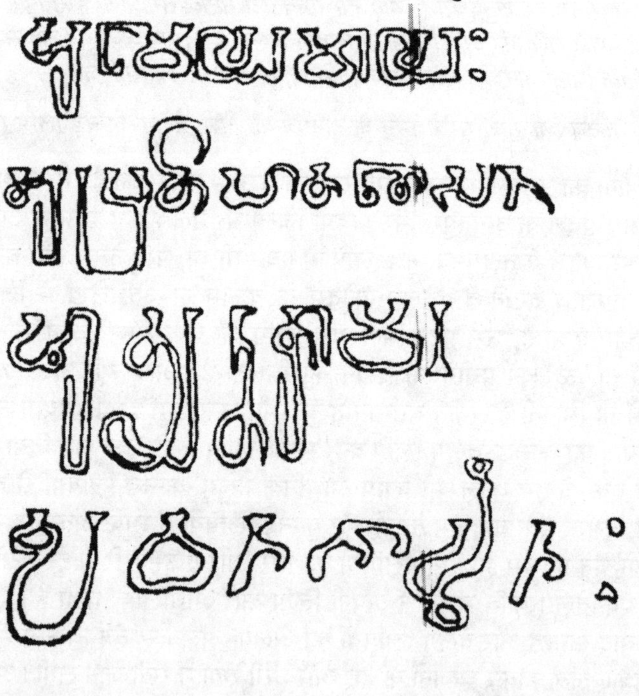

लिप्यंतर :

अमेयमायः
अप्रतिहतशासन
अत्यन्तकाम।
अवनभाजनः

चित्र 30.12 *मामल्लपुरम् (महाबलिपुरम्) के धर्मराजरथ पर अंकित पल्लव-ग्रंथ लिपि में चार पंक्तियां (शिवराममूर्ति के आधार पर)*

पल्लववंशी राजाओं के अभिलेख ग्रंथ लिपि और संस्कृत भाषा में मिलते हैं। इनमें प्रमुख हैं—राजा नरसिंहवर्मन् के समय के मामल्लपुरम् के कुछ लघुलेख, राजा राजसिंह (नरसिंहवर्मन्-द्वितीय) के समय के कांचीपुरम् के कैलासनाथ मंदिर के शिलालेख और राजा परमेश्वरवर्मन् का कूरम् से प्राप्त दानपत्र। राजसिंह का कैलासनाथ मंदिर का शिलालेख सातवीं शताब्दी की पल्लव-ग्रंथ लिपि का बढ़िया नमूना है। इस लेख के लिखनेवाले ने अपनी कलात्मक रुचि का खूब परिचय दिया है। परमेश्वरवर्मन् के कुरम्-दानपत्र की लिपि कुछ जल्दी से लिखी गई है। इसमें हमें ग्रंथ लिपि के साथ-साथ तमिल लिपि के विकास के भी दर्शन होते हैं, क्योंकि यह दानपत्र अंशत: संस्कृत और अंशत: तमिल में है। इसमें हमें तेलुगु-कन्नड़ लिपि के कुछ आरंभिक अक्षर भी नजर आते हैं। 8वीं शताब्दी में इस लिपि में कुछ विशेष अंतर नहीं दिखाई देता, जैसा कि नंदिवर्मन् के कसाकुडि से मिले हुए दानपत्र की लिपि को देखने से पता चलता है।

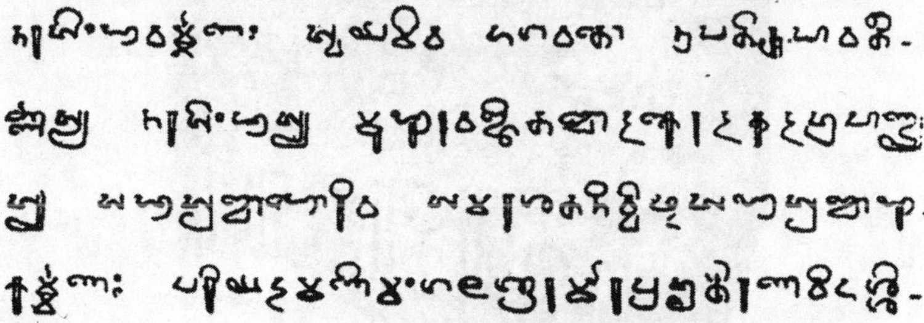

लिप्यंतर :

नरसिंहवर्म्मर्ण: स्वयमिव भगवतो नृपतिरूपावती-
र्ण्णास्य नरसिंहस्य मुहुरवजित चोळ(ल) केरण(ल) कळ(ल) भ्रपाण्ड्य-
स्य सहस्त्रजाहोरिव समरशतनिर्व्विष्टसहस्त्रबाहु-
कर्म्मर्ण: परियळ मणि मंगळ शूर मार प्रभृतिरणाविदश्शि(र्शि)-

चित्र 30.13 *परमेश्वरवर्मन् के कूरम् दानपत्र का एक अंश, ग्रंथ लिपि (ईसा की सातवीं सदी)*

नौवीं और दसवीं शताब्दी में चोल राजाओं के अभिलेखों में जो ग्रंथ लिपि मिलती है, उसे ब्यूह्लर ने 'संधिकालीन ग्रंथ लिपि' का नाम दिया था। वर्तमान समय तक दक्षिण भारत में संस्कृत के ग्रंथ लिखने के लिए जिस ग्रंथ लिपि का व्यवहार होता रहा, उसका आरंभ 13-14वीं शताब्दी के अभिलेखों में देखने में आता है। ग्रंथ लिपि में लिखी हुई जो सबसे प्राचीन हस्तलिपि मिलती है, वह 16वीं शताब्दी की है। वर्तमान समय तक दक्षिण में संस्कृत के ग्रंथ लिखने के लिए जिस ग्रंथ लिपि का व्यवहार होता रहा है, उसकी दो शैलियां हैं—तंजाऊर के ब्राह्मण 'वर्गाकार' ग्रंथ लिपि का प्रयोग करते रहे हैं और आर्काट तथा मद्रास (चेन्नई) के जैन 'गोलाकार' ग्रंथ लिपि का।

तुलु और मलयालम लिपियों का विकास ग्रंथ लिपि से हुआ है।

तमिल लिपि

तमिल भाषा के प्राचीनतम लेख दक्षिण भारत की कुछ गुफाओं में मिले हैं। ये लेख ई.पू. पहली-दूसरी शताब्दी के माने गए हैं और इनकी लिपि ब्राह्मी लिपि ही है। लेकिन इसके बाद सातवीं सदी तक तमिल लिपि के विकास का कोई सूत्र हमारे हाथ नहीं लगता। सातवीं शताब्दी में पहली बार कुछ ऐसे दानपत्र मिलते हैं जो संस्कृत और तमिल दोनों ही भाषाओं में लिखे गए हैं। संस्कृत भाषा के लिए ग्रंथ लिपि का ही व्यवहार देखने को मिलता है; तमिल भाषा की तत्कालीन लिपि भी ग्रंथ लिपि से मिलती-जुलती है। पल्लव राजा परमेश्वरवर्मन् के कूरम् दानपत्र

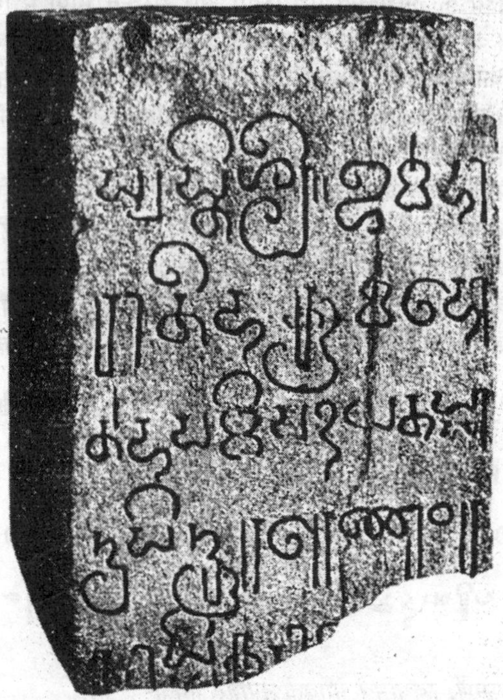

चित्र 30.14 कांचीपुरम् के कच्छपेश्वर मंदिर के सूर्यमंडप पर चोल-ग्रंथ लिपि में अंकित 'सूर्यशतक' लेख (दसवीं सदी ई.)

में संस्कृत और तमिल दोनों ही भाषाओं के लेख मिलते हैं। इसी प्रकार, पल्लव राजा नंदिवर्मन् के कसाकुडि-दानपत्र और उदयेंदिरम् के दानपत्र में तमिल अंश देखने को मिलते हैं। कूरम् दानपत्र 7वीं शताब्दी का है और इसके तमिल लेख के 'अ', 'आ', 'इ', 'उ', 'ओ', 'च,' 'ञ', 'ण', 'त', 'न', 'प', 'य' और 'व' अक्षर उसी दानपत्र के संस्कृत लेख के अक्षरों से मिलते हैं। कसाकुडि-दानपत्र 8वीं शताब्दी का है, और इसके भी बहुत से अक्षर ग्रंथ लिपि से मिलते-जुलते हैं।

पल्लव शासक, अपने उत्तराधिकारी चोल और पांड्यों की तरह, संस्कृत के साथ स्थानीय जनता की तमिल भाषा का भी आदर करते थे; इसलिए उनके अभिलेख इन दोनों भाषाओं में

चित्र 30.15 *तमिलनाडु में मरूनगुर कुड्डारोल जिले में मिट्टी के बर्तन मिले हैं जिन पर तमिल ब्राह्मी लिपि के शब्द लिखे हैं, जो कि सिंधु लिपि से मिलते हैं। बाएं ("a-m") है दाएं ("a-ti-y (a)-ka-n")*

मिलते हैं। नौवीं-दसवीं शताब्दी के अभिलेखों को देखने से पता चलता है कि तमिल लिपि ग्रंथ लिपि के साथ-साथ स्वतंत्र रूप से विकसित हो रही थी। इन दो शताब्दियों के तमिल लेखों में प्रमुख हैं—पल्लवतिलकवंशी राजा दंतिवर्मन् के समय का तिरुवेळ्ळरै लेख, राष्ट्रकूट राजा कण्णदेव (कृष्णराज तीसरे) के समय के तिरुक्कोवलूर और वेल्लूर लेख। इनमें दंतिवर्मन् के समय का तिरुवेळ्ळरै लेख सुंदर तमिल काव्य में है।

पल्लवों की तरह चोल राजाओं के अभिलेख भी संस्कृत और तमिल दोनों में मिलते हैं। चोल राजा राजराज 985 ई. में तंजाऊर की गद्दी पर बैठा था। उसने दक्षिण भारत के अधिकांश प्रदेश पर अधिकार करके सिंहल के साथ-साथ लक्कादीव-मालदीव द्वीपों को भी अपने राज्य में मिला लिया था। उसके बाद 1012 ई. में राजेंद्र चोल राजा बना। राजेंद्र ने एक जंगी बेड़ा लेकर श्रीविजय (सुमात्रा) पर आक्रमण करके शैलेंद्रों को पराजित किया था। उसने गौड़ देश को भी अपने राज्य में मिला लिया था। इन दो चोल राजाओं का शासन दक्षिण भारत के इतिहास का अत्यंत गौरवशाली अध्याय है। इन्होंने संस्कृत के साथ-साथ तमिल भाषा को भी आश्रय दिया था। इनकी विजयों की तरह इनका कृतित्व भी भव्य है। इनके अभिलेख संस्कृत भाषा (ग्रंथ लिपि) और तमिल भाषा (तमिल लिपि) दोनों में ही मिलते हैं। राजेंद्र चोल का ग्रंथ लिपि में लिखा हुआ संस्कृत भाषा का तिरुवलंगाडु दानपत्र तो अभिलेखों के इतिहास में अपना विशेष स्थान रखता है। इसमें तांबे के बड़े-बड़े 31 पत्र हैं, जिन्हें छेद करके एक मोटे कड़े से बांधा गया है। इस कड़े पर एक बड़ी-सी मुहर है।

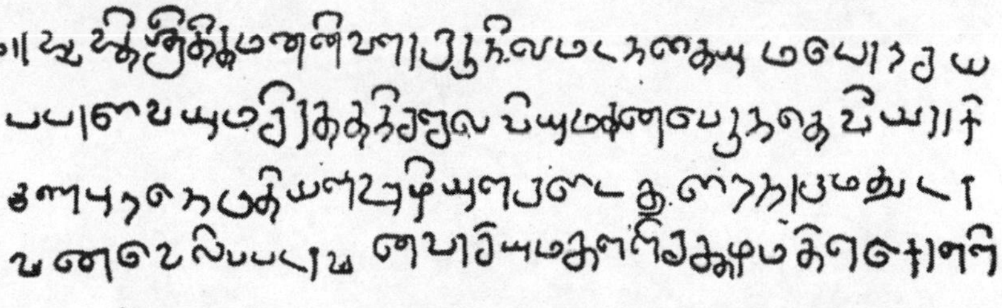

चित्र 30.16 चोल राजा राजेंद्र (1012-1044 ई.) का तंजाऊर के बृहदीश्वर मंदिर में उत्कीर्ण तमिल लेख

तमिल लिपि में राजेंद्र चोल का तिरुमलै की चट्टान पर एक लेख मिलता है। उसी प्रकार, तंजाऊर के बृहदीश्वर मंदिर में भी उसका लेख अंकित है। इन लेखों की तमिल लिपि में और तत्कालीन ग्रंथ लिपि में स्पष्ट अंतर दिखाई देता है।

विजयनगर के राजाओं ने भी ग्रंथ लिपि के साथ-साथ तमिल लिपि का इस्तेमाल किया है। शक सं. 1308 (1387 ई.) का विजयनगर के राजा विरूपाक्ष का शोरेक्कावूर से तमिल लिपि में दानपत्र अपने राज्य के तमिलभाषी क्षेत्र में मिला है।

करवन्दपुरनिवासि श्रीमान्वैद्यः

चित्र 30.17 पांड्य-प्रदेश के आठवीं सदी के एक लेख का अंश, जिसमें ग्रंथ एवं वट्टेलुत्तु लिपियों के अक्षरों का सम्मिश्रण हुआ है

15वीं शताब्दी में तमिल लिपि वर्तमान तमिल लिपि का रूप धारण कर लेती है। हां, उन्नीसवीं शताब्दी में, मुद्रण में इसका रूप स्थायी होने के पहले, इसके कुछ अक्षरों में थोड़ा-सा फरक पड़ा है। शकाब्द 1403 (1482 ई.) के महामंडलेश्वर वालक्कायम के शिलालेख के अक्षरों तथा वर्तमान तमिल लिपि के अक्षरों में काफी समानता है।

वट्टेळुत्तु लिपि

वट्टेळुत्तु लिपि का विकास, तमिल लिपि की तरह, ब्राह्मी से ही हुआ है। तमिल लिपि को त्वरा से घसीट के साथ लिखने के कारण 7वीं शताब्दी के आसपास दक्षिण के प्रदेशों में यह लिपि अस्तित्व में आई थी। पांड्य शासकों ने अपने अभिलेखों में इसका उपयोग किया है। तंजाऊर के दक्षिण में और मलाबार तथा तिरुवितांकुर (ट्रावणकोर) में इस लिपि का बहुत व्यवहार हुआ है। तिरुवितांकुर (ट्रावणकोर) में तो अभी उन्नीसवीं शताब्दी तक इस लिपि का व्यवहार देखने को मिलता था। दक्षिण भारत की लिपियों के विशेषज्ञ बार्नेल का मत था कि आरंभ में तमिल भाषा के ग्रंथ इसी लिपि में लिखे जाते थे। इस लिपि के गोलाकार अक्षरों को देखने से पता चलता है कि ताड़पत्रों पर लोहे की कील से लिखने के लिए ही यह लिपि उपयुक्त थी। पत्थरों पर गोलाकार अक्षरों को खोदने में काफी कठिनाई होती है। इसीलिए राजराज चोल ने इस वट्टेळुत्तु लिपि के स्थान पर उसकी सीधे अक्षरों वाली 'कोल-एळुत्तु' शैली को पसंद किया था।

31
विदेशों में भारतीय लिपि

समय-समय पर भारत ने विदेशों को बहुत-कुछ दिया है; ब्राह्मण धर्म और बौद्ध धर्म दिए, और उनके साथ संस्कृत तथा पालि भाषाएं भी दीं। परंतु इनमें सबसे अधिक महत्वपूर्ण और चिरस्थायी रही लिपि की देन। संबसे पहले हम सिंहल (श्रीलंका) को बौद्ध धर्म के साथ ब्राह्मी लिपि अपनाते देखते हैं। वर्तमान सिंहल लिपि भारतीय लिपियों के प्रभाव में ही विकसित हुई है। नेपाल तो सांस्कृतिक दृष्टि से भारत से अभिन्न-सा रहा है। पूर्वी मध्य-एशिया में, विशेषत: चीनी तुर्किस्तान में, चौथी शताब्दी से आठवीं शताब्दी तक गुप्त लिपि की शैलियों का व्यवहार देखने में आता है। सातवीं शताब्दी में मध्य-एशिया की या भारत की कुटिल लिपि के आधार पर तिब्बती लिपि बनाई गई।

दक्षिण-पूर्व एशिया में धर्म (ब्राह्मण और बौद्ध) और वाणिज्य-व्यापार के साथ भारतीय संस्कृति तथा उपनिवेशों का विस्तार हुआ। इन भारतीय उपनिवेशकों के साथ एशिया के इस भू-भाग में संस्कृत भाषा तथा भारतीय लिपि का भी प्रवेश हुआ। भारतीय उपनिवेशकों ने बाद में शताब्दियों तक वहां के विभिन्न राज्यों पर शासन किया। आज वे वहां के निवासियों के साथ एकरस हो गए हैं। भारत की तरह ही दक्षिण-पूर्व एशिया के विभिन्न राज्यों से हमें संस्कृत-प्राकृत भाषा के भारतीय लिपि में लिखे हुए बहुत से अभिलेख मिले हैं। जावा और कंबुज (कंबोडिया) से तीसरी-चौथी शताब्दी के संस्कृत शिलालेख प्राप्त हुए हैं। दक्षिण-पूर्व एशिया के इन देशों में हमारे देश की तरह ही संस्कृत भाषा का पठन-पाठन होता था। बाद में इन सभी देशों में बौद्ध धर्म का प्रसार होने से वहां पालि का भी अध्ययन होता रहा, आज भी होता है।

दक्षिण-पूर्व एशिया की अपनी भाषाएं आर्य परिवार की नहीं हैं। इन देशों में ऑस्ट्रिक-एशियाई, चीनी-बर्मी तथा मोन्-ख्मेर भाषा-परिवारों की बहुत सारी भाषाओं का आज व्यवहार होता है। किंतु इन सभी भाषाओं के लिए आज जिन विभिन्न लिपियों का व्यवहार होता है, उनका विकास या निर्माण भारतीय लिपि के आधार पर ही हुआ है।

विदेशों में पाए जानेवाले भारतीय लिपि के लेखों का संक्षिप्त विवरण आगे के पृष्ठों में दिया गया है। सभी प्राप्त अभिलेखों का विशद विवेचन प्रस्तुत ग्रंथ की सीमा में संभव नहीं है। यहां आरंभकाल के कुछ प्रमुख अभिलेखों का ही दिग्दर्शन कराया गया है। मगर पाठकों को इतने से ही विदेशों में भारतीय लिपि के प्रचार एवं प्रसार का कुछ अंदाजा हो जाएगा।

नेपाल

काठमांडू उपत्यका से जो सबसे पुराना लेख मिला है, वह गुप्तकालीन ब्राह्मी लिपि में है। यह है—नेपाल के लिच्छवि-नरेश मानदेव का चांगुनारायण मंदिर लेख। यह लेख काव्यमय संस्कृत भाषा में है और इसकी लिपि गुप्तकाल की ब्राह्मी है। इस लेख में 'संवत् 386' का उल्लेख है।

पर निश्चित रूप से नहीं कहा जा सकता कि यह विक्रम-संवत् है या शक-संवत्। मानदेव के सिक्के भी मिले हैं, जिन पर गुप्तकाल की ब्राह्मी लिपि में 'श्रीमनांक' शब्द अंकित है। मानदेव के पहले का नेपाल से अभी तक कोई लेख या सिक्का नहीं मिला है। (फरवरी 2003 की एक नई जानकारी के अनुसार काठमांडू के पास के एक पुराने बौद्ध मठ से अशोक-कालीन कुछ पुरावशेष प्राप्त हुए हैं, जिनमें एक ईंट पर ब्राह्मी लिपि में 'चारुमति' नाम अंकित है।)

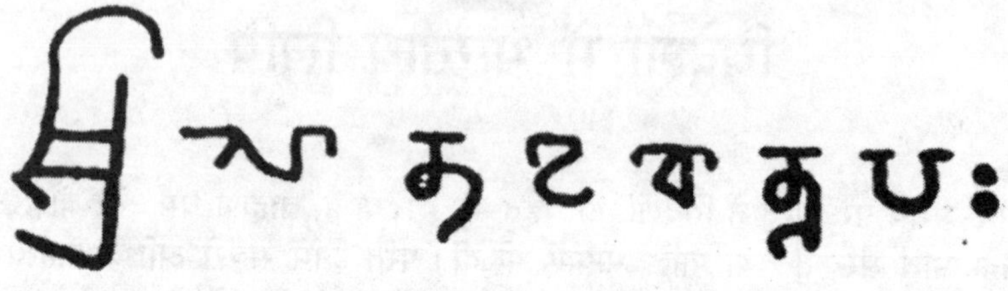

*चित्र 31.1 नेपाल के लिच्छवि-नरेश मानदेव (प्रथम) के चांगुनारायण लेख का **श्रीमानदेवानृपः** शब्द*

मानदेव के बाद के नेपाल से अनेक लेख मिले हैं। इनमें ठकुरी वंश के शासक अंशुवर्मा के लेख, जयदेव (द्वितीय) का पशुपति अभिलेख, पश्चिमी नेपाल से प्राप्त पुण्यमल्ल का द्विभाषिक (संस्कृत व नेपाली) लेख, प्रतापमल्ल का कृष्णमंदिर लेख, गीर्वाणयुद्ध शाह का बागमती लेख आदि महत्त्व के हैं। नेपाल में एक नए संवत्—नेपाल-संवत्—का भी प्रचलन रहा है, जिसका आरंभ 879 ई. से माना जाता है।

हम बता चुके हैं कि भारत से बहुत कम बौद्ध ग्रंथ मिले हैं। लेकिन नेपाल से अनेक भारतीय हस्तलिपियां मिली हैं। रंजना, कुटिला आदि लिपि-शैलियों में लिखी गई ये पोथियां बड़े महत्त्व की हैं। नेपाल के बौद्ध वज्राचार्य अभी हमारे समय तक सुंदर एवं कलात्मक अक्षरों में पुरानी हस्तलिपियों की प्रतिलिपियां तैयार करके उन्हें सुरक्षित रखते आए हैं।

आज नेपाल में सर्वत्र नागरी लिपि का व्यवहार होता है। हिंदी की सहोदरा नेपाली भाषा तो नागरी में लिखी ही जाती है, किराती वंश की नेवारी भाषा भी नागरी में लिखी जाती है। देवनागरी नेपाल की राष्ट्रलिपि है।

श्रीलंका

श्रीलंका भारत का सबसे प्राचीन उपनिवेश था। ज्ञात होता है कि जिस वर्ष भगवान बुद्ध का निर्वाण (483 ई.पू.) हुआ, उसी वर्ष 'लाळ' देश का राजकुमार विजयसिंह अपने साथियों के साथ ताम्रपर्णी (लंका) द्वीप जा पहुंचा था। विजयसिंह के 'सिंह' नाम के कारण इस द्वीप का नाम 'सिंहल' पड़ा है। फिर 'सिंहल' से ही पुर्तगालियों का 'सिलोन' शब्द बना। अशोक के शिलालेखों में और प्राचीन बौद्ध साहित्य में इस द्वीप के लिए तंबपन्नी (ताम्रपर्णी) शब्द मिलता है।

पालि ग्रंथों में यह स्पष्ट लिखा हुआ है कि विजयसिंह लाळ देश से लंका पहुंचा था, परंतु इस 'लाळ' के अर्थ के बारे में विद्वानों में काफी मतभेद है। यदि यह शब्द 'राढ़' का द्योतक है तो यह बंगाल की ओर निर्देश करता है, और यदि इसे 'लाट' माना जाए तो यह गुजरात का प्राचीन नाम है। पालि ग्रंथों से यह भी पता चलता है कि विजय के जहाज सूप्पारक बंदरगाह से लंका पहुंचे थे। यह सूप्पारक (मुंबई के निकट का) आधुनिक सोपारा (ठाणे जिला, महाराष्ट्र) है। इसलिए

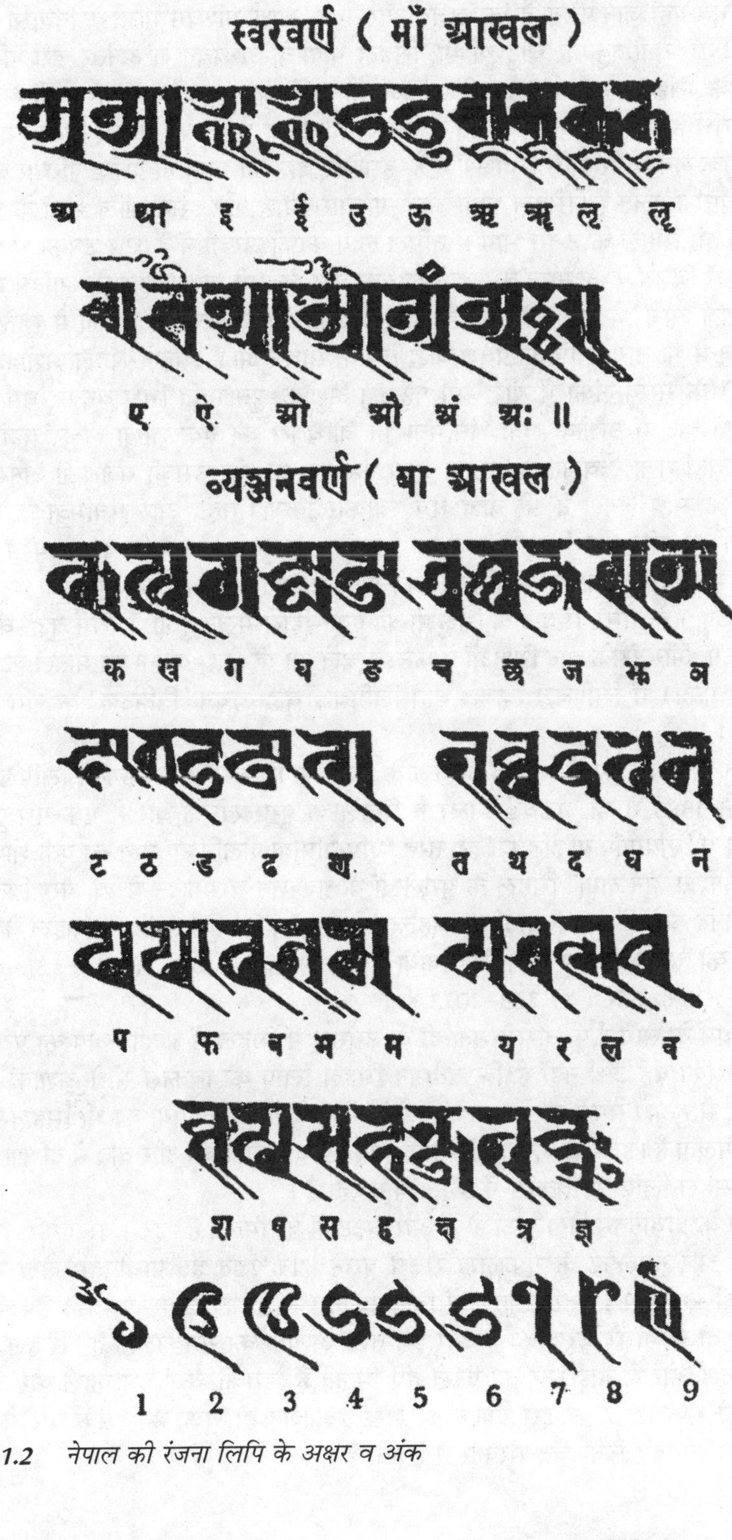

चित्र 31.2 *नेपाल की रंजना लिपि के अक्षर व अंक*

अधिक संभव यही जान पड़ता है कि विजय और उसके साथी पश्चिम भारत के निवासी थे, न कि बंगाल के। डॉ. सुनीतिकुमार चाटुर्ज्या भी, सिंहल भाषा के अध्ययन के अनंतर, इस परिणाम पर पहुंचे हैं कि सिंहल भाषा का मागधी भाषाओं से नहीं, बल्कि पश्चिम भारत की भाषाओं से अधिक संबंध है। बहुत से लोग सोचते हैं कि चूंकि दक्षिण भारत की भाषाएं द्रविड परिवार की हैं, और चूंकि लंका और अधिक दक्षिण में है, इसलिए वहां की भाषा भी द्रविड परिवार की होगी। परंतु यह धारणा गलत है। सिंहल भाषा आर्य-परिवार की है और इसमें पालि भाषा के शब्दों की भरमार है। हां, सिंहल के उत्तरी भाग में तमिल लोग काफी संख्या में हैं और उनकी भाषा तमिल है। सिंहल में विजय के आगमन के पहले वहां के मूल निवासी पाषाण-युग के आदिम मानव थे, जिनके वंशज आज 'वेद्दा' कहे जाते हैं और अल्प संख्या में आज भी जंगलों में रहते हैं।

सिंहल में भारतीय लिपि का प्रवेश बौद्ध धर्म के साथ हुआ है। पहले-पहल अशोक (272-232 ई.पू.) के समय लंका में बौद्ध धर्म पहुंचा। अशोक-पुत्र महेंद्र भिक्षु बनकर धर्म प्रचारार्थ सिंहल गए। बाद में अशोक-पुत्री संघमित्रा भी बोधिवृक्ष की एक शाखा लेकर वहां पहुंचीं। उस समय वहां राजा 'देवानांप्रिय' तिस्स राज्य कर रहा था और उसकी राजधानी अनुराधपुर में थी। राजा के साथ जनता ने भी बौद्ध धर्म स्वीकार किया। महेंद्र और संघमित्रा के समय में सिंहल में भिक्षु-संघ और भिक्षुणी-संघ की स्थापना हो चुकी थी। महेंद्र के समय में ही वहां अनुराधपुर में सिंहल के प्रथम 'महाविहार' की स्थापना हुई। इसी महाविहार में राजा वट्टगामणी (89-77 ई.पू.) के समय सिंहल के भिक्षुओं का एक महासम्मेलन हुआ, जिसमें बुद्ध-वचनों का पारायण हुआ, और उसके बाद भिक्षुओं ने कंठस्थ चले आ रहे बुद्ध-वचनों को मातले के पास की अलुलेणा (गुफा) में लिपिबद्ध किया। यही लिपिबद्ध बुद्ध-वचन 'त्रिपिटक' के नाम से आज उपलब्ध है।

सिंहल में प्राचीनतम शिलालेख अशोक के काल के मिलते हैं, और उनकी लिपि ब्राह्मी है। सबसे पहले 1883 में डॉ. एडवर्ड मिलेर ने सिंहल के पुरालेखों के बारे में एक ग्रंथ प्रकाशित किया। बाद में 'एपिग्राफिया इंडिका' की तरह 'एपिग्राफिया ज़ेलनिका' नाम का एक शोधपत्र भी वहां से प्रकाशित होने लगा। सिंहल के पुरालेखों के प्रकाशन व संपादन में डॉ. परणवितान तथा डॉ. विमलानंद जैसे सिंहल विद्वानों का महत्वपूर्ण योगदान है। विमलानंद ने सिंहल के प्राचीन अभिलेखों को चार कालों में विभाजित किया है—(1) 247-3 ई.पू., (2) 3 ई.पू.-490 ई., (3) 490-703 ई. और (4) 703-1073 ई.।

बौद्ध धर्म के साथ ई.पू. तीसरी शताब्दी के उत्तरार्ध में सिंहल में ब्राह्मी लिपि का प्रवेश हुआ था। परंतु इसका यह अर्थ नहीं है कि वर्तमान सिंहल लिपि का विकास सीधे अशोक-कालीन ब्राह्मी लिपि से हुआ। समय-समय पर भारत के अन्य प्रदेशों की लिपियों का भी सिंहल में प्रवेश देखने को मिलता है। इनमें से अमरावती-नागार्जुनकोंडा की लिपि का और बाद में दक्षिण की ग्रंथ लिपि का सिंहल लिपि के विकास में प्रमुख योग रहा है।

सिंहल के प्राचीनतम लेख गुफाओं में और चट्टानों पर मिलते हैं। इनमें वेस्सगिरि, रिटिगल, केरंब हिना और नवलपट के गुफालेख सबसे पुराने जान पड़ते हैं। प्राचीनतम लेख संभवत: नवल-निरवी-मलेई में (उत्तरी सिंहल में विलानकुलम् से 8 मील उत्तर-पूर्व में) है। यह ई.पू. तीसरी शताब्दी के तीसरे चरण का है और इस तरह अशोक का समकालीन है। सिंहल में कुछ शिलालेख दाईं ओर से बाईं ओर को लिखे हुए मिलते हैं, इसकी चर्चा हम पहले कर आए हैं। दुवे-गल की गुफा नं. 7 का इस प्रकार का लेख प्रकाशित हो चुका है। इसके बारे में प्रसिद्ध भारतीय पुरालिपिविद् दिनेशचंद्र सरकार ने लिखा है :

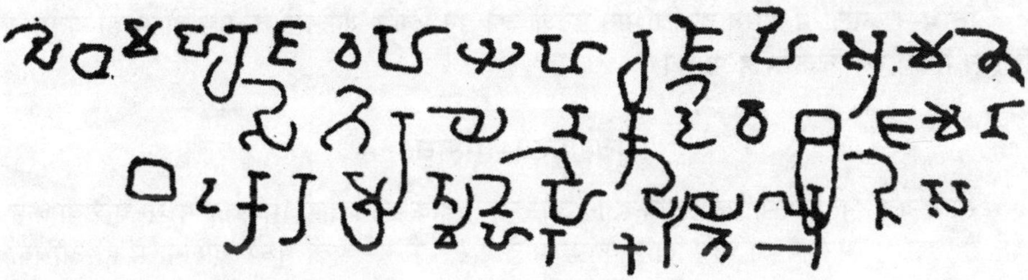

लिप्यंतर :

सिध, महरज वहयह रजेहि अमेते
(इ)सिगिरये नकदीव बुजमेनि
बदकर अतनेहि पियगुकतिस
विहर करिते —

चित्र 31.3 *श्रीलंका के राजा वसभ के समय (67-111 ई.) का वेल्लिपुरम् (जाफना, प्राचीन नागदीव) से प्राप्त स्वर्णपत्र पर अंकित लेख*

"इस विचित्र लेख को देखकर, जो कि ई.पू. पहली शताब्दी का जान पड़ता है, ऐसा लगता है कि या तो ब्राह्मी लिपि का सिंहल में प्रवेश अशोक के पहले हो चुका था या कुछ संभावना इस बात की भी है कि दक्षिण भारत की किसी आरंभिक लिपि का प्रभाव इस पर पड़ा हो। एर्रगुडी के बेढंगे शिलालेख के अलावा अशोक के शेष सभी ब्राह्मी शिलालेख बाईं ओर से दाईं ओर को लिखे गए हैं। इस अभिलेख से यही सिद्ध होता है कि खरोष्ठी की तरह, आरंभ में ब्राह्मी भी दाईं ओर से बाईं ओर को लिखी जाती थी।"

इस मत के खंडन में पिछले पृष्ठों में हम काफी लिख चुके हैं। एक तो अशोक के पहले का सिंहल में कोई लेख नहीं मिलता; दूसरे, दक्षिण भारत का कोई भी लेख अशोक के पहले का नहीं है। इसलिए सरकार का यह मत सही नहीं जान पड़ता।

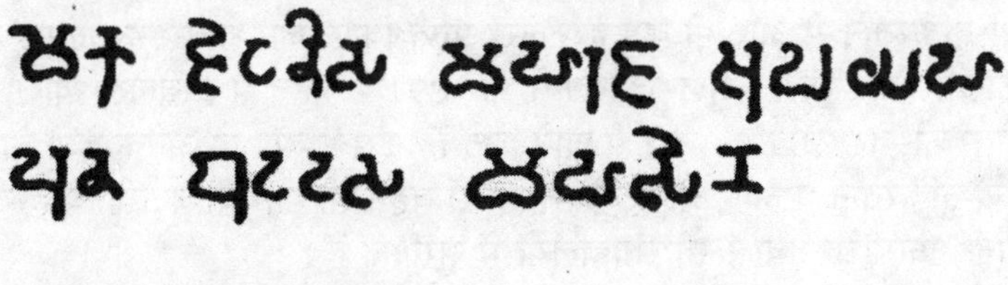

लिप्यंतर :

मेक जेटतिस महरज अपयह
पुत बुददस महसेन

चित्र 31.4 *श्रीलंका के शासक बुद्धदास महासेन के शासनकाल (337-365 ई.) के रुवनवेलिसाय स्तंभलेख का एक अंश*

ईसा की दूसरी-तीसरी शताब्दी में अमरावती और नागार्जुनकोंडा के प्रसिद्ध बौद्ध केंद्रों से सिंहल का घनिष्ठ संबंध रहा है। तोणिगल, तिंबिरिवन तथा वेस्सगिरिय के शिलालेखों में इक्ष्वाकु शैली का प्रभाव स्पष्ट दिखाई देता है। बुद्धदास के समय के रुवनवेलिसाय स्तंभलेख, जेतवनाराम के खंडित लेख और किरि विहारे तथा अनुराधपुर के स्तंभलेखों में चौथी-पांचवीं शताब्दी के कदंबों के लेखों की लिपि का प्रभाव स्पष्ट दिखाई देता है। अंत में सातवीं-आठवीं शताब्दी में पल्लवों की ग्रंथ लिपि का सिंहल में प्रवेश हुआ।

विभिन्न कालों में भारत के विभिन्न प्रदेशों की इन लिपि-शैलियों के प्रभावों से ही वर्तमान सिंहल लिपि का विकास हुआ है।

पूर्वी मध्य-एशिया

सामान्यत: भूतपूर्व सोवियत तुर्किस्तान और चीनी तुर्किस्तान दोनों मिलकर मध्य-एशिया कहे जाते हैं। इस भू-भाग में भारतीय लिपि के प्रचार के प्रसंग में हमें पूर्वी मध्य-एशिया से ही अधिक सरोकार है। इसका अर्थ यह नहीं है कि पश्चिमी मध्य-एशिया पर भारतीय संस्कृति का कोई प्रभाव नहीं पड़ा। असल में संपूर्ण मध्य-एशिया में किसी समय भारतीय संस्कृति का, विशेषत: बौद्ध संस्कृति का, बोलबाला था। पश्चिमी मध्य-एशिया के प्रसिद्ध बुखारा नगर का नाम 'विहार' शब्द से बना है। फारसी का 'बुतपरस्त' शब्द भी 'बुद्ध-परस्त' (बुद्ध-पूजक) शब्द का ही रूपांतर है। परंतु पूर्वी मध्य-एशिया में भारतीय संस्कृति की जड़ें अधिक गहरी जम गई थीं। मध्य-एशिया से ही चीन में बौद्ध धर्म का प्रवेश हुआ। बौद्ध धर्म ने इस प्रदेश में संस्कृत और पालि भाषाओं के साथ-साथ भारतीय लिपि का भी प्रवेश कराया। यह लिपि गुप्त लिपि जैसी थी और बाद में पूर्वी मध्य-एशिया की स्थानीय बोलियों के लिए भी कुछ परिवर्तनों के साथ इसे अपना लिया गया था।

खरोष्ठी लिपि की चर्चा करते समय हम यह बतला चुके हैं कि चीनी तुर्किस्तान से ऑरेल स्टाइन जैसे पुराविद्-पर्यटकों ने खोतन, नीया आदि स्थानों से खरोष्ठी लिपि में लिखी हुई पुस्तकें तथा काष्ठ-पट्टिकाएं बहुत बड़ी संख्या में प्राप्त की हैं। खरोष्ठी के अलावा, ब्राह्मी से निकली हुई गुप्त लिपि से मिलती-जुलती लिपि में भी लिखी हुईं बहुत सी पोथियां चीनी तुर्किस्तान से मिली हैं। सबसे पहले 1870 ई. में लेफ्टिनेंट बावेर को काशगर (पूर्वी तुर्किस्तान) से एक हस्तलेख प्राप्त हुआ था। 1890 ई. में बंगाल एशियाटिक सोसायटी की सभा में इस हस्तलेख की जानकारी दी गई। बाद में डॉ. हार्नले के अनुसंधानों से ज्ञात हुआ कि यह हस्तलेख भारतीय भाषा में और गुप्त लिपि में लिखा हुआ है। यह उस समय का लिखा हुआ है जब भारत में समुद्रगुप्त और चंद्रगुप्त-द्वितीय शासन कर रहे थे, अर्थात् चौथी शताब्दी के उत्तरार्ध का। बाद में 1891 में बावेर ने चीनी तुर्किस्तान से और भी कई हस्तलेख प्राप्त किए, जो 'बावेर-हस्तलेख' के नाम से प्रसिद्ध हैं। काशगर के रूसी कॉन्सुल-जनरल ने भी 1891 में बहुत से हस्तलेख खोजे, जो उसके नाम पर 'पेत्रोवस्की-हस्तलेख' के नाम से जाने जाते हैं। इसके बाद तो अनेक देशों के पुरातत्व-अभियान चीनी तुर्किस्तान में आए और उन्होंने यहां से बहुत सी पोथियां बटोरीं। ये हस्तलेख अब ब्रिटिश, जापानी, फ्रांसीसी तथा रूसी संग्रहालयों में सुरक्षित हैं।

चीनी तुर्किस्तान से प्राप्त विविध हस्तलेखों में गुप्त लिपि की जिस शैली का प्रयोग हुआ है, वह तीन प्रकार की है—(1) जो हस्तलेख भारत से यहां पहुंचे थे, उनमें खड़ी रेखाओं वाली गुप्त लिपि का प्रयोग देखने को मिलता है; (2) मध्य-एशिया की तिरछी गुप्त लिपि; और (3) मध्य-एशिया की घसीटदार गुप्त लिपि। इनमें दूसरे और तीसरे प्रकार की लिपियां, गुप्त लिपि के आधार पर, स्थानीय भाषाओं को लिखने के लिए बनाई गई थीं।

मध्य-एशिया की तिरछी गुप्त लिपि में लिखे हुए हस्तलेखों का अध्ययन ऑरेल स्टाइन ने प्रकाशित किया है। डॉ. हार्नले ने भी 1893 में इनमें से कुछ हस्तलेख प्रकाशित किए थे। इन्हें पढ़ने का काम किया जर्मन विद्वान लेउमान ने। इसमें जापानी विद्वान डॉ. वतनाबे ने लेउमान की सहायता की थी।

इन हस्तलेखों के पढ़े जाने से चीनी तुर्किस्तान की तत्कालीन भाषा के बारे में विशेष जानकारी मिली और यह पता चला कि उस समय मध्य-एशिया (तारिम उपत्यका) में तुखारी

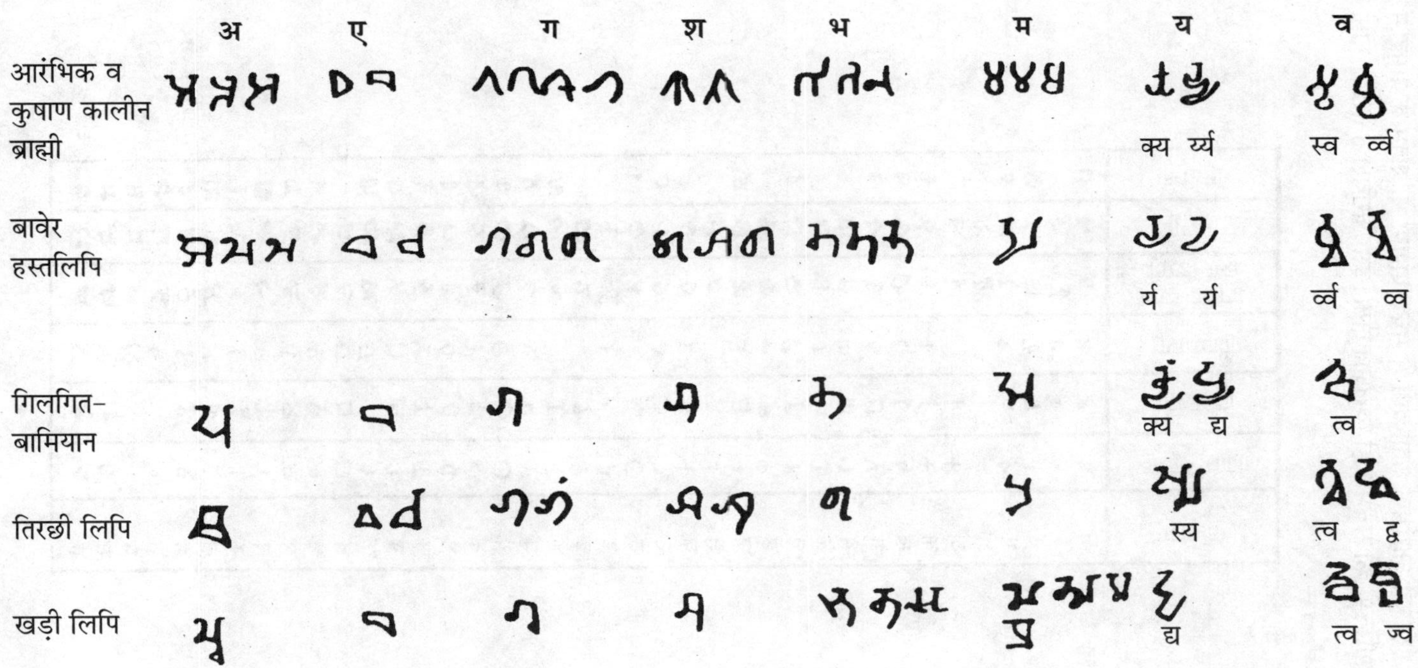

चित्र 31.5 *मध्य–एशिया की ब्राह्मी लिपि के कुछ अक्षरों का विकास (एफ. डब्ल्यू. टॉमस के आधार पर)*

भाषा की दो बोलियां प्रचलित थीं। सबसे अद्‌भुत बात तो यह है कि ये बोलियां ईरानी और संस्कृत की तरह भारत-ईरानी भाषा-परिवार की नहीं, बल्कि यूरोप की भाषाओं की तरह केन्तुम् भाषा-परिवार की हैं। ईसा की आरंभिक शताब्दियों में मध्य-एशिया में 'शतम् के समुद्र में केन्तुम् का यह द्वीप' भाषाशास्त्रियों को सचमुच ही विलक्षण लगा। इस चिरविलुप्त तुखारी भाषा में बहुत से ग्रंथ मिले हैं।

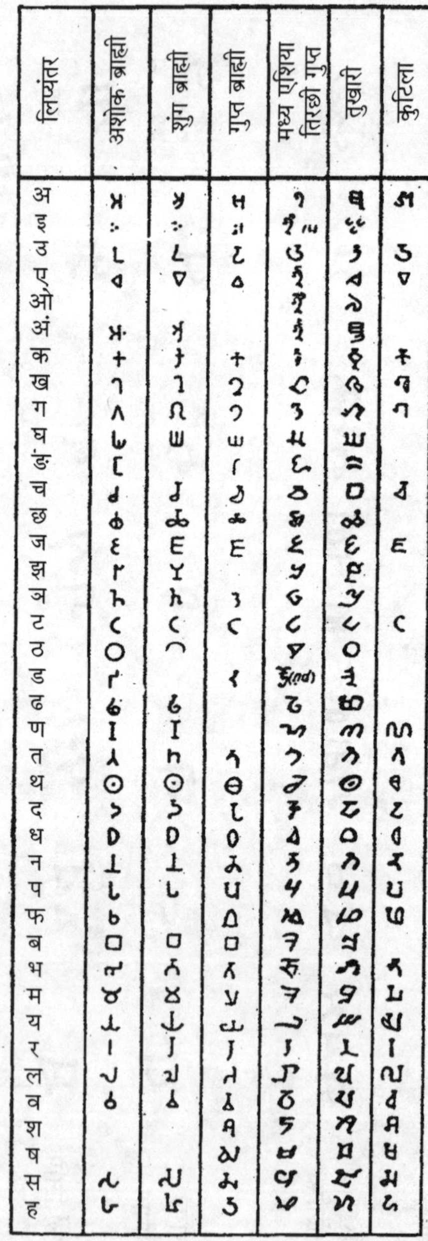

चित्र 31.6

हस्तलेखों के अध्ययन से प्रकाश में आई तुखारी भाषा की दो बोलियों को **तुखारी बोली (क)** और **तुखारी बोली (ख)** के नाम दिए गए। बाद के अध्ययन से पता चला कि तुखारी (ख) प्राचीन कूचा राज्य की भाषा थी, इसलिए अब उसे 'कूची भाषा' भी कहते हैं। और अधिक अध्ययन से यह भी प्रकट हुआ कि तुखारी (क) का स्थानीय नाम 'आर्शी' था। प्रो. बेली ने इस बोली को 'अग्नि-भाषा' का नाम दिया है, क्योंकि यह अग्निदेश (कराशहर) की भाषा थी।

अभी हम बतला चुके हैं कि इन तुखारी भाषाओं के लिए गुप्त लिपि के आधार पर एक नई शैली की तिरछी लिपि का जन्म हुआ था। तुखारी भाषा की अपनी विशेष ध्वनियों को दृष्टि में रखकर गुप्त लिपि के कुछ अक्षरों को त्याग दिया गया था और स्थानीय ध्वनियों के अनुरूप कुछ नए अक्षर गढ़ लिए गए थे।

खोतनी भाषा की लिपि घसीटदार गुप्त लिपि जैसी दिखाई देती है। तारिम के दक्षिण में प्रसिद्ध खोतन नगर है। यह शब्द संस्कृत के 'कुस्तन' से बना हो सकता है या ईरानी के 'ख्वतन' (स्वतन) शब्द से। तिब्बती अनुश्रुति से पता चलता है कि तीसरी शताब्दी में खोतन के राजा विजयसंभव के राजगुरु आर्यवैरोचन ने ब्राह्मी लिपि के आधार पर खोतनी भाषा के लिए एक लिपि तैयार की थी। खोतन से जो हस्तलेख मिले हैं, वे कुछ बाद के हैं, परंतु अन्य प्रमाणों से ज्ञात होता

चित्र 31.7 मध्य-एशिया की गुप्त ब्राह्मी की तुखारी शैली

है कि तीसरी शताब्दी में खोतन में भारतीय लिपि का व्यवहार होता था। जर्मन विद्वान लेउमान ने खोतनी भाषा को 'उत्तरी आर्यभाषा' का नाम दिया, जबकि फ्रांसीसी विद्वानों ने उसे 'पूर्वी ईरानी' कहा। कुछ अन्य विद्वानों ने, जिनमें कोनोव और लेउदेर प्रमुख हैं, इसे 'शक भाषा' कहना पसंद किया। खोतनी भाषा के आर्य परिवार की होने पर भी उसके व्यंजनों के उच्चारण कुछ भिन्न हैं। इसलिए जो लिपि बनाई गई उसमें इन नई ध्वनियों के अनुरूप परिवर्तन होना स्वाभाविक ही था। हार्नले जैसे विद्वानों का मत है कि इस लिपि पर खरोष्ठी लिपि का भी काफी प्रभाव है।

पूर्वी चीनी तुर्किस्तान से इस घसीटदार गुप्त लिपि में लिखे हुए बहुत से हस्तलेख उपलब्ध हुए हैं। इनमें से एक हस्तलेख में 1108 पंक्तियां हैं।

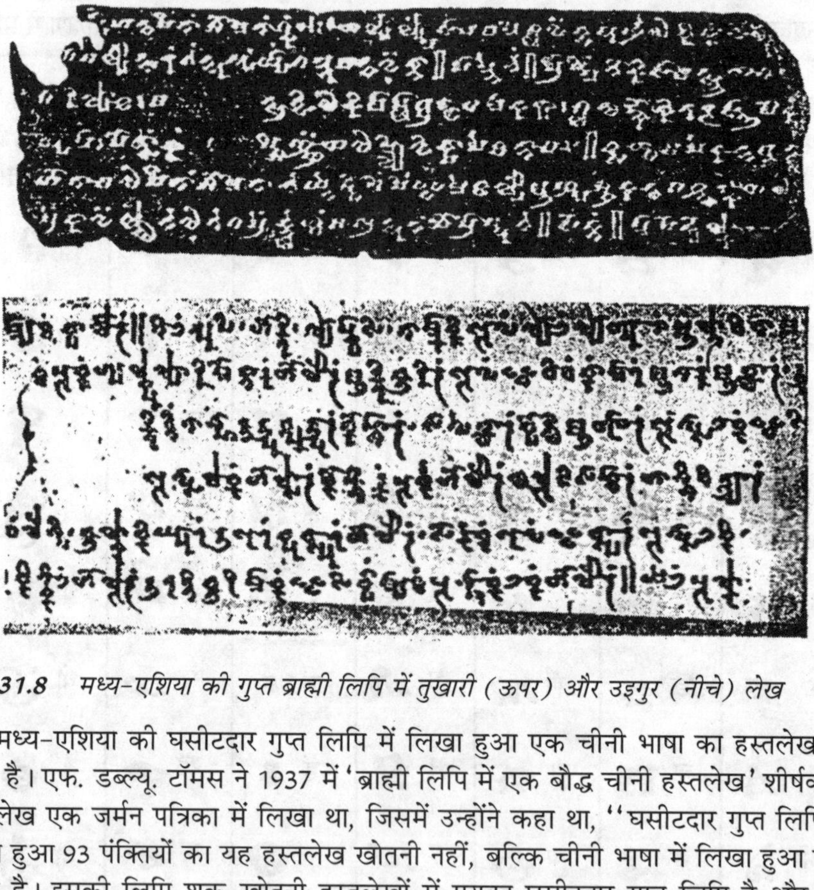

चित्र 31.8 मध्य-एशिया की गुप्त ब्राह्मी लिपि में तुखारी (ऊपर) और उइगुर (नीचे) लेख

मध्य-एशिया की घसीटदार गुप्त लिपि में लिखा हुआ एक चीनी भाषा का हस्तलेख भी मिला है। एफ. डब्ल्यू. टॉमस ने 1937 में 'ब्राह्मी लिपि में एक बौद्ध चीनी हस्तलेख' शीर्षक से एक लेख एक जर्मन पत्रिका में लिखा था, जिसमें उन्होंने कहा था, ''घसीटदार गुप्त लिपि में लिखा हुआ 93 पंक्तियों का यह हस्तलेख खोतनी नहीं, बल्कि चीनी भाषा में लिखा हुआ जान पड़ता है। इसकी लिपि शक-खोतनी हस्तलेखों में प्रयुक्त घसीटदार गुप्त लिपि है और यह हस्तलेख 8वीं-9वीं शताब्दी का है।''

तिब्बत

ईसवी सन् की आरंभिक शताब्दियों में बौद्ध धर्म मध्य-एशिया से होता हुआ चीन पहुंच गया था। चौथी शताब्दी में वह कोरिया और छठी शताब्दी के पूर्वार्ध में जापान भी पहुंचा। लेकिन हमारे पड़ोसी देश तिब्बत में उसका प्रवेश 640 ई. के पहले नहीं हो सका। इसका एक कारण यह

है कि तिब्बत हिमालय की दुर्गम पर्वत-शृंखलाओं से घिरा हुआ है; दूसरे, तिब्बत का सांस्कृतिक जीवन बहुत ही पिछड़ा हुआ था। 7वीं शताब्दी के पहले तिब्बत के लोग घुमंतू कबीलों में बंटे हुए थे और उन पर किसी एक शक्तिशाली राजा का शासन नहीं था। भारत में जब हर्षवर्धन का शासन आरंभ हुआ और चीनी पर्यटक युवान्-च्वाङ् भारत में पहुंचा, तब भी तिब्बती लोग घुमंतू जीवन ही बिता रहे थे।

लेकिन स्थिति शीघ्र ही बदल गई। ब्रह्मपुत्र (चङ्-पो) नदी की उपत्यका के ल्होखा प्रदेश में 615 ई. में एक सामंत परिवार में तिब्बत के भावी राजा स्रोङ्-चन् का जन्म हुआ। बाप के मरने पर उसने तिब्बत के विभिन्न कबीलों का एकीकरण करके एक बड़ी सेना तैयार की और उस संगठित सेना के बल पर पश्चिम में कश्मीर से लेकर पूर्व में चीन राज्य की सीमा तक अपने राज्य का विस्तार किया। अपने विशाल राज्य के लिए उसने एक राजधानी भी बनाई। पहले यह रा-सा (अजभूमि) कहलाती थी, लेकिन स्रोङ्-चन् ने इसे 'ल्हासा' (देवभूमि) बना दिया। स्रोङ्-चन् की इतनी धाक थी कि नेपाल के शासक अंशुवर्मा ने अपनी पुत्री भृकुटी देवी (ख्री-चुन्) उसे ब्याह दी। उधर चीन के सम्राट ने भी अपनी पुत्री कोङ्-जो उसके पास भेजी। चीनी राजकुमारी अपने साथ दहेज में बुद्ध की एक प्रतिमा लाई थी। स्रोङ-चन् ने इन दोनों राजकुमारियों के लिए ल्हासा में बौद्ध मंदिर बनवाए। यही तिब्बत में बौद्ध धर्म का प्रथम प्रवेश था। बाद में तो वह राजधर्म बन गया और जनता ने भी उसे अपना लिया।

स्रोङ्-चन् को अब राजकाज के लिए एक लिपि की आवश्यकता प्रतीत हुई। उसने भोट भाषा के लिए एक लिपि बनाने का काम अपने मंत्री थोन-निवासी (थोन्मी) संभोटा को सौंपा। एक अनुश्रुति से ज्ञात होता है कि थोन्मी संभोटा भारतीय लिपि के अध्ययन के लिए भारत भी आया था। लेकिन इसकी पुष्टि में कोई ठोस प्रमाण नहीं मिलता। तिब्बत के उत्तर में तिब्बतियों के भाई-बंद तंगुत् लोग इनसे पहले ही भारतीय लिपि में और बौद्ध धर्म में दीक्षित हो चुके थे। इसलिए संभव यही जान पड़ता है कि संभोटा ने तारिम उपत्यका में व्यवहृत भारतीय लिपि के आधार पर ही तिब्बती भाषा के लिए नई लिपि बनाई होगी। फ्रांके और रुडोल्फ हार्नले भी यही

चित्र 31.9 थोन्मी संभोटा (तिब्बती चित्र)

मानते हैं कि खोतन में प्रचलित लिपि के आधार पर तिब्बती लिपि का निर्माण हुआ। राहुलजी ने लिखा है, ''थोन्मी ने तत्कालीन उत्तर भारतीय लिपि और मध्य-एशिया में भी प्रचलित भारतीय लिपि से भोट भाषा के लिए लिपि बनाई।''

तिब्बती भाषा तिब्बती-चीनी और तिब्बती-बर्मी भाषा-परिवारों से संबंधित है। 'घ', 'झ', 'ढ', 'ध', 'भ' और 'ष' इन छह अक्षरों के उच्चारण भोट भाषा में नहीं हैं, इसलिए थोन्मी ने इन्हें छोड़ दिया। परंतु भोट भाषा में 'च', 'छ', 'ज', 'स' जैसे कुछ अक्षरों के अपने भिन्न उच्चारण हैं, इसलिए इनके लिए उसने नए अक्षर बनाए। तिब्बती भाषा के अक्षर तीन प्रकार के हैं—साहित्यिक लिपि 'उ-चन्' अर्थात् 'शिरोरेखा-युक्त' कहलाती है और पुस्तकों की सुंदर लिखाई एवं मुद्रण के लिए उसी का इस्तेमाल होता है। दूसरे प्रकार की लिपि 'उ-मेद्', अर्थात् 'शिरोरेखा-विहीन' कहलाती है और यह घसीटदार लिपि दैनंदिन जीवन के कामकाजों में प्रयुक्त होती है। तीसरे प्रकार की लिपि ख्युग्-यिन् का प्रयोग संक्षिप्त शब्दों और त्वराक्षरों के लिए होता है। राहुलजी का मत है, ''शिरोरेखा-विहीन लिपि तंगुत् लोगों में पहले ही से प्रचलित थी, इसलिए शिरोरेखा-युक्त ही थोन्मी और स्रोङ्-चन् की देन है।''

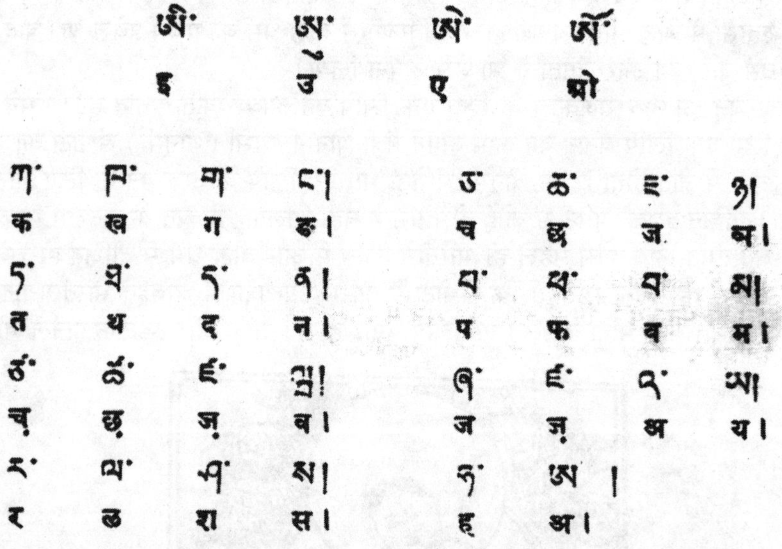

चित्र 31.10 वर्तमान भोट (तिब्बती) लिपि के मुद्रणाक्षर

इस लिपि में चार मूल स्वर (आलि) हैं—'इ', 'उ', 'ए', 'ओ'—जो ह्रस्व लिखे जाते हैं, किंतु इनका उच्चारण डेढ़ मात्रा के बराबर होता है। व्यंजनवर्ण (कालि) तीस हैं। भोट भाषा में 'अ' के दोनों संकेत व्यंजन माने जाते हैं और इनका उच्चारण भी डेढ़ मात्रा के बराबर होता है। इनमें दूसरे (अंतिम) 'अ' का उच्चारण 'अ' और 'ह' का मध्यवर्ती होता है।

थोन्मी ने, तिब्बती भाषा के लिए एक लिपि का निर्माण तो किया ही, तिब्बती भाषा का पहला व्याकरण उसी ने लिखा। यह व्याकरण आज भी विद्यमान है, और अब इसका हिंदी भाषा में भी अनुवाद हो चुका है, (देखिए, के. अंगरूप लाहुली, **संभोट व्याकरण**, लाहुल)। कहते हैं कि स्रोङ्-चन् ने चार साल तक एक गुफा में रहकर थोन्मी द्वारा बनाई गई लिपि और व्याकरण का अध्ययन किया था।

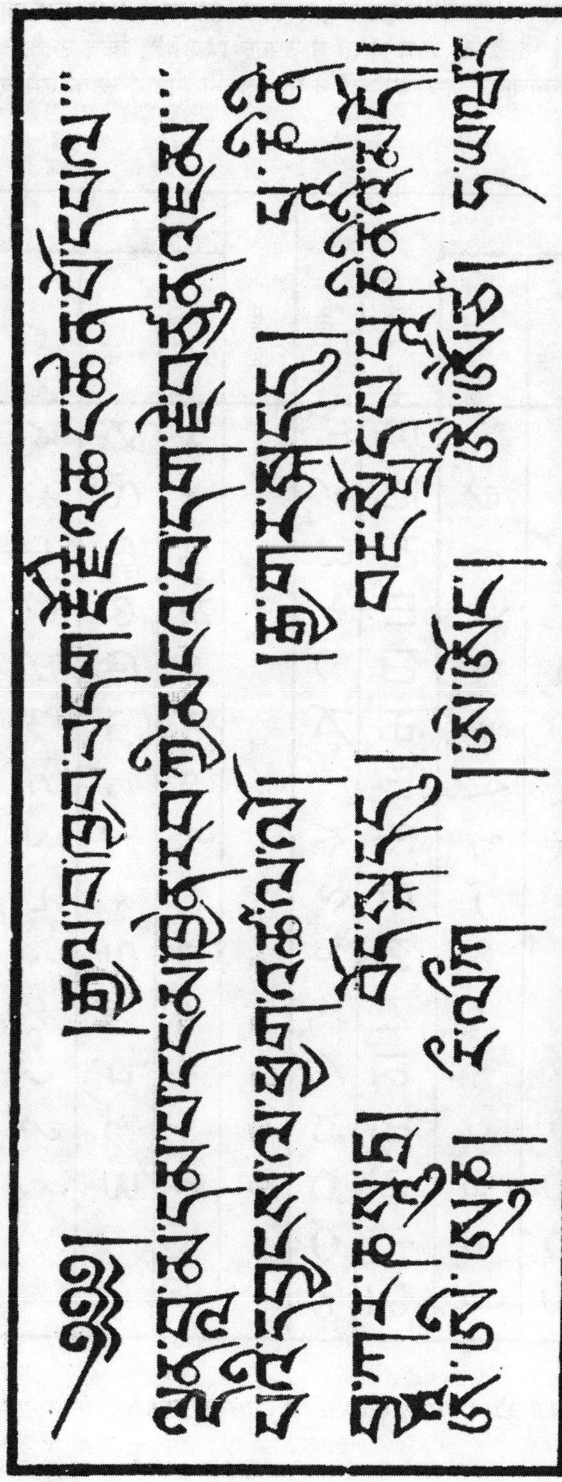

चित्र 31.11 तिब्बती लिपि में पाणिनि का व्याकरण। यहां तीसरी पंक्ति के अंत में 'पाणिनि' और चौथी पंक्ति के आरंभ में 'व्याकरणसूत्र' शब्द हैं। अंतिम पंक्ति है : अ इ उण। ऋ लृक। ए ओङ। ऐ औच। ह य व र

कालांतर में भारतीय पंडितों की मदद से बहुत से भारतीय ग्रंथों का तिब्बती भाषा में अनुवाद हुआ। कुछ ग्रंथ ऐसे भी हैं जो आज भारत में उपलब्ध नहीं हैं, किंतु उनके अनुवाद तिब्बत में मौजूद हैं। राहुल सांकृत्यायन जैसे पुराविदों ने तिब्बत की यात्राएं करके ऐसे बहुत से ग्रंथ खोज निकाले हैं।

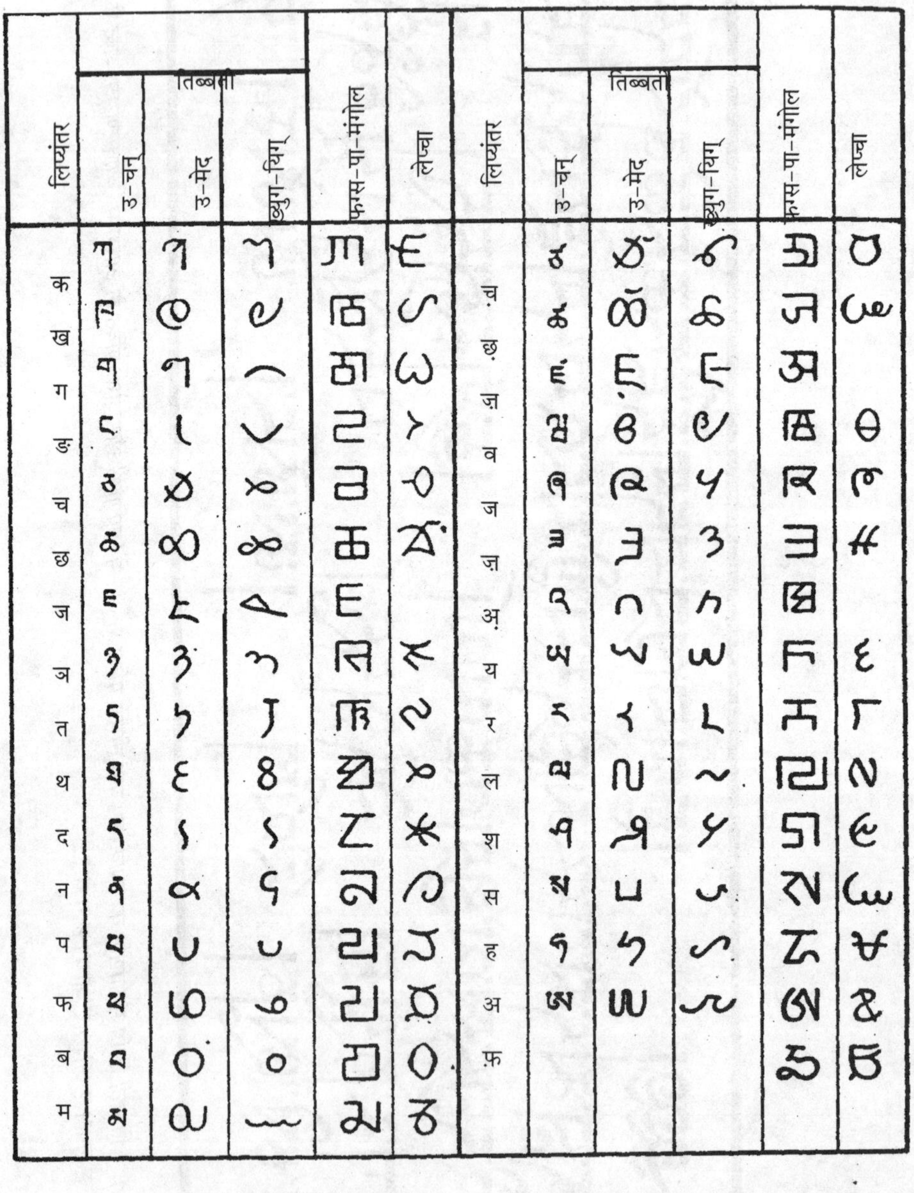

चित्र 31.12 तिब्बती और इससे निर्मित लिपियां (तिब्बती स्वर 'अ' का समावेश व्यंजनों में किया जाता है)

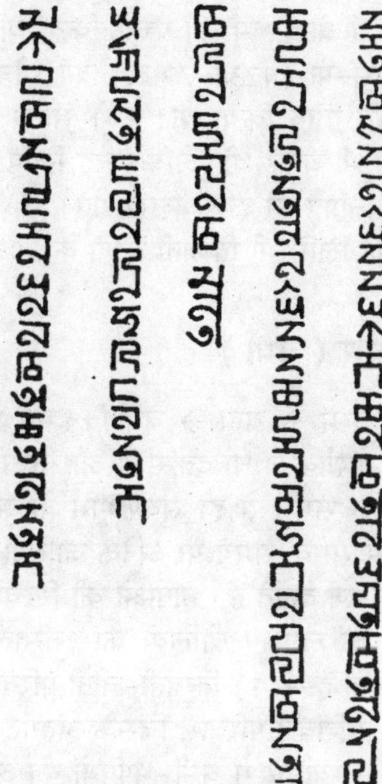

फग्स्–पा द्वारा निर्मित
मंगोल लिपि का एक लेख

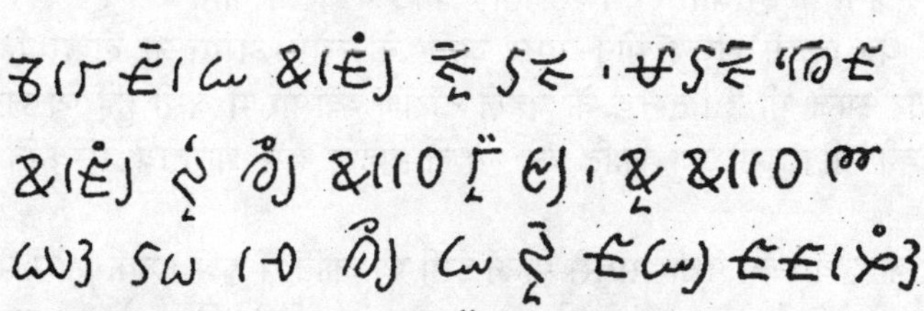

लेप्चा लेख

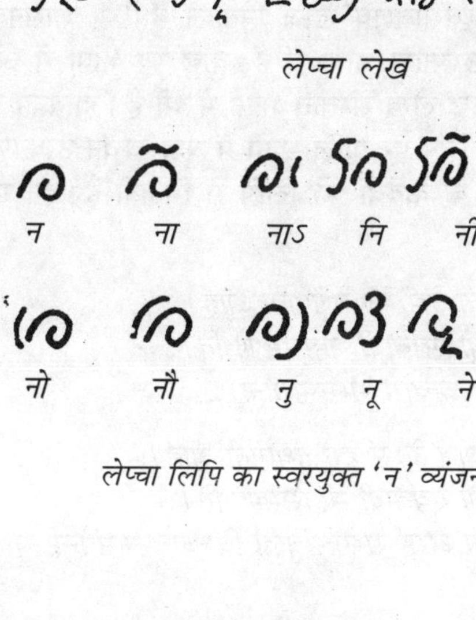

लेप्चा लिपि का स्वरयुक्त 'न' व्यंजन

चित्र 31.13

तिब्बत के धर्माचार्यों ने ही मंगोलिया में बौद्ध धर्म का प्रचार किया था। कुबिले खान ने तिब्बत के प्रसिद्ध सा-स्क्य विहार के फग्स-पा (1234-79 ई.) को चीन बुलाया था और उसे कूबो-सी (राजगुरु) की उपाधि से विभूषित किया था। कूबो-सी ने तिब्बती लिपि के आधार पर मंगोल भाषा के लिए एक लिपि भी बनाई थी। लेकिन यह लिपि अधिक दिनों तक नहीं चली। केवल कुछ अभिलेख और आज्ञापत्र ही इसमें लिखे गए।

सिक्किम में रहने वाले लेप्चा लोगों की लिपि भी तिब्बती लिपि के आधार पर बनाई गई।

म्यांमार (बर्मा)

बर्मा वस्तुत: 'म्रम्म' का अपभ्रंश है (म्रम्म → ब्रह्म → बर्मा)। हमारे प्राचीन साहित्य में बर्मा के लिए 'स्वर्णभूमि' नाम मिलता है। अशोक ने धर्मदूत सोण और उत्तर को 253 ई.पू. में वहां धर्म-प्रचार के लिए भेजा था। बुद्ध के समय से ही सुवर्णभूमि के साथ हमारे देश के वाणिज्यिक संबंध रहे हैं। लेकिन म्यांमार में समय-समय पर अनेक जातियों का शासन रहा है और इसीलिए वहां हम कई जातियों का मिश्रण देखते हैं। भाषाओं की खिचड़ी तो वहां है ही। भाषाशास्त्रज्ञ बताते हैं कि म्यांमार में सौ के लगभग बोलियों का अस्तित्व है। इन सबको प्रमुखत: तीन भाषा-परिवारों में रखा जा सकता है—(1) तिब्बती-चीनी परिवार, जिसके अंतर्गत म्यांमी (बर्मी) भाषा भी है; (2) ऑस्ट्रिक-एशियाई परिवार, जिसके अंतर्गत मोन्-ख्मेर भाषाएं भी हैं; और (3) मलय-पोलिनेसी भाषाएं । म्यांमार में बर्मी-भाषियों का आगमन एवं प्रभुत्व 1000 ई. के बाद हुआ। इस जाति का नाम 'म्रम्म' था। इस म्रम्म (बर्मी) जाति के आगमन के पहले दक्षिण बर्मा के इरावदी (अचिरावती) कांठे में तलैङ लोग बसे हुए थे। ये मोन्-ख्मेर जाति के लोग थे। किसी समय मोन्-ख्मेर जाति के लोग असम से लेकर हिंद-चीन तक फैले हुए थे और आज भी हैं। तलैङ के पहले दक्षिण म्यांमार में बसी हुई प्यू जाति भी मोन्-ख्मेर परिवार की थी। इसी प्यू जाति को पहले-पहल हम भारतीय संस्कृति को अपनाते हुए देखते हैं।

म्यांमार में बौद्ध धर्म का प्रचार सबसे पहले इसी प्यू जाति में हुआ। एक फ्रांसीसी पुरातत्ववेत्ता ने बीसवीं शताब्दी के तीसरे दशक में प्रोम नगर से पांच मील दक्षिण में ह्मावज़ा में प्यू लोगों की पुरानी राजधानी श्रीक्षेत्र के ध्वंसावशेष खोज निकाले हैं। प्यू शासनकाल के बहुत से अभिलेख मिले हैं। इनमें से कुछ पालि भाषा में हैं, कुछ प्यू भाषा में और कुछ इन दोनों भाषाओं के द्वैभाषिक लेख हैं। कुछ लेख संस्कृत भाषा में भी हैं। ह्मावज़ा के पास के मौङ्-गन् गांव से दो स्वर्णपत्र मिले हैं, जिन पर पालि भाषा में बुद्ध-वचन उत्कीर्ण हैं। इनकी लिपि दक्षिण भारत के पांचवीं शताब्दी के कदंबों की लिपि से मिलती है। इन स्वर्णपत्रों पर पालि भाषा के लेख हैं :

(पत्र 1) : ये धम्मा हेतुप्रभवा तेसं हेतु तथागतो आह।
तेसञ्च यो निरोधो एवंवादी महासमणो ति।
चत्वारो इद्धिपादा चत्वारो सम्मप्पधाना ...

(पत्र 2) : ये धम्मा हेतुप्रभवा (ते)सं हेतु तथागतो आह।
तेसञ्च यो निरोधो एवंवादी महासमणो ति।
इति पि सो भगवा अरहं सम्मासंबुद्धो विज्जाचरणसंपन्नो सुगतो ...

ह्मावज़ा (प्रोम) से 1910–11 में एक शिलाखंड के कुछ खंड मिले हैं। इसी स्थान से 1926–28 में छठी शताब्दी का एक स्तूप मिला है और पारी–प्यू भाषाओं का एक द्वैभाषिक लेख भी। यहीं से बीस स्वर्णपत्रों की एक पोथी प्राप्त हुई है, जिस पर आंध्र–पल्लवों की छठी शताब्दी की लिपि में बुद्ध–वचन उत्कीर्ण हैं। अगले वर्ष 1927–28 में यहां से स्वर्णपत्र पर और एक लेख उपलब्ध हुआ और बुद्ध की एक कांस्य–मूर्ति पर गुप्त लिपि में लेख मिला।

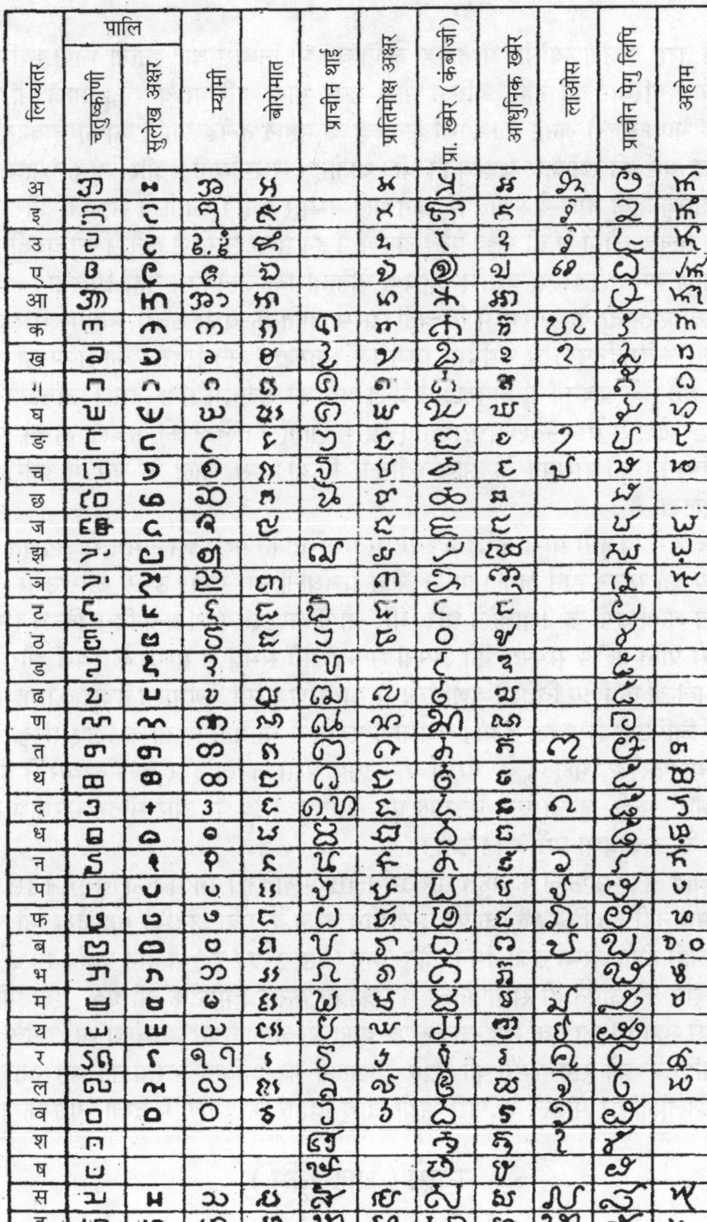

चित्र 31.14 ब्राह्मी से बनी दक्षिण–पूर्व एशिया के देशों की लिपियां

द्वैभाषिक लेखों के कारण भाषाशास्त्रियों ने प्यू लेखों को पढ़ने का भी प्रयत्न किया है। प्रो. ब्लाग्देन् ने अन्वेषण में विशेष काम किया है। प्यू लिपि भी भारतीय अक्षरों से बनी थी, परंतु उनके ध्वनिमानों में कुछ फेर-बदल किया गया था। ब्लाग्देन् का मत था कि प्यू लोगों ने ईसा की चौथी शताब्दी में अपनी भाषा के लिए भारतीय लिपि को अपनाया था; किंतु जो प्यू लेख मिले हैं, वे छठी शताब्दी के पहले के नहीं जान पड़ते। प्यू भाषा के बारे में अभी बहुत ही कम बातें मालूम हो पाई हैं।

प्यू की तरह दक्षिण म्यांमार में तलैङ जाति का भी निवास था। इनकी भाषा म्यांमी की तरह चीनी-तिब्बती परिवार की नहीं, बल्कि मोन्-ख्मेर भाषा-परिवार की है। आज भी म्यांमार के गांवों में यह भाषा बोली जाती है। 11वीं शताब्दी के पहले तलैङ जाति काफी विकास कर चुकी थी और बौद्ध धर्म को स्वीकार कर चुकी थी। थातोन् (सुधर्मावती) और पेगू (हंसावती) तलैङों के प्रसिद्ध सांस्कृतिक नगर थे। बाद में आनेवाले म्रम्म (बर्मी) लोगों ने सभ्यता और संस्कृति के पाठ वस्तुतः तलैङ लोगों से ही पढ़े। परंतु आरंभ में इन म्रम्म लोगों ने तलैङों को बेदर्दी से कुचला, इसीलिए आज हमें तलैङों के बारे में अधिक ऐतिहासिक जानकारी नहीं मिलती।

ग्यारहवीं शताब्दी के आरंभ में तिब्बती-म्रम्म जाति के म्रम्म उत्तरी म्यांमार में रहते थे। उस समय पगान (अरिमर्दनपुर) में धर्मप्रेमी म्रम्मराज अनुरुद्ध (अनुवरहत्) का राज्य था। एक तलैङ भिक्षु शिन्-अर्हन् के प्रयासों से अनुरुद्ध ने बौद्ध धर्म को राजधर्म बना दिया। त्रिपिटक बड़े ठाट-बाट से तलैङ-देश से म्रम्म-देश पधराए गए। म्रम्म लोगों ने तलैङों को कुचला तो था, परंतु तलैङों की उच्च संस्कृति को सम्मान के साथ स्वीकार किया। इस काल के बारे में फ्रांसीसी विद्वान दुरोसेल ने लिखा है :

"युद्धक्षेत्र में विजयी म्रम्म बौद्धिक स्तर पर पराजित हो गए। इस समय से अद्‌भुत वास्तुविद्या और साहित्य का सृजन होने लगा। पगान बौद्ध राजधानी बन गया। उत्तरी और उत्तर-पूर्वी भारत के प्रायः तीन शताब्दियों के प्रभावों ने धीरे-धीरे लोगों को इस योग्य बना दिया कि वे राजा अनुरुद्ध की विजय से प्राप्त तलैङ सभ्यता को अपना सके। उसी समय से म्रम्मी के स्वरों और पत्थर तथा ईंटों के अभिलेखों के लिए विदेशी वर्णमाला से साधारण म्रम्मी वर्णमाला तैयार की गई। ...इस नई वर्णमाला में त्रिपिटक लेखबद्ध हुआ। राजधानी पगान में धार्मिक शिक्षा के लिए संस्कृत का स्थान पालि ने लिया। तलैङ भिक्षुओं के चरणों में बैठकर म्रम्म जनता और राज-दरबार ने हीनयान की शिक्षा ली और जल्दी-जल्दी एक के बाद एक अतिभव्य विहार और मंदिर भारतीय तथा तलैङ शिल्पाचार्यों के तत्वावधान में बनने लगे।"

इसके बाद तो म्रम्म काल के बहुत सारे अभिलेख मिलते हैं। उन सबका विवेचन इस पुस्तक की सीमा में संभव नहीं है। फिर भी, काफी अर्वाचीन काल के एक अद्‌भुत महालेख की चर्चा करना अप्रासंगिक नहीं होगा। म्रम्म राजा, मिन्-दोन्-मिन् (1852-77 ई.) ने तीन वर्षों (1868-71) तक भिक्षुओं के संघ को अपने ही सभापतित्व में एकत्रित करके त्रिपिटक की एक-एक पंक्ति पढ़ते-पढ़ाते हुए इस महाग्रंथ का एक शुद्ध-उच्चारण-युक्त संस्करण तैयार करवाया था। इसके बाद उसने इस सारे त्रिपिटक को संगमरमर की 729 शिलाओं पर अंकित करवाया। वह आज भी 729 संगमरमर-शिलाओं पर मांडले के पास कुथो-दाच् विहार के प्रांगण में देखा जा सकता है।

स्याम (थाई भूमि)

थाई लोग पहले युन्-नन् (चीन) प्रदेश में रहते थे। चीनियों से सतत संघर्ष करते रहने और अंत में मंगोलों द्वारा खदेड़ दिए जाने के कारण 13वीं शताब्दी में ये दक्षिण की ओर शान् राज्यों

और मेकाङ की उपत्यका में आकर बस गए। इन्हीं में से एक शाखा असम पहुंची थी। स्याम (श्याम) शान शब्द से व्युत्पन्न है। शान शब्द से ही हानहाम > अहोम > अहाम > असाम > असम शब्द बना है। आज लिखा भले ही 'असम' जाता हो, उसका उच्चारण 'अहोम' ही होता है।

थाई लोगों के आगमन के पहले थाई भूमि में कंबुजों का राज्य था। इस कंबुज-युग के तीन शिलालेख स्याम से मिले हैं। इनमें से एक प्रा-पथोम् अभिलेख मोन् भाषा में और 7वीं शताब्दी के उत्तरार्ध की भारतीय लिपि में है। शेष दो—श्रीदेव और वात्-महेयाङ —अभिलेख संस्कृत में हैं। श्रीदेव अभिलेख पल्लव लिपि में है और उसके दो अक्षरों के अध्ययन के आधार पर उसे छठी शताब्दी के पूर्वार्ध का माना गया है। वात्-महेयाङ अभिलेख की लिपि कुछ कलात्मक है और अक्षरों के स्वरूप के आधार पर उसका काल 7वीं शताब्दी का पूर्वार्ध निर्धारित किया गया है।

कंबुज की ओर से नियुक्त एक थाई सरदार ने 1218 ई. में सुखोदया में एक स्वतंत्र राज्य की स्थापना की थी। यही प्रथम थाई राजा इंद्रादित्य था। इंद्रादित्य के बाद उसका तीसरा पुत्र फ्राः राम (खम्हेङ) राजा बना। इस राम-खम्हेङ राजा का शकाब्द 1214 (1292 ई.) का स्यामी भाषा का एक महत्वपूर्ण शिलालेख मिला है। एक सूच्याकार प्रस्तर-स्तंभ पर अंकित इस लेख में 1500 शब्द हैं। इस शिलालेख का महत्व इसलिए भी है कि इसमें स्यामी लिपि के आरंभ के बारे में जानकारी मिलती है। इस शिलालेख में यह लिखा है, "पहले स्यामी लिखने के लिए कोई अक्षर नहीं थे। संवत् 1205 (1283 ई.) अजवर्ष में राजकुमार खुन-राम खम्हेङ के दिल में इच्छा हुई और उसने स्यामी लिपि के लिए अक्षर बनाए।" वर्तमान स्यामी लिपि का आरंभ इस तरह हुआ। यह स्यामी लिपि कंबुज में प्रचलित लिपि की सहायता से बनाई गई थी।

स्यामी भाषा एकाक्षरी है। चीनी भाषाओं की तरह उसमें भी सुरों का महत्व है। उसमें पांच-छह सुर पाए जाते हैं। वर्तमान स्यामी भाषा में संस्कृत के तत्सम और तद्‌भव शब्दों की भरमार है। उदाहरण के लिए, मौंत्री (मंत्री), अमंच (अमात्य), छत्तखाहो (छत्रग्राह), छतंथ (छद्‌दंत), असुसव (अश्व), अक्खमहेसी (अग्रमहिषी), यम्मरात (यमराज), इत्यादि।

बैंकाक के राष्ट्रीय संग्रहालय में महेंद्रवर्मन् का खुदवाया हुआ एक शिलालेख है। चार पंक्तियों का यह शिलालेख सातवीं शताब्दी की पल्लव-ग्रंथ लिपि में है और इसकी भाषा संस्कृत है। यह बैंकाक से करीब 350 किलोमीटर पश्चिम में स्याम के अरण्यप्रदेश जिले से प्राप्त हुआ था। डॉ. छाबड़ा ने अपने ग्रंथ में इस लेख का विवेचन प्रस्तुत किया है। जिस समय का यह लेख है, उस समय स्याम पर कंबुज के राजाओं का शासन था। इस कंबुज राजवंश की स्थापना भववर्मन् ने की थी। भववर्मन् के बाद उसका छोटा भाई चित्रसेन गद्‌दी पर बैठा, जिसका दूसरा नाम महेंद्रवर्मन् था। इस चित्रसेन-महेंद्रवर्मन् के और भी लेख मिले हैं। इस बात का कहीं स्पष्ट उल्लेख तो नहीं है, किंतु हम मान सकते हैं कि बैंकाक के राष्ट्रीय संग्रहालय वाला यह शिलालेख इसी कंबुज राजा महेंद्रवर्मन् ने खुदवाया था।

प्रस्तुत शिलालेख में 'शंकर-तटाक' नामक जलाशय के निर्माण का उल्लेख है। आगे हम यह लेख लिप्यंतर के साथ दे रहे हैं।

जावा

बौद्ध जातकों में भारतीय व्यापारियों के यवद्वीप जाने के उल्लेख मिलते हैं। 'जावा' शब्द 'यव' (जौ) शब्द से बना है। चीनी इतिहास-लेखकों के विवरणों से पता चलता है कि ईसा की पहली

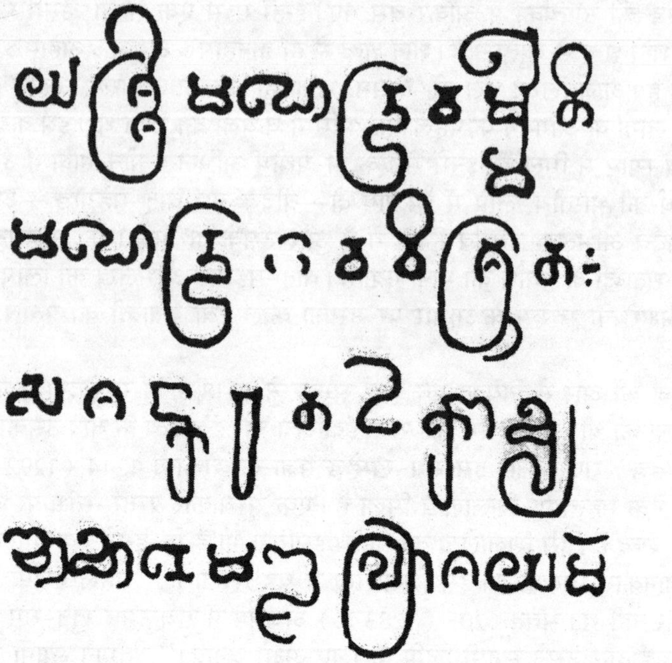

लिप्यंतर :

यशश्री महेंद्रवर्म्मेति
महेंद्र इव विश्रुत:
स शङ्करतटाकाख्या-
ञ्चखानेमञ्जलाशयम्

अर्थ : *यशप्राप्त महेंद्रवर्मन् ने, जो महेंद्र (इंद्र) की तरह विश्रुत है, शंकरतटाक नामक इस जलाशय को खुदवाया।*

चित्र 31.15 *महेंद्रवर्मन् का शिलालेख (राष्ट्रीय संग्रहालय, बैंकाक)*

शताब्दी में जावा में एक भारतीय राजा का राज्य था। जावा का पहला राजा अजि-शका पश्चिम भारत से जावा पहुंचा था। चीनी उल्लेखों से दूसरी शताब्दी के तिया-वपि-येन (देववर्मा) राजा का उल्लेख मिलता है। किंतु 5वीं शताब्दी से हम जावा के इतिहास की ठोस भूमि पर पहुंचते हैं। 414-15 ई. में सिंहल से चीन जाते समय फा-शि-यान (फाहियान) जावा द्वीप में उतरा था। पांचवीं शताब्दी के पूर्वार्ध में हम कश्मीर के भिक्षु गुणवर्मा को जावा में बौद्ध धर्म का प्रचार करते देखते हैं।

जावा के सबसे प्राचीन शिलालेख हमें उसके पश्चिमी हिस्से में मिलते हैं। ये लेख राजा पूर्णवर्मा के हैं, जिसकी राजधानी तारूम (आधुनिक बताविया) में थी। इस प्रदेश से पांच लेख मिले हैं, जिनमें से चार प्रकाशित हो चुके हैं। ये हैं—चि-अरूतान, जंबू, केबोन्-कोपी और तुगु शिलालेख। इनकी भाषा शुद्ध संस्कृत है और लिपि पांचवीं शताब्दी की पल्लव लिपि से समानता रखती है। ये सभी तारूम-राजा पूर्णवर्मा के हैं। इन चार शिलालेखों में चि-अरूतान, जंबू और केबोन्-कोपी के लेखों के अक्षरों के सिरे ठोस चौखटों वाले हैं, परंतु तुगु लेख के अक्षरों के सिरों पर केवल लकीरें पाई जाती हैं। इन शिलालेखों में संवत् दिया हुआ नहीं है। इसलिए इनका समय अक्षरों की बनावट

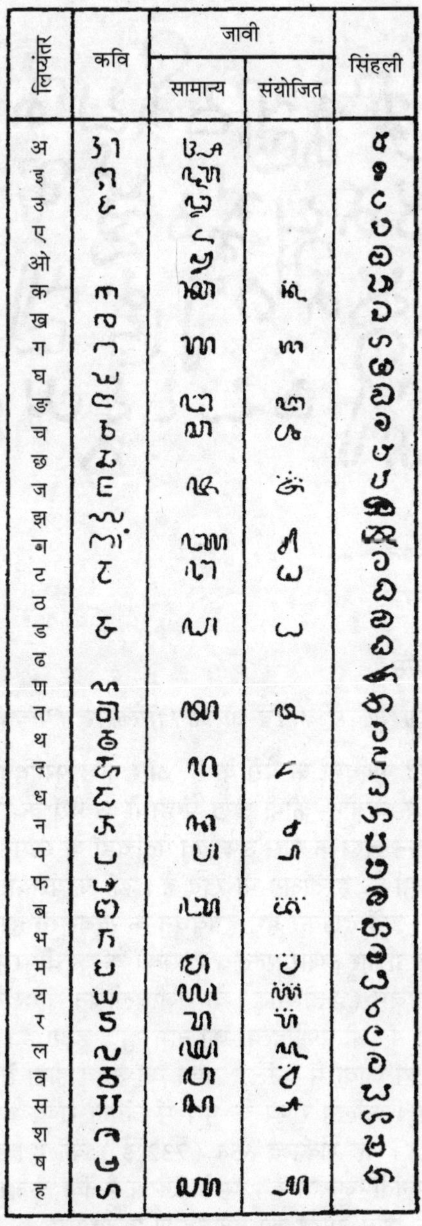

चित्र 31.16 ब्राह्मी से बनी जावा और श्रीलंका की लिपियां

के आधार पर ही निर्धारित किया जा सकता है। कुछ पुराविद् इन लेखों को चौथी शताब्दी का मानते हैं, और कुछ (जैसे कि श्री दानी) इन्हें छठी शताब्दी के पूर्वार्ध में रखते हैं।

चि-अरूतान शिलालेख के साथ राजा पूर्णवर्मा के पदचिह्न भी खुदे हुए हैं।

इस लेख के पास ही, उसी शिला पर, दो पैरों के निशान खुदे हुए हैं। पूर्णवर्मा के जंबू लेख में भी इसी प्रकार पैरों के निशान खुदे हुए हैं। किसके पैरों के हैं ये निशान? कुछ पुराविदों का

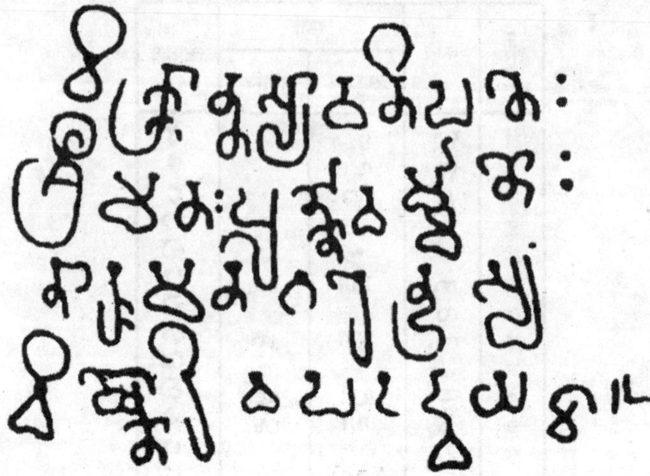

लिप्यंतर :

विक्क्रांतस्यावनिपतेः

श्रीमतः पूर्णवर्म्मणः

तारूमनगरेंद्रस्य

विष्णोरिव पदद्वयम् ॥

चित्र 31.17 *जावा के राजा पूर्णवर्मा का चि-अरूतान शिलालेख (पांचवीं शताब्दी ई.)*

कहना है कि ये निशान खुद पूर्णवर्मा के पैरों के हैं, और कुछ पुराविद् इन्हें विष्णु के चरणों के द्योतक मानते हैं। पूर्णवर्मा के केबोन्-कोपी लेख में हाथी के पैरों के निशान खुदे हुए हैं।

पूर्णवर्मा के चि-अरूतान लेख के पास उपर्युक्त पदचिह्नों के सामने, लेख के ऊपर, बहुत ही कलात्मक अक्षरों में पूर्णवर्मा के हस्ताक्षर भी खुदे हैं। डॉ. जायसवाल का दृढ़ मत था कि ये पूर्णवर्मा के ही हस्ताक्षर हैं। इन्हें देखकर हमें हर्षवर्धन के खूबसूरत हस्ताक्षरों की याद आती है। इस प्रकार के कलात्मक शंखाकार अक्षर पल्लव शासकों के कांचीपुरम् के कैलासनाथ मंदिर के विरुदों में भी मिलते हैं। राजिम (छत्तीसगढ़) के राजीवलोचन मंदिर के एक स्तंभ पर भी इसी प्रकार के कलात्मक अक्षरों में 'श्री पूर्णादित्य' का नाम खुदा हुआ है।

सातवीं शताब्दी में मध्य जावा में कलिंग राज्य का उदय होता है। इसी राज्य के समय में देओङ के मंदिर बनाए गए। कलिंग राज्य के पूर्व में जंगल राज्य था। यहीं से सबसे प्राचीन संवत्सरांकित लेख मिला है। यह शकाब्द 654 (732 ई.) का है। इसकी लिपि पल्लवों की आरंभिक ग्रंथ लिपि से मिलती-जुलती है। इसमें लिखा है कि कुंजरकुंज (दक्षिण भारत) के मंदिर की अनुकृति पर एक शिव-मंदिर का पुनर्निर्माण किया गया।

आठवीं शताब्दी के उत्तरार्ध से जावा पर श्रीविजय (पलैंबङ्, सुमात्रा) के प्रसिद्ध राजा शैलेंद्र का शासन आरंभ हुआ। शैलेंद्र का एक ताम्रपत्र नालंदा की खुदाई में मिला है, जिससे उसके बारे में बहुत सी बातों की जानकारी मिलती है। आठवीं से ग्यारहवीं शताब्दी तक शैलेंद्र राजवंश का शासन, न केवल इंडोनेशिया पर, बल्कि हिंद-चीन पर भी रहा। बरोबुडूर का महाचैत्य शैलेंद्रों की ही कृति है, लेकिन इसका कोई लिखित प्रमाण नहीं मिलता। शैलेंद्र-वंश के बहुत से शिलालेख भी मिलते हैं। फिर भी इस गौरवशाली राजवंश के बारे में अब भी बहुत सी बातें विवादास्पद हैं।

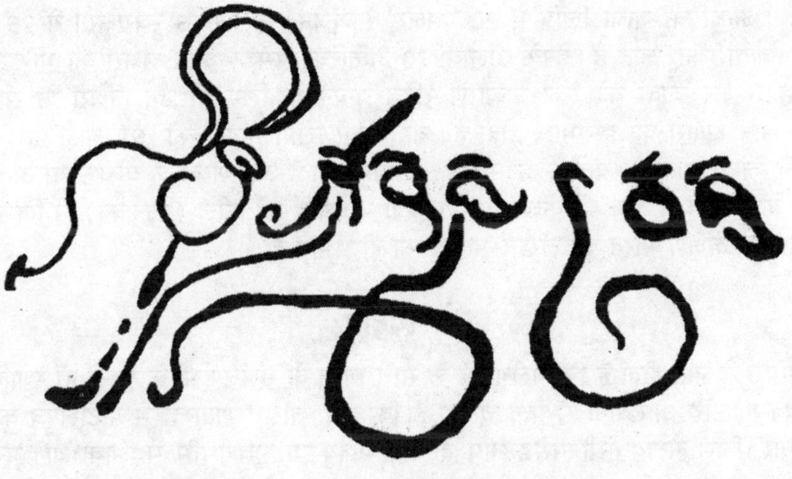

चित्र 31.18 पूर्णवर्मा के चि-अरूतान शिलालेख के पास उत्कीर्ण उसके हस्ताक्षर

अब भी हम ठीक-ठीक नहीं जानते कि सुवर्णभूमि में इस वंश का प्रादुर्भाव कैसे हुआ, और यह कहां से वहां पहुंचा था।

आठवीं शताब्दी तक जावा में संस्कृत भाषा का प्रचलन था, किंतु उसके बाद जावा की अपनी भाषा साहित्यिक क्षेत्र में पैर रखती है। इस भाषा को प्राचीन जावी या 'कवि' भाषा का नाम दिया गया है। कविता की भाषा या कवियों द्वारा अपनाई हुई भाषा होने के कारण ही इसका यह नाग पड़ा है। कवि लिपि (संस्कृत भाषा) का सबसे प्राचीन लेख दिनय (पूर्वी जावा) से मिला है और वह शकाब्द 682 (760 ई.) का है। इस लेख की लिपि (कवि लिपि) 8वीं शताब्दी के गुजरात के लेखों से मिलती है। 10-11वीं शताब्दी में रामायण, भारतयुद्ध आदि भारतीय कथानकों का कवि भाषा में अनुवाद हो चुका था। कवि भाषा का सबसे प्राचीन अभिलेख परंबन उपत्यका में चंडीकलसन् (कलसन-मंदिर) में मिला है। यह शिलालेख राजा शैलेंद्र का है और 770 ई. का है। इसकी लिपि भारत की 9-10वीं शताब्दी की नागरी लिपि से मिलती है। मध्य जावा के पारेङ नामक स्थान से संस्कृत भाषा और कवि लिपि में लिखा हुआ शकाब्द 785 (862 ई.) का और एक शिलालेख मिला है।

दसवीं शताब्दी में मध्य जावा का शासन-केंद्र पूर्वी जावा में पहुंच गया। 11वीं शताब्दी के पूर्वार्ध में वहां एरलाङ नाम का एक प्रतापी राजा हुआ। उसके शासन में जावा में कला और साहित्य के क्षेत्र में काफी उन्नति हुई। राजा एरलाङ का एक शिलालेख पेनाङ-गुंगेङ से मिला है। यह शकाब्द 963 (1041 ई.) का है और कवि तथा संस्कृत दोनों ही भाषाओं में है।

इसके बाद जावा पर कदिरी राज्य (1042-1222 ई.), सिंहसारि राजवंश (1222-92 ई.) और महपहित राजवंश (1292-1478 ई.) का शासन रहा। इन लगभग चार सौ वर्षों के बहुत से लेख जावा में मिलते हैं, जो अधिकतर कवि भाषा में हैं। जो अंतिम कवि लेख मिला है वह शकाब्द 1408 (1486 ई.) का है। इसी समय के आसपास जावा में भारतीय वंश के शासकों का राज्य समाप्त हुआ। इसके बाद जावा पर मुसलमानी शासन आरंभ हो गया।

जावा में अब रोमन लिपि का काफी प्रचार है, किंतु जावी लिपि, जो कि प्राचीन लेखों की लिपि से विकसित हुई है, अभी भी जावी, सुंदानी, मदुरी तथा बाली भाषाओं के लिए इस्तेमाल

होती है। आधुनिक जावी लिपि में 20 'अक्षर' (व्यंजन) हैं और 5 स्वराक्षर। ये 25 संकेत 'अक्षर-जावा' कहे जाते हैं। इनके अलावा 20 अतिरिक्त पसङ-आन अक्षरों का भी इस्तेमाल होता है। अक्षर-जावा को स्वर-उच्चारण-रहित बनाने के लिए ही उन अक्षरों के साथ इन पसङ-आन अक्षरों का इस्तेमाल होता है। यह जावी लिपि नागरी की तरह बाईं ओर से दाईं ओर को लिखी जाती है। प्रत्येक अक्षर स्पष्ट लिखा जाता है और शब्दों के बीच प्रायः अंतर नहीं रहता। बाली द्वीप में अब भी कुछ लोग ताड़पत्रों पर लोहे की कील (शलाका) से लिखते हैं। स्पष्टतः यह दक्षिण भारत की लेखन-पद्धति का ही प्रभाव है।

मलयद्वीप

परंपरा से ज्ञात होता है कि मलयद्वीप के साथ भारत के संबंध ईसा के पहले ही स्थापित हो चुके थे। स्थानीय आख्यानों से पता चलता है कि ई.पू. तीसरी शताब्दी में पाटलिपुत्र का एक राजकुमार, जिसे मलयवासी मरोङ नाम देते हैं, मलय या सुवर्णभूमि में आया था। मरोङ ने मलयद्वीप में एक बस्ती कायम की थी और उसने वहां एक पाठशाला खोलकर लोगों को पढ़ना-लिखना सिखाया था।

अशोक ने धर्मप्रचारार्थ जो धर्मदूत विभिन्न देशों में भेजे थे, उनमें से सोण और उत्तर नाम के प्रचारक सुवर्णभूमि को गए थे, इस बात की जानकारी बौद्ध ग्रंथों से मिलती है।

पांचवीं शताब्दी से हमें मलय में भारतीयों के अस्तित्व के बारे में लिखित प्रमाण मिलने लग जाते हैं। मलय के प्राचीन स्थानों में कामलंका या कर्मरंग (कमरंगा-फल), कलशपुर तथा कला (केद्दा) विशेष रूप से प्रसिद्ध हैं। केद्दा से पांचवीं शताब्दी के संस्कृत भाषा में लिखे हुए बहुत से लेख मिले हैं। केदूदा के पास ही पांचवीं शताब्दी के एक बौद्ध मंदिर के अवशेष मिले हैं। इन अवशेषों में संस्कृत का एक शिलालेख भी मिला है। वेल्ज़ेली जिले के उत्तर में भी कुछ बौद्ध मंदिरों के अवशेष हैं। इनके पाषाण-स्तंभों पर जो लेख अंकित हैं उनकी लिपि पांचवीं शताब्दी की जान पड़ती है। कंबोडिया से कुछ अक्षरांकित मुद्राएं मिली हैं, जो पांचवीं शताब्दी के अक्षरों में हैं। उसी प्रकार की एक मुद्रा या मुहर मलय के शैलिनसिङ नामक स्थान से भी मिली है। इस मुद्रा पर पांचवीं शताब्दी की लिपि में विष्णुवर्मा का नाम लिखा हुआ है ('श्री विष्णुवर्म्मस्य')।

उत्तरी मलय के पश्चिमी तट पर तकुआ-पा ईसा की आरंभिक शताब्दियों में एक प्रसिद्ध बंदरगाह था। पूर्वी तट पर भी बंदोन की खाड़ी के पास बहुत पुराने उपनिवेशकों की बहुत सी बस्तियां थीं। वहां से संस्कृत में लिखे हुए काफी शिलालेख उपलब्ध हुए हैं। उनकी लिपि पांचवीं शताब्दी की गुप्त लिपि से मिलती है। इन्हीं लेखों में महानाविक बुद्धगुप्त का भी एक लेख मिला है—"महानाविक बुद्धगुप्तस्य रक्तमृत्तिक वास् (तव्यस्य)"। बुद्धगुप्त का यह रक्तमृत्तिका निवास-स्थान आज भी मुर्शिदाबाद जिले (प. बंगाल) में रांगामाटी नामक गांव के रूप में विद्यमान है। इस लेख की लिपि जावा के राजा पूर्णवर्मा के पांचवीं शताब्दी के लेखों से मिलती है।

महानाविक बुद्धगुप्त का लेख

मलयद्वीप से प्राप्त थोड़े से लेखों में बुद्धगुप्त के लेख का विशेष महत्त्व है, इसीलिए उसे हम यहां नमूने के तौर पर दे रहे हैं। यह खंडित लेख मलय के वेल्ज़ेली प्रांत से प्राप्त हुआ था और अब कलकत्ता के संग्रहालय में रखा हुआ है। यह एक स्तूप-प्रस्तर पर खुदा हुआ है और इस पर स्तूप भी उत्कीर्ण है। लेख का कुछ अंश गायब है। पर इसी प्रकार के लेख अन्यत्र भी प्राप्त हुए हैं (देखिए, बोर्निया से प्राप्त लेख), इसलिए इसका विलुप्त अंश पूरा किया जा सकता है। इसमें

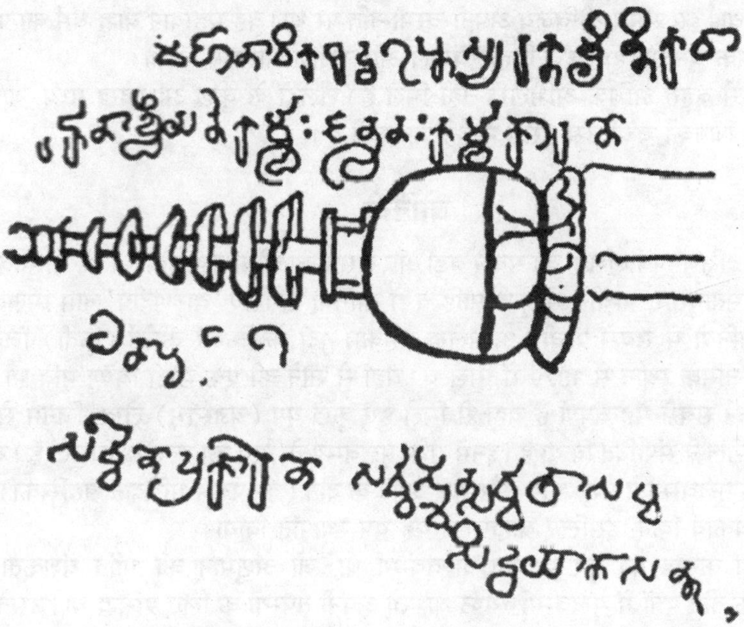

लिप्यंतर :

महानाविकबुद्धगुप्तस्य रक्तमृत्तिक वास् (तव्यस्य ?)
(अ) ज्ञानाच्चीयते कर्म्मः जन्मनः कर्म्म कारण (म्)
ज्ञानान्न चीयते (क्रियते) [कर्म्म कर्म्माभावान्न जायते]
सर्व्वेण प्रकारेण सर्व्वस्मिन् सर्व्वथा स (र्)व्व...
सिद्धयात्राः सन्तु

चित्र 31.19 *महानाविक बुद्धगुप्त का स्तूप-लेख*

'सिद्धयात्रा' 'महानाविक' और 'रक्तमृत्तिका' शब्द विशेष महत्व के हैं। इसकी लिपि पश्चिमी जावा के पूर्णवर्मा के लेखों की लिपि से मिलती-जुलती है, इसलिए इसका काल ईसा की पांचवीं शताब्दी माना जा सकता है।

सुमात्रा (सुवर्णद्वीप)

सुमात्रा का प्राचीन राज्य 'श्रीविजय' के नाम से प्रसिद्ध था। उसकी राजधानी श्रीविजय आजकल का कंपर नदी के तट पर बसा हुआ पलेंबङ नगर माना जाता है। श्रीविजय राज्य (चीनियों का 'सान्-फोत्-सी') की स्थापना चौथी शताब्दी ई. में हो चुकी थी। सातवीं शताब्दी में इस राज्य ने मलय के कुछ प्रदेश पर भी अधिकार कर लिया था। 684 ई. में श्रीविजय का बौद्ध राजा श्रीजयनाग था। चीनी यात्री ई-चिङ, जो यहां सात साल (688-95 ई.) रहा था, लिखता है कि चीन से भारत जानेवाले भिक्षु श्रीविजय में ठहरकर संस्कृत पढ़ा करते थे। इसके बाद आठवीं शताब्दी के उत्तरार्ध से शैलेंद्रवंश के शासन के साथ श्रीविजय का वैभवशाली युग आरंभ होता है। शैलेंद्रों के काल में श्रीविजय राज्य के अंतर्गत मलय, जावा, आसपास के कुछ द्वीप और कंबुज का

भी समावेश था। इस समय श्रीविजय अपनी चरमोन्नति पर था। वह महायान बौद्ध धर्म का प्रसिद्ध केंद्र था। उसके बनवाए हुए कुछ विहार बंगाल और दक्षिण भारत में भी थे।

सुमात्रा से बहुत अधिक अभिलेख नहीं मिले हैं। शैलेंद्रों के कुछ अभिलेख मध्य-जावा से प्राप्त हुए हैं, जिनकी चर्चा उस प्रसंग में की जा चुकी है।

बोर्नियो

बोर्नियो दक्षिण-पूर्व एशिया का सबसे बड़ा और संसार का चौथा बड़ा द्वीप है। डॉ. वासुदेवशरण अग्रवाल के मतानुसार, प्राचीन संस्कृत साहित्य में बोर्नियो के लिए 'वारुणद्वीप' नाम मिलता है।

पूर्वी बोर्नियो में सबसे प्राचीन अभिलेख महकम नदी के किनारे कोतेई (कूती) जिले के मउराकामङ नामक स्थान से 1879 में मिले थे। वहां से सोने की एक छोटी विष्णु मूर्ति भी प्राप्त हुई है। लेकिन सबसे महत्वपूर्ण हैं यहां से मिले हुए कुछ यूप (यज्ञस्तंभ) लेख, जिनमें से चार लेखों को फोगेल ने संपादित किया है। इनमें राजा मूलवर्म्मा के नाम का उल्लेख मिलता है। जैसे :

1. राजा मूलवर्म्मा ने पशु, भूमि और वृक्ष आदि के दान (कल्पवृक्ष भूमिदान सहस्रिका) जैसे बहुत से पुण्यकार्य किए, इसलिए ब्राह्मणों ने यह यूप स्थापति किया।

2. राजा कन्दुङ का पुत्र प्रख्यात अश्ववर्म्मा था, जो अंशुमान् की भांति वंशकर्ता था। अश्ववर्म्मा के तीन पुत्रों में मूलवर्म्मा ज्येष्ठ था, जो अपनी तपस्या के लिए प्रसिद्ध था। उसने एक बहुसुवर्णक यज्ञ किया। उसी यज्ञ के इस यूप को ब्राह्मणों ने खड़ा किया। प्रमुख राजा मूलवर्म्मा ने बप्रकेश्वर की पुण्यभूमि में ब्राह्मणों को बीस हजार गायें दीं। उसी पुण्यकार्य के लिए ब्राह्मणों ने यह यूप यहां स्थापित किया।

इस दूसरे यूपलेख से ज्ञात होता है कि मूलवर्म्मा की तीन पीढ़ियां यहां राज्य कर चुकी थीं। इन यूपलेखों में कोई संवत्सर दिया हुआ नहीं है। परंतु इसकी लिपि-शैली का अध्ययन करने पर पुरालिपिविद् इस परिणाम पर पहुंचे हैं कि ये पांचवीं शताब्दी के उत्तरार्ध के होने चाहिए। इनकी लिपि पल्लव लेखों जैसी ही है। जावा से प्राप्त पूर्णवर्म्मा के शिलालेखों की लिपि में और इन यूप-लेखों की लिपि में काफी समानता है।

पश्चिमी बोर्नियो में कयुअस नदी के किनारे भी भारतीय उपनिवेशों के बारे में कुछ पुरानी सामग्री मिली है। इनमें कुछ अभिलेख भी हैं। यहां सुङ्गेइतेकारेक के पास के चश्मों के समीप एक चट्टान पर उत्कीर्ण मूर्तियों के साथ सात अभिलेख मिले हैं। इनमें से चार में ये पंक्तियां हैं :

अज्ञानाच्चीयते कर्म जन्मनः कर्मकारणम्
ज्ञानान्न क्रियते कर्म कर्माभावान्न जायते।

शेष तीन लेखों में लिखा है :

ये धर्माहेतुप्रभवा हेतुं तेषां तथागतोऽह्यवदत्
तेषां च यो निरोध एवंवादी महाश्रमणः।

पूर्वी बोर्नियो के कोतेई नामक स्थान से राजा मूलवर्मन् के सात यूपलेख अब तक मिले हैं। यज्ञों के अवसर पर यूपस्तंभों की स्थापना की जाती थी। भारत में भी इस प्रकार के कई यूपलेख मिले हैं। इनमें सबसे प्राचीन है ईसापुर (मथुरा) से प्राप्त यूपलेख (102 ई.)। इस प्रकार के अधिकांश यूपलेख राजस्थान से प्राप्त हुए हैं। पूर्वी बोर्नियो में यूपलेख प्राप्त होना यही व्यक्त करता है कि वहां वैदिक धर्म को पुनः जीवित करने की कोशिश की जा रही थी।

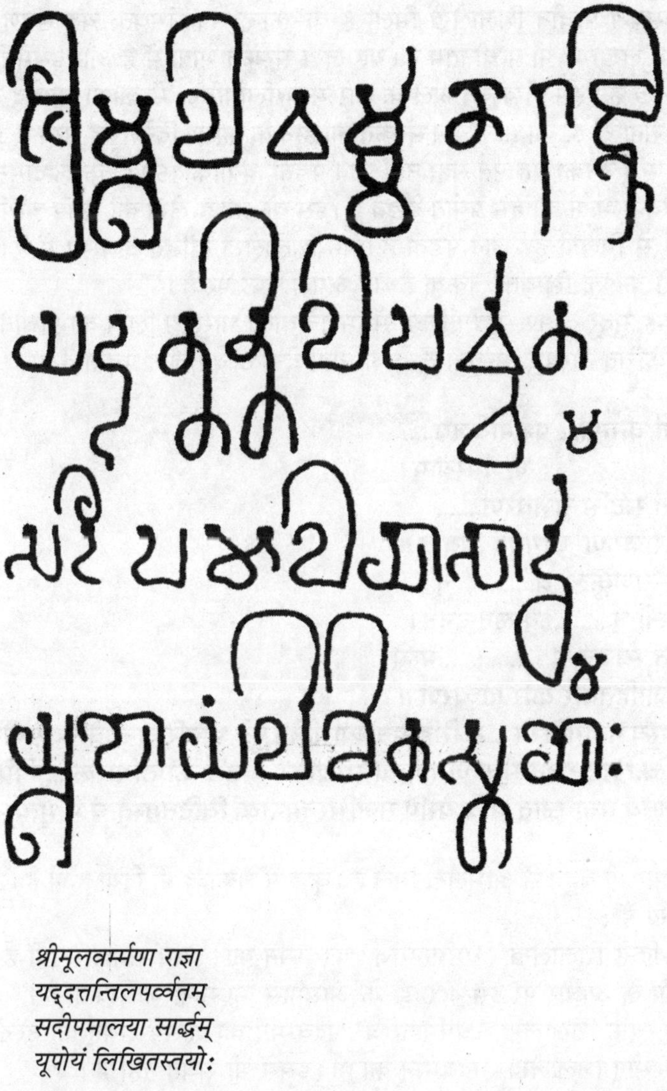

लिप्यंतर :

श्रीमूलवर्म्मणा राज्ञा
यद्दत्तन्तिलपर्व्वतम्
सदीपमालया सार्द्धम्
यूपोयं लिखितस्तयो:

चित्र 31.20 *राजा मूलवर्मा का कोतेई (पूर्वी बोर्नियो) से प्राप्त एक यूपस्तंभ-लेख (लगभग 400 ई.)*

हिंद-चीन

चंपा

हिंद-चीन में भारत का सबसे प्राचीन उपनिवेश शायद चंपा था। यह उपनिवेश आधुनिक अनाम के दक्षिण में दक्षिण विएतनाम के पूर्वी किनारे पर न्हामे नगर के आसपास था। चीनी इतिहासकारों के उल्लेखों के अनुसार चंपा राज्य की स्थापना भारतीय राजकुमारों ने 192 ई. में की थी। यहां से प्राप्त शिलालेखों से इस बात की पुष्टि होती है कि ईसा की आरंभिक शताब्दियों में चंपा में भारतीयों का राज्य था।

चंपा से सबसे प्राचीन शिलालेख मिला है वो-कान्ह से। संभवत: यह संपूर्ण दक्षिण-पूर्व एशिया से प्राप्त लेखों में भी प्राचीनतम है। यह लेख संस्कृत भाषा में है और इसमें किसी श्रीमार राजा का उल्लेख है। इस लेख के काल के बारे में पुरलिपिविदों में काफी मतभेद है। कुछ इसे दूसरी-तीसरी शताब्दी ई. का मानते हैं। संस्कृत का होने के कारण दिनेशचंद्र सरकार इसे कुछ बाद का मानते हैं। परंतु उनका यह मत सही नहीं जान पड़ता, क्योंकि 150 ई. के रुद्रदामन् के जूनागढ़ के लेख में संस्कृत भाषा का हम प्रयोग देखते हैं। इस वो-कान्ह लेख की लिपि चौथी शताब्दी के भारतीय लेखों से मिलती हुई जान पड़ती है। यह शिलालेख खंडित अवस्था में है। दानी ने इस लेख के अक्षरों का जो लिप्यंतर किया है वह अगले पृष्ठ पर है।

क्योंकि यह सुदूर दक्षिण-पूर्व एशिया से मिलने वाला भारतीय लिपि का प्राचीनतम लेख है, इसलिए इस किंचित् अस्पष्ट संस्कृत लेख को यहां देना उचित जान पड़ता है :

....प्रजानां करुण... प्रथमविजय.....
णर्णमस्याम्।
आज्ञापितं सदसि राजवरेण.......
.............राजगण-बागमृतं पिवन्तु॥
श्री-मार-राजकुल-व.......... न्
श्री मार लो न्...........कुलनन्दनेन।
आज्ञापितं स्वजन स ....मध्ये
वाक्यं प्रजाहितकरं करिणोर्व्वीरेण॥

लोकस्यास्य गतागति पि ... न सिंहासनाध्यासीनेन पुत्रे भ्रातरि नान्त्यके स्वसमीकरणछन्देन (तृ) प्तेषु यत्किञ्चिद् रजतं सुवर्ण्णमपि वा सस्थावर-जङ्गमं कोष्ठागारक ...नं प्रियहिते सर्व्वं विसृष्टं मया तदेवं मयानुज्ञातं भविष्यैरपि राजभिरनुमन्तव्यं विदितमस्तु च मे भृत्यस्य वीरस्य ...

चंपा से और भी बहुत से अभिलेख मिले हैं। कुछ में शकाब्द भी दिया हुआ है। इनमें से कुछ प्रमुख अभिलेख हैं :

1. चो-दिन्ह शिलालेख, 'धर्ममहाराज' भद्रवर्म्मन् का। इसमें संवत्सर नहीं है। पर इसकी लिपि के आधार पर इसे 400 ई. के आसपास का माना जा सकता है।
2. होन्-चुक् शिलालेख, 'धर्ममहाराज' भद्रवर्म्मन् का। इसमें संवत् का उल्लेख नहीं है।
3. मय-सोन् शिलालेख, भद्रवर्म्मन् का ही। इसमें भी संवत् नहीं है।

   उपर्युक्त तीनों शिलालेख एक ही राजा के हैं। हम जानते हैं कि पल्लव राजा 'धर्ममहाराज' उपाधि का प्रयोग करते थे। तीनों शिलालेखों के अक्षरों के सिरे ठोस त्रिकोण या वर्ग के हैं। इनके कुछ अक्षर भी पल्लवों और वाकाटकों के लेखों से मिलते-जुलते हैं। इसलिए इनका काल पांचवीं शताब्दी का पूर्वार्ध हो सकता है।
4. मय-सोन् शिलाफलक-लेख, राजा प्रकाशधर्म का। ऊपर के लेखों की तरह यह लेख भी संस्कृत में है। यह शकाब्द 579 (657 ई.) का है। इसमें राजा की विस्तृत वंशावली दी गई है।
5. याङ-तिकुल् शिलाफलक-लेख, शकाब्द 721 (799 ई.), राजा इंद्रवर्मा प्रथम का।
6. ग्लाइ-लमो शिलाफलक-लेख, शकाब्द 723 (801 ई.) राजा इंद्रवर्मा का।
7. बो-नाङ शिलाफलक-लेख, शकाब्द 811 (889 ई.) इंद्रवर्मा द्वितीय का।

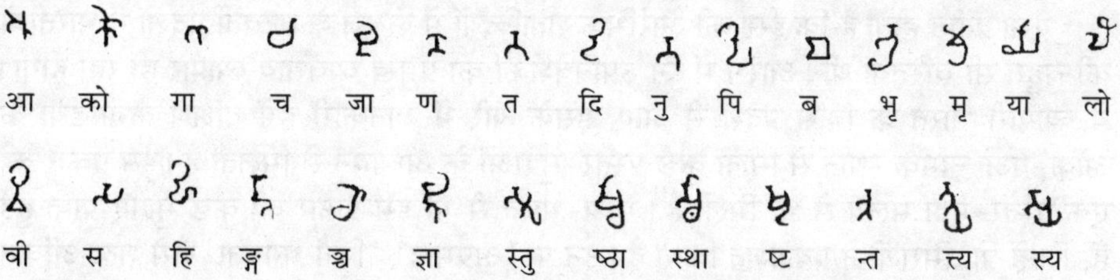

चित्र 31.21 चंपा के राजा श्रीमार के (वो-कान्ह) शिलालेख (चौथी शताब्दी ई.) के अक्षर

8. पो-नगर शिलाफलक-लेख, शकाब्द 840 (918 ई.) इंद्रवर्मा तृतीय का।
9. पो-नगर मंदिर-लेख, शकाब्द 972 (1050 ई.) परमेश्वरवर्मा द्वितीय का।
10. मय-सोन् मंदिर-लेख, शकाब्द 1085 (1163 ई.) जय इंद्रवर्मा चतुर्थ का।

ये सभी लेख संस्कृत भाषा में हैं। इनके अलावा चंपा की अपनी स्थानीय भाषा (चाम) में भी एक प्राचीन अभिलेख अनाम के कुआङ-नाम प्रांत के दौङ-येन-चाउ नामक स्थान से मिला है। प्रो. कोएदेस् के अनुसार यह लेख, न केवल चाम भाषा का, बल्कि सारी मलय-पोलिनेशी भाषाओं का अब तक उपलब्ध प्राचीनतम अभिलेख है। इसकी लिपि पांचवीं शताब्दी के मालव तथा गुजरात के शिलालेखों की लिपि से मिलती है। इसके अक्षरों के सिरों पर ठोस चौखटें हैं। इसलिए इसकी लिपि के आधार पर इसे पांचवीं शताब्दी का माना जा सकता है।

फोनन्

चंपा के पश्चिम में जो प्रदेश था, उसे चीनी लोग फूनान कहते थे। पता चलता है कि यहां के राजवंश का संस्थापक कौंडिन्य नामक व्यक्ति था। उसने यहां की रानी को हराकर, उससे विवाह करके, इस राज्य पर अधिकार कर लिया था। इस राज्य के आरंभिक दिनों के बारे में चीनी इतिहास से ही अधिक जानकारी मिलती है। कौंडिन्य के बाद तीसरी शताब्दी ई. के पूर्वार्ध के फोन्-चे-मन् राजा ने इस राज्य का विस्तार किया और मलय को भी जीता। 438 ई. में जयवर्मा-कौंडिन्य फूनान में राज्य करता था। इस राजा ने अपने देश के कुछ व्यापारियों को वाणिज्य के लिए कंतान भेजा था।

छठी शताब्दी के उत्तरार्ध में फूनान पर कंबुज राज्य का अधिकार हो जाता है। इस प्रदेश (कंबोडिया) से प्राप्त अभिलेखों का वर्णन हम कंबुज के अंतर्गत ही करेंगे।

कंबुज (ख्मेर)

संभव है कि भारत के पश्चिमोत्तर प्रदेश के प्राचीन कंबोज देश के नाम पर इस देश का यह नाम पड़ा हो। परंतु यहां से प्राप्त शकाब्द 869 (947 ई.) के एक शिलालेख से ज्ञात होता है कि कंबु ऋषि और अप्सरा मेरा के संयोग से कंबुज-राजवंश का उदय हुआ, ऐसी मान्यता यहां प्रचलित थी।

इस देश तथा इसकी स्थानीय भाषा का नाम 'ख्मेर' है। मोन् भाषाओं के साथ मिलकर यह मोन्-ख्मेर भाषा-उपवर्ग आग्नेय-एशियाई भाषा-परिवार का एक प्रमुख वर्ग है। किसी समय इस भाषा-परिवार का क्षेत्र बहुत ही विशाल था। मलय और जावा की भाषाएं भी इस परिवार से संबंध रखती हैं। छोटा नागपुर की मुंडा, असम की खासी, निकोबारी आदि भाषाओं की गणना इसी परिवार के अंतर्गत होती है।

ऐसा प्रतीत होता है कि ईसा की आरंभिक शताब्दियों में कंबुज के तटवर्ती प्रदेशों में भारतीयों की बहुत सी बस्तियां थीं। आरंभ में इन उपनिवेशकों का प्रमुख व्यवसाय व्यापार ही रहा होगा। ये व्यापारी भारत के किस प्रदेश से आए, इसके बारे में जानकारी हमें दक्षिण कंबोडिया के ओक्-एओ नामक स्थान से मिलीं कुछ प्रस्तर-मुद्राओं के अध्ययन से मिलती है। इस प्रकार की एक प्रस्तर-मुद्रा मलय से भी मिली है। मध्य-भारत से भी इस प्रकार की कुछ मुद्राएं प्राप्त हुई हैं, जिन्हें प्रो. मिराशी ने प्रकाशित किया है। उन पर 'अप्रमाद', 'जितं भगवता' जैसे शब्द अंकित हैं, और उनके अक्षरों के अध्ययन के आधार पर मिराशी इन्हें चौथी शताब्दी ई. का मानते हैं।

दक्षिण कंबोडिया की ओक्-एओ की मुद्राओं में से कुछ की प्रतिलिपि हम यहां दे रहे हैं :

चूंकि भारत में भी इस प्रकार की मुद्राएं मिली हैं, इसलिए माना जा सकता है कि ये कंबोडिया में नहीं, बल्कि भारत में ही बनाई गई होंगी। इन पर अंकित अक्षरों की शैलियों का अध्ययन करके यह भी पता लगाया जा सकता है कि ये भारत के किस भाग से गई होंगी और किस काल में बनी होंगी।

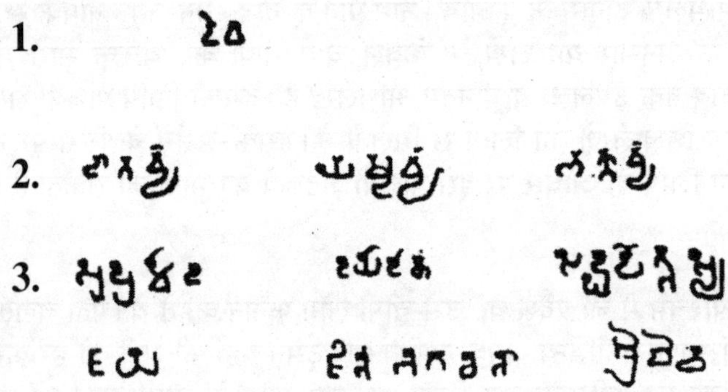

(1) *देव*
(2) *दातव्यं* *यष्टव्यं* *भक्तव्यं*
(3) *अप्रमाद* *दयादानं* *सङ्घपोत्तस्य*
जय *जितं भगवता* *श्रीबिच*
(4) *विष्णुमित्रस्य* *श्रीमगय*

चित्र 31.22 *दक्षिण कंबोडिया में ओक्-एओ नामक स्थान से प्राप्त कुछ मुद्राएं (दानी के आधार पर)*

वर्ग (1) के अंतर्गत इस प्रकार के अक्षरों की यह एक ही मुद्रा मिली है। इन दो अक्षरों (देव) को देखने से पता चलता है कि यह मुद्रा उत्तर भारत से गई है, और यह संभवत: तीसरी शताब्दी ई. की है। इन दोनों अक्षरों के सिरों पर शिरोरेखाएं हैं। 'ए' की मात्रा बाईं ओर टेढ़ी है। इस प्रकार के अक्षर क्षत्रपों के लेखों में मिलते हैं।

वर्ग (2) के अक्षरों पर भी शिरश्चिह्न हैं। 'आ' की मात्रा नीचे मुड़ गई है और अनुस्वार का चिह्न, केवल एक बिंदु न होकर, छोटी आड़ी लकीर है। इस प्रकार की विशेषताएं पांचवीं शताब्दी के गुजरात के लेखों में देखने को मिलती हैं।

वर्ग (3) के अंतर्गत यहां 6 मुद्राएं दी गई हैं। इन सभी मुद्राओं के अक्षरों के सिरों पर ठोस चौकोन हैं। प्रो. मिराशी ने मध्य भारत से प्राप्त जिन मुहरों को प्रकाशित किया है, वे भी इसी प्रकार की हैं। इस प्रकार के सिरों वाले अक्षर वाकाटकों के लेखों में देखने को मिलते हैं। इसलिए इन्हें ईसा की चौथी-पांचवीं शताब्दी का माना जा सकता है।

वर्ग (4) के अंतर्गत यहां दो मुद्राएं दी गई हैं। 'विष्णुमित्रस्य' मुद्रा के अक्षरों के सिरे ठोस त्रिकोण के हैं। ठोस त्रिकोणवाले सिरों के अक्षर हमें उत्तर भारत के लेखों में ईसा की चौथी शताब्दी से मिलने लग जाते हैं।

इन सभी मुद्राओं की अक्षर-शैलियों पर विचार करने से यही परिणाम निकलता है कि इन मुद्राओं का निर्माण उत्तर भारत में, विशेषत: गुजरात और मालव प्रदेश में, हुआ था। वस्तुत: संपूर्ण दक्षिण-पूर्व एशिया के आरंभिक अभिलेखों में हम पश्चिम भारत की लिपि-शैली का ही अधिक प्रभाव देखते हैं।

जयवर्मा (मृत्यु 514 ई.) का पुत्र रुद्रवर्मा फूनान का अंतिम राजा था। इसी रुद्रवर्मा को पराजित करके भववर्मा तथा उसके अनुज चित्रसेन (महेंद्रवर्मा) ने कंबोज राज्य की स्थापना की थी। भववर्मा के दो लेख मिले हैं। इनमें से हान्-चे वाले शिलालेख में भववर्मा के सामंत उग्रपुर के अधिपति ने अपने स्वामी की प्रशंसा की है। भववर्मा का दूसरा शिलालेख फ़्नोम्-प्राह् (विहार) से मिला है। इन दोनों लेखों में वर्ष नहीं है। किंतु इनकी लिपि के आधार पर इन्हें छठी शताब्दी के उत्तरार्ध का माना जा सकता है। भववर्मा का फ्रोम बनतेअई-नेआङ (स्यामी सीमा पर स्थित बतेबंग प्रांत में) से शिवलिंग की पीठिका पर उत्कीर्ण एक लेख मिला है, जिसमें संस्कृत में लिखा है :

''धनुष के पराक्रम से जीती निधियों को प्रदान कर उभयलोक-करधारी राजा श्री भववर्मा ने इस लिंग की प्रतिष्ठा की।''

इसी प्रकार, भिअल्कन्तेल से भी भववर्मा का एक लेख मिला है, जिसकी केवल तीन पंक्तियां पढ़ी जा सकी हैं। ये सभी लेख छठी शताब्दी के उत्तरार्ध के हैं।

भववर्मा के बाद उसका अनुज चित्रसेन, महेंद्रवर्मा के नाम से, कंबोज की गद्दी पर बैठा। बयाङ या ब्याङ नामक स्थान से महेंद्रवर्मा का एक शिलालेख मिला है। उसमें संवत् दिया हुआ है। इस शिलालेख से पता चलता है कि महेंद्रवर्मा का शासन शकाब्द 526-46 (604-24 ई.) में था। संस्कृत भाषा में लिखे गए इस शिलालेख में शिवपद के दान का वर्णन है। इस लेख की एक और विशेषता यह है कि इसमें शब्दांक 546 को शब्दांक 'ऋतु अब्धि इंद्रिय' से व्यक्त किया गया है। शिलालेखों में यहां पहली बार शब्दांकों का व्यवहार हमें देखने को मिलता है। (शब्दांकों की विस्तृत जानकारी के लिए देखिए मेरी पुस्तक **भारतीय अंक-पद्धति की कहानी**)।

महेंद्रवर्मा के बाद उसका पुत्र ईशानवर्मा कंबोज की गद्दी पर बैठा। वत्-चक्रेत और आङ-पौ नामक स्थानों से उसके शिलालेख मिले हैं। ईशान के बाद 647 ई. में भववर्मा-द्वितीय का शासन था। शायद यह शासक विशेष प्रसिद्ध नहीं था। उसके बाद 665 ई. में जयवर्मा-प्रथम गद्दी पर बैठा। उसके दो अभिलेखों की जानकारी मिलती है। वत्-प्रे-वियर से मिले उसके अभिलेख में शब्दांकों में शकाब्द 586 (664 ई.) दिया हुआ है। दूसरा लेख जयवर्मा के राजवैद्य तथा आद्यपुर (आङ-चुम्निक) के अधिपति सिंहदत्त का है। इसमें शकाब्द 589 (667 ई.) दिया हुआ है। यह लेख सुंदर संस्कृत में लिखा हुआ है।

जयवर्मा प्रथम के बाद लगभग सौ वर्षों तक कंबोज पर शैलेंद्र-वंश का शासन रहा। उसके बाद कंबोज के प्रसिद्ध राजा जयवर्मा-द्वितीय (802-69 ई.) का शासनकाल कंबोज

के इतिहास का वैभवशाली युग माना जाता है। मरने के बाद इस राजा को 'परमेश्वर' नाम दिया गया था। इसी राजा के काल में बायोन् के विशाल मंदिर तथा अङ्कोरथोम् जैसे सुंदर नगर का निर्माण हुआ था। जयवर्मा-द्वितीय की प्रशंसा में कुछ शिलालेख मिलते हैं, जिनमें स्दोक्-काक्-थोम् का शिलालेख और शकाब्द 817 (905 ई.) का सोमशिव मुनि के एक शिष्य का लेख प्रसिद्ध है।

इसके बाद जयवर्मा-तृतीय (869-77 ई.) ने कंबोज पर शासन किया। तदनंतर इंद्रवर्मा-प्रथम का शासन 877 ई. से आरंभ हुआ। इंद्रवर्मा के कुछ राजकीय लेख मिलते हैं।

इंद्रवर्मा का पुत्र यशोवर्धन 889 ई. में यशोवर्मा के नाम से गद्दी पर बैठा। उसके बहुत से अभिलेख मिलते हैं। उसके शकाब्द 811 के लेख में अंकों को 'चंद्र-चंद्र-अष्ट' शब्दों से व्यक्त किया गया है। उसका बन्तेइछमार-लेख 893 ई. का है और ख्मेर भाषा में लिखा गया है। यशोवर्मा के शिलालेख की लिपि उत्तर भारत की शैली की है।

इसके बाद कंबोज पर और भी बहुत से भारतीय राजाओं ने शासन किया और उनके बहुत से शिलालेख मिलते हैं। उन सबका विवरण यहां देना संभव नहीं। ख्मेर भाषा का भी शिलालेख में उपयोग देखने को मिलता है। लेकिन संस्कृत का भी प्रयोग साथ-साथ चलता रहता है। कंबोज से मिलने वाला संस्कृत का अंतिम शिलालेख 14वीं शताब्दी का है। आज कंबोज में संस्कृत का प्रचार तो नहीं है, किंतु वहां के बौद्ध आज भी पालि भाषा का अध्ययन-अध्यापन करते हैं। वर्तमान ख्मेर वर्णमाला भी भारतीय लिपि से ही निकली है। कंबोज भाषा में बहुत से संस्कृत शब्द भी मिलते हैं, जिन्हें वहां के निवासियों ने अपने उच्चारणों में ढाल लिया है। पहले हम बतला ही चुके हैं कि ख्मेर भाषा ऑस्ट्रिक-एशियाई भाषा-परिवार के मोन्-ख्मेर उपवर्ग की है। ख्मेर भाषा का प्राचीनतम नमूना 629 ई. के एक शिलालेख में देखने को मिलता है।

ကောင်းကင်ဘုံ၌ရှိတော်မူသောအကျွန်ုပ်တို့အဘ၊ ကိုယ်တော်
၏နာမတော်အားရိုသေလေးမြတ်ခြင်းရှိပါစေသော။ နိုင်ငံတော်
တည်ထောင်ပါစေသော။ အလိုတော်သည်ကောင်းကင်ဘုံ၌
ပြည့်စုံသကဲ့သို့၊ မြေကြီးပေါ်မှာပြည့်စုံပါစေသော။ အသက်မွေး

म्यांमी (बर्मी) लिपि

โอ้ พระบิดา แห่ง ข้าพเจ้าทั้งหลาย ผู้ อยู่ในสวรรค์, ให้พระนาม ของ
พระองค์เปนที่นับถือ อัน บริสุทธิ. ให้แผ่นดิน ของ พระองค์มาตั้ง อยู่.
พระไทย ของ พระองค์สำเร็จ ในสวรรค์ อย่างไร, ก็ให้สำเร็จ ในแผ่นดิน
โลกย์ เหมือน กัน ขอ โปรด ประทาน อาหารเลี้ยงข้าพเจ้า ทั้งหลาย ใน กาล

स्यामी (थाई) लिपि

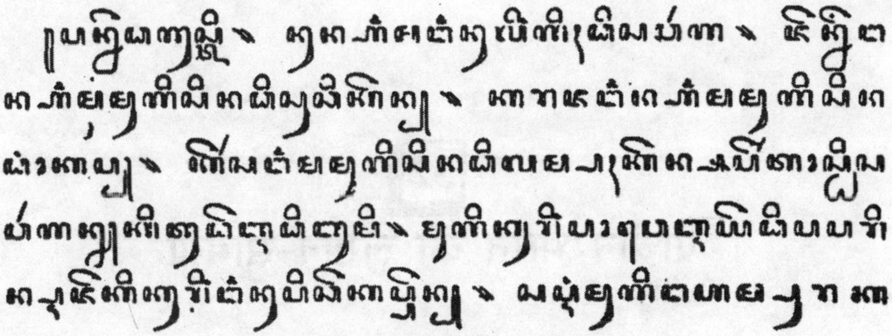

जावी लिपि

ພະບິດາ ຂອງ ຂ້າ ພະເຈົ້າ ທັງ ຫຼາຍ ຜູ້ຢູ່ ໃນ
ສວັນ ເຫັບານຊື່ ຂອງ ພະອົງ ເປັນທີ່ນັບ ຖືອັນ
ບໍລິສຸດ ຈໍ ເຫັ ແຜ່ນດິນ ແຫ່ງ ພະອົງ ມາ ຕັ້ງ ຢູ່

लाओस की लिपि

चित्र 31.23

32

प्राचीन भारत की लेखन-सामग्री

आज लेखन के लिए प्रमुखतः कागज और कलम का उपयोग होता है। टाइपराइटर का इस्तेमाल पिछले करीब डेढ़ सौ सालों से हो रहा है। मगर अब कंप्यूटर-मशीन लेखन, प्रकाशन और प्रसारण का प्रमुख साधन बनती जा रही है, बड़ी तेजी से। वह समय भी अब दूर नहीं जब कंप्यूटर के साथ सीधे 'बातचीत' हो सकेगी। आगे मानव के विचारों को वहन और प्रस्तुत करने की जिम्मेवारी अधिकांशतः कंप्यूटर ही संभाल लेंगे।

मानव-जाति के इतिहास में लेखन-सामग्री ने बड़े महत्व की भूमिका अदा की है। लेखन-सामग्री ने न केवल मानव संस्कृति व इतिहास को सुरक्षित रखने में योग दिया है, बल्कि लिपि, भाषा और मनुष्य की चिंतनधारा को भी काफी गहराई से प्रभावित किया है। अतः प्राचीन लेखन-सामग्री को जानने का मतलब है—प्राचीन संस्कृति को ठीक से समझना। विज्ञान और टेक्नोलॉजी के इतिहास की दृष्टि से भी लेखन-सामग्री संबंधी जानकारी का बड़ा महत्व है। यहां हम प्रमुखतः भारतीय लेखन-सामग्री पर ही विचार करेंगे।

चित्र 32.1 (अ) तीर-कमान और अन्य वस्तुओं के साथ मानव-आकृतियां। शैलाश्रय चित्र, इंदिरा गांधी राष्ट्रीय मानव संग्रहालय परिसर, भोपाल

लेखन की प्राचीनता

आज भले ही कागज का खूब इस्तेमाल होता हो, मगर इसकी खोज भारत में नहीं हुई। 'कागज' शब्द अरबी का है। भारत में कागज का प्रयोग पिछले करीब एक हजार साल से हो रहा है। उसके पहले हमारे देश में लेखन के लिए प्रमुखतः ताड़पत्र, भूर्जपत्र और ताम्रपत्र का प्रयोग होता रहा है। इनके

अलावा, अगरुपत्र, कपड़ा, कांच, काष्ठ, चमड़ा, पाषाण, स्वर्ण व रजतपत्र, मिट्टी की ईंटों व मुहरों तथा शंख व हाथीदांत जैसी वस्तुओं का भी लेखन के लिए उपयोग हुआ है। आज ये चीजें संग्रहालयों में पहुंच गई हैं, परंतु हमें हमेशा स्मरण रखना चाहिए कि इस प्राचीन लेखन-सामग्री ने दीर्घकाल तक भारतीय संस्कृति और ज्ञान-विज्ञान की अमूल्य सेवा की है। इसलिए कागज के इतिहास को जानने के पहले प्राचीन लेखन-सामग्री के योगदान को, संक्षेप में ही सही, समझ लेना जरूरी है।

भीमबैठका, पचमढ़ी, मिर्जापुर, आदमगढ़ (होशंगाबाद) आदि अनेक स्थानों से दस-पंद्रह हजार साल पुराने शैलचित्र मिले हैं। प्रागैतिहासिक मानव की जीवनचर्या को प्रदर्शित करने वाले ये शैलचित्र, जिन्हें हम आदिम चित्रलिपि के चिह्न भी मान सकते हैं, अधिकतर लाल, हरे और सफेद रंगों से बने हैं। ये रंग स्थानीय वनस्पति और खनिजों से तैयार किए गए हैं। उदाहरण के लिए, भीमबैठका की पहाड़ी पर आज भी एक ऐसा पेड़ पाया जाता है जिसके डंठलों से गोंद जैसा सफेद रस निकलता है। उसी डंठल का कूंची की तरह उपयोग करके उसके रस से सफेद चित्र बनाए जा सकते हैं, बनाए गए हैं। उस रस का उपयोग किसी स्थानीय वनस्पति या खनिज के हरे अथवा लाल रंग को पक्का बनाने के लिए भी किया जा सकता है, वस्तुतः किया गया है। भीमबैठका तथा कुछ अन्य स्थानों के शैलचित्रों के साथ संक्षिप्त ब्राह्मी लेख भी मिले हैं, इसलिए स्पष्ट है कि प्राचीन भारत में लेखन-सामग्री के तौर पर शिलाखंडों और प्राकृतिक रंगों का इस्तेमाल कई हजार साल तक होता रहा है।

चित्र 32.1 (ब)   सिंधु सभ्यता की उत्कीर्ण मुद्रा

सिंधु सभ्यता (2600-1800 ई.पू.) के संक्षिप्त लेख, जिनकी संख्या लगभग चार हजार है, सेलखड़ी की मुहरों, ताम्रपट्टियों, लघुप्रस्तरों, कांसे के औजारों, हाथीदांत व हड्डियों के दंडों, मिट्टी के बर्तनों तथा उनके ठीकरों पर अंकित देखने को मिलते हैं। हम नहीं जानते कि अपने दैनंदिन व्यवहार में सिंधुजन किस लेखन-सामग्री का इस्तेमाल करते थे। उनके समकालीन मेसोपोटामियावासी एक छोटी कील से गीली मिट्टी के फलकों पर अक्षर उकेरते थे। वे कीलाक्षर लेख पढ़े जा चुके हैं, परंतु सिंधु लिपि अभी अज्ञेय बनी हुई है।

वैदिक काल में लेखन-कला ज्ञात थी या नहीं, यह एक विवादास्पद विषय रहा है। मैक्स मूलर जैसे आरंभिक प्राच्यविद्या पंडितों का मत था कि वेदों और ब्राह्मण-ग्रंथों में लिपि तथा लेखन-सामग्री का कोई उल्लेख नहीं है। परंतु इधर के वर्षों में वैदिक काल में लेखन के अस्तित्व के बारे में कई प्रमाण मिले हैं। यह सही है कि वेदों को श्रुति (श्रवणीय रचना) कहा जाता है, परंतु **शतपथ**

ब्राह्मण का वचन है कि वामदेव ऋषि ने ऋचा 'देखकर संपादन किया'। उसी तरह, **ऐतरेय ब्राह्मण** का उल्लेख है कि ऋषि ने 'ऋचा देखकर पढ़ी'। **ऋग्वेद** में गाय के कान पर, पहचान के लिए, अंक-संकेत दागने का उल्लेख है। इस तरह के कई उल्लेख वैदिक वाङ्मय में देखने को मिलते हैं। सारांश यह है कि उस समय श्रवणीय रचनाएं लिखित रूप में भी उपलब्ध रही हैं।

बौद्ध जातकों में लेखन के कई उल्लेख मिलते हैं। पाणिनि (लगभग 500 ई.पू.) की **अष्टाध्यायी** में 'ग्रंथ', 'लिपिकर', 'यवनानी लिपि' और गायों के कानों पर, पहचान के लिए, अंक दागने की प्रथा का उल्लेख है। **महाभारत** में 'ग्रंथ' शब्द ताड़पत्र अथवा भूर्जपत्र की पोथी के अर्थ में ही प्रयुक्त हुआ है। पाणिनि ने **अष्टाध्यायी** के अन्य सूत्रों को देखने (अन्योभ्योऽपि दृश्यते) का कई बार निर्देश दिया है, इसलिए व्याकरण के नियमों की इस कृति का लिपिबद्ध होना सुनिश्चित है। पर उस समय की लेखन-सामग्री के बारे में सुस्पष्ट जानकारी नहीं मिलती।

पाषाणीय शिलालेख

प्रारंभिक काल के भारतीय लेख, उन्हें चिरस्थायी बनाने की दृष्टि से, पाषाणों पर उत्कीर्ण देखने को मिलते हैं। पाषाणीय लेख चट्टानों, शिलाओं, स्तंभों, मूर्तियों तथा उनके आधार-पीठों और पत्थर के कलश या उनकी ढक्कन जैसी वस्तुओं पर पाए जाते हैं। कभी-कभी पाषाण को चिकना किए बिना ही लेख खोद दिए जाते थे। परंतु जब प्रशस्ति जैसे लेख उत्कीर्ण करने होते तो पत्थर को काट-छांट और छीलकर चिकना किया जाता था। कभी-कभी चिकने पत्थर से रगड़कर उसे चमकीला भी बनाया जाता था। लेख की रचना कोई कवि, विद्वान अथवा राज्य का उच्चाधिकारी करता था। लेखक उसे स्याही या खड़िया से पत्थर की सतह पर लिख देता था। पट्टी अथवा रंग में डुबोए गए धागे से पत्थर पर सीधी रेखाएं खींची जाती थीं। अंत में शिल्पी छेनी से अक्षरों को उत्कीर्ण कर देता था। कभी-कभी पुस्तकें भी, उन्हें चिरस्थायी रखने के प्रयोजन से, चट्टान या शिलाओं पर खोद दी जाती थीं। उदाहरणार्थ, धार (मालवा) से राजा भोज का **कूर्मशतक** नामक प्राकृत काव्य शिलाओं पर खुदा हुआ मिला है।

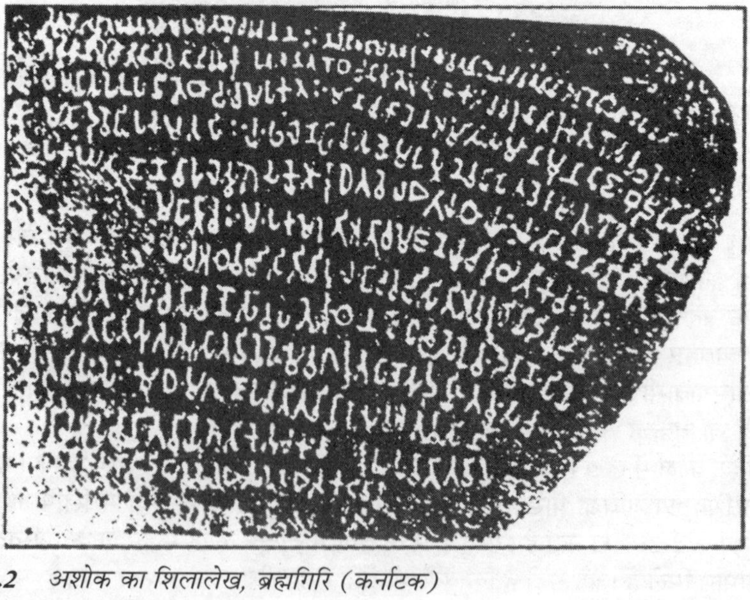

चित्र 32.2 अशोक का शिलालेख, ब्रह्मगिरि (कर्नाटक)

पाषाण-फलकों पर अभिलेख प्राय: पहले उत्कीर्ण किए जाते थे; उसके बाद उन्हें उपयुक्त जगहों पर स्थापित कर दिया जाता था। अभिलेखों की खुदाई बहुत सावधानी से की जाती थी। कभी-कभी पत्थर में टूट या चटक आ जाती तो उसे धातु द्वारा भर दिए जाने के भी उदाहरण मिलते हैं। लंबी प्रशस्तियां और ग्रंथ शिलापट्टों पर लिखे गए हैं। कुंभलगढ़ (राजस्थान) के कुंभिस्वामिन् या मामादेव मंदिर का राणा कुंभा (1433-69 ई.) का लेख पांच शिलापट्टों पर खोदा हुआ था।

चित्र 32.3 अशोक का स्तंभलेख, लुंबिनी (नेपाल)

स्तंभों पर लेख उत्कीर्ण करने की परंपरा बहुत पुरानी है। संभवत: प्राचीनतम स्तंभलेख सम्राट अशोक (272-232 ई.पू.) के हैं। इन पर मिलने वाले अभिलेखों में इन्हें शिलास्तंभ कहा गया है। ये स्तंभ चुनार (उत्तर प्रदेश) के बलुआ-पत्थर से बने हैं, एक ही शिलाखंड के हैं और इन पर बढ़िया पॉलिश की हुई है। इनमें से कुछ स्तंभों की ऊंचाई लगभग 16-17 मीटर है और भार करीब 50 टन। अशोक के इन शिलास्तंभों को दिल्ली, इलाहाबाद, लुंबिनी, लौरिया नंदनगढ़ आदि स्थानों पर देखा जा सकता है। स्वतंत्र भारत का सिंहाकृति वाला राष्ट्रचिह्न अशोक के सारनाथ वाले स्तंभ का शीर्षभाग है।

शिलास्तंभ के अलावा भी कई तरह के स्तंभ हैं। ध्वजस्तंभ मंदिर के सामने खड़े किए जाते थे और इन पर लेख भी मिलते हैं। जयस्तंभ पर किसी विजेता राजा की प्रशस्ति रहती है। किसी पुण्यकार्य का यशभागी बनने के लिए कीर्तिस्तंभ स्थापित किए गए हैं। शत्रुओं से लड़ते हुए वीरगति प्राप्त करने पर अभिलेखयुक्त वीरस्तंभ खड़े किए जाते थे। स्तंभों के अन्य प्रकार हैं—सतीस्तंभ, धर्मस्तंभ, स्मृतिस्तंभ। यज्ञोपरांत बलि को बांधने के लिए बनाए गए स्तंभ को यूपस्तंभ कहा जाता था। इन पर भी लेख मिले हैं।

ईंट, स्वर्ण, रजत, काष्ठ आदि

मिट्टी की कच्ची या पकाई ईंटों पर बहुत से अभिलेख मिले हैं। मेसोपोटामिया के कीलाक्षर लेख मिट्टी के फलकों पर ही लिखे गए थे। सिंधु सभ्यता के स्थलों से मिट्टी की अक्षरांकित अनेक मुहरें मिली हैं। नालंदा से भी मिट्टी की अभिलिखित मुद्राएं मिली हैं। कुछ राजाओं के अश्वमेध यज्ञ से संबंधित अभिलेख ईंटों पर लिखे मिले हैं। भारत से मिले ईंटों पर अंकित आरंभिक लेख बौद्ध धर्म से संबंधित हैं। ईंटों के अलावा मिट्टी के पात्रों पर भी लेख खुदवाए जाते थे।

चित्र 32.4 देवी सरस्वती, हाथ में पुस्तक, आधार-पीठ पर कुषाण ब्राह्मी लेख, मथुरा (दूसरी सदी ई.)

चित्र 32.5 सिद्धार्थ की जन्मकुंडली तैयार करते हुए एक शाक्य राजलेखक, जिसके बाएं हाथ में जंघा पर पत्रों का संचय और दाएं हाथ में मूठ वाली लौह शलाका है

शंखों पर, हाथीदांत तथा कांच की मुद्राओं पर, लकड़ी के शहतीरों व स्तंभों पर और स्फटिक जैसे कीमती पत्थरों पर भी लेख मिले हैं। सोना और चांदी के पत्तरों पर भी लेख उत्कीर्ण किए जाते थे। तक्षशिला से स्वर्णपत्र पर एक खरोष्ठी लेख मिला है। ढाका के एक ताल से 24 मोटे स्वर्णपत्रों पर लिखी एक पुस्तक मिली थी। भट्टिप्रोलु (कृष्णा जिला, आंध्र प्रदेश) और तक्षशिला (रावलपिंडी जिला, पाकिस्तान) से रजतपत्र पर लेख मिले हैं।

लिखने के लिए लकड़ी की तख़्ती या काष्ठफलक का प्रयोग प्राचीन काल से होता आ रहा है। बौद्ध जातक कथाओं में प्राथमिक शालाओं में शिशुओं की शिक्षा के प्रसंग में 'फलक' का उल्लेख है। कात्यायन और दंडी ने पांडुलेख (खड़िया) से काष्ठफलक पर लिखित राजकीय घोषणाओं का उल्लेख किया है। लकड़ी की इन स्लेटों पर मुलतानी मिट्टी या खड़िया पोत दी जाती थी। फिर उस पर ईंटों का चूरा बिछाकर तीखे गोल मुख की लकड़ी की कलम से लिखते थे। काष्ठ की चीजों पर कई लेख मिले हैं। जैसे, भाजा गुफाचैत्य (महाराष्ट्र) की लकड़ी की कड़ियों पर लेख उत्कीर्ण हैं।

सन् 1965 में अंबाला जिले (हरियाणा) के सुघ (प्राचीन स्रुघ्न) से मिट्टी से बना एक खिलौना मिला। इसमें एक बालक को बैठा हुआ और गोद में एक तख्ती लिए हुए दरशाया गया है। तख्ती ठीक उसी प्रकार की है, जैसी आजकल के प्राथमिक पाठशाला के विद्यार्थी इस्तेमाल करते हैं। यह खिलौना शुंग काल (ई.पू. दूसरी सदी) का है (देखिए चित्र, 26वां अध्याय)।

ईसा की सातवीं सदी से फलक के लिए 'पाटी' शब्द का प्रयोग होने लगा और 'पाटीगणित' का अर्थ हो गया अंकगणित। भास्कराचार्य (1150 ई.) ने अंकगाणित को 'धूलिकर्म' भी कहा है। पाटी या जमीन पर धूल बिछाकर उंगली या एक छोटी लकड़ी की नोंक से अंक लिखे जाते थे, गणनाएं की जाती थीं, इसलिए यह धूलिकर्म शब्द अस्तित्व में आया।

कपड़ा

प्राचीन भारत में लिखने के लिए सूती कपड़े के खंड (संस्कृत में 'पट') का भी काफी इस्तेमाल हुआ है। सिकंदर के नौसेनाध्यक्ष नियार्कस (ई.पू. चौथी सदी) का उल्लेख है कि भारतीय लोग अच्छी तरह कूटे गए कपास के कपड़े पर पत्र लिखते थे। कपड़े के छिद्रों को बंद करने के लिए आटा, चावल का मांड़ या लेई अथवा पिघला हुआ मोम लगाकर परत सुखा लेते थे और फिर अकीक, पत्थर या शंख आदि से घोटकर उसे चिकना बनाते थे। उसके बाद लिखने या चित्र बनाने के लिए उस 'कार्पासिक पट' का उपयोग किया जाता था। आमतौर पर ऐसे पटों का उपयोग पूजा-पाठ के यंत्र-मंत्र लिखने के लिए होता था। पुराने समय में कपड़े के पटों पर पंचांग लिखे जाते थे और जन्म-कुंडलियां भी बनाई जाती थीं। राजस्थान से पटों वाले ऐसे पंचांगों की कई कुंडलियां मिली हैं। केरल और कर्नाटक के इलाकों में इमली के बीजों के चूरे की लेई बनाकर उसे कपड़े पर लगाया जाता था। सूख जाने पर उसे लकड़ी के कोयले से काला कर दिया जाता था। तब व्यापारी लोग सफेद खड़िया से उस काले पट पर अपना हिसाब-किताब लिखते थे। श्रृंगेरी मठ से ऐसी कई बहियां, जिन्हें 'कडितम्' कहते थे, मिली हैं।

चित्र 32.6 सोहगौरा ताम्रपट (संभवतः ई.पू. चौथी सदी)

लिखने के लिए रेशमी कपड़े का भी यदा-कदा इस्तेमाल हुआ है। अल्बेरूनी (973-1048 ई.) लिखते हैं कि काबुल के शाहियावंशी राजाओं की रेशम के कपड़े पर लिखी हुई वंशावली नगरकोट के किले में होने की उन्हें जानकारी मिली थी, मगर वे उसे देख नहीं पाए।

चित्र 32.7 विष्णुकुंडी विक्रमेंद्रवर्मन्-द्वितीय के चिक्कुल्ल दानपत्र— कड़ी और राजमुद्रा सहित

जब मिस्र से पेपीरस-कागज मिलना कठिन हो गया, तो यूनानियों ने ई.पू. दूसरी सदी से चर्मपट पर लिखना शुरू कर दिया था। पश्चिम एशिया और यूरोप में मध्यकाल तक लिखने के लिए चर्मपट का काफी इस्तेमाल हुआ। मगर भारत में लेखन-सामग्री के रूप में चर्मपट का उपयोग नहीं के बराबर हुआ है। अल्बेरूनी लिखते हैं, ''प्राचीन काल के यूनानियों की तरह भारत में चर्म पर लिखने का प्रचलन नहीं है।'' कुछ बौद्ध ग्रंथों में लिखने के लिए चमड़े के उपयोग के उल्लेख मिलते हैं। सुबंधु (600 ई.) की कृति **वासवदत्ता** की एक उपमा से पता चलता है कि लिखने के लिए बाघ या चीते की खाल (संस्कृत में 'अजिन') का प्रयोग होता था। मध्य-एशिया के कुछ स्थलों से चमड़े पर लिखे हुए लेख मिले हैं।

धातुएं

लोहे पर भी लेख खोदे जाते थे। सबसे प्रसिद्ध है दिल्ली में कुतुब मीनार के पास खड़े लौहस्तंभ पर गुप्तकालीन ब्राह्मी लिपि (ईसा की चौथी-पांचवीं सदी) में उत्कीर्ण किसी राजा 'चंद्र' का छह पंक्तियों का संस्कृत लेख। उत्तराखंड के गोपेश्वर मंदिर के प्रांगण में गड़े हुए लोहे के करीब पांच मीटर ऊंचे त्रिशूल पर ईसा की सातवीं सदी की लिपि में एक संस्कृत लेख खुदा हुआ है। आबू पर्वत के अचलेश्वर मंदिर में खड़े लोहे के विशाल त्रिशूल पर 1411 ई. का एक लेख है। पीतल की मूर्तियों के पादपीठों और कांसे की घंटियों पर भी लेख अंकित देखने को मिलते हैं। सोने, चांदी और तांबे के सिक्कों पर लगाए जाने वाले ठप्पे लोहे के ही बनते थे।

प्राचीन और मध्यकालीन भारत में धातुओं के अंतर्गत तांबे का लेखन के लिए सबसे अधिक उपयोग हुआ है। राजाओं द्वारा दिए गए दान और अधिकारपत्र तांबे की पट्टिकाओं पर अंकित

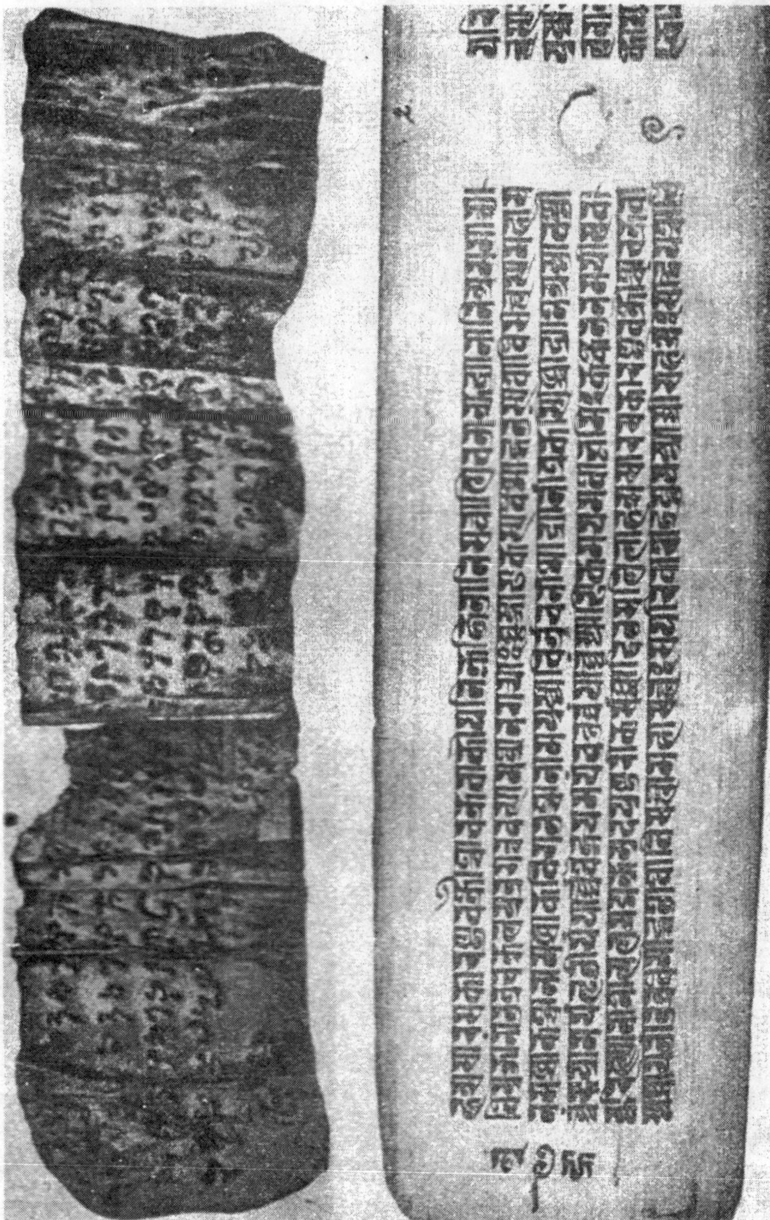

चित्र 32.8 (ऊपर) रजतपत्र पर खरोष्ठी लेख, धर्मराजिका स्तूप, तक्षशिला (76 ई.)
(नीचे) रंजना लिपि में एक ताड़पत्र-हस्तलिपि, नेपाल (1165 ई.)

चित्र 32.9 लौहस्तंभ लेख, मेहरौली, दिल्ली (लगभग 450 ई.)

किए जाते थे। उन्हें ताम्रपत्र या ताम्रशासन कहते थे। पता चलता है कि राजा कनिष्क ने महायान बौद्ध धर्म के ग्रंथों को ताम्रपटों पर खुदवाकर और पत्थर की पेटियों में बंद करके कश्मीर के एक स्तूप में सुरक्षित रखवा दिया था। चीनी यात्री फाहियान (400 ई.) बताते हैं कि भारत के बौद्ध विहारों में दानों से संबंधित ताम्रपटों को सुरक्षित रखने की प्रथा काफी पुरानी है।

ताम्रपट दो तरीकों से तैयार किए जाते थे : (1) हथौड़े से ठोककर और फिर उकेरकर, और (2) बालू के सांचे में ढालकर। इच्छित आकार के जो ताम्रपट हथौड़े से ठोककर बनाए गए हैं उन पर ठठेर के चिह्न आसानी से पहचाने जा सकते हैं। ताम्रपट पर मूल पाठ को कभी स्याही से और कभी सूई से खरोंचकर लिखा जाता था। तदनंतर कारीगर किसी तीक्ष्ण औजार से उन पर अक्षर खोदता था। दक्षिण भारत के कुछ ताम्रपटों में अक्षर खरोंच जैसे प्रतीत होते हैं। ऐसे ताम्रपटों पर पहले गीली मिट्टी जैसे किसी पदार्थ की तह बिछाकर और उसके लगभग सूख जाने पर टांकी से खुदाई की जाती थी। कुछ आरंभिक ताम्रपटों में लकीरों की बजाय बिंदु-बिंदु से भी अक्षर खोदे गए हैं।

बालू के सांचे में अक्षर और संकेत बनाकर ढालने का सबसे पुराना उदाहरण है सोहगौरा (गोरखपुर जिला) ताम्रपट, जो संभवतः सम्राट अशोक के कुछ पहले का है। इसलिए इस ताम्रपट पर अक्षर व चिह्न उभरे हुए हैं। गलत अक्षर खोदे जाने पर वहां हथौड़े से पीटकर और काट-छांटकर सही अक्षर बनाए जाते थे या फिर उन्हें हाशिए पर लिख दिया जाता था। लेखन की सुरक्षा के लिए ताम्रपट के किनारों को कुछ मोटा बनाया जाता या थोड़ा उठा दिया जाता। यदि दो से अधिक ताम्रपट हों तो उनमें बाईं ओर छेद करके उसमें तांबे की कड़ी पिरो दी जाती थी। आमतौर से एक दानपत्र में ताम्रपटों की संख्या दो से नौ तक है। मगर लाइडेन (हॉलैंड) विश्वविद्यालय के संग्रहालय में रखे राजेंद्र चोळ के दानपत्र में 21 ताम्रपत्र हैं। तांबे की मूर्तियों और ताम्रपत्रों पर भी लेख या नाम खुदे हुए देखने को मिलते हैं।

ताड़पत्र

प्राचीन भारत में ताड़पत्र लेखन का एक प्रमुख साधन रहा है। ताल या ताड़ वृक्ष दो प्रकार के होते हैं—खरताड़ और श्रीताड़। खरताड़ के वृक्ष राजस्थान, गुजरात और पंजाब में कहीं-कहीं मिल जाते हैं। इनके पत्ते मोटे और कम लंबे होते हैं। ये सूखकर तड़कने लगते हैं और कच्चे तोड़ लेने पर जल्दी ही सड़ या गल जाते हैं। इसलिए इनका उपयोग पोथियां लिखने में नहीं हुआ है। श्रीताड़ के वृक्ष मलाबार तट, बंगाल, म्यांमार और श्रीलंका में बड़ी तादाद में उगते हैं। इनके पत्ते एक मीटर से कुछ अधिक लंबे और करीब दस सेंमी. चौड़े होते हैं। श्रीताड़ के पत्ते ज्यादा समय तक टिकते हैं, इसलिए ग्रंथ-लेखन और चित्रांकन के लिए अधिकतर इन्हीं का उपयोग हुआ है।

ग्रंथ लिखने के लिए जिन ताड़पत्रों का उपयोग होता था उन्हें पहले सुखा देते थे। फिर उन्हें कुछ घंटों तक पानी में उबालकर या भिगोए रखकर पुनः सुखाया जाता। तदनंतर शंख, कौड़ी या चिकने पत्थर से उन्हें घोटते थे। फिर उन्हें इच्छित आकार में काटकर लोहे की कलम (शलाका) से उन पर अक्षर कुरेदे जाते। फिर पत्रों पर कज्जल पोत देने से अक्षर काले हो जाते थे। दक्षिण भारत में अधिकतर इसी तरह ताड़पत्र पोथियां तैयार की जाती थीं। उत्तर भारत में ताड़पत्रों पर प्रायः स्याही से लेखनी द्वारा लिखा जाता था। संस्कृत में 'लिख्' धातु का अर्थ है 'कुरेदना' और 'लिप्' धातु का अर्थ है 'लीपना'। अतः लगता है कि ताड़पत्र पर कुरेदने (लिख्) से 'लेखन' या 'लिखना' शब्द बने और स्याही लेपन (लिप्) से 'लिपि' शब्द का प्रयोग शुरू हुआ।

ताड़पत्रों के लिए गर्म जलवायु हानिकारक है, इसलिए ज्यादा संख्या में लिखे जाने पर भी ताड़पत्र पोथियां दक्षिण भारत में कम मिली हैं। राजस्थान, कश्मीर, नेपाल और तिब्बत जैसे सूखे और ठंडे प्रदेशों से ताड़पत्र पोथियां अधिक संख्या में मिली हैं। नेपाल और तिब्बत की जलवायु इनके लिए ज्यादा अनुकूल है। कागज और कपड़े पर ताड़पत्र का विनाशकारी प्रभाव पड़ता है, इसलिए ताड़पत्रों के साथ इन्हें प्रायः नहीं रखा जाता।

ऐसा प्रतीत होता है कि भारत में लिखने के लिए ताड़पत्रों का उपयोग बहुत प्राचीन काल से होता आ रहा है। जातक कथाओं में पण्ण (पत्र, पन्ना) शब्द संभवतः ताड़पत्र के लिए ही प्रयुक्त हुआ है। चीनी यात्री युवान्-च्वाङ की उनके एक शिष्य द्वारा लिखी गई जीवनी से पता चलता है कि बुद्ध के निर्वाण के शीघ्र बाद हुई प्रथम संगीति में जो **त्रिपिटक** तैयार हुआ उसे ताड़पत्रों पर लिखा गया था। ताड़पत्र की जो सबसे प्राचीन हस्तलिपि मिली है वह ईसा की दूसरी सदी के एक नाटक की खंडित प्रति है। यह ताड़पत्रों पर स्याही से लिखी गई है। जापान के होर्युजी मंदिर में **उष्णीषविजयधारिणी** नामक लगभग 600 ई. की एक ताड़पत्र पोथी सुरक्षित है। जैसलमेर के

ग्रंथ-भंडार में ताड़पत्रों की कुछ प्राचीन हस्तलिपियां मिली हैं। महापंडित राहुल सांकृत्यायन (1893-1963 ई.) ताड़पत्रों की कई पोथियां तिब्बत से भारत लाए हैं।

भूर्जपत्र

भूर्ज नामक वृक्ष हिमालय में करीब 4,000 मीटर की ऊंचाई पर बहुतायत में मिलता है। इसकी भीतरी छाल, जिसे कालिदास ने 'भूर्जत्वक्' कहा है, कागज की तरह होती है। यह छाल कई मीटर लंबी निकल आती है। अल्बेरूनी ने लिखा है—''मध्य और उत्तरी भारत के लोग तूज़ (भूर्ज) वृक्ष की छाल पर लिखते हैं। उसको भूर्ज कहते हैं। वे उसके एक मीटर लंबे और एक बालिश्त चौड़े पत्रे लेते हैं और उनको भिन्न-भिन्न प्रकार से तैयार करते हैं। उनको मजबूत बनाने के लिए वे उन पर तेल लगाते हैं और घोटकर चिकना करते हैं, और फिर उन पर लिखते हैं।'' भूर्जपत्र को आवश्यकतानुसार आकार में काटकर उस पर स्याही से लिखा जाता था। छेद बनाने के लिए बीच में थोड़ी खाली जगह छोड़ दी जाती थी। पुस्तक के ऊपर और नीचे रखी जाने वाली लकड़ी की पट्टिकाओं में भी उसी अंदाज में छेद रहते थे, ताकि उनमें डोरी डालकर पुस्तक को बांध दिया जा सके।

भूर्जपत्र पर लिखी अधिकतर पुस्तकें कश्मीर से और कुछ उड़ीसा आदि प्रदेशों से मिली हैं। भूर्जपत्र पर लिखी उपलब्ध सबसे प्राचीन पुस्तक है **धम्मपद,** जो मध्य-एशिया के खोतन स्थान से मिली है, खरोष्ठी लिपि में लिखी गई है और ईसा की दूसरी-तीसरी सदी की है। गिलगित से प्राप्त भूर्जपत्र हस्तलिपियां 600 ई. के आसपास की गुप्तकालीन ब्राह्मी लिपि में हैं। भूर्जपत्र ज्यादा टिकाऊ नहीं होता। इसलिए अधिक प्राचीन भूर्जपत्र पोथियां ज्यादा संख्या में नहीं मिली हैं।

अगरुपत्र

अगरु वृक्ष की छाल भी, जिसे असम में 'सांचीपात' कहते हैं, ग्रंथ लिखने और चित्र बनाने के लिए प्रयुक्त होती थी। पूर्वोत्तर भारत में इस छाल का हस्तलिपि-लेखन के लिए काफी उपयोग हुआ है। लिखने के लिए अगरु की छाल तैयार करने में बहुत श्रम करना पड़ता था। फिर भी सांचीपातीय हस्तलिपियां बड़ी संख्या में प्राप्त हुई हैं। इनमें से कुछ हस्तलिपियां विदेशों में भी पहुंच गई हैं।

कागज

कागज की उपलब्धि ने ज्ञान-विज्ञान और संस्कृति के विकास में बहुत बड़ा योगदान दिया है। प्राचीन जगत की किसी भी अन्य उपलब्धि को कागज के आविष्कार और उससे जनित मुद्रण-कला के समकक्ष नहीं रखा जा सकता। इन दोनों ही आविष्कारों ने आधुनिक मानव के बौद्धिक जीवन पर दीर्घकालीन प्रभाव डाला है। कल्पना कीजिए कि कागज का उत्पादन रुक जाता है और मुद्रण-कार्य बंद पड़ जाता है, तब हमारे आधुनिक समाज का क्या हाल होगा? हालांकि संचार के अन्य साधन उपलब्ध हैं, मगर वे कागज और मुद्रण का स्थान नहीं ले सकते।

चीन में कागज ईसा की आरंभिक सदियों में उपलब्ध हुआ। कागज के आविष्कार का श्रेय वहां के त्साइ-लुन नामक व्यक्ति को दिया जाता है। वह प्राचीन चीन के पूर्वी हान वंश (20-220 ई.) के राजदरबार में वस्तुओं के उत्पादन का अधिकारी था। पता चलता है कि त्साइ-लुन ने पेड़ों की छाल, सन के चिथड़ों और मछली पकड़ने के जालों से कागज बनाने के तरीके की 105 ई. में राजदरबार को जानकारी दी थी। परंतु नए प्राप्त प्रमाणों से पता चलता है कि चीनी लोगों को त्साइ-लुन से कम-से-कम दो सौ साल पहले कागज की जानकारी मिल गई थी। मगर रेशम, बांस और काष्ठ-फलकों जैसी परंपरागत लेखन-सामग्री के स्थान पर वहां कागज का व्यापक इस्तेमाल ईसा की चौथी सदी से ही संभव हो सका।

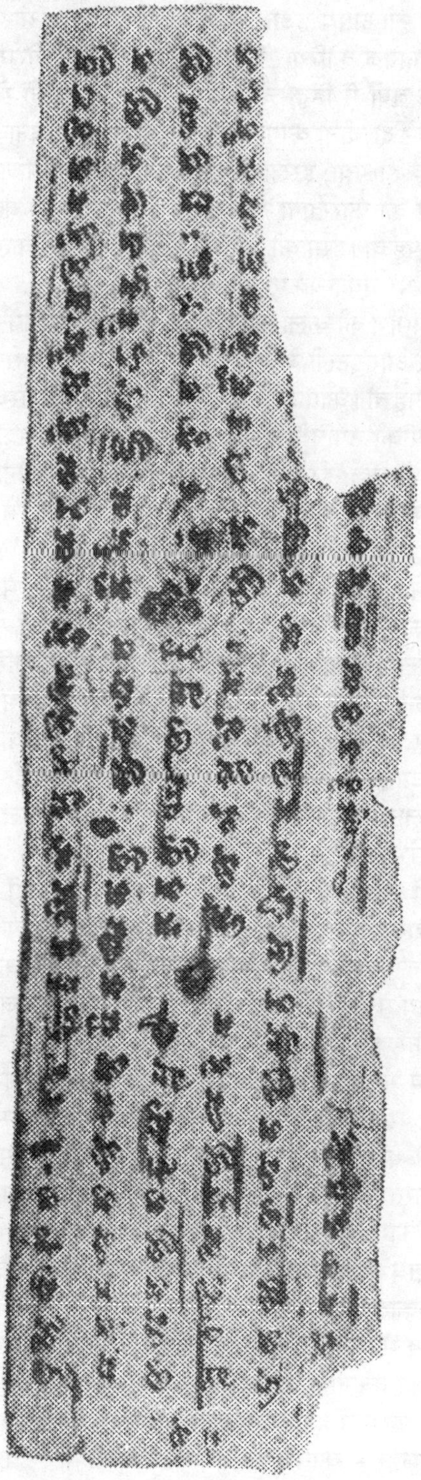

चित्र 32.10 गिलगित हस्तलिपियों का एक भूर्जपत्र (लगभग 600 ई.)

कागज, न केवल चीन में लोकप्रिय हुआ, बल्कि दुनिया में चहुंओर इसका प्रचार-प्रसार हुआ। ईसा की दूसरी सदी में कागज कोरिया में पहुंचा और ईसा की तीसरी सदी में जापान में। ईसा की तीसरी सदी के अंतिम वर्षों में हिंद-चीन के लोगों ने चीनवालों से कागज-निर्माण की तकनीक हासिल की। 751 ई. में दो चीनी कागज-निर्माताओं को बंदी बनाकर समरकंद ले जाया गया, तो वहां कागज बनना शुरू हो गया; इस्लामी जगत को कागज निर्माण-कला की जानकारी मिली। बगदाद में कागज बनाने का कारखाना 793 ई. में स्थापित हुआ। वहां से कागज-निर्माण की कला दमिश्क और मिस्र में पहुंची। ईसा की बारहवीं सदी में कागज-कला के यूरोप में पहुंचने तक अरबों का कागज-निर्माण पर एकाधिकार बना रहा।

अरबों (मूरों) ने कागज-निर्माण की कला को 1150 ई. के आसपास स्पेन में पहुंचाया। तेरहवीं सदी के उत्तरार्ध में भूमध्य सागर और इटली के मार्ग से भी यह तकनीक यूरोप में पहुंची। चौदहवीं सदी में यह फ्रांस और जर्मनी में पहुंची। कागज-निर्माण का ज्ञान नीदरलैंड, स्विट्जरलैंड और इग्लैंड में पंद्रहवीं सदी में पहुंचा। अमरीकी उपनिवेशों में कागज की तकनीक सत्रहवीं सदी में पहुंची।

भारत में कागज का प्रवेश संभवत: ईसा की सातवीं सदी में हुआ। चीनी बौद्ध भिक्षु ई-चिङ, जिसने 671-694 ई. में भारत की यात्रा की, अपने 'चीनी-संस्कृत कोश' में बताता है कि कागज के लिए प्रयुक्त होनेवाले चीनी शब्द 'त्चे' के लिए संस्कृत में 'काकलि' शब्द चलता है। कुछ विद्वानों ने इस काकलि शब्द को 'कागद' या 'कागज' शब्द से जोड़ा है। मगर कागज अरबी का शब्द है। इसी से फारसी में 'कागद' शब्द बना। कागज के लिए संस्कृत में कोई शब्द नहीं है।

भारतीय लिपियों (गुप्तकालीन ब्राह्मी) में कागज पर लिखी हुई हस्तलिखित पुस्तकें मध्य-एशिया और अधिक नजदीक के गिलगित (कश्मीर) स्थान के बौद्ध स्तूपों में मिली हैं। पुरालिपि-विज्ञान के प्रमाणों के आधार पर इन हस्तलिपियों का समय ईसा की पांचवीं से आठवीं सदी तक निर्धारित किया गया है। तुन-हुआङ् (पूर्वी मध्य-एशिया, चीन) से प्राप्त ईसा की दूसरी सदी की कागज की हस्तलिपियों की तुलना में भारतीय लिपियों में लिखी गई गिलगित हस्तलिपियों का कागज घटिया किस्म का है। संभव है कि यह कागज भारत में बना हो।

भारत में ईसा की ग्याहरवीं सदी तक कागज का व्यापक उपयोग नहीं हुआ था। कागज का प्राचीनतम उल्लेख धार नगरी के राजा भोज (1018-60 ई.) का है। भारत में उपलब्ध कागज पर लिखी गई सबसे प्राचीन संस्कृत पुस्तक 'पंचरक्ष' है। नेपाल से प्राप्त 1105 ई. की यह हस्तलिपि अब कोलकाता के आशुतोष संग्रहालय में सुरक्षित है। संभव है कि नेपाल ने कागज-निर्माण की तकनीक चीन से सीधे हासिल की और फिर वहां से ईसा की ग्यारहवीं सदी में भारत में उसका प्रवेश हुआ हो।

भारत में, विशेषत: पश्चिम भारत में, कागज-निर्माण की जानकारी अरबों के जरिए पहुंची। ईसा की आठवीं सदी में सिंध पर अरबों की विजय और तदनंतर उत्तरी भारत पर हुए तुर्कों के हमलों के बाद इस्लामी देशों से भारत में कागज का आयात होने लगा। ईसा की आठवीं सदी से ईरान का 'खुरासानी' कागज भारत में पहुंचने लगा और कई सदियों तक आयात किया जाता रहा। संभवत: उसी समय अरबी का कागज शब्द और फारसी का 'कागद' शब्द भारत में प्रचलित हुए।

जान पड़ता है कि एक लघु उद्योग के रूप में कागज का निर्माण दिल्ली और लाहौर में मुहम्मद बिन तुगलक के शासनकाल (1325-52 ई.) में आरंभ हो गया था; उसने कागज की मुद्रा भी चलाई थी। उस समय भारत में अच्छी किस्म का कागज बनता था और खुरासान को निर्यात किया जाता था। मगर कागज की तकनीक की दृढ़ता से स्थापना कश्मीर के सुलतान जैन-उल्-आबिदीन (1417-67 ई.) के समय में हुई। समरकंद से हासिल की गई तकनीक के आधार पर सुलतान ने अपनी राजधानी नौशहर में कागज का कारखाना स्थापित किया था।

1. पेड़ की छाल या सन को पानी में भिगोना *2. लुगदी को उबालना*
3. उबली लुगदी से कागज बनाना *4. कागज को गर्म करके सुखाना*

चित्र 32.11 *चीन के हान राजवंश (206 ई. पू.–220 ई.) में कागज बनाने की प्रक्रिया*

पठानों और मुगलों के शासनकाल में चिथड़ों से तैयार किए गए कश्मीरी कागज की बड़ी मांग थी। उस कागज को धोकर और सुखाकर पुनः इस्तेमाल में लाया जा सकता था। ''जिस लुगदी से कागज तैयार किया जाता था उसे चिथड़ों और सन के रेशों के मिश्रण को कूटकर प्राप्त किया जाता था। तदनंतर लुगदी को पत्थर के हौज में रखकर उसमें पानी मिलाया जाता। फिर नरकुल की बनी एक हलकी जाली से लुगदी के उस मिश्रण की एक परत उठाई जाती। वह परत ही कागज होती थी, जिसे दबाकर और धूप में सुखाकर कागज प्राप्त किया जाता था। फिर झांवां-पत्थर से उस कागज को चिकना किया जाता और मांड़ लगाकर चमकीला बनाया जाता। अंत में कागज को

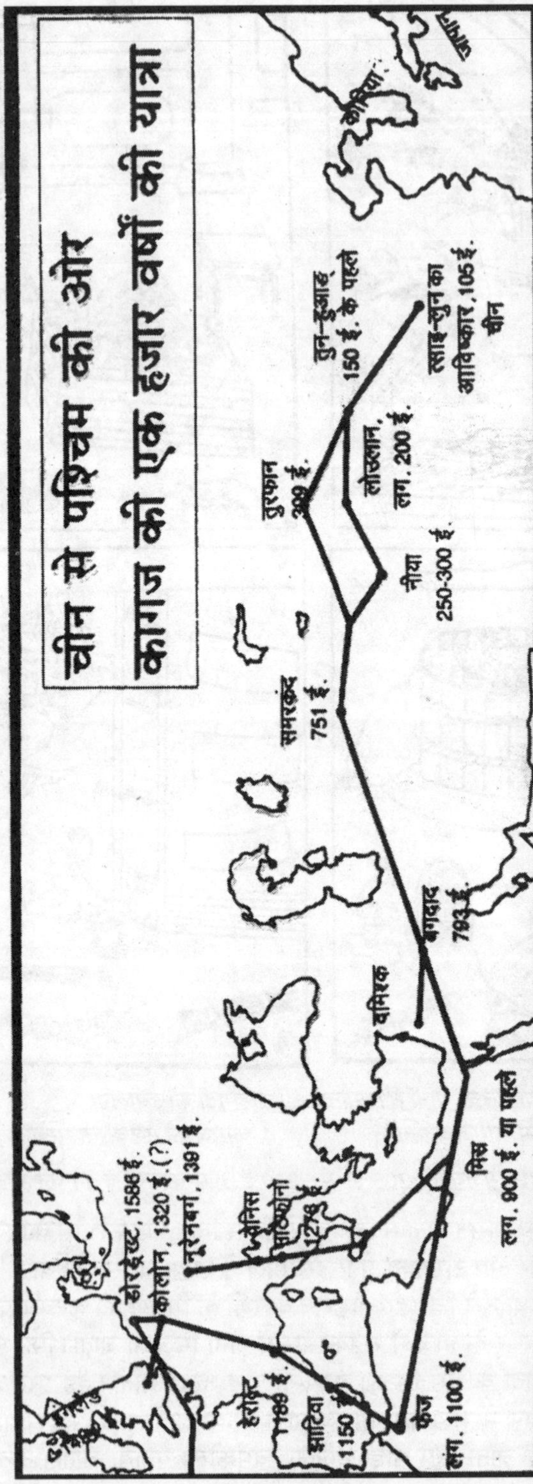
चीन से पश्चिम की ओर
कागज की एक हज़ार वर्षों की यात्रा
कोरिया
जापान
तुन-हुआङ्
150 ई. के पहले
साइ-लुन का
आविष्कार, 105 ई.
चीन
लोउलान,
लग. 200 ई.
तुरफान
399 ई.
नीया
250-300 ई.
समरकंद
751 ई.
बगदाद
793 ई.
दमिश्क
मिस्र
लग. 900 ई. या पहले
फेज
लग. 1100 ई.
शातिवा
1150 ई.
हेरोल्ट
1189 ई.
वेनिस
फेब्रियानो
1276 ई.
न्यूरेनबर्ग, 1391 ई.
कोलोन, 1320 ई. (?)
डोरड्रेक्ट, 1588 ई.

चित्र 32.12

सुलेमानी (ओनिक्स) पत्थर से पॉलिश किया जाता और तब वह बिक्री के लिए तैयार हो जाता था। मजबूती और टिकाऊपन कागज की मुख्य विशेषताएं होती थीं।" (गोरी और रहमान)।

लेखन की सामग्री के रूप में कागज की मांग दिनोदिन बढ़ती गई, तो इसके निर्माण का उद्योग जल्दी ही देश के अन्य प्रदेशों में भी फैल गया। यह प्रमुखतः एक शहरी उद्योग था, इसलिए सत्रहवीं सदी तक देश के बहुत से शहरों में हम 'कागजी महल्ले' स्थापित हुए देखते हैं। मध्ययुगीन भारत में कागज-निर्माण के प्रमुख केंद्र थे : पंजाब में सियालकोट, उत्तर प्रदेश के जौनपुर जिले में जाफराबाद, आगरा, दिल्ली, काल्पी, लाहौर। मगर अहमदाबाद और दौलताबाद ने बढ़िया कागज के निर्माण के लिए सबसे अधिक ख्याति अर्जित कर ली थी—इतनी अधिक कि इन शहरों में बना कागज विदेशों को भी निर्यात किया जाता था। यह भी जानना उपयोगी होगा कि देश में तरह-तरह का जो कागज बनता था उसे नाम दिया जाता था : (1) उस चीज का जिससे वह बनता था (जैसे, बांस से 'बंस', सन से 'सन्नी', मछुआरों के जाल से 'महाजाल'), (2) उस स्थान का जहां वह बनता था (जैसे, पाटन से 'पाटनी', कश्मीर से 'कश्मीरी'), और (3) उस संरक्षक का जिसकी छत्रच्छाया में वह बनता था (जैसे, निजामशाह से 'निजामशाही', मानसिंह से 'मानसिंही')।

सियालकोट में कागज-निर्माण के कई स्थल थे, जहां मजबूत और सफेद रंग का कई किस्म का कागज बनाया जाता था। जाफराबाद, जहां आरंभिक शिर्की शासकों की राजधानी थी, 'कागदी शहर' के नाम से जाना जाता था। बांस से निर्मित यहां का कागज उत्तम, चिकना और मजबूत होता था। बिहार में कागज-निर्माण के दो मुख्य केंद्र थे—गया जिले में अरवल और अजिमाबाद (पटना) जिले में बिहार (शरीफ)। बंगाल में कागज-निर्माण के प्रमुख केंद्र थे—मुर्शिदाबाद, हुगली और दिनाजपुर।

चित्र 32.13 *यूरोप में कागज-निर्माण (1662 ई. में प्रकाशित एक वुडकट से)*

चित्र 32.14 *सांगानेर (जयपुर के नजदीक) में हाथ-कागज का निर्माण*

गुजरात में अहमदाबाद, खंबात और पाटन में कागज तैयार होता था। गुजरात की राजधानी अहमदाबाद कागज-निर्माण का सबसे बड़ा केंद्र था। वहां इतना अधिक कागज तैयार होता था कि उसका पश्चिम एशिया के देशों और तुर्की को भी निर्यात किया जाता था। वहां का कागज बहुत ही सफेद और चिकना होता था। सभी आकार का, पतला व मोटा, और सभी रंगों का कागज वहां बनता था। व्यापारियों के उपयोग के लिए भूरे रंग का कागज भी बनाया जाता था।

पाटन में बना कागज 'पाटनी' कहलाता था। इतालवी यात्री निकोलो कोंती, जिसने पंद्रहवीं सदी के आरंभिक वर्षों में गुजरात की यात्रा की थी, लिखता है, ''केवल कैंबे (खंबात) के निवासी ही कागज का इस्तेमाल करते हैं। बाकी सभी भारतवासी पेड़ों के पत्तों से बनाए गए खूबसूरत कागज (ताड़पत्र) पर लिखते हैं।'' उस समय खंबात एक बंदरगाह था और वहां कम-से-कम तेरहवीं सदी से अरबों की एक बस्ती थी। अहमदाबाद (स्थापना : 1411 ई.) के नजदीक के कोचरब (वस्तुतः 'कूचा-ए-अरब', यानी अरबों की गली या बस्ती) गांव में भी अरबों की वसाहत थी। कोचरब गांव, जो अब अहमदाबाद का हिस्सा बन गया है, कागज-निर्माण का एक महत्वपूर्ण केंद्र बन गया था। अहमदाबाद में कागज अब बिलकुल नहीं बनता, लेकिन कोचरब क्षेत्र में कागदी परिवार अब भी बसते हैं।

मुगल काल में औरंगाबाद के नजदीक का दौलताबाद शहर दक्षिण भारत में कागज-निर्माण का एक प्रमुख केंद्र बन गया था। वहां का कागज अपने चिकनेपन और टिकाऊपन के लिए काफी प्रसिद्ध था। दौलताबाद में कागज बनाने के कई केंद्र थे, जहां विभिन्न किस्मों का कागज तैयार किया जाता था। दौलताबाद से कुछ दूरी पर, वहां से वेरूळ (एलोरा) जाने वाली सड़क के किनारे, 'कागजीपुरा' नामक एक गांव आज भी मौजूद है।

विदर्भ के अकोला जिले का बाळापुर शहर भी कागज उत्पादन का एक महत्वपूर्ण केंद्र था। वहां 'कागदपुरा' महल्ला आज भी मौजूद है। टीपू सुलतान के शासनकाल में मैसूर में कागज का कारखाना स्थापित हो गया था। उसी तरह, पेशवा-काल में पुणे में भी कागज बनने लगा था।

एक और जगह, जहां कागज बनता था और आज भी बनता है, जयपुर के नजदीक का सांगानेर गांव है। सवाई जयसिंह के बेटे सवाई ईश्वरसिंह के समय में यहां के कागज-उद्योग को

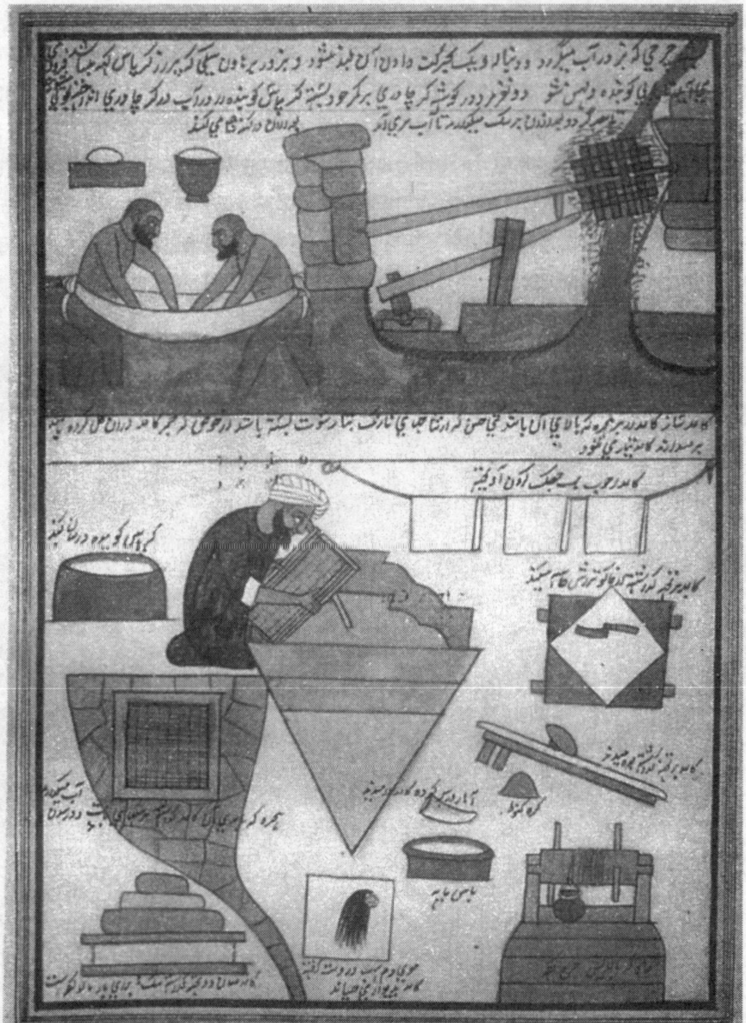

चित्र 32.15 उन्नीसवीं सदी के मध्यकाल का एक कश्मीरी चित्र, जिसमें कागज-निर्माण के सभी स्तर दिखाए गए हैं

राज्याश्रय मिला। यहां बना कागज 'ईश्वरसिंही' कहलाता था। कागज की गुणवत्ता और उसके चिकनेपन को प्रमाणित करने के लिए उस पर राज्य की मुहर लगाई जाती थी।

सारे देश में कागज बनाने की तकनीक लगभग एक-सी थी; केवल उन चीजों में ही अंतर था जिनसे लुगदी तैयार की जाती थी। लुगदी बनाने के लिए आमतौर पर पुराने रस्सों, मछुआरों के जालों, चिथड़ों, सन और उसके बोरों का इस्तेमाल होता था। उन्हें साफ करके, काटकर, उबालकर और ढेंकली से कूटकर लुगदी तैयार की जाती थी। फिर उस लुगदी को नदी में या हौज के पानी में धोया जाता। इसके लिए दो आदमी लुगदी को धोती जैसे कपड़ों में रखकर उसके सिरों को अपनी कमर में बांध लेते थे। एकदम सफेद कागज प्राप्त करने के लिए लुगदी को साफ पानी से धोना आवश्यक होता था। उसके बाद लुगदी को चूना और क्षार (सज्जी) से संसाधित किया

जाता। तब उस लुगदी को पुनः कूटा जाता। फिर उसे चबूतरे पर धूप में सूखने के लिए रख दिया जाता। उसके बाद उस लुगदी के पिंड बनाए जाते। तब कई शीट कागज बनाने के लिए लुगदी की एक निश्चित मात्रा लेकर उसे जमीन में गाड़े गए एक कुंड में डालकर उसमें पानी मिलाया जाता। तब लकड़ी की बनी एक चौखट पर रखे गए नरकुलों या सींकों से बनाए गए एक जाल (चिक) से लुगदी की एक निश्चित मात्रा को उस कुंड से उठाया जाता। फिर लुगदी की उस परत को एक कपड़े पर डाला जाता। इस तरह, कपड़ों और कागजों की एक ढेरी तैयार हो जाती, तो उस पर भारी वजन रखकर या अन्य किसी तरीके से उसमें से पानी को बाहर निकाला जाता। उसके बाद

चित्र 32.16 *हाथ-कागज, दवात और कलम, 18वीं सदी (केळकर संग्रहालय, पुणे)*

कागज की उन नम शीटों को कपड़ों से अलग करके चूने से पोती गई दीवार पर लगाया जाता। उसके बाद कागज की उन शीटों पर मांड़ लगाई जाती या उन्हें किसी गोंद में डुबोया जाता। अंत में लकड़ी के तख़्ते पर रखकर और पत्थर से रगड़कर कागज की उन शीटों को चिकना बनाया जाता। चाकू से किनारों को ठीक से काट देने पर कागज बिक्री के लिए तैयार हो जाता था।

उन्नीसवीं सदी के अंतिम दशकों में भारत से पटसन और कपड़ों का बड़े पैमाने पर निर्यात शुरू हुआ और साथ ही आयातित कागज को अधिक पसंद किया जाने लगा। इससे भारत में हाथ-कागज का उत्पादन घटता गया। सन् 1884-85 में देश से 3,70,533 रु. मूल्य के चिथड़ों और कागज-निर्माण की अन्य चीजों का निर्यात हुआ, जबकि 48,92,121 रु. के कागज का और दफ्ती का आयात हुआ।

पुर्तगालियों ने पहली बार 1556 ई. में गोवा में छापाखाना स्थापित किया। अंग्रेजों ने आरंभ में भारत में बने हाथ-कागज का इस्तेमाल किया, मगर बाद में उन्होंने यहां अपने कागज मिल स्थापित किए और वे इंग्लैंड से भी कागज मंगाने लगे। श्रीरामपुर (सेरामपुर) में 1820 ई. में पहली बार कागज-निर्माण में एक भाप-इंजन का इस्तेमाल होने लगा। उसके बाद देश में कई पेपर मिल स्थापित हुए : गिरगांव पेपर मिल, मुंबई (1862), रॉयल पेपर मिल, कोलकाता (1867), सिंधिया पेपर मिल, ग्वालियर (1882-92), टिटाघर पेपर मिल, कोलकाता (1882-94)।

आज भारत में कागज-उत्पादन प्रतिवर्ष लगभग 13 लाख टन है। उसमें हाथ-कागज का उत्पादन करीब 7000 टन है। भारत में करीब 250 केंद्रों में हाथ-कागज का उत्पादन होता है और उसमें लगभग 6000 लोग लगे हुए हैं।

कलम और स्याही

संस्कृत का एक दिलचस्प श्लोक है, जिसमें लेखक के लिए आवश्यक उपकरणों की जानकारी दी गई है। विशेष बात यह है कि इस श्लोक में जिन उपकरणों को गिनाया गया है उनमें से हरेक का नाम 'क' से आरंभ होता है। श्लोक है :

कुम्पी कज्जल केश कम्बलमहो मध्ये शुभ्रं कुशम्,
काम्बी कल्म कृपाणिका कतरणी काष्ठं तथा कागलम्।
कीकी कोटरि कल्मदान क्रमणे कट्टि: तथा कांकरो,
एतै रम्यककाक्षरैश्च सहित: शास्त्रं च नित्यं लिखेत्॥

इस श्लोक में दिए गए 17 उपकरणों के अर्थ ये हैं :

(1) कुम्पी = दवात, (2) कज्जल = काजल, (3) केश = बाल, (4) कम्बल, (5) कुश = पवित्र माने जाने वाली एक घास, (6) कांबी = रेखनी, यानी रूलर, (7) कल्म = कलम, (8) कृपाणिका = चाकू, (9) कतरणी = कैंची, (10) काष्ठ = लकड़ी की तख्ती, (11) कागलम् = कागज, (12) कीकी = आंखें, (13) कोटरि = छोटी कोठरी, (14) कल्मदान = कलम, चाकू, रेखनी आदि रखने का बक्सा, (15) क्रमण = पैर, (16) कटि = कमर, (17) कांकर = छोटा कंकड़।

इन सत्रह वस्तुओं में से कागज, भूर्जपत्र, ताड़पत्र आदि की विस्तृत चर्चा की जा चुकी है। अब प्रमुखत: कलम और स्याही की चर्चा करेंगे।

नरकुल या लकड़ी से बनी कलम और रेशों से बनी कूंची को 'लेखनी' कहते थे। जी. ब्यूह्लर अपनी पुस्तक 'भारतीय लिपिशास्त्र' में लिखते हैं : '''लिखने के लिए प्रयुक्त होने वाले उपकरण' का सामान्य नाम 'लेखनी' था। 'लेखनी' का प्रयोग शलाका, तूलिका, वर्णवर्तिका और वर्णिका, सभी के लिए होता था। 'लेखनी' शब्द महाकाव्यों में उपलब्ध है।

चित्र 32.17 *चित्रकार और सुलिपिकार अपने-अपने काम करते हुए, अखलाक़-इ नासिरी (लगभग 1590-95 ई.) का एक चित्र, प्रिंस सदरुद्दीन आगा खान संग्रह, जेनेवा*

''नरकुल या नरसल से बनी लेखनी को आमतौर पर 'कलम' कहते थे, मगर इस शब्द की व्युत्पत्ति स्पष्ट नहीं है। कलम के लिए देशी संस्कृत नाम 'इषीका' या 'ईषिका' था, जिसका शब्दार्थ है नरकुल। ''नरकुल, बांस या लकड़ी के टुकड़ों को हमारी आज की (यानी, आज से करीब सौ साल पहले की) कलमों की तरह बनाकर उनसे लिखने की सारे भारत में प्रथा रही है। ताड़पत्र और भूर्जपत्र पर लिखी गई सारी उपलब्ध हस्तलिपियां इसी तरह की कलमों से लिखी गई हैं।'' (ब्यूह्लर)

दक्षिण भारत में ताड़पत्र पर अक्षर उकेरने के लिए लोहे से बनी जिस नुकीली लेखनी का उपयोग होता था उसे संस्कृत में 'शलाका' कहते हैं। बाद में उन अक्षरों में कोयले का चूर्ण या काजल भर दिया जाता था। विद्यार्थी प्राचीन काल में लकड़ी के पाटों पर गोल तीखे मुख की जिस कलम से लिखते थे उसे 'वर्णक' या 'वर्णिका' कहते थे। रंगीन कलमों को 'वर्णवर्तिका' कहते थे और कूची को 'तूलि' या 'तूलिका'।

प्राचीन भारत में हस्तलिपियों के लिए विभिन्न प्रकार की स्याही का उपयोग होता था। मगर सबसे ज्यादा इस्तेमाल काली स्याही का ही होता था, जिसे संस्कृत में 'मसि' या 'मषी' कहा जाता था। यह बहुत पुराना शब्द है और एक गृह्यसूत्र में देखने को मिलता है। कवि बाण (लगभग 620 ई.) और उनके पूर्ववर्ती सुबंधु की कृति **वासवदत्ता** में भी यह देखने को मिलता है। 'मसी कज्जलम्' शब्दों से सहज स्पष्ट है कि प्रमुखत: काजल से ही स्याही तैयार की जाती थी।

काली स्याही तैयार करने के कई तरीके थे। कागज पर लिखने के लिए स्याही बनाने का एक आम नुस्खा था : बढ़िया लाख को लेकर उसे पीसते हैं। फिर उसे हंड़िया में रखे हुए पानी में

डालकर आग पर चढ़ाते हैं। फिर उसमें सुहागा और लोध पीसकर डालते हैं। उस मिश्रण को तब तक उबाला जाता है, जब तक पानी मूल का एक-चौथाई नहीं रह जाता। तब उसमें तिल के तेल के दीपक के काजल को मिलाकर उसे सूखने दिया जाता है। इस तरह पक्की काली स्याही तैयार हो जाती थी। ताड़पत्र पर शलाका से लिखने के बाद डाली जाने वाली स्याही नारियल या बादाम के छिलकों को जलाकर प्राप्त किए गए कोयलों से बनाई जाती थी।

गेरू, सिंदूर और हिंगुल से बनाई गई लाल स्याही का उपयोग अध्याय की समाप्ति का अंश लिखने और पन्ने के दाएं-बाएं के हाशिए की खड़ी लकीरें तथा ज्यामितीय आकृतियां बनाने में किया जाता था। हरिताल से बनाई गई पीली स्याही का उपयोग ताड़पत्र और कागज, दोनों पर होता था। मगर इसका अधिक उपयोग कागज और कपड़े की हस्तलिपियों से अनावश्यक अक्षरों को मिटाने के लिए किया जाता था।

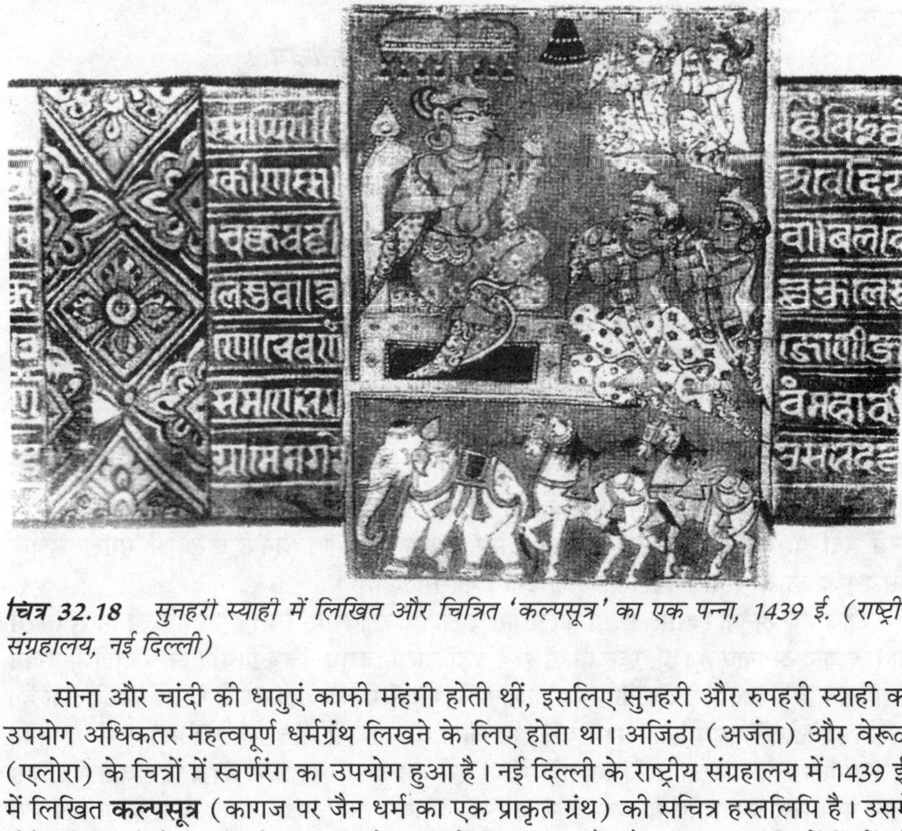

चित्र 32.18 *सुनहरी स्याही में लिखित और चित्रित 'कल्पसूत्र' का एक पन्ना, 1439 ई. (राष्ट्रीय संग्रहालय, नई दिल्ली)*

सोना और चांदी की धातुएं काफी महंगी होती थीं, इसलिए सुनहरी और रुपहरी स्याही का उपयोग अधिकतर महत्वपूर्ण धर्मग्रंथ लिखने के लिए होता था। अजिंठा (अजंता) और वेरूळ (एलोरा) के चित्रों में स्वर्णरंग का उपयोग हुआ है। नई दिल्ली के राष्ट्रीय संग्रहालय में 1439 ई. में लिखित **कल्पसूत्र** (कागज पर जैन धर्म का एक प्राकृत ग्रंथ) की सचित्र हस्तलिपि है। उसमें सोने की स्याही से किरमिजी पृष्ठभूमि में पाठ को लिखा गया है और लाल पृष्ठभूमि में चित्रों को बनाया गया है।

मुद्रणारंभ के पहले हमारे देश में बड़े पैमाने पर हस्तलिखित पुस्तकें तैयार होती थीं। उन्हें तरह-तरह से सजाया जाता था, काष्ठपट्टिकाओं तथा कपड़े (पुस्तकास्तरणम्) से बांधकर संदूक (संपुटक) में रखा जाता था। घर और मंदिर में ही नहीं, सैनिक छावनी में भी पुस्तकें पढ़ी जाती थीं। कीड़ों से बचाने के लिए पोथियों पर 'सदर्प चंदन चूर्ण' छिड़का जाता था। ग्रंथदान को विद्यादान के समान समझा जाता था। तीर्थस्थानों में भी ग्रंथ खरीदकर दान में दिए जाते थे। दहेज में भी ग्रंथ दिए

जाते थे। हस्तलिपियां तैयार करवा के उन्हें बेचने के लिए बैलगाड़ी से दूर-दूर तक ले जाया जाता था। पुस्तकों की चोरी भी होती थी। किसी ने कहा भी है : **पुस्तकं-वनिता-वित्तं परहस्तगतं गतम्।**

इस प्रकार, हम देखते हैं कि प्राचीन भारत में आवश्यक लेखन-सामग्री प्राप्त करके ग्रंथ-लेखन करना काफी कष्टसाध्य काम था, जिसे किसी भुक्तभोगी 'लेखक' ने इस श्लोक में बखूबी व्यक्त किया है :

भग्न पृष्ठकटिग्रीवस्तब्ध दृष्टिरधोमुखः।
कष्टेन लिखितं ग्रंथं यत्नेन परिपालयेत॥

अर्थात्, (लिखते-लिखते) पीठ अकड़ गई है, कमर टूट गई है, गरदन झुक गई है, आंखें पथरा गई हैं। कष्ट से लिखे गए इस ग्रंथ को अच्छी तरह, हिफाजत से रखना।

इस विषय को मैं **लेखपद्धति** के एक श्लोक से समाप्त करना चाहूंगा, जिसमें एक अच्छे लेखक के गुण बताए गए हैं:

मेधावी वाक्पटुर्धीरो लघुहस्तो जितेन्द्रियः।
परशास्त्रपरिज्ञाता एष लेखक उच्यते॥

अर्थात्, लेखक को मेधावी, धीर-गंभीर, वाक्पटु, शीघ्रता से लिखने में समर्थ, जितेंद्रिय और विविध शास्त्रों में निपुण होना चाहिए।

लेखन-सामग्री के बाद अब हम प्राचीन काल की **लेखन-पद्धति** पर एक नज़र डालेंगे।

विशेष चिह्न

अशोक के ब्राह्मी अक्षरों पर शिरोरेखाएं नहीं हैं। फिर भी आरंभिक ब्राह्मी लेख सीधी रेखाओं में खोदे हुए देखने को मिलते हैं। अशोक के स्तंभलेख स्पष्ट और सुंदर हैं। अशोक के गिरनार के चतुर्दश-शिलालेखों को रेखाएं खींचकर अलग-अलग कर दिया गया है।

सामान्यतः भारतीय पुरालेखों में शब्दों के बीच में अंतर नहीं छोड़ा गया है। अशोक के स्तंभलेखों में कहीं-कहीं शब्दों और वाक्यों के बीच में थोड़ा अंतर दिखाई देता है। क्षत्रपों के पश्चिम भारत के कुछ लेखों में भी शब्दों के बीच में अंतर दिखाई देता है। जो लेख काव्य में हैं, उनमें पदों या श्लोकों के बीच में कुछ अंतर दिखाई देता है। अनेक लेखों में मंगल-सूचक 'सिद्धम्' शब्द कुछ अलग लिखा हुआ देखने को मिलता है।

आज हम अनेक विराम-चिह्नों का प्रयोग करते हैं। ये विराम-चिह्न हमने अंग्रेजी के संपर्क में आने के बाद अपनाए हैं। हां, एक या दो खड़े दंडों वाला विराम-चिह्न प्राचीन अभिलेखों में देखने को मिलता है। एक खड़े दंड का चिह्न अशोक के लेखों में भी कहीं-कहीं देखने को मिलता है। लिखते या खोदते समय कोई अक्षर यदि छूट जाता था, तो उसे बीच में छोटे आकार में या पंक्ति के ऊपर लिख दिया जाता था। हस्तलिपि में भी ऐसे छूटे हुए अक्षर ऊपर लिख दिए जाते थे। जिस स्थान पर अक्षर छूट जाता था वहां ^ जैसा चिह्न बनाकर ऊपर अक्षर लिख दिया जाता था। ऐसे चिह्न को 'काकपाद' या 'हंसपाद' कहते थे। हंसपाद या काकपाद का चिह्न बनाकर छूटे हुए अक्षर कभी-कभी हाशिए में भी लिख दिए जाते थे।

ताम्रपत्र में यदि कोई अक्षर छूट जाता या गलत लिखा जाता तो ताम्रपत्र के उतने भाग को पीटकर पुनः अक्षर खोदे जाते थे।

प्राचीन अभिलेखों में अनेक प्रकार के मंगल-सूचक चिह्नों का इस्तेमाल हुआ है। स्वस्तिक, त्रिशूल, धर्मचक्र आदि के चिह्नों का अनेक अभिलेखों में उपयोग हुआ है। बाद में 'ओम्' के चिह्न का भी खूब इस्तेमाल हुआ।

संवत्

कई लेखों में शब्द-संक्षेपों का इस्तेमाल हुआ है। **संवत्सर** शब्द के लिए प्रायः **संव, सव, सं** या **स** संक्षेप देखने को मिलते हैं। अभिलेखों में पाए जानेवाले अन्य संक्षेप हैं : ग्रीष्म (ग्रि, गृ, गि), वर्ष (व), हेमंत (हे), दिवस (दिव, दि), शुक्ल-पक्ष-दिन (शु, सुदि), बहुल या बहुल-पक्ष-दिन (ब, बदि)। ताम्रशासनों में 'दूतक' शब्द का इस्तेमाल खूब हुआ है। दूतक वह बड़ा राज्याधिकारी होता था जो राजाज्ञा की घोषणा करता था। कई लेखों में 'दूतक' के लिए 'दू' शब्द-संक्षेप का प्रयोग हुआ है।

ऐसे अनेक लेख मिले हैं जिनमें किसी संवत् का उल्लेख नहीं है। अनेक लेखों में शासन-वर्ष का उल्लेख है। जैसे, अशोक के लेखों में जानकारी मिल जाती है कि राज्याभिषेक के कितने साल बाद वह लेख खोदा गया है। भारतीय लेखों में अनेक संवत्सरों का इस्तेमाल हुआ है। कई राजाओं ने अपने-अपने संवत् चलाए। यहां हम भारतीय अभिलेखों में प्रयुक्त प्रमुख संवतों की सूची दे रहे हैं और यह भी बता रहे हैं कि उनका आरंभ ईसवी-सन् के किस साल से माना जाता है :

कलियुग संवत्	3101-02 ई.पू.
विक्रम संवत्	57-58 ई.
शक संवत्	78 ई.
कलचुरी संवत्	248-49 ई.
गुप्त संवत्	319-20 ई.
हर्ष संवत्	606 ई.
हिजरी संवत्	622 ई.
बंगाली संवत्	593-94 ई.
बुद्ध निर्वाण संवत्	544 ई.पू.
कोल्लम संवत्	825 ई.
फसली संवत्	1563 ई.

प्राचीन भारत के अनेक विद्याकेंद्रों में बड़े-बड़े ग्रंथालय थे। विक्रमशिला, नालंदा और वलभी जैसे विद्याकेंद्र अपने ग्रंथालयों के लिए प्रसिद्ध थे। प्राचीन काल में ग्रंथालय को 'भारती-भांडागार' या 'सरस्वती-भांडागार' कहते थे। जैन भंडारों में अब भी पुरानी हस्तलिपियां सुरक्षित हैं। धार नगरी के राजा भोज का ग्रंथालय प्रसिद्ध था।

पुरानी अनेक हस्तलिपियां नष्ट हो गई हैं। जो बची हैं, वे देश-विदेश के संग्रहालयों एवं ग्रंथालयों में सुरक्षित हैं। इन हस्तलिपियों को पढ़ने के लिए भी पुरालिपियों का ज्ञान होना जरूरी है। राजे-रजवाड़ों में और पुराने कुटुंबों में अब भी पुरानी हस्तलिपियां प्राप्त हो सकती हैं।

पिछले करीब दो सौ साल में बहुत सारे अभिलेख खोजे गए हैं। लेकिन और भी अनेक अभिलेखों की खोज होनी बाकी है। इसलिए पुरालिपियों की थोड़ी-बहुत जानकारी सबके लिए आवश्यक है। आज भी हमारे देश में अनेक ताम्रपत्र, सिक्के और हस्तलेख नष्ट किए जा रहे हैं। ये चीजें हमारे देश की अमूल्य संपत्ति हैं। पुरालिपि की जानकारी हो तो हम इनका मूल्य तत्काल समझ सकते हैं और इन्हें नष्ट होने से बचा सकते हैं। भारतीय इतिहास और संस्कृति के मौलिक अध्ययन के लिए तो पुरालिपियों का ज्ञान अत्यंत जरूरी है।

33

उपसंहार

इस ग्रंथ में हमने अधिकतर पुरालिपियों की ही चर्चा की है; जीवित लिपियों का यत्र-तत्र ही थोड़ा-सा विवरण दिया है। संसार की पुरालिपियों में कुछ ऐसी हैं जिनका नाम-निशान अब केवल संग्रहालयों में ही देखने को मिल सकता है। दूसरी कुछ पुरालिपियों ने अपने विकास के दौरान बहुत सी वर्तमान जीवित लिपियों को जन्म दिया। जीवित लिपियों के उद्‌भव एवं विकास को लेकर पुराविदों में काफी खींचतान होती रहती है। इसलिए पिछले पृष्ठों में हमने जिन पुरालिपियों का विवरण दिया है, उनके आपसी संबंधों पर एक बार फिर दृष्टिपात कर लेना उपयोगी होगा।

उपलब्ध पुरावशेषों के आधार पर सबसे प्राचीन लिपि है सुमेरी लिपि। सुमेरी लिपि आरंभ में चित्रलिपि थी। बाद में उसने भावचित्रात्मक लिपि का रूप धारण किया था। सुमेरी काल में ही इसमें कुछ ध्वनि-संकेत अस्तित्व में आ गए थे। सेमेटिक भाषा-परिवार के अक्कदियों (बेबीलोनवासियों) ने इसके कीलाक्षर स्वरूप को अपनाकर इसे अपने जमाने की अंतर्राष्ट्रीय लिपि की स्थिति में पहुंचा दिया था। शनैः-शनैः इस लिपि में ध्वनि-संकेतों की संख्या बढ़ती गई और भाव-संकेतों की संख्या घटती गई। अंत में इसी लिपि के आधार पर एलामी लोगों ने एक अर्ध-अक्षरमाला और ईरान के हख़ामनी शासकों ने एक अर्ध-वर्णमाला को जन्म दिया। दूसरी ओर, हित्ती लिपि तथा उगारिती लिपि को जन्म देने में इस लिपि का हाथ है। लेकिन ईसा के समय तक कीलाक्षर लिपि तथा उससे निकली सारी लिपियां प्रायः मिट चुकी थीं। पश्चिम एशिया क्षेत्र में कीलाक्षर लिपि का स्थान लिया आरमेई लिपि ने। कीलाक्षर लिपि ने दूसरी लिपियों को प्रभावित तो किया है, किंतु आज ऐसी किसी लिपि का अस्तित्व नहीं है, जिसे हम कीलाक्षर लिपि के साथ जोड़ सकें।

मिस्र की प्राचीन हाइरोग्लिफिक लिपि से उसके दो घसीटदार लिपि-रूप हाइरैटिक और देमोतिक अस्तित्व में आए थे। इस लिपि की इन तीनों शैलियों का साथ-साथ अस्तित्व रहा। मिस्र की इस प्राचीन लिपि का आरंभ भी चित्रलिपि से ही हुआ था। विकास के क्रम से गुजरते हुए इस लिपि में ध्वनि-संकेत—व्यंजन-संकेत—भी अस्तित्व में आ गए थे। मिस्र के पुरोहित-पंडित चाहते तो एक वर्णमालात्मक लिपि बना सकते थे। वस्तुतः वे एक प्रकार की 'व्यंजनमाला' बना भी चुके थे। परंतु पुरातन के मोह में पड़कर वे अधिकतर अपने भाव-संकेतों से ही चिपके रहे। मिस्रियों ने भले पुरातन का मोह न छोड़ा हो, किंतु उनके पड़ोसी मेरोई राज्य ने आजादी के उत्साह में मिस्री लिपि के आधार पर एक वर्णमालात्मक लिपि—मेरोई लिपि—को जन्म दिया। मिस्र पर टॉलमियों के शासनकाल में मिस्री लोग यूनानी वर्णमाला के संपर्क में आए, फिर भी उन्होंने पुरातन का मोह नहीं छोड़ा। परिणाम यह हुआ कि मिस्र की लिपियां मर गईं।

चीनी लिपि का आरंभ भी चित्रलिपि से हुआ था। किसी भी विकसित संस्कृति का काम बहुत दिनों तक चित्रलिपि से नहीं चल सकता; वह जल्दी ही भावचित्रात्मक रूप धारण कर लेती है। चीनी भावचित्र-लिपि पिछले लगभग तीन हजार वर्षों के दीर्घकाल में उसी स्थिति में बनी हुई है। चीनी लिपि अब भी मूलतः भावचित्रात्मक है। कोरिया तथा जापान की लिपियों के संकेत

चीनी संकेतों के आधार पर ही बने हैं। इन लिपियों में चीनी भावचित्र काफी संख्या में मौजूद हैं; किंतु इन लिपियों की अक्षरमालाएं भारतीय लिपि के प्रभाव से ही निर्मित हुईं। भारत की वर्णमालात्मक लिपि का परिचय होने पर ही जापान में काताकाना और हिराकाना अक्षरमालाएं अस्तित्व में आई थीं। चीन का साम्यवादी शासन अब अपनी लिपि की कठिनाइयों को समझता है; इसलिए वहां अब एक वर्णमालात्मक लिपि को अपनाने के प्रयत्न किए जा रहे हैं। जापान और कोरिया वाले भी देर-सबेर कोई वर्णमालात्क लिपि अपनाएंगे ही।

ई.पू. दूसरी सहस्राब्दी के उत्तरार्ध में पश्चिमी एशिया के समुद्र-तटवर्ती देशों में पहली बार वर्णमालात्मक लिपियों के प्रयोगों के दर्शन होते हैं। कनानी लिपियों की 'व्यंजनमालाओं' को वर्णमालाएं ही मानना चाहिए। सेमेटिक भाषा को केवल व्यंजन-संकेतों से ही आसानी से व्यक्त किया जा सकता है, इसलिए ये व्यंजनमालाएं अस्तित्व में आई थीं। कनानी लिपियों के उद्‌भव के बारे में अभी हमारा ज्ञान काफी अधूरा है। कुछ पुराविद् सिनाई लिपि को प्राचीनतम वर्णमाला मानते हैं, तो दूसरे और भी पीछे जाकर उसका उद्‌भव मिस्री लिपियों के ध्वनि-संकेतों में खोजते हैं। वस्तुतः पश्चिमी एशिया में वर्णमालात्मक लिपि का स्रोत अभी तक पूर्ण रूप से ज्ञात नहीं हो पाया है। अधिकांश पाश्चात्य पुराविदों की मान्यता है कि वर्णमालात्मक लिपि का आरंभ एक स्थान पर एक ही समय में हुआ है।

कनानी या उत्तरी सेमेटिक लिपि का दोतरफा विकास हुआ है—एक तो पूर्व की ओर, दूसरा पश्चिम की ओर। पश्चिम की ओर यूरोप में इसने सर्वप्रथम यूनानी लिपि को जन्म दिया। एत्रुस्कन तथा लैटिन लिपियां यूनानी लिपि के आधार पर ही बनी थीं। संक्षेप में, यूरोप की सभी वर्तमान लिपियां यूनानी, एत्रुस्कन और लैटिन लिपियों से विकसित हुई हैं।

सेमेटिक लिपियों ने पूर्व की ओर एशिया में हिब्रू, आरमेई, अरबी आदि लिपियों को जन्म दिया। मूलतः सेमेटिक भाषाओं के लिए निर्मित इन लिपियों के आधार पर बाद में गैर सेमेटिक भाषाओं के लिए भी लिपियां बनाई गईं। पहलवी, अवेस्ता, सोग्दी, उइगुर, खरोष्ठी, मंगोल, मंचू आदि ऐसी ही लिपियां हैं। सेमेटिक लिपियों के विकास को आगे की तालिका से अधिक आसानी से समझा जा सकता है।

उत्तरी सेमेटिक लिपि के आधार पर यूनानियों ने 1000 ई.पू. के आसपास एक स्वर-संकेत युक्त वर्णमाला को जन्म दिया था। इसमें तनिक भी संदेह नहीं कि यूनानी वर्णमाला का निर्माण उत्तरी सेमेटिक व्यंजनमाला के आधार पर हुआ। दूसरी ओर, तीसरी शताब्दी ई.पू. के अशोक के शिलालेखों में हम ब्राह्मी लिपि का अस्तित्व देखते हैं। साहित्यिक तथा अन्य प्रमाणों से यह सिद्ध किया जा सकता है कि ब्राह्मी लिपि की वर्णमाला ई.पू. छठी शताब्दी में अस्तित्व में आ चुकी थी। पाश्चात्य पुराविदों की यह आग्रहपूर्ण मान्यता है कि वर्णमाला का जन्म एक ही स्थान तथा एक ही समय में हुआ है, इसलिए ब्राह्मी वर्णमाला का निर्माण, यूनानी वर्णमाला की तरह, उत्तरी सेमेटिक लिपि से हुआ होना चाहिए।

अव्वल तो इस कल्पना के पक्ष में कोई ठोस प्रमाण नहीं दिया जा सकता कि वर्णमाला का जन्म एक स्थान पर और एक ही समय में हुआ है। अनेक पाश्चात्य पुराविदों ने ब्राह्मी लिपि को उत्तरी सेमेटिक लिपि से जोड़ने का प्रयत्न किया है। जहां तक यूनानी लिपि की बात है, न केवल उसके संकेत उत्तरी सेमेटिक लिपि से लिए गए हैं, बल्कि अक्षर-नाम भी (अल्फा, बीटा, गामा, इत्यादि) सेमेटिक भाषा के शब्द हैं। इसके विपरीत, भारतीय लिपि के अक्षर-नाम उनके उच्चारणों के निकट हैं। भारतीय लिपि के अक्षरों की ध्वनियां पूर्णतः भारोपीय भाषा-परिवार की ध्वनियां हैं। जिस प्रकार यूनानी लिपि के संकेत स्पष्ट रूप से उत्तरी सेमेटिक लिपि के संकेतों से साम्य रखते हैं, उस प्रकार का

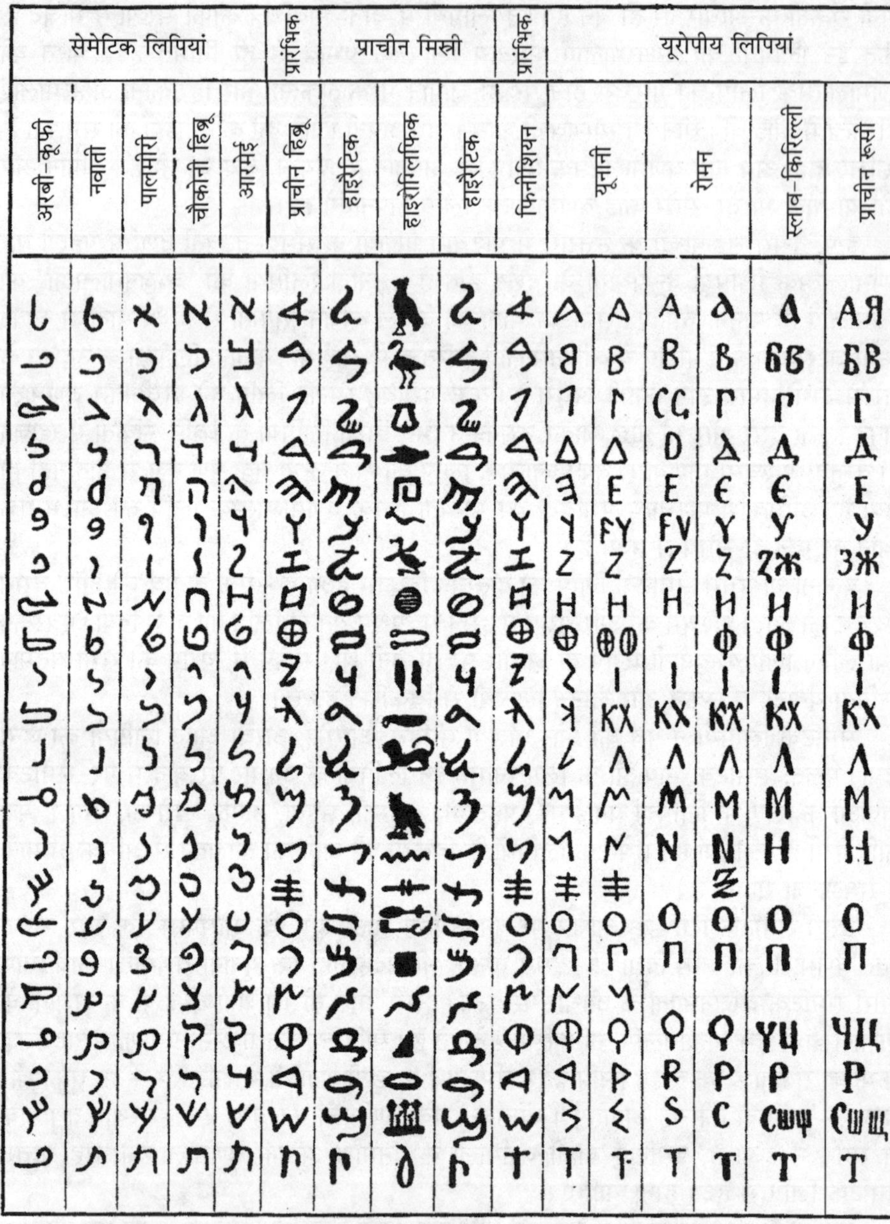

चित्र 33.1 प्राचीन मिस्र की हाइरोग्लिफिक और हाइरैटिक लिपियों से सेमेटिक और यूरोपीय लिपियों का विकास-क्रम

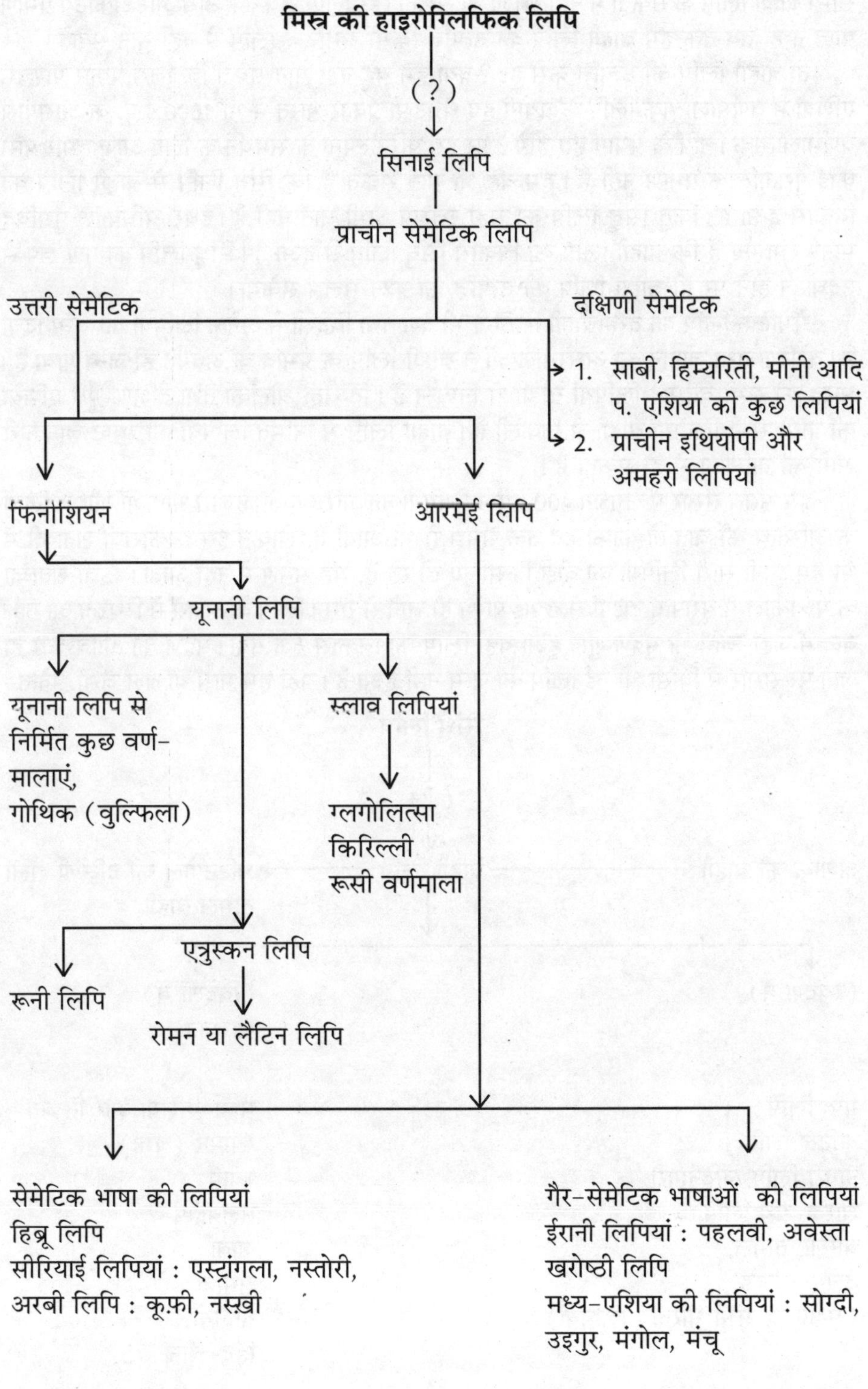
मिस्र की हाइरोग्लिफिक लिपि
(?)
सिनाई लिपि
प्राचीन सेमेटिक लिपि
उत्तरी सेमेटिक
दक्षिणी सेमेटिक
1. साबी, हिम्यरिती, मीनी आदि
प. एशिया की कुछ लिपियां
2. प्राचीन इथियोपी और
अमहरी लिपियां
फिनीशियन
आरमेई लिपि
यूनानी लिपि
यूनानी लिपि से
निर्मित कुछ वर्ण-
मालाएं,
गोथिक (वुल्फिला)
स्लाव लिपियां
ग्लगोलित्सा
किरिल्ली
रूसी वर्णमाला
एत्रुस्कन लिपि
रूनी लिपि
रोमन या लैटिन लिपि
सेमेटिक भाषा की लिपियां
हिब्रू लिपि
सीरियाई लिपियां : एस्ट्रांगला, नस्तोरी,
अरबी लिपि : कूफ़ी, नस्ख़ी
गैर-सेमेटिक भाषाओं की लिपियां
ईरानी लिपियां : पहलवी, अवेस्ता
खरोष्ठी लिपि
मध्य-एशिया की लिपियां : सोग्दी,
उइगुर, मंगोल, मंचू

साम्य ब्राह्मी लिपि के संकेतों में नहीं खोजा जा सकता। इसलिए, जब तक ठोस और अकाट्य प्रमाण प्राप्त न हों तब तक हम ब्राह्मी लिपि की उत्पत्ति किसी सेमेटिक लिपि से नहीं मान सकते।

तो ब्राह्मी लिपि की उत्पत्ति कैसे हुई ? क्या हम यह नहीं मान सकते कि जिस प्रकार पश्चिम एशिया में वर्णमालात्मक लिपि के प्रयोग हुए थे, उसी प्रकार भारत में भी 1000 ई.पू. के आसपास वर्णमालात्मक लिपि के प्रयोग हुए होंगे ? पर इस परिकल्पना के समर्थन के लिए आज हमारे पास कोई पुरातात्विक प्रमाण नहीं हैं। हम यह भी मान सकते हैं कि सिंधु लिपि से ब्राह्मी लिपि का विकास हुआ है; किंतु सिंधु लिपि का सही स्वरूप अभी ज्ञात नहीं है। इधर अधिकांश पुराविद् मानने लग गए हैं कि ब्राह्मी लिपि का विकास सिंधु लिपि से हुआ है। सिंधु लिपि का पूर्ण रूप से उद्घाटन होने पर ही ब्राह्मी लिपि की उत्पत्ति का प्रश्न सुलझ सकेगा।

सेमेटिक लिपि की तरह ब्राह्मी लिपि ने भी देश तथा विदेशों में अनेक लिपियों को जन्म दिया है। कोरिया तथा जापान की अक्षरमालाओं ने ब्राह्मी लिपि के प्रभाव के अंतर्गत ही जन्म पाया है। भारत की सभी वर्तमान लिपियां ब्राह्मी से निष्पन्न हैं। तिब्बत, श्रीलंका तथा दक्षिण-पूर्व एशिया की प्रायः सभी लिपियां ब्राह्मी से निकली हैं। ब्राह्मी लिपि से निर्मित लिपियों की स्पष्ट जानकारी आगे की तालिका से हो सकती है।

इस समय संसार में लगभग 400 प्रमुख लिपियों का अस्तित्व है। हजारों भाषाओं और बोलियों के अस्तित्व की बात तो काफी हद तक समझ में भी आती है, लेकिन इस इक्कीसवीं शताब्दी में भी हम इतनी सारी लिपियों का बोझ किसलिए ढो रहे हैं, यह समझ में नहीं आता। 15वीं शताब्दी के मध्यकाल में यूरोप में टाइपों से छपाई प्रारंभ हो जाने से रोमन लिपि के अक्षरों में स्थिरता आ गई। बाद में जहां-जहां भी मुद्रण शुरू हुआ वहां लिपि का विकास रुक गया। मुद्रण का आविष्कार हो जाने पर संसार में किसी भी नई लिपि का जन्म नहीं हुआ है। यहां हम मोर्स या ब्रेल जैसी संकेत-

सिंधु लिपि

|

(?)

↓

अशोक की ब्राह्मी ← ब्राह्मी लिपि → भट्टिप्रोलु की दक्षिणी शैली
तमिल ब्राह्मी

↓

(स्वदेश में)	(विदेशों में)
	श्रीलंका
गुप्त लिपि } कुटिल लिपि } ————	मध्य-एशिया और तिब्बत
	म्यांमार (बर्मा)
नागरी लिपि, नंदिनागरी,	स्याम
शारदा, ग्रंथ लिपि,	मलयद्वीप
बांग्ला, तमिल,	जावा
तेलुगु-कन्नड़,	सुमात्रा
(संक्षेप में, सभी भारतीय लिपियां)	बोर्नियो
	हिंद-चीन

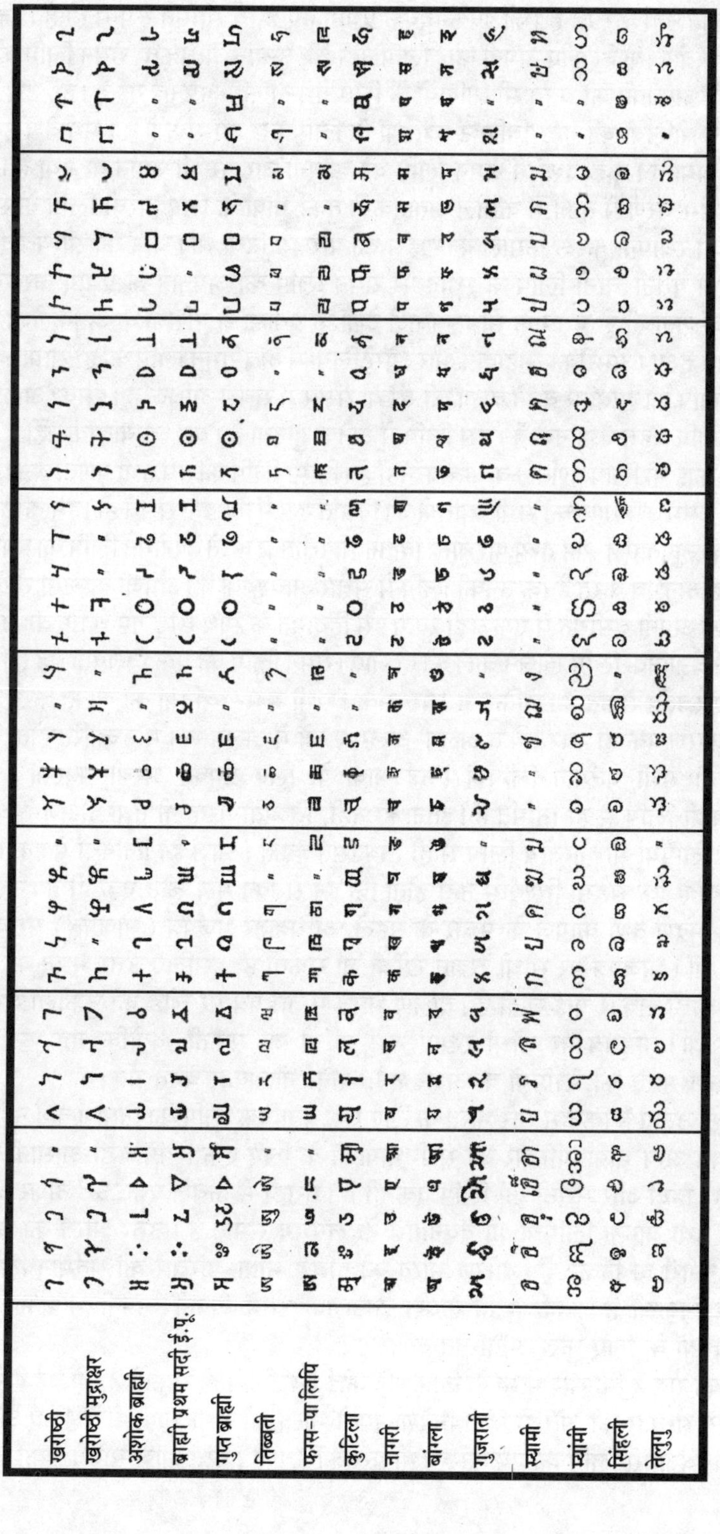

चित्र 33.2 भारतीय लिपियां (आरंभिक दो पंक्तियों की खरोष्ठी लिपि के अलावा शेष सभी ब्राह्मी से विकसित हुई हैं)

लिपियों की बात नहीं कर रहे हैं। जो इक्के-दुक्के प्रयोग हुए हैं, वे सीमित रूप में ही हैं। जिन लोगों की भाषाओं या बोलियों के लिए अपनी कोई लिपि नहीं थी, उन्होंने अधिकतर रोमन लिपि को अपना लिया है। जैसे, अफ्रीका की बहुत सी बोलियों के लिए रोमन लिपि अपनाई गई है। हां, उसे अपनाते समय उन-उन बोलियों की कुछ विशिष्ट ध्वनियों के लिए कुछ नए संकेतों का समावेश उस लिपि में कर लिया गया है। कुछ देशों में रोमन लिपि को कानूनी तौर पर भी अपनाया गया है। बीसवीं शताब्दी के प्रथम चरण में तुर्की में कमाल अतातुर्क ने तुर्की भाषा के लिए अरबी लिपि के स्थान पर रोमन लिपि की स्थापना करके कमाल के साहस का परिचय दिया था। चीन का साम्यवादी शासन भी अपनी युगों पुरानी चीनी लिपि के स्थान पर रोमन लिपि को अपनाने के प्रयोग कर रहा है।

उन्नीसवीं शताब्दी से यूरोप के साम्राज्यवादी देशों के प्रयासों से एशिया के अनेक देशों में रोमन लिपि का प्रचार हुआ। अमरीका-महाद्वीप और ऑस्ट्रेलिया में अब रोमन लिपि का ही साम्राज्य है। इस समय रोमन लिपि का व्यवहार करने वालों की संख्या संसार में सबसे अधिक है। इसका अर्थ यह नहीं है कि रोमन लिपि बहुत वैज्ञानिक है। उस लिपि में अनेक त्रुटियां हैं। वह ध्वन्यात्मक नहीं है। असल में, संसार की कोई भी लिपि पूर्णतः ध्वन्यात्मक नहीं है। किसी लिपि को हम तभी पूर्णतः वैज्ञानिक मान सकते हैं जब उसमें उस भाषा की सभी ध्वनियों को निर्भ्रांत रूप में लिखना संभव हो। इस दृष्टि से रोमन लिपि में अनेक न्यूनताएं हैं, यह तथ्य पाश्चात्य विद्वान भी स्वीकार करते हैं। रोमन लिपि का प्रयोग करने वाले स्वयं यह अनुभव करते हैं कि उनकी लिपि में सुधार आवश्यक है। अंग्रेजी के नामी साहित्यकार जॉर्ज बर्नार्ड शॉ अपनी वसीयत में एक बड़ी रकम इस हिदायत के साथ छोड़ गए थे कि वह अंग्रेजी के लिए एक पूर्ण वैज्ञानिक लिपि खोजने वाले को दी जाए। रोमन लिपि की एक विशेषता यह है कि उसमें स्वरों के लिए स्वतंत्र संकेत हैं। लेकिन ये स्वर-संकेत सभी स्वर-ध्वनियों को व्यक्त करने में समर्थ नहीं हैं, इस कारण एक ही स्वर संकेत अलग-अलग शब्दों में अलग रूप में उच्चारित होता है।

भारत की सभी वर्तमान लिपियां (उर्दू भाषा के लिए प्रयुक्त अरबी-फारसी लिपि को छोड़कर) ब्राह्मी लिपि से ही निर्मित हैं। इतना ही नहीं, तिब्बती, सिंहली तथा दक्षिण-पूर्व एशिया की बहुत सी लिपियां भी भारतीय लिपि से ही विकसित हुई हैं। आज इन लिपियों में इतना अधिक अंतर पड़ गया है कि सहसा विश्वास नहीं होता कि इन सबका मूल स्रोत एक ही है। उत्तर भारत की लिपियां, मुद्रण तथा कागज के प्रचार के पहले, अधिकतर भूर्जपत्र (भोजपत्र) पर कलम से लिखी जाती थीं। भोजपत्र पर सीधी रेखाएं खींची जा सकती हैं, इसलिए उत्तर भारत की लिपियों में खड़ी या आड़ी लकीरें पाई जाती हैं। दक्षिण भारत में ताड़पत्र पर लोहे की नुकीली शलाका से लिखा जाता था। ताड़पत्र पर सीधी रेखाएं नहीं खींची जा सकतीं, क्योंकि यह फट जाएगा। इसलिए दक्षिण भारत की लिपियों के अक्षर शनैः-शनैः गोलाकार बनते गए।

अब प्रश्न उठता है कि हम सारे भारत के लिए एक वैज्ञानिक लिपि का निर्माण क्यों नहीं करते ?

भारत की आर्य भाषा-परिवार की सभी भाषाओं के लिए एक लिपि बड़ी आसानी से बनाई जा सकती है। हिंदी और मराठी की लिपि एक ही है। मराठी में केवल एक 'ळ' अक्षर अतिरिक्त है। गुजराती तथा बांग्ला लिपियां भी देवनागरी के लगभग समान हैं। उत्तर भारत की और सारी लिपियां देवनागरी के निकट हैं। दक्षिण भारत की द्रविड़ भाषा-परिवार की वर्तमान लिपियां भी ब्राह्मी से ही निकली हैं। फर्क है तो केवल इतना कि उनमें अपनी-अपनी भाषाओं की कुछ विशिष्ट ध्वनियों के लिए कुछ अतिरिक्त अक्षर हैं।

बहुतों की राय है कि सारे भारत के लिए यदि कोई एक लिपि हो सकती है, तो वह है देवनागरी लिपि। केंद्रीय सरकार की ओर से हिंदी निदेशालय ने भारत की सभी भाषाओं के लिए अपनाई जा सकने वाली देवनागरी लिपि का एक प्रारूप भी प्रस्तुत किया है। परंतु आज सारे देश की जो स्थिति

है उसमें मराठीभाषी समुदाय को छोड़कर कोई भी अहिंदीभाषी समुदाय अपनी भाषा के लिए देवनागरी लिपि को सहज ही स्वीकार नहीं करेगा। हिंदीवालों की कुछ गलत नीतियों के कारण हमारे दक्षिण भारतीय भाइयों को अब हिंदी भाषा ही नहीं बल्कि देवनागरी लिपि भी अपनाने में हिचकिचाहट होना स्वाभाविक है। मैं समझता हूं कि इसमें अधिक दोष तथाकथित हिंदीवालों का ही है। हिंदीवाले सोचते हैं कि उनकी भाषा के बोलने और समझनेवालों की संख्या देश में सबसे अधिक है, इसलिए उसे अहिंदी भाषाभाषियों को स्वीकार करना ही चाहिए और कानूनन उन्हें इसके लिए बाध्य किया जाना चाहिए। हिंदीवाले अहिंदीभाषियों से तो यह आशा रखते हैं कि वे हिंदी सीखें, किंतु स्वयं हिंदी के अलावा कोई दूसरी भारतीय भाषा सीखने में तनिक भी रुचि नहीं लेते। मुझे विश्वास है कि हिंदीवाले यदि अपना यह भ्रम त्याग दें कि देवनागरी पूर्णत: वैज्ञानिक लिपि है, और उसमें वैज्ञानिक तथा तकनीकी दृष्टियों से आवश्यक परिवर्तन करने के लिए तैयार हो जाएं तो अहिंदी भाषाभाषी भी देर-सबेर उस परिवर्धित देवनागरी को स्वीकार कर लेंगे। हिंदी निदेशालय ने दक्षिण की ध्वनियों का समावेश करने के लिए देवनागरी अक्षरों में जो दो-चार अतिरिक्त चिह्न जोड़े हैं, उनसे किसी को भी संतोष नहीं हो सकता—दक्षिण भारत वालों को भी नहीं और नई वैज्ञानिक लिपि के समर्थकों को भी नहीं। अभी तो हिंदीवाले 'ळ' को अपनाने को भी तैयार नहीं हैं, जबकि यह व्यंजन ध्वनि हिंदी की अनेक बोलियों में विद्यमान है और वैदिक संस्कृत में भी थी (**ऋग्वेद** का पहला ही मंत्र है—**अग्निमीळे पुरोहितं यज्ञस्य देवमृत्विजम्। होतारं रत्नधातमम्।**)

सारे भारत के लिए एक लिपि का प्रश्न, सारे भारत के लिए एक भाषा के प्रश्न से भी अधिक महत्व का है। सारे देश को एक सूत्र में बांधने के लिए एक लिपि का होना परमावश्यक है। सारे भारत के लिए एक राष्ट्रभाषा हिंदी ही हो सकती है, यह बात सही है और एक दिन यही होगा भी। परंतु देवनागरी लिपि में आमूल परिवर्तन किए बिना उसका राष्ट्रलिपि बनना संभव नहीं, उचित भी नहीं। देवनागरी लिपि ध्वनियों की दृष्टि से धनी है, रोमन लिपि से भी अधिक धनी है, यह सभी स्वीकार करते हैं। परंतु यह लिपि भी पूर्णत: ध्वन्यात्मक नहीं है—इसमें भी हम जैसा बोलते हैं, ठीक वैसा ही हमेशा नहीं लिखा जा सकता। और फिर, इसमें मुद्रण की दिक्कतें तो बहुत ही ज्यादा हैं। देवनागरी की व्यंजन-ध्वनियों को स्वर-रहित बनाना और उसकी स्वर-ध्वनियों के लिए—मात्राओं के लिए भी—स्वतंत्र संकेतों का निर्माण करना अत्यंत जरूरी है। ऐसा करने से देवनागरी में आधी वैज्ञानिकता आ जाएगी और मुद्रण की कठिनाइयों में भी भारी कमी होगी। ध्वनिशास्त्र की दृष्टि से विचार करके देवनागरी लिपि के कुछ अक्षरों को नए मान दिए जाएं और कुछ नए संकेतों का समावेश किया जाए तो यह लिपि और भी अधिक वैज्ञानिक बन सकती है। मुद्रण तथा लेखन की दृष्टि से अक्षरों को नए सरल एवं आकर्षक रूप दिए जाएं, तो उसमें अधिक पूर्णता आएगी। अगर इस प्रकार इस लिपि में पूर्ण संशोधन करके इसे एक नया नाम दिया जाए, तो मैं समझता हूं इसे हम अपने देश की राष्ट्रलिपि बना सकते हैं। हां, इसमें दक्षिण की भाषाओं की ध्वनियों का भी समावेश होना चाहिए। देवनागरी में सुधार करते समय हमें विदेशी भाषाओं की मुख्य ध्वनियों पर भी विचार करना चाहिए। संसार की प्रमुख भाषाओं को व्यक्त करने का सामर्थ्य भी उसमें होना चाहिए।

यह काम कठिन जरूर है, लेकिन असंभव नहीं। सारे संसार के लिए एक ही लिपि के निर्माण के उन्नीसवीं शताब्दी से दर्जनों प्रयास हुए हैं। किंतु किसी भी प्रयास को सफलता नहीं मिली है। केवल भाषाशास्त्र विषयक ग्रंथों में अंतर्राष्ट्रीय ध्वन्यात्मक लिपि का प्रयोग देखने को मिलता है। लेकिन किसी जीवित लिपि को संसार की अंतर्राष्ट्रीय लिपि बनाने में अब सफलता नहीं मिल सकती। सब मिलकर नए संकेतों वाली एक वैज्ञानिक लिपि बनाएं, तभी उसे अंतर्राष्ट्रीय लिपि के रूप में स्वीकार करना संभव होगा।

परिशिष्ट-क

प्रमुख भाषा-परिवार

भाषाविदों ने संसार की भाषाओं को कुछ प्रमुख परिवारों तथा वर्गों में बांटा है। भाषा-परिवारों की संख्या के बारे में भाषाविद् एकमत नहीं हैं। किसी ने संसार की सभी भाषाओं को 10 परिवारों में बांटा है, तो किसी ने भाषा-परिवारों की संख्या 100 तक पहुंचा दी है। इसके अलावा, कई ऐसी भाषाएं भी हैं जिनके परिवारों के बारे में काफी मतभेद हैं। कुछ अन्य भाषाओं को किसी भी परिवार में स्थान देना संभव नहीं हो पाया है। इन मतभेदों का प्रमुख कारण यह है कि अभी संसार की सभी भाषाओं का तुलनात्मक अध्ययन काफी अधूरा है।

भाषा के बिना लिपि का कोई अस्तित्व नहीं। लिपि के विवरण के साथ-साथ मैंने भाषा का भी यथासंभव थोड़ा-सा परिचय दे दिया है। यहां भाषा-परिवारों की तालिकाएं दी जा रही हैं। सभी भाषा-परिवारों की सभी भाषाओं की सूची देना तो संभव नहीं, परंतु यहां उन प्रमुख भाषा-परिवारों को दिया जा रहा है जिनके बारे में भाषाविद् प्रायः एकमत हैं और जिनका प्रस्तुत ग्रंथ के विषय से संबंध है।

मूल यूराल-अल्ताई भाषा

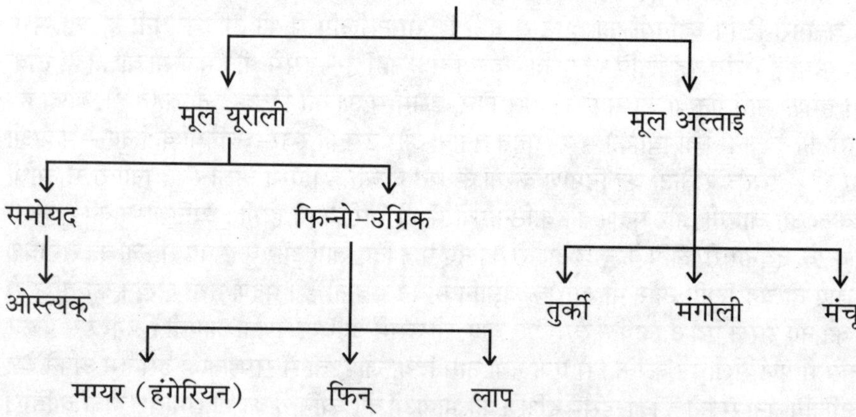

चीनी-तिब्बती

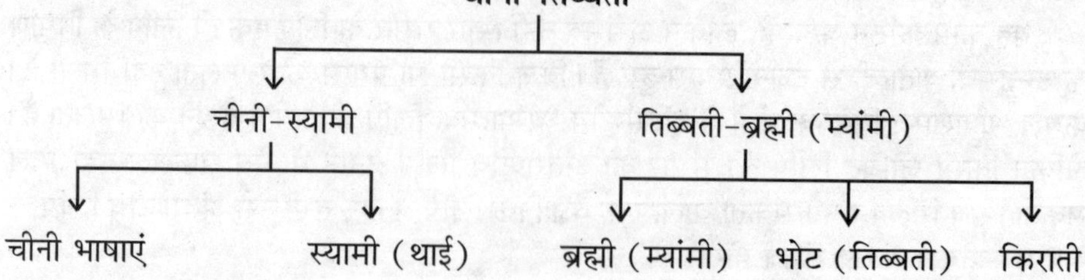

मूल हेमेटो-सेमेटिक भाषा

- मूल सेमेटिक भाषा
  - दक्षिणी सेमेटिक
    - अरबी
    - इथियोपी
  - उत्तरी या पश्चिमी सेमेटिक
    - आरमेई
      - पश्चिमी आरमेई
      - सीरियाई
    - कनानी
      - मोआबी
      - फिनीशियन
      - हिब्रू
  - पूर्वी सेमेटिक (अक्कदी)
    - बेबीलोनी
    - असीरी
- मूल हेमेटिक भाषा
  - प्राचीन मिस्री
    - कॉप्टिक
  - पूर्वी हेमेटिक (कुशिती)
    - सोमाली, गल्ल, इत्यादि
  - उत्तरी हेमेटिक
    - बर्बर बोलियां

ऑस्ट्रिक या आग्नेय परिवार

- मलय-पोलीनेसी
  - इंदोनेसी: मलय, सुंदानी, यवद्वीपी, बाली, इत्यादि
  - पोलीनेसी: सामाआई, ताहिती, माओरी, हवाईद्वीपी, इत्यादि
  - माइक्रोनेसी: कैरोलीन, गिलबर्ट, इत्यादि
  - पापुआ
- आस्ट्रो-एशियाई
  - मोन-ख्मेर: मोन, पलौंग, खासी, निकोबारी, इत्यादि
  - मुंडा: खेरबारी, कुर्कू, इत्यादि

द्रविड़ परिवार की भाषाएं

तमिल, तेलुगु, मलयालम, कन्नड़, तुळु, ब्राहुई, गोंडी, इत्यादि

प्राक्भारोपीय (विरोस्)

- पश्चिमी शाखा (केंतुम्)
  - पश्चिमी यूरोपी
    - केल्टिक-इटालिक (लैटिन)
      - केल्टिक
      - इटालिक
        - पोर्तुगीज, स्पेनिश, इटालियन, फ्रेंच, इत्यादि
    - जर्मनिक
      - पश्चिम जर्मनिक
        - जर्मन, डच, अंग्रेजी, इत्यादि
      - उत्तर जर्मनिक
        - स्कंडेनेवियन भाषाएं, आइसलैंडिक, नॉर्वेजियन, डेनिश, स्वीडिश, इत्यादि
      - पूर्व जर्मनिक
        - बुर्गुंडियन, वेंडाल, गोथिक
  - तुखारी
  - हेलेनी या यूनानी
- हित्ती, एत्रुस्कन
- पूर्वी शाखा (शतम्)
  - आर्मिनी
  - अल्बानी
  - बाल्टी
    - लिथुवानी, लेट्टिश
  - स्लाव
    - रूसी, पोलिश, चेक, बुल्गारी, इत्यादि
  - आर्य

आर्य भाषाएं

- ईरानी
  - अवेस्ता, प्राचीन पारसी, फारसी, इत्यादि
- भारतीय
  - वैदिक संस्कृत (छांदस्), संस्कृत, पालि, प्राकृत, अपभ्रंश, हिंदी, मराठी, बांग्ला, गुजराती, सिंहल, इत्यादि

परिशिष्ट-ख

सहायक ग्रंथ

हिंदी :

अलतेकर, अनंत सदाशिव : **गुप्तकालीन मुद्राएं,** पटना, 1954.

उपाध्याय, वासुदेव : **भारतीय सिक्के,** प्रयाग, 1947.

उपाध्याय, वासुदेव : **प्राचीन भारतीय अभिलेखों का अध्ययन,** दिल्ली, 1961.

उपाध्याय, वासुदेव : **गुप्त साम्राज्य का इतिहास,** भाग 1, इलाहाबाद, 1939.

ओझा, गौरीशंकर हीराचंद : **भारतीय प्राचीन लिपिमाला** (दूसरा संस्करण), अजमेर, 1918.

उपाध्याय, भगवतशरण : **प्राचीन भारत का इतिहास,** पटना, 1949.

उपाध्याय, भगवतशरण : **पुरातत्व का रोमांस,** वाराणसी, 1967.

कौसल्यायन, भदंत आनंद : **सिंहल भाषा और साहित्य,** भोपाल, 1973

गुप्त, परमेश्वरीलाल : **प्राचीन भारत के प्रमुख अभिलेख** (खंड 1), वाराणसी, 1988.

गोयल, श्रीराम : **प्राचीन भारतीय अभिलेख-संग्रह,** जयपुर, 1982.

चाटुर्ज्या, सुनीतिकुमार : **भारतीय आर्यभाषा और हिंदी,** दिल्ली, 1954.

जयचंद्र विद्यालंकार : **लघु इतिहास-प्रवेश,** इलाहाबाद, 1951.

जायसवाल, काशीप्रसाद : **कलिंगचक्रवर्ती महाराज खारवेल के शिलालेख का विवरण,** प्रयाग, 1928.

तिक्कू, श्रीनाथ : **शारदा लिपि दीपिका,** नई दिल्ली, 1983.

तिवारी, भोलानाथ : **भाषा विज्ञान कोश,** वाराणसी, 1954.

थापर, रोमिला (अनु. डी.आर. चौधरी व प्रभा यादव) : **अशोक और मौर्य साम्राज्य का पतन,** नई दिल्ली, 1997.

नारायण, अवधकिशोर और शुक्ल, मणिशंकर : **प्राचीन भारतीय अभिलेख-संग्रह**, भाग 1 और 2, वाराणसी, 1969.

पुरी, बैजनाथ : **सुदूर पूर्व में भारतीय संस्कृति और उसका इतिहास**, लखनऊ, 1975.

फ्लीट, जॉन फेथफुल (अनु. गिरिजाशंकर प्रसाद मिश्र) : **भारतीय अभिलेख संग्रह—प्रारंभिक गुप्त शासकों के अभिलेख** (खंड 3), जयपुर, 1974.

बंद्योपाध्याय, राखलदास (अनु. आनंद कृष्ण) : **गुप्त युग,** वाराणसी, 1970.

भट्ट, जनार्दन : **अशोक के अभिलेख**, दिल्ली, 1957.

मुले, गुणाकर : **भारतीय अंक-पद्धति की कहानी** (पांचवीं आवृत्ति), नई दिल्ली, 2001.

मुले, गुणाकर : **भारत : इतिहास और संस्कृति,** नई दिल्ली, 1972.

मुले, गुणाकर : **अक्षरों की कहानी** (पांचवीं आवृत्ति), नई दिल्ली, 2001.

मुले, गुणाकर : **अंकों की कहानी** (पांचवीं आवृत्ति), नई दिल्ली, 2001.

मुले, गुणाकर : **भारतीय लिपियों की कहानी** (पंचम संस्करण), नई दिल्ली, 2001.

मुले, गुणाकर : **भारतीय सिक्कों का इतिहास** (प्रेस में)

राही, ईश्वरचंद्र : **लेखनकला का इतिहास** (2 खंड), लखनऊ, 1983.

लाहुली, के अंगरूप : **संभोट व्याकरण** (द्वितीय संस्करण), लाहुल, 1963.

वर्मा, शिवशंकर प्रसाद : **देवनागरी लिपि**, भागलपुर, 1972.

वर्मा, धीरेंद्र : **हिंदी भाषा और लिपि,** इलाहाबाद, 1962.

सत्येंद्र : **पांडुलिपि विज्ञान,** जयपुर, 1978.

सरकार, दिनेशचंद्र (अनु. कृष्णदत्त वाजपेयी) : **भारतीय पुरालिपि विद्या**, दिल्ली, 1996.

सांकृत्यायन, राहुल : **मध्य-एशिया का इतिहास**, (2 खंड), पटना, 1956-57.

सांकृत्यायन, राहुल : **बौद्ध संस्कृति,** कलकत्ता, 1952.

(लेख-संग्रह) : **देवनागरी—विकास, परिवर्धन और मानकीकरण**, दिल्ली, 1974.

संस्कृत :

पाणिनि : **अष्टाध्यायी**

शांतिभिक्षु शास्त्री (अनुवादक) : **ललित-विस्तर**, उ.प्र. हिंदी संस्थान, लखनऊ, 1984.

Datta, Nalinaksha (ed.) : **Gilgit Manuscripts,** Vol. 1, Shrinagar, 1930.

Chhabra, B. Ch. (ed.) : **अभिलेखसंग्रहः,** नई दिल्ली, 1964.

जयचंद्र विद्यालंकार : **उत्कीर्ण लेखाञ्जलिः**, बनारस, 1936.

बांग्ला :

बसु, चारुचंद्र और कर, ललित मोहन : **अशोक अनुशासन**, कलकत्ता, 1915.

मराठी :

केतकर, श्रीधर व्यंकटेश : **महाराष्ट्रीय ज्ञानकोश, प्रस्तावना खंड, विज्ञानेतिहास**, पुणे, 1922.

केतकर, श्रीधर व्यंकटेश : **प्राचीन महाराष्ट्र : शातवाहन पर्व**, पुणे, 1963.

कोलते, वि.भि. : **महाराष्ट्रातील काही ताम्रपट व शिलालेख**, मुंबई, 1987.

गोखले, शोभना : **पुराभिलेख विद्या**, पुणे, 1975.

जोशी, लक्ष्मणशास्त्री (प्रधान संपादक) : **मराठी विश्वकोश**, 16 खंड, महाराष्ट्र राज्य साहित्य संस्कृति मंडल, मुंबई

तुळपुळे, शं. गो. : **प्राचीन मराठी कोरीव लेख**, पुणे, 1963.
दीक्षित, मोरेश्वर ग. : **महाराष्ट्रांतील काहीं प्राचीन ताम्रपट व शिलालेख**, पुणे, 1947.
देव, शांताराम भालचंद्र : **महाराष्ट्र व गोवे शिलालेख-ताम्रपटांची वर्णनात्मक संदर्भ-सूची**, गुंबई, 1984.
नाईक, बापूराव : **देवनागरी मुद्राक्षर लेखनकला** (खंड पहला), मुंबई, 1982.
मिराशी, वासुदेव विष्णु : **वाकाटक नृपति आणि त्यांचा काळ**, नागपूर, 1957.
मिराशी, वासुदेव विष्णु : **सातवाहन आणि पश्चिमी क्षत्रप यांचा इतिहास आणि कोरीव लेख**, मुंबई, 1979.
मिराशी, वासुदेव विष्णु : **शिलाहार राजवंशाचा इतिहास आणि कोरीव लेख**, नागपूर, 1974.
मिराशी, वासुदेव विष्णु : **संशोधन मुक्तावलि**, 10 भाग, नागपूर.

रूसी :

शिनत्सेर, या. : **इस्तोरिया पिसमेन**, पेतेरबुर्ग, 1903.
योहानेस फ्रीडरिख़ : **इस्तोरिया पिस्यमा** (जर्मन से अनूदित), मास्को, 1979.

नेवारी, नेपाली :

हेमराज शाक्यवंश : **नेपाल लिपि संग्रह**, काठमांडो, 1953.
रेग्मी, जगदीशचंद्र : **सात साहित्यिक र ऐतिहासिक अभिलेख**, काठमांडौ.

सिंहल :

करुणारत्न, डब्ल्यू.एस. : **सिंहल शिलालेखन**, कोलंबु, 1956.

अंग्रेजी :

Agrawala, V. S. : **India as Known to Panini**, Lucknow University, 1953.
Albright, W. F. : **The Archaeology of Palestine** (Pelican Book), 1963.
Allchin, Bridget and Raymond : **The Birth of Indian Civilization** (Penguin Book), 1968.
Allen, A. : **The Story of Archaeology,** London.
Allegro, J. : **The Dead Sea Scrolls** (Pelican Book), 1960.
Bai Shouyi (ed.) : **An Outline History of China**, Beijing, 1982.
Barua, B. M. : **Ashoka and His Inscriptions**, Part 1 & 2, Calcutta, 1969.
Basham. A.1. : **The Wonder That Was India,** Bombay, 1963.
Bell, C.A. : **Grammar of Colloquial Tibetan**, Alipore, Bengal, 1939.
Bloomfield, L. : **Language**, London, 1962.
Boas, F. & Others : **General Anthropology**, New York, 1938.
Bodmer, F. : **The Loom of Language**, London, 1961.
Bray, W. & Trump, D. : **A Dictionary of Archaeology** (Penguin Book), 1970.
Bühler, G. : **Indian Paleography**, Calcutta, 1962.

Burgess, J. & Indraji, Bhagwanlal : **Inscriptions from the Cave-Temples of Western India with Descriptive notes** (Reprint), Delhi, 1976.

Carrington, R. : **A Million Years of Man** (Mentor Book), New York, 1963.

Ceram, C.W. : **Gods, Graves and Scholars** (Translated from German by E. B. Garside), London, 1953.

Chadwick. J. : **The Decipherment of Linear-B** (Pelican Book), 1961.

Chhabra, B.Ch. : **Expansion of Indo-Aryan Culture**, Delhi, 1965.

Chien Po-Stan, Shao Hsun & Hu Huan : **Concise History of China**, Peking, 1964.

Childe, V.G. : **Progress and Archaeology**, London, 1944.

Childe, V.G. : **Man Makes Himself,** London, 1956.

Childe, V.G. : **What Happened in History** (Pelican Book), 1964.

Childe, V.G. : **The Aryans**, London, 1926.

Childe, V.G. : **New Light on the Most Ancient East**, London, 1954.

Cleator, P.E. : **Lost Languages** (Mentor Book), New York, 1962.

Clodd, E. : **The Story of the Alphabet**, New York, 1938.

Cottrell, L. : **Life Under the Pharaohs** (Pan Book), London, 1964.

Das Gupta, Charu Chandra : **The Development of The Kharoshthi Script,** Calcutta, 1958.

Dawson, R. (ed.) : **Legacy of China**, Oxford, 1963.

Dani, A.H. : **Indian Paleography**, Oxford, 1963.

Daniel, Glyn : **The First Civilizations : The Archaeology of Their Origin**, London, 1968.

Deul, L. (ed.) : **The Treasure of Time** (Pan Book), London, 1964.

Diringer, D. : **Writing**, London, 1962.

Diringer, D. : **The Alphabet** (A Key to the History of Mankind), London, 1954.

Doblhofer, E. : **Voices in Stone** (Translated from German by M. Savill), London, 1961.

Driver, G.R. : **Semetic Writing From Pictograph to Alphabet**, London, 1954.

Emery, W.B. : **Archaic Egypt** (Pelican Book), 1963.

Gallenkamp, C. : **Maya**, New York, 1962.

Gardiner, A. : **Egyptian Grammar**, Oxford, 1957.

Gelb, I.J. : **A Study of Writing**, London, 1962.

Ghoshal, U.N. : **Progress of Greater Indian Research** (1917-42), Calcutta, 1943.

Grirshman, R. : **Iran** (Pelican Book), 1954.

Gilyarevsky, R.S. & Grivnin, V.S. : **Language Identification Guide**, Moscow, 1970.

Goad, F. : **Language in History** (Pelican Book), 1958.

Gorgoniyev, Y.A. : **The Khmer Language**, Moscow, 1966.

Gurney, O.R. : **The Hittites** (Pelican Book), 1962.

Hawkes, J. & Woolley, L. : **Prehistory and the Beginning of Civilization** (History of Mankind, Vol. 1), London, 1963.

Herodotus : **The Histories** (Penguin Book, translated by A, de Selincourt)

Hiranand Shastri : **The Ashokan Rock at Girnar,** Baroda, 1936.

Hooke, S.H. : **Middle Eastern Mythology** (Pelican Book), 1963.

Iverren, E. : **The Myths of Egypt and its Hieroglyphs in European Tradition,** Copenhagen, 1961.

Kanga, K.E. : **The Practical Grammar of The Avesta Language,** Bombay, 1891.

Kannaiyan, V. : **Scripts In and Around India,** Madras, 1960.

Karambekar, V.W. : **Select Sanskrit Inscriptions,** Nagpur, 1959.

Kejariwal, O.P. : **The Asiatic Society of Bengal,** Oxford, Delhi, 1988.

Kilgour, R. (ed.) : **The Gospel in Many Tongues,** London, 1930.

Kinns, Rev. S. : **Graven in The Rock,** London, 1891.

Korovkin, F.P. : **Ancient History,** Moscow, 1965.

Lorblanchet, Michel (ed.) : **Rock Art in the Old World,** New Delhi, 1962.

Lüders, H. (ed.) : **Bharhut Inscriptions,** Ootacamund, 1963.

Mahadevan, Iravatham : **The Indus Script** (Texts, Concordance and Tables), New Delhi, 1977.

Mahadevan, Iravatham : **Aryan or Dravidian or Neither : A Study of Recent Attempts to Decipher the Indust Script : 1995-2000.** (Presidential Address), IHC, Bhopal, 2001.

Majumdar, R.C. (ed.) : **Vedic Age,** London, 1952.

Majumdar, R.C. (ed.) : **The Classical Age,** Bombay, 1962.

Majumdar, R.C. (ed.) : **Inscriptions of Kambuja,** Calcutta, 1953.

Mainkar, T.G. (ed.) : **Writings and Speeches of Dr. Bhau Daji,** Bombay, 1974.

May, R. Le. : **The Culture of South East Asia,** Delhi, 1962.

Mirashi, V.V. : **Inscriptions of the Vakatakas,** Ootacamund, 1963.

Mishra, Ram Swaroop : **Inscriptions of the Early Gupta Kings and Their Successors (Bibliorgraphy),** Varanasi, 1971.

Murray, M.A. : **The Splendour That Was Egypt,** London, 1954.

Naik, Bapurao : **Typography of Devanagari,** Vol. 1, Bombay, 1971.

Neumayer, Erwin : **Lines in Stone : The Prehistoric Rock Art of India,** New Delhi, 1993.

Parpola, Asko : **Deciphering the Indus Script,** Cambridge, 1994.

Piggot, S. : **Prehistoric India** (Pelican Book), 1961.

Pithawalla, M.B. : **Rock Records of Darious The Great,** Poona, 1918.

Possehl, Gregory L. : **Indus Age : The Writing System,** New Delhi, 1996.

Raghu Vira : **Tibet – A Souvenire,** New Delhi, 1960.

Rao, S.R. : **Lothal and The Indus Civilization,** Bombay, 1973.

Rao, S.R. : **Lothal,** New Delhi, 1985.

Rapport & Wright : **Archeology,** New York, 1964.

Ratnakar, Shereen : **Understanding Harappa Civilization in the Greater Indus Valley,** New Delhi, 2001.

Ray, S.K. : **Indus Script** (Memorandum No. 1), New Delhi, 1963.

Sarton, G. : **History of Science** (2 Vols.), New York, 1964.

Segal, Y. & IIyin, M. : **How Man Became A Giant**, Moscow.

Sircar, D.C. : **Inscriptions of Asoka**, Delhi, 1998.

Sivaramamurti, C. : **Indian Epigraphy and South Indian Scripts,** Madras, 1966.

Taton, R. (ed.) : **Ancient and Medievel Science** (Translated from French by A. J. Pomerans), London, 1963.

Taylor, E.B. : **Anthropology**, Vol. 1 & 2, London, 1946.

Upasak, C.S. : **The History and Palaeography of Mauryan Brahmi,** Nalanda, 1960.

Vaillant, G.C. : **The Aztecs of Mexico** (Pelican Book), 1961.

Vendryes, J. : **Language** (A Linguistic Introduction to History), London, 1952.

Von Hagen, V.W. : **The World of the Maya** (Mentor Book), New York, 1960.

Wheeler, M. : **The Indus Civilization**, Cambridge, 1953.

Wilkinson, J.G. : **Egyptians in the Time of the Pharaohs**, London, 1957.

(ed.) : **The Cultural Heritage of India**, Vol. III, Calcutta.

(ed.) : **Simple Chinese Conversation, Peking,** 1958.

(ed.) : **The Art of Writing** (An Exhibition in Fifty Panels), UNESCO.

(ed.) : **Indian System of Writing** (A.I.R. National Programme of Talks), Delhi, 1966.

(ed.) : **Archaeology in India** (Publication Division), New Delhi, 1967.

Articles from **Encyclopaedia Britannica**

Volumes of **Epigraphia Indica**

Journal of Bihar and Orissa Research Society

Volumes of **Ancient India, ASI**

Volumes of **Indian Archaeology : A Review, ASI**

परिशिष्ट-ग

पारिभाषिक शब्द

(अ) हिंदी-अंग्रेजी

अंक-संकेत	numerals
अंतर्निहित स्वर	inherent vowel
अंतर्राष्ट्रीय स्वन-वर्णमाला अंतर्राष्ट्रीय ध्वन्यात्मक लिपि	International Phonetic Alphabet (I.P.A.)
अक्षर, वर्ण	syllable, letter
अक्षरचिह्न, युक्तवर्ण	ligature
अक्षरमाला	syllabic writing, syllabary
अक्षर-वाचन	deciphering
अघोष	voiceless, surd
अज़टेक लिपि	Aztec script
अध्याहार चिह्न, लोप चिह्न	ellipses (blank marks)
अनाक्षरिक	asyllabic (= non-syllabic)
अनुच्चरित अंश	silent element
अनुनासिक	nasal
अनुवाद, भाषांतर	translation
अनुस्वार, चंद्रबिंदु (ँ)	nasalization sign
अपभ्रंश	corrupt form
अभियान	expedition
अभिरेखन, ठीकरे पर चिह्नांकन	graffiti
अभिलेख, शिलालेख	inscription
अभिलेखागार, पुरालेख-संग्रह	archives
अमूर्त विचार	abstract idea
अर्थ-विज्ञान	semantics
अर्धमात्रा	half mora
अर्धविराम चिह्न (;)	semicolon
अर्ध व्यंजन	semi-consonant
अर्ध स्वर	semi-vowel
अल्पप्राण	unaspirated
अल्पविराम (,)	comma
अवग्रह (ऽ)	disjuncture, open juncture
अविच्छिन्न लेखन	continuous writing

अव्यय	indeclinable
ऑगम लिपि	Ogam script
आकृतिमूलक, रूपात्मक	morphological
आक्षरिक	syllabic
आक्षरिक लेखन	syllabic writing
आघात, स्वराघात, बल	accent
आद्य-इतिहास	proto-history
आरमेई लिपियां	Aramaic scripts
आवर्ती	periodic
आवृत्ति	frequency
इकाई	unit
ईस्टर द्वीप की लिपि	Easter Island script
उइगुर लिपि	Uigur script
उगारीती लिपि	Ugaritic script
उच्चारण	pronunciation
उत्कीर्णन, उकेरना	engraving
उत्खनन, खुदाई	excavation
उत्तम पुरुष	first person
उद्घाटन	decipherment
उद्धरण चिह्न	quotation marks, inverted commas
उपचिह्न	diacritic(al) marks
उपध्मानीय (पृ. 262-63)	upadhmãniya
उपसर्ग, पूर्वप्रत्यय	prefix
ऊष्म	sibilant
एकाक्षरी शब्द	monosyllabic word
एत्रुस्कन लिपि	Etruscan script
एलामी भाषा (लिपियां)	Elamite language (scripts)
ऐतिहासिक स्वन-विज्ञान	historical phonetics
ओष्ठ्य	labial
कंठोष्ठ्य	labio-velar
कांस्ययुग	bronze age
काताकाना अक्षरमाला (जापान)	Katakana syllabary
कारक, विभक्ति	case
काल	tense
कालक्रम, कालानुक्रम	chronology
किरिल्ली वर्णमाला	Kyrillic alphabet
कीलाक्षर	Cuneiform script
कुंडली, लेखपट	scroll
कूटलेख, गुप्तलेख	cryptograph

कृत्रिम भाषा	artificial language
कोलन (:)	colon
क्नोसोस फलक (क्रीट द्वीप)	Knossos Tablets
क्वीपू	quipu
गणचिह्न	totem
गुप्त भाषा	argot
गुबलाती लिपि	Gublitic script
गूढ़ लेखन	cryptography
घटक	component
घसीट, घसीटदार	cursive
घोष	voice
चंद्रबिंदु (ँ)	nasalization sign
चर	variable
चर्मपट	parchment
चित्रलिपि	pictography, hieroglyphic writing
चित्रलेख, चित्रलिपि	hieroglyphic, pictogram, pictograph
चित्रलेखन	pictography
चिह्न, संकेत, प्रतीक	sign
चिह्नित	marked
छंद	prosody
जिह्वामूल	root of the tongue
जिह्वामूलीय (पृष्ठ 262–63)	back guttural
डैश, पड़ी रेखा (—)	dash
तान	tone
ताम्रपत्र, ताम्रशासन	copper plate
ताम्रयुग	copper age
तारांक, ताराचिह्न	asterisk
तालपत्र, ताड़पत्र	palm leaf
तालव्य	palatal
तालु	palate
तुर्की लिपि	Turkish script
तुलनात्मक भाषा-विज्ञान	comparative linguistics
त्रिपुंड	trigram (Pa-Kua)
त्रिविध, त्रिक्	triplet
दस्तावेज, प्रलेख	documents
दीर्घ स्वर	long vowel
द्विअक्षरी शब्द	disyllabic word
द्विक, युग्मक	dyad
द्विभाषीय, द्वैभाषिक	bilingual

द्विवचन	dual
द्विस्वरक	diphthong
देमोतिक लिपि (मिस्र)	Demotic script
देववाणी अस्थि	oracle bone
द्वैभाषिक लेख	bilingual inscription
द्वयक्षरी शब्द	disyllabic word
धातु	root
ध्वनि	sound
ध्वन्यात्मक लिपि	phonetic writing
ध्वनि-विज्ञान	phonetics, phonology
नासिक्य	nasal
निर्धारक संकेत	determinative
परप्रत्यय, अंतसर्ग	suffix
परिवर्तन	mutation
पर्याय, समानार्थी	synonymous
पशु-भाषा	animal language
पुरातत्व विज्ञान	archaeology
पुरातन, प्रतिष्ठित, शास्त्रीय	classical
पुरालिपि विज्ञान	palaeography
पुरालेख, शिलालेख	epigraph
पुरालेखशास्त्र, अभिलेख-विज्ञान	palaeography, epigraphy
पुरालेखविद्, पुरालिपिज्ञ	palaeographer, epigraphist
पूर्ण विराम	ful stop
पेटिका-शीर्षक लिपि	box-headed characters
प्रत्यय, उपसर्ग, पूर्वप्रत्यय	affix
प्रश्नचिह्न	question mark
प्रशस्ति	panegyric, eulogy
प्रस्तर-लेख	stone inscription
प्राक्-इतिहास, इतिहासपूर्व	prehistory
फाइस्टोस चकती	Phaistos Disk
बलाघात	stress accent
बहुअक्षरी शब्द	multisyllabic word
बोलचाल की भाषा	colloquial language
बोली	dialect
ब्यूस्त्रफीदान, सर्पलेखन (पृ. 164)	boustrophedon
भारत-ईरानी	Indo-Iranian
भारतीय आर्यभाषा	Indo-Aryan
भारोपीय, भारत-यूरोपीय	Indo-European
भावचित्र	ideogram

भाव-ध्वनि लिपि	acrophonetic writing
भाव-ध्वनि-लेखन	acrophony
भावमूलक लिपि	ideographic writing
भाषा-परिवार	family of languages
भाषा, वाक्	speech, language
भाषा-विज्ञान	linguistics, philology
भूर्जपत्र, भोजपत्र	birch bark
मंजूषा	casket
मय लिपि	Maya writing
महाप्राण, ह-कार	aspirate
मातृभाषा	mother tongue
मात्रा	mora
मुद्रा, मुहर	seal
मुद्रा, सिक्का	coin
मूर्धन्य	cerebral
मृत भाषा, विलुप्त भाषा	dead language
मृत्फलक	clay tablet
मेरोई लिपि	Meroitic script
मौलिक अंश	radical element
युक्त वर्ण	ligature
योगात्मन्, संयोग-प्रधान	agglutinative
योजक चिह्न (-)	hyphen
राजमुद्रा	royal seal
राजवंश	dynasty
राजाज्ञा	edict
राज्य वर्ष, राज्य संवत्	regnal year
रूनी लिपि	Runic script
रूप, पद	morph
रूप-परिवर्तन	morphological change
रूप-विज्ञान	morphology
रैखिक लेखन	linear writing
रैखिक-अ लिपि (क्रीट द्वीप)	Linear A script
रैखिक-ब लिपि (क्रीट द्वीप)	Linear B script
रोजेटा शिला	Rosetta stone
रोमनीकरण	Romanization
लिंग	gender
लिपि	script
लिपि-चिह्न	character
लिपि विज्ञान	scriptology

लिप्यंकन	transcription
लिप्यंतर, लिप्यंतरण	transliteration
लेखक	scribe, writer
लेखन	writing
लेखन-व्यवस्था	orthography
लेखन-सामग्री	writing material
लोप	deletion
वचन	number
वर्ण, अक्षर	character, letter
वर्णमाला	alphabet
वर्णात्मक लिपि	alphabetic writing
वर्ण-विन्यास, वर्ण-विचार	orthography
वर्तनी	spelling
वाक्य-विन्यास	syntax
वाक्-स्वन	speech sound
विकास	evolution
विदेशी भाषा	foreign language
विपर्यय, निपर्यास	metathesis
विराम-चिह्न	punctuation marks
विशेषक चिह्न	diacritical marks
वियोगात्मक, विश्लेषणात्मक	analytical
वियोगात्मक भाषा	analytical language
विसर्ग	(:) sign
वैयाकरण, व्याकरणकार	grammarian
व्यंजन	consonant
व्यंजनमाला	consonantal script
व्याकरण	grammar
व्युत्पत्ति	etymology, derivation
शब्दकोश	dictionary
शब्द-चिह्न, शब्द-संकेत	logogram
शब्द विभाजक	word divider
शब्द-संकेत लेखन	logography
शब्दावली	vocabulary
शलाका	stylus
शुद्ध लेखन	orthography
शैलचित्र, गुफाचित्र	cave painting
शैलाश्रय	rock shelter
शैली	style
श्लिष्ट योगात्मक भाषा	inflicting language

संकेत, चिह्न	notation, sign
संक्षेप	abbreviation
संधि	junction
संध्यक्षर, संयुक्त स्वर	diphthong
संबंधकारक, षष्ठी विभक्ति	genitive case
संयुक्त चिह्न	compound sign
संयुक्त स्वर	diphthong
संयुक्ताक्षर	compound syllable
संवत्	era
संवत्सर, वर्ष	year
संस्कृति	culture
सघोष	voiced
सभ्यता	civilization
समानाक्षर	monophthong
समानार्थक, पर्यायवाची	synonymous
समाधिलेख, स्मृतिलेख	epitaph
समास	compound
समीकरण	equation
सांकेतिक भाषा	gesture language
साइप्रसी अक्षरमाला	Cypriote syllabary
सारणी, तालिका	table
सिंधु लिपि	Indus script
सुमेरी लिपि	Sumerian script
सुर, तान	tone, pitch,
सुलेखनकला	calligraphy
सूच्याकार स्तंभ	obelisk
सूत्रात्मक	aphoristic
सेमेटिक (सामी) भाषाएं	Semetic Languages
स्तंभ	column
स्मारक	monument
स्लाव भाषाएं	Slavonic languages
स्वन	phone
स्वन नियम	phonetic law
स्वन-विज्ञान	phonetics
स्वनिक लिपि	phonetic script
स्वनिक लिप्यंकन	phonetic transcription
स्वनिम	phoneme
स्वर	vowel
स्वरांत अक्षर	open syllable

स्वराघात	pitch
स्वरीकरण	vocalization
हंसपाद, काकपाद	(∧) sign
हख़ामनी	Achaemenian
हल् चिह्न	(्) sign
हस्तलिपि, हस्तलेख	hand writing, manuscript
हाइरैटिक, पौरोहित्यिक	Hieratic
हाइरोग्लिफिक लिपि, चित्रलिपि	Hieroglyphics
हित्ती भाषा (लिपियां)	Hittite lanaguage (scripts)
हिरागाना अक्षरमाला (जापान)	Hiragana syllabary
हेमेटिक (हामी) भाषाएं	Hemetic languages
ह्रस्व स्वर	short vowel

(आ) अंग्रेजी-हिंदी

Achaemenian	हख़ामनी
abbreviation	संक्षेप, संक्षिप्त रूप
abstract	अमूर्त
abstract idea	अमूर्त विचार
accent	आघात, बल
acrophonic writing	भाव-ध्वनि लिपि
acrophony	भाव-ध्वनि-लेखन
affix	प्रत्यय, पूर्वप्रत्यय, उपसर्ग
agglutinative language	योगात्मक भाषा
alphabet	वर्णमाला, वर्ण, अक्षर
alphabetic writing	वर्णमालात्मक लिपि, वर्ण लिपि
analogue	तुल्य शब्द, समरूपी शब्द
analogy	सादृश्य
analysis	विश्लेषण
analytic language	वियोगात्मक भाषा
animal language	पशु-भाषा, प्राणि-भाषा
aphoristic	सूत्रात्मक
Aramaic scripts	आरमेई लिपियां
archaeology	पुरातत्व
archives	अभिलेखागार, पुरालेख-संग्रह
argot	गुप्त भाषा, खास बोली
artificial language	कृत्रिम भाषा
asterisk	तारक चिह्न
Aztec script	अज़टेक लिपि
back guttural	जिह्वामूलीय (पृ. 262-63)

basic language	मूल भाषा, आधार भाषा
bibliography	ग्रंथ-सूची, सहायक ग्रंथ
bilingual	द्विभाषीय, द्वैभाषिक
birch bark	भूर्जपत्र, भोजपत्र
borrowed	गृहीत
bracket	कोष्ठक
bronze age	कांस्ययुग
boustrophedon	ब्यूस्त्रफीदान, सर्पलेखन
box-headed characters	पेटिका-शीर्ष लिपि
calligraphy	सुलेखनकला
capital letter	बड़ा अक्षर
case	कारक, विभक्ति
casket	मंजूषा
cave painting	शैलचित्र, गुफाचित्र
character	लिपि चिह्न
civilization	सभ्यता
clay tablet	मृत्फलक
chronology	कालक्रम, कालानुक्रम
classical	पुरातन, शास्त्रीय, लौकिक
classification	वर्गीकरण
coin	सिक्का, मुद्रा
colloquial	बोलचाल की
colon	कोलन (:)
column	स्तंभ
comma	कॉमा, अल्प विराम (,)
comparative linguistics	तुलनात्मक भाषा-विज्ञान
compound sign	संयुक्त चिह्न
compound syllable	संयुक्ताक्षर
consonant	व्यंजन
consonantal writing	व्यंजनमाला, व्यंजनीय लिपि
continuous writing	अविच्छिन्न लेखन
copper plate	ताम्रपट, ताम्रशासन
copper age	ताम्रयुग
cryptograph	कूटलेख, गुप्तलेख
cuneiform	कीलाक्षर
culture	संस्कृति
cursive	घसीट, घसीटदार
cursive writing	घसीट लिपि, घसीटदार लेखन
Cypriote syllabary	साइप्रसी अक्षरमाला

dead language	मृत भाषा
Dead Sea Scrolls	मृत-सागर कुंडलियां
declension	कारकरूप, सुबंत
Demotic script	देमोतिक लिपि (मिस्र)
dental	दंत्य
dental labio	दंत्योष्ठ्य
Derius I	दारयवुश, दारा (हख़ामनी राजा)
derivation	व्युत्पत्ति
decipherment	पुरालिपि-वाचन, पुरालिपि-उद्घाटन
descriptive	वर्णनात्मक, विवरणात्मक
determinative	निर्धारक चिह्न
diacritic mark	विशेषक चिह्न
dialect	बोली
dictionary	शब्दकोश
digital language	अंकभाषा
diphthong	संयुक्त स्वर
disjuncture	अवग्रह (ऽ)
divine origin	दैवी उत्पत्ति
document	दस्तावेज, प्रलेख
dual number	द्विवचन
dyad	द्विक, युग्मक
dynasty	राजवंश
Easter Island inscriptions	ईस्टर द्वीप लेख
eclipsis	व्यंजनलोप
edict	राजाज्ञा
Elamite language	एलामी भाषा
element	अंश, अवयव, घटक
ellipses	शब्दलोप, लोप चिह्न (... ...)
engraving	उत्कीर्णन, उकेरना
ending	प्रत्यय, विभक्ति
epitaph	समाधिलेख, स्मृतिलेख
epigraphy	पुरालिपि विज्ञान, पुरालेख विद्या
equation	समीकरण
equivalent	समानार्थी, पर्याय
era	संवत्
Etruscan script	एत्रुस्कन लिपि
etymological	व्युत्पत्तिमूलक
etymology, derivation	व्युत्पत्ति
evolution	विकास, विकासक्रम

excavation	उत्खनन, खुदाई
extinct language	लुप्त भाषा, मृत भाषा
families of languages	भाषा-परिवार
feature	लक्षण, विशेषता
feminine	स्त्रीलिंग
first person	उत्तम पुरुष
flexions	रूप, रूपांतर
foreign language	विदेशी भाषा
formula	सूत्र
frequency	आवृत्ति
full stop	पूर्ण विराम (।) या (.)
gender	लिंग
graffiti	ठीकरों पर चिह्नांकन, अभिरेखन
grammar	व्याकरण
grammarian	वैयाकरण, व्याकरणकार
grammatical analysis	व्याकरणिक विश्लेषण
Gublitic script	गुबलाती लिपि
guttural	कंठ्य
handwriting	हस्तलेख
Hemetic languages	हेमेटिक (हामी) भाषाएं
Hicratic script	हाइरैटिक लिपि (मिस्र)
Hieroglyph	हाइरोग्लिफ, चित्र-संकेत
Hieroglyphic script	हाइरोग्लिफिक लिपि (मिस्र), चित्रलिपि
Hiragana syllabary	हिरागाना अक्षरमाला (जापान)
Hittite language	हित्ती भाषा
artificial language	कृत्रिम भाषा
homonyms	समान-व्यंजनक्रम-शब्द
homophony	समध्वनित्व
hybrid	मिश्रित
idea	भाव, विचार
ideogram	भावचित्र
ideographic writing	भावचित्रात्मक लिपि
indeclinable	अव्यय
Indo-Aryan	भारतीय आर्यभाषा
Indo-European	भारोपीय, भारत-यूरोपीय
Indo-Iranian	भारत-ईरानी
Indus script	सिंधु लिपि
inflexion	विभक्ति
inscription	अभिलेख, शिलालेख, लेख
international language	अंतर्राष्ट्रीय भाषा

International Phonetic Alphabet (I.P.A.)	अंतर्राष्ट्रीय स्वन-वर्णमाला, अंतर्राष्ट्रीय ध्वन्यात्मक लिपि
junction	संधि
Katakana syllabary	काताकाना अक्षरमाला (जापान)
Knossos Tablets	क्नोसोस फलक (क्रीट द्वीप)
knot reckoning (quipu)	ग्रंथि गणना (क्वीपू)
knot script	ग्रंथि लिपि (इंका)
Kyrillic alphabet	किरिल्ली वर्णमाला
labial	ओष्ठ्य
language family	भाषा-परिवार
letter	अक्षर, वर्ण
lexicon	शब्दकोश
Linear A script	रैखिक-अ लिपि (क्रीट द्वीप)
Linear B script	रैखिक-ब लिपि (क्रीट द्वीप)
linear writing	रैखिक लिपि
lingua franca	राष्ट्रभाषा
linguist	भाषाविद्, भाषाविज्ञानी
linguistic analysis	भाषिक विश्लेषण
linguistics	भाषा-विज्ञान
logogram	शब्द-संकेत
logographic writing	शब्द-संकेत-लेखन
manuscript (handwritten)	हस्तलिपि, हस्तलेख, पांडुलिपि
monument	स्मारक
Maya writing	मय सभ्यता की लिपि
Meroitic script	मेरोई लिपि (सूडान)
metathesis	विपर्यय, ध्वनि-विपर्यय
mixed language	मिश्र भाषा
monosyllabic	एकाक्षरी
monosyllabic language	एकाक्षरी भाषा
mora	मात्रा
morph	रूप
morphological	आकृतिमूलक, रूपात्मक
mother tongue	मातृभाषा
mutation	परिवर्तन
nasal	अनुनासिक
nasalization sign	चंद्रबिंदु (ँ)
number	वचन
numerals	अंक, संख्या-संकेत
obelisk	सूच्याकार स्तंभ

official language	राजभाषा
Ogam script	ऑगम लिपि
open syllable	मुक्ताक्षर, स्वरांत अक्षर
oracle bone	देववाणी अस्थि
origin	उत्पत्ति, उद्‌गम
palm leaf	ताड़पत्र
palaeography, epigraphy	पुरालिपि विज्ञान, पुरालिपि शास्त्र
paragraph	पैरा, अनुच्छेद
parchment	चर्मपट
panegyric, eulogy	प्रशस्ति
Phaistos Disc	फाइस्टोस चकती
philology	भाषा-विज्ञान, भाषाशास्त्र
phonetic	ध्वन्यात्मक
phonetic alphabet (script)	ध्वन्यात्मक लिपि
phonogram	ध्वनि-संकेत
pictorial (picture) writing	चित्रलिपि
pitch	सुर, स्वराघात
prehistory	प्राक्-इतिहास, इतिहासपूर्व
prefix	पूर्वप्रत्यय, उपसर्ग
pronunciation	उच्चारण
proto-history	आद्य-इतिहास
punctuation mark	विराम चिह्न
quasi-alphabetic script	अर्धवर्णमालात्मक लिपि
quipu	क्वीपू (इंका)
quotation marks	उद्धरण चिह्न
radical element	मौलिक अंश
regional script	क्षेत्रीय लिपि, प्रांतीय लिपि
regnal year	राज्य वर्ष, राज्य संवत्
rock shelter	शैलाश्रय
root	धातु
Rosetta stone	रोसेटा शिला (मिस्र)
royal seal	राजमुद्रा
Runic script	रूनी लिपि
scribe	लेखक
script	लिपि
scriptology	लिपि-विज्ञान
scroll	कुंडली, लेखपट
seal	मुद्रा, मुहर
semantics	अर्थ-विज्ञान, अर्थतत्व
semicolon	अर्ध-विराम चिह्न (;)

Semitic languages	सेमेटिक (सामी) भाषाएं
sibilant	ऊष्म
sign	चिह्न, संकेत, प्रतीक
sign language	संकेत-भाषा
Slavonic languages	स्लाव भाषाएं
peech	भाषा, शैली
spelling	वर्तनी
spoken language	जीवित भाषा, उच्चारित भाषा
stone inscription	प्रस्तर-लेख
stress	बल
style	शैली
stylus	शलाका
suffix	परप्रत्यय, अंतसर्ग
Sumerian script	सुमेरी लिपि
syllabary	अक्षरमाला
syllabic sign	अक्षर-चिह्न
syllabic writing	अक्षरात्मक लिपि
syllable	अक्षर
symbol	संकेत, चिह्न, प्रतीक
synonymous word	समानार्थक शब्द, पर्याय
syntactic	वाक्य-विषयक
syntax	वाक्य-विन्यास
table	सारणी, तालिका
tense	काल
tone	सुर, तान
totem	गणचिह्न
traditional	परंपरागत
transcription	लिप्यंकन
translation	अनुवाद, भाषांतर
transliteration	लिप्यंतरण
trigram (Pa-Kua)	त्रिपुंड
triplet	त्रिक्
Turkish script	तुर्की लिपि
Ugaritic script	उगारीती लिपि
unit	इकाई
vocabulary	शब्द-भंडार
vowel	स्वर
writing material	लेखन-सामग्री
Xerxes	क्षयार्श (हख़ामनी राजा)

□□□